平面几何
图形特性新析（上篇）

沈文选　杨清桃　著

 哈尔滨工業大學出版社
HARBIN INSTITUTE OF TECHNOLOGY PRESS

内 容 简 介

本书分上、下篇,以 66 个专题的形式介绍了平面几何中最基本的图形性质. 这些性质是作者在平面几何研究中以新的角度探索并呈现的,是求解有关几何难题的知识储备.

全书内容适合初、高中学生,尤其是数学竞赛选手和初、高中数学教师,以及数学奥林匹克教练员使用,也可作为高等师范院校数学教育专业以及教师进修数学教育研讨班开设的"竞赛数学"或"初等数学研究"等课程的教学参考书.

图书在版编目(CIP)数据

平面几何图形特性新析.上篇/沈文选,杨清桃著.—哈尔滨:哈尔滨工业大学出版社,2019.1(2024.1 重印)
ISBN 978-7-5603-7398-0

Ⅰ.平… Ⅱ.①沈… ②杨… Ⅲ.几何课-中学教学参考资料 Ⅳ.G634.633

中国版本图书馆 CIP 数据核字(2018)第 110509 号

策划编辑 刘培杰 张永芹
责任编辑 张永芹 张永文
封面设计 孙茵艾
出版发行 哈尔滨工业大学出版社
社　　址 哈尔滨市南岗区复华四道街 10 号 邮编 150006
传　　真 0451-86414749
网　　址 http://hitpress.hit.edu.cn
印　　刷 哈尔滨圣铂印刷有限公司
开　　本 787mm×960mm 1/16 印张 32.75 字数 575 千字
版　　次 2019 年 1 月第 1 版 2024 年 1 月第 2 次印刷
书　　号 978-7-5603-7398-0
定　　价 68.00 元

(如因印装质量问题影响阅读,我社负责调换)

前　言

谁看不起欧氏几何,谁就好比是从国外回来看不起自己的家乡.

——H. G. 费德

平面几何,在数学里占有举足轻重的地位.在历史上,《几何原本》的问世奠定了数学科学的基础,平面几何中提出的问题诱发出了一个又一个重要的数学概念和有力的数学方法;在现代,计算机科学的迅猛发展,几何定理机器证明的突破性进展,以及现代脑心理学的重大研究成果——"人脑左右半球功能上的区别"获得诺贝尔奖,使几何学研究又趋于活跃.几何学的方法和代数的、分析的、组合的方法相辅相成,扩展着人类对数与形的认识.

几何,不仅仅是对我们所生活的空间进行了解、描述或解释的一种工具,而且是我们为认识绝对真理而进行的直观可视性教育的合适学科,是训练思维、开发智力不可缺少的学习内容.青少年中的数学爱好者,大多数是平面几何的爱好者.平面几何对他们来说,同时提供了生动直观的图像和严谨的逻辑结构,这有利于发掘青少年的大脑左右两个半球的潜力,促使学习效率增强,智力发展完善,为今后从事各类创造性活动打下了坚实的基础,是其他学科内容无法替代的.正因为如此,在数学智力竞赛中、在数学奥林匹克竞赛中,平面几何的内容占据着十分显著的位置.平面几何试题以优美和精巧的构思吸引着广大数学爱好者,以丰富的知识、技巧、思想给我们的研究留下了思考和开拓的广阔天地.

如果我们把数学比作巍峨的宫殿,那么平面几何恰似这宫殿门前的五彩缤纷的花坛,它吸引着人们更多地去了解数学科学、研究数学科学.

数学难学,平面几何难学,这也是很多人感受到的问题,这里面有客观因素,也有主观因素,有认识问题,也有方法问题.学习不得法也许是其中的一个重要的根源.要学好平面几何,就要学会求解平面几何问题.如果把求解平面几何问题比作打仗,那么解题者的"兵力"就是平面几何基本图形的性质,解题者的"兵器"就是求解平面几何问题的基本方法,解题者的"兵法"就是求解各类典型问题的基本思路.如果说,"兵器"装备精良,懂得诸子"兵法","兵力"部署优势是夺取战斗胜利的根本保证,那么,掌握求解平面几何问题的基本方法,熟悉各类典型问题的基本思路,善用基本图形的性质,就是解决平面几何问题的基础.

基于上述考虑,我将积累多年的研究成果,和我陆续发表在各类报纸杂志上的文章进行删增、整理、汇编,并参阅了多年来各类报纸杂志上关于平面几何解题研究的文章,于 1999 年完成了书的初稿,于 2005 年由哈尔滨工业大学出版社以《平面几何证明方法全书》的书名出版,出版后受到广大读者的好评,并获得第八届全国高校出版社优秀图书奖.

这次修订把《平面几何证明方法全书》中的第一篇和第二篇增写了两章,并补充了大量的例题、习题后以《平面几何证明方法思路》的书名呈现给读者.对《平面几何证明方法全书》中的第三篇进行了大幅度地扩充重写,便是《平面几何图形特性新析》. 另外新增写了《平面几何范例多解探究》,收集整理了近 300 道平面几何问题的多解. 这不包括全国高中联赛、全国女子赛、东南赛、西部赛、北方赛,以及冬令营和国家代表队选拔考试题(这一百多道题将在走向国际数学奥林匹克竞赛的试题诠释中介绍)中的平面几何题. 这样便形成了"平面几何证题方法丛书"中的三本书.

衷心感谢刘培杰数学工作室,感谢刘培杰老师、张永芹老师、张永文老师等诸位老师,是他们的大力支持,精心编辑,使本书最终呈现在读者面前!

衷心感谢我的同事邓汉元教授,我的朋友赵雄辉、欧阳新龙、黄仁寿,我的研究生们:羊明亮、吴仁芳、谢圣英、彭熹、谢立红、陈丽芳、谢美丽、陈淼君、孔璐璐、邹宇、谢罗庚、彭云飞等对我写作工作的大力协助,还要感谢我的家人对我写作的大力支持!

限于作者的水平,书中的疏漏之处在所难免,敬请读者批评指正.

沈文选

2017 年冬于长沙岳麓山下

目 录

第1章　角中的线 ·· 2
　1.1　分角线　角平分线 ······································· 2
　1.2　等角线 ··· 3
　1.3　Philon 线 ·· 4
第2章　三条线段构成三角形的充要条件 ·················· 9
第3章　三角形的面积公式 ······································ 14
第4章　三角形中的分角线 ······································ 24
第5章　三角形中的十个基本定理 ··························· 32
第6章　三角形的外心　外接圆 ······························ 46
第7章　三角形的内心　内切圆 ······························ 61
第8章　三角形的旁心　旁切圆 ······························ 101
第9章　三角形的重心　中线 ································· 121
第10章　三角形的垂心　高线 ································ 140
第11章　三角形中的其他特殊点 ····························· 177
第12章　三角形五心及有关特殊点之间的关系 ········· 202
　12.1　三角形"五心"的直角坐标 ······················· 202
　12.2　三角形"五心"间的相互位置关系 ············ 204
　12.3　三角形各"心"间的距离公式 ·················· 207
　12.4　三角形各"心"的有关线段关系式 ············ 216
第13章　三角形中三角恒等式的几何意义 ················ 242
第14章　三角形的一个边角关系 ····························· 251
第15章　垂直于三角形边的直线 ····························· 256
第16章　投影三角形 ·· 269
第17章　垂心组 ·· 283
第18章　三角形高线上一点 ···································· 289
第19章　三角形内角平分线上一点 ························· 300
第20章　直角三角形直角边上一点 ························· 307
第21章　等腰三角形底边上一点 ····························· 312

第22章	三角形外接圆上一点	315
第23章	圆弧的中点	325
第24章	三角形的外接圆与内(旁)切圆的关系	342
第25章	三角形的密克尔定理	368
第26章	戴维斯定理	384
第27章	戴沙格定理	392
第28章	三角形中的等角共轭	395
第29章	三角形的共轭中线	427
第30章	调和点列	446
第31章	调和四边形	457
31.1	调和四边形的作法	457
31.2	调和四边形与调和点列的关系	460
31.3	调和四边形的性质	462
第32章	三角形的内切圆中的调和四边形和调和点列	491

> 科学不仅仅是事实的积累,它是经过组织和推理得出的知识.
> ——利赫涅罗维奇(A. Lichnerowicz)
>
> 如果我们对该论题知识贫乏,是不容易产生好念头的.如果我们完全没有知识,则根本不可能产生好念头.一个好念头的基础是过去的经验和已有的知识.仅仅靠记忆不足以产生好念头.但若不重新收集一些有关事实,则也不会出现好念头.
> ——波利亚(Pólya)

  牢固的基础知识,熟悉图形的基本性质,是我们能够翱翔在平面几何空间的首要条件.在求解某些稍为复杂的平面几何问题时,虽然能够根据问题所求解的目标,找到一个大致思路或准备运用的方法,但有时苦于具体的思路、步骤、方法难以选定,也难以入手.因为这些问题的求解关键往往不止一处,若仅仅考虑最后的一个目标是远远不够的.解题实践告诉我们:比较有效的办法之一是把一些基础知识,包括定义、定理等按照图形分别归类.每一个基本图形都与许多定义、定理有关.把这些定义、定理和图形结合起来,不仅能记住这些定理等图形的基本性质,而且更重要的是,能够掌握在图形中有怎样的条件就能够得出怎样的结论,同时,能更深入地掌握图形的特征及其基本性质,便于灵活运用.在求解时,能从题设图形及已知的条件和求解的结论联想到近似的基本图形,找到合适的定理等图形的基本性质,就容易探索到求解的有效途径.

第1章 角中的线

角中的线包括分角线、角平分线、等角线、Philon 线等.

1.1 分角线 角平分线

定义1 由角的顶点出发的射线将角分割成两部分,这条射线称为角的分角线.

定义2 平分角的射线称为角的平分线.

性质1 角的两边关于角平分线对称.

性质2 设角的始边为坐标轴正方向,角的终边按逆时针方向旋转而得,令 $\angle XOA = \alpha$, $\angle XOB = \beta$ ($0 < \alpha, \beta < 180°$),如图 1.1 所示. 若 $\dfrac{\angle AOP}{\angle POB} = \lambda$,则 $\angle POX = \dfrac{\alpha + \lambda\beta}{1 + \lambda}$.

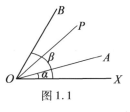

图1.1

证明 由 $\dfrac{\angle AOP}{\angle POB} = \lambda$,则

$$\angle AOP = \lambda \angle POB$$

有

$$\angle POX = \angle XOA + \lambda \angle POB$$

又

$$\angle POX = \angle XOB - \angle POB$$

所以

$$\angle POB = \angle XOB - \angle POX$$

故

$$\angle POX = \dfrac{\alpha + \lambda\beta}{1 + \lambda}$$

特别地,当 OP 平分 $\angle AOB$ 时,有 $\angle POX = \dfrac{\alpha + \beta}{2}$.

1.2 等角线

定义 给定 $\angle AOB$,假定 OC 为其平分线,过点 O 作两条射线 OX,OY,若它们关于 OC 对称,则称这两条射线为 $\angle AOB$ 的一对等角线.

显然,射线 OX,OY 为 $\angle AOB$ 内的等角线(图1.2). 此时,OA,OB 也可称为 $\angle XOY$ 的等角线,且 OA,OB 在 $\angle XOY$ 的外部.

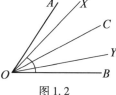

图 1.2

判定方法 1 在 $\angle AOB$ 中,若 $\angle AOB$ 内的射线 OX,OY 满足 $\angle BOY + \angle BOX = \angle BOA$,则射线 OX,OY 为 $\angle AOB$ 的等角线.

事实上,如图 1.2 所示,因为 $\angle BOY + \angle BOX = \angle BOA$,所以 $\angle AOX = \angle BOY$.

判定方法 2 如图 1.3,对 $\angle AOB$,若 $\angle AOB$ 外的射线 OX',OY' 满足 $\angle BOX' + \angle AOY = 180°$,则射线 OX',OY' 为 $\angle AOB$ 的等角线.

事实上,因为 $\angle BOX' + \angle AOY = 180°$,所以当点 Y' 为 YO 延长线上的一点时,$\angle Y'OB = \angle X'OA$.

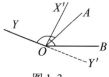

图 1.3

性质 1 设点 P,Q 是 $\angle AOB$ 的一对等角线 OX,OY 上的点,作 $PP_1 \perp OA$ 于点 P_1,作 $PP_2 \perp OB$ 于点 P_2,则 $OQ \perp P_1P_2$,如图 1.4 所示.

事实上,注意到 O,P_1,P,P_2 四点共圆(图 1.4),设 P_1P_2 交 OQ 于点 Z,则

$\angle OP_2Z = \angle OP_2P_1 = \angle OPP_1 = 90° - \angle AOX = 90° - \angle BOY = 90° - \angle P_2OZ$

故 $\angle OZP_2 = 90°$,即 $OQ \perp P_1P_2$.

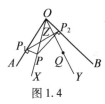

图 1.4

性质 2 设点 P,Q 是 $\angle AOB$ 的一对等角线 OX,OY 上的点,如图 1.5 所示,作 $PP_1 \perp OA$ 于点 P_1,作 $PP_2 \perp OB$ 于点 P_2,作 $QQ_1 \perp OA$ 于点 Q_1,作 $QQ_2 \perp OB$ 于点 Q_2,则:(1) $PP_1 \cdot QQ_1 = PP_2 \cdot QQ_2$;(2) $OP_1 \cdot OQ_1 = OP_2 \cdot OQ_2$.

事实上,由 $Rt\triangle POP_1 \backsim Rt\triangle QOQ_2$,$Rt\triangle POP_2 \backsim Rt\triangle QOQ_1$,有:

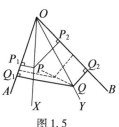

图 1.5

(1) $\dfrac{PP_1}{QQ_2} = \dfrac{PO}{QO} = \dfrac{PP_2}{QQ_1}$,故 $PP_1 \cdot QQ_1 = PP_2 \cdot QQ_2$;

(2) $\dfrac{OP_1}{OQ_2} = \dfrac{OP}{OQ} = \dfrac{OP_2}{OQ_1}$,故 $OP_1 \cdot OQ_1 = OP_2 \cdot OQ_2$.

推论 在图 1.5 中,P_1, Q_1, Q_2, P_2 四点共圆,其圆心为 PQ 的中点.

性质 3 设点 P, Q 是 $\angle AOB$ 的一对等角线 OX, OY 上的点,如图 1.6 所示,作 $PP_1 \perp OA$ 于点 P_1,作 $PP_2 \perp OB$ 于点 P_2,作 $QQ_1 \perp OA$ 于点 Q_1,作 $QQ_2 \perp OB$ 于点 Q_2,联结 P_1P_2 与 Q_1Q_2 交于点 R,则 $OR \perp PQ$.

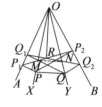

图 1.6

事实上,由四边形 $OP_1PP_2 \sim$ 四边形 OQ_2QQ_1,设点 M, N 分别为这两个四边形对角线的交点,则 $\dfrac{OM}{MP} = \dfrac{ON}{NQ}$,从而 $MN \parallel PQ$.

由性质 1 知,$OP \perp Q_1Q_2$,$OQ \perp P_1P_2$,由此知点 R 为 $\triangle OMN$ 的垂心.故 $OR \perp PQ$.

1.3 Philon 线

Philon 线有各种等价的定义,下面给出的是其中之一.[①]

定义 若点 P 为已知 $\angle AOB$ 内的定点,过点 P 任作一条直线与 $\angle AOB$ 的两边相交,则两交点所成线段中长度最短者称为 $\angle AOB$ 内过点 P 的 Philon 线,如图 1.7 中的线段 QR.

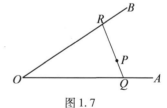

图 1.7

性质 1 设点 P 是已知 $\angle AOB$ 内的定点,QR 是过点 P 的 Philon 线,若 $\angle POQ = \theta_1$,$\angle POR = \theta_2$,$\angle PQO = \alpha_1$,$\angle PRO = \alpha_2$,如图 1.8 所示,则

$$\dfrac{\sin^2 \alpha_1 \cdot \cos \alpha_2}{\sin^2 \alpha_2 \cdot \cos \alpha_1} = \dfrac{\sin \theta_1}{\sin \theta_2}$$

证明 设 $OP = l$,$QR = z$,由正弦定理得

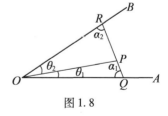

图 1.8

---

① 肖运鸿. Philon 线及其性质[J]. 数学通报,2015(10):46-47.

$$QP = \frac{l\sin\theta_1}{\sin\alpha_1}, PR = \frac{l\sin\theta_2}{\sin\alpha_2}$$

$$z = QR = QP + PR = l\left(\frac{\sin\theta_1}{\sin\alpha_1} + \frac{\sin\theta_2}{\sin\alpha_2}\right)$$

因为 $\alpha_1 + \alpha_2 + \theta_1 + \theta_2 = \pi$,所以 $\alpha_2 = \pi - (\theta_1 + \theta_2 + \alpha_1)$. 于是

$$z = QR = l\left[\frac{\sin\theta_1}{\sin\alpha_1} + \frac{\sin\theta_2}{\sin(\theta_1 + \theta_2 + \alpha_1)}\right] \quad (0 < \alpha_1 < \pi)$$

当 QR 取最小值时,有

$$\frac{\mathrm{d}z}{\mathrm{d}\alpha_1} = l\left[-\frac{\sin\theta_1}{\sin^2\alpha_1}\cdot\cos\alpha_1 - \frac{\sin\theta_2}{\sin^2(\theta_1+\theta_2+\alpha_1)}\cdot\cos(\theta_1+\theta_2+\alpha_1)\right] = 0$$

整理得

$$\frac{\sin\theta_1}{\sin^2\alpha_1}\cdot\cos\alpha_1 = -\frac{\sin\theta_2}{\sin^2(\theta_1+\theta_2+\alpha_1)}\cdot\cos(\theta_1+\theta_2+\alpha_1)$$

即

$$\frac{\sin\theta_1}{\sin^2\alpha_1}\cdot\cos\alpha_1 = \frac{\sin\theta_2}{\sin^2\alpha_2}\cdot\cos\alpha_2$$

亦即

$$\frac{\sin^2\alpha_1\cdot\cos\alpha_2}{\sin^2\alpha_2\cdot\cos\alpha_1} = \frac{\sin\theta_1}{\sin\theta_2}$$

性质 2 若 QR 为 $\angle AOB$ 内过点 P 的 Philon 线,则在直线 QR,OQ,OR 上分别过点 P,Q,R 的三条垂线交于一点 S,如图 1.9 所示.

证明 如图 1.9, QR 为 $\angle AOB$ 内过点 P 的 Philon 线,由性质 1 知

$$\frac{\sin^2\alpha_1\cdot\cos\alpha_2}{\sin^2\alpha_2\cdot\cos\alpha_1} = \frac{\sin\theta_1}{\sin\theta_2}$$

因为 $\sin\theta_1,\sin\theta_2$ 均大于 0,所以由上式知 $\cos\alpha_1 > 0, \cos\alpha_2 > 0$.

故 α_1,α_2 均为锐角.

在 OQ,OR 上分别过点 Q,R 作垂线,设交点为 S,联结 SP. 设 $OP = l, \angle PSQ = \alpha_1', \angle PSR = \alpha_2'$

由正弦定理得

$$\frac{PS}{\sin(90°-\alpha_1)} = \frac{PQ}{\sin\alpha_1'}$$

$$\frac{PS}{\sin(90°-\alpha_2)} = \frac{PR}{\sin\alpha_2'}$$

消去 PS 得

$$\frac{PQ \cdot \cos \alpha_1}{\sin \alpha_1'} = \frac{PR \cdot \cos \alpha_2}{\sin \alpha_2'} \qquad ②$$

将 $PQ = \dfrac{l\sin \theta_1}{\sin \alpha_1}, PR = \dfrac{l\sin \theta_2}{\sin \alpha_2}$ 代入式②得

$$\frac{l\sin \theta_1}{\sin \alpha_1} \cdot \frac{\cos \alpha_1}{\sin \alpha_1'} = \frac{l\sin \theta_2}{\sin \alpha_2} \cdot \frac{\cos \alpha_2}{\sin \alpha_2'} \qquad ③$$

即

$$\frac{\sin \theta_1}{\sin \theta_2} = \frac{\sin \alpha_1}{\cos \alpha_1} \cdot \frac{\sin \alpha_1'}{\sin \alpha_2'} \cdot \frac{\cos \alpha_2}{\sin \alpha_2}$$

将式①代入式③得

$$\frac{\sin^2 \alpha_1 \cdot \cos \alpha_2}{\sin^2 \alpha_2 \cdot \cos \alpha_1} = \frac{\sin \alpha_1}{\cos \alpha_1} \cdot \frac{\sin \alpha_1'}{\sin \alpha_2'} \cdot \frac{\cos \alpha_2}{\sin \alpha_2}$$

化简得

$$\frac{\sin \alpha_1}{\sin \alpha_1'} = \frac{\sin \alpha_2}{\sin \alpha_2'} \qquad ④$$

又

$$\alpha_1' + \alpha_2' = \pi - \left(\frac{\pi}{2} - \alpha_1\right) - \left(\frac{\pi}{2} - \alpha_2\right) = \alpha_1 + \alpha_2 = \beta$$

所以

$$\alpha_2 = \beta - \alpha_1, \alpha_2' = \beta - \alpha_1'$$

代入式④得

$$\frac{\sin \alpha_1}{\sin \alpha_1'} = \frac{\sin(\beta - \alpha_1)}{\sin(\beta - \alpha_1')} = \frac{\sin \beta \cdot \cos \alpha_1 - \cos \beta \cdot \sin \alpha_1}{\sin \beta \cdot \cos \alpha_1' - \cos \beta \cdot \sin \alpha_1'}$$

于是

$$\frac{\sin \beta \cdot \cos \alpha_1 - \cos \beta \cdot \sin \alpha_1}{\sin \alpha_1} = \frac{\sin \beta \cdot \cos \alpha_1' - \cos \beta \cdot \sin \alpha_1'}{\sin \alpha_1'}$$

即

$$\sin \beta \cdot \cot \alpha_1 - \cos \beta = \sin \beta \cdot \cot \alpha_1' - \cos \beta$$

因而 $\cot \alpha_1 = \cot \alpha_1'$,于是 $\alpha_1 = \alpha_1', \alpha_2 = \alpha_2'$,则

$$\angle SPQ = \pi - \left(\frac{\pi}{2} - \alpha_1\right) - \alpha_1' = \frac{\pi}{2}$$

即 $SP \perp PQ$.

从而,QR, OQ, OR 上分别过点 P, Q, R 的三条垂线交于一点 S.

性质 3 若 QR 为 $\angle AOB$ 内过点 P 的 Philon 线,则 $OQ^2 + QP^2 = OR^2 + RP^2$.

证明 由性质 2 知,QR, OQ, OR 上分别过点 P, Q, R 的三条垂线交于一点,设为点 S,如图 1.9 所示,则

$$OQ^2 + QS^2 = OR^2 + RS^2 = OS^2 \qquad ⑤$$

又
$$QS^2 = QP^2 + PS^2 \qquad ⑥$$
$$RS^2 = RP^2 + PS^2 \qquad ⑦$$

将式⑥⑦代入式⑤得
$$OQ^2 + QP^2 + PS^2 = OR^2 + RP^2 + PS^2$$
即
$$OQ^2 + QP^2 = OR^2 + RP^2$$

性质4 若 QR 为 $\angle AOB$ 内过点 P 的 Philon 线,点 K 为线段 OP 的中点,如图1.10所示,则 $KQ = KR$.

证明 在 $\triangle OPQ$ 中,由斯特瓦尔特(Stewart)定理(见第4章),可得

$$OQ^2 \cdot PK + QP^2 \cdot KO = KQ^2 \cdot OP + PK \cdot KO \cdot OP$$

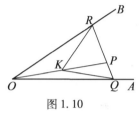

图 1.10

将 $PK = KO = \dfrac{1}{2}OP$ 代入上式,化简整理得

$$KQ^2 = \dfrac{1}{2}(OQ^2 + QP^2) - \dfrac{1}{4}OP^2 \quad (即为三角形的中线长公式)$$

同理可证
$$KR^2 = \dfrac{1}{2}(OR^2 + RP^2) - \dfrac{1}{4}OP^2$$

又由性质3,有
$$OQ^2 + QP^2 = OR^2 + RP^2$$
于是
$$KQ^2 = KR^2$$
因此
$$KQ = KR$$

性质5 若 QR 为 $\angle AOB$ 内过点 P 的 Philon 线,则
$$PQ \cdot \cot\angle PQO = PR \cdot \cot\angle PRO$$

证明 由性质2知,QR, OQ, OR 上分别过点 P, Q, R 的三条垂线交于一点,设为点 S,如图1.11所示. 在 $\text{Rt}\triangle SPQ$ 中,有
$$PS = PQ \cdot \tan\angle PQS = PQ \cdot \cot\angle PQO$$

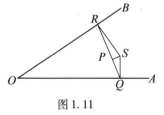

图 1.11

又在 $\text{Rt}\triangle SPR$ 中,有
$$PS = PR \cdot \tan\angle PRS = PR \cdot \cot\angle PRO$$
于是
$$PQ \cdot \cot\angle PQO = PR \cdot \cot\angle PRO$$

性质6 若 QR 为 $\angle AOB$ 内过点 P 的 Philon 线,过点 O 作 QR 的垂线,垂足

为 H，如图 1.12 所示，则 $PR = HQ, PQ = HR$.

证明 因为
$$OH = HQ \cdot \tan\angle PQO$$
$$OH = RH \cdot \tan\angle PRO$$

所以 $\quad HQ \cdot \tan\angle PQO = RH \cdot \tan\angle PRO$

即 $\quad HQ \cdot \cot\angle PRO = RH \cdot \cot\angle PQO$

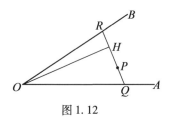

图 1.12

又由性质 5 知
$$PQ \cdot \cot\angle PQO = PR \cdot \cot\angle PRO$$

所以
$$\frac{PQ}{PR} = \frac{RH}{HQ}$$

因此
$$\frac{PQ + PR}{PR} = \frac{RH + HQ}{HQ}$$

即
$$\frac{QR}{PR} = \frac{QR}{HQ}$$

所以 $\quad PR = HQ$

因此 $\quad PQ = QR - PR = QR - HQ = HR$

注：联结 OP，由 $PQ = HR$，则称 OP 与 OH 为 $\triangle OQR$ 的边 QR 上的等截线.

第2章 三条线段构成三角形的充要条件

给出三条线段不一定能构成一个三角形,构成一个三角形三边的线段需满足下述条件:

定理 已知三条线段的长分别是 a,b,c,则下列各命题彼此等价[①]:

(1) 三条线段可以构成一个三角形;

(2) $a+b>c, b+c>a, c+a>b$;

(3) 若 $l=\dfrac{a+b+c}{2}$,则 $l-a>0, l-b>0, l-c>0$;

(4) 若 $l=\dfrac{a+b+c}{2}$,则 $(l-a)(l-b)(l-c)>0$;

(5) 若 $l=\dfrac{a+b+c}{2}$,则 $l(l-a)(l-b)(l-c)>0$;

(6) $(a^2+b^2-c^2)^2-4a^2b^2<0$,或 $(b^2+c^2-a^2)^2-4b^2c^2<0$,或 $(c^2+a^2-b^2)^2-4c^2a^2<0$;

(7) $|a^2+b^2-c^2|<2ab$,或 $|b^2+c^2-a^2|<2bc$,或 $|c^2+a^2-b^2|<2ca$;

(8) $2(a^2b^2+b^2c^2+c^2a^2)>a^4+b^4+c^4$;

(9) $(a^2+b^2+c^2)^2>2(a^4+b^4+c^4)$,即 $a^2+b^2+c^2>\sqrt{2(a^4+b^4+c^4)}$;

(10) $4(a^2b^2+b^2c^2+c^2a^2)>(a^2+b^2+c^2)^2$,即 $a^2+b^2+c^2<2\sqrt{a^2b^2+b^2c^2+c^2a^2}$;

(11) $(a+b+c)(a+b-c)(b+c-a)(c+a-b)>0$;

(12) $\dfrac{b^2+c^2-a^2}{2bc}+\dfrac{c^2+a^2-b^2}{2ac}+\dfrac{a^2+b^2-c^2}{2ab}>1$;

(13) $(a+b-c)(b+c-a)(c+a-b)>0$;

(14) $|b-c|<a<b+c$.

证明 采用如下步骤:

(1)⇔(2)⇒(3)⇒(4)⇒(5)⇒(6)⇒(7)⇒(8)⇒(9)⇒(10)⇒(11)⇒(12)⇒(13)⇒(14)⇒(2).

---

① 计正荣. 三条线段构成三角形的充要条件[J]. 中学数学,1995(4):44-46.

证明(1)⇔(2)可参见课本.

易见(2)⇒(3)⇒(4)⇒(5).

(5)⇒(6). 将 $l=\dfrac{a+b+c}{2}$ 代入(5)中不等式,整理,得
$$(a+b+c)(a+b-c)(b+c-a)(c+a-b)>0$$
即
$$[(a+b)^2-c^2][c^2-(a-b)^2]>0$$
亦即
$$-(a^2+b^2-c^2+2ab)(a^2+b^2-c^2-2ab)>0$$
所以
$$(a^2+b^2-c^2)^2-4a^2b^2<0$$

(6)⇒(7). (6)中的式子可改写为
$$(a^2+b^2-c^2)^2<4a^2b^2$$
两端开方,并注意到取正数,故可得
$$|a^2+b^2-c^2|<2ab$$

(7)⇒(8). 对(7)中不等式两端平方,经整理得
$$a^4+b^4+c^4-2b^2c^2+2a^2b^2-2a^2c^2<4a^2b^2$$
即
$$a^4+b^4+c^4<2(a^2b^2+b^2c^2+c^2a^2)$$

(8)⇒(9). (8)中不等式两端同加上 $a^4+b^4+c^4$ 整理可得
$$2(a^4+b^4+c^4)<(a^2+b^2+c^2)^2$$
再两边开方可得
$$\sqrt{2(a^4+b^4+c^4)}<a^2+b^2+c^2$$

(9)⇒(10). 由(9)中不等式两边平方可得
$$a^4+b^4+c^4+2a^2b^2+2b^2c^2+2c^2a^2>2(a^4+b^4+c^4)$$
即
$$2(a^2b^2+b^2c^2+c^2a^2)>(a^4+b^4+c^4)$$
两边同加上 $2(a^2b^2+b^2c^2+c^2a^2)$,并经整理,得
$$4(a^2b^2+b^2c^2+c^2a^2)>(a^2+b^2+c^2)^2$$
再将两边开方即得
$$2\sqrt{a^2b^2+b^2c^2+c^2a^2}>a^2+b^2+c^2$$

(10)⇒(11). 由(10)得

$$4(a^2b^2+b^2c^2+c^2a^2) > a^4+b^4+c^4+2(a^2b^2+b^2c^2+c^2a^2)$$

即
$$2(a^2b^2+b^2c^2+c^2a^2)-a^4-b^4-c^4 > 0$$

左边分解因式即得
$$(a+b+c)(a+b-c)(c+a-b)(b+c-a) > 0$$

(11)⇒(12). 由(11)知
$$(a+b-c)(b+c-a)(c+a-b) > 0$$

于是
$$0 < \frac{(b+c-a)[a+(b-c)][a-(b-c)]}{2abc}$$
$$= \frac{(b+c-a)(a^2-b^2-c^2+2bc)}{2abc}$$
$$= (b+c-a)\left[\frac{a(a+b+c)+b(c-a-b)}{2abc}+\frac{c(b-a-c)}{2abc}\right]$$
$$= \frac{(b+c)^2-a^2}{2bc}+\frac{(c-a)^2-b^2}{2ac}+\frac{(b-a)^2-c^2}{2ab}$$
$$= \left(\frac{b^2+c^2-a^2}{2bc}+1\right)+\left(\frac{a^2+c^2-b^2}{2ac}-1\right)+\left(\frac{a^2+b^2-c^2}{2ab}-1\right)$$

由此即得(12).

(12)⇒(13). 从(11)⇒(12)的逆过程即得.

(13)⇒(14). 由(13)可知,三数 $a+b-c,b+c-a,c+a-b$ 中或全正或两负一正,若全正,则 $a+b>c,b+c>a,c+a>b$,即 $c-b<a,b-c<a$,于是 $|b-c|<a$,即得(14);若两负一正,则不失一般性,可令 $a+b-c>0,b+c-a<0,c+a-b<0$. 于是,由后两式得 $2c<0$,即 $c<0$,与已知 $c>0$ 矛盾.

(14)⇒(2). 因为 $|b-c|<a<b+c$,所以
$$-a < b-c < a < b+c$$

即
$$c+a > b, a+b > c, b+c > a$$

根据定理,还可以得出:

推论 1 设三条线段的长分别为 a,b,c,则下列命题彼此等价:

(1) 三条线段可以构成一个锐角三角形;
(2) $a^2+b^2>c^2, b^2+c^2>a^2, c^2+a^2>b^2$;
(3) $(a^4-b^4-c^4)^2-4b^4c^4<0$;
(4) $|b^4+c^4-a^4|<2b^2c^2$;

(5) $2(a^4b^4+b^4c^4+c^4a^4)>a^8+b^8+c^8$；

(6) $(a^4+b^4+c^4)^2>2(a^8+b^8+c^8)$，即 $a^4+b^4+c^4>\sqrt{2(a^8+b^8+c^8)}$；

(7) $4(a^4b^4+b^4c^4+c^4a^4)>(a^4+b^4+c^4)^2$，即 $2\sqrt{a^4b^4+b^4c^4+c^4a^4}>a^4+b^4+c^4$；

(8) $(a^2+b^2+c^2)(a^2+b^2-c^2)(b^2+c^2-a^2)(c^2+a^2-b^2)>0$；

(9) $(a^2+b^2-c^2)(b^2+c^2-a^2)(c^2+a^2-b^2)>0$；

(10) $|b^2-c^2|<a^2<b^2+c^2$.

证明 只需证(1)⇔(2)，由此结论及前面的定理即得证明.

下面证(1)⇔(2)：因为 a,b,c 是锐角三角形的三边，由余弦定理得
$$a^2+b^2-c^2>0, b^2+c^2-a^2>0, c^2+a^2-b^2>0$$
即
$$a^2+b^2>c^2, b^2+c^2>a^2, c^2+a^2>b^2$$

因此上述推理过程可逆，又
$$a^2+b^2+2ab>c^2, b^2+c^2+2bc>a^2, a^2+c^2+2ac>b^2$$
即
$$(a+b)^2>c^2, (b+c)^2>a^2, (a+c)^2>b^2$$
故
$$a+b>c, b+c>a, a+c>b$$

由此即证得结论.

推论2 已知三条线段的长分别为 a,b,c（设 c 是最长线段），则下列命题等价：

(1) 三条线段可以构成钝角三角形；

(2) $a^2+b^2<c^2<(a+b)^2$；

(3) $(a^4+b^4-c^4)^2-4a^4b^4>0$；

(4) $|a^4+b^4-c^4|>2a^2b^2$；

(5) $2(a^4b^4+b^4c^4+c^4a^4)<a^8+b^8+c^8$；

(6) $(a^4+b^4+c^4)^2<2(a^8+b^8+c^8)$，即 $a^4+b^4+c^4<\sqrt{2(a^8+b^8+c^8)}$；

(7) $(a^2+b^2+c^2)(a^2+b^2-c^2)(b^2+c^2-a^2)(c^2+a^2-b^2)<0$；

(8) $(a^2+b^2-c^2)(b^2+c^2-a^2)(c^2+a^2-b^2)<0$.

仿推论1的证明即得推论2.

推论3 设长度分别为 $a_1,a_2,\cdots,a_n$ 的 n 条线段，且 $a_1\leqslant a_2\leqslant\cdots\leqslant a_n$，则：

(1) 这些线段中任意三条线段都可以构成三角形的充要条件是 $a_1+a_2>a_n$；

(2) 这些线段中任意三条都可以构成锐角三角形的充要条件是 $a_1^2+a_2^2>$

a_n^2.

证明 (1)必要性易见,下面证充分性:设任意三条线段的长度分别为
$$a_i, a_j, a_k \quad (1 \leqslant i < j < k \leqslant n)$$
于是
$$a_j + a_k > a_i, a_k + a_i > a_j$$
且
$$a_k \leqslant a_n < a_1 + a_2 \leqslant a_i + a_j$$
故
$$a_i + a_j > a_k$$

(2)由(1)的证明,再利用推论1即可得证.

第3章　三角形的面积公式

三角形的面积公式有如下形式:

公式1　设 $\triangle ABC$ 的面积为 $S_\triangle$，三边 $BC=a,CA=b,AB=c$，这三边上的高分别记为 h_a,h_b,h_c，则

$$S_\triangle = \frac{1}{2}a \cdot h_a = \frac{1}{2}b \cdot h_b = \frac{1}{2}c \cdot h_c \qquad ①$$

公式2　设 $\triangle ABC$ 的面积为 $S_\triangle$，三边 $BC=a,CA=b,AB=c$. 用 $\angle A, \angle B, \angle C$ 分别表示其三个内角,则

$$S_\triangle = \frac{1}{2}ab \cdot \sin C = \frac{1}{2}bc \cdot \sin A = \frac{1}{2}ac \cdot \sin B \qquad ②$$

事实上,如图 3.1 所示,有

$$h_a = AD = AB \cdot \sin B = c \cdot \sin B = AC \cdot \sin C = b \cdot \sin C$$

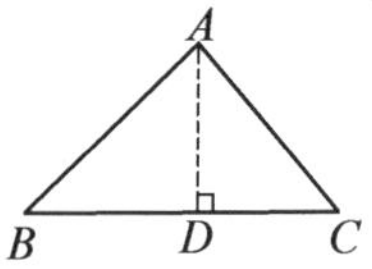

从而

$$S_\triangle = \frac{1}{2}a \cdot h_a = \frac{1}{2}ac \cdot \sin B = \frac{1}{2}ab \cdot \sin C$$

图 3.1

同理,有

$$h_b = c \cdot \sin A = a \cdot \sin C, h_c = b \cdot \sin A = a \cdot \sin B$$

公式3　设 $\triangle ABC$ 的面积为 $S_\triangle$，三边 $BC=a,CA=b,AB=c$，其外接圆的半径为 R，则

$$S_\triangle = \frac{abc}{4R} \qquad ③$$

事实上,由正弦定理,有

$$a = 2R \cdot \sin A, b = 2R \cdot \sin B, c = 2R \cdot \sin C$$

从而

$$S_\triangle = \frac{1}{2}ab \cdot \sin C = \frac{1}{2}ab \cdot \frac{c}{2R} = \frac{abc}{4R}$$

同理,有

$$S_\triangle = \frac{1}{2}bc \cdot \sin A = \frac{abc}{4R}, S_\triangle = \frac{1}{2}ac \cdot \sin B = \frac{abc}{4R}$$

公式 4　设 $\triangle ABC$ 的面积为 $S_\triangle$，三边 $BC=a, CA=b, AB=c$，r 为其内切圆的半径，设 $p=\dfrac{1}{2}(a+b+c)$，则

$$S_\triangle = pr \qquad ④$$

事实上，$S_\triangle = S_{\triangle IBC} + S_{\triangle ICA} + S_{\triangle IAB} = \dfrac{1}{2}(a+b+c)\cdot r = pr$，其中点 I 为其内心.

公式 5　设 $\triangle ABC$ 的面积为 $S_\triangle$，三边 $BC=a, CA=b, AB=c$，$\angle A, \angle B, \angle C$ 分别表示其内角，则

$$S_\triangle = \dfrac{a^2 \cdot \sin B \cdot \sin C}{2\sin A} = \dfrac{b^2 \cdot \sin C \cdot \sin A}{2\sin B} = \dfrac{c^2 \cdot \sin A \cdot \sin B}{2\sin C} \qquad ⑤$$

事实上，由正弦定理，有

$$a = 2R\cdot \sin A, b = 2R\cdot \sin B, c = 2R\cdot \sin C$$

则

$$S_\triangle = \dfrac{1}{2}ab\cdot \sin C = \dfrac{1}{2}a\cdot 2R\cdot \sin B\cdot \sin C = \dfrac{a^2\cdot \sin B\cdot \sin C}{2\sin A}$$

同理，有

$$S_\triangle = \dfrac{1}{2}bc\cdot \sin A = \dfrac{b^2\cdot \sin C\cdot \sin A}{2\sin B}, S_\triangle = \dfrac{1}{2}ca\cdot \sin B = \dfrac{c^2\cdot \sin A\cdot \sin B}{2\sin C}$$

公式 6　设非 $\text{Rt}\triangle ABC$ 的面积为 $S_\triangle$，则

$$S_\triangle = \dfrac{1}{2}\overrightarrow{AB}\cdot \overrightarrow{AC}\cdot \tan A = \dfrac{1}{2}\overrightarrow{BA}\cdot \overrightarrow{BC}\cdot \tan B = \dfrac{1}{2}\overrightarrow{CA}\cdot \overrightarrow{CB}\cdot \tan C \qquad ⑥$$

事实上，由 $S_\triangle = \dfrac{1}{2}|\overrightarrow{AB}|\cdot |\overrightarrow{AC}|\cdot \sin A$ 及 $\overrightarrow{AB}\cdot \overrightarrow{AC} = |\overrightarrow{AB}|\cdot |\overrightarrow{AC}|\cdot \cos A$.

当 $\angle A \neq 90°$ 时，$S_\triangle = \dfrac{1}{2}\overrightarrow{AB}\cdot \overrightarrow{AC}\cdot \tan A$，同理有其他形式.

公式 7　设 $\triangle ABC$ 的面积为 $S_\triangle$，则

$$S_\triangle = \dfrac{1}{2}\sqrt{\overrightarrow{AB}^2\cdot \overrightarrow{AC}^2 - (\overrightarrow{AB}\cdot \overrightarrow{AC})^2}$$

$$= \dfrac{1}{2}\sqrt{(\overrightarrow{AC})^2\cdot (\overrightarrow{BC})^2 - (\overrightarrow{AC}\cdot \overrightarrow{BC})^2}$$

$$= \dfrac{1}{2}\sqrt{(\overrightarrow{AB})^2\cdot (\overrightarrow{BC})^2 - (\overrightarrow{AB}\cdot \overrightarrow{BC})^2} \qquad ⑦$$

事实上，由

$$S_\triangle = \frac{1}{2}|\vec{AB}| \cdot |\vec{AC}| \cdot \sin\langle \vec{AB}, \vec{AC}\rangle$$

$$= \frac{1}{2}|\vec{AB}||\vec{AC}| \cdot \sqrt{1 - \left(\frac{\vec{AB} \cdot \vec{AC}}{|\vec{AB}||\vec{AC}|}\right)^2}$$

$$= \frac{1}{2}\sqrt{(\vec{AB})^2 \cdot (\vec{AC})^2 - (\vec{AB} \cdot \vec{AC})^2}$$

即得证.

公式 8 设 $\triangle ABC$ 的面积为 $S_\triangle$, 注意到向量外积"×",则

$$S_\triangle = \frac{1}{2}|\vec{AB} \times \vec{AC}| = \frac{1}{2}|\vec{BA} \times \vec{BC}| = \frac{1}{2}|\vec{CA} \times \vec{CB}| \qquad ⑧$$

事实上,由向量外积定义 $|\vec{AB} \times \vec{AC}| = |\vec{AB}||\vec{AC}| \cdot \sin A$ 等式即得证.

公式 9[①] 设 $\triangle ABC$ 的面积为 $S_\triangle$, 三角形的半周长为 p, 则

$$S_\triangle = \frac{p^2}{\cot\frac{A}{2} + \cot\frac{B}{2} + \cot\frac{C}{2}} \qquad ⑨$$

事实上,在 $\triangle ABC$ 中,设 $\vec{BC} = \boldsymbol{a}, \vec{CA} = \boldsymbol{b}, \vec{AB} = \boldsymbol{c}$.

由 $\boldsymbol{a} + \boldsymbol{b} + \boldsymbol{c} = \boldsymbol{0}$ 两边平方,得 $\boldsymbol{a}^2 + \boldsymbol{b}^2 + \boldsymbol{c}^2 + 2\boldsymbol{ab} + 2\boldsymbol{bc} + 2\boldsymbol{ac} = 0$. 即

$|\boldsymbol{a}|^2 + |\boldsymbol{b}|^2 + |\boldsymbol{c}|^2 - 2|\boldsymbol{a}||\boldsymbol{b}|\cos C - 2|\boldsymbol{a}||\boldsymbol{c}|\cos B - 2|\boldsymbol{b}||\boldsymbol{c}|\cos A = 0$

又将 $p = \dfrac{|\boldsymbol{a}| + |\boldsymbol{b}| + |\boldsymbol{c}|}{2}$ 两边平方,得

$$4p^2 = |\boldsymbol{a}|^2 + |\boldsymbol{b}|^2 + |\boldsymbol{c}|^2 + 2|\boldsymbol{a}| \cdot |\boldsymbol{b}| + 2|\boldsymbol{b}| \cdot |\boldsymbol{c}| + 2|\boldsymbol{a}| \cdot |\boldsymbol{c}|$$

由上式减去前面一式,得

$4p^2 = 2|\boldsymbol{a}| \cdot |\boldsymbol{b}|(1 + \cos C) + 2|\boldsymbol{a}| \cdot |\boldsymbol{c}|(1 + \cos B) + 2|\boldsymbol{b}| \cdot |\boldsymbol{c}|(1 + \cos A)$

注意到

$$|\boldsymbol{a}| \cdot |\boldsymbol{b}| = \frac{2S_\triangle}{\sin C}, \quad |\boldsymbol{a}| \cdot |\boldsymbol{c}| = \frac{2S_\triangle}{\sin B}, \quad |\boldsymbol{b}| \cdot |\boldsymbol{c}| = \frac{2S_\triangle}{\sin A}$$

从而

$$p^2 = S_\triangle \cdot \frac{1 + \cos C}{\sin C} + S_\triangle \cdot \frac{1 + \cos B}{\sin B} + S_\triangle \cdot \frac{1 + \cos A}{\sin A}$$

$$= S_\triangle \left(\cot\frac{C}{2} + \cot\frac{B}{2} + \cot\frac{A}{2}\right)$$

[①] 康盛. 一个三角形面积公式和两个结论[J]. 中学数学研究,2012(11):41.

由上式即得结论式⑨.

公式 10　设 $\triangle ABC$ 的面积为 $S_\triangle$,建立平面直角坐标系 xOy,设点 $A(x_1,y_1), B(x_2,y_2), C(x_3,y_3)$,则

$$S_\triangle = \frac{1}{2} \begin{vmatrix} x_1 & y_1 & 1 \\ x_2 & y_2 & 1 \\ x_3 & y_3 & 1 \end{vmatrix} \text{的绝对值} \qquad ⑩$$

事实上,可得直线 BC 的方程为 $y - y_2 = \dfrac{y_3 - y_2}{x_3 - x_2}(x - x_2)$,即

$$\frac{y_3 - y_2}{x_3 - x_2} \cdot x - y - \frac{y_3 - y_2}{x_3 - x_2} \cdot x_2 + y_2 = 0$$

由点到直线的距离公式,求得点 $A(x_1, y_1)$ 到直线 BC 的距离为

$$d = \frac{\left| \dfrac{y_3 - y_2}{x_3 - x_2} \cdot x_1 - y_1 - \dfrac{y_3 - y_2}{x_3 - x_2} \cdot x_2 + y_2 \right|}{\sqrt{\left(\dfrac{y_3 - y_2}{x_3 - x_2} \right)^2 + 1}}$$

$$= \frac{|(y_3 - y_2)(x_1 - x_2) + (y_2 - y_1)(x_3 - x_2)|}{\sqrt{(x_3 - x_2)^2 + (y_3 - y_2)^2}}$$

而

$$|BC| = \sqrt{(x_3 - x_2)^2 + (y_3 - y_2)^2}$$

于是

$$S_\triangle = \frac{1}{2} |BC| \cdot d = \frac{1}{2} |(y_3 - y_2)(x_1 - x_2) + (y_2 - y_1)(x_3 - x_2)|$$

$$= \frac{1}{2} \left| \begin{vmatrix} x_2 & y_2 \\ x_3 & y_3 \end{vmatrix} - \begin{vmatrix} x_1 & y_1 \\ x_3 & y_3 \end{vmatrix} + \begin{vmatrix} x_1 & y_1 \\ x_2 & y_2 \end{vmatrix} \right|$$

$$= \frac{1}{2} \begin{vmatrix} x_1 & y_1 & 1 \\ x_2 & y_2 & 1 \\ x_3 & y_3 & 1 \end{vmatrix} \text{的绝对值}$$

公式 11(海伦(Heron)公式)　设 $\triangle ABC$ 的面积为 $S_\triangle$,令 $BC = a, CA = b, AB = c, p = \dfrac{1}{2}(a + b + c)$,则

$$S_\triangle = \sqrt{p(p-a)(p-b)(p-c)} \qquad ⑪$$

事实上,由

$$S_\triangle = \frac{1}{2}ab \cdot \sin C = \frac{1}{2}ab\sqrt{1-\cos^2 C}$$

$$= \frac{1}{2}ab\sqrt{1-\left(\frac{c^2-a^2-b^2}{2ab}\right)^2}$$

$$= \frac{1}{4}\sqrt{4a^2b^2-(c^2-a^2-b^2)^2}$$

$$= \left\{\frac{1}{16}[(a+b)^2-c^2][c^2-(a-b)^2]\right\}^{\frac{1}{2}}$$

$$= \sqrt{p(p-a)(p-b)(p-c)}$$

注:$\sqrt{p(p-a)(p-b)(p-c)} = \frac{1}{2}\left[-\frac{1}{4}\begin{vmatrix} 0 & 1 & 1 & 1 \\ 1 & 0 & a^2 & b^2 \\ 1 & a^2 & 0 & c^2 \\ 1 & b^2 & c^2 & 0 \end{vmatrix}\right]^{\frac{1}{2}}.$

公式 12[①] 设 m_a, m_b, m_c 为 $\triangle ABC$ 三边上的中线,则其面积

$$S_{\triangle ABC} = \frac{\sqrt{(m_a+m_b+m_c)(m_a+m_b-m_c)(m_a+m_c-m_b)(m_b+m_c-m_a)}}{3} \quad ⑫$$

证明 如图 3.2,设 AE, BF, CD 是 $\triangle ABC$ 三边上的中线,点 G 是重心,$AE = m_a, BF = m_b, CD = m_c$.

延长 GF 至点 H 使 $FH = GF$,则四边形 $AGCH$ 是平行四边形.

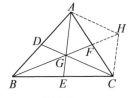

图 3.2

由三角形的中线性质可得

$$AG = \frac{2m_a}{3}, BG = \frac{2m_b}{3}, CG = \frac{2m_c}{3}, GH = 2GF = 2 \cdot \frac{m_b}{3} = \frac{2m_b}{3}, AH = CG = \frac{2m_c}{3}$$

在 $\triangle AGH$ 中,由余弦定理可得

$$\cos \angle GAH = \frac{AG^2+AH^2-GH^2}{2AG \cdot AH} = \frac{\left(\frac{2m_a}{3}\right)^2+\left(\frac{2m_c}{3}\right)^2-\left(\frac{2m_b}{3}\right)^2}{2 \cdot \frac{2m_a}{3} \cdot \frac{2m_c}{3}} = \frac{m_a^2+m_c^2-m_b^2}{2m_a m_c}$$

$$\sin^2 \angle GAH = 1-\cos^2 \angle GAH = 1-\frac{(m_a^2+m_c^2-m_b^2)^2}{4m_a^2 m_c^2}$$

---

① 秦著国. 三角形中线长度计算面积的公式[J]. 数学通讯,2006(13):27.

$$= \frac{(m_a+m_c+m_b)(m_a+m_c-m_b)(m_b+m_a-m_c)(m_b+m_c-m_a)}{4m_a^2 m_c^2}$$

因为 $0 < \angle GAH < 180°$，所以

$$\sin \angle GAH = \frac{\sqrt{(m_a+m_b+m_c)(m_a+m_c-m_b)(m_a+m_b-m_c)(m_b+m_c-m_a)}}{2m_a m_c}$$

从而

$$S_{\triangle AGH} = \frac{1}{2} AG \cdot AH \sin \angle GAH$$

$$= \frac{1}{2} \cdot \frac{2m_a}{3} \cdot \frac{2m_c}{3} \cdot \frac{\sqrt{(m_a+m_b+m_c)(m_a+m_c-m_b)(m_a+m_b-m_c)(m_b+m_c-m_a)}}{2m_a m_c}$$

$$= \frac{\sqrt{(m_a+m_b+m_c)(m_a+m_c-m_b)(m_a+m_b-m_c)(m_b+m_c-m_a)}}{9}$$

由四边形 $AGCH$ 是平行四边形，得

$$S_{\triangle AGC} = S_{\triangle AGH}$$

由点 G 是 $\triangle ABC$ 的重心，得

$$S_{\triangle AGC} = S_{\triangle BGC} = S_{\triangle AGB}$$

故

$$S_{\triangle ABC} = 3 S_{\triangle AGC}$$

$$= 3 \cdot \frac{\sqrt{(m_a+m_b+m_c)(m_a+m_c-m_b)(m_a+m_b-m_c)(m_b+m_c-m_a)}}{9}$$

$$= \frac{\sqrt{(m_a+m_b+m_c)(m_a+m_c-m_b)(m_a+m_b-m_c)(m_b+m_c-m_a)}}{3}$$

注：上述公式 12 还可以写成下面的形式：[①]

设 $\triangle ABC$ 的三边分别为 a,b,c，边 a,b,c 上的中线长分别为 m_a,m_b,m_c，设 $\triangle ABC$ 的面积为 $S_\triangle$，$p_m = \frac{1}{2}(m_a+m_b+m_c)$，则

$$S_\triangle = \frac{4}{3}\sqrt{p_m(p_m-m_a)(p_m-m_b)(p_m-m_c)} \qquad ⑬$$

事实上，如图 3.3 所示，在 $\triangle ABD$ 和 $\triangle ADC$ 中运用余弦定理，可得

$$4m_a^2 = 2(b^2+c^2) - a^2 \qquad ⑭$$

同理，可得

---

① 王恒亮. 三角形中线关系下的优美公式[J]. 中学数学研究, 2014(5):封底.

$$4m_b^2 = 2(a^2+c^2) - b^2, \quad 4m_c^2 = 2(a^2+b^2) - c^2 \quad ⑮$$

故
$$4m_a^2 + 4m_b^2 + 4m_c^2 = 3(a^2+b^2+c^2) \quad ⑯$$

将式⑭⑮⑯左右两端同时平方再相加,得
$$16(m_a^4 + m_b^4 + m_c^4) = 9(a^4+b^4+c^4) \quad ⑰$$

将式⑯平方后减去式⑰即可得

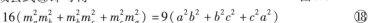

图 3.3

$$16(m_a^2 m_b^2 + m_b^2 m_c^2 + m_c^2 m_a^2) = 9(a^2b^2 + b^2c^2 + c^2a^2) \quad ⑱$$

注意到 $S_\triangle = \sqrt{p_m(p_m-a)(p_m-b)(p_m-c)}$,故

$$S_\triangle^2 = p_m(p_m-a)(p_m-b)(p_m-c) = \frac{1}{16}[2(a^2b^2+b^2c^2+c^2a^2) - (a^4+b^4+c^4)]$$

⑲

联立式⑰⑱⑲即可得

$$S_\triangle^2 = \frac{1}{16} \cdot \frac{16}{9}[2(m_a^2 m_b^2 + m_b^2 m_c^2 + m_c^2 m_a^2) - (m_a^4+m_b^4+m_c^4)]$$

故
$$S_\triangle^2 = \frac{1}{9}[2(m_a^2 m_b^2 + m_b^2 m_c^2 + m_c^2 m_a^2) - (m_a^4+m_b^4+m_c^4)] \quad ⑳$$

比较式⑲⑳,即可知式⑲中 a,b,c 分别被式⑳中的 m_a,m_b,m_c 所代替,于是

$$S_\triangle^2 = \frac{16}{9} p_m(p_m-m_a)(p_m-m_b)(p_m-m_c)$$

故
$$S_\triangle = \frac{4}{3}\sqrt{p_m(p_m-m_a)(p_m-m_b)(p_m-m_c)}.$$

即得证.

公式 13① 已知 $\triangle ABC$ 的重心为 $G, AG = m, BG = n, CG = p$,则

$$S_{\triangle ABC} = \frac{3}{4}\sqrt{2m^2n^2 + 2n^2p^2 + 2m^2p^2 - m^4 - n^4 - p^4} \quad ㉑$$

证明 设 $\triangle ABC$ 的中线为 AE, BF, CD,重心点为 G,如图 3.4 所示.

过点 B 作 $BM // DC$,且 $BM = DC$,联结 FM, CM, DM,则 $CM = DB, CM // BD$.

所以四边形 $DBMC$ 是平行四边形.

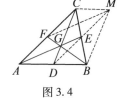

图 3.4

---

① 何世洪.再谈一个三角形面积公式及其妙用[J].中学数学研究,2015(5):38.

因为 $AD=DB$,所以 $CM=AD,CM/\!/AD$. 所以四边形 $ADMC$ 是平行四边形.

由点 E 为 BC 的中点知,点 E 为 DM 的中点,且 $ME=AF,ME/\!/AF$,故四边形 $AFMG$ 为平行四边形. 从而 $FM=AE,FM/\!/AE$.

故 $\triangle BMF$ 是由三条中线 AE,BF,CD 所构成的三角形.

由 $AE=\dfrac{3}{2}m,BF=\dfrac{3}{2}n,CD=\dfrac{3}{2}p$,在 $\triangle BFM$ 中,由余弦定理,得
$$BM^2=FB^2+FM^2-2FB\cdot FM\cdot\cos\angle BFM$$
则
$$\cos\angle BFM=\dfrac{n^2+m^2-p^2}{2nm}$$
因为
$$\angle BFM=\angle BGE=180°-\angle AGB \quad (0°<\angle AGB<180°)$$
所以
$$\cos\angle AGB=-\cos\angle BFM=-\dfrac{n^2+m^2-p^2}{2nm}$$
$$\sin\angle AGB=\sqrt{1-\cos^2\angle BFM}=\dfrac{\sqrt{2m^2n^2+2n^2p^2+2m^2p^2-m^4-n^4-p^4}}{2nm}$$
由 $AG=m,BG=n$,得
$$S_{\triangle AGB}=\dfrac{1}{2}AG\cdot BG\cdot\sin\angle AGB=\dfrac{\sqrt{2m^2n^2+2n^2p^2+2m^2p^2-m^4-n^4-p^4}}{4}$$
根据三角形的重心性质,有 $S_{\triangle AGB}=S_{\triangle CGB}=S_{\triangle AGC}$. 故
$$S_{\triangle ABC}=3S_{\triangle AGB}=\dfrac{3}{4}\sqrt{2m^2n^2+2n^2p^2+2m^2p^2-m^4-n^4-p^4}$$

公式 14[①] 设 $\triangle ABC$ 的面积为 $S_\triangle$,三边 BC,CA,AB 的旁切圆半径分别为 r_a,r_b,r_c,则
$$S_\triangle=\dfrac{r_a r_b r_c}{\sqrt{r_a r_b+r_b r_c+r_c r_a}}$$

证明 设 $\triangle ABC$ 的边 $BC=a,CA=b,AB=c$,则有如下众所周知的关系式
$$r_a=\dfrac{2S_\triangle}{-a+b+c},r_b=\dfrac{2S_\triangle}{a-b+c},r_c=\dfrac{2S_\triangle}{a+b-c}$$
成立.

----
① 张晗方. 一个三角形的面积公式及其应用[J]. 中学数学,1995(11):34.

又因为
$$16S_\triangle^2 = (a+b+c)(-a+b+c)(a-b+c)(a+b-c)$$
所以
$$\frac{r_a r_b r_c}{\dfrac{1}{r_a}+\dfrac{1}{r_b}+\dfrac{1}{r_c}} = \frac{\dfrac{8S_\triangle^3}{(-a+b+c)(a-b+c)(a+b-c)}}{\dfrac{-a+b+c}{2S_\triangle}+\dfrac{a-b+c}{2S_\triangle}+\dfrac{a+b-c}{2S_\triangle}}$$
$$= \frac{16S_\triangle^4}{(a+b+c)(-a+b+c)(a-b+c)(a+b-c)}$$
$$= S_\triangle^2$$
即
$$S_\triangle^2 = \frac{r_a r_b r_c}{\dfrac{1}{r_a}+\dfrac{1}{r_b}+\dfrac{1}{r_c}} \qquad ㉓$$

显然将式㉓整理一下便得到式㉒. 证毕.

作为公式 14 的应用,可得到以下推论:

推论 1 设 r 为 $\triangle ABC$ 内切圆的半径,其余条件与公式 14 相同,则
$$S_\triangle = \sqrt{r r_a r_b r_c} \qquad ㉔$$

证明 因为 $S_\triangle = \dfrac{1}{2}(a+b+c)r$,所以
$$\frac{1}{r_a}+\frac{1}{r_b}+\frac{1}{r_c} = \frac{-a+b+c}{2S_\triangle}+\frac{a-b+c}{2S_\triangle}+\frac{a+b-c}{2S_\triangle} = \frac{a+b+c}{2S_\triangle} = \frac{1}{r}$$
即
$$\frac{1}{r_a}+\frac{1}{r_b}+\frac{1}{r_c} = \frac{1}{r} \qquad ㉕$$

由式㉓㉕立即可得式㉔. 证毕.

推论 2 条件与公式 14 相同,则
$$S_\triangle \leq \frac{\sqrt{3}}{3}(r_a r_b r_c)^{\frac{2}{3}} \qquad ㉖$$

当且仅当 $\triangle ABC$ 为正三角形时,等号成立.

实际上,由式㉒利用算术 – 几何均值不等式便可立即得到式㉖,至于等号成立的充要条件也是较显然的.

推论 3 条件仍与公式 14 相同,则

$$S_\triangle \geq \frac{\sqrt{3} r_a r_b r_c}{r_a + r_b + r_c} \qquad ㉗$$

当且仅当 $\triangle ABC$ 为正三角形时,等号成立.

事实上,由于

$$r_a r_b + r_b r_c + r_c r_a \leq \frac{1}{3}(r_a + r_b + r_c)^2 \qquad ㉘$$

所以当且仅当 $r_a = r_b = r_c$ 时,等号成立.

故将式㉘代入式㉒便得式㉗,至于等号成立的充要条件由 $r_a = r_b = r_c$ 知也是较显然的.

第4章 三角形中的分角线

用一条直线去截一个角便得到三角形.

从三角形的一个顶点引射线与对边相交,则这条射线即为分角线.

分角线满足某些条件便成为角平分线、等角线、等截线.

性质1 设 AP 为 $\triangle ABC$ 的分角线,点 P 在边 BC 上,令 $\angle BAP = \alpha$, $\angle PAC = \beta$,则:

(1)(张角公式) $\dfrac{BP}{PC} = \dfrac{AB \cdot \sin \alpha}{AC \cdot \sin \beta}$ 或 $\dfrac{\sin \alpha}{BP \cdot AC} = \dfrac{\sin \beta}{PC \cdot AB}$;

(2)(张角定理) $\dfrac{\sin(\alpha + \beta)}{AP} = \dfrac{\sin \alpha}{AC} + \dfrac{\sin \beta}{AB}$.

证明 (1)如图4.1,对 $\triangle ABP$ 及 $\triangle APC$ 分别应用正弦定理,有

$$\frac{AB}{\sin \angle APB} = \frac{BP}{\sin \alpha}, \frac{AC}{\sin \angle APC} = \frac{PC}{\sin \beta}$$

注意到 $\sin \angle APB = \sin \angle APC$,从而

$$\frac{BP}{PC} = \frac{AB \cdot \sin \alpha}{AC \cdot \sin \beta} \text{ 或 } \frac{\sin \alpha}{BP \cdot AC} = \frac{\sin \beta}{PC \cdot AB}$$

图4.1

(2)如图4.1,注意到 $S_{\triangle ABC} = S_{\triangle ABP} + S_{\triangle APC}$,即

$$\frac{1}{2} AB \cdot AC \cdot \sin(\alpha + \beta) = \frac{1}{2} AB \cdot AP \cdot \sin \alpha + \frac{1}{2} AP \cdot AC \cdot \sin \beta$$

从而

$$\frac{\sin(\alpha + \beta)}{AP} = \frac{\sin \alpha}{AC} + \frac{\sin \beta}{AB}$$

性质2 (斯特瓦尔特定理)设 AP 为 $\triangle ABC$ 的分角线,点 P 在边 BC 上,则

$$AP^2 = AB^2 \cdot \frac{PC}{BC} + AC^2 \cdot \frac{BP}{BC} - BP \cdot PC$$

证明 如图4.2,对 $\triangle ABP$ 及 $\triangle APC$ 分别应用余弦定理,有

$$\frac{AP^2 + BP^2 - AB^2}{2AP \cdot BP} = \cos \angle APB = -\cos \angle APC$$

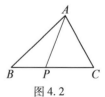

图4.2

$$= -\frac{AP^2 + PC^2 - AC^2}{2AP \cdot PC}$$

即

$$(AP^2 + BP^2 - AB^2) \cdot PC = -(AP^2 + PC^2 - AC^2) \cdot BP$$

故

$$AP^2 = AB^2 \cdot \frac{PC}{BC} + AC^2 \cdot \frac{BP}{BC} - BP \cdot PC$$

性质 3 (角平分线性质定理)设 $AP(AP')$ 为 $\triangle ABC$ 的内(外)角平分线,则

$$\frac{BP}{PC} = \frac{AB}{AC} = \frac{BP'}{P'C}$$

证明 如图 4.3,有

$$\frac{BP}{PC} = \frac{S_{\triangle ABP}}{S_{\triangle APC}} = \frac{\frac{1}{2} AB \cdot AP \cdot \sin \angle BAP}{\frac{1}{2} AC \cdot AP \cdot \sin \angle PAC} = \frac{AB}{AC}$$

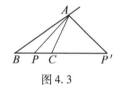

图 4.3

同理

$$\frac{BP'}{P'C} = \frac{S_{\triangle ABP'}}{S_{\triangle ACP'}} = \frac{AB}{AC}$$

注:若点 P,P' 内分、外分 BC 的比相等,即 $\frac{BP}{PC} = \frac{BP'}{P'C}$,则称点 P,P' 调和分割线段 BC.

性质 4 (斯库顿定理)设 AP 为 $\triangle ABC$ 的内角平分线,则

$$AP^2 = AB \cdot AC - BP \cdot PC$$

事实上,由性质 2,3 即得结论.

注:当 AP 为 $\triangle ABC$ 的外角平分线时,则 $AP^2 = AP \cdot PB - AB \cdot AC$.

性质 5 在三角形中,一个内角的平分线与另一内角补角的平分线的夹角等于第三个内角的一半.

事实上,如图 4.4 所示,在 $\triangle ABC$ 中,$\angle B$ 的内角平分线与 $\angle C$ 的补角 $\angle ACD$ 的平分线交于点 E,则

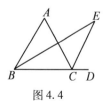

图 4.4

$$\angle E = \angle ECD - \frac{1}{2} \angle B = \frac{1}{2} \angle ACD - \frac{1}{2} \angle B$$

$$= \frac{1}{2}(\angle A + \angle B) - \frac{1}{2} \angle B$$

$$= \frac{1}{2}\angle A$$

性质 6 三角形的角平分线长与角平分线所在三角形外接圆的弦的乘积等于夹这条角平分线两边的乘积,即

$$AP \cdot AD = AB \cdot AC$$

事实上,如图 4.5 所示,联结 BD,由 $\triangle ABD \backsim \triangle APC$,有 $\dfrac{AB}{AP} = \dfrac{AD}{AC}$,故

$$AP \cdot AD = AB \cdot AC$$

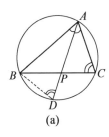
(a)

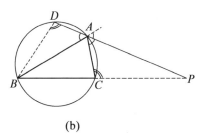
(b)

图 4.5

性质 7 与三角形一顶点处的内角平分线垂直的直线 l 截两边,则这条直线 l 和这两边所成的角相等,均等于另两顶角和的一半;这条直线和第三边所成的角等于另两顶角差的绝对值的一半.

证明 如图 4.6,由于直线 l 与 $\angle A$ 的平分线 AT 垂直,则截得等腰三角形,其底角即为直线 l 与 AB,AC 所成的角 α,因此

$$\alpha = 90° - \frac{1}{2}\angle A = \frac{1}{2}(180° - \angle A) = \frac{1}{2}(\angle B + \angle C)$$

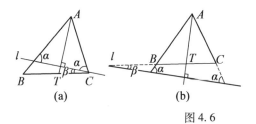
(a)　　(b)

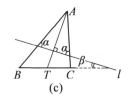
(c)

图 4.6

设直线 l 与 BC 所成的角为 β,则 $\beta = \alpha - \angle B$ 或 $\angle C - \alpha$,从而

$$\beta = \frac{1}{2}|\angle B - \angle C|$$

性质 8 三角形一顶点处的内角平分线与高线所夹的角等于另两顶角差的绝对值的一半.

证明 如图 4.7,设 AT,AH 分别为 $\triangle ABC$ 的角平分线和高线,过点 C 作与 AT 垂直的直线交 AB 于点 D,则

$$\angle HAT = \angle BCD = \frac{1}{2}|\angle B - \angle C|$$

性质 9 (等角线的斯坦纳定理)在 $\triangle ABC$ 中,点 A_1,A_2 在边 BC 上,则 AA_1,AA_2 是其一对等角线的充要条件是 $\dfrac{AB^2}{AC^2} = \dfrac{BA_1 \cdot BA_2}{CA_1 \cdot CA_2}$ 或 $\dfrac{\sin\angle BAA_1}{\sin\angle A_2AC} = \dfrac{\sin\angle A_1AC}{\sin\angle BAA_2}$.

图 4.7

证明 如图 4.8,设 $\triangle AA_1A_2$ 的外接圆分别交 AB,AC 于点 B_1,C_1,联结 B_1C_1,则

AA_1,AA_2 是等角线

$\Leftrightarrow \angle BAA_1 = \angle A_2AC \Leftrightarrow \overset{\frown}{A_1B_1} = \overset{\frown}{A_2C_1}$

$\Leftrightarrow B_1C_1 /\!/ BC \Leftrightarrow \dfrac{BB_1}{CC_1} = \dfrac{AB}{AC}$

$\Leftrightarrow \dfrac{AB^2}{AC^2} = \dfrac{AB}{AC} \cdot \dfrac{BB_1}{CC_1} = \dfrac{BA_1 \cdot BA_2}{CA_1 \cdot CA_2}$

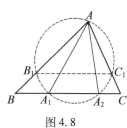

图 4.8

由三角形正弦定理,即得角元形式的结论.

性质 10 (斯库顿定理的推广)在 $\triangle ABC$ 中,点 A_1,A_2 在边 BC 上,若 AA_1, AA_2 为其等角线,则 $AA_1 \cdot AA_2 = AB \cdot AC - \sqrt{BA_1 \cdot BA_2 \cdot CA_1 \cdot CA_2}$.

证明 如图 4.9,作 $\triangle ABC$ 的外接圆,交 AA_1 的延长线于点 B_1,交 AA_2 的延长线于点 B_2,则

$$\frac{AA_1}{A_1B_1} = \frac{AA_2}{A_2B_2}$$

由 $\triangle ABB_1 \sim \triangle AA_2C$,有

$$AB \cdot AC = AB_1 \cdot AA_2$$

同理,有

$$AB \cdot AC = AB_2 \cdot AA_1$$

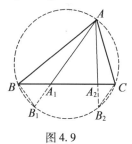

图 4.9

因为 $AB_1 = AA_1 + A_1B_1, AB_2 = AA_2 + A_2B_2$,所以

$$AB \cdot AC = AA_1 \cdot AA_2 + AA_2 \cdot A_1B_1 \qquad ②$$

$$AB \cdot AC = AA_1 \cdot AA_2 + AA_1 \cdot A_2B_2 \qquad ③$$

由相交弦定理,有

$$BA_1 \cdot A_1C = AA_1 \cdot A_1B_1 \qquad ④$$

$$BA_2 \cdot A_2C = AA_2 \cdot A_2B_2 \qquad ⑤$$

注意式①,由式②③④⑤即得
$$AA_1 \cdot AA_2 = AB \cdot AC - \sqrt{BA_1 \cdot BA_2 \cdot CA_1 \cdot CA_2}$$

注:(1)由式②③变形相乘,即
$$AB \cdot AC - AA_1 \cdot AA_2 = AA_2 \cdot A_1B_1$$
与
$$AB \cdot AC - AA_1 \cdot AA_2 = AA_1 \cdot A_2B_2$$
有
$$(AB \cdot AC - AA_1 \cdot AA_2)^2 = AA_2 \cdot A_1B_1 \cdot AA_1 \cdot A_2B_2$$
将④×⑤代入即得式①.

(2)若点 A_1,A_2 在边 BC 的延长线上,AA_1,AA_2 为 $\angle BAC$ 的外等角线,则
$$AA_1 \cdot AA_2 = \sqrt{BA_1 \cdot BA_2 \cdot CA_1 \cdot CA_2} - AB \cdot AC$$

性质 11 (三角形中线长公式)在 $\triangle ABC$ 中,点 M 为边 BC 的中点,称 AM 为边 BC 上的中线,则 $AM^2 = \dfrac{1}{2}(AB^2 + AC^2) - \dfrac{1}{4}BC^2$.

事实上,当点 M 为边 BC 的中点时,有 $\dfrac{MC}{BC} = \dfrac{1}{2} = \dfrac{BM}{BC}$,应用性质 2(即斯特瓦尔特定理),即得 $AM^2 = \dfrac{1}{2}(AB^2 + AC^2) - \dfrac{1}{4}BC^2$.

性质 12 (三角形内共轭中线性质)在 $\triangle ABC$ 中,点 D 为边 BC 上的一点,若 AD 与中线 AM 关于 $\angle BAC$ 的平分线对称(此时称 AD 为 $\triangle ABC$ 的内共轭中线,即 AD 与中线 AM 为等角线),则
$$\dfrac{AB^2}{AC^2} = \dfrac{BD}{DC}$$

事实上,这可由性质 9 得证.

显然,在 $\triangle ABC$ 中,边 BC 的中点可称为内中点,则无穷远点可称为 BC 的外中点,从而与 BC 平行的直线 AN 可称为 $\triangle ABC$ 的外中线,与 AN 相对应的等角线则称为 $\triangle ABC$ 的外共轭中线.

性质 13 在 $\triangle ABC$ 中,过顶点 A 的外接圆切线 AT 交直线 BC 的延长线于点 T,则 AT 为 $\triangle ABC$ 的外共轭中线,且 $\dfrac{AB^2}{AC^2} = \dfrac{BT}{TC}$.

证明 如图 4.10,过点 A 作 $AN \parallel BC$ 交 $\triangle ABC$ 的外接圆于点 N,由 $\angle TAC = \angle ABC = \angle NAB$,知 AT 与 AN 为一对等角线.

此时,由 $\triangle TAB \backsim \triangle TCA$,有

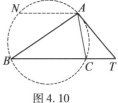

图 4.10

$$\frac{AB}{CA}=\frac{TA}{TC}=\frac{TB}{TA}$$

因此
$$\frac{AB^2}{AC^2}=\frac{TA}{TC}\cdot\frac{TB}{TA}=\frac{BT}{TC}$$

注：此时，外共轭中线 $AT^2=BT\cdot CT$.

思 考 题

1. 在一个不等边 $\triangle ABC$ 中，$\angle BAC$，$\angle ABC$ 的平分线分别交对边于点 D,E. 令 $\angle BAC=\alpha,\angle ABC=\beta$. 证明：直线 DE 与 AB 的夹角不超过 $\frac{|\alpha-\beta|}{3}$.

2. 在 $\triangle ABC$ 中，设 $\angle A$，$\angle C$ 的平分线分别与边 BC,AB 交于点 A_1,C_1，与 $\triangle ABC$ 的外接圆交于点 A_2,C_2，且点 K 是 A_1C_2 与 C_1A_2 的交点，点 I 为 $\triangle ABC$ 的内心. 证明：直线 KI 通过线段 AC 的中点 M.

思考题 参考解答

1. 设 a,b,c 分别为 $\triangle ABC$ 的三边长. 不失一般性，设 $\alpha>\beta$.

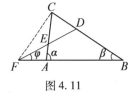

图 4.11

如图 4.11，设点 F 为直线 DE 与 BA 延长线的交点，φ 为这两条直线的夹角.

由角平分线定理，有

$$\frac{BD}{DC}=\frac{c}{b},\frac{CE}{EA}=\frac{a}{c}\Rightarrow BD=\frac{ac}{b+c},DE=\frac{ab}{b+c},CE=\frac{ab}{a+c}$$

对于直线 DE 与 $\triangle ABC$，由梅涅劳斯(Menelaus)定理易得

$$AF=\frac{bc}{a-b},FB=\frac{ac}{a-b}$$

对 $\triangle AEF$ 与 $\triangle FDB$，由正弦定理得

$$\frac{\sin(\alpha-\varphi)}{\sin\varphi}=\frac{\sin\angle FEA}{\sin\angle EFA}=\frac{FA}{EA}=\frac{\frac{bc}{a-b}}{\frac{bc}{a+c}}=\frac{a+c}{a-b}$$

$$\frac{\sin(\beta+\varphi)}{\sin\varphi}=\frac{\sin\angle FDB}{\sin\angle DFB}=\frac{FB}{DB}=\frac{\frac{ac}{a-b}}{\frac{ac}{b+c}}=\frac{b+c}{a-b}$$

故

$$\sin\varphi = \sin(\alpha-\varphi) - \sin(\beta+\varphi)$$
$$= 2\sin\frac{\alpha-\beta-2\varphi}{2} \cdot \cos\frac{\alpha+\beta}{2}$$
$$< 2\sin\frac{\alpha-\beta-2\varphi}{2} \cdot \cos\frac{\alpha-\beta-2\varphi}{2}$$
$$= \sin(\alpha-\beta-2\varphi)$$

因此,$\varphi < \alpha-\beta-2\varphi \Rightarrow \varphi < \frac{1}{3}(\alpha-\beta)$.

2. 如图 4.12,设 IK 的延长线与边 C_2A_2 交于点 N. 由题意,知
$$\angle C_2AB = \angle C_2CB = \angle C_2CA = \angle C_2A_2A \quad (设为\gamma)$$
$$\angle A_2CB = \angle A_2AB = \angle A_2AC = \angle A_2C_2C \quad (设为\alpha)$$
$$\angle AC_2C = \angle CA_2A = \angle ABC \quad (设为2\beta)$$

在 $\triangle C_2AI$ 中,由张角定理得
$$\frac{C_2C_1}{C_1I} = \frac{\sin\gamma}{\sin\alpha} \cdot \frac{\sin\angle C_2IA}{\sin\angle AC_2I} = \frac{\sin\gamma}{\sin\alpha} \cdot \frac{\sin(\alpha+\gamma)}{\sin 2\beta}$$

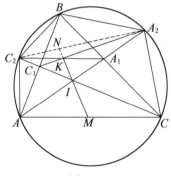

图 4.12

同理,在 $\triangle IA_2C$ 中,有
$$\frac{IA_1}{A_1A_2} = \frac{\sin\gamma}{\sin\alpha} \cdot \frac{\sin\angle IA_2C}{\sin\angle A_2IC} = \frac{\sin\gamma}{\sin\alpha} \cdot \frac{\sin 2\beta}{\sin(\alpha+\gamma)}$$

从而
$$\frac{C_2C_1}{C_1I} \cdot \frac{IA_1}{A_1A_2} = \left(\frac{\sin\gamma}{\sin\alpha}\right)^2$$

在 $\triangle C_2A_2I$ 中,由塞瓦定理得
$$\frac{C_2N}{NA_2} = \frac{C_2C_1}{C_1I} \cdot \frac{IA_1}{A_1A_2} = \left(\frac{\sin\gamma}{\sin\alpha}\right)^2$$

在 $\triangle C_2IN, \triangle A_2IN$ 中,有

$$\frac{\sin\angle C_2IN}{\sin\angle NIA_2} = \frac{C_2N\sin\alpha}{NA_2\sin\gamma} = \left(\frac{\sin\gamma}{\sin\alpha}\right)^2 \cdot \frac{\sin\alpha}{\sin\gamma} = \frac{\sin\gamma}{\sin\alpha}$$

而在 $\triangle AIM$, $\triangle CIM$ 中,有

$$\frac{AM}{MI} = \frac{\sin\angle AIM}{\sin\alpha} = \frac{\sin\angle NIA_2}{\sin\alpha} = \frac{\sin\angle C_2IN}{\sin\gamma} = \frac{\sin\angle MIC}{\sin\gamma} = \frac{CM}{MI}$$

所以 $AM = CM$.

第5章 三角形中的十个基本定理

三角形中的十个基本定理可以从五个角度介绍:

1. 与三角形三边所在直线上的三点有关的两个定理

定理1 （梅涅劳斯定理）设点 A',B',C' 分别是 $\triangle ABC$ 的三边 BC,CA,AB 或其延长线上的点,若 A',B',C' 三点共线,则 $\dfrac{BA'}{A'C}\cdot\dfrac{CB'}{B'A}\cdot\dfrac{AC'}{C'B}=1$.

证明 如图 5.1,过点 A 作直线 $AD/\!/C'A'$ 交 BC 的延长线于点 D,则 $\dfrac{CB'}{B'A}=\dfrac{CA'}{A'D},\dfrac{AC'}{C'B}=\dfrac{DA'}{A'B}$,故 $\dfrac{BA'}{A'C}\cdot\dfrac{CB'}{B'A}\cdot\dfrac{AC'}{C'B}=\dfrac{BA'}{A'C}\cdot\dfrac{CA'}{A'D}\cdot\dfrac{DA'}{A'B}=1$.

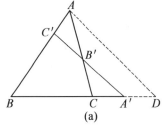
(a)

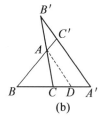
(b)

图 5.1

注:此定理的证明还有正弦定理的证法及面积的证法等多种方法,均可参看本丛书中的《平面几何范例多解探究》.

梅涅劳斯定理的逆定理 设点 A',B',C' 分别是 $\triangle ABC$ 的三边 BC,CA,AB 或其延长线上的点,若

$$\dfrac{BA'}{A'C}\cdot\dfrac{CB'}{B'A}\cdot\dfrac{AC'}{C'B}=1$$

则 A',B',C' 三点共线.

证明 设直线 $A'B'$ 交 AB 于点 C_1,则由梅涅劳斯定理得

$$\dfrac{BA'}{A'C}\cdot\dfrac{CB'}{B'A}\cdot\dfrac{AC_1}{C_1A}=1$$

由题设,有 $\dfrac{BA'}{A'C}\cdot\dfrac{CB'}{B'A}\cdot\dfrac{AC'}{C'B}=1$,即 $\dfrac{AC_1}{C_1A}=\dfrac{AC'}{C'B}$.

又由合比定理,知$\frac{AC_1}{AB}=\frac{AC'}{AB}$,所以 $AC_1=AC'$,从而点 C_1 与 C' 重合,即 A',B',C' 三点共线.

有时,也将上述两个定理合写为:设点 A',B',C' 分别是 $\triangle ABC$ 的三边 BC,CA,AB 所在直线(包括三边的延长线)上的点,则 A',B',C' 三点共线的充要条件为

$$\frac{BA'}{A'C}\cdot\frac{CB'}{B'A}\cdot\frac{AC'}{C'B}=1$$

第一角元形式的梅涅劳斯定理 设点 A',B',C' 分别是 $\triangle ABC$ 的三边 BC,CA,AB 所在直线(包括三边的延长线)上的点,则 A',B',C' 三点共线的充要条件为

$$\frac{\sin\angle BAA'}{\sin\angle A'AC}\cdot\frac{\sin\angle ACC'}{\sin\angle C'CB}\cdot\frac{\sin\angle CBB'}{\sin\angle B'BA}=1$$

证明 如图 5.2,可得

$$\frac{BA'}{A'C}=\frac{S_{\triangle ABA'}}{S_{\triangle AA'C}}=\frac{\frac{1}{2}AB\cdot AA'\cdot\sin\angle BAA'}{\frac{1}{2}AA'\cdot AC\cdot\sin\angle A'AC}$$

$$=\frac{AB\cdot\sin\angle BAA'}{AC\cdot\sin\angle A'AC}$$

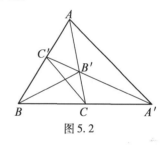

图 5.2

同理

$$\frac{CB'}{B'A}=\frac{BC\cdot\sin\angle CBB'}{AB\cdot\sin\angle B'BA},\frac{AC'}{C'B}=\frac{AC\cdot\sin\angle ACC'}{BC\cdot\sin\angle C'CB}$$

以上三式相乘,运用梅涅劳斯定理及其逆定理,知结论成立.

第二角元形式的梅涅劳斯定理 设点 A',B',C' 分别是 $\triangle ABC$ 的三边 BC,CA,AB 所在直线上的点,点 O 不在 $\triangle ABC$ 三边所在的直线上,则 A',B',C' 三点共线的充要条件为

$$\frac{\sin\angle BOA'}{\sin\angle A'OC}\cdot\frac{\sin\angle COB'}{\sin\angle B'OA}\cdot\frac{\sin\angle AOC'}{\sin\angle C'OB}=1$$

证明 如图 5.3,由 $\frac{S_{\triangle BOA'}}{S_{\triangle A'OC}}=\frac{BA'}{A'C}$,有

$$\frac{\sin\angle BOA'}{\sin\angle A'OC}=\frac{OC}{OB}\cdot\frac{BA'}{A'C}$$

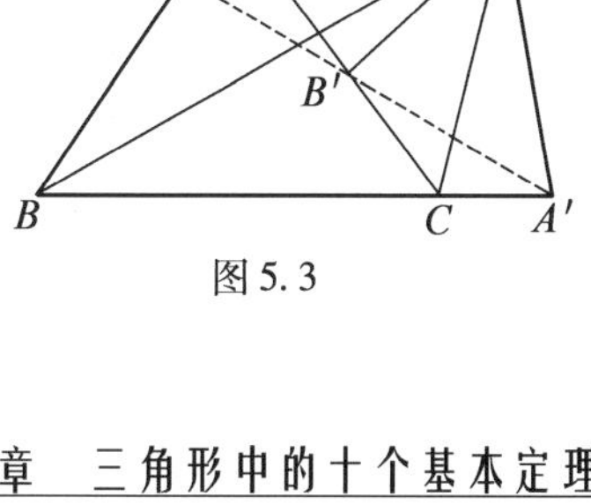

图 5.3

同理

$$\frac{\sin\angle COB'}{\sin\angle B'OA}=\frac{OA}{OC}\cdot\frac{CB'}{B'A}, \frac{\sin\angle AOC'}{\sin\angle C'OB}=\frac{OB}{OA}\cdot\frac{AC'}{C'B}$$

于是

$$\frac{\sin\angle BOA'}{\sin\angle A'OC}\cdot\frac{\sin\angle COB'}{\sin\angle B'OA}\cdot\frac{\sin\angle AOC'}{\sin\angle C'OB}=\frac{BA'}{A'C}\cdot\frac{CB'}{B'A}\cdot\frac{AC'}{C'B}$$

故由梅涅劳斯定理知 A',B',C' 三点共线 $\Leftrightarrow \dfrac{BA'}{A'C}\cdot\dfrac{CB'}{B'A}\cdot\dfrac{AC'}{C'B}=1$.

从而定理获证.

定理 2 （塞瓦定理）设 A',B',C' 分别是 $\triangle ABC$ 的三边 BC,CA,AB 或其延长线上的点,若 AA',BB',CC' 三线平行或共点,则 $\dfrac{BA'}{A'C}\cdot\dfrac{CB'}{B'A}\cdot\dfrac{AC'}{C'B}=1$.

证明 如图 5.4(a),(b),若 AA',BB',CC' 交于一点 P,则过点 A 作 BC 的平行线,分别交 BB',CC' 所在直线的延长线于 D,E 两点,得

$$\frac{CB'}{B'A}=\frac{BC}{AD},\frac{AC'}{C'B}=\frac{EA}{BC}$$

又 $\dfrac{BA'}{AD}=\dfrac{A'P}{PA}=\dfrac{A'C}{EA}$,所以 $\dfrac{BA'}{A'C}=\dfrac{AD}{EA}$. 从而

$$\frac{BA'}{A'C}\cdot\frac{CB'}{B'A}\cdot\frac{AC'}{C'B}=\frac{AD}{EA}\cdot\frac{BC}{AD}\cdot\frac{EA}{BC}=1$$

若 AA',BB',CC' 三线平行,可类似证明（略）.

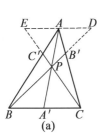 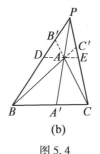 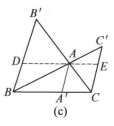

(a)   (b)   (c)

图 5.4

塞瓦定理的逆定理 设点 A',B',C' 分别是 $\triangle ABC$ 的三边 BC,CA,AB 或其延长线上的点,若

$$\frac{BA'}{A'C}\cdot\frac{CB'}{B'A}\cdot\frac{AC'}{C'B}=1$$

则 AA',BB',CC' 三线共点或互相平行.

证明 若 AA' 与 BB' 交于点 P,设 CP 与 AB 的交点为点 C_1,则由塞瓦定理,

有 $\dfrac{BA'}{A'C} \cdot \dfrac{CB'}{B'A} \cdot \dfrac{AC_1}{C_1B} = 1$. 又已知 $\dfrac{BA'}{A'C} \cdot \dfrac{CB'}{B'A} \cdot \dfrac{AC'}{C'B} = 1$,由此得 $\dfrac{AC_1}{C_1B} = \dfrac{AC'}{C'B}$,即 $\dfrac{AC_1}{AB} = \dfrac{AC'}{AB}$,亦即 $AC_1 = AC'$,故点 C_1 与 C' 重合,从而 AA',BB',CC' 三线共点.

若 $AA' /\!/ BB'$,则 $\dfrac{CB'}{B'A} = \dfrac{CB}{BA'}$. 代入已知条件,有 $\dfrac{AC'}{C'B} = \dfrac{A'C}{CB}$,由此知 $CC' /\!/ AA'$,故 $AA' /\!/ BB' /\!/ CC'$.

上述两定理可合写为:设点 A',B',C' 分别是 $\triangle ABC$ 的三边 BC,CA,AB 所在直线上的点,则三直线 AA',BB',CC' 平行或共点的充要条件是
$$\dfrac{BA'}{A'C} \cdot \dfrac{CB'}{B'A} \cdot \dfrac{AC'}{C'B} = 1$$

第一角元形式的塞瓦定理　设点 A',B',C' 分别是 $\triangle ABC$ 的三边 BC,CA,AB 所在直线上的点,则三直线 AA',BB',CC' 平行或共点的充要条件为
$$\dfrac{\sin \angle BAA'}{\sin \angle A'AC} \cdot \dfrac{\sin \angle ACC'}{\sin \angle C'CB} \cdot \dfrac{\sin \angle CBB'}{\sin \angle B'BA} = 1$$

证明　由 $\dfrac{BA'}{A'C} = \dfrac{S_{\triangle ABA'}}{S_{\triangle AA'C}} = \dfrac{AB \cdot \sin \angle BAA'}{AC \cdot \sin \angle A'AC}$,$\dfrac{CB'}{B'A} = \dfrac{BC \cdot \sin \angle CBB'}{AB \cdot \sin \angle B'BA}$,$\dfrac{AC'}{C'B} = \dfrac{AC \cdot \sin \angle ACC'}{BC \cdot \sin \angle C'CB}$,三式相乘,再运用塞瓦定理及其逆定理,知结论成立.

第二角元形式的塞瓦定理　设点 A',B',C' 分别为 $\triangle ABC$ 的三边 BC,CA,AB 所在直线上的点,点 O 是不在 $\triangle ABC$ 三边所在直线上的点,则 AA',BB',CC' 三线平行或共点的充要条件为
$$\dfrac{\sin \angle BOA'}{\sin \angle A'OC} \cdot \dfrac{\sin \angle AOC'}{\sin \angle C'OB} \cdot \dfrac{\sin \angle COB'}{\sin \angle B'OA} = 1$$

证明　注意到塞瓦定理及其逆定理,有
$$1 = \dfrac{BA'}{A'C} \cdot \dfrac{CB'}{B'A} \cdot \dfrac{AC'}{C'B} = \dfrac{S_{\triangle BOA'}}{S_{\triangle A'OC}} \cdot \dfrac{S_{\triangle COB'}}{S_{\triangle B'OA}} \cdot \dfrac{S_{\triangle AOC'}}{S_{\triangle C'OB}}$$
$$= \dfrac{BO \cdot \sin \angle BOA'}{CO \cdot \sin \angle A'OC} \cdot \dfrac{CO \cdot \sin \angle COB'}{AO \cdot \sin \angle B'OA} \cdot \dfrac{AO \cdot \sin \angle AOC'}{BO \cdot \sin \angle C'OB}$$

由此即证得结论.

推论　设点 A_1,B_1,C_1 分别是 $\triangle ABC$ 的外接圆三段弧 $\overparen{BC}$,$\overparen{CA}$,$\overparen{AB}$ 上的点,则 AA_1,BB_1,CC_1 三线共点的充要条件为
$$\dfrac{BA_1}{A_1C} \cdot \dfrac{CB_1}{B_1A} \cdot \dfrac{AC_1}{C_1B} = 1$$

证明　如图 5.5,设$\triangle ABC$外接圆的半径为R,AA_1交BC于点A',BB_1交CA于点B',CC_1交AB于点C'. 由A,C_1,B,A_1,C,B_1六点共圆及正弦定理,有

$$\frac{BA_1}{A_1C}=\frac{2R\cdot\sin\angle BAA_1}{2R\cdot\sin\angle A_1AC}=\frac{\sin\angle BAA'}{\sin\angle A'AC}$$

同理,有

$$\frac{CB_1}{B_1A}=\frac{\sin\angle CBB'}{\sin\angle B'BA},\frac{AC_1}{C_1B}=\frac{\sin\angle ACC'}{\sin\angle C'CB}$$

三式相乘,并应用第一角元形式的塞瓦定理即得证.

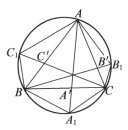

图 5.5

2. 与三角形一顶点引出的射线上的点有关的两个定理

定理 3　设点P为从$\triangle ABC$的顶点A引出的一条射线AP上的点,线段BP,PC对点A的张角分别为α,β,且$\alpha+\beta<180°$,则B,P,C三点共线的充要条件为

$$\frac{\sin(\alpha+\beta)}{AP}=\frac{\sin\alpha}{AC}+\frac{\sin\beta}{AB}$$

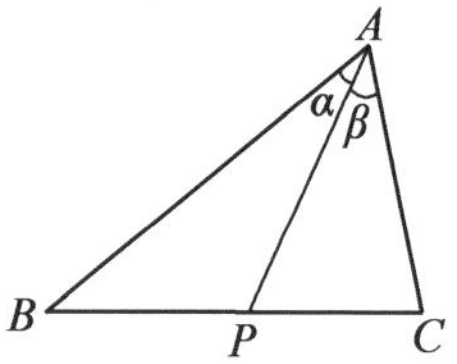

图 5.6

证明　如图 5.6,有

$$\begin{aligned}B,P,C\text{三点共线}&\Leftrightarrow S_{\triangle ABC}=S_{\triangle ABP}+S_{\triangle APC}\\&\Leftrightarrow\frac{1}{2}AB\cdot AC\cdot\sin(\alpha+\beta)\\&=\frac{1}{2}AB\cdot AP\cdot\sin\alpha+\frac{1}{2}AP\cdot AC\cdot\sin\beta\\&\Leftrightarrow\frac{\sin(\alpha+\beta)}{AP}=\frac{\sin\alpha}{AC}+\frac{\sin\beta}{AB}\end{aligned}$$

注:定理 3 的必要性即为张角定理,充分性即为张角定理的逆定理,点A常称为视点.

定理 4　设点P为从$\triangle ABC$的顶点A引出的一条射线AP上的点,则B,P,C三点共线的充要条件为

$$AP^2 = AB^2 \cdot \frac{PC}{BC} + AC^2 \cdot \frac{BP}{BC} - BP \cdot PC$$

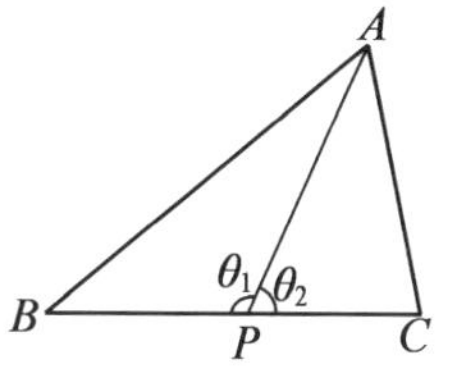

证明 如图 5.7,设 $\angle APB = \theta_1$,$\angle APC = \theta_2$,不失一般性,设 $\theta_2 < 90°$.

对 $\triangle ABP$ 和 $\triangle APC$ 分别应用余弦定理,有
$$AB^2 = AP^2 + BP^2 - 2AP \cdot BP \cdot \cos\theta_1$$
$$AC^2 = AP^2 + CP^2 - 2AP \cdot CP \cdot \cos\theta_2$$

将上述两式分别乘以 PC, PB 后相加,得
$$AB^2 \cdot CP + AC^2 \cdot BP = AP^2(BP + CP) + BP \cdot CP(BP + CP) -$$
$$2AP \cdot BP \cdot CP(\cos\theta_1 + \cos\theta_2)$$

于是
$$B, P, C \text{ 三点共线}$$
$$\Leftrightarrow \text{式①右边} = AP^2 \cdot BC + BP \cdot CP \cdot BC$$
$$\Leftrightarrow AP^2 = AB^2 \cdot \frac{PC}{BC} + AC^2 \cdot \frac{BP}{BC} - BP \cdot PC.$$

图 5.7

注:(1)定理 4 的必要性即为斯特瓦尔特定理,充分性即为斯特瓦尔特定理的逆定理.

(2)若点 P 在 BC 的延长线上,则
$$AP^2 = -AB^2 \cdot \frac{PC}{BC} + AC^2 \cdot \frac{BP}{BC} + BP \cdot PC$$

若点 P 在 BC 的反向延长线上时,则
$$AP^2 = AB^2 \cdot \frac{PC}{BC} - AC^2 \cdot \frac{BP}{BC} - BP \cdot PC$$

推论 (1)若 $AB = AC$,则 $AP^2 = AB^2 - BP \cdot PC$.

(2)若点 P 为 BC 的中点,则 $AP^2 = \frac{1}{2}AB^2 + \frac{1}{2}AC^2 - \frac{1}{4}BC^2$.

(3)若 AP 平分 $\angle BAC$,则 $AP^2 = AB \cdot AC - BP \cdot PC$.

(4)若 AP 平分 $\angle BAC$ 的外角,则 $AP^2 = BP \cdot PC - AB \cdot AC$.

3. 与三角形外一点有关的两个定理

定理 5 (托勒密(Ptolemy)定理)从 $\triangle ABC$ 外一点 D 与三顶点连线,则点 D 在 $\triangle ABC$ 外接圆上的充要条件为
$$AB \cdot DC + AC \cdot BD = BC \cdot AD$$

证明 必要性:如图 5.8 所示,点 D 在 $\triangle ABC$ 的外接圆上,在 BC 上取点 P,使 $\angle PAB = \angle CAD$,则 $\triangle ABP \sim \triangle ADC$.于是 $AB \cdot DC = AD \cdot BP$.

又 $\triangle ABD \backsim \triangle APC$,所以 $BD \cdot AC = AD \cdot PC$,故
$$AB \cdot DC + AC \cdot BD = AD(BP + PC) = AD \cdot BC$$

充分性:在凸四边形 $ABDC$ 内取点 E,使 $\angle BAE = \angle CAD$,$\angle ABE = \angle ADC$,则 $\triangle ABE \backsim \triangle ADC$,即
$$AB \cdot DC = AD \cdot BE$$

又注意到 $\angle CAE = \angle DAB$ 及上述比例式,有 $\triangle ACE \backsim \triangle ADB$,亦有
$$AC \cdot BD = AD \cdot EC$$

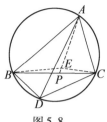

图 5.8

从而 $\qquad AB \cdot DC + AC \cdot BD = AD(BE + EC) \geqslant AD \cdot BC$
其中等号当且仅当点 E 在 BC 上,即 $\angle ABC = \angle ADC$,亦即 A,B,D,C 四点共圆时成立.

注:(1)定理 5 的必要性即为托勒密定理,充分性即为托勒密定理的逆定理.
(2)由托勒密定理可得到三角形中的射影定理.

定理 6 (西姆松(Simson)定理)从 $\triangle ABC$ 外一点 D 引三边 BC,AB,AC 所在直线的垂线,垂足分别为 L,M,N,则点 D 在 $\triangle ABC$ 的外接圆上的充要条件是 L,M,N 三点共线,即
$$LN = LM + MN$$

证明 如图 5.9,联结 BD,AD,分别由 D,B,L,M 和 D,M,A,N 四点共圆,有
$$\angle BML = \angle BDL, \angle ADN = \angle AMN$$

又 D,B,C,A 四点共圆 $\Leftrightarrow \angle DBL = \angle DAN \Leftrightarrow \angle BML = \angle AMN \Leftrightarrow L,M,N$ 三点共线 $\Leftrightarrow LN = LM + MN$.

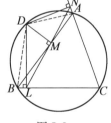

图 5.9

注:上述定理的必要性即为西姆松定理,充分性即为西姆松定理的逆定理,直线 LMN 称为西姆松线.

4. 与三角形的边、角相关的两个定理

定理 7 (正弦定理)在 $\triangle ABC$ 中,若 $\angle A,\angle B,\angle C$ 所对的边长分别为 a,b,c,其面积设为 $S_{\triangle ABC}$,则
$$\frac{a}{\sin A} = \frac{b}{\sin b} = \frac{c}{\sin c} = \frac{abc}{2S_{\triangle ABC}}$$

事实上,由 $S_{\triangle ABC} = \frac{1}{2}ab\sin C = \frac{1}{2}ac\sin B = \frac{1}{2}bc\sin A$,同除以 $\frac{1}{2}abc$,即得.

注:由 $S_{\triangle ABC} = \frac{R^2}{2}(\sin 2A + \sin 2B + \sin 2C) = 4R^2 \sin A \sin B \sin C$,令上述比

例式中的比值为 k,由此可求得 $k=2R$(R 为 $\triangle ABC$ 外接圆的直径).

定理 8 (余弦定理)在 $\triangle ABC$ 中,若 $\angle A,\angle B,\angle C$ 所对的边长分别为 a,b,c,则

$$c^2 = a^2 + b^2 - 2ab\cos C$$
$$b^2 = c^2 + a^2 - 2ca\cos B$$
$$a^2 = b^2 + c^2 - 2bc\cos A$$

证明 仅证第一式,且设 $\angle C \geqslant 90°$(当 $\angle C < 90°$时,可同理证明),如图 5.10 所示.

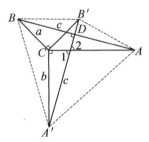

图 5.10

将 $\triangle ABC$ 绕顶点 C 顺时针方向旋转 $90°$ 得 $\triangle A'B'C$,注意到

$$\angle BCB' = 90°, \angle ACA' = 90°, \angle A' = \angle A, \angle 1 = \angle 2 (如图 5.10)$$

则 $\angle A'DA = 90°$(点 D 为 AB 与 $A'B'$ 的交点),且 $A'B' = AB = c$,于是

$$S_{\triangle BA'B'} + S_{\triangle AB'A'} = S_{四边形 A'AB'B} = S_{\triangle BCB'} + S_{\triangle ACA'} + S_{\triangle BCA'} + S_{\triangle ACB'}$$

即

$$\frac{1}{2}c \cdot BD + \frac{1}{2}c \cdot AD$$
$$= \frac{1}{2}a^2 + \frac{1}{2}b^2 + \frac{1}{2}ab\sin[180° - (C - 90°)] + \frac{1}{2}ab\sin(C - 90°)$$

亦即

$$c^2 = a^2 + b^2 - 2ab\cos C$$

推论 在 $\triangle ABC$ 中,若 $\angle C = 90°$,则 $c^2 = a^2 + b^2$.

注:可类似得到其他式子.

5. 与两个三角形边、角有关的两个面积比例定理

定理 9 (共边比例定理)若 $\triangle PAB$ 与 $\triangle QAB$ 的顶点 P,Q 所在的直线与直线 AB 的交点为 M,则

$$\frac{S_{\triangle PAB}}{S_{\triangle QAB}} = \frac{PM}{QM}$$

证明 如图 5.11,图形有 4 种情形.

对于图 5.11(a),过点 P 作 $PE \perp$ 直线 AB 于点 E,过点 Q 作 $QF \perp$ 直线 AB 于点 F,则由 $\text{Rt}\triangle PEM \sim \text{Rt}\triangle QFM$,有

$$\frac{PE}{QF} = \frac{PM}{QM}$$

于是
$$\frac{S_{\triangle PAB}}{S_{\triangle QAB}} = \frac{\frac{1}{2}AB \cdot PE}{\frac{1}{2}AB \cdot QF} = \frac{PE}{QF} = \frac{PM}{QM}$$

同理,可证得其他三种情形.

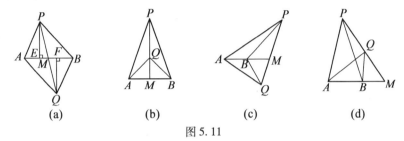

图 5.11

定理 10 (共角比例定理)若在 $\triangle ABC$ 和 $\triangle A'B'C'$ 中,$\angle A = \angle A'$ 或 $\angle A + \angle A' = 180°$,则

$$\frac{S_{\triangle ABC}}{S_{\triangle A'B'C'}} = \frac{AB \cdot AC}{A'B' \cdot A'C'}$$

证明 不妨设 $\angle A$ 与 $\angle A'$ 重合或互为邻补角,如图 5.12 所示.

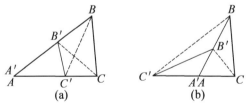

图 5.12

联结 $B'C, BC'$,由共边比例定理,有

$$\frac{S_{\triangle ABC}}{S_{\triangle A'B'C'}} = \frac{S_{\triangle ABC}}{S_{\triangle AB'C}} \cdot \frac{S_{\triangle AB'C}}{S_{\triangle A'B'C'}} = \frac{AB \cdot AC}{A'B' \cdot A'C'}$$

注:(1)也可由三角形的面积公式推导,得

$$\frac{S_{\triangle ABC}}{S_{\triangle A'B'C'}} = \frac{\frac{1}{2}AB \cdot AC\sin\angle BAC}{\frac{1}{2}A'B' \cdot A'C'\sin\angle B'A'C'} = \frac{AB \cdot AC}{A'B' \cdot A'C'}$$

(2)当 $AC = A'C'$ 时,共角比例式即为共边比例式,即定理10也可看作定理9的一种推广.

例1 设 $\triangle ABC$ 的内切圆分别切边 BC, CA, AB 于点 D, E, F,直线 AD 交 EF 于点 H. 若直线 FE 的延长线与直线 BC 的延长线交于点 G,则 $\dfrac{FH}{HE} = \dfrac{FG}{GE}$.

证法1 如图 5.13,易知 $AE = AF, BF = BD, CD = CE$.

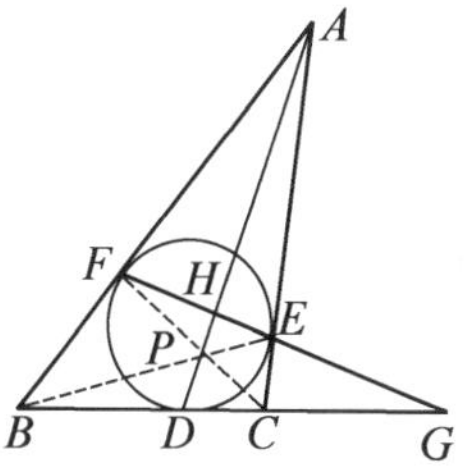

对 $\triangle ABC$ 及截线 FEG 应用梅涅劳斯定理,有

$$\frac{AF}{FB} \cdot \frac{BG}{GC} \cdot \frac{CE}{EA} = 1$$

亦即

$$\frac{DB}{BG} = \frac{DC}{CG} \qquad ①$$

图 5.13

对 $\triangle DGH$ 及截线 AFB 应用梅涅劳斯定理,有

$$\frac{DB}{BG} \cdot \frac{GF}{FH} \cdot \frac{HA}{AD} = 1 \qquad ②$$

对 $\triangle DGH$ 及截线 AEC 应用梅涅劳斯定理,有

$$\frac{DC}{CG} \cdot \frac{GE}{EH} \cdot \frac{HA}{AD} = 1 \qquad ③$$

由式②③有

$$\frac{DB}{BG} \cdot \frac{GF}{FH} = \frac{DC}{CG} \cdot \frac{GE}{EH} \qquad ④$$

由式①④得 $\dfrac{GF}{FH} = \dfrac{GE}{EH}$,故 $\dfrac{FH}{HE} = \dfrac{FG}{GE}$.

证法2 如图 5.13,易知 $AE = AF, BF = BD, CD = CE$.

于是,有 $\dfrac{AF}{FB} \cdot \dfrac{BD}{DC} \cdot \dfrac{CE}{EA} = 1$.

由塞瓦定理的逆定理,知 AD, BE, CF 三线共点,设该点为 P.

对 $\triangle FEB$ 及截线 AHP 应用梅涅劳斯定理,有

$$\frac{FH}{HE} \cdot \frac{EP}{PB} \cdot \frac{BA}{AF} = 1 \qquad ⑤$$

又对 $\triangle FEB$ 及点 $C(EA,FP,BG$ 三线共点于 $C)$ 应用塞瓦定理,有

$$\frac{FG}{GE} \cdot \frac{EP}{PB} \cdot \frac{BA}{AF} = 1 \qquad ⑥$$

比式⑤⑥,即得

$$\frac{FH}{HE} = \frac{FG}{GE}$$

例2 证明下述两个命题:

(1)已知 AD,AE 分别是 $\triangle ABC$ 的内、外角平分线,点 D 在边 BC 上,点 E 在边 BC 的延长线上,求证:$\dfrac{1}{BE} + \dfrac{1}{CE} = \dfrac{2}{DE}$.

(2)点 M 和 N 三等分 $\triangle ABC$ 的边 AC,点 X 和 Y 三等分边 BC,AY 与 BM,BN 分别交于点 S,R. 求证:$\dfrac{S_{四边形SRNM}}{S_{\triangle ABC}} = \dfrac{5}{42}$.

证明 (1)设 $AD = a, AE = b, \angle BAD = \angle DAC = \alpha$,以点 A 为视点,分别在 $\triangle ADE$ 和 $\triangle ABE$ 中应用张角定理,得

$$\frac{\sin \angle DAE}{AC} = \frac{\sin \alpha}{b} + \frac{\sin(90° - \alpha)}{a}$$

$$\frac{\sin(90° + \alpha)}{a} = \frac{\sin \angle DAE}{AB} + \frac{\sin \alpha}{b}$$

于是 $\quad AC = \dfrac{ab}{b\cos \alpha + a\sin \alpha}, AB = \dfrac{ab}{b\cos \alpha - a\sin \alpha}$

如图 5.14(a),在 $\triangle ABE$ 中,由余弦定理,并注意到 $\cos \alpha > 0$,以及 $b\cos \alpha - a\sin \alpha > 0$(因为 $AB > 0$),有

$$BE = \sqrt{AB^2 + AE^2 - 2AB \cdot AE\cos(90° + \alpha)} = \sqrt{\frac{b^2\cos^2\alpha(a^2 + b^2)}{(b\cos \alpha - a\sin \alpha)^2}}$$

$$= \frac{b\cos \alpha \sqrt{a^2 + b^2}}{b\cos \alpha - a\sin \alpha}$$

同理 $\quad CE = \dfrac{b\cos \alpha \sqrt{a^2 + b^2}}{b\cos \alpha + a\sin \alpha}$

而 $DE = \sqrt{a^2 + b^2}$,故

$$\frac{1}{BE} + \frac{1}{CE} = \frac{2b\cos \alpha}{b\cos \alpha \sqrt{a^2 + b^2}} = \frac{2}{DE}$$

(2)如图 5.14(b),对 $\triangle BMC$ 及截线 ASY 应用梅涅劳斯定理,有

$$\frac{BS}{SM} \cdot \frac{MA}{AC} \cdot \frac{CY}{YB} = \frac{BS}{SM} \cdot \frac{1}{3} \cdot \frac{1}{2} = 1$$

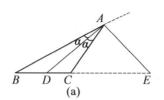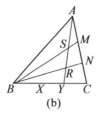

图 5.14

则
$$\frac{BS}{SM} = 6$$

从而
$$\frac{BS}{BM} = \frac{6}{7}$$

又对 △BNC 及截线 ARY 应用梅涅劳斯定理,有
$$\frac{BR}{RN} \cdot \frac{NA}{AC} \cdot \frac{CY}{YB} = \frac{BR}{RN} \cdot \frac{2}{3} \cdot \frac{1}{2} = 1$$

则
$$\frac{BR}{RN} = 3$$

从而
$$\frac{BR}{BN} = \frac{3}{4}$$

由共角比例定理,有
$$\frac{S_{\triangle BSR}}{S_{\triangle BMN}} = \frac{BS \cdot BR}{BM \cdot BN} = \frac{6}{7} \times \frac{3}{4} = \frac{9}{14}$$

从而
$$\frac{S_{\text{四边形}SRNM}}{S_{\triangle BMN}} = \frac{5}{14}$$

又由共边比例定理,有
$$\frac{S_{\triangle BMN}}{S_{\triangle ABC}} = \frac{MN}{AB} = \frac{1}{3}$$

所以
$$\frac{S_{\text{四边形}SRNM}}{S_{\triangle ABC}} = \frac{5}{14} \cdot \frac{S_{\triangle BMN}}{S_{\triangle ABC}} = \frac{5}{14} \times \frac{1}{3} = \frac{5}{42}$$

例 3 设 P, Q 为圆 Γ 的两条不平行的弦的中点,过每条弦的两个端点的切线分别交于点 A, B,△ABP 的垂心 H 关于直线 AB 的对称点为 R,点 R 在直线 AP, BP, AQ, BQ 上的投影分别为点 R_1, R_2, R_3, R_4. 证明:$\frac{AR_1}{PR_1} \cdot \frac{PR_2}{BR_2} = \frac{AR_3}{QR_3} \cdot \frac{QR_4}{BR_4}$.

证明 如图 5.15,设圆 Γ 的圆心为点 O,点 X,点 Y 分别为两条弦的一个端点.

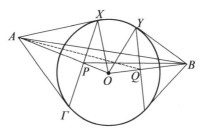

图 5.15

因为 $\angle OPX = \angle OXA = 90°$,所以 $\mathrm{Rt}\triangle OPX \backsim \triangle OXA \Rightarrow OP \cdot OA = OX^2$.

类似地,$\mathrm{Rt}\triangle OQY \backsim \mathrm{Rt}\triangle OYB \Rightarrow OQ \cdot OB = OY^2$.

故 $OP \cdot OA = OQ \cdot OB$. 这表明,$A,P,Q,B$ 四点共圆.

由熟知的结论知,点 R 在 $\triangle ABP$ 的外接圆上.

因此,A,P,Q,B,R 五点共圆.

如图 5.16,设 AB 与 PR 交于点 K.

由西姆松定理,知 R_1,K,R_2 三点共线.

因为 $\angle AR_1K = \angle ARK = \angle ABP$,所以 $\angle KAP = \angle KR_2P$.

故 $\triangle PAB \backsim \triangle PR_2R_1 \Rightarrow \dfrac{PR_2}{PR_1} = \dfrac{PA}{PB}$.

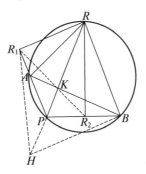

图 5.16

又 $\angle RBR_2 = \angle RAR_1$,$\angle BR_2R = \angle AR_1R = 90°$,所以

$$\triangle RBR_2 \backsim \triangle RAR_1 \Rightarrow \dfrac{AR_1}{BR_2} = \dfrac{RA}{RB}.$$

从而

$$\dfrac{AR_1}{PR_1} \cdot \dfrac{PR_2}{BR_2} = \dfrac{PA}{PB} \cdot \dfrac{RA}{RB} \qquad ①$$

如图 5.17,由西姆松定理,知 R_3,K,R_4 三点共线.

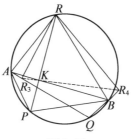

图 5.17

又
$$\angle KR_3Q = \angle KRA = \angle PBA$$
$$\angle KR_4Q = \angle KRB = \angle PAB \Rightarrow \triangle PAB \backsim \triangle QR_4R_3 \Rightarrow \frac{QR_4}{QR_3} = \frac{PA}{PB}$$

由
$$\angle RAR_3 = \angle RBR_4, \angle AR_3R = \angle BR_4R = 90° \Rightarrow \triangle ARR_3 \backsim \triangle BRR_4 \Rightarrow \frac{AR_3}{BR_4} = \frac{RA}{RB}$$

所以
$$\frac{AR_3}{QR_3} \cdot \frac{QR_4}{BR_4} = \frac{PA}{PB} \cdot \frac{RA}{RB} \qquad ②$$

由式①②知,所证结论成立.

第6章 三角形的外心 外接圆

三角形的外接圆的圆心简称为三角形的外心. 外心、外接圆有下列有趣的性质:

性质1 三角形的外心是三角形三条边的中垂线的交点.

性质2 三角形所在平面内的一点是其外心的充要条件为:该点到三顶点的距离相等.

显然,直角三角形的外心为斜边的中点,锐角三角形的外心在形内,钝角三角形的外心在形外.

性质3 设点 O 为 $\triangle ABC$ 所在平面内一点,则点 O 为 $\triangle ABC$ 的外心的充要条件是下述条件之一成立:

（1）$\angle BOC = 2\angle A$, $\angle AOC = 2\angle B$, $\angle AOB = 2\angle C$;

（2）$OB = OC$,且 $\angle BOC = 2\angle A$.

事实上,必要性显然,充分性只需注意到定弦一侧张定角的轨迹圆弧是唯一的即可.

性质4 设点 O 为 $\triangle ABC$ 的外心,射线 AO, BO, CO 分别与 $\triangle ABC$ 的外接圆交于点 A', B', C',则 $S_{\triangle ABC} = S_{\triangle A'BC} + S_{\triangle AB'C} + S_{\triangle ABC'}$.

证明 如图 6.1,易知

$$\triangle AOC' \cong \triangle A'OC, \triangle BOC' \cong \triangle B'OC, \triangle BOA' \cong \triangle B'OA$$

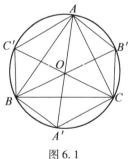

图 6.1

则 $S_{四边形AA'BC'} = S_{四边形AA'CB'}$

即 $S_{四边形AA'BC'} = \dfrac{1}{2} S_{六边形AC'BA'CB'}$

又 $S_{\triangle AOC}=S_{\triangle AOC'}, S_{\triangle BOC}=S_{\triangle BOC'}, S_{\triangle AOB}=S_{\triangle BOA'}$ 所以

$$S_{\triangle ABC}=S_{\triangle AOC'}+S_{\triangle BOC'}+S_{\triangle BOA'}=\frac{1}{2}S_{六边形AC'BA'CB'}$$

$$=\frac{1}{2}(S_{\triangle ABC}+S_{\triangle A'BC}+S_{\triangle AB'C}+S_{\triangle ABC'})$$

故 $S_{\triangle ABC}=S_{\triangle A'BC}+S_{\triangle AB'C}+S_{\triangle ABC'}$.

性质 5 在 $\triangle ABC$ 中,$\angle A$ 的平分线交其外接圆于点 M,从点 M 分别作 AB,AC 的垂线,垂足分别为 E,F,则 $AE=AF=\frac{1}{2}(AB+AC)$,且 $BE=CF=\frac{1}{2}(AB\sim AC)$(当 $AB>AC$ 时,"$\sim$"表示相加或相减).

证明 如图 6.2,显然 $ME=MF$,则有 $Rt\triangle AME\cong Rt\triangle AMF$,从而 $AE=AF$.

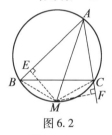

图 6.2

联结 BM,CM,则由点 M 为 $\overset{\frown}{BC}$ 的中点知 $BM=CM$,从而 $Rt\triangle MEB\cong Rt\triangle MFC$,故 $BE=CF$,于是

$$AB+AC=AE+AF=2AE=2AF$$

从而
$$AE=AF=\frac{1}{2}(AB+AC)$$

同理,当 $AB>AC$ 时,有

$$AB-AC=[(AE+BE)-(AF-FC)]=2BE=2CF$$

因此
$$BE=CF=\frac{1}{2}(AB-AC)$$

当 $AB<AC$ 时,同理

$$BE=CF=\frac{1}{2}(AC-AB)$$

注:对于 $\angle A$ 的外角平分线也有类似的结论:$AE=AF=\frac{1}{2}(AB\sim AC)$.

性质 6 若三角形一个顶角的位置、大小及夹该角两边的和都一定,则三角形的外接圆总过一定点.

证明 如图 6.3,设 △ABC 的顶角 A 的位置、大小一定,且 AB + AC 一定.

作 △ABC 中∠BAC 的平分线交外接圆于点 M,过点 M 作 ME⊥AB 于点 E,作 MF⊥直线 AC 于点 F,则 $AE = AF = \frac{1}{2}(AB + AC)$ 是一定的.

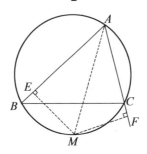

图 6.3

因为∠A 的位置、大小是一定的,所以 AE,AF 是一定的,因此点 M 的位置是确定的. 故 △ABC 的外接圆过定点 M.

性质 7 设 △ABC 中∠A 的平分线交其外接圆于点 M,∠A 的外角平分线交其外接圆于点 N,由点 M,N 分别向 AB 作垂线,垂足分别为 E,F,则 EF = AC.

证明 如图 6.4,由性质 5,知

$$AE = \frac{1}{2}(AB + AC), AF = \frac{1}{2}(AB - AC)$$

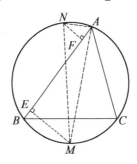

图 6.4

又 $$EF = AE - AF = \frac{1}{2}(AB + AC) - \frac{1}{2}(AB - AC) = AC$$

注:(1) 在图 6.4 中,MN 为其圆直径,且 MN 垂直平分 BC.

(2) $\angle AMN = \frac{1}{2}(\angle C - \angle B)$.

事实上,$\angle AMN \stackrel{m}{=} \frac{1}{2}\widehat{AN} = \frac{1}{2}(\widehat{AB} - \widehat{AC}) = \frac{1}{2}(\angle C - \angle B)$.

性质8 设$\triangle ABC$的边长为a,b,c,角平分线为t_a,t_b,t_c,延长角平分线与外接圆相交所得线段长为T_a,T_b,T_c,则
$$abc = \sqrt{T_a T_b T_c t_a t_b t_c}$$

证明 如图6.5,由角平分线的性质,有$\angle BAT = \angle MAC$,联结MC,则$\triangle ABT \sim \triangle AMC$,有$\dfrac{AB}{AM} = \dfrac{AT}{AC}$,即$AB \cdot AC = AT \cdot AM$,亦即$bc = t_a T_a$.

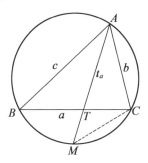

图6.5

同理 $\quad t_b T_b = ac, t_c T_c = ab$

故 $\quad abc = \sqrt{T_a T_b T_c t_a t_b t_c}$

注:也可由$(b+c)t_a = 2bc \cdot \cos\dfrac{A}{2}$,及$BM^2 = c^2 + T_a^2 - 2T_a \cdot c\cos\dfrac{A}{2}, MC^2 = b^2 + T_a^2 - 2T_a \cdot b\cos\dfrac{A}{2}$,此两式相减,注意$BM = MC$有$T_a = \dfrac{b+c}{2\cos\dfrac{A}{2}}$. 从而$t_a T_a = bc$.

性质9 设三角形的三条边长、外接圆的半径、面积分别为$a,b,c,R,S_\triangle$,则
$$R = \frac{abc}{4S_\triangle} \text{ 或 } S_\triangle = \frac{abc}{4R}$$

性质10 直角三角形的外心为斜边的中点,锐角三角形的外心在形内,钝角三角形的外心在形外.

性质11 三角形的外心到三边的有向距离(外心在边的形内一侧的距离为正,否则为负)之和等于其外接圆与内切圆半径之和.

证明 对于直角三角形,结论显然成立.

如图6.6,对于锐角$\triangle ABC$,设外心O在边$BC = a, CA = b, AB = c$上的射影分别为点O_1, O_2, O_3,设$OO_1 = d_1, OO_2 = d_2, OO_3 = d_3$. 由$A, O_3, O, O_2$四点共圆,并利用托勒密定理,有
$$AO \cdot O_2 O_3 = AO_3 \cdot OO_2 + AO_2 \cdot OO_3$$

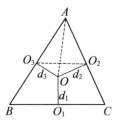

图 6.6

设 $\triangle ABC$ 外接圆的半径为 R，内切圆的半径为 r。由于点 O 为外心，则点 O_1, O_2, O_3 分别为三边的中点，于是，上式变为

$$R \cdot \frac{1}{2}a = \frac{1}{2}c \cdot d_2 + \frac{1}{2}b \cdot d_3$$

即
$$Ra = cd_2 + bd_3$$

同理，有
$$Rb = ad_3 + cd_1, \quad Rc = bd_1 + ad_2$$

此三式相加，得

$$R(a+b+c) = d_1(b+c) + d_2(c+a) + d_3(a+b) \qquad ①$$

另一方面，由 $S_{\triangle ABC} = S_{\triangle OBC} + S_{\triangle OCA} + S_{\triangle OAB}$，有

$$r(a+b+c) = ad_1 + bd_2 + cd_3 \qquad ②$$

由 ① + ②，即得

$$R + r = d_1 + d_2 + d_3$$

如图 6.7，对于钝角 $\triangle ABC$，字母所设同图 6.7，则

$$OO_3 = -d_3 \quad (d_3 \text{ 为负值})$$

在四边形 O_3O_2AO 中应用托勒密定理，有

$$AO_3 \cdot OO_2 = OO_3 \cdot AO_2 + AO \cdot O_3O_2$$

即
$$cd_2 = -bd_3 + Ra$$

亦即
$$Ra = cd_2 + bd_3$$

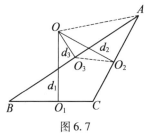

图 6.7

以下均同锐角的情况（略）. 故

$$d_1 + d_2 + d_3 = R + r$$

注：若由

$$r = \frac{2S_\triangle}{a+b+c} = \frac{\frac{1}{2} \cdot 2 \cdot 2R \cdot \sin A \cdot 2R \cdot \sin B \cdot \sin C}{2R(\sin A + \sin B + \sin C)}$$

$$= 4R \cdot \sin\frac{A}{2} \cdot \sin\frac{B}{2} \cdot \sin\frac{C}{2}$$

则

$$d_1 + d_2 + d_3 = R\left(\cos\frac{\angle BOC}{2} + \cos\frac{\angle AOC}{2} + \cos\frac{\angle AOB}{2}\right)$$

$$= R(\cos A + \cos B + \cos C)$$

$$= R\left(1 + 4\sin\frac{A}{2} \cdot \sin\frac{B}{2} \cdot \sin\frac{C}{2}\right)$$

$$= R\left(1 + \frac{r}{R}\right) = R + r$$

即证.

性质 12 过 $\triangle ABC$ 的外心 O 任作一条直线与边 AB,AC（或其延长线）分别相交于 P,Q 两点，则

$$\frac{AB}{AP} \cdot \sin 2B + \frac{AC}{AQ} \cdot \sin 2C = \sin 2A + \sin 2B + \sin 2C$$

或

$$\frac{BP}{AP} \cdot \sin 2B + \frac{CQ}{AQ} \cdot \sin 2C = \sin 2A$$

证明 如图 6.8，延长 AO 交 BC 于点 M，交外接圆于点 K，延长 CO 交 AB 于点 F，则

$$\frac{BM}{MC} = \frac{S_{\triangle ABM}}{S_{\triangle ACM}} = \frac{AM \cdot 2R \cdot \sin C \cdot \sin(90° - \angle AKB)}{AM \cdot 2R \cdot \sin B \cdot \sin(90° - \angle AKC)} = \frac{\sin 2C}{\sin 2B}$$

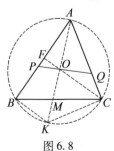

图 6.8

同理
$$\frac{AF}{FB} = \frac{\sin 2B}{\sin 2A}$$

对 △ABM 及截线 FOC 应用梅涅劳斯定理,得
$$\frac{AF}{FB} \cdot \frac{BC}{CM} \cdot \frac{MO}{OA} = 1$$

而
$$\frac{BC}{MC} = \frac{BM + MC}{MC} = \frac{\sin 2B + \sin 2C}{\sin 2B}$$

于是
$$\frac{MO}{OA} = \frac{MC}{BC} \cdot \frac{BF}{FA} = \frac{\sin 2A}{\sin 2B + \sin 2C}$$

从而
$$\frac{AO}{AM} = \frac{AO}{AO + OM} = \frac{\sin 2B + \sin 2C}{\sin 2A + \sin 2B + \sin 2C}$$

又
$$\frac{S_{\triangle APO}}{S_{\triangle ABM}} = \frac{AP \cdot AO}{AB \cdot AM}, \frac{S_{\triangle ABM}}{S_{\triangle ABC}} = \frac{BM}{BC} = \frac{\sin 2C}{\sin 2B + \sin 2C}$$

$$\frac{S_{\triangle AQO}}{S_{\triangle ACM}} = \frac{AQ \cdot AO}{AC \cdot AM}, \frac{S_{\triangle ACM}}{S_{\triangle ABC}} = \frac{MC}{BC} = \frac{\sin 2B}{\sin 2B + \sin 2C}$$

由
$$\frac{AP \cdot AQ}{AB \cdot AC} = \frac{S_{\triangle APQ}}{S_{\triangle ABC}} = \frac{S_{\triangle APO}}{S_{\triangle ABM}} \cdot \frac{S_{\triangle ABM}}{S_{\triangle ABC}} + \frac{S_{\triangle AQO}}{S_{\triangle ACM}} \cdot \frac{S_{\triangle ACM}}{S_{\triangle ABC}}$$

$$= \frac{AP \cdot AO}{AB \cdot AM} \cdot \frac{\sin 2C}{\sin 2B + \sin 2C} + \frac{AQ \cdot AO}{AC \cdot AM} \cdot \frac{\sin 2B}{\sin 2B + \sin 2C}$$

即证得结论.

性质 13 如图 6.9,设点 O 为钝角 △ABC 的外心,∠A 为钝角,则:
(1) $\angle ABO = 90° - \angle ACB$;(2) $\angle CBO = \angle CAB - 90°$.

事实上,(1) $\angle ABO = 90° - \frac{1}{2}\angle AOB = 90° - \angle ACB$.

(2) $\angle CBO = 90° - \frac{1}{2}\angle BOC = 90° - \angle BKC$

$= 90° - (180° - \angle BAC) = \angle BAC - 90°$

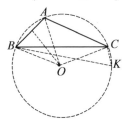

图 6.9

性质 14 设过 $\triangle ABC$ 的两顶点 B,C 及其外心 O 的圆和 AB 或其延长线的交点为 Q,联结 QC,则 $QA=QC$.

证明 如图 6.10,因为点 O 是外心,所以
$$\angle QAO = \angle QBO, \text{或} \angle QAO = 180° - \angle QBO$$
又
$$\angle QCO = \angle QBO, \text{或} \angle QCO = 180° - \angle QBO$$

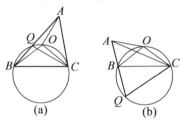

图 6.10

所以
$$\angle QAO = \angle QCO$$
注意到 $\angle OAC = \angle OCA$,则 $\angle QAC = \angle QCA$. 故
$$QA = QC$$

性质 15 若 $\triangle ABC$ 中 $\angle C$ 的平分线和边 AB 的垂直平分线交于点 D,则点 D 在 $\triangle ABC$ 的外接圆上.

证明 如图 6.11,设 $\angle C$ 的平分线与 $\triangle ABC$ 的外接圆圆 O 交于点 D',则点 D' 为劣弧 $\overparen{AB}$ 的中点,且点 D' 在 AB 的中垂线上.

注意到两直线的交点是唯一的,即知点 D' 即为点 D. 故点 D 在 $\triangle ABC$ 的外接圆上.

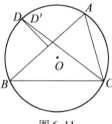

图 6.11

性质 16 设 $\triangle ABC$ 的外心为点 O,$\overparen{BC}$ 的中点为点 D,则 $\angle ADO = \dfrac{1}{2}(\angle B - \angle C)$.

证明 如图 6.12,延长 DO 交圆 O 于点 E,则点 E 是 $\overparen{BAC}$ 的中点,从而
$$\overparen{AE} = \dfrac{1}{2}(\overparen{AB} - \overparen{AC})$$

图 6.12

故 $\angle ADO = \dfrac{1}{2}(\angle B - \angle C)$

性质 17 作正 $\triangle ABC$ 的外接圆圆 O，圆 O 的半径为 R，点 L,M 分别是 $\overparen{AB}$，$\overparen{AC}$ 的中点，点 P 为 $\overparen{BC}$ 上的任意一点，PL,PM 与 AB,AC 分别交于点 D,E，则 D,O,E 三点共线.

证明 如图 6.13，联结 OD,OE，由题设知

$$\angle OAC = 30° = \angle MAC, AM = 2R \cdot \sin 30° = R = AO$$

图 6.13

从而点 M 和 O 关于 AC 对称，则有 $\angle AOE = \angle AME$.

同理 $\angle AOD = \angle ALD$.

又 A,L,P,M 四点在一个圆上，所以 $\angle ALP + \angle AMP = 180°$.

于是 $\angle AOE + \angle AOD = 180°$，所以 D,O,E 三点共线.

性质 18 $\triangle ABC$ 的外接圆平分该三角形的内心与旁心，旁心与旁心的连线.

证明 如图 6.14，设 $\triangle ABC$ 的内心及三个旁心分别为点 I,I_A,I_B,I_C.

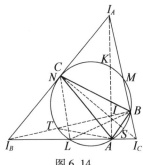

图 6.14

设 II_A, II_B, II_C 分别与 $\triangle ABC$ 的外接圆交于点 K, T, S. 联结 AT, 则
$$\angle TAI = \angle TAC + \angle CAI = \angle TBC + \frac{1}{2}\angle A = \frac{1}{2}\angle TBA + \angle IAB = \angle TIA$$
从而 $\quad\quad\quad\quad\quad\quad\quad\quad TA = TI$

又 $IA \perp I_B A$, 所以由此即可推知点 T 为 II_B 的中点.

同理, 点 S, K 分别为 II_C, II_A 的中点.

设 $I_B I_C$ 交圆 ABC 于点 $L, I_A I_C, I_A I_B$ 分别与圆 ABC 交于点 M, N.

由 $\angle I_B AC = \angle I_C AB = \angle LCB$, 知 $\overset{\frown}{LC} = \overset{\frown}{LB}$, 从而 $LC = LB$. 又
$$\angle LI_C B = \angle I_A CB = \angle I_B CA = 180° - \angle ACB - \angle BCI_A$$
$$= 180° - \angle BLI_C - \angle LI_C B = \angle LBI_C$$

知 $LB = LI_C$, 所以点 L 为 $I_B I_C$ 的中点.

同理, 点 M, N 分别为 $I_A I_C, I_A I_B$ 的中点.

注: 上述性质中, $\triangle ABC$ 的外接圆实质上是 $\triangle I_A I_B I_C$ 的九点圆(见第 8 章及第 10 章的性质 16).

例 1 如图 6.15, 设 $\triangle ABC$ 的外心为点 O, 若点 O 关于 BC, CA, AB 的对称点分别为点 A', B', C'. 求证:

(1) AA', BB', CC' 交于一点 P;

(2) 若 BC, CA, AB 的中点分别为点 A_1, B_1, C_1, 则点 P 为 $\triangle A_1 B_1 C_1$ 的外心.

证明 (1) 如图 6.15, 由四边形 $OBA'C$ 的对角线互相平分知 $A'C \underline{\underline{\parallel}} OB$. 同理 $AC' \underline{\underline{\parallel}} OB$, 则 $A'C \underline{\underline{\parallel}} AC'$, 则四边形 $AC'A'C$ 为平行四边形, 故知 AA', CC' 在它们的中点 P 处相交.

同理, 知 BB' 也过点 P, 即 AA', BB', CC' 交于一点 P.

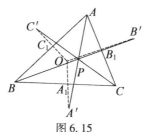

图 6.15

(2) 由点 A', O 关于 BC 对称, 易知 $\angle BCA' = 90° - \angle A$, 且 $A'C = R$ (外接圆半径). 在 $\triangle ACA'$ 中, 由余弦定理有
$$AA'^2 = R^2 + b^2 - 2Rb \cdot \cos(C + 90° - A) = R^2 + b^2 + c^2 - a^2$$

其中, $BC = a, AC = b, AB = c$, 下同.

同理 $BB'^2 = R^2 + a^2 + c^2 - b^2, CC^2 = R^2 + a^2 + b^2 - c^2$

从而 $PB^2 = \frac{1}{4}(R^2 + a^2 + c^2 - b^2), PC^2 = \frac{1}{4}(R^2 + a^2 + b^2 - c^2)$

又由三角形中线长公式,有

$$PA_1^2 = \frac{1}{4}[2(PB^2 + PC^2) - a^2] - \frac{1}{4}[\frac{1}{2}(R^2 + a^2 + b^2 - c^2 + R^2 + a^2 + c^2 - b^2) - a^2]$$

$$= \frac{1}{4}R^2$$

同理,$PB_1^2 = \frac{1}{4}R^2, PC_1^2 = \frac{1}{4}R^2$,则知点 P 为 $\triangle A_1 B_1 C_1$ 的外心.

例2 如图 6.16,在 $\triangle ABC$ 的边 AB, BC, CA 上分别取点 P, Q, R. 证明:以 $\triangle APR, \triangle BQP, \triangle CRQ$ 的外心为顶点的三角形与 $\triangle ABC$ 相似.

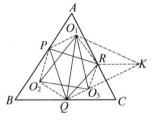

图 6.16

证法1 设点 O_1, O_2, O_3 分别为 $\triangle APR, \triangle BQP, \triangle CRQ$ 的外心,作出六边形 $O_1 P O_2 Q O_3 R$,由外心性质知

$$\angle P O_1 R = 2\angle A, \angle Q O_2 P = 2\angle B, \angle R O_3 Q = 2\angle C$$

即

$$\angle P O_1 R + \angle Q O_2 P + \angle R O_3 Q = 360°$$

从而 $\angle O_1 P O_2 + \angle O_2 Q O_3 + \angle O_3 R O_1 = 360°$

将 $\triangle O_2 Q O_3$ 绕点 O_3 旋转到 $\triangle K R O_3$,易知 $\triangle K R O_1 \cong \triangle O_2 P O_1$,同时可得 $\triangle O_1 O_2 O_3 \cong \triangle O_1 K O_3$. 从而

$$\angle O_2 O_1 O_3 = \angle K O_1 O_3 = \frac{1}{2}\angle O_2 O_1 K = \frac{1}{2}(\angle O_2 O_1 R + \angle R O_1 K)$$

$$= (\angle O_2 O_1 R + \angle P O_1 O_2) = \frac{1}{2}\angle P O_1 R = \angle A$$

同理,$\angle O_1 O_2 O_3 = \angle B$. 故 $\triangle O_1 O_2 O_3 \backsim \triangle ABC$.

证法2 如图 6.17,过点 O_1, O_2 分别作 AB 的垂线,垂足分别为 M_1, M_2,则

M_1, M_2 分别为 AP, PB 的中点,即 $\dfrac{M_1 M_2}{AB} = \dfrac{1}{2}$. 而

$$O_1 M_1 = r_1 \cdot \cos \angle ARP = \dfrac{PR}{2\sin A} \cdot \cos \angle ARP$$

$$O_2 M_2 = r_2 \cdot \cos \angle PQB = \dfrac{PQ}{2\sin B} \cdot \cos \angle PQB$$

其中 r_1, r_2 分别是 $\triangle APR, \triangle BPQ$ 的外接圆半径. 则

$$\dfrac{O_1 M_1 - O_2 M_2}{\sin C} = \dfrac{PR\cos \angle ARP \cdot \sin B - PQ\cos \angle PQB \cdot \sin A}{2\sin A \cdot \sin B \cdot \sin C}$$

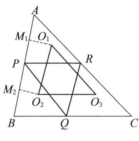

图 6.17

又

$$PR\cos \angle ARP \cdot \sin B = PR \cdot \dfrac{AR^2 + PR^2 - AP^2}{2PR \cdot AR}\sin B$$

$$= \dfrac{AR^2 + PR^2 - AP^2}{2AR}\sin B$$

$$= \dfrac{AR^2 + AP^2 + AR^2 - 2AP \cdot AR\cos A - AP^2}{2AR}\sin B$$

$$= (AR - AP\cos A)\sin B$$

同理 $\quad PQ\cos \angle PQB \cdot \sin A = (BQ - BP\cos B)\sin A$

而

$\quad (AR - AP\cos A)\sin B - (BQ - BP\cos B)\sin A$

$= AR\sin B - BQ\sin A + (AB - AP)\cos B \cdot \sin A - AP\cos A \cdot \sin B$

$= AR\sin B - BQ\sin A + AB\cos B \cdot \sin A - AP\sin C$

$= (AC\sin B + AB\cos B \cdot \sin A) - CR\sin B - BQ\sin A - AP\sin C$

$= 2r(\sin^2 B + \sin C \cdot \cos B \cdot \sin A) - CR\sin B - BQ\sin A - AP\sin C$

$= 2r(\sin A \cdot \sin B \cdot \cos C + \sin A \cdot \cos B \cdot \sin C + \cos A \cdot \sin B \cdot \sin C) -$

$\quad (CR\sin B - BQ\sin A - AP\sin C)$

其中, r 为 $\triangle ABC$ 外接圆的半径.

注意到,上式轮换对称,则
$$\frac{O_1M_1-O_2M_2}{2r\sin C}=\lambda, \frac{O_1O_2}{AB}=\sqrt{\left(\frac{1}{2}\right)^2+\lambda^2}$$

同理
$$\frac{O_2O_3}{BC}=\frac{O_3O_1}{CA}=\sqrt{\left(\frac{1}{2}\right)^2+\lambda^2}$$

故 $\triangle O_1O_2O_3 \sim \triangle ABC$.

思 考 题

1. 在 $\triangle ABC$ 中,点 O 是 $\triangle ABC$ 的外心,点 I 是其内心.若 $\angle BOC = \angle BIC$,求 $\angle A$.

2. (第22届俄罗斯奥林匹克决赛题)在等腰 $\triangle ABC$ 中,$AB=BC$,CD 是 $\angle C$ 的角平分线,点 O 是它的外心,过 O 作 CD 的垂线交 BC 于点 E,再过点 E 作 CD 的平行线交 AB 于点 F. 证明:$BE = FD$.

3. (2009年第17届土耳其数学奥林匹克竞赛题)已知圆 Γ 为 $\triangle ABC$ 的外接圆,点 D,E 分别是边 AB,AC 上的点(但不是顶点),$\angle BAC$ 的角平分线与圆 Γ 交于点 A',直线 $A'D,A'E$ 分别与圆 Γ 交于点 P,Q,直线 AA' 分别与 $\triangle APD$,$\triangle AQE$ 的外接圆交于点 R,S. 证明:直线 DS,ER 和圆 Γ 过点 A 的切线三线共点.

思 考 题 参 考 解 答

1. 如图6.18,因为点 I 为其内心,所以
$$\angle IBC + \angle ICB = \frac{1}{2}(\angle B + \angle C) = 90° - \frac{1}{2}\angle A$$

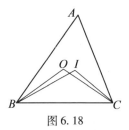

图 6.18

故 $\angle BIC = 90° + \frac{1}{2}\angle A$. 又点 O 是其外心,所以 $\angle BOC = 2\angle A$,从而 $90° + \frac{1}{2}\angle A = 2\angle A$,即 $\angle A = 60°$ 为所求.

注:若点 O, I 为 $\triangle ABC$ 的外心、内心,且 $\angle A = 60°$,则 $\angle BOC = \angle BIC$,且 B, C, I, O 四点共圆. 这也可以视为三角形外心(或内心)的一条特殊性质.

2. 如图 6.19,延长 CD 交圆 O 于点 N,作直线 EN 交圆 O 于点 M,交 AB 于点 G. 由 OE 垂直平分弦 CN,知 $\angle MNC = \angle ECN = \angle NCA$,即 $MN // CA$.

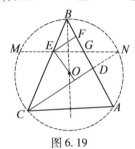

图 6.19

又 $\angle OEC = \angle OEN$,即知弦 BC 和 MN 关于直线 OE 对称,所以 $BE = ME$.

又直线 OB 为 $\triangle ABC$ 和直线 MN 的公共对称轴,知 $BE = BG, ME = GN$,所以 $BE = GN$.

欲证 $BE = DF$,需证 $BG = DF$,即 $BF = DG$. 由 $EF // CN$,且 EF 平分 $\angle BEG$,故 $\dfrac{BF}{FG} = \dfrac{BE}{EG} = \dfrac{GN}{EG} = \dfrac{DG}{FG}$,于是 $BF = DG$,由此即证得结论.

注:此题利用内心性质,可另证如下:

如图 6.20,作 $BO \perp AC$ 于点 H,则 BO 与 CD 交于内心 I. 又令 $OE \perp CD$ 于点 G, 则 G, O, C, H 四点共圆. 于是 $\angle GOH = \angle DCH = \angle BCD$. 从而 O, I, C, E 四点共圆,故 $\angle OBC = \angle OCB = \angle BIE$,即 $IE = BE$. 又 $\angle IEC = 2\angle OBC = \angle ABC$,所以 $IE // BD$.

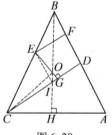

图 6.20

又 $EF // ID$,即四边形 $DIEF$ 为平行四边形,所以 $DF = IE = BE$.

3. 如图 6.21,过点 A 作 $\triangle ABC$ 外接圆的切线 l,分别与直线 DS, SE 交于点 T, U,直线 AB 与 SE 交于点 V.

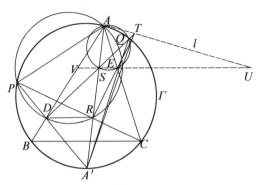

图 6.21

由 $\angle RPD = \angle RAD = \angle A'AC = \angle A'PC = \angle DPC$,知 P,R,C 三点共线.

又 $\angle PRD = \angle PAD = \angle PAB = \angle PCB$,所以 $DR\,/\!/\,BC$.

同理,$SE\,/\!/\,BC$,$SE\,/\!/\,DR$,$\dfrac{VD}{DA}=\dfrac{SR}{RA}$.

因为
$$\angle UAE = \angle UAC = \angle ABC = \angle AVS$$
$$\angle UAS = \angle UAE + \angle EAS = \angle AVS + \angle SAV = \angle ASU$$

所以,$US = UA$.

又 AS 是 $\angle VAE$ 的角平分线,由正弦定理得
$$\frac{US}{UE}=\frac{UA}{UE}=\frac{\sin C}{\sin B}=\frac{SV}{ES}$$

在 $\triangle AUV$ 中,由梅涅劳斯定理得
$$\frac{AT}{TU}\cdot\frac{US}{SV}\cdot\frac{VD}{DA}=1$$

所以,$\dfrac{AT}{TU}\cdot\dfrac{UE}{ES}\cdot\dfrac{SR}{RA}=1$.

于是,由梅涅劳斯定理的逆定理知 R,E,T 三点共线,由此即知直线 DS,ER,圆 Γ 过点 A 的切线三线共点 T.

第7章 三角形的内心 内切圆

三角形的内切圆的圆心简称为三角形的内心,内心、内切圆有下列有趣的性质:[1][2]

性质1 三角形的内心是三角形三条内角平分线的交点.

性质2 设点 I 为 $\triangle ABC$ 内的一点,则点 I 为其内心的充要条件是:点 I 到 $\triangle ABC$ 三边的距离相等.

性质3 设点 I 为 $\triangle ABC$ 的内心,过点 I 作 $MN/\!/BC$ 分别与 AB,AC 交于点 M,N,则 $MN=MB+NC$.

证明 如图7.1,联结 IB,IC,则知 $\triangle MBI,\triangle NIC$ 均为等腰三角形. 从而
$$MN = MI + IN = MB + NC$$

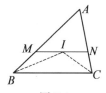

图7.1

性质4 设点 I 为 $\triangle ABC$ 的内心,过点 I 作 $ID\perp BC$ 于点 D,联结 AI 交 BC 于点 T,则 $\angle BIT=\angle CID$. 亦即 IT,ID 为 $\angle BIC$ 的等角线

证明 如图7.2,有
$$\angle BIT = \angle ABI + \angle BAI = \frac{1}{2}(\angle B + \angle A)$$
$$\angle CID = 90° - \angle ICD = 90° - \frac{1}{2}\angle C = \frac{1}{2}(\angle A + \angle B)$$
故
$$\angle BIT = \angle CID$$

---

[1] 沈文选.三角形内切圆的几个性质及其应用[J].中学教研(数学),2011(5):28-32.

[2] 沈文选.再谈三角形内切圆的几个性质及其应用[J].中学教研(数学),2011(7):31-35.

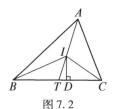

图 7.2

性质 5 设点 I 为 $\triangle ABC$ 内一点,AI 所在的直线交 $\triangle ABC$ 的外接圆于点 D,则点 I 为 $\triangle ABC$ 内心的充要条件是:$ID = DB = DC$.

证明 如图 7.3,必要性:联结 BI,由 $\angle DIB = \frac{1}{2}\angle A + \frac{1}{2}\angle B = \angle CBD + \angle IBC = \angle DBI$,知 $ID = BD = DC$.

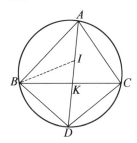

图 7.3

充分性:由 $DB = DC$,即知 AD 平分 $\angle BAC$. 由 $DI = DB$,有 $\angle DIB = \angle DBI$,即 $\angle DBC + \angle CBI = \angle IAB + \angle ABI$,而 $\angle IAB = \angle IAC = \angle DBC$,从而 $\angle CBI = \angle IBA$,即 BI 平分 $\angle ABC$,故点 I 为 $\triangle ABC$ 的内心.

注:由图 7.3,若角平分线 AK 交 BC 于点 K,交 $\triangle ABC$ 的外接圆于点 D,则由 $\triangle ABK \backsim \triangle ADC$,有 $AK \cdot AD = AB \cdot AC$.

上式表明:三角形的角平分线与所在弦的乘积等于夹这条角平分线的两边的乘积.

性质 6 设点 I 为 $\triangle ABC$ 内一点,则点 I 为 $\triangle ABC$ 内心的充要条件为

$$\angle BIC = 90° + \frac{1}{2}\angle A, \angle AIC = 90° + \frac{1}{2}\angle B, \angle AIB = 90° + \frac{1}{2}\angle C$$

证明 必要性显然. 现证充分性:作 $\triangle ABC$ 的外接圆,与射线 AI 交于点 D,联结 DB,BC,如图 7.3 所示,由 $\angle AIB = 90° + \frac{1}{2}\angle ACB$,知

$$\angle DIB = 90° - \frac{1}{2}\angle ACB$$

又 $\angle IDB = \angle ADB = \angle ACB$,在 $\triangle DIB$ 中,求得 $\angle DBI = 90° - \frac{1}{2}\angle ACB$,则

$\angle DIB = \angle DBI$,故 $DB = DI$.

同理,$DC = DI$,即 $DI = DB = DC$,由性质5即证得结论成立.

性质7 设点 I 为 $\triangle ABC$ 内一点,则点 I 为 $\triangle ABC$ 内心的充要条件是:$\triangle IBC$,$\triangle ICA$,$\triangle IAB$ 的外心均在 $\triangle ABC$ 的外接圆上.

证明 必要性:如图7.4所示,设点 I 为 $\triangle ABC$ 的内心,AI,BI,CI 的延长线分别交 $\triangle ABC$ 的外接圆于点 A_1,B_1,C_1,于是由性质3,知 $A_1B = A_1I = A_1C$,因此,点 A_1 是 $\triangle IBC$ 的外心.

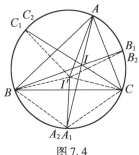

图7.4

同理,点 B_1,C_1 分别是 $\triangle ICA$,$\triangle IAB$ 的外心.

故必要性获证.

充分性:设 I' 为 $\triangle ABC$ 内的另一点,$\triangle I'BC$,$\triangle I'CA$,$\triangle I'AB$ 的外心 A_2,B_2,C_2 均在 $\triangle ABC$ 的外接圆上,由 $A_2B = A_2C$,$A_1B = A_1C$,知点 A_2 与 A_1 重合.同理,点 B_2 与 B_1 重合,点 C_2 与 C_1 重合.

由于点 A_1,C_1 分别是 $\triangle IBC$,$\triangle IAB$ 的外心,知 A_1C_1 垂直平分线段 BI',由此可知点 I' 与 I 重合,即点 I' 为 $\triangle ABC$ 的内心.

注:在性质7中,三个三角形 $\triangle I'BC$,$\triangle I'CA$,$\triangle I'AB$ 中,只要有两个三角形的外心在 $\triangle ABC$ 的外接圆上即可.

性质8 一条直线截三角形,把周长 l 与面积 S 分为对应的两部分:l_1 与 l_2,S_1 与 S_2.此直线过三角形内心的充要条件是 $\dfrac{l_1}{l_2} = \dfrac{S_1}{S_2}$.

证明 必要性:如图7.5所示,设点 I 为 $\triangle ABC$ 的内心,过点 I 的直线交 AB 于点 P,交 AC 于点 Q.设 $BC = a, CA = b, AB = c, AP = m, AQ = n$,内切圆半径为 r,则

$$S_{\triangle ABC} = \frac{1}{2}(a+b+c) \cdot r = S, S_{\triangle APQ} = S_{\triangle API} + S_{\triangle AQI} = \frac{1}{2}(m+n) \cdot r = S_1$$

由 $\dfrac{S}{S_1} = \dfrac{\frac{1}{2}(a+b+c)\cdot r}{\frac{1}{2}(m+n)\cdot r} = \dfrac{a+b+c}{m+n} = \dfrac{l}{l_1}$,有 $\dfrac{l_1}{l_2} = \dfrac{S_1}{S_2}$.

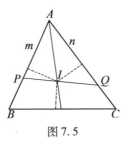

图 7.5

充分性:设直线 PQ 把 $\triangle ABC$ 的周长 l 与面积 S 分为对应成等比 $\dfrac{l_1}{l_2} = \dfrac{S_1}{S_2}$ 的两部分,且与 AB 交于点 P,与 AC 交于点 Q,与 $\angle A$ 的平分线交于点 I.

设 $BC = a, CA = b, AB = c, AP = m, AQ = n$,则点 I 到 AB, AC 的距离为 r,点 I 到 BC 的距离为 d.

由 $\dfrac{l_1 + l_2}{l_1} = \dfrac{a+b+c}{m+n} = \dfrac{\frac{1}{2}(a+b+c)\cdot r}{\frac{1}{2}(m+n)\cdot r}$ 得

$$\dfrac{S_1 + S_2}{S_1} = \dfrac{\frac{1}{2}b\cdot r + \frac{1}{2}c\cdot r + \frac{1}{2}a\cdot d}{\frac{1}{2}m\cdot r + \frac{1}{2}n\cdot r}$$

注意到 $\dfrac{l_1 + l_2}{l_1} = \dfrac{S_1 + S_2}{S_1}$,从而 $ad = ar$,即 $d = r$,故点 I 为 $\triangle ABC$ 的内心,即直线 PQ 过内心.

性质9 在 $\triangle ABC$ 的外接圆的 $\overset{\frown}{AB}$ 上任取一点 P,把点 P 与 $\overset{\frown}{BC}, \overset{\frown}{CA}$ 的中点 Q, R 分别联结,设 PR 交 AC 于点 D,PQ 交 BC 于点 E,则 DE 必过 $\triangle ABC$ 的内心.

证明 如图 7.6,联结 BR, AQ,则 BR 与 AQ 交于 $\triangle ABC$ 的内心 I. 又设 AQ 交 RP 于点 F,BR 交 PQ 于点 G,联结 FG, PC, RC, PI, CI,知 CI 必过 $\overset{\frown}{AB}$ 的中点.

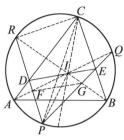

图 7.6

显然，$\triangle PCR \backsim \triangle DCR$，有 $\dfrac{RC}{RP} = \dfrac{RD}{RC}$.

又 $\angle RCI = \angle RIC$（或 $RC = RI$），所以 $\dfrac{RI}{RP} = \dfrac{RD}{RI}$.

从而 $\triangle RID \backsim \triangle RPI$，即 $\angle RID = \angle RPI$.

又 $\angle RIA = \angle RPQ$，从而 P, F, I, G 四点共圆，所以 $\angle RPI = \angle IGF = \angle RID$，从而 $DI // FG$.

同理 $IE // FG$. 故 DE 过 $\triangle ABC$ 的内心 I.

性质 10 设点 I 为 $\triangle ABC$ 的内心，$BC = a, AC = b, AB = c$，点 I 在边 BC, AC, AB 上的射影分别为 D, E, F；$\triangle ABC$ 的内切圆半径为 r，令 $p = \dfrac{1}{2}(a+b+c)$，则：

（1）$ID = IE = IF = r, S_{\triangle ABC} = pr$；

（2）$r = \dfrac{2S_{\triangle ABC}}{a+b+c}, AE = AF = p-a, BD = BF = p-b, CE = CD = p-c$；

（3）$abc \cdot r = p \cdot AI \cdot BI \cdot CI$.

证明 仅证（3）. 如图 7.7，在 $\triangle ABI$ 中，有

$$\dfrac{AI}{\sin \dfrac{1}{2}B} = \dfrac{AB}{\sin \angle AIB} = \dfrac{c}{\cos \dfrac{1}{2}C}$$

类似地还有两式，此三式相乘，得

$$\dfrac{AI \cdot BI \cdot CI}{abc} = \tan \dfrac{1}{2}A \cdot \tan \dfrac{1}{2}B \cdot \tan \dfrac{1}{2}C$$

$$= \dfrac{r}{p-a} \cdot \dfrac{r}{p-b} \cdot \dfrac{r}{p-c} = \dfrac{pr^3}{S_{\triangle ABC}^2} = \dfrac{r}{p}$$

由此即证.

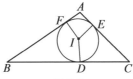

图 7.7

性质 11 设点 I 为 $\triangle ABC$ 的内心,$BC=a$,$AC=b$,$AB=c$,$\angle A$ 的平分线交 BC 于点 K,交 $\triangle ABC$ 的外接圆于点 D,则 $\dfrac{AI}{KI}=\dfrac{AD}{DI}=\dfrac{DI}{DK}=\dfrac{b+c}{a}$.

证明 如图 7.8,由 $\dfrac{AI}{KI}=\dfrac{BA}{BK}=\dfrac{AC}{KC}=\dfrac{AB+AC}{BK+KC}=\dfrac{b+c}{a}$ 及 $\triangle ADC \backsim \triangle CDK$,有

$$\dfrac{AD}{CD}=\dfrac{AC}{CK}=\dfrac{DC}{DK}$$

亦有

$$\dfrac{AD}{DI}=\dfrac{AC}{CK}=\dfrac{AB}{BK}=\dfrac{AB+AC}{CK+BK}=\dfrac{b+c}{a},\dfrac{DI}{DK}=\dfrac{CD}{DK}=\dfrac{AC}{CK}=\dfrac{AB}{BK}=\dfrac{AB+AC}{CK+BK}=\dfrac{b+c}{a}$$

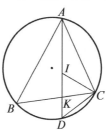

图 7.8

性质 12 过 $\triangle ABC$ 的内心 I 任作一条直线,分别交 AB,AC 于 P,Q 两点,则

$$\dfrac{AB}{AP}\cdot AC+\dfrac{AC}{AQ}\cdot AB=AB+AC+BC$$

或

$$\dfrac{AB}{AP}\cdot \sin B+\dfrac{AC}{AQ}\cdot \sin C=\sin A+\sin B+\sin C$$

证明 如图 7.9,先看一般情形:设点 M 为 BC 上的任意一点,直线 PQ 分别交 AB,AM,AC 于 P,N,Q 三点,则

$$\dfrac{AM}{AN}=\dfrac{AN+NM}{AN}=\dfrac{S_{\triangle APQ}+S_{\triangle MPQ}}{S_{\triangle APQ}}=\dfrac{S_{\triangle APM}+S_{\triangle AQM}}{\dfrac{AP\cdot AQ}{AB\cdot AC}\cdot S_{\triangle ABC}}$$

$$=\dfrac{\dfrac{AP}{AB}\cdot S_{\triangle ABM}+\dfrac{AQ}{AC}\cdot S_{\triangle ACM}}{\dfrac{AP}{AB}\cdot \dfrac{AQ}{AC}\cdot S_{\triangle ABC}}=\dfrac{AC}{AQ}\cdot \dfrac{BM}{BC}+\dfrac{AB}{AP}\cdot \dfrac{CM}{BC} \qquad ①$$

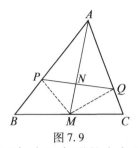

图 7.9

当点 N 为 $\triangle ABC$ 的内心时,由三角形的内角平分线性质及合比、等比定理,有

$$\frac{BM}{BC}=\frac{AB}{AB+AC},\frac{MC}{BC}=\frac{AC}{AB+AC},\frac{AM}{AN}=\frac{AB+AC+BC}{AB+AC}$$

将上述三式代入式①即证得结论.

性质 13 点 I 为 $\triangle ABC$ 的内心(或旁心)的充要条件为
$$\pm IA^2 \cdot BC \pm IB^2 \cdot CA \pm IC^2 \cdot AB = BC \cdot CA \cdot AB$$
其中全取"＋"用于内心情形,某一项取"＋",其余两项取"－"用于这一项有该边的旁切圆圆心.

证明 必要性:如图 7.10 所示,设点 I 为 $\triangle ABC$ 的内心,延长 AI 交 BC 于点 M,则

$$AM^2 = bc - \frac{bca^2}{(b+c)^2} = \frac{bc(b+c-a)(b+c+a)}{(b+c)^2}$$

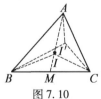

图 7.10

因为 $\dfrac{AI}{AM}=\dfrac{b+a}{b+c+a}$,所以

$$AI^2 = \frac{bc(b+c-a)}{b+c+a}$$

同理

$$BI^2 = \frac{ca(c+a-b)}{c+a+b}, CI^2 = \frac{ab(a+b-c)}{a+b+c}$$

所以

$$IA^2 \cdot a + IB^2 \cdot b + IC^2 \cdot c = \frac{abc(b+c-a+c+a-b+a+b-c)}{a+b+c}$$

$= abc$ （其中 $BC = a, CA = b, AB = c$）

充分性：设点 I' 为适合 $\pm IA^2 \cdot a \pm IB^2 \cdot b \pm IC^2 \cdot c = abc$ 的点，注意到 $\dfrac{AI}{IM} = \dfrac{b+c}{a}$ 及斯特瓦尔特定理：若点 P 是 $\triangle ABC$ 的边或延长线上的一点，且 $\vec{PB} : \vec{PC} = -m : n$，则

$$m \cdot AC^2 + n \cdot AB^2 = (m+n)AP^2 + mPC^2 + nPB^2$$

有

$$II'^2 = \dfrac{(b+c)I'M^2}{a+b+c} + \dfrac{a \cdot I'A^2}{a+b+c} - \dfrac{(b+c)IM^2}{a+b+c} - \dfrac{a \cdot IA^2}{a+b+c}$$

$$= \dfrac{(b+c)(I'M^2 - IM^2)}{a+b+c} + \dfrac{a(I'A^2 - IA^2)}{a+b+c} \qquad ②$$

因为 $\dfrac{BM}{MC} = \dfrac{c}{b}$，所以

$$I'M^2 = \dfrac{c \cdot I'C^2}{b+c} + \dfrac{b \cdot I'B^2}{b+c} - \dfrac{c \cdot MC^2}{b+c} - \dfrac{b \cdot MB^2}{b+c}$$

$$IM^2 = \dfrac{c \cdot IC^2}{b+c} + \dfrac{b \cdot IB^2}{b+c} - \dfrac{c \cdot MC^2}{b+c} - \dfrac{b \cdot MB^2}{b+c}$$

将上述两式代入式②，得

$$II'^2 = \dfrac{(a \cdot I'A^2 + b \cdot I'B^2 + c \cdot I'C^2) - (a \cdot IA^2 + b \cdot IB^2 + c \cdot IC^2)}{a+b+c}$$

$$= \dfrac{abc - abc}{a+b+c} = 0$$

这就证明了点 I' 为 $\triangle ABC$ 的内心.

注：对于旁心的情形可类似地证明.

性质 14 设 $\triangle ABC$ 的内心为点 I，$\triangle ABC$ 内一点 P 在 BC, CA, AB 上的投影分别为点 D, E, F，当点 P 与 I 重合时，$M = \dfrac{BC}{PD} + \dfrac{CA}{PE} + \dfrac{AB}{PF}$ 的值最小.

证明 设 $BC = a, CA = b, AB = c, PD = x, PE = y, PF = z$，显然有 $ax + by + cz = 2S_{\triangle ABC}$ 是定值.

由柯西不等式，有

$$\left(\dfrac{a}{x} + \dfrac{b}{y} + \dfrac{c}{z} \right)(ax + by + cz) \geqslant (a+b+c)^2$$

故 $M \geqslant \dfrac{(a+b+c)^2}{2S_{\triangle ABC}}$（定值），其中等号当且仅当 $\dfrac{a}{x} : ax = \dfrac{b}{y} : by = \dfrac{c}{z} : cz$，即 $x = y =$

z 时成立,此时点 P 与 I 重合.

性质 15 设点 I 为 $\triangle ABC$ 的内心,边 BC 上的中垂线交 $\triangle ABC$ 的外接圆于点 P,Q,交 BC 于点 M,如图 7.11 所示.则 $\triangle QMI \sim \triangle QIP$.

事实上,由 $IQ^2 = BQ^2 = QM \cdot QP$,有 $\dfrac{IQ}{QM} = \dfrac{QP}{IQ}$.

又 $\angle MQI$ 公用,所以 $\triangle QMI \sim \triangle QIP$.

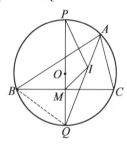

图 7.11

性质 16 设点 I 为 $\triangle ABC$ 的内心,直线 AI 交 BC 于点 D,点 F,E 分别在边 $AB,AC(AB>AC)$ 上,且 B,C,E,F 四点共圆,则点 I 为关于 D,E,F 的 $\triangle ABC$ 的密克尔点的充要条件是 $BC = BF + CE$.

证明 如图 7.12,联结 BI,CI,EI,FI.

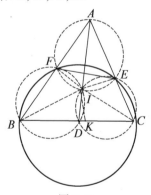

图 7.12

充分性:若 $BC = BF + CE$ 时,在边 BC 上取一点 K,使 $BK = BF$,从而 $CK = CE$,联结 KI.

因为 BI,CI 分别平分 $\angle ABC,\angle ACB$,所以 $\triangle BIK$ 与 $\triangle BIF$,$\triangle CIK$ 与 $\triangle CIE$ 分别关于 BI,CI 对称.从而

$$\angle BFI = \angle BKI = 180° - \angle CKI = 180° - \angle CEI = \angle AEI$$

即知 A,F,I,E 四点共圆.

结合 B,F,E,C 四点共圆,知 $\angle AIF = \angle AEF = \angle ABC$.

于是,B,F,I,D 四点共圆,即点 I 为 $\triangle ABC$ 的密克尔点.

注:此时,注意到点 I 是 $\angle EAF$ 的角平分线与 $\triangle AEF$ 外接圆的交点,由弧中点的性质知,$IE = IF$. 同理 $IE = ID$.

从而,知点 I 为 $\triangle DEF$ 的外心.

必要性:当点 I 为关于 D,E,F 的 $\triangle ABC$ 的密克尔点时,在射线 BC 上取点 F 关于角平分线 BI 的对称点 K.

注意到 I 为 $\triangle ABC$ 的内心,且 I 在 $\triangle AEF$ 的外接圆上,则 $\angle BKI = \angle BFI = \angle AEI > \angle ACI = \angle BCI$,即点 K 在边 BC 上.

又 $\angle IKC = 180° - \angle IKB = 180° - \angle BFI = 180° - \angle AEI = \angle IEC$,及 $\angle ICK = \angle ICE$,所以 $\angle KIC = \angle EIC$.

注意 IC 为公用边,则 $\triangle IKC \cong \triangle IEC$,故 $KC = EC$.

于是,$BC = BK + KC = BF + EC$.

注:(1)必要性也可从点 I 为 $\triangle DEF$ 的外心时出发.

注意 $AE \neq AF$(这可由 B,C,E,F 四点共圆知 $AF \cdot AB = AC \cdot AE$,而 $AB > AC$,有 $AE < AF$). 因为 $IE = IF = ID$,所以点 I 是 $\angle EAF$ 的平分线与 EF 的中垂线的交点,即 I 在 $\triangle AEF$ 的外接圆上.以下同上述必要性证明.

这样上述性质可改述为:

在锐角 $\triangle ABC$ 中,$AB > AC$,$\angle BAC$ 的角平分线与边 BC 交于点 D,点 E,F 分别在边 AC,AB 上,使 B,C,E,F 四点共圆,则 $\triangle DEF$ 的外心与 $\triangle ABC$ 的内心重合的充分必要条件是 $BC = BF + EC$.

(2)由上述性质,也可有下述命题:

设 AD 为 $\triangle ABC$ 的内角平分线,点 E,F 分别在边 AC,AB 上,且使得 B,C,E,F 四点共圆,若点 D 为 $\triangle AEF$ 的旁心,则 $BC = BF + EC$.

事实上,参见图 7.12,在 BC 上取点 K,使 $BK = BF$.

当点 D 为 $\triangle AEF$ 的旁心时,有

$$\angle BKF = \frac{1}{2}(180° - \angle B) = \frac{1}{2}\angle FEC = \angle FED$$

即知 F,D,K,E 四点共圆.

从而 $\angle CEK = \angle DKE - \angle C = (180° - \angle DFE) - (180° - \angle BFE)$
$= -\angle DFE + 2\angle DFE = \angle DFE = \angle CKE$

即 $KC = EC$. 故 $BC = BK + KC = BF + EC$.

性质 17 $\triangle ABC$ 的内切圆圆 I 分别切边 BC,CA,AB 于点 D,E,F,直线 AI

交内切圆于点 P,Q，则 P,Q 分别为 $\triangle AEF$ 的内心和旁心.

证明 如图 7.13，联结 PE,PF，则由对称性知 $\overset{\frown}{PE}=\overset{\frown}{PF}$，即 $\angle PEF=\angle PFE$.
又 $\angle AEP=\angle PFE$，所以 EP 平分 $\angle AEF$.
于是，知点 P 为 $\triangle AEF$ 的内心.
联结 EQ，则知 $\angle PEQ=90°$，即知 EQ 平分 $\angle FEC$.
故点 Q 为 $\triangle AEF$ 的旁心.

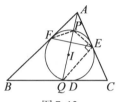

图 7.13

性质 18 三角形一内角平分线上的点为三角形一顶点的射影的充分必要条件是另一顶点关于内切圆的切点弦直线与这条内角平分线的交点.

证明 如图 7.14，在 $\triangle ABC$ 中，内切圆圆 I 分别切边 BC,CA,AB 于点 D,E,F，AI,BI,CI 分别为三条内角平分线.

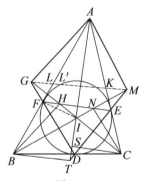

图 7.14

下面先证直线 CI 上的点 G，有 $CG\perp AG\Leftrightarrow D,F,G$ 三点共线.
充分性：由 D,F,G 三点共线，联结 FI，则

$$\angle AIG=180°-\angle AIC=180°-(90°+\frac{1}{2}\angle B)$$

$$=90°-\frac{1}{2}\angle B=\angle BFD=\angle AFG.$$

于是，A,G,F,I 四点共圆，即 $\angle AGI=\angle AFI=90°$. 故 $CG\perp AG$.
必要性：由 $CG\perp AG$，联结 FI，由 $IF\perp AB$，知 A,G,F,I 四点共圆.

又点 I 为内心,知 $\angle AIC = 90° + \frac{1}{2}\angle B$,所以

$$\angle AFG = \angle AIG = 180° - \angle AIC = 90° - \frac{1}{2}\angle B$$

由 $BD = BF$,知 $\angle BFD = 90° - \frac{1}{2}\angle B = \angle AFG$. 故 D,F,G 三点共线.

类似地,有:直线 CI 上的点 $H,CH \perp BH \Leftrightarrow E,H,F$ 三点共线.

直线 BI 上的点 $M,BM \perp AM \Leftrightarrow D,E,M$ 三点共线.

直线 BI 上的点 $N,BN \perp CN \Leftrightarrow E,N,F$ 三点共线.

直线 AI 上的点 $T,AT \perp BT \Leftrightarrow E,D,T$ 三点共线.

直线 AI 上的点 $S,AS \perp CS \Leftrightarrow D,S,F$ 三点共线.

在图 7.14 中,设点 L 为 AB 的中点,联结 LM 交 AC 于点 K,则由 $AM \perp BM$ 知 LM 为 $Rt\triangle AMB$ 斜边上的中线,由此即推知 $LM /\!/ BC$,即知点 K 为 AC 的中点. 联结 GK 交 AB 于点 L',也可证点 L' 为 AB 的中点,即点 L' 与 L 重合,由此即知点 G,M 在与 BC 平行的 $\triangle ABC$ 的中位线上. 于是可得如下结论:

推论 1 三角形的一条中位线与平行于此中位线的边的一端点处的内角平分线及另一端点关于内切圆的切点弦直线,这三条直线交于一点,且该点为与中位线对应的顶点在这条内角平分线上的射影.

对于性质 18 及推论 1 中的内角平分线、内切圆,若改为外角平分线、旁切圆,则结论仍成立.

性质 19 三角形内切圆与边的切点及这条边所在的直线和另两切点所在直线的交点内分、外分该边的比相等.

证明 如图 7.15,设点 D,E,F 分别为 $\triangle ABC$ 的内切圆与边 BC,CA,AB 的切点,又设直线 BC 与直线 FE 交于点 T,则对 $\triangle ABC$ 及截线 FET 应用梅涅劳斯定理,有

$$\frac{AF}{FB} \cdot \frac{BT}{TC} \cdot \frac{CE}{EA} = 1$$

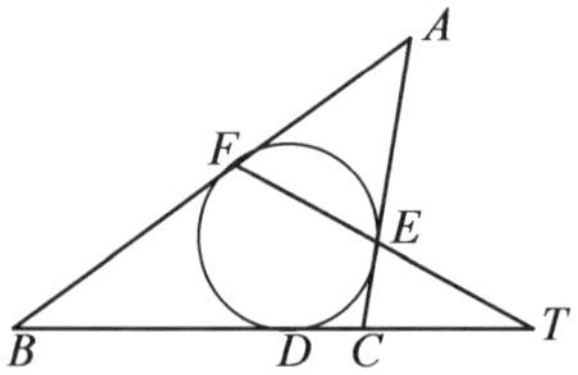

图 7.15

注意到 $AF = AE, BF = BD, CE = CD$,则 $\dfrac{BD}{DC} = \dfrac{BT}{TC}$.

注:点 D,T 内分、外分 BC 所成的比相等时,亦称为 D,T 调和分割 BC. 若 $FE/\!/BC$ 时,则点 T 为无穷远点,此时点 D 为 BC 的中点,也认为其内分、外分 BC 所成的比相等.

性质 20 设 $\triangle ABC$ 的内切圆的圆心为 I,$\triangle IBC$ 的外接圆分别和射线 AB,AC 交于点 D,E,则 DE 与圆 I 相切.

证明 如图 7.16,显然 D,B,I,E,C 五点共圆.

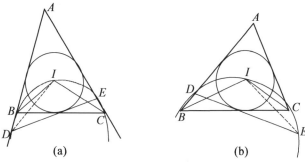

图 7.16

对于图 7.16(a),有 $\angle IDB = \angle ICB$,$\angle IDE = \angle ICE$,而 $\angle ICB = \angle ICE$,从而 $\angle IDB = \angle IDE$.

由于 AD 与圆 I 相切,由对称性,知 DE 也与圆 I 相切.

对于图 7.16(b),注意 $\angle IBC = \angle IEC$,$\angle IBD = \angle IED$,而 $\angle IBC = \angle IBD$,从而 $\angle IEC = \angle IED$. 因为 EA 与圆 I 相切,所以 ED 也和圆 I 相切.

性质 21 设 $\triangle ABC$ 的内切圆切边 BC 于点 D,AD 交内切圆于点 L,过点 L 作内切圆的切线分别交 AB,AC 于点 M,N,则 $\dfrac{1}{AB}+\dfrac{1}{AM}=\dfrac{1}{AC}+\dfrac{1}{AN}$.

证明 注意到当 $MN/\!/BC$ 时,则 $\triangle ABC$ 为等腰三角形. 此时结论显然成立.

当 $MN \not/\!/ BC$ 时,可设直线 MN 与直线 BC 交于点 G,如图 7.17 所示. 设内切圆切 AC 于点 E,切 AB 于点 F,则
$$GD = GL, BD = BF, ML = MF$$

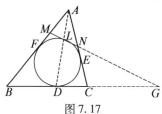

图 7.17

对 $\triangle GMB$ 及截线 DNA 应用梅涅劳斯定理,有

$$\frac{GL}{LM} \cdot \frac{MA}{AB} \cdot \frac{BD}{DG} = 1$$

亦即
$$\frac{BF}{AB} = \frac{MF}{AM}$$

而
$$\frac{BF}{AB} = \frac{MF}{AM} \Leftrightarrow \frac{AB-AF}{AB} = \frac{AF-AM}{AM} \Leftrightarrow \frac{1}{AB} + \frac{1}{AM} = \frac{2}{AF}$$

对 $\triangle GNC$ 及截线 DNA 应用梅涅劳斯定理,同理,有
$$\frac{1}{AC} + \frac{1}{AN} = \frac{2}{AE}$$

注意到 $AE = AF$,故 $\dfrac{1}{AB} + \dfrac{1}{AM} = \dfrac{1}{AC} + \dfrac{1}{AN}$.

性质 22 设 $\triangle ABC$ 的内切圆分别切边 BC, CA, AB 于点 D, E, F,点 H 在线段 EF 上,则 $DH \perp EF$ 的充要条件是 $\dfrac{FH}{HE} = \dfrac{BD}{DC}$.

证明 如图 7.18,联结 BH, CH.

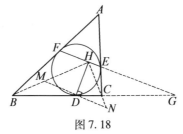

图 7.18

充分性:当 $\dfrac{FH}{HE} = \dfrac{BD}{DC}$ 时,注意到 $BF = BD, EC = DC$,则 $\dfrac{FH}{HE} = \dfrac{BF}{CE}$.

又 $\angle BFH = \angle CEH$,所以 $\triangle BHF \sim \triangle CHE$.

于是,$\angle BHF = \angle CHE$,且 $\dfrac{BH}{CH} = \dfrac{BF}{CE} = \dfrac{BD}{DC}$.

由角平分线性质定理的逆定理,知 DH 平分 $\angle BHC$.

从而 $\angle DHF = \angle DHB + \angle BHF = \angle DHC + \angle CHE = \angle DHE$.

故 $DH \perp EF$.

必要性:当 $DH \perp EF$ 时,若 $FE \parallel BC$,则 $\triangle ABC$ 为等腰三角形,结论显然成立. 若 $FE \nparallel BC$,则可设直线 FE 与直线 BG 交于点 G,如图 7.18 所示.

对 $\triangle ABC$ 及截线 FEG 应用梅涅劳斯定理,有 $\dfrac{BG}{GC} \cdot \dfrac{CE}{EA} \cdot \dfrac{AF}{FB} = 1$.

注意到 $AE=AF, BF=BD, CE=DC$,则 $\dfrac{BD}{BG}=\dfrac{DC}{GC}$.

过点 D 作 $MN\parallel HG$ 交直线 BH 于点 M,交直线 HC 于点 N,则 $DH\perp MN$,且 $\dfrac{MD}{HG}=\dfrac{BD}{BG}=\dfrac{DC}{GC}=\dfrac{DN}{HG}$,即 $MD=DN$. 由等腰三角形的性质,知 DH 平分 $\angle MHN$,即 $\angle BHF=\angle CHE$. 又 $\angle BFH=\angle CEH$,所以 $\triangle BHF\backsim\triangle CHE$. 故
$$\dfrac{FH}{HE}=\dfrac{BF}{CE}=\dfrac{BD}{DC}$$

性质 23 设 $\triangle ABC$ 的内切圆圆 I 切边 BC 于点 D,点 P 为 DI 延长线上的一点,直线 AP 交 BC 于点 Q,则 $BQ=DC$ 的充要条件是点 P 在圆 I 上.

证明 如图 7.19,过点 P 作 $B'C'\parallel BC$ 交 AB 于点 B',交 AC 于点 C'.

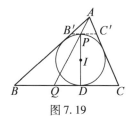

图 7.19

充分性:当点 P 在圆 I 上时,则知 $B'C'$ 切圆 I 于点 P.

易知 $\triangle AB'C'\backsim\triangle ABC$,由于在 $\angle BAC$ 内,则它们的旁切圆分别为圆 I 与圆 I_A,则在以点 A 为中心的位似变换下,使圆 I 变为圆 I_A,此时切点 P 变为切点 Q,即点 Q 为直线 AP 与 BC 的交点. 于是
$$BQ=p-c=DC\quad(\text{其中 }BC=a, CA=b, AB=c, p=\dfrac{1}{2}(a+b+c))$$

必要性:当 $BQ=DC=p-c$ 时,即点 Q 为 $\triangle ABC$ 中 $\angle BAC$ 的旁切圆的切点时,由 $\triangle AB'C'\backsim\triangle ABC$,则存在以点 A 为中心的位似变换,将 BC 上的点 Q 变为 $B'C'$ 上的点 P',且点 P' 为 $\triangle AB'C'$ 中 $\angle BAC$ 的旁切圆的切点. 注意到 $B'C'\parallel BC$,则知点 P' 在过点 D 与 BC 垂直的直线上,从而 P' 与 P 重合. 故点 P 在圆 I 上.

推论 2 设点 Q 为 $\triangle ABC$ 中边 BC 上一点,则点 Q 为 $\angle BAC$ 内的旁切圆的切点的充要条件是 $AB+BQ=AC+CQ$.

性质 24 设 $\triangle ABC$ 的内切圆圆 I 分别切边 BC, CA, AB 于点 D, E, F,点 K 是 DI 延长线上的一点,AK 的延长线交 BC 于点 M,则点 M 为 BC 中点的充要条件是点 K 在线段 EF 上.

证明 如图 7.20,过点 K 作 $ST\parallel BC$ 交 AB 于点 S,交 AC 于点 T,则 $IK\perp$

ST. 联结 SI, FI, TI, EI.

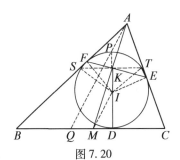

图 7.20

充分性:当点 K 在 EF 上时,注意到 F, S, I, K 及 I, E, T, K 分别四点共圆,有 $\angle ISK = \angle IFK = \angle IEK = \angle ITK$,即知 $\triangle SIT$ 为等腰三角形.

注意到 $IK \perp ST$,知点 K 为 ST 的中点.

由于 $ST \parallel BC$,则知点 M 为 BC 的中点.

必要性:当点 M 为 BC 的中点时,则知点 K 为 ST 的中点. 由于 $IK \perp ST$,则知 $IS = IT$,从而 $\mathrm{Rt}\triangle ISF \cong \mathrm{Rt}\triangle ITE$,即 $\angle SIF = \angle TIE$.

注意到 F, S, I, K 及 I, E, T, K 分别四点共圆,有 $\angle SKF = \angle SIF = \angle TIE = \angle TKE$. 于是,$E, K, F$ 三点共线,即点 K 在线段 EF 上.

推论3 设 $\triangle ABC$ 的内切圆圆 I 切边 BC 于点 D,点 M 为边 BC 的中点,点 Q 为边 BC 上的一点,则点 Q 为 $\angle BAC$ 内的旁切圆的切点的充分必要条件是 $IM \parallel AQ$.

事实上,如图 7.20 所示,证充分性时,过点 A 作 $AQ \parallel IM$ 交 DI 于点 P,证点 P 在圆 I 上即可. 证必要性时,延长 DI 交圆 I 于点 P,作直线 AP 交 BC 于点 Q,证得 $IM \parallel AQ$.

性质 25 设 $\triangle ABC$ 的内切圆圆 I 切边 BC 于点 D,点 M 为 BC 的中点,AH 是边 BC 上的高,点 Q 为 AH 上的一点,则 AQ 等于内切圆半径 r 的充分必要条件是 M, I, Q 三点共线.

证明 如图 7.21.

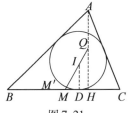

图 7.21

充分性:当 M, I, Q 三点共线时,令 $BC = a, CA = b, AB = c$,则

$$MC = \frac{1}{2}a, DC = \frac{1}{2}(a+b-c)\ (=p-c)$$

$$HC = AC \cdot \cos C = \frac{a^2+b^2-c^2}{2a}$$

联结 ID,由 $\text{Rt}\triangle IMD \backsim \text{Rt}\triangle QMH$,有

$$\frac{QH}{ID} = \frac{HM}{DM} = \frac{(MC-HC)\cdot 2}{(MC-DC)\cdot 2} = \frac{a-2HC}{c-b} = \frac{b+c}{a}$$

又 $AH \cdot a = 2S_{\triangle ABC} = r(a+b+c)$,所以 $\dfrac{AH}{r} = \dfrac{a+b+c}{a}$. 于是

$$\frac{AQ}{r} = \frac{AH-QH}{r} = \frac{AH}{r} - \frac{QH}{ID} = \frac{a+b+c}{a} - \frac{b+c}{a} = 1$$

故 $$AQ = r$$

必要性:当 $AQ = r$ 时,则

$$QH = AH - AQ = \frac{(a+b+c)\cdot r}{a} - r = \frac{(b+c)\cdot r}{a}$$

设直线 QI 交 BC 于点 M'(当 $c > b$ 时),则由

$$DH = \frac{a+b-c}{2} - \frac{a^2+b^2-c^2}{2a} = \frac{ab-ac-b^2+c^2}{2a}$$

有 $\dfrac{ID}{QH} = \dfrac{M'D}{M'H}$,即 $\dfrac{ID}{QH-ID} = \dfrac{M'D}{DH}$,亦即

$$M'D = \frac{ID \cdot DH}{QH - ID} = \frac{r \cdot \dfrac{ab-ac-b^2+c^2}{2a}}{\dfrac{(b+c)\cdot r}{a} - r}$$

$$= \frac{(b+c-a)(c-b)}{2(b+c-a)}$$

$$= \frac{c-b}{2} = \frac{a}{2} - \frac{a+b-c}{2}$$

$$= MC - DC = MD$$

从而点 M' 与 M 重合. 故 Q,I,M 三点共线.

性质 26 设 $\triangle ABC$ 的内切圆分别切边 BC,CA,AB 于点 D,E,F. 以点 A 为圆心,AE 为半圆的圆为 w,直线 DE 交圆 w 于点 G,点 H 在圆 w 上,则 GH 为圆 w 的直径的充要条件是 H,F,D 三点共线.

证明 如图 7.22,注意到 $\triangle AEG,\triangle CED$ 均为等腰三角形,且底角相等,则知其顶角相等,即 $\angle GAE = \angle ECD$,从而 $AG \parallel DC$. 于是,GH 为圆 w 的直径 $\Leftrightarrow$

$HA\parallel BD \Leftrightarrow \angle HAF = \angle FBD$,注意到 $\triangle AHF$,$\triangle BDF$ 均为等腰三角形 $\Leftrightarrow$ 其对应底角相等,即 $\angle AFH = \angle BFD \Leftrightarrow H,F,D$ 三点共线.

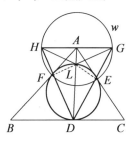

图 7.22

推论 4 设 $\triangle ABC$ 的内切圆分别切边 BC,CA,AB 于点 D,E,F,直线 DE,DF 分别交过点 A 且与 BC 平行的直线于点 G,H,直线 AD 交内切圆于点 L,则 $AG = AH$,且 $\angle GDH + \angle GLH = 180°$.

事实上,由 $AE = AF$ 并注意到图中的等腰三角形即得 $AG = AH$;由 $\angle GAL = \angle LDB = \angle LED$ 知 A,L,E,G 四点共圆,有 $\angle ALG = \angle CDG$. 同理 $\angle ALH = \angle BDH$. 由此即可得 $\angle GDH + \angle GLH = 180°$.

性质 27 设 $\triangle ABC$ 的内切圆圆 I 分别切边 BC,CA,AB 于点 D,E,F,点 L 为劣弧 $\overset{\frown}{EF}$ 上一点,过点 L 作内切圆的切线与 BC 所在的直线交于点 G,则 G,E,F 三点共线的充要条件是 A,L,D 三点共线.

证明 充分性:当 A,L,D 三点共线时,如图 7.23 所示.联结 AI 交 EF 于点 K,则

$$KI \perp EF \qquad ③$$

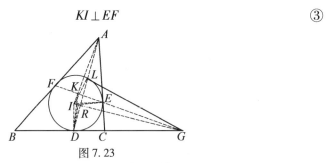

图 7.23

联结 EI,DI,KD,则 $ID^2 = EI^2 = IK \cdot IA$,即 $\dfrac{ID}{IA} = \dfrac{IK}{ID}$. 注意到 $\angle DIK$ 公用,则 $\triangle IDA \backsim \triangle IKD$,即

$$\angle IDA = \angle IKD \qquad ④$$

联结 IL,则 $\angle ILD = \angle IDA = \angle IKD$,从而,知 D,L,K,I 四点共圆.

又 I,D,G,L 四点共圆,所以 I,D,G,L,K 五点共圆,于是 $\angle IKG = \angle ILG = 90°$,即

$$KI \perp KG \quad ⑤$$

由式③⑤可知,G,E,F 三点共线.

必要性:当 G,E,F 三点共线时,如图 7.23 所示,联结 GI 交 DL 于点 R,则 $IR \perp DL$.

类似于充分性证明,由 $FI^2 = ID^2 = IR \cdot IG$,可证得 F,I,R,E 四点共圆.又 A,F,I,E 四点共圆,即 $\angle IRA = \angle IEA = 90°$,即 $IR \perp AR$,故 A,L,D 三点共线.

性质28 设 $\triangle ABC$ 的内切圆为圆 I,点 D,E,F 依次为圆 I 上三点(点 D 在优弧 $\overparen{EF}$ 上,且与点 A,I 不共线),EF 与 AI 交于点 K,且点 K 为 EF 的中点,则点 E 为 AC 与圆 I 的切点(或点 F 为 AB 与圆 I 的切点)的充要条件是 $\triangle IDK \backsim \triangle IAD$.

证明 如图 7.24,显然 $AI \perp EF$.

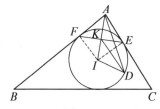

图 7.24

充分性:当 $\triangle IDK \backsim \triangle IAD$ 时,有 $\dfrac{IK}{ID} = \dfrac{ID}{IA}$,即 $IK \cdot IA = ID^2 = IE^2$.

于是 $\dfrac{IK}{IE} = \dfrac{IE}{IA}$,注意到 $\angle EIK$ 公用,则 $\triangle IEK \backsim \triangle IAE$,即知 $\angle IEA = \angle IKE = 90°$.所以 AE 与圆 I 切于点 E,且 AE 为过定点 A 与圆 I 右侧相切的直线,而这样的直线是唯一的,所以点 E 为 AC 与圆 I 相切的切点.

同理,点 F 为 AB 与圆 I 的切点.

必要性:当点 E 为 AC 与圆 I 的切点时,则由对称性(即点 K 为 EF 的中点)知点 F 必为 AB 与圆 I 的切点,反之亦真.此时,显然有 $\triangle IDK \backsim \triangle IAD$.

性质29 设 $\triangle ABC$ 的内切圆分别切边 BC,CA,AB 于点 D,E,F,直线 AD 交 EF 于点 H.若直线 FE 与直线 BC 交于点 G,则 $\dfrac{FH}{HE} = \dfrac{FG}{GE}$.

证明 如图 7.25,对 $\triangle ABC$ 及截线 FEG 应用梅涅劳斯定理,有

$$\dfrac{AF}{FB} \cdot \dfrac{BG}{GC} \cdot \dfrac{CE}{EA} = 1 \quad ⑥$$

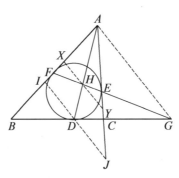

图 7.25

注意到 $AF=AE,BF=DB,CE=DC$,则式⑥化为

$$\frac{BG}{DB}=\frac{CG}{DC} \qquad ⑦$$

联结 AG,过点 D 作 $IJ\parallel AG$ 交 AB 于点 I,交直线 AC 于点 J,则

$$\frac{AG}{DI}=\frac{BG}{DB}=\frac{CG}{DC}=\frac{AG}{DJ}$$

从而点 D 为 IJ 的中点. 过点 H 作 $XY\parallel IJ$ 交 AB 于点 X,交 AC 于点 Y,则知点 H 为 XY 的中点,即 $XH=HY$. 于是

$$\frac{FH}{FG}=\frac{XH}{AG}=\frac{HY}{AG}=\frac{HE}{EG}$$

故

$$\frac{FH}{HE}=\frac{FG}{GE}$$

推论 5 设 $\triangle ABC$ 的内切圆分别切边 BC,CA,AB 于点 D,E,F. 直线 AD 交内切圆于点 L,过点 L 作内切圆的切线分别与直线 DF,DE,BC 交于点 S,T,G,则 $\dfrac{SL}{LT}=\dfrac{SG}{GT}$.

证明 如图 7.26,由性质 27,知 F,E,G 三点共线.

设直线 AD 与 EF 交于点 H,则由性质 27,知 $\dfrac{FH}{FG}=\dfrac{HE}{GE}$.

过点 H 作 $XY\parallel BC$ 交直线 DF 于点 X,交直线 DE 于点 Y,则

$$\frac{XH}{DG}=\frac{FH}{FG}=\frac{HE}{GE}=\frac{HY}{DG}$$

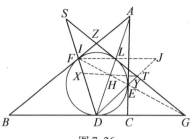

图 7.26

由此即知点 H 为 XY 的中点,过点 L 作 $IJ\text{∥}XY$ 交直线 DE 于点 I,交直线 DE 于点 J,则知点 L 为 IJ 的中点,即 $IL=LJ$,于是 $\dfrac{SL}{SG}=\dfrac{IL}{DG}=\dfrac{LJ}{DG}=\dfrac{LT}{TG}$.

故 $$\dfrac{SL}{LT}=\dfrac{SG}{GT}.$$

注:(1)特别地,设 AF 与 SL 交于点 Z,则对 $\triangle GZB$,应用上述性质 26,亦有 $\dfrac{DH}{HL}=\dfrac{DA}{AL}$;

(2)对 $\triangle GZB$ 及截线 DFS 应用梅涅劳斯定理也可证得推论 5.

推论 6 设 $\triangle ABC$ 的内切圆分别切边 BC,CA,AB 于点 D,E,F,联结 AD 交内切圆于点 L,过 L 作内切圆的切线分别与直线 DF,DE 交于点 S,T,则直线 AD,BT,CS 三线共点.

证明 如图 7.28,当 $ST\text{∥}BC$ 时,则推知 $\triangle ABC$ 为等腰三角形,此时结论显然成立.

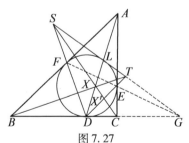

图 7.27

当 $ST\not\text{∥}BC$ 时,可设直线 ST 与直线 BC 交于点 G.于是,由性质 27,知 F, E,G 三点共线.

由性质 29 中的式⑦,知 $\dfrac{BG}{DB}=\dfrac{CG}{DC}$.

又由推论 5,知 $\dfrac{SL}{SG}=\dfrac{LT}{GT}$.

设 BT 交 AD 于点 X,CS 交 AD 于点 X',则对 $\triangle DGL$ 及截线 BXT,对 $\triangle DGL$ 及截线 $CX'S$ 分别应用梅涅劳斯定理,有

$$\frac{DB}{BG} \cdot \frac{GT}{TL} \cdot \frac{LX}{XD} = 1, \frac{DC}{CG} \cdot \frac{GS}{SL} \cdot \frac{LX'}{X'D} = 1$$

于是

$$\frac{LX}{XD} = \frac{BG}{DB} \cdot \frac{TL}{GT} = \frac{CG}{DC} \cdot \frac{SL}{GS} = \frac{LX'}{X'D}$$

由上式知点 X 与 X' 重合. 故直线 AD,BT,CS 三线共点.

注:性质 29 及推论 5 中的结论,应用线段的调和分割性质证明更简捷.

性质 30 设 $\triangle ABC$ 的内切圆圆 I 分别切边 BC,CA 于点 D,E,直线 DI 交圆 I 于另一点 P,直线 AP 交边 BC 于点 Q,点 S 在边 AC 上,BS 与 AQ 交于点 L,则 $SC = AE$ 的充要条件是 $AP = LQ$.

证明 如图 7.28,由性质 22,即知 $BQ = DC$.

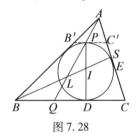

图 7.28

令 $BC = a$,$CA = b$,$AB = c$,$p = \frac{1}{2}(a + b + c)$

充分性:当 $AP = LQ$ 时,此时 $PQ = AL$. 应用正弦定理,有

$$\frac{AS}{SC} = \frac{AS}{BS} \cdot \frac{BS}{SC} = \frac{\sin \angle ABS}{\sin A} \cdot \frac{\sin C}{\sin \angle CBS}$$

$$= \frac{\sin C}{\sin A} \cdot \frac{\sin \angle ABS}{\sin \angle BAQ} \cdot \frac{\sin \angle BQA}{\sin \angle CRS} \cdot \frac{\sin \angle BAQ}{\sin \angle BQA}$$

$$= \frac{c}{a} \cdot \frac{AL}{BL} \cdot \frac{BL}{LQ} \cdot \frac{BQ}{c} = \frac{p-c}{a} \cdot \frac{AL}{LQ} \qquad \text{⑧}$$

过点 P 作 $B'C' \parallel BC$ 交 AB 于点 B',交 AC 于点 C',则 $B'C'$ 为圆 I 的切线. 设 r,r_A 分别为 $\triangle AB'C'$,$\triangle ABC$ 在 $\angle BAC$ 内的旁切圆半径,$S_\triangle$ 为 $\triangle ABC$ 的面积,则

$$\frac{AP}{AQ} = \frac{r}{r_A} = \frac{S_\triangle}{p} \cdot \frac{p-a}{S_\triangle} = \frac{p-a}{p} \qquad \text{⑨}$$

于是

$$\frac{LQ}{AL} = \frac{AP}{PQ} = \frac{AP}{AQ - AP} = \frac{p-a}{p-(p-a)} = \frac{p-a}{a} \qquad ⑩$$

将式⑩代入式⑧得

$$\frac{AS}{SC} = \frac{p-c}{a} \cdot \frac{a}{p-a} = \frac{p-c}{p-a}$$

从而

$$\frac{AC}{SC} = \frac{AS + SC}{SC} = \frac{p-c+p-a}{p-a} = \frac{b}{p-a}$$

故 $SC = p - a = AE$

必要性:当 $SC = AE$ 时,即 $SA = CE$,对 $\triangle AQC$ 及截线 BLS 应用梅涅劳斯定理,有

$$\frac{AL}{LQ} \cdot \frac{QB}{BC} \cdot \frac{CS}{SA} = 1$$

即

$$\frac{AL}{LQ} = \frac{BC}{QB} \cdot \frac{SA}{CS} = \frac{BC}{CD} \cdot \frac{CE}{CS} = \frac{BC}{CS} = \frac{a}{p-a}$$

从而

$$\frac{AQ}{LQ} = \frac{AL + LQ}{LQ} = \frac{AL}{LQ} + 1 = \frac{a}{p-a} + 1 = \frac{p}{p-a}$$

再注意到式⑨,有 $\frac{AQ}{AP} = \frac{p}{p-a} = \frac{AQ}{LQ}$. 故 $AP = LQ$.

性质 31 设 $\triangle ABC$ 的内切圆分别切边 BC, CA, AB 于点 D, E, F,直线 FD, DE, EF 分别与直线 CA, BA, CB 交于点 U, V, W,则 U, V, W 三点共线.

证明 若 $FE \parallel BC$,则视点 W 为无穷远点,当 $UV \parallel BC$ 时,也视 U, V, W 三点共线.

当 $FE \not\parallel BC$ 时,如图 7.29 所示.

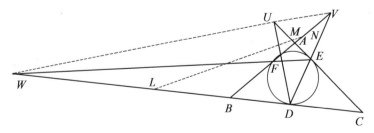

图 7.29

分别对 $\triangle AFE$ 及截线 WBC,对 $\triangle BDF$ 及截线 UAC,对 $\triangle DCE$ 及截线 VAB

应用梅涅劳斯定理,有

$$\frac{AB}{BF} \cdot \frac{FW}{WE} \cdot \frac{EC}{CA} = 1, \frac{BC}{CD} \cdot \frac{DU}{UF} \cdot \frac{FA}{AB} = 1, \frac{DB}{BC} \cdot \frac{CA}{AE} \cdot \frac{EV}{VD} = 1$$

注意到 $AF = AE, BF = BD, CD = CE$,将上述三式相乘,得

$$\frac{FW}{WE} \cdot \frac{EV}{VD} \cdot \frac{DU}{UF} = 1$$

对 $\triangle DEF$ 应用梅涅劳斯定理的逆定理,知 U, V, W 三点共线.

注:U, V, W 三点所在的直线称为勒莫恩线.

性质 32 设 $\triangle ABC$ 的内切圆与边 BC, CA, AB 切于点 D, E, F,由 $\triangle DEF$ 的各顶点向其对边所作垂线的垂足分别为 G, H, K,则 $\triangle GHK$ 的各边平行于 $\triangle ABC$ 的各边.

证明 如图 7.30,因为 $\angle EHF = \angle EKF = 90°$,所以 F, H, K, E 四点共圆,从而 $\angle DKH = \angle DFE$.

又 DC 是 $\triangle ABC$ 内切圆的切线,所以 $\angle DFE = \angle EDC$,从而 $\angle DKH = \angle EDC$. 于是 $HK \parallel BC$. 同理 $KG \parallel CA, GH \parallel AB$.

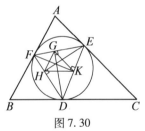

图 7.30

性质 33 设 $\triangle ABC$ 的三边 BC, CA, AB 的长分别为 a, b, c,点 I 为其内心,如图 7.31(a) 和 (b) 所示,过点 I 任作直线 l,如果 l 过三角形的某一个顶点,不妨设 l 过点 B,如图 7.31(a) 所示,分别由点 A, C 向 l 作垂线,设两条垂线段的长分别是 a_1, c_1,则有结论:$aa_1 - cc_1 = 0$;如果 l 不过三角形的顶点,即三角形的三个顶点分别在 l 的两边,一边一个,而另一边两个,不妨设点 A, B 在一边,而点 C 在另一边,如图 7.31(b) 所示,分别由点 A, B, C 向 l 作垂线,设三条垂线段的长分别是 a_1, b_1, c_1,则有结论:$aa_1 + bb_1 - cc_1 = 0$.①

证明 如图 7.31(a),当 l 过点 B 时,设点 D, E 分别是由点 A, C 向 l 作垂线的垂足,因为点 I 为三角形的内心,所以 $\angle ABD = \angle CBE$,又由于 $AD \perp BD$,

---

① 刘步松. 三角形与内心和内切圆有关的两个性质[J]. 数学通报,2015(7):52-53.

$CE \perp BE$,所以 $\text{Rt}\triangle ABD \backsim \text{Rt}\triangle CBE$,从而 $\dfrac{BA}{BC} = \dfrac{AD}{CE}$,则 $BC \cdot AD = BA \cdot CE$,即 $aa_1 = cc_1$,则结论 $aa_1 - cc_1 = 0$ 成立.

如图 7.31(b),l 不过三角形的顶点,点 A,B 在 l 的一边,而点 C 在 l 的另一边,作三角形的角平分线 AK,则 AK 过点 I,由点 K 作 l 的垂线,设垂线段的长为 d,并设三角形的内切圆半径为 r,边 BC 上的高为 h,则

$$\dfrac{d}{a_1} = \dfrac{KI}{IA}, \dfrac{d}{d+a_1} = \dfrac{KI}{KI+IA} = \dfrac{KI}{KA} = \dfrac{r}{h}$$

得

$$d = \dfrac{a_1 r}{h - r} \qquad ⑪$$

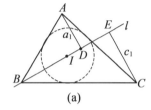
(a)

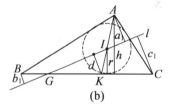
(b)

图 7.31

又

$$\dfrac{d}{b_1} = \dfrac{GK}{BG}, \dfrac{d}{b_1 + d} = \dfrac{GK}{BG + GK} = \dfrac{GK}{BK} \qquad ⑫$$

$$\dfrac{c_1}{d} = \dfrac{GC}{GK}, \dfrac{c_1 - d}{d} = \dfrac{GC - GK}{GK} = \dfrac{KC}{GK} \qquad ⑬$$

由⑫×⑬得

$$\dfrac{d}{b_1 + d} \cdot \dfrac{c_1 - d}{d} = \dfrac{GK}{BK} \cdot \dfrac{KC}{GK}$$

即

$$\dfrac{c_1 - d}{b_1 + d} = \dfrac{KC}{BK}$$

由角平分线定理,有 $\dfrac{KC}{BK} = \dfrac{b}{c}$,从而

$$\dfrac{c_1 - d}{b_1 + d} = \dfrac{b}{c} \qquad ⑭$$

把式⑪代入式⑭得

$$\frac{c_1 - \dfrac{a_1 r}{h-r}}{b_1 + \dfrac{a_1 r}{h-r}} = \frac{b}{c}$$

化简得

$$cc_1 - bb_1 = \frac{(b+c)a_1 r}{h-r} \qquad \text{⑮}$$

又易知 $(a+b+c)r = ah$,所以

$$h = \frac{(a+b+c)r}{a}, \quad h - r = \frac{(b+c)r}{a}$$

把它代入式⑮得

$$cc_1 - bb_1 = \frac{a(b+c)a_1 r}{(b+c)r} = aa_1$$

即 $aa_1 + bb_1 - cc_1 = 0$,综上所述,性质 34 成立.

性质 34 设 $\triangle ABC$ 的边 BC, CA, AB 的边长分别为 a, b, c,点 I 为其内心. 如图 7.32 所示,又设三角形的内切圆与三边分别切于点 D, E, F,点 P 是 $\overset{\frown}{DE}$ 上的任一点(不同于点 D 和 E),过点 P 作圆的切线 t,显然点 A, B 在 t 的一边,而点 C 在 t 的另一边. 分别由 A, B, C 向 t 作垂线,设三条垂线段的长分别是 a_2, b_2, c_2,则 $aa_2 + bb_2 - cc_2 = 2S_{\triangle ABC}$.

证明 如图 7.32,过点 I 作直线 t 的平行线 l,如果 l 过点 A 或点 B,不妨设 l 过点 B,分别由 A, C 向 l 作垂线,容易看出,两条垂线段的长分别是 $a_2 - r, c_2 + r$,由性质 31 得

$$a(a_2 - r) - c(c_2 + r) = 0$$

又由于 $b_2 = r, b_2 - r = 0$,所以也有

$$a(a_2 - r) + b(b_2 - r) - c(c_2 + r) = 0$$

也就是

$$aa_2 + bb_2 - cc_2 = (a+b+c)r = 2S_{\triangle ABC}$$

如果 l 不过三角形的顶点,这时可能有两种情形,一种是点 A 和点 B 仍然在直线 l 的一边,另一种是点 B(或点 A)与点 C 在直线 l 的一边,而点 A(或点 B)在直线 t 的另一边,以下分别来证明.

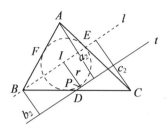

图 7.32

情形一:如图 7.33,分别由 A,B,C 向 l 作垂线,容易看出,三条垂线段的长分别是 a_2-r,b_2-r,c_2+r,由性质 33,得
$$a(a_2-r)+b(b_2-r)-c(c_2+r)=0$$
也就是
$$aa_2+bb_2-cc_2=(a+b+c)\cdot r=2S_{\triangle ABC}$$

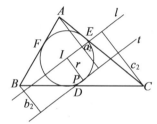

图 7.33

情形二:如图 7.34,不妨设点 B 与点 C 在直线 l 的一边,分别由 A,B,C 向 l 作垂线,容易看出,三条垂线段的长分别是 $a_2-r,r-b_2,c_2+r$,由性质 30 得
$$b(r-b_2)+c(c_2+r)-a(a_2-r)=0$$
也就是
$$aa_2+bb_2-cc_2=(a+b+c)r=2S_{\triangle ABC}$$

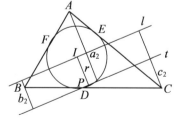

图 7.34

综上所述,性质 34 成立.

性质 35 设点 D,E,F 分别为 $\triangle ABC$ 的内切圆圆 I 与边 BC,CA,AB 的切

点. 设 R, r 分别为 $\triangle ABC$ 的外接圆、内切圆半径,则 $S_{\triangle DEF} : S_{\triangle ABC} = r : 2R$.

证明 如图 7.35,易知 $\angle DIE = \pi - \angle C, \angle EIF = \pi - \angle A, \angle FID = \pi - \angle B$,故

$$S_{\triangle DEF} = \frac{1}{2}r^2 \sin(\pi - C) + \frac{1}{2}r^2 \sin(\pi - A) + \frac{1}{2}r^2 \sin(\pi - B)$$

$$= \frac{1}{2}r^2(\sin A + \sin B + \sin C)$$

$$= \frac{r}{2R} \cdot Rr(\sin A + \sin B + \sin C) = \frac{r}{2R} S_{\triangle ABC}$$

即

$$\frac{S_{\triangle DEF}}{S_{\triangle ABC}} = \frac{r}{2R} \qquad ⑯$$

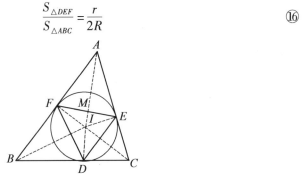

图 7.35

如图 7.35,圆 I 内切于 $\triangle ABC$,切点分别为 D, E, F,$\triangle DEF$ 为 $\triangle ABC$ 的切点三角形. 设 $\triangle ABC, \triangle AEF, \triangle BDF, \triangle CDE$ 的面积分别为 $\triangle, \triangle_A, \triangle_B, \triangle_C$,外接圆和内切圆半径分别为 $R, R_A, R_B, R_C, r, r_A, r_B, r_C$,$\triangle ABC$ 的三边长分别为 $BC = a, AC = b, AB = c$,s 为 $\triangle ABC$ 的半周长,即 $s = \frac{1}{2}(a+b+c)$,$s - a = s_a$,等等. $\sum$ 表示循环和,则:

引理 1 如图 7.35,在 $\triangle ABC$ 中,有 $AF = AE = s_a, BF = BD = s_b, CD = CE = s_c$.

引理 2 在 $\triangle ABC$ 中,有如下恒等式

$$s_a s_b s_c = sr^2 \qquad ⑰$$

$$\sin\frac{A}{2}\sin\frac{B}{2}\sin\frac{C}{2} = \frac{r}{4R} \qquad ⑱$$

$$abc = 4Rrs \qquad ⑲$$

$$(a+b)(b+c)(c+a) = 2s(s^2 + 2Rr + r^2) \qquad ⑳$$

$$\sum (b+c)s_b s_c = 4rs(R+r) \qquad ㉑$$

$$\sum a^2 = 2(s^2 - 4Rr - r^2) \qquad ㉒$$

性质 36 切点三角形的面积公式 $S_{\triangle DEF} = \dfrac{2s_a s_b s_c \triangle}{abc}$.

证明 由 $R = \dfrac{abc}{4\triangle}, r = \sqrt{\dfrac{s_a s_b s_c}{s}}$ 以及式⑯易得上式. 证毕.

性质 37 $R_A R_B R_C = \dfrac{1}{2} R r^2$.

证明 如图 7.36，联结 OA 交 EF 于点 M，则 $OA \perp EF$. 由引理 1 可知，在 $\text{Rt}\triangle AFM$ 中，有 $FM = AF\sin\dfrac{A}{2} = s_a \sin\dfrac{A}{2}$. 故 $EF = 2s_a \sin\dfrac{A}{2}$.

从而可知，$R_A = \dfrac{EF}{2\sin\angle BAC} = \dfrac{2s_a \sin\dfrac{A}{2}}{2 \cdot \dfrac{a}{2R}} = \dfrac{2R s_a \sin\dfrac{A}{2}}{a}$，$R_B, R_C$ 也有类似的表达式.

三式相乘结合式⑰⑱⑲即得欲证.

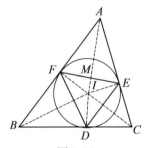

图 7.36

性质 38 设 $\triangle ABC$ 的内切圆圆 I 分别与边 BC, AC, AB 切于点 A_1, B_1, C_1，l 为过点 I 的任意一条直线. 点 A', B', C' 分别为点 A_1, B_1, C_1 关于 l 的对称点，则 AA', BB', CC' 三线共点.

证明 设 $d_c(X)$ 为点 X 到直线 AB 的距离，类似地，标记 $d_a(X), d_b(X)$，如图 7.37 所示.

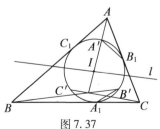

图 7.37

由角元塞瓦定理知 AA', BB', CC' 三线共点 $\Leftrightarrow \dfrac{d_b(A')}{d_c(A')} \cdot \dfrac{d_c(B')}{d_a(B')} \cdot \dfrac{d_a(C')}{d_b(C')} = 1$.

又 $B_1A' = A_1B'$ 以及 CB, CA 均与圆 I 相切，所以

$$\angle B'A_1C = \frac{1}{2}\overparen{B'A_1} = \frac{1}{2}\overparen{A'B_1} = \angle A'B_1A$$

故

$$d_a(B') = A_1B'\sin\angle B'A_1C = B_1A'\sin\angle A'B_1A = d_b(A')$$

同理

$$d_b(C') = d_c(B'), d_c(A') = d_a(C')$$

从而，原命题得证.

例1 如图 7.38，点 D 是 $\triangle ABC$ 的内心，点 E 是 $\triangle ABD$ 的内心，点 F 是 $\triangle BDE$ 的内心，若 $\angle BFE$ 的度数为整数，求 $\angle BFE$ 的最小度数.

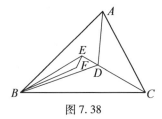

图 7.38

解 由内心性质，知

$$\angle BFE = 90° + \frac{1}{2}\angle BDE = 90° + \frac{1}{4}\angle BDA$$

$$= 90° + \frac{1}{4}\left(90° + \frac{1}{2}\angle ACB\right)$$

$$= 112° + \frac{1}{8}(4° + \angle ACB)$$

故当 $\angle ACB = 4°$ 时，$\angle BFE$ 的最小度数为 $113°$.

例2 如图 7.39，在 $\triangle ABC$ 中，点 O 是外心，点 I 是内心，$\angle C = 30°$，边 AC 上的点 D 与边 BC 上的点 E 使 $AD = BE = AB$. 求证：$OI \perp DE$ 且 $OI = DE$.

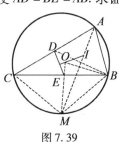

图 7.39

证明 如图 7.39,联结 AI 并延长交 $\triangle ABC$ 的外接圆于点 M,联结 BD,OM, BM,CM,则 $BM = CM = IM$. 易证 $OM \perp EB$,$AI \perp BD$,从而由 $\angle OMI$ 与 $\angle EBD$ 的两组对应边分别垂直,且均为锐角,有 $\angle OMI = \angle EBD$. 又由正弦定理 $AB = 2R \cdot \sin C = R = OB = OM$,$\angle BAD = \angle BOM$,有 $\triangle DAB \cong \triangle MOB$,即 $BD = BM = IM$. 又 $OM = AB = BE$,所以 $\triangle OMI \cong \triangle EBD$. 从而知通过旋转 $90°$ 和平移可使两个三角形重合,故 $OI \perp DE$ 且 $OI = DE$.

例 3 如图 7.40,设点 I 为 $\triangle ABC$ 的内心,$\angle A$,$\angle B$,$\angle C$ 所对的边分别为 a,b,c. 求证:$\dfrac{IA^2}{bc} + \dfrac{IB^2}{ac} + \dfrac{IC^2}{ab} = 1$.

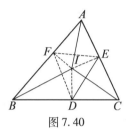

图 7.40

证明 设点 I 在三边上的射影分别为点 D,E,F,则 $ID = IE = IF = r$. 这些点及与 I 的连线如图 7.40 所示,则知 B,D,I,F 四点共圆,且 IB 为该圆的直径.

由托勒密定理,有
$$DF \cdot IB = ID \cdot BF + IF \cdot BD = r(BD + BF)$$

由正弦定理,有
$$DF = IB \cdot \sin B = \dfrac{b}{2R} \cdot IB$$

亦有
$$b \cdot IB^2 = 2Rr(BD + FB)$$

类似地,有
$$a \cdot IA^2 = 2Rr(AF + AE),\ c \cdot IC^2 = 2Rr(CD + CE)$$

即
$$a \cdot IA^2 + b \cdot IB^2 + c \cdot IC^2 = 2Rr(a + b + c)$$

又由
$$S_\triangle = \dfrac{1}{2}r(a + b + c) = \dfrac{abc}{4R}$$

有
$$2Rr(a + b + c) = abc$$

故
$$a \cdot IA^2 + b \cdot IB^2 + c \cdot IC^2 = abc$$

即
$$\dfrac{IA^2}{bc} + \dfrac{IB^2}{ac} + \dfrac{IC^2}{ab} = 1$$

例 4 如图 7.41,设点 M 是 $\triangle ABC$ 的边 BC 的中点,点 I 是内切圆圆心,AH 是高,点 E 为直线 IM 与 AH 的交点. 求证:AE 等于内切圆半径 r.

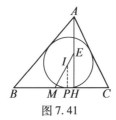

图 7.41

证明 如图 7.41,设点 P 为内切圆与边 BC 的切点,联结 IP. 设 $BC=a$, $AC=b,AB=c$,则

$$MC=\frac{a}{2}, PC=\frac{a+b-c}{2}$$

$$HC=AC\cdot\cos C=\frac{a^2+b^2-c^2}{2a}$$

由 $\triangle IMP\backsim\triangle EMH$,有

$$\frac{EH}{IP}=\frac{HM}{PM}=\frac{MC-HC}{MC-PC}=\frac{a-2HC}{c-b}=\frac{b+c}{a}$$

又

$$AH\cdot a=2S_{\triangle ABC}=r(a+b+c)$$

所以

$$\frac{AH}{r}=\frac{a+b+c}{a}$$

再由 $\frac{EH}{r}=\frac{b+c}{a}$(注意 $IP=r$)及 $AE=AH-EH$,有

$$\frac{AE}{r}=\frac{AH}{r}-\frac{EH}{r}=\frac{a+b+c}{a}-\frac{b+c}{a}=1$$

故 $AE=r$.

思 考 题

1.(2012年新加坡数学奥林匹克竞赛题)已知 $\triangle ABC$ 的内切圆圆 I 与边 BC,CA,AB 分别切于点 D,E,F,直线 ID 与线段 EF 交于点 K,点 M 是边 BC 的中点.证明:A,K,M 三点共线.

2.(2011年中国香港数学奥林匹克竞赛题)设 $\triangle ABC$ 的内切圆分别切 BC, CA,AB 于点 D,E,F,线段 BE,CF 分别交该内切圆于点 Y,Z.若直线 FE 与 CB 交于圆外一点 X,证明:X,Y,Z 三点共线.

3.(2008年第34届俄罗斯数学奥林匹克竞赛题)设 $\triangle ABC$ 的内切圆 ω 分别与边 BC,CA,AB 切于点 A',B',C',圆周上的点 K,L 满足 $\angle AKB'+\angle BKA'=\angle ALB'+\angle BLA'=180°$. 求证:$A',B',C'$ 到直线 KL 的距离彼此相等.

4. (2008年第10届香港数学奥林匹克竞赛题)设点 D 为 $\triangle ABC$ 中边 BC 上一的点,且满足 $AB+BD=AC+CD$. 线段 AD 与 $\triangle ABC$ 的内切圆交于点 X,Y, 且 X 距离点 A 更近一些,$\triangle ABC$ 的内切圆与边 BC 切于点 E. 证明:

(1) $EY \perp AD$;

(2) $XD = 2IA'$,其中点 I 为 $\triangle ABC$ 的内心,点 A' 为边 BC 的中点.

5. (2003年 CMO 题)设点 I,H 分别为锐角 $\triangle ABC$ 的内心和垂心,点 B_1,C_1 分别为边 AC,AB 的中点. 已知射线 B_1I 交边 AB 于点 $B_2(B_2 \neq B)$,射线 C_1I 交 AC 的延长线于点 C_2,B_2C_2 与 BC 交于点 K,点 A_1 为 $\triangle BHC$ 的外心. 试证: A,I,A_1 三点共线的充分必要条件是 $\triangle BKB_2$ 与 $\triangle CKC_2$ 的面积相等.

6. (2004年第18届韩国数学奥林匹克竞赛题)在等腰 $\triangle ABC$ 中,$AB=AC$, 圆 O 是 $\triangle ABC$ 的内切圆,与边 BC,CA,AB 的切点依次为点 K,L,M. 设点 N 是直线 OL 与 KM 的交点,点 Q 是直线 BN 与 CA 的交点,点 P 是点 A 到直线 BQ 的垂足. 若 $BP=AP+2PQ$,求 $\dfrac{AB}{BC}$ 的所有可能的取值.

7. (2010年中国国家集训队测试题)在锐角 $\triangle ABC$ 中,已知 $AB>AC$,设 $\triangle ABC$ 的内心为点 I,边 AC,AB 的中点分别为点 M,N,点 D,E 分别在线段 AC, AB 上,且满足 $BD \parallel IM, CE \parallel IN$,过内心点 I 作 DE 的平行线与直线 BC 交于点 P,点 P 在直线 AI 上的投影为点 Q. 证明:点 Q 在 $\triangle ABC$ 的外接圆上.

思考题 参考解答

1. **证法 1** 如图 7.42, 设 AK 与 BC 交于点 M'.

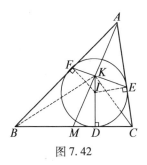

图 7.42

只需证点 M' 是边 BC 的中点.

由 $\angle FIK = \angle ABC, \angle EIK = \angle ACB$,得

$$\frac{FK}{EK} = \frac{\sin\angle FIK}{\sin\angle EIK} = \frac{\sin\angle ABC}{\sin\angle ACB}$$

又

$$\frac{FK}{\sin\angle FAK} = \frac{AF}{\sin\angle AKF} = \frac{AE}{\sin\angle AKE} = \frac{EK}{\sin\angle KAE}$$

所以

$$\frac{\sin\angle FAK}{\sin\angle KAE} = \frac{FK}{EK} = \frac{\sin\angle ABC}{\sin\angle ACB}$$

故

$$\frac{BM'}{CM'} = \frac{BM'}{AM'} \cdot \frac{AM'}{CM'} = \frac{\sin\angle FAK}{\sin\angle ABC} \cdot \frac{\sin\angle ACB}{\sin\angle KAE} = 1$$

于是,$BM' = CM'$.

从而,点 M' 与 M 重合. 故 A,K,M 三点共线.

证法2 设 $\angle BAC = \alpha, \angle ABC = \beta, \angle BCA = \gamma$.

因为四边形 $BFID$ 与四边形 $CDIE$ 是圆内接四边形,所以

$$\angle FID = 180° - \beta, \angle EID = 180° - \gamma$$

从而,$\angle FIK = \beta, \angle EIK = \gamma$.

令 $\angle FAK = x, \angle BAM = y$,则 $\angle EAK = \alpha - x, \angle CAM = \alpha - y$.

对 $\triangle EAK$ 和 $\triangle FAK$ 应用正弦定理,得

$$\frac{EK}{\sin(\alpha - x)} = \frac{AE}{\sin\angle AKE}, \frac{FK}{\sin x} = \frac{AF}{\sin\angle AKF}$$

因为 $AE = AF, \angle AKE + \angle AKF = 180°$,所以两式相除得 $\dfrac{\sin x}{\sin(\alpha - x)} = \dfrac{FK}{EK}$.

对 $\triangle EKI$ 和 $\triangle FKI$ 应用正弦定理,得

$$\frac{EK}{\sin\angle KIE} = \frac{SK}{\sin\angle KEI}, \frac{FK}{\sin\angle KIF} = \frac{SK}{\sin\angle KFI}$$

即

$$\frac{EK}{\sin\gamma} = \frac{SK}{\sin\dfrac{\alpha}{2}}, \frac{FK}{\sin\beta} = \frac{SK}{\sin\dfrac{\alpha}{2}}$$

因此

$$\frac{EK}{FK} = \frac{\sin\gamma}{\sin\beta}$$

考虑 $\triangle ABM$ 和 $\triangle ACM$ 得

$$\frac{BM}{\sin y}=\frac{AM}{\sin \beta}, \frac{CM}{\sin(\alpha-y)}=\frac{AM}{\sin \gamma}$$

所以
$$\frac{\sin y}{\sin(\alpha-y)}=\frac{\sin \beta}{\sin \gamma}$$

故
$$\frac{\sin x}{\sin(\alpha-x)}=\frac{\sin y}{\sin(\alpha-y)}$$

由此知 $x=y$. 从而,A,K,M 三点共线.

2. 如图 7.43,由切线性质知 $AE=AF$.

对 $\triangle ABC$ 和直线 EFX 应用梅涅劳斯定理,得

$$\frac{AF}{FB}\cdot\frac{BX}{XC}\cdot\frac{CE}{EA}=1 \Rightarrow \frac{BX}{XC}=\frac{EA}{CE}\cdot\frac{FB}{AF}=\frac{FB}{CE}$$

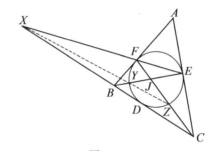

图 7.43

设 BE 与 CF 交于点 J.

由点 E,F 是切点,得 $\angle EFC=\angle ZEC$,$\angle FEB=\angle YFB$.

注意到 $\triangle EFC \backsim \triangle ZEC$,$\triangle FEB \backsim \triangle YFB$,故

$$\frac{JY}{YB}\cdot\frac{BX}{XC}\cdot\frac{CZ}{ZJ}$$

$$=\frac{JY}{JZ}\cdot\frac{CZ}{BY}\cdot\frac{BX}{XC}=\frac{FY}{EZ}\cdot\frac{CZ}{BY}\cdot\frac{BX}{XC} \quad (由 \triangle JFY \backsim \triangle JEZ)$$

$$=\frac{FY}{BY}\cdot\frac{CZ}{EZ}\cdot\frac{BX}{XC}=\frac{EF}{BF}\cdot\frac{CE}{EF}\cdot\frac{FB}{CE}=1$$

由梅涅劳斯定理的逆定理,知 X,Y,Z 三点共线.

3. 如图 7.44,对于劣弧 $\overset{\frown}{A'B'}$ 上的点 P,有
$$\angle APB'+\angle BPA'<\angle A'PB'<180°$$

知点 K,L 均在优弧 $\overparen{B'C'A'}$ 上. 设圆 ω 的圆心为点 I.

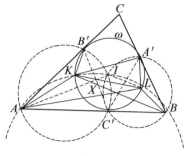

图 7.44

注意到 $\angle A'KB' = \angle A'LB'$ 及题设条件,有
$$\angle AKB = 180° - \angle A'KB' = 180° - \angle A'LB' = \angle ALB$$
从而,有 A,B,L,K 四点共圆.

联结 $B'C',A'C'$,计算切点三角形内角知 $\angle A'C'B' = \dfrac{1}{2}(\angle A + \angle B)$,有
$$\begin{aligned}\angle AKB &= 180° - \angle A'KB' = 180° - \angle A'C'B'\\ &= 180° - \dfrac{1}{2}(\angle A + \angle B)\\ &= \angle AIB\end{aligned}$$

从而知 A,B,L,I,K 五点共圆.

设 AI 与 $B'C'$ 交于点 X,则点 X 为 $B'C'$ 的中点. 注意到 $B'C',KL,AI$ 分别为圆 ω,圆 $AB'IC'$,圆 $AKILB$ 两两的根轴,因而它们共点于 X. 因此,B',C' 到 KL 的距离相等.

同理,A',C' 到 KL 的距离相等.

4. 如图 7.45,(1)由性质 23,知点 D 为 $\angle BAC$ 内的旁切圆与边 BC 的切点. 再由性质 5,知 XE 为圆 I 的直径,则 $\angle XYE = 90°$,故 $EY \perp AD$.

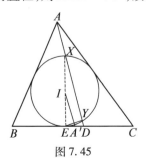

图 7.45

（2）由推论 3，知 $IA' \parallel XD$，而点 I 为 XE 的中点，故 $XD = 2IA'$.

5. 如图 7.46，先证 $S_{\triangle BKB_2} = S_{\triangle CKC_2} \Leftrightarrow \angle BAC = 60°$.

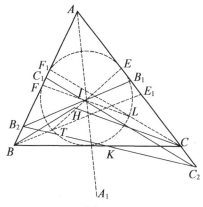

图 7.46

设圆 I 分别切 AC, AB 于点 E, F，直线 EI 交圆 I 于点 T，直线 BT 交 AC 于点 E_1，则由性质 5，知 $AE_1 = CE$，即知点 E_1 为 $\angle ABC$ 内的旁切圆与 AC 的切点. 又由推论 3，知 $B_2B_1 \parallel BE_1$，亦有 $\dfrac{AB_2}{AB} = \dfrac{AB_1}{AE_1}$.

同理，可得点 L, F_1，亦有 $\dfrac{AC_2}{AC} = \dfrac{AC_1}{AF_1}$.

令 $BC = a, CA = b, AB = c, p = \dfrac{1}{2}(a+b+c)$，由性质 1，有

$$AB_1 = \dfrac{b}{2}, AC_1 = \dfrac{c}{2}, AE_1 = CE = p - c$$
$$AF_1 = BF = p - b$$

于是

$$1 = \dfrac{S_{\triangle BKB_2}}{S_{\triangle CKC_2}} = \dfrac{S_{\triangle AB_2C_2}}{S_{\triangle ABC}} = \dfrac{AB_2 \cdot AC_2}{AB \cdot AC} = \dfrac{\dfrac{bc}{4}}{(p-b)(p-c)}$$

从而，由

$$4(p-b)(p-c) = bc \Leftrightarrow a^2 = b^2 + c^2 - bc \Leftrightarrow \angle BAC = 60°$$

其次，再证 A, I, A_1 三点共线 $\Leftrightarrow \angle BAC = 60°$.

设点 O 为 $\triangle ABC$ 的外心，则

$$\angle BHC = 180° - \angle BAC, \angle BA_1C = 2(180° - \angle BHC) = 2\angle BAC$$

因此,$\angle BAC = 60° \Leftrightarrow \angle BAC + \angle BA_1C = 180° \Leftrightarrow A_1$ 在圆 O 上 $\Leftrightarrow AI$ 与 AA_1 重合(A_1 在 BC 的中垂线上)$\Leftrightarrow A, I, A_1$ 三点共线.

6. 如图 7.47,由性质 24,知点 Q 为 AC 的中点.

当点 P 在 $\triangle ABC$ 内时,如图 7.47(a)所示,在 BQ 的延长线上取点 R,使 $QR = QP$,又取点 S,使 $RS = AP$,联结 CR, AS, CS,则
$$CR = AP, PS = 2PQ + AP = BP$$
从而 $\triangle ABS, \triangle ACS, \triangle RCS$ 均为等腰三角形,则
$$\angle QAP = \angle QCR = \angle RSA = \angle ABQ$$
从而
$$\angle BAC = (90° - \angle ABQ) + \angle QAP = 90°$$
此时
$$\frac{AB}{BC} = \frac{1}{\sqrt{2}} = \frac{\sqrt{2}}{2}$$

当点 P 在 $\triangle ABC$ 外时,如图 7.47(b)所示,作 $CR \perp BP$ 于点 R,则由点 Q 为 AC 的中点知 $CR = AP, RQ = PQ$,于是 $BR = BP - 2PQ = AP$,即知 $\triangle BCR$ 为等腰直角三角形. 此时,$\angle RCQ = \angle PBA$,知 $\text{Rt}\triangle RCQ \sim \text{Rt}\triangle PBA$,由 $AB = AC = 2QC$,知 $AP = 2QR = 2PQ$,亦即知 $RC = 2PQ$.

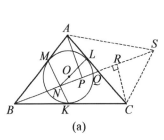 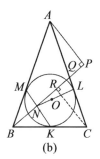

(a)　　　　(b)

图 7.47

于是
$$AB = 2QC = 2\sqrt{RQ^2 + RC^2} = 2\sqrt{PQ^2 + 4PQ^2} = 2\sqrt{5}PQ$$
$$BC = \sqrt{2}BR = \sqrt{2}AP = 2\sqrt{2}PQ$$
故
$$\frac{AB}{BC} = \frac{\sqrt{5}}{\sqrt{2}} = \frac{\sqrt{10}}{2}$$

综上所述,$\dfrac{AB}{BC}$ 的所有可能的取值为 $\dfrac{\sqrt{2}}{2},\dfrac{\sqrt{10}}{2}$.

7. 如图 7.48,由 $BD \parallel IM,CE \parallel IN$,应用推论 3,知点 D 为 $\angle ABC$ 内的旁切圆与边 AC 的切点,点 E 为 $\angle ACB$ 内的旁切圆与边 AB 的切点.

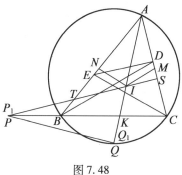

图 7.48

令

$$BC = a, CA = b, AB = c, p = \dfrac{1}{2}(a+b+c), \angle BAC = \alpha, \angle ABC = \beta, \angle ACB = \gamma$$

R, r 分别为 $\triangle ABC$ 的外接圆、内切圆半径

由直接计算,得 $AE = p - b = r \cdot \cot \dfrac{\beta}{2}, AD = p - c = r \cdot \cot \dfrac{\gamma}{2}$,从而

$$\dfrac{AE}{AD} = \dfrac{\cot \dfrac{\beta}{2}}{\cot \dfrac{\gamma}{2}} = \dfrac{\tan \dfrac{\gamma}{2}}{\tan \dfrac{\beta}{2}}$$

设 AI 与 BC 交于点 K,与 $\triangle ABC$ 的外接圆交于点 Q_1,则点 Q_1 为 $\overset{\frown}{BC}$ 的中点,过点 Q_1 作 AQ_1 的垂线与直线 BC 交于点 P_1. 下面证明 $P_1 I \parallel DE$.

设 $P_1 I$ 与 AC, AB 分别交于点 S, T,对 $\triangle ABK$ 及截线 $P_1 TI$ 应用梅涅劳斯定理,有 $\dfrac{AT}{TB} \cdot \dfrac{BP_1}{P_1 K} \cdot \dfrac{KI}{IA} = 1$. 因为

$$\dfrac{IA}{KI} = \dfrac{AC}{KC} = \dfrac{\sin \angle AKC}{\sin \dfrac{\gamma}{2}} = \dfrac{\sin \angle BKQ_1}{\sin \dfrac{\gamma}{2}}$$

$$\dfrac{P_1 Q_1}{BP_1} = \dfrac{\sin \angle P_1 BQ_1}{\sin \angle P_1 Q_1 B} = \dfrac{\sin \angle CBQ_1}{\sin(90° - \angle AQ_1 B)} = \dfrac{\sin \dfrac{\gamma}{2}}{\cos \gamma}$$

所以

$$\frac{AT}{TB}=\frac{P_1K}{BP_1}\cdot\frac{IA}{KI}=\frac{P_1K}{BP_1}\cdot\frac{\sin\angle BKQ_1}{\sin\frac{\alpha}{2}}$$

$$=\frac{P_1Q_1}{BP_1\cdot\sin\frac{\alpha}{2}}=\frac{1}{\cos\gamma}$$

于是,有

$$AT=\frac{AB}{1+\cos\gamma}=\frac{2R\cdot\sin\gamma}{2\cos^2\frac{\gamma}{2}}=2R\cdot\tan\frac{\gamma}{2}$$

同理

$$AS=2R\cdot\tan\frac{\beta}{2}$$

由于 $\dfrac{AT}{AS}=\dfrac{\tan\dfrac{\gamma}{2}}{\tan\dfrac{\beta}{2}}=\dfrac{AE}{AD}$,所以 $P_1I/\!/DE$.

注意到过点 I 只能引一条平行于 DE 的直线,所以点 P_1 与 P 重合. 又点 P 在 AI 上的投影是唯一的,故 Q_1 与 Q 重合,即点 Q 在 $\triangle ABC$ 的外接圆上.

第8章 三角形的旁心 旁切圆

与三角形的一边外侧相切,又与另两边的延长线相切的圆叫作三角形的旁切圆. 如图 8.1 所示,一个三角形有三个旁切圆,旁切圆的圆心简称为三角形的旁心.

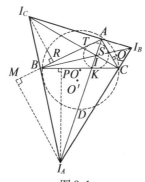

图 8.1

三角形的旁心、旁切圆有下列有趣的性质:

性质 1 三角形的旁心是其一内角的平分线(所在的直线)和其他两角的外角平分线的交点. 每一个旁心到三边的距离相等.

注:设点 D 为 $\overset{\frown}{BC}$ 的中点,点 A 是该圆弧所在圆周上的另一点,若点 A 与 D 位于弦 BC 的异侧,则 DA 平分 $\angle BAC$;若点 A 与 D 位于弦 BC 同侧,则 MD 平分 $\angle BAC$ 的外角.

性质 2 三角形的三个旁心与内心构成一垂心组. 反过来,一个三角形的顶点与垂心是高的垂足三角形的旁心与内心.

为了介绍后面的性质,我们设 △ABC 的边 BC,CA,AB 的边长分别为 a,b,c,令 $p=\dfrac{1}{2}(a+b+c)$. 分别与 BC,CA,AB 外侧相切的旁切圆圆心设为 I_A,I_B,I_C,其半径设为 r_A,r_B,r_C. $S_\triangle$ 表示 △ABC 的面积,R,r 分别为 △ABC 的外接圆半径与内切圆半径.

性质 3 $\angle BI_AC = 90° - \dfrac{1}{2}\angle A$,$\angle BI_BC = \angle BI_CC = \dfrac{1}{2}\angle A$(对于顶角 B,C 也有类似的式子,略).

性质 4 $r_A = \dfrac{2S_\triangle}{-a+b+c} = 4R\sin\dfrac{A}{2}\cdot\cos\dfrac{B}{2}\cdot\cos\dfrac{C}{2} = r\cdot\cot\dfrac{B}{2}\cdot\cot\dfrac{C}{2}$;

$r_B = \dfrac{2S_\triangle}{a-b+c} = 4R\cdot\sin\dfrac{B}{2}\cdot\cos\dfrac{C}{2}\cdot\cos\dfrac{A}{2} = r\cdot\cot\dfrac{C}{2}\cdot\cot\dfrac{A}{2}$;

$r_C = \dfrac{2S_\triangle}{a+b-c} = 4R\cdot\sin\dfrac{C}{2}\cdot\cos\dfrac{A}{2}\cdot\cos\dfrac{B}{2} = r\cdot\cot\dfrac{A}{2}\cdot\cot\dfrac{B}{2}$.

性质 5 $S_\triangle = (p-a)\cdot r_A = (p-b)\cdot r_B = (p-c)\cdot r_C$;

$S_\triangle = \dfrac{r_A r_B r_C}{\sqrt{r_A r_B + r_B r_C + r_C r_A}}$;

$\dfrac{\sqrt{3}\, r_A r_B r_C}{r_A + r_B + r_C} \leqslant S_\triangle \leqslant \dfrac{\sqrt{3}}{3}(r_A r_B r_C)^{\frac{2}{3}}$.

注：第三式由平均值不等式推证得.

性质 6 (1) $I_B I_C = a\cdot\csc\dfrac{A}{2}, I_C I_A = b\cdot\csc\dfrac{B}{2}, I_A I_B = c\cdot\csc\dfrac{C}{2}$;

(2) $II_A = a\cdot\sec\dfrac{A}{2}, II_B = b\cdot\sec\dfrac{B}{2}, II_C = c\cdot\sec\dfrac{C}{2}$.

事实上，对于(1)，由性质 2，知点 I 为 $\triangle I_A I_B I_C$ 的垂心，$\triangle ABC$ 为 $\triangle I_A I_B I_C$ 的垂足三角形，于是 I_C, B, C, I_B 四点共圆且 $I_B I_C$ 为该圆的直径，故由正弦定理知 $I_B I_C = BC\cdot\csc\angle BI_C C$. 由 A, I, C, I_B 四点共圆知 $\angle BI_B C = \angle IAC = \dfrac{1}{2}\angle A$，从而 $I_B I_C = a\cdot\csc\dfrac{A}{2}$. 同样可得其余两式.

对于(2)，易知 I, B, I_A, C 四点共圆且 II_A 为该圆的直径，故 $II_A = BC\cdot\csc\angle BIC$. 又 $\angle BIC = 90°+\dfrac{1}{2}\angle A$，所以 $II_A = a\cdot\sec\dfrac{A}{2}$. 同样可得其余两式.

推论 1 (1) $\dfrac{II_A\cdot I_B I_C}{a} = \dfrac{II_B\cdot I_C I_A}{b} = \dfrac{II_C\cdot I_A I_B}{c} = 4R$;

(2) $\dfrac{I_B I_C \cdot I_C I_A \cdot I_A I_B}{abc} = \dfrac{4R}{r}$.

推论 2 $\dfrac{S_{\triangle I_A I_B I_C}}{S_{\triangle ABC}} = \dfrac{2R}{r}$.

事实上，由 $I_B I_C \cdot II_A = I_B I_C (AI_A - AI) = 2(S_{\triangle I_A I_B I_C} - S_{\triangle II_B I_C})$ 等三式相加，有

$$II_A\cdot I_B I_C + II_B\cdot I_C I_A + II_C\cdot I_A I_B = 4S_{\triangle I_A I_B I_C}$$

由推论 1,有 $II_A \cdot I_BI_C + II_B \cdot I_CI_A + II_C \cdot I_AI_B = 4R(a+b+c) = 4R \cdot \dfrac{2S_{\triangle ABC}}{r}$,即证.

推论 3 设 $\triangle I_AI_BI_C$ 的外接圆半径为 R',则 $R' = 2R$.

事实上,由 $2R' = I_BI_C \cdot \csc\angle BI_AC = I_BI_C \cdot \csc(90° - \dfrac{A}{2}) = a \cdot \csc\dfrac{A}{2} \cdot \sec\dfrac{A}{2} = 2a \cdot \csc A = 4R$,即证. 或设 II_A 交 $\triangle ABC$ 的外接圆于点 D,联结 BD,则

$$\angle BID = \angle BAI + \angle ABI = \angle CAI + \angle IBC = \angle CBD + \angle IBC = \angle IBD$$

有 $DI = DB$,即点 D 为 II_A 的中点. 设点 O' 是 I 关于 $\triangle ABC$ 外心 O 的对称点,则由三角形中位线的性质,知 $O'I_A = 2OD = 2R$. 同理 $O'I_B = O'I_C = 2R$,即点 O' 为 $\triangle I_AI_BI_C$ 的外心.

推论 4 设 $\triangle I_AI_BI_C$ 的内切圆半径为 r',则 $\dfrac{I_BI_C + I_CI_A + I_AI_B}{a+b+c} = \dfrac{R'}{r'}$.

事实上,由 $r'(I_BI_C + I_CI_A + I_AI_B) = 2S_{\triangle I_AI_BI_C} = \dfrac{4R \cdot S_{\triangle ABC}}{r} = \dfrac{R' \cdot 2S_{\triangle ABC}}{r} = R'(a+b+c)$ 即证.

推论 5 $\dfrac{1}{II_A^2} + \dfrac{1}{I_BI_C^2} = \dfrac{1}{a^2}, \dfrac{1}{II_B^2} + \dfrac{1}{I_CI_A^2} = \dfrac{1}{b^2}, \dfrac{1}{II_C^2} + \dfrac{1}{I_AI_B^2} = \dfrac{1}{c^2}$.

推论 6 $(1) \dfrac{IA^2}{bc} + \dfrac{IB^2}{ca} + \dfrac{IC^2}{ab} = 1$;

$(2) IA + IB + IC \leqslant \sqrt{bc + ca + ab}$(Walber 不等式).

事实上,对于 (1),由 $\triangle IAC \backsim \triangle II_CI_A$ 及 $\triangle IAB \backsim \triangle II_AI_B$,有

$$\dfrac{IA}{b} = \dfrac{II_C}{I_AI_C}, \dfrac{IA}{c} = \dfrac{II_B}{I_AI_B}$$

即

$$\dfrac{IA^2}{bc} = \dfrac{II_C \cdot II_B \cdot \sin(180° - \angle I_BI_AI_C)}{I_AI_C \cdot I_AI_B \cdot \sin\angle I_BI_AI_C} = \dfrac{S_{\triangle II_BI_C}}{S_{\triangle I_AI_BI_C}}$$

同理

$$\dfrac{IB^2}{ca} = \dfrac{S_{\triangle II_CI_A}}{S_{\triangle I_AI_BI_C}}, \dfrac{IC^2}{ab} = \dfrac{S_{\triangle II_AI_B}}{S_{\triangle I_AI_BI_C}}$$

即证.

对于 (2),由 (1) 及柯西不等式即证.

性质 7 设圆 I_A，圆 I_B，圆 I_C 分别切 $\triangle ABC$ 的边 BC, CA, AB 于 P, Q, R 三点，内切圆圆 I 分别切 BC, CA, AB 于 K, S, T 三点，则 $BP = AQ = CK = p - c$，$PC = AR = BK = p - b$，$BR = CQ = AT = p - a$.

事实上，如图 8.1 所示，可作 $I_A M \perp$ 直线 AB 于点 M，则 $BM = BP$，而 $BM + AB = \frac{1}{2}(a + b + c)$，故 $BP = p - c = CK$. 同理证其余式.

性质 8 设 AI_A 的连线交 $\triangle ABC$ 的外接圆于点 D，则 $DI_A = DB = DC$（对于 BI_B, CI_C 也有同样的结论，略）.

事实上，由性质 6 的推论 3 的证明即知结论成立. 也可设点 C_1 为 AB 延长线上的一点，由 $\angle CBI_A = \angle C_1 BI_A = \angle DI_A B + \angle I_A AB$，有

$$\angle DI_A B = \angle C_1 BI_A - \frac{1}{2}\angle A = \angle CBI_A - \frac{1}{2}\angle A = \angle DI_A B$$

故

$$CD = BD = I_A D$$

性质 9

$$\angle I_B I_A I_C = \frac{1}{2}(\angle B + \angle C)$$

$$\angle I_A I_B I_C = \frac{1}{2}(\angle A + \angle C), \quad \angle I_A I_C I_B = \frac{1}{2}(\angle A + \angle B)$$

事实上，由 $\angle I_B I_A I_C = \pi - \angle I_A BC - \angle I_A CB = \pi - \frac{\pi - \angle B}{2} - \frac{\pi - \angle C}{2} = \frac{1}{2}(\angle B + \angle C)$，即得第一式. 同理可推得其余两式.

性质 10 设 I_A 为 $\triangle ABC$ 的 $\angle A$ 内的旁切圆圆心，则①

$$\frac{I_A A^2}{CA \cdot CB} - \frac{I_A B^2}{AB \cdot BC} - \frac{I_A C^2}{BC \cdot CA} = 1$$

证明 如图 8.2，过点 C 作 $\angle ACD = \angle AI_A B$，交 AI_A 于点 D，联结 BD.

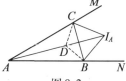

图 8.2

因为 $\angle I_A AB = \angle I_A AC$，所以 $\triangle ABI_A \backsim \triangle ADC$，故 $\angle CDA = \angle I_A BA$，且

$$\frac{AB}{AD} = \frac{BI_A}{CD} = \frac{AI_A}{AC} \qquad ①$$

---

① 梁昌金. 三角形旁心的一个性质[J]. 数学通讯, 2015(11):62.

又 $\angle BAD = \angle I_A AC, \dfrac{AB}{AD} = \dfrac{AI_A}{AC}$，可知 $\triangle ABD \backsim \triangle AI_A C$，所以

$$\dfrac{AB}{AI_A} = \dfrac{BD}{CI_A} \qquad ②$$

由 $\angle CDA = \angle I_A BA$，知 $\angle CDI_A = \angle I_A BN = \angle I_A BC$，所以 B, I_A, C, D 四点共圆，则由托勒密定理，得 $BC \cdot DI_A = BI_A \cdot CD + BD \cdot CI_A$，即

$$BC \cdot (AI_A - AD) = BI_A \cdot CD + BD \cdot CI_A \qquad ③$$

由式①②知，$AD = \dfrac{AB \cdot AC}{AI_A}, CD = \dfrac{BI_A \cdot AC}{AI_A}, BD = \dfrac{CI_A \cdot AB}{AI_A}$，代入式③得

$$BC \cdot (AI_A - \dfrac{AB \cdot AC}{AI_A}) = BI_A \cdot \dfrac{BI_A \cdot AC}{AI_A} + \dfrac{CI_A \cdot AB}{AI_A} \cdot CI_A$$

整理，得

$$\dfrac{I_A A^2}{CA \cdot AB} - \dfrac{I_A B^2}{AB \cdot BC} - \dfrac{I_A C^2}{BC \cdot CA} = 1$$

推论 7 如图 8.3，设点 P, Q 是 $\triangle ABC$ 外的任意两点，且 $\angle PAB = \angle QAC$，$\angle PBN = \angle QBC, \angle PCM = \angle QCB$，则 $\dfrac{PA \cdot QA}{CA \cdot AB} - \dfrac{PB \cdot QB}{AB \cdot BC} - \dfrac{PC \cdot QC}{BC \cdot CA} = 1$

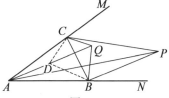

图 8.3

证明 如图 8.3，过点 C 作 $\angle ACD = \angle APB$，交 AQ 于点 D，联结 BD.

因为 $\angle PAB = \angle QAC$，所以 $\triangle ABP \backsim \triangle ADC$，故

$$\angle CDA = \angle PBA, \dfrac{AB}{AD} = \dfrac{BP}{CD} = \dfrac{AP}{AC} \qquad ④$$

又 $\angle QAB = \angle PAC, \dfrac{AB}{AP} = \dfrac{AP}{AC}$，可知 $\triangle ABD \backsim \triangle APC$，所以

$$\dfrac{AB}{AP} = \dfrac{BD}{CP} \qquad ⑤$$

由 $\angle CDA = \angle PBA$，知 $\angle CDQ = \angle PBN = \angle QBC$，所以 B, Q, C, D 四点共圆，则由托勒密定理，得

$$BC \cdot DQ = BQ \cdot CD + BD \cdot CQ$$

即

$$BC \cdot (AQ - AD) = BQ \cdot CD + BD \cdot CQ \qquad ⑥$$

由式④⑤知，$CD = \dfrac{BP \cdot AC}{AP}$，$AD = \dfrac{AB \cdot AC}{AP}$，$BD = \dfrac{CP \cdot AB}{AP}$，代入式⑥得

$$BC \cdot \left(AQ - \dfrac{AB \cdot AC}{AP}\right) = BQ \cdot \dfrac{BP \cdot AC}{AP} + \dfrac{CP \cdot AB}{AP} \cdot CQ$$

整理得

$$\dfrac{PA \cdot QA}{CA \cdot AB} - \dfrac{PB \cdot QB}{AB \cdot BC} - \dfrac{PC \cdot QC}{BC \cdot CA} = 1$$

性质 11 设 $\triangle ABC$ 内接于圆 O，点 N 为 $\overset{\frown}{BAC}$ 的中点，点 I, I_A 分别为 $\triangle ABC$ 的内心、$\angle A$ 内的旁心，联结 NI_A 与圆 O 交于点 D，$IE \perp BC$ 于点 E，则 $\angle BAD = \angle CAE$（即 AD, AE 为等角线）.

证明 如图 8.4，设 AI_A 与圆 O 的另一个交点为 M，联结 MN, BI, BI_A, BM.

易知，点 M 为 $\overset{\frown}{BC}$ 的中点.

又点 N 为 $\overset{\frown}{BAC}$ 的中点，则 MN 为圆 O 的直径，且 $MN \perp BC$.

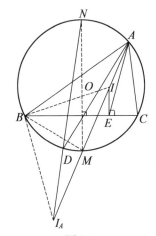

图 8.4

又 $IE \perp BC$，所以 $IE \parallel MN$. 故 $\angle MIE = \angle NMI$. 于是

$$\angle AIE = \angle NMI_A$$

由于点 I, I_A 分别为 $\triangle ABC$ 的内心、$\angle A$ 内的旁心，则 $\angle IBI_A = 90°$.

再由内心的性质，知 $BI = BM$.

因此，点 M 为 II_A 的中点.

从而，$MI_A = BM$.

设 $\triangle ABC$ 的外接圆、内切圆的半径分别为 R, r，则

$$\frac{MI_A}{MN} = \frac{BM}{2R} = \sin\frac{A}{2}, \frac{IE}{AI} = \frac{r}{AI} = \sin\frac{A}{2}$$

于是, $\dfrac{IE}{AI} = \dfrac{MI_A}{MN}$, 即 $\dfrac{IE}{MI_A} = \dfrac{AI}{MN}$. 故

$$\triangle AIE \backsim \triangle NMI_A \Rightarrow \angle IAE = \angle NMI_A$$

所以 $\angle DAM = \angle MNI_A = \angle IAE$

再由点 M 为 $\overset{\frown}{BC}$ 的中点, 知 $\angle BAD = \angle CAE$.

性质 12 一个旁心与三角形三条边的端点联结所组成的三个三角形的面积之比等于原三角形三条边长之比;三个旁心与三角形的一条边的端点联结所组成的三角形的面积之比等于三个旁切圆的半径之比.

性质 13 过旁心 I_A 的直线交 AB, AC 所在的直线分别于点 P, Q, 则

$$\frac{AB}{AP} \cdot \sin B + \frac{AC}{AQ} \cdot \sin C = -\sin A + \sin B + \sin C$$

事实上, 可参见三角形内心的性质 12 即证.

性质 14 设 $\triangle ABC$ 的内切圆圆 I 分别切边 BC, CA, AB 于点 D, E, F, 直线 AI 交内切圆于点 P, Q, 则点 P, Q 分别为 $\triangle AEF$ 的内心与旁心.

在前面的推论 3 及性质 11 的证明中均已证明了如下结论:

性质 15 三角形的外接圆平分一条内角平分线上的内心与旁心的连线段.

性质 16 三角形的外接圆平分三角形两旁心的连线段.

证明 如图 8.5, 设点 I_B, I_C 分别为 $\triangle ABC$ 的 $\angle B, \angle C$ 内的旁心, $\triangle ABC$ 的外接圆与 $I_B I_C$ 交于 A, N 两点.

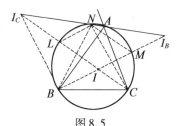

图 8.5

设点 I 为 $\triangle ABC$ 的内心, 直线 BI_B, CI_C 分别与 $\triangle ABC$ 的外接圆交于点 M, L. 联结 MN, 由 A, N, B, M 四点共圆, 知

$$\angle ANM = \angle ABM = \frac{1}{2}\angle B$$

由三角形的分角线性质5,知 $\angle AI_C C = \frac{1}{2}\angle B$,从而知 $NM /\!/ I_C C$.

由性质15,知点 M 为 $I_B I$ 的中点,于是点 N 为 $I_C I_B$ 的中点.

推论8　如图8.5,则:

(1)四边形 $MNLI$ 为平行四边形;

(2) $NI_C = NB = NC = NI_B$.

事实上,(1)同理可证 $LN /\!/ BI_B$. 由 $NM /\!/ I_C C$ 即得结论.

(2)由于 $I_C B \perp BI_B$,则在 $Rt\triangle I_C BI_B$ 中,$BN = \frac{1}{2} I_C I_B = NI_C$.

又 AN 为 $\angle BAC$ 的外角平分线,所以 N 为 $\overset{\frown}{BAC}$ 的中点,则 $NB = NC$.

或者在 $Rt\triangle I_C CI_B$ 中,有 $NC = \frac{1}{2} I_C I_B = NI_B$.

性质17　设点 I, I_A, I_B, I_C 分别为 $\triangle ABC$ 的内心,$\angle A, \angle B, \angle C$ 内的旁心,点 D, E, F 分别为旁切圆与边的切点,则直线 $I_A D, I_B E, I_C F$ 三线交于 $\triangle I_A I_B I_C$ 的外心 J,且 IJ 的中点为 $\triangle ABC$ 的外心 O.

证明　如图8.6,设直线 $I_A D$ 与 $I_B E$ 交于点 J',则

$$\angle J'I_A C = \angle DI_A C = 90° - \angle DCI_A = 90° - (90° - \frac{1}{2}\angle C) = \frac{1}{2}\angle C$$

$$\angle J'I_B C = \angle EI_B C = 90° - \angle ECI_B = 90° - (90° - \frac{1}{2}\angle C) = \frac{1}{2}\angle C$$

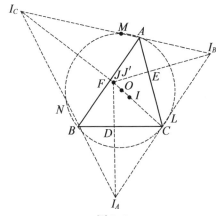

图8.6

从而知 $J'I_A = J'I_B$. 于是 $\angle I_A J' I_B = 180° - \angle C$,而

$$\angle I_A I_B I_C = 180° - \angle I_C AB - \angle I_C BA = 180° - (90° - \frac{1}{2}\angle A) - (90° - \frac{1}{2}\angle B)$$

$$=\frac{1}{2}(\angle A+\angle B)=90°-\frac{1}{2}\angle C$$

即知 $\angle I_A J' I_B = 2\angle I_A I_B I_C$,从而知点 J' 为 $\triangle I_A I_B I_C$ 的外心 J.

注意到点 I 为 $\triangle I_A I_B I_C$ 的垂心($IC \perp I_A I_B$ 等三式).

又由性质 16 知, $\triangle ABC$ 的外接圆与 $I_A I_B, I_B I_C, I_C I_A$ 的交点 L, M, N 分别为其中点,于是,知圆 O 为 $\triangle I_A I_B I_C$ 的九点圆.

由九点圆的性质知, IJ 的中点为九点圆的圆心,即为点 O.

性质 18 三角形一顶点到内心及这个顶点对应的旁心的两线段的乘积等于夹这两线段的两边的乘积,即 $AI \cdot AI_A = AB \cdot AC$.

事实上,如图 8.7 所示,联结 $BI, I_A C$. 由 $\angle AIB = 90° + \frac{1}{2}\angle C = \angle ICI_A +$

$\angle ACI = \angle ACI_A$(或 $\angle AI_A C = 180° - \frac{1}{2}\angle A - [\angle C + \frac{1}{2}(180° - \angle C)] = \frac{1}{2}\angle B =$

$\angle ABI$),知 $\triangle ABI \backsim \triangle AI_A C$,有 $\frac{AB}{AI_A} = \frac{AF}{AC}$. 故

$$AI \cdot AI_A = AB \cdot AC$$

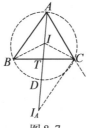

图 8.7

推论 9 $AT \cdot AD = AI \cdot AI_A$.

事实上,由三角形的分角线性质 6,有 $AT \cdot AD = AB \cdot AC$,再由性质 18 即得结论.

或者由 $AI \cdot TI_A = TI \cdot AI_A = TI \cdot (AI + IT + TI_A) = TI \cdot AI + IT^2 + TI \cdot TI_A$ 有

$$2AI \cdot TI_A = TI \cdot AI + IT^2 + TI \cdot TI_A + AI \cdot TI_A$$
$$= (AI + IT)(IT + TI_A) = AT \cdot II_A$$

于是

$$AT \cdot II_A = 2AI \cdot TI_A \Leftrightarrow \frac{TI_A}{AT} = \frac{\frac{1}{2}II_A}{AI} = \frac{ID}{AI} \Leftrightarrow \frac{AT + TI_A}{AT}$$

$$= \frac{AI + ID}{AI} \Leftrightarrow \frac{AI_A}{AT} = \frac{AD}{AI} \Leftrightarrow AT \cdot AD = AI \cdot AI_A$$

推论 10 $AI \cdot TI_A = AI_A \cdot IT$(即点 I, I_A 调和分割 AT).

事实上,由内、外角平分线性质,有 $\dfrac{AI}{IT} = \dfrac{CA}{CT} = \dfrac{AI_A}{I_AT}$,即知结论成立.

由性质 4 可推知三角形的内切圆半径与三个旁切圆半径之间有下述关系:
$$\dfrac{1}{r} = \dfrac{1}{r_A} + \dfrac{1}{r_B} + \dfrac{1}{r_C}.$$

这为我们探寻三实数成为三角形三旁径应满足的条件提供了条件.

性质 19 任意 3 个正实数均可成为唯一的一个三角形的三条旁径[①].

证明 设 $\triangle ABC$ 顺序三边长为 a, b, c,旁径为 r_a, r_b, r_c,内径为 r,半周长为 s,面积为 S. 熟知

$$S = sr = (s-a)r_a = (s-b)r_b = (s-c)r_c \qquad ⑦$$

从而 $S^4 = sr(s-a)r_a(s-b)r_b(s-c)r_c = rr_ar_br_cS^2$,推得

$$S = \sqrt{rr_ar_br_c} \qquad ⑧$$

$$s = \dfrac{S}{r} = \sqrt{\dfrac{r_ar_br_c}{r}} \qquad ⑨$$

又因

$$r^{-1} = r_a^{-1} + r_b^{-1} + r_c^{-1} \qquad ⑩$$

所以

$$r = \dfrac{r_ar_br_c}{r_br_c + r_cr_a + r_ar_b} \qquad ⑪$$

代入式⑨得

$$s = \sqrt{r_br_c + r_cr_a + r_ar_b} \qquad ⑫$$

由式⑦⑧得

$$a = s - \dfrac{S}{r_a} = s - \sqrt{\dfrac{rr_br_c}{r_a}} \qquad ⑬$$

由式⑪⑫得

$$a = s - \dfrac{r_br_c}{s} = \dfrac{r_a(r_b + r_c)}{s} \qquad ⑭$$

同理

$$b = \dfrac{r_b(r_c + r_a)}{s}, c = \dfrac{r_c(r_a + r_b)}{s} \qquad ⑮$$

由上面的式⑫⑭⑮便可以给出上述性质的证明:

对任意的正实数 r_1, r_2, r_3,取

$$u = \sqrt{r_2r_3 + r_3r_1 + r_1r_2}, a = \dfrac{r_1(r_2+r_3)}{u}, b = \dfrac{r_2(r_3+r_1)}{u}, c = \dfrac{r_3(r_1+r_2)}{u}$$

显然 $a > 0, b > 0, c > 0, b + c > a, c + a > b, a + b > c$,从而 a, b, c 可作为某 $\triangle ABC$ 顺序的三边长. 对此 $\triangle ABC$ 计算得

---

① 吴康,马海侠. 三实数成为三角形三旁径的条件[J]. 中学数学研究,2005(11):38.

$$s = \frac{a+b+c}{2} = u, s-a = \frac{r_2 r_3}{s}, s-b = \frac{r_3 r_1}{s}, s-c = \frac{r_1 r_2}{s}$$

由海伦公式

$$S = \sqrt{s(s-a)(s-b)(s-c)} = \frac{r_1 r_2 r_3}{s}$$

故

$$r_a = \frac{S}{s-a} = r_1$$

同样

$$r_b = r_2, r_c = r_3$$

这样便证明了性质19.

推论 11 任意4个正实数 r, r_1, r_2, r_3，当且仅当 $\frac{1}{r} = \frac{1}{r_1} + \frac{1}{r_2} + \frac{1}{r_3}$ 时，r_1, r_2, r_3 可成为唯一的一个三角形的三旁径，而 r 是此三角形的内径.

性质 20 设 r_1, r_2, r_3 为任意正实数，由（性质19）r_1, r_2, r_3 是唯一的一个三角形 W 的三旁径. 再设 $u = \sqrt{r_2 r_3 + r_3 r_1 + r_1 r_2}$，$T = (u-r_1)(u-r_2)(u-r_3)$，则 W 是锐角（直角、钝角）三角形的充要条件是 T 大于（等于、小于）0.

证明 设 W 为 $\triangle ABC$，诸记号同前，则 $r_a = r_1, r_b = r_2, r_c = r_3, s = u$. 由式⑫⑬⑭易得 $b^2 + c^2$ 大于（等于、小于）a^2，当且仅当 s 大于（等于、小于）r_a. 而 W 是锐角（直角、钝角）三角形的充要条件是 $(b^2 + c^2 - a^2)(c^2 + a^2 - b^2)(a^2 + b^2 - c^2)$ 大于（等于、小于）0，也就是 T 大于（等于、小于）0.

推论 12 任意4个满足 $\frac{1}{r} = \frac{1}{r_1} + \frac{1}{r_2} + \frac{1}{r_3}$ 的正实数 r, r_1, r_2, r_3，当且仅当 $(\sqrt{r_2 r_3} - \sqrt{r r_1})(\sqrt{r_3 r_1} - \sqrt{r r_2})(\sqrt{r_1 r_2} - r r_3)$ 大于（等于、小于）0 时，r_1, r_2, r_3 可成为唯一的一个锐角（直角、钝角）三角形的三旁径，而 r 是三角形的内径.

性质 21 在 $\triangle ABC$ 中，$\angle A$ 内的旁切圆切 $\angle A$ 的两边于点 A_1 和 A_2，直线 $A_1 A_2$ 与直线 BC 交于点 A_3；相仿地定义 B_1, B_2, B_3 和 C_1, C_2, C_3，则 A_3, B_3, C_3 三点共线.

证明 如图8.8，由梅涅劳斯定理有

$$\frac{AC_3}{BC_3} \cdot \frac{BC_2}{CC_2} \cdot \frac{CC_1}{AC_1} = 1, \frac{BA_3}{CA_3} \cdot \frac{CA_2}{AA_2} \cdot \frac{AA_1}{BA_1} = 1, \frac{CB_3}{AB_3} \cdot \frac{AB_2}{BB_2} \cdot \frac{BB_1}{CB_1} = 1$$

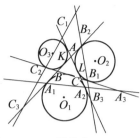

图 8.8

注意到有 $AA_1=AA_2, BB_1=BB_2, CC_1=CC_2$，故由上述三式可分别得到

$$\frac{AC_3}{BC_3}=\frac{AC_1}{BC_2}, \frac{BA_3}{CA_3}=\frac{BA_1}{CA_2}, \frac{CB_3}{AB_3}=\frac{CB_1}{AB_2}$$

再将此三式相乘，有

$$\frac{AC_3}{BC_3}\cdot\frac{BA_3}{CA_3}\cdot\frac{CB_3}{AB_3}=\frac{AC_1}{BC_2}\cdot\frac{BA_1}{CA_2}\cdot\frac{CB_1}{AB_2} \qquad ⑯$$

设 AB 与圆 O_3 的切点为点 K，AC 与圆 O_2 的切点为点 L，则由 $BB_1=BB_2$ 可得

$$BC_2=BK=\frac{1}{2}(B_1C_2-KB_2)$$

同理

$$CB_1=CL=\frac{1}{2}(B_1C_2-LC_1)$$

再由两内公切线 $LC_1=KB_2$ 便有 $BC_2=CB_1$，同理可证

$$CA_2=AC_1, AB_2=BA_1$$

代入式⑯中便有

$$\frac{AC_3}{BC_3}\cdot\frac{BA_3}{CA_3}\cdot\frac{CB_3}{AB_3}=1$$

故由梅涅劳斯定理的逆定理，知 A_3, B_3, C_3 三点共线.

性质 22 设 $\triangle ABC$ 的内切圆及 $\angle A, \angle B, \angle C$ 的旁切圆为圆 I，圆 O_1，圆 O_2，圆 O_3，设圆 I 切 BC, CA, AB 的切点为点 N_1, N_2, N_3，联结圆 O_1 与 $\angle A$ 的两边相切的切点的弦称为 $\angle A$ 的切点弦，对 $\angle B, \angle C$ 也有类似的说法，三条切点弦所在直线的交点为 P_1, P_2, P_3.

在 $\triangle ABC$ 中，设 $BC=a, CA=b, AB=c$，外接圆半径、内切圆半径、面积分别为 $R, r, \triangle$，圆 O_1，圆 O_2，圆 O_3 的半径为 r_1, r_2, r_3.

$\triangle N_1N_2N_3$，$\triangle O_1O_2O_3$，$\triangle P_1P_2P_3$ 的外接圆半径、面积和周长分别为 R_1, R_2，

R_3;$\triangle_1$,$\triangle_2$,$\triangle_3$ 和 S_1,S_2,S_3.

设 $\triangle N_1N_2N_3$,$\triangle O_1O_2O_3$,$\triangle P_1P_2P_3$ 分别叫作 $\triangle ABC$ 的切点三角形,旁心三角形和切线三角形,则:

(1) $N_1N_2 \parallel O_1O_2 \parallel P_1P_2$,$N_2N_3 \parallel O_2O_3 \parallel P_2P_3$,$N_3N_1 \parallel O_3O_1 \parallel P_3P_1$,从而 $\triangle N_1N_2N_3 \backsim \triangle O_1O_2O_3 \backsim \triangle P_1P_2P_3$;

(2) $N_1N_2 + O_1O_2 = P_1P_2$,$N_2N_3 + O_2O_3 = P_2P_3$,$N_3N_1 + O_3O_1 = P_3P_1$,从而 $S_1 + S_2 = S_3$;

(3) $R_1 + R_2 = R_3$;

(4) $\triangle_1 + \triangle_2 + 2\triangle = \triangle_3$.

证明 (1) 如图 8.9,设圆 O_3 与 CB,CA 所在的直线切于 E,G 两点,圆 O_2 切 BA,BC 所在的直线于点 H,F,则 $CE = CG$,而圆 I 切 BC,CA 于点 N_1,N_2,从而 $CN_1 = CN_2$,从而 $N_1N_2 \parallel EG$,即 $N_1N_2 \parallel P_1P_2$,再由根轴性质知 $N_1N_2 \parallel O_1O_2$,故 $N_1N_2 \parallel O_1O_2 \parallel P_1P_2$.

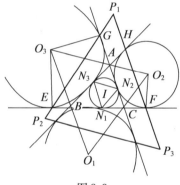

图 8.9

其余同理可证.

(2)
$$\angle EO_3O_2 = \angle EO_3G - \angle AO_3G$$
$$= \pi - \angle C - (\frac{\pi}{2} - \frac{\pi - \angle A}{2})$$
$$= \pi - \angle C - \frac{A}{2}$$

在直角梯形 EFO_2O_3 内,得
$$EF = (r_3 - r_2)\tan(\pi - C - \frac{A}{2}) = (r_2 - r_3)\tan(C + \frac{A}{2}) = (r_2 - r_3)\cot\frac{B-C}{2}$$
$$= (4R\sin\frac{B}{2}\cos\frac{A}{2}\cos\frac{C}{2} - 4R\sin\frac{C}{2}\cos\frac{A}{2}\cos\frac{B}{2})\cot\frac{B-C}{2}$$

$$= 4R\cos\frac{A}{2}\cos\frac{B-C}{2}$$

在 $\triangle P_1EF$ 中,用正弦定理得

$$\frac{P_1E}{\sin\frac{\pi-B}{2}} = \frac{EF}{\sin\frac{\pi-A}{2}} \Rightarrow P_1E = 4R\cos\frac{B}{2}\cos\frac{B-C}{2}$$

同理

$$P_2G = 4R\cos\frac{A}{2}\cos\frac{A-C}{2}$$

而

$$EG = 2r_3\sin\frac{\pi-C}{2} - 2r_3\cos\frac{C}{2}$$

$$= 8R\cos\frac{C}{2}\sin\frac{C}{2}\cos\frac{B}{2}\cos\frac{A}{2}$$

$$= 4R\sin C\cos\frac{A}{2}\cos\frac{B}{2}$$

故

$$P_1P_2 = P_1E + P_2G - EG$$

$$= 4R\left(\cos\frac{B}{2}\cos\frac{B-C}{2} + \cos\frac{A}{2}\cos\frac{A-C}{2} - \sin C\cos\frac{A}{2}\cos\frac{B}{2}\right)$$

$$= 4R\left[\frac{1}{2}\left(\cos\frac{2B-C}{2} + \cos\frac{C}{2}\right) + \frac{1}{2}\left(\cos\frac{2A-C}{2} + \cos\frac{C}{2}\right) - \sin C\cos\frac{A}{2}\cos\frac{B}{2}\right]$$

$$= 4R\left[\cos\frac{C}{2} + \sin C\left(\cos\frac{A-B}{2} - \cos\frac{A}{2}\cos\frac{B}{2}\right)\right]$$

$$= 2\cos\frac{C}{2}\left(2R + 4R\sin\frac{A}{2}\sin\frac{B}{2}\sin\frac{C}{2}\right)$$

$$= 2(2R+r)\cos\frac{C}{2}$$

同理可得

$$P_3P_1 = 2(2R+r)\cos\frac{B}{2}, P_1P_2 = 2(2R+r)\cos\frac{A}{2}$$

易求得 $N_1N_2 = 2r\cos\frac{C}{2}, N_2N_3 = 2r\cos\frac{A}{2}, N_3N_1 = 2r\cos\frac{B}{2}$

由性质 6,知

$$O_1O_2 = 4R\cos\frac{C}{2}, O_2O_3 = 4R\cos\frac{A}{2}, O_3O_1 = 4R\cos\frac{B}{2}$$

故
$$N_1N_2 + O_1O_2 = P_1P_2, N_2N_3 + O_2O_3 = P_2P_3, N_3N_1 + O_3O_1 = P_3P_1$$

从而 $S_1 + S_2 = S_3$

(3) 在 $\triangle P_1P_2P_3$ 中应用正弦定理,有

$$2R_3 = \frac{2(2R+r)\cos\frac{A}{2}}{\sin\frac{\pi-A}{2}} = 2(2R+r)$$

故 $R_3 = 2R + r$

由推论 3,知 $R_2 = 2R$,又 $R_1 = r$,所以 $R_1 + R_2 = R_3$.

(4) 又
$$\triangle_1 = \frac{1}{2}\left(2r\cos\frac{B}{2}\right)\left(2r\cos\frac{C}{2}\right)\sin\frac{\pi-A}{2} = 2r^2\cos\frac{A}{2}\cos\frac{B}{2}\cos\frac{C}{2}$$

$$\triangle_2 = \frac{1}{2}\left(4R\cos\frac{B}{2}\right)\left(4R\cos\frac{C}{2}\right)\sin\frac{\pi-A}{2} = 8R^2\cos\frac{A}{2}\cos\frac{B}{2}\cos\frac{C}{2}$$

所以
$$\triangle_1 + \triangle_2 = 2(4R^2 + r^2)\cos\frac{A}{2}\cos\frac{B}{2}\cos\frac{C}{2}$$

而
$$\triangle_3 = \frac{1}{2}\left[2(2R+r)\cos\frac{B}{2}\right]\left[2(2R+r)\cos\frac{C}{2}\right]\sin\frac{\pi-A}{2}$$

$$= 2(2R+r)^2\cos\frac{A}{2}\cos\frac{B}{2}\cos\frac{C}{2}$$

$$= 2(4R^2+r^2)\cos\frac{A}{2}\cos\frac{B}{2}\cos\frac{C}{2} + 8Rr\cos\frac{A}{2}\cos\frac{B}{2}\cos\frac{C}{2}$$

$$= \triangle_1 + \triangle_2 + 2Rr(\sin A + \sin B + \sin C)$$

$$= \triangle_1 + \triangle_2 + r(a+b+c)$$

$$= \triangle_1 + \triangle_2 + 2\triangle$$

即 $\triangle_1 + \triangle_2 + 2\triangle = \triangle_3$

注:性质 22 由湖南省胡如松老师给出并证明.

例 1 如图 8.10,在凸四边形 $ABCD$ 中,AD 不平行于 BC,从点 A 作内、外角平分线与从点 B 作内、外角平分线交于点 K,L;又从点 C 作内、外角平分线与从点 D 作内、外角平分线交于点 P,Q,求证:K,L,P,Q 四点共线.

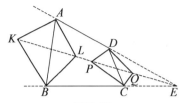

图 8.10

证明 由 AD 不平行于 BC,设 AD 与 BC 的延长线交于点 E(图 8.10).从 $\triangle ABE$ 来看,点 K 为旁心,点 L 为内心;从 $\triangle CDE$ 来看,点 P 是旁心,点 Q 是内心.因此,K,L,P,Q 四点必在 $\angle E$ 的平分线上.故命题获证.

例 2 如图 8.11,圆 O_1 与圆 O_2 和 $\triangle ABC$ 的三边所在的三条直线都相切,E,F,G,H 为切点,直线 EG 与 FH 交于点 P.求证:$PA \perp BC$.

证明 如图 8.11,联结 O_1O_2,由于圆 O_1 和圆 O_2 是 $\triangle ABC$ 的两个旁切圆,显然 O_1O_2 过点 A.设 O_1O_2 与 EG 交于点 D,联结 $O_1E,O_1B,BD,DH,O_2H,O_2F$.用 $\angle A,\angle B,\angle C$ 表示 $\triangle ABC$ 的三个内角.

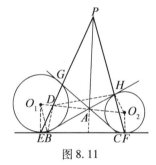

图 8.11

由圆 O_1 是旁切圆,则

$$CE = CG, \angle CEG = 90° - \frac{1}{2}\angle A$$

同理

$$\angle BHF = 90° - \frac{1}{2}\angle B$$

又

$$\angle O_1DE = 180° - \angle ADE = 180° - (360° - \angle DAB - \angle ABE - \angle BED)$$
$$= -180° + (90° - \frac{1}{2}\angle A) + (180° - \angle B) + (90° - \frac{1}{2}\angle C)$$
$$= 90° - \frac{\angle B}{2} = \angle O_1BE$$

所以 O_1,E,B,D 四点共圆,即
$$\angle O_1DB = 180° - \angle O_1EB = 90°$$
$$\angle PDA = \angle O_1DE = 90° - \frac{1}{2}\angle B = \angle BHF$$
故由 A,H,P,D 四点共圆,有
$$\angle APH = \angle ADH, \angle O_2HB = \angle O_2FB = \angle O_2DB = 90°$$
从而 B,D,H,O_2,F 五点共圆,亦有 $\angle ADH = \angle O_2FH$.

由 $\angle APH = \angle O_2FH$,得 $PA \parallel O_2F$. 由 $O_2F \perp BC$ 有 $PA \perp BC$.

思 考 题

1. (2009 年保加利亚国家队选拔考试题)设 $\triangle ABC$ 的三个旁切圆分别切线段 AB,BC,CA 于点 M,N,P,点 I,O 分别为 $\triangle ABC$ 的内心、外心. 证明:若四边形 $AMNP$ 为圆内接四边形,则:

(1) M,P,I 三点共线;

(2) I,O,N 三点共线.

2. (2011 年克罗地亚国家队选拔考试题)已知点 I 是锐角 $\triangle ABC$ 的内心,圆 Γ 是 $\angle BCA$ 内的旁切圆. 若圆 Γ 与 AB 切于点 D,DI 与 Γ 的另一个交点为 S,证明:DI 平分 $\angle ASB$.

3. 在 $\triangle ABC$ 中,已知边 AB,AC 的中点分别为点 N,M,旁切圆的切点分别为点 E,D,过点 M 作 BD 的平行线 MR,过点 N 作 CE 的平行线 NS,MR 与 NS 交于点 K. 证明:AK 平分 $\angle BAC$.

4. 设 $\triangle ABC$ 的旁切圆圆 O 与边 BC 切于点 M,与 AB,AC 的延长线分别切于点 K,L,LM 与 OB,KM 与 OC 的延长线分别交于点 F,G. 证明:四边形 $AFMG$ 为平行四边形.

思 考 题 参 考 解 答

1. 由卡诺(Carnot)定理知,过点 M 垂直于 AB 的直线、过点 N 垂直于 BC 的直线及过点 P 垂直于 AC 的直线交于一点 X. 因此,A,M,X,P 四点共圆.

故由题意易知点 X 与 N 重合,即 AN 为四边形 $AMNP$ 的外接圆直径.

(1) 设点 I_B,I_C 为 $\triangle ABC$ 的顶点 B,C 所对的旁切圆圆心,则对三元点组 $(I_C,A,I_B),(B,N,C)$ 应用帕普斯(Pappus)定理,即得 M,P,I 三点共线.

(2) 设内切圆圆 I 分别与边 AB,AC 切于点 R,Q,则 AB 的中垂线与 RM 的中垂线重合,AC 的中垂线与 QP 的中垂线重合,它们均通过 IN 的中点. 因此,$I,$

O, N 三点共线.

注:本题所指的卡诺定理证明如下:设过点 M 垂直于 AB 的直线与过点 N 垂直于 BC 的直线交于点 X,设点 X 在 AC 上的投影为点 P'. 只需证点 P' 与 P 重合.

设 $CP' = x$. 由于 $AM^2 + BN^2 + CP'^2 = AP'^2 + CN^2 + BM^2$,则
$$(p-b)^2 + (p-c)^2 + x^2 = (p-a)^2 + (p-b)^2 + (b-x)^2$$

其中, $p = \dfrac{a+b+c}{2}$. 进而,解得 $s = p - a$. 故点 P' 与 P 重合.

2. 如图 8.12,设 DI 的中点为点 P,$\triangle ABC$ 的内切圆圆 I 与 AB 切于点 E,其半径为 r.

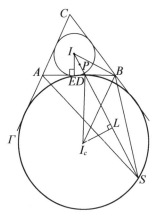

图 8.12

因为内切圆、旁切圆均与 AB 相切,且切点关于 AB 的中点是对称的,所以,点 P 在 AB 的垂直平分线上.

因此, $AP = PB$.

设 SD 的中点为点 L,圆 $\varGamma$ 的圆心为 I_C,其半径为 r_C.

由 $\mathrm{Rt}\triangle IED \backsim \mathrm{Rt}\triangle DLI_C$,得
$$\frac{DI}{IE} = \frac{DI_C}{DL}$$

即
$$rr_C = DI \cdot DL = PD \cdot DS$$

又 $BI \perp BI_C$,$\triangle IEB \backsim \triangle BDI_C$,所以
$$\frac{BE}{EI} = \frac{I_C D}{DB}$$

即
$$rr_C = BE \cdot DB$$

由 $BE = AD$,得
$$PD \cdot DS = rr_C = BE \cdot DB = AD \cdot DB$$
故 P,A,S,B 四点共圆.
由 $AP = PB \Rightarrow \angle ASP = \angle PSB$.

3. 如图 8.13,设 $\triangle ABC$ 的内切圆与边 AC 切于点 Q,作内切圆的直径 QP,过点 P 作 AC 的平行线与 AB,BC 交于点 X,Y,则 $\triangle BXY$ 与 $\triangle BAC$ 位似,位似中心为点 B. 故点 P,D 为对应边 XY,AC 的旁切圆的切点.

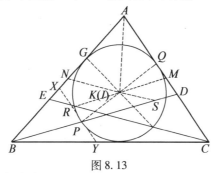

图 8.13

所以,B,P,D 三点共线.
由内切圆、旁切圆的性质,得 $AQ = CD$.
又 $AM = CM$,所以 $QM = DM$.
又 $IQ = IP$,所以 IM 为 $\triangle QPD$ 的中位线.
所以,$IM \parallel PD \Rightarrow$ 点 I 在 MR 上.
同理,点 I 在 NS 上.
从而,点 K 与 I 重合.
命题得证.

4. 如图 8.14,延长 AF,AG 分别与直线 BC 交于点 S,T.

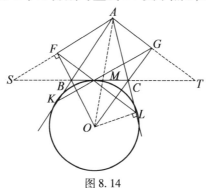

图 8.14

由
$$\angle OFM = \angle OBM - \angle FMB = \angle OBM - \angle CML$$
$$= \frac{1}{2}(\angle BAC + \angle ACB) - \frac{1}{2}\angle ACB$$
$$= \frac{1}{2}\angle BAC$$

知 O, F, A, L 四点共圆. 联结 OL, 则
$$OL \perp AL, OF \perp AS$$

由直线 OB 为 $\angle ABS$ 的角平分线, 知 OF 为 AS 的垂直平分线.

所以, $AB = BS$. 类似地, $AC = CT$.

故
$$SM = SB + BM = AK = AL = MC + CT = MT$$

即点 M 为边 ST 的中点.

从而, $AF \underline{\parallel} MG$. 所以, 四边形 $AFMG$ 为平行四边形.

第9章 三角形的重心 中线

三角形三条中线的交点称为三角形的重心. 三角形的重心、中线有下列有趣的性质：

性质1 设点 G 为 $\triangle ABC$ 的重心,联结 AG 并延长交 BC 于点 D,则点 D 为 BC 的中点,$AD^2 = \dfrac{1}{2}(AB^2 + AC^2) - \dfrac{1}{4}BC^2$,且 $AG:GD = 2:1$.

事实上,可由斯特瓦尔特定理即得. 这是三角形中线长公式.

重心分中线成两段的比可作出中位线,运用相似三角形即得这个结论.

推论1 三角形三条中线的平方和的四倍等于三角形三边平方和的三倍,且重心与各顶点的连线与所在中线的比之和为2.

证明 如图9.1,设 AM,BN,CL 分别为 $\triangle ABC$ 的三边 BC,CA,AB 上的中线,则由中线长公式,有

$$AB^2 + AC^2 = 2\left(AM^2 + \dfrac{1}{4}BC^2\right)$$

$$AB^2 + BC^2 = 2\left(BN^2 + \dfrac{1}{4}AC^2\right)$$

$$AC^2 + BC^2 = 2\left(CL^2 + \dfrac{1}{4}AB^2\right)$$

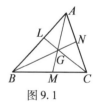

图9.1

从而

$$2(AB^2 + BC^2 + AC^2) = 2(AM^2 + BN^2 + CL^2) + \dfrac{1}{2}(AB^2 + BC^2 + CA^2)$$

故

$$4(AM^2 + BN^2 + CL^2) = 3(AB^2 + BC^2 + AC^2)$$

显然

$$\dfrac{AG}{AM} + \dfrac{BG}{BN} + \dfrac{CG}{CL} = 2$$

性质2 设点 G 为 $\triangle ABC$ 的重心,过点 G 作 $DE /\!/ BC$ 交 AB 于点 D,交 AC 于点 E,过点 G 作 $PF /\!/ AC$ 交 AB 于点 P,交 BC 于点 F,过点 G 作 $KH /\!/ AB$ 交 AC 于点 K,交 BC 于点 H,则：

$(1)\dfrac{DE}{BC}=\dfrac{FP}{CA}=\dfrac{KH}{AB}=\dfrac{2}{3}$;

$(2)\dfrac{DE}{BC}+\dfrac{FD}{CA}+\dfrac{KH}{AB}=2.$

性质3 设点 G 为 $\triangle ABC$ 的重心,点 P 为 $\triangle ABC$ 外任一点,则:

$(1) AP^2+BP^2+CP^2=AG^2+BG^2+CG^2+3PG^2$;

$(2) GA^2+GB^2+GC^2=\dfrac{1}{3}(AB^2+BC^2+CA^2).$

证明 (1)如图9.2,设 BC 的中点为点 M, AG 的中点为点 K,则由中线长公式,有

$$PB^2+PC^2=2\left(PM^2+\dfrac{1}{4}BC^2\right), PA^2+PG^2=2\left(PK^2+\dfrac{1}{4}AG^2\right)$$

$$2(PM^2+PK^2)=4\left(PG^2+\dfrac{1}{4}KM^2\right)$$

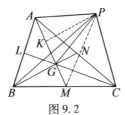

图 9.2

由上述三式相加,并整理,得

$$PA^2+PB^2+PC^2=3PG^2+4GK^2+2(BM^2+GK^2)$$

而 $4GK^2=(2KG)^2=AG^2, 2(BM^2+GK^2)=BG^2+CG^2$

故

$$PA^2+PB^2+PC^2=AG^2+BG^2+CG^2+3PG^2$$

或者,设点 D 为边 BC 上的中点,则对 $\triangle APG$ 和 $\triangle DPG$ 分别应用余弦定理,有

$$AP^2=AG^2+PG^2-2AG\cdot PG\cdot\cos\angle AGP$$

$$PD^2=DG^2+PG^2-2DG\cdot PG\cdot\cos\angle DGP$$

而

$$AG=2DG, \cos\angle AGP=-\cos\angle DGP$$

于是,有

$$AP^2+2PD^2=AG^2+2DG^2+3PG^2$$

又 PD, DG 分别是 $\triangle BPC$ 的边 BC、$\triangle BGC$ 的边 BC 上的中线,有

$$2PD^2=PB^2+PC^2-\dfrac{1}{2}BC^2, 2DG^2=BG^2+CG^2-\dfrac{1}{2}BC^2$$

从而
$$AP^2 + BP^2 + CP^2 = AG^2 + BG^2 + CG^2 + 3PG^2$$

(2)由性质1,有
$$\frac{9}{4}AG^2 = \frac{1}{2}(AB^2 + AC^2) - \frac{1}{4}BC^2, \frac{9}{4}BG^2 = \frac{1}{2}(AB^2 + BC^2) - \frac{1}{4}AC^2$$
$$\frac{9}{4}CG^2 = \frac{1}{2}(BC^2 + AC^2) - \frac{1}{4}AB^2$$

此三式相加,整理即得
$$AG^2 + BG^2 + CG^2 = \frac{1}{3}(AB^2 + BC^2 + CA^2)$$

注:由此性质即得三角形中的莱布尼兹(Leibniz)公式
$$AP^2 + BP^2 + CP^2 = 3PG^2 + \frac{1}{3}(AB^2 + BC^2 + CA^2)$$

由上述公式即知:平面内到三角形各顶点距离的平方和最小的点为三角形的重心.

性质 4 设点 G 为 $\triangle ABC$ 内一点,点 G 为 $\triangle ABC$ 的重心的充要条件是下列条件之一:

(1) $S_{\triangle GBC} = S_{\triangle GCA} = S_{\triangle GAB} = \frac{1}{3}S_{\triangle ABC}$;

(2)当点 G 在边 BC,CA,AB 上的射影分别为点 D,E,F 时,$GD \cdot GE \cdot GF$ 的值最大;

(3)当 AG,BG,CG 的延长线交三边于 D,E,F 时,$S_{\triangle AFG} = S_{\triangle BDG} = S_{\triangle CEG}$;

(4)过点 G 的直线交 AB 于点 P,交 AC 于点 Q 时,$\frac{AB}{AP} + \frac{AC}{AQ} = 3$;

(5) $BC^2 + 3GA^2 = CA^2 + 3GB^2 = AB^2 + 3GC^2$.

证明 (1)必要性:如图 9.3 所示,延长 AG 交 BC 于点 D,则点 D 为 BC 的中点,有 $S_{\triangle BDA} = S_{\triangle CDA}, S_{\triangle BDG} = S_{\triangle CDG}$,故 $S_{\triangle AGB} = S_{\triangle AGC}$.

同理,$S_{\triangle AGB} = S_{\triangle BGC}$,故 $S_{\triangle GAB} = S_{\triangle GBC} = S_{\triangle GCA} = \frac{1}{3}S_{\triangle ABC}$.

充分性:如图 9.3,令点 G 为 $\triangle ABC$ 内一点,联结 AG 并延长交 BC 于点 D,联结 BG 并延长交 AC 于点 E. 设
$$S_{\triangle GAB} = S_{\triangle GBC} = S_{\triangle GCA} = S, BC = a, CA = b, AB = c$$
$$S_{\triangle BDG} = S_1, S_{\triangle CDG} = S_2, BD = x, DG = y$$

由

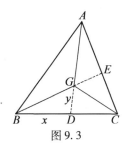

图 9.3

$$S_1 = \frac{1}{2}xy \cdot \sin\angle BDG, S_2 = \frac{1}{2}(a-x)y \cdot \sin\angle CDG$$
$$= \frac{1}{2}(a-x) \cdot y \cdot \sin(180° - \angle BDG)$$
$$= \frac{1}{2}(a-x) \cdot y \cdot \sin\angle BDG$$

故

$$\frac{S_2}{S_1} = \frac{a}{x} - 1$$

即

$$\frac{a}{x} = \frac{S_2}{S_1} + 1 = \frac{S_2 + S_1}{S_1} = \frac{S}{S_1}$$

亦即

$$S_1 = \frac{S}{a}x, S_2 = \frac{S}{a}(a-x)$$

又

$$S_{\triangle ABD} = \frac{1}{2}cx \cdot \sin B = S + S_1 = \frac{S}{a}(a+x)$$
$$S_{\triangle ACD} = \frac{1}{2}b(a-x) \cdot \sin C = S + S_2 = \frac{S}{a}(2a-x)$$

再由正弦定理,得 $\frac{c \cdot \sin B}{b \cdot \sin C} = 1$,于是,由上述两式,有 $\frac{x}{a-x} = \frac{a+x}{2a-x}$,于是 $x = \frac{a}{2}$,

即 AD 为 $\triangle ABC$ 的边 BC 上的中线.

同理,可证 BE 为 $\triangle ABC$ 边 AC 上的中线.

故点 G 为 $\triangle ABC$ 的重心.

注:由此性质即可推知三角形的重心到各边的垂线段长与边长成反比.

(2)充分性与必要性合起来证.

设三角形三内角 A,B,C 所对的边长分别为 a,b,c. 设 $GD=x,GE=y,GF=z$,由 $S_{\triangle GBC}=\dfrac{1}{2}ax,S_{\triangle GAC}=\dfrac{1}{2}by,S_{\triangle GAB}=\dfrac{1}{2}cz$,知 $ax+by+cz=2S_{\triangle ABC}$ 为定值. 由三个正数的平均值不等式,有
$$ax\cdot by\cdot cz\leqslant\left(\dfrac{ax+by+cz}{3}\right)^3=\dfrac{8}{27}S_{\triangle ABC}^3$$
即
$$xyz\leqslant\dfrac{8S_{\triangle ABC}^3}{27abc} \qquad ①$$

式①当且仅当 $ax=by=cz$ 时,即 $S_{\triangle GBC}=S_{\triangle GAC}=S_{\triangle GAB}$ 时等号取得,即点 G 为 $\triangle ABC$ 的重心时,结论成立.

(3)仅证充分性:如图 9.4 所示,设 $S_{\triangle APF}=S_{\triangle BPD}=S_{\triangle CPE}=1,S_{\triangle APE}=x$,$S_{\triangle BPF}=y,S_{\triangle CPD}=z$. 由 $\dfrac{AP}{PD}=\dfrac{y+1}{1}=\dfrac{x+1}{z},\dfrac{BP}{PE}=\dfrac{z+1}{1}=\dfrac{y+1}{x},\dfrac{CP}{PF}=\dfrac{x+1}{1}=\dfrac{z+1}{y}$,有

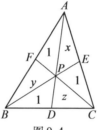

图 9.4
$$yz+z=x+1 \qquad ②$$
$$zx+x=y+1 \qquad ③$$
$$xy+y=z+x \qquad ④$$

由②-③得
$$z(y-x)+z-x=x-y$$
即
$$z-x=(x-y)(1+z) \qquad ⑤$$
同理
$$x-y=(y-z)(1+x) \qquad ⑥$$
$$y-z=(z-x)(1+y) \qquad ⑦$$

若 $x=y$ 代入式⑤得 $z=x$,即有 $x=y=z$,再代入式②得 $x=1$,故 $x=y=z=1$.
若 $x\neq y$,则 $y\neq x,z\neq x$,由⑤×⑥×⑦得
$$(1+x)(1+y)(1+z)=1 \qquad ⑧$$

而 x,y,z 为正数,则 $1+x>1,1+y>1,1+z>1$,等式⑧无正数解,故只有正数解 $x=y=z=1$,即证.

(4)必要性:如图9.5所示,设点 M 为 $\triangle ABC$ 边 BC 上的任一点,直线 PQ 分别交 AB,AM,AC 于点 P,N,Q,联结 PM,QM.

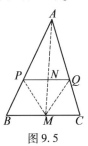

图9.5

则
$$\frac{AM}{AN}=\frac{AN+NM}{AN}=\frac{S_{\triangle APQ}+S_{\triangle MPQ}}{S_{\triangle APQ}}=\frac{S_{\triangle APM}+S_{\triangle AQM}}{\frac{AP\cdot AQ}{AB\cdot AC}\cdot S_{\triangle ABC}}$$

$$=\frac{\frac{AP}{AB}\cdot S_{\triangle ABM}+\frac{AQ}{AC}\cdot S_{\triangle ACM}}{\frac{AP}{AB}\cdot\frac{AQ}{AC}\cdot S_{\triangle ABC}}=\frac{AB}{AP}\cdot\frac{CM}{BC}+\frac{AC}{AQ}\cdot\frac{BM}{BC}$$

当点 N 为 $\triangle ABC$ 的重心时,点 M 为 BC 的中点,有 $BM=MC$,且 $AM:AN=3:2$,由此即证得结论 $\frac{AB}{AP}+\frac{AC}{AQ}=3$.

充分性:设 $\triangle ABC$ 的一边 AB 上有 P_1,P_2 两点,在另一边 AC 上有 Q_1,Q_2 两点.若 $\frac{AB}{AP_1}+\frac{AC}{AQ_1}=\frac{AB}{AP_2}+\frac{AC}{AQ_2}=3$,则可证得 P_1Q_1 与 P_2Q_2 的交点 G 是 $\triangle ABC$ 的重心.

事实上,如图9.6所示,联结 AG 并延长交 BC 于点 M,过点 B,C 分别作 AM 的平行线交直线 P_1Q_1,P_2Q_2 分别于点 X_1,Y_1,X_2,Y_2,于是,由

$$3=\frac{AB}{AP_1}+\frac{AC}{AQ_1}=(1+\frac{BP_1}{AP_1})+(1+\frac{CQ_1}{AQ_1})$$

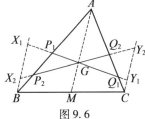

图9.6

有
$$1 = \frac{BP_1}{AP_1} + \frac{CQ_1}{AQ_1} = \frac{BX_1}{AG} + \frac{CY_1}{AG}$$
即
$$BX_1 + CY_1 = AG$$

同理,$BX_2 + CY_2 = AG$.

从而 $BX_1 + CY_1 = BX_2 + CY_2$,即 $BX_1 - BX_2 = CY_2 - CY_1$.

亦即 $X_1X_2 = Y_1Y_2$.

而 $X_1X_2 /\!/ Y_1Y_2$,从而易判断 $\triangle GX_1X_2 \cong \triangle GY_1Y_2$.

所以 $GX_1 = GY_1$,推知 $BM = MC$,即 AM 为 $\triangle ABC$ 的边 BC 上的中线,亦即 GM 为梯形 BCY_1X_1 的中位线.

此时 $BX_1 + CY_1 = 2MG$.

由 $BX_1 + CY_1 = AG$,故 $AG = 2MG$.

由此即知点 G 为 $\triangle ABC$ 的重心,即满足 $\frac{AB}{AP} + \frac{AC}{AQ} = 3$ 的直线 PQ 过其重心.

(5)必要性:设 AD 为边 BC 上的中线,点 G 为 $\triangle ABC$ 的重心时,由中线长公式(即性质1),有
$$(2AD)^2 = 2(AB^2 + CA^2) - BC^2$$

从而
$$BC^2 + 3GA^2 = BC^2 + 3\left(\frac{2}{3}AD\right)^2 = BC^2 + \frac{1}{3}(2AD)^2 = \frac{2}{3}(AB^2 + BC^2 + CA^2)$$

同理
$$CA^2 + 3GB^2 = \frac{2}{3}(AB^2 + BC^2 + CA^2) = AB^2 + 3GC^2$$

充分性:注意到结论,在给定 $\triangle ABC$ 后,若点 G 满足 $GA^2 - GB^2 = \frac{1}{3}(CA^2 - BC^2)$ 为常数,则点 G 的轨迹是垂直于直线 AB 的一条直线,并且这条直线过 $\triangle ABC$ 的重心.事实上,以点 A 为原点,AB 所在的直线为 x 轴建立直角坐标系,设 $G(x,y)$,则 $AG^2 = x^2 + y^2$,$BG^2 = (x-c)^2 + y^2$,其中 $AB = c$. 因此,由 $GA^2 - GB^2 = 2cx - c^2 = \frac{1}{3}(CA^2 - BC^2)$,得点 G 的坐标为 $\left(\frac{CA^2 - BC^2 + 3AB^2}{6AB}, y\right)$,即证得前一断言,后一断言可由性质4(4)推证:由 AB 上的点 $P\left(\frac{CA^2 - BC^2 + 3AB^2}{6AB}, 0\right)$ 知 AP 的长度,可求得 AC 上的线段 AQ 的长为 $\frac{AP}{\cos\angle BAC} = \frac{AC(CA^2 - BC^2 + 3AB^2)}{3(AB^2 + AC^2 - BC^2)}$,故 $\frac{AB}{AP} + \frac{AC}{AQ} = 3$,即证.

性质 5　一直线与三角形的两边相交,这条直线过重心的充要条件是直线一侧一顶点到这条直线的距离等于直线另一侧两顶点到这条垂线的距离之和.

证明　如图 9.7,直线 l 与 $\triangle ABC$ 的边 AB,AC 相交,点 A',B',C' 分别为点 A,B,C 在直线 l 上的射影.设点 M 为 BC 的中点,点 M 在直线 l 上的射影为点 M',点 G 为 $\triangle ABC$ 的重心.

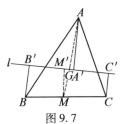

图 9.7

必要性:当直线 l 过重心 G 时,则由题设知 $AG = 2GM$,由 $\triangle AA'G \backsim \triangle MM'G$ 知 $AA' = 2MM'$.

在直角梯形 $BCC'B'$ 中,MM' 为其中位线,则 $BB' + CC' = 2MM' = AA'$.

充分性:当 $BB' + CC' = AA'$ 时,设中线 AM 与直线 l 交于点 G'.

此时,在直角梯形 $BCC'B'$ 中,有 $BB' + CC' = 2MM'$.于是 $AA' = 2MM'$.

由 $\triangle AA'G \backsim \triangle MM'G'$,有 $AG' = 2MG'$.

即知点 G' 为 $\triangle ABC$ 的重心,从而直线 l 过重心.

性质 6　设 P 是锐角 $\triangle ABC$ 内一点,射线 AP,BP,CP 分别交边 BC,CA,AB 于点 D,E,F,则点 P 为 $\triangle ABC$ 重心的充分必要条件是 $\triangle DEF \backsim \triangle ABC$.

证明　充分性:如图 9.8 所示,设 $\angle PEF = \alpha, \angle CPE = \beta, \angle CPD = \gamma, \angle EBC = \alpha'$,并分别用 A,B,C 表示 $\angle BAC, \angle ABC, \angle ACB$.

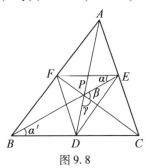

图 9.8

在 $\triangle DEF$ 中,对点 P 应用角元形式的塞瓦定理,有

$$\frac{\sin \angle PEF}{\sin \angle PED} \cdot \frac{\sin \angle PDE}{\sin \angle PDF} \cdot \frac{\sin \angle PFD}{\sin \angle PFE} = 1$$

即
$$\frac{\sin\alpha}{\sin(\beta-\alpha)} \cdot \frac{\sin(\pi-\beta-\gamma-B+\alpha)}{\sin(A-\pi+\beta+\gamma+B-\alpha)} \cdot \frac{\sin(C-\beta+\alpha)}{\sin(\beta-\alpha)} = 1$$

在 $\triangle ABC$ 中,对应点 P 应用角元形式的塞瓦定理,有
$$\frac{\sin\angle PBC}{\sin\angle PBA} \cdot \frac{\sin\angle BAP}{\sin\angle CAP} \cdot \frac{\sin\angle ACP}{\sin\angle PCB} = 1$$

即
$$\frac{\sin\alpha'}{\sin(\beta-\alpha')} \cdot \frac{\sin(\pi-\beta-\gamma-B+\alpha')}{\sin(A-\pi+\beta+\gamma+B-\alpha')} \cdot \frac{\sin(C-\beta+\alpha')}{\sin(\beta-\alpha')} = 1$$

设
$$f(x) = \frac{\sin x}{\sin(\beta-x)} \cdot \frac{\sin(\pi-\beta-\gamma-B+x)}{\sin(A-\pi+\beta+\gamma+B-x)} \cdot \frac{\sin(C-\beta+x)}{\sin(\beta-x)}$$

由 $x, B-x, \pi-\beta-\gamma-B+x, A-\pi+\beta+\gamma+B-x, C-\beta+x, \beta-x \in (0, \frac{\pi}{2})$,易知 $f(x)$ 单调递增,于是由 $f(\alpha)=f(\alpha')$ 可得 $\alpha=\alpha'$,所以 $EF /\!/ BC$.

同理,可得 $FD /\!/ AC, ED /\!/ AB$. 从而
$$\frac{AF}{FB} = \frac{AE}{EC}, \frac{AF}{FB} = \frac{DC}{BD}, \frac{DC}{BD} = \frac{EC}{AE}$$

所以 $AF=FB, BD=DC, EC=AE$. 故点 P 为 $\triangle ABC$ 的重心.

必要性:显然(略). 故命题获证.

性质 7 三角形重心 G 到任一条直线 l 的距离,等于三个顶点到同一条直线的距离的代数和的三分之一.

事实上,若设三顶点 A,B,C,重心 G,边 BC 的中点 M 到直线 l 的距离分别为 d_A, d_B, d_C, d_G, d_M,则 $d_G = d_A + \frac{2}{3}(d_M - d_A)$,$d_M = \frac{1}{2}(d_B + d_C)$. 两式相加,即

$$d_G = \frac{1}{3}(d_A + d_B + d_C)$$

注:由此性质可推知:设作一直线使三角形三个顶点到它的距离的代数和为零,则它通过重心. 所以这种和为定值的直线与一个以点 G 为圆心的圆相切.

性质 8 设点 G 为 $\triangle ABC$ 的重心,若 $AG^2 + BG^2 = CG^2$,则两中线 AD 和 BE 垂直;反之,若两中线 AD, BE 垂直,则 $AG^2 + BG^2 = CG^2$.

性质 9 在 $\triangle ABC$ 中,点 G 为重心,点 I 为内心,则在 $\triangle AGI, \triangle BGI, \triangle CGI$ 中,最大一个的面积等于其余两个面积的和.

证明 若 G, I 两点重合,易判断 $\triangle ABC$ 为正三角形. 此时 $S_{\triangle AGI}=0, S_{\triangle BGI}=0, S_{\triangle CGI}=0$,结论显然成立.

若 G,I 两点互异,过 G,I 两点作直线 l.

(1)如果 l 通过 $\triangle ABC$ 的一个顶点,易判断 $\triangle ABC$ 为一等腰三角形.此时,在 $S_{\triangle AGI}, S_{\triangle BGI}, S_{\triangle CGI}$ 中,一个为零.其余两个相等,结论也成立.

(2)如果 l 与 $\triangle ABC$ 的两边相交,不妨设 l 与 AB,AC 相交,延长 AG 交 BC 于点 E,点 E 必为 BC 的中点,联结 EI.过点 B,E,C 分别作到直线 l 的距离 BB', EE', CC',如图 9.9 所示.

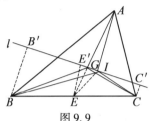

图 9.9

易证:$BB' + CC' = 2EE'$,从而 $S_{\triangle BGI} + S_{\triangle CGI} = 2S_{\triangle EGI}$.

又由重心性质,知 $AG = 2GE$,从而 $S_{\triangle AGI} = 2S_{\triangle EGI}$.故 $S_{\triangle AGI} = S_{\triangle BGI} + S_{\triangle CGI}$.

注:此性质为《数学教学》数学问题 387 号题.

性质 10 设点 G, O 分别为 $\triangle ABC$ 的重心、外心,GA, GB, GC 的中垂线两两交于点 A_1, B_1, C_1,则点 O 是 $\triangle A_1 B_1 C_1$ 的重心.

证明 如图 9.10,设 D, E, F 分别是边 BC, CA, AB 的中点.

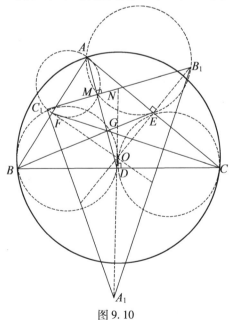

图 9.10

显然，B_1C_1,A_1C_1,A_1B_1 分别是线段 GA,GB,GC 的中垂线.

因此,点 A_1,B_1,C_1 分别是 $\triangle GBC,\triangle GAC,\triangle GAB$ 的外心.

于是,A_1D,B_1E,C_1F 分别是边 BC,CA,AB 的中垂线.

从而,A_1D,B_1E,C_1F 三线交于点 O.

下面证明:A_1D,B_1E,C_1F 是 $\triangle A_1B_1C_1$ 的中线.

设 A_1D 的延长线与 B_1C_1 交于点 N.

只需证明:点 N 是线段 B_1C_1 的中点.

由于 $\angle AMB_1=\angle AEB_1=90°$,则四边形 $AMEB_1$ 是圆内接四边形.从而
$$\angle MAE=\angle MB_1E$$
同理,$\angle ECD=\angle EON$.因此,$\triangle ADC\backsim\triangle B_1NO$,故
$$\frac{NB_1}{NO}=\frac{AD}{CD} \qquad ⑨$$

由 $\angle AMF=\angle MFC_1=90°$,知四边形 $AMFC_1$ 是圆内接四边形,则
$$\angle MAF=\angle MC_1F$$
由 $\angle ODB=\angle OFB=90°$,知四边形 $DOFB$ 是圆内接四边形,则
$$\angle FBD=\angle FON$$
因此 $\triangle ADB\backsim\triangle C_1NO$

故
$$\frac{NC_1}{NO}=\frac{AD}{BD} \qquad ⑩$$

由式⑨⑩,得 $NB_1=NC_1$.

同理,B_1E,C_1F 是 $\triangle A_1B_1C_1$ 的另外两条中线.

注:此性质为 2009 年希腊国家队选拔考试题.

性质 11 在 $\triangle ABC$ 中,点 A_1,B_1,C_1 分别是直线 BC,CA,AB 上的点,且满足:$\overrightarrow{AC_1}=\lambda\overrightarrow{C_1B},\overrightarrow{BA_1}=\mu\overrightarrow{A_1C},\overrightarrow{CB_1}=t\overrightarrow{B_1A}$,其中 λ,μ,t 均不为 -1,则 $\triangle ABC$ 与 $\triangle A_1B_1C_1$ 有相同重心的充要条件为
$$\frac{1}{1+\lambda}+\frac{t}{1+t}=\frac{1}{1+\mu}+\frac{\lambda}{1+\lambda}=\frac{1}{1+t}+\frac{\mu}{1+\mu}①$$

证明 如图 9.11,设点 G 为 $\triangle ABC$ 的重心,则 $\overrightarrow{GA}+\overrightarrow{GB}+\overrightarrow{GC}=\mathbf{0}$.

---

① 张俊.两个三角形重心相同的充要条件[J].数学通讯,2008(7):36.

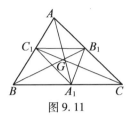

图 9.11

因为 $\overrightarrow{BA_1} = \mu \overrightarrow{A_1C}$,所以

$$\overrightarrow{GA_1} = \frac{1}{1+\mu}\overrightarrow{GB} + \frac{\mu}{1+\mu}\overrightarrow{GC}$$

同理

$$\overrightarrow{GB_1} = \frac{1}{1+t}\overrightarrow{GC} + \frac{t}{1+t}\overrightarrow{GA}, \overrightarrow{GC_1} = \frac{1}{1+\lambda}\overrightarrow{GA} + \frac{\lambda}{1+\lambda}\overrightarrow{GB}$$

所以

$$\overrightarrow{GA_1} + \overrightarrow{GB_1} + \overrightarrow{GC_1}$$
$$= \left(\frac{1}{1+\lambda} + \frac{t}{1+t}\right) \cdot \overrightarrow{GA} + \left(\frac{1}{1+\mu} + \frac{\lambda}{1+\lambda}\right)\overrightarrow{GB} + \left(\frac{1}{1+t} + \frac{\mu}{1+\mu}\right) \cdot \overrightarrow{GC}$$

点 G 为 $\triangle A_1B_1C_1$ 重心的充要条件为 $\overrightarrow{GA_1} + \overrightarrow{GB_1} + \overrightarrow{GC_1} = \mathbf{0}$,则

$$\left(\frac{1}{1+\lambda} + \frac{t}{1+t}\right)\overrightarrow{GA} + \left(\frac{1}{1+\mu} + \frac{\lambda}{1+\lambda}\right)\overrightarrow{GB} + \left(\frac{1}{1+t} + \frac{\mu}{1+\mu}\right)\overrightarrow{GC} = \mathbf{0}$$

$$\Leftrightarrow \left(\frac{1}{1+\lambda} + \frac{t}{1+t}\right)(-\overrightarrow{GB} - \overrightarrow{GC}) + \left(\frac{1}{1+\mu} + \frac{\lambda}{1+\lambda}\right)\overrightarrow{GB} + \left(\frac{1}{1+t} + \frac{\mu}{1+\mu}\right)\overrightarrow{GC} = \mathbf{0}$$

即

$$\left(\frac{1}{1+\mu} + \frac{\lambda-1}{1+\lambda} - \frac{t}{1+t}\right)\overrightarrow{GB} + \left(\frac{1-t}{1+t} + \frac{\mu}{1+\mu} - \frac{1}{1+\lambda}\right)\overrightarrow{GC} = \mathbf{0}$$

因为 $\overrightarrow{GB}, \overrightarrow{GC}$ 不共线,所以

$$\frac{1}{1+\mu} + \frac{\lambda-1}{1+\lambda} - \frac{t}{1+t} = \frac{1-t}{1+t} + \frac{\mu}{1+\mu} - \frac{1}{1+\lambda} = 0$$

即

$$\frac{1}{1+\mu} + \frac{\lambda}{1+\lambda} = \frac{t}{1+t} + \frac{1}{1+\lambda}, \frac{1}{1+\mu} + \frac{\mu}{1+\mu} = \frac{t}{1+t} + \frac{1}{1+\lambda}$$

所以

$$\frac{1}{1+\lambda} + \frac{t}{1+t} = \frac{1}{1+\mu} + \frac{\lambda}{1+\lambda} = \frac{1}{1+t} + \frac{\mu}{1+\mu}$$

推论 2 在 $\triangle ABC$ 中,点 A_1, B_1, C_1 分别是直线 BC, CA, AB 上的点,则 $\triangle ABC$ 与 $\triangle A_1B_1C_1$ 有相同重心的充要条件为点 C_1, A_1, B_1 分 $\triangle ABC$ 的三边 AB,

BC,CA 成相等的比.

证明 由性质 11 的充要条件为

$$\frac{1}{1+\lambda}+\frac{t}{1+t}=\frac{1}{1+\mu}+\frac{\lambda}{1+\lambda}=\frac{1}{1+t}+\frac{\mu}{1+\mu}$$

则 $\quad \dfrac{1}{1+\lambda}+\dfrac{t}{1+t}=k,\dfrac{1}{1+t}+\dfrac{\mu}{1+\mu}=k,\dfrac{1}{1+\mu}+\dfrac{\lambda}{1+\lambda}=k$

上述三式相加得 $3=3k$,得 $k=1$.

再结合 $\dfrac{1}{1+\lambda}+\dfrac{t}{1+t}=1$ 得 $\dfrac{t}{1+t}=\dfrac{\lambda}{1+\lambda}$,所以 $\lambda=t$.

同理结合 $\dfrac{1}{1+t}+\dfrac{\mu}{1+\mu}=1$,得 $\lambda=\mu$.

于是

$$\frac{1}{1+\lambda}+\frac{t}{1+t}=\frac{1}{1+\mu}+\frac{\lambda}{1+\lambda}=\frac{1}{1+t}+\frac{\mu}{1+\mu}\Leftrightarrow\lambda=\mu=t$$

例 1 如图 9.12,已知 $CA=AB=BD$,AB 为圆 O 的直径,CT 切圆 O 于点 P. 求证:$\angle CPA=\angle DPT$.

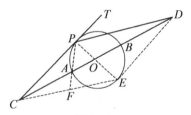

图 9.12

证明 如图 9.12,联结 PO 并延长交圆 O 于点 E,则 $PE\perp PC$. 又联结 EC,ED,并延长 PA 交 CE 于点 F. 在 Rt$\triangle CPE$ 中,CO 为边 PE 上的中线且 $CA=2AO$,即知点 A 为 $\triangle CPE$ 的重心,则 PF 为边 CE 上的中线,从而 $CF=PF$,$\angle FCP=\angle FPC$. 又 PE 与 CD 互相平分,则四边形 $CPDE$ 为平行四边形,即 $\angle FCP=\angle DPT$. 故

$$\angle CPA=\angle FCP=\angle DPT$$

例 2 试证:以锐角三角形各边为直径作圆,从相对顶点作切线,得到的六个切点共圆.

证明 如图 9.13,设 $\triangle ABC$ 三边长分别为 a,b,c,圆 O 是以 $BC=a$ 为直径的圆,AT 切圆 O 于点 T,联结 AO,取点 G 使 $AG=2GO$,则点 G 为 $\triangle ABC$ 的重心,联结 OT,GT. 由

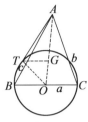

图 9.13

$$AO = \frac{1}{2}\sqrt{2b^2 + 2c^2 - a^2}$$

$$TG^2 = OT^2 + OG^2 - 2OT \cdot OG \cdot \cos\angle TOA$$

及

$$\cos\angle TOA = \frac{OT}{OA}, OT = \frac{1}{2}a, OG = \frac{1}{3}OA$$

有

$$TG^2 = \frac{1}{18}(a^2 + b^2 + c^2)$$

同理,其他五个切点到重心 G 的距离平方均为 $\frac{1}{18}(a^2+b^2+c^2)$. 即证.

例 3 试证:任意三角形的重心到三边的距离不小于其内心到三边距离之和.

证明 如图 9.14,在 $\triangle ABC$ 中,设重心 G 到三边的距离之和为 $GG_1 + GG_2 + GG_3$,设 $\triangle ABC$ 内切圆半径为 r,内心 I 到三边的距离之和为 $II_1 + II_2 + II_3 = 3r$.

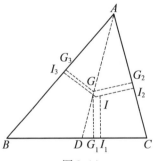

图 9.14

令 $BC = a, CA = b, AB = c$,设射线 AG 交 BC 于点 D,则由 $S_{\triangle GCA} = S_{\triangle GAB} = \frac{1}{3}S_{\triangle ABC}$,知 $GG_1 = \dfrac{\frac{1}{3}S_{\triangle ABC}}{\frac{1}{2}a} = \dfrac{2S_{\triangle ABC}}{3a}$,同理

$$GG_2 = \frac{2S_{\triangle ABC}}{3b}, GG_3 = \frac{2S_{\triangle ABC}}{3c}$$

于是

$$GG_1 + GG_2 + GG_3 = 2S_{\triangle ABC}\left(\frac{1}{3a} + \frac{1}{3b} + \frac{1}{3c}\right)$$

$$= \frac{1}{3}r \cdot (a+b+c)\left(\frac{1}{a} + \frac{1}{b} + \frac{1}{c}\right)$$

$$\geq \frac{1}{3}r \cdot 3^2 = 3r$$

$$= II_1 + II_2 + II_3$$

思 考 题

1. 证明：$\triangle ABC$ 和以其三条中线构成的三角形相似的充要条件是 $\triangle ABC$ 三边长的平方构成等差数列.

2. 已知点 G 为 $\triangle ABC$ 的重心，点 D 为边 CA 的中点. 过点 G 作平行于底边 BC 的直线与 AB 交于点 E. 证明：当且仅当 $\angle ACB = 90°$ 时，$\angle AEC = \angle DGC$.

3. 设 $\triangle ABC$ 的三条中线为 AD, BE, CF，重心为 G. $\triangle DGL, \triangle FGM$ 为正三角形，点 N 为边 BG 的中点，则 $\triangle LMN$ 为正三角形.

4. (2009 年越南国家队选拔考试题)已知锐角 $\triangle ABC$ 的外接圆为圆 O，点 A, B, C 在边 BC, CA, AB 上的投影分别为点 A_1, B_1, C_1，点 A_1, B_1, C_1 关于边 BC, CA, AB 的中点的对称点分别为 A_2, B_2, C_2，$\triangle AB_2C_2, \triangle BC_2A_2, \triangle CA_2B_2$ 的外接圆与圆 O 分别交于不同于 A, B, C 的点 A_3, B_3, C_3. 证明：A_1A_3, B_1B_3, C_1C_3 三线共点.

5. 设以 AB 为直径的圆为圆 O，点 M 为圆 O 内的动点，$\angle AMB$ 的角平分线与圆 O 交于点 N，$\angle AMB$ 的外角平分线与 NA, NB 分别交于点 P, Q, AM, BM 分别与以 NQ, NP 为直径的圆交于点 R, S. 证明：$\triangle NRS$ 中过点 N 的中线过一个定点.

思 考 题 参考解答

1. 设 $\triangle ABC$ 三边长为 a, b, c，三条中线长为 l_a, l_b, l_c. 不妨设 $a \geq b \geq c$.

由中线公式得

$$l_a^2 = \frac{1}{2}(b^2+c^2) - \frac{1}{4}a^2, l_b^2 = \frac{1}{2}(a^2+c^2) - \frac{1}{4}b^2, l_c^2 = \frac{1}{2}(b^2+a^2) - \frac{1}{4}c^2$$

故 $l_c^2 \geqslant l_b^2 \geqslant l_a^2$.

充分性:由 $a^2 + c^2 = 2b^2$,易证

$$\frac{2(a^2+b^2)-c^2}{a^2} = \frac{2(a^2+c^2)-b^2}{b^2} = \frac{2(b^2+c^2)-a^2}{c^2}$$

即

$$\frac{l_c^2}{a^2} = \frac{l_b^2}{b^2} = \frac{l_a^2}{c^2}$$

从而,中线三角形与原三角形相似.

必要性:由相似可知

$$\frac{2(a^2+b^2)-c^2}{a^2} = \frac{2(a^2+c^2)-b^2}{b^2} = \frac{2(b^2+c^2)-a^2}{c^2} = k \quad (k \in \mathbf{R}_+)$$

由合比公式得

$$k = \frac{3(a^2+b^2+c^2)}{a^2+b^2+c^2} = 3$$

从而

$$a^2 + c^2 = 2b^2$$

2. 假设 $\angle AEC = \angle DGC$,则 $\angle BEC = \angle BGC$,从而 B,E,G,C 四点共圆.
又 $BC // EG$,所以 $BE = CG$.
如图 9.15,设 CG 与 AE 交于点 M,则 $AM = BM$.

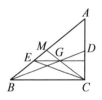

图 9.15

因为梯形 $BEGC$ 为等腰梯形,所以 $\angle EBC = \angle GCB$.
故 $AM = BM = CM$. 因此,点 M 为 $\triangle ABC$ 的外心.
于是,AB 为外接圆的直径,即 $\angle ACB = 90°$.
反之,假设 $\angle ACB = 90°$,则点 M 为 $\triangle ABC$ 的外心.
从而,四边形 $BEGC$ 为等腰梯形,即为圆内接四边形.
因此,$\angle BEC = \angle BGC$. 所以,$\angle AEC = \angle DGC$.

3. 引理

$$\cos\theta_1 = \frac{b^2+c^2-5a^2}{8m_b m_c}, \sin\theta_1 = \frac{3\triangle}{2m_b m_c}$$

$$\cos\theta_2 = \frac{a^2+c^2-5b^2}{8m_a m_c}, \sin\theta_2 = \frac{3\triangle}{2m_a m_c}$$

$$\cos\theta_3 = \frac{a^2+b^2-5c^2}{8m_a m_b}, \sin\theta_3 = \frac{3\triangle}{2m_a m_b}$$

证明 $S_{\triangle GBC} = \frac{1}{3}\triangle = \frac{1}{2}GB \cdot GC \cdot \sin\theta_1$，又 $GB = \frac{2}{3}m_b, GC = \frac{2}{3}m_c$，所以

$$\sin\theta_1 = \frac{3\triangle}{2m_b m_c}$$

又 $\cos\theta_1 = \dfrac{\dfrac{4}{9}(m_b^2+m_c^2)-a^2}{2\cdot\dfrac{2}{3}m_b\cdot\dfrac{2}{3}m_c} = \dfrac{b^2+c^2-5a^2}{8m_b m_c}$. 同理，可得其余四式.

回到原题的证明

$$GM = FG = \frac{1}{3}m_c, GL = GD = \frac{1}{3}m_a, GN = \frac{1}{2}GB = \frac{1}{3}m_b$$

因为

$$\angle LGM = 360° - 2\times 60° - \angle FGD = 240° - \theta_2$$
$$\angle NGL = \angle BGD + 60° = 180° - \theta_3 + 60° = 240° - \theta_3$$

所以 $\angle MGN = 240° - \theta_1$，由余弦定理及三角形中线长公式

$$m_a^2 = \frac{1}{4}(2b^2+2c^2-a^2)$$

可得

$$LM^2 = \frac{1}{9}m_a^2 + \frac{1}{9}m_c^2 - 2\cdot\frac{1}{9}\cdot m_a m_c \cos(240°-\theta_2)$$

$$= \frac{1}{36}(2b^2+2c^2-a^2+2a^2+2b^2-c^2) + \frac{2}{9}m_a m_c \cos(60°-\theta_2)$$

$$= \frac{1}{36}(4b^2+a^2+c^2) + \frac{2}{9}m_a m_c \left(\frac{1}{2}\cos\theta_2 + \frac{\sqrt{3}}{2}\sin\theta_2\right)$$

$$= \frac{1}{36}(4b^2+a^2+c^2) + \frac{(a^2+c^2-5b^2)}{72 m_a m_c}\cdot m_a m_c + \frac{\sqrt{3}m_a m_c \sin\theta_2}{9}$$

$$= \frac{8b^2+2a^2+2c^2+a^2+c^2-5b^2}{72} + \frac{\sqrt{3}}{6}\triangle$$

$$= \frac{3}{72}(a^2+b^2+c^2) + \frac{\sqrt{3}}{6}\triangle = \frac{1}{24}(a^2+b^2+c^2) + \frac{\sqrt{3}}{6}\triangle$$

同理

$$LN^2 = MN^2 = \frac{1}{24}(a_2+b_2+c_2) + \frac{\sqrt{3}}{6}\triangle$$

所以 $LM = LN = MN$,$\triangle LMN$ 为正三角形.

4. 如图 9.16,因为 A,A_3,B_2,C_3 和 A,B,C,A_3 分别四点共圆,所以
$$\angle A_3C_2B = 180° - \angle AC_2A_3 = 180° - \angle AB_2A_3 = \angle A_3B_2C$$
$$\angle A_3CB_2 = \angle A_3BC_2$$

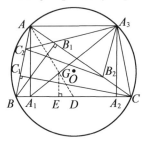

图 9.16

于是 $\triangle A_3C_2B \backsim \triangle A_3B_2C$,则
$$\frac{A_3C}{A_3B} = \frac{B_2C}{C_2B} = \frac{AB_1}{AC_1} = \frac{AB\cos\angle BAC}{AC\cos\angle CAB} = \frac{AB}{AC}$$

又 $\angle BA_3C = \angle BAC$,所以 $\triangle ABC \backsim \triangle A_3CB$.

而 BC 为公共边,故 $\triangle ABC \cong \triangle A_3CB$.

因为 $A_2C = BA_1$,$AA_1 \perp BC$,所以,$A_3A_2 \perp BC$.

接下来证明:A_3A_1 通过 $\triangle ABC$ 的重心 G.

设 BC 的中点为 D,联结 AD,作 $GE \perp BC$,则
$$\frac{DE}{A_1E} = \frac{GD}{AG} = \frac{1}{2},\frac{GE}{AA_1} = \frac{GD}{AD} = \frac{1}{3}$$

故
$$GE = \frac{1}{3}AA_1 = \frac{1}{3}AA_2$$

又 $A_1E = 2ED$,$AD = AA_2$,所以 $A_1E = \frac{1}{3}A_1A_2$.

故 $\frac{A_1E}{A_1A_2} = \frac{GE}{A_3A_2}$.

因此,A_1,G,A_3 三点共线.

同理,B_3B_1,C_3C_1 均通过点 G.

从而,A_1A_3,B_1B_3,C_1C_3 三线共点.

5. 如图 9.17,设边 SR 的中点为 K.

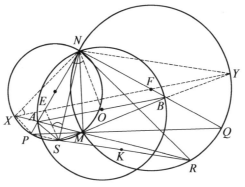

图 9.17

延长 MA 与以 NP 为直径的圆交于点 X,延长 MB 与以 NQ 为直径的圆交于点 Y,联结 XY 与 NP 交于点 E,与 NQ 交于点 F.

因为 $\angle SNP = \angle SMP = \angle AMP = \angle XNP$,且 NP 为直径,所以点 S 与 X 关于 NP 对称.

设 $\angle AMP = \alpha = \angle BMQ$,则

$$\frac{AX}{AM} = \frac{S_{\triangle XNP}}{S_{\triangle MNP}} = \frac{XN \cdot XP}{NM \cdot MP} = \frac{\sin \angle NMX}{\sin \angle MXN} \cdot \frac{\sin \angle XNP}{\sin \angle MNP} = \frac{\sin\alpha \cdot \sin(90°-\alpha)}{\sin \angle MNP \cdot \sin \angle MPN}$$

同理

$$\frac{BY}{BM} = \frac{\sin\alpha \cdot \sin(90°-\alpha)}{\sin \angle MNQ \cdot \sin \angle MQN}$$

故

$$\frac{AX}{AM} = \frac{BY}{BM} \Rightarrow XY /\!/ AB \Rightarrow \angle SEA = \angle XEA = \angle NAB = \angle ANO$$

$$\Rightarrow SE /\!/ NO \Rightarrow \angle ONS = \angle NSE = \angle NXY$$

同理,$\angle ONR = \angle NYX$. 故

$$\frac{\sin \angle ONS}{\sin \angle ONR} = \frac{\sin \angle NXY}{\sin \angle NYX} = \frac{NY}{NX} = \frac{NR}{NS}$$

由点 K 是 RS 的中点

$$\Rightarrow \frac{\sin \angle SNK}{\sin \angle RNK} = \frac{NR}{NS}$$

$$\Rightarrow \frac{\sin \angle ONS}{\sin \angle ONR} = \frac{\sin \angle SNK}{\sin \angle RNK}$$

$\Rightarrow N, O, K$ 三点共线

$\Rightarrow NK$ 过定点 O

第 10 章 三角形的垂心 高线

三角形三边上的高线的交点称为三角形的垂心.三角形的垂心、高线有下列有趣的性质:

性质1 直角三角形的垂心在直角顶点,锐角三角形的垂心在形内,钝角三角形的垂心在形外.

在 △ABC 中,AD,BE,CF 分别为边 BC,CA,AB 上的高,H 为垂心,如图 10.1 所示.

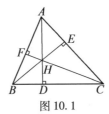

图 10.1

性质2 在图 10.1 中,有 18 对相似的直角三角形.

事实上,视 △ABD 等为大直角三角形,△BDH 等为小直角三角形,则大对大有 3 对,小对小有 3 对,大对小有 12 对,共 18 对.

性质3 在图 10.1 中,有 6 组四点共圆,如图 10.2 所示.

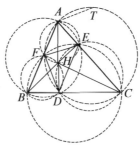

图 10.2

在这 6 组四点共圆中,以边 BC,CA,AB 为直径的圆有 3 组,以 AH,BH,CH 为直径的圆有 3 组.

在这 6 组四点共圆中,两圆相交有 15 条根轴(公共弦),即每条边上有两段三条高,垂心 H 到三边的距离有 3 段,垂足 △DEF 的三边.因而图中有 7 个根心(三条根轴的交点):即点 A,B,C,D,H,E,F. 在这 7 个根心中有 4 个是三个圆的公共点,有 3 个是四个圆的公共点.

性质 4 在图 10.1 中,A,B,C,H 为垂心组(以这 4 点中任三点为顶点作三角形,其余一点为该三角形的垂心,A,B,C,H 均可以作为一个三角形的垂心).

此时,垂心组的 4 个三角形的外接圆是等圆.

事实上,如图 10.3(a)所示,延长 AD 交 $\triangle ABC$ 的外接圆于点 H_1,则由 $\angle H_1CB = \angle H_1AB = \angle BCH$ 及 $AD \perp BC$ 知 $\triangle H_1CH$ 为等腰三角形,从而点 H 与 H_1 关于 BC 对称.

于是,$\triangle BH_1C$ 与 $\triangle BHC$ 关于 BC 对称,即圆 BHC 与圆 BH_1C 关于 BC 对称,从而这两个圆为等圆,即 $\triangle BHC$ 的外接圆与 $\triangle ABC$ 的外接圆相等.

同理,$\triangle AHB$,$\triangle AHC$ 的外接圆与 $\triangle ABC$ 的外接圆也相等.

反之,若三个等圆有一个公共点 H,它们两两相交于点 A,B,C,则点 H,A,B,C 为垂心组.

我们只需证明点 H 为 $\triangle ABC$ 的垂心即可. 如图 10.3(b),延长 BH 交 AC 于点 E,延长 CH 交 AB 于点 F. 注意到等圆中等弧所对的圆周角相等,有 $\angle ABH = \angle ACH$,从而 B,C,E,F 四点共圆,即有 $\angle BCF = \angle BEF$. 又 $\angle BCH = \angle BAH$,所以 $\angle HEF = \angle BEF = \angle BAH = \angle HAF$,从而 H,E,A,F 四点共圆.

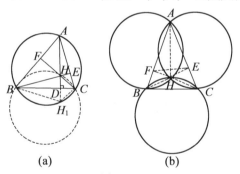

图 10.3

此时,$\angle AFH = \angle HEC = \angle BEC = \angle BFC$,从而 $CF \perp AB$.

同理,$BE \perp AC$. 故点 H 为 $\triangle ABC$ 的垂心.

性质 5 如图 10.2 所示,点 H 为 $\triangle DEF$ 的内心,A,B,C 为 $\triangle DEF$ 的三个旁心.

事实上,由 B,D,H,F 与 D,C,E,H 及 B,C,E,F 分别四点共圆,有 $\angle FDH = \angle FBH = \angle FCE = \angle HDE$,知 HD 平分 $\angle FDE$.

同理,HE,HF 分别平分 $\angle DEF,\angle DFE$,即知点 H 为 $\triangle DEF$ 的内心.

由 HD,HE,HF 分别与 BC,CA,AB 垂直,知点 A,B,C 均为 $\triangle DEF$ 的旁心.

此时在图 10.2 中,DF 与 FE 关于 FC 对称,也关于 AB 对称,DE 与 DF 关于 AD 对称,也关于 BC 对称,EF 与 ED 关于 BE 对称,也关于 AC 对称,如图 10.4 所示.

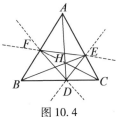

图 10.4

在图 10.3(a) 中,设 AD,BE,CF 分别延长交 $\triangle ABC$ 的外接圆于点 H_1,H_2,H_3,则点 H 为 $\triangle H_1H_2H_3$ 的内心(图略,证略).

性质 6 如图 10.5,分别过点 A,B,C 作对边的平行线,分别交于点 A_1,B_1,C_1,则点 H 为 $\triangle A_1B_1C_1$ 的外心.

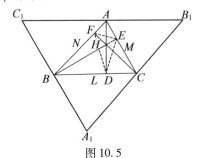

图 10.5

事实上,四边形 $ABCB_1,C_1BCA$ 分别为平行四边形,知 $AB_1=BC=C_1A$,即知点 A 为 C_1B_1 的中点.又 $AD\perp BC$,即知 AD 为 C_1B_1 的中垂线.同理,BE,CF 分别为 C_1A_1,A_1B_1 的中垂线.由于三角形三边的中垂线交于一点,该点 H 即为 $\triangle A_1B_1C_1$ 的外心.

此时,由平行四边形的性质,知 $\triangle ABC$ 三边 BC,CA,AB 的中点 L,M,N 分别在对角线 AA_1,BB_1,CC_1 上.

注:上面也证明了三角形的三条高线交于一点.

性质 7 设点 H 为锐角 $\triangle ABC$ 内一点,则点 H 为 $\triangle ABC$ 的充分必要条件是同时满足 $\angle BHC=180°-\angle A$,$\angle AHB=180°-\angle C$,$\angle AHC=180°-\angle B$.

事实上,如图 10.3(a) 所示,必要性显然.

充分性:若 $\angle BHC=180°-\angle A$,设点 H' 为 $\triangle ABC$ 的垂心,则点 H 在 $\triangle BH'C$

的外接圆上.同理,点 H 也在 $\triangle AH'C$,$\triangle AH'B$ 的外接圆上,即知点 H 与 H' 重合.

性质 8 在 $\triangle ABC$ 中,AD,BE,CF 为其三条高,点 H 为垂心,则:

(1) $AH \cdot HD = BH \cdot HE = CH \cdot HF$;

(2) $AH^2 + a^2 = BH^2 + b^2 = CH^2 + c^2 = 4R^2$.

其中 $BC = a, CA = b, AB = c, R$ 为 $\triangle ABC$ 的外接圆半径.

证明 (1) 略;

(2) 如图 10.6,作 $\triangle ABC$ 的外接圆圆 O,联结 AO 并延长交外接圆于点 M,联结 BM,CM,则 $AM = 2R$,且 $MC \perp AC, MB \perp AB$. 由 $BH \perp AC, CH \perp AB$,则知 $BH // MC, CH // BM$,因此,四边形 $BMCH$ 为平行四边形.于是,$BH = MC, CH = BM$.

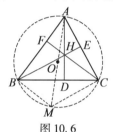

图 10.6

在 Rt $\triangle AMC$ 中,$MC^2 + b^2 = AM^2$;在 Rt $\triangle ABM$ 中,$BM^2 + c^2 = AM^2$,所以
$$BH^2 + b^2 = CH^2 + c^2 = (2R)^2$$

同理,过点 C 作直径,可证得 $AH^2 + a^2 = (2R)^2$,因此
$$AH^2 + a^2 = BH^2 + b^2 = CH^2 + c^2 = (2R)^2$$

注:(1) 对于 (2) 的证明,或由勾股定理有 $AH^2 + BC^2 = AE^2 + HE^2 + BE^2 + CE^2 = (AE^2 + EB^2) + (HE^2 + CE^2) = AB^2 + CH^2$ 等,即可;(2) 的逆命题也是成立的.

(2) (1) 的逆命题亦成立,可由 $\angle ADB = \angle AFC = \angle AEB = \angle ADC$,有 $AD \perp BC$ 等即证.

性质 9 设 $\triangle ABC$ 的外接圆半径为 R,则
$$AH = 2R \cdot |\cos A|, BH = 2R \cdot |\cos B|, CH = 2R \cdot |\cos C|$$

证明 当 $\triangle ABC$ 为锐角三角形时,如图 10.7 所示,显然有 $\angle AHE = \angle ACB$,从而
$$\sin \angle ACB = \sin \angle AHE = \frac{AE}{AH}$$

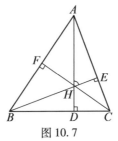

图 10.7

在 Rt△ABE 中,$AE = AB \cdot \cos \angle BAC$. 故

$$AH = \frac{AB \cdot \cos \angle BAC}{\sin \angle ACB}$$

$$= \frac{2R \cdot \sin \angle ACB \cdot \cos \angle BAC}{\sin \angle ACB}$$

$$= 2R \cdot \cos \angle BAC$$

$$= 2R \cdot |\cos A|$$

同理

$$BH = 2R \cdot |\cos B|, CH = 2R \cdot |\cos C|$$

当△ABC 为钝角三角形时,不妨设∠A 为钝角. 此时,只需调换图 10.7 中字母 A 与 H, E 与 F 的位置,图形不变,即得 $AH = 2R \cdot |\cos A|$, $BH = 2R \cdot |\cos B|$, $CH = 2R \cdot |\cos C|$.

当△ABC 为直角三角形时,不妨设∠A = 90°,此时垂心 H 与 A 重合. 显然
$$AH = 2R \cdot |\cos A|, BH = 2R \cdot |\cos B|, CH = 2R \cdot |\cos C|$$

性质 10 点 H 为锐角△ABC 所在平面内的一点,H 为△ABC 的垂心的充要条件是下列条件之一成立:

(1) 点 H 关于三边的对称点均在△ABC 的外接圆上;

(2) △ABC, △ABH, △BCH, △ACH 的外接圆是等圆;

(3) 点 H 关于三边中点的对称点均在△ABC 的外接圆上;

(4) $\angle HAB = \angle HCB, \angle HBC = \angle HAC$;

(5) $\angle BAO = \angle HAC, \angle ABO = \angle HBC, \angle ACO = \angle HCB$,其中点 O 为△ABC 的外心.

证明 (1) 必要性:由性质 4 即得,如图 10.8 所示.

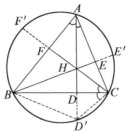

图 10.8

充分性:设点 H 关于边 BC 的对称点 D' 在 $\triangle ABC$ 的外接圆上,则 $\angle BHC = \angle BD'C$,且 $\angle BD'C + \angle A = 180°$,从而 $\angle BHC = 180° - \angle A$.

同理
$$\angle AHC = 180° - \angle B, \angle AHB = 180° - \angle C$$
此时,设点 H' 为 $\triangle ABC$ 的垂心,则由性质 7 知
$$\angle BH'C = 180° - \angle A, \angle AH'C = 180° - \angle B, \angle AH'B = 180° - \angle C$$
而分别以 BC, CA, AB 为弦,张角为 $180° - \angle A, 180° - \angle B, 180° - \angle C$ 的三条弧的交点是唯一的,即点 H' 与 H 重合,故点 H 为 $\triangle ABC$ 的垂心.

注:在 $\triangle ABC$ 中,令 $BC = a, CA = b, AB = c, l = \frac{1}{2}(a+b+c), R, r, S_\triangle$ 分别为其外接圆、内切圆的半径、面积,$S_{\triangle D'E'F'} = \frac{2|l^2 - (2R+r)^2|}{R^2} S_\triangle$.

(2)由(1)知 $\triangle BHC$ 与 $\triangle BDC$ 的外接圆关于 BC 对称,即为等圆,即证.

(3)如图 10.9,设点 L, M, N 分别为边 BC, CA, AB 的中点,H 关于这三点的对称点分别为 A_1, B_1, C_1,则得一系列不同的平行四边形.

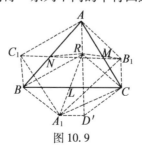

图 10.9

充分性:由 $\triangle AB_1C_1 \cong \triangle HCB$,知 $\angle AC_1B_1 = \angle HBC$.
又由 A, B_1, C, C_1 四点共圆及 $B_1C // AH$,得 $\angle AC_1B_1 = \angle B_1CA = \angle HAC$,故
$$\angle HAC = \angle HBC$$
同理

$$\angle HAB = \angle HCB, \angle HBA = \angle HCA$$

注意到$\angle HCB = \angle CBA_1$,及$\angle HAC + \angle HBC + \angle HAB + \angle HCB + \angle HBA + \angle HCA = 180°$,可得$\angle HBA + \angle HBC + \angle CBA_1 = 90°$,即$A_1B \perp AB$,从而$CH \perp AB$.

同理,$AH \perp BC, BH \perp CA$. 故点H为$\triangle ABC$的垂心.

必要性:设垂心H关于边BC的对称点为点D',则$A_1D' \parallel BC$,即四边形$BA_1D'C$为梯形.

由$\angle BCD' = \angle HCB = \angle CBA_1$,知四边形$BA_1D'C$为等腰梯形,从而$C,B,A_1,D'$四点共圆. 由(1)知点$D'$在$\triangle ABC$的外接圆上,即点$A_1$在$\triangle ABC$的外接圆上.

同理,点B_1,C_1也在$\triangle ABC$的外接圆上.

注:AA_1, BB_1, CC_1均为直径,事实上,由$BH \perp AC$有$A_1C \perp AC$,知$\angle ACA_1 = 90°$,即证AA_1为直径.

(4)必要性显然,仅证充分性.

如图10.10,设AH, BH, CH的延长线分别交对边于点D, E, F. 在$\triangle ABD$和$\triangle CBF$中,$\angle HAB = \angle HCB, \angle ABD = \angle CBF$,从而$\angle ADB = \angle CFB$.

同理,$\angle ADC = \angle BEC$.

由$\angle ADC + \angle ADB = 180°$,则$\angle BEC + \angle CFB = 180°$,从而$\angle AEH + \angle AFH = 180°$,即知$A, E, H, F$四点共圆.

如图10.10,联结EF,则$\angle HEF = \angle HAF$. 由$\angle HAF = \angle HCB$,有$\angle BEF = \angle FCB$,知B, C, E, F四点共圆,有$\angle BEC = \angle CFB$.

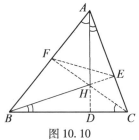

图10.10

而$\angle BEC + \angle CFB = 180°$,因此$\angle BEC = \angle CFB = 90°$. 可见$BE, CF$均是$\triangle ABC$的两条高,故$H$是$\triangle ABC$的垂心.

(5)必要性显然,仅证充分性,如图10.11所示.

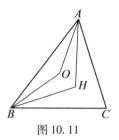

图 10.11

由
$$\angle BAO = \frac{1}{2}(180° - \angle AOB) = \frac{1}{2}(180° - 2\angle C)$$
$$= 90° - \angle C = \angle HAC$$

知 $\angle HAC$ 与 $\angle C$ 互余,即知 $AH \perp BC$. 同理,$BH \perp AC$.

故点 H 为 $\triangle ABC$ 的垂心.

注:在上述证明中得到 AO,AH 是其等角线. 由此可推知 O,H 为三角形的一对等角共轭点(性质 15).

性质 11 在非直角三角形中,过点 H 的直线分别交 AB,AC 所在的直线于点 P,Q,则 $\frac{AB}{AP} \cdot \tan B + \frac{AC}{AQ} \cdot \tan C = \tan A + \tan B + \tan C$.

证明 如图 10.12,联结 AH 交 BC 于点 D,由
$$\frac{AD}{AH} = \frac{AH+HD}{AH} = \frac{S_{\triangle APQ} + S_{\triangle DPQ}}{S_{\triangle APQ}} = \frac{S_{\triangle APD} + S_{\triangle AQD}}{S_{\triangle APQ}}$$
$$= \frac{S_{\triangle APD} + S_{\triangle AQD}}{\frac{AP \cdot AQ}{AB \cdot AC} \cdot S_{\triangle ABC}} = \frac{\frac{AP}{AB}S_{\triangle ABD} + \frac{AQ}{AC}S_{\triangle ACD}}{\frac{AP}{AB} \cdot \frac{AQ}{AC} \cdot S_{\triangle ABC}}$$
$$= \frac{AC}{AQ} \cdot \frac{BD}{BC} + \frac{AB}{AP} \cdot \frac{CD}{BC}$$

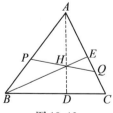

图 10.12

如图 10.12,联结 BH 并延长交 AC 于点 E,由 $Rt\triangle AHE \backsim Rt\triangle BCE$,有

$\dfrac{AH}{BC}=\dfrac{AE}{BE}=\dfrac{1}{\tan A}$,从而$\dfrac{AD}{AH}=\dfrac{AD\cdot\tan A}{BC}$.

又由$\dfrac{AD}{BD}=\tan B,\dfrac{AD}{CD}=\tan B$,所以

$$\dfrac{BD}{BC}=\dfrac{AD}{BC\cdot\tan B},\dfrac{CD}{BC}=\dfrac{AD}{BC\cdot\tan C}$$

将其代入式①,得

$$\tan A=\dfrac{AC}{AQ}\cdot\dfrac{1}{\tan B}+\dfrac{AB}{AP}\cdot\dfrac{1}{\tan C}$$

注意到在非直角三角形中,有$\tan A\cdot\tan B\cdot\tan C=\tan A+\tan B+\tan C$,即证得结论成立.

性质12 (卡诺定理)三角形任一顶点到垂心的距离等于外心到对边的距离的2倍.

事实上,如图10.13所示,过点C作$\triangle ABC$外接圆圆O的直径CD,联结AD,DB,则知$BD=2OM$. 又可证四边形$AHBD$为平行四边形,$AH=DB$,即证. 亦可由性质10,有$AH=2R|\cos\angle A|=2OM$等式.

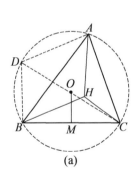
(a)

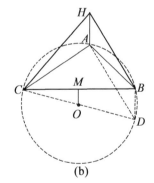
(b)

图10.13

注:卡诺定理的其他证法可参见本丛书《平面几何范例多解探究》中的解法.

性质13 锐角三角形的垂心到三顶点的距离之和等于其内切圆与外接圆半径之和的2倍.

证明 由性质6,过三角形三顶点作其所在高线的垂线构成新的三角形,垂心为新三角形的外心,再注意到锐角三角形外心到三边距离之和等于其内切圆与外接圆半径之和,或注意到性质12亦可证.

注：可由 $r = \dfrac{2S_\triangle}{a+c+c} = \dfrac{2 \cdot \frac{1}{2} \cdot 2R \cdot \sin A \cdot 2R \cdot \sin B \cdot \sin C}{2R(\sin A + \sin B + \sin C)} = 4R \cdot \sin \dfrac{A}{2} \cdot \sin \dfrac{B}{2} \cdot$ $\sin \dfrac{C}{2}$，有外心到三边的距离 $d_1 + d_2 + d_3 = R\left(\cos \dfrac{\angle BOC}{2} + \cos \dfrac{\angle AOC}{2} + \cos \dfrac{\angle AOB}{2}\right) =$ $R(\cos A + \cos B + \cos C) = R\left(1 + 4\sin \dfrac{A}{2} \cdot \sin \dfrac{B}{2} \cdot \sin \dfrac{C}{2}\right) = R\left(1 + \dfrac{r}{R}\right) = R + r$.

性质 14 （欧拉(Euler)线定理）三角形的外心 O、重心 G、垂心 H 三点共线，且 $OG:GH = 1:2$.

事实上，如图 10.13 所示，联结 AM 交 OH 于点 G'，则由 $\triangle AHG' \sim \triangle MOG'$，有 $\dfrac{OG'}{G'H} = \dfrac{MG'}{G'A} = \dfrac{OM}{HA} = \dfrac{1}{2}$，这也说明点 G' 为其重心，即点 G' 与 G 重合. 故结论获证.

性质 15 三角形的外心、垂心是其一对特殊的等角共轭点.

事实上，如图 10.11 所示，有 $\angle BAO = \angle CAH$，$\angle ABO = \angle CBH$，$\angle BCO = \angle ACH$.

性质 16 （九点圆定理）三角形三条高的垂足、三边的中点，以及垂心与顶点的三条连线段的九点，这九点共圆.

证明 如图 10.14，取外心 O 与垂心 H 连线的中点 V，以点 V 为圆心，$\dfrac{1}{2}AO$ 为半径作圆 V. 由 $VP \underline{\underline{\parallel}} \dfrac{1}{2}OA$，知点 P 在圆 V 上. 同理，点 Q,R 也在圆 V 上.

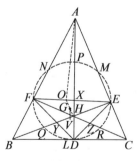

图 10.14

又由性质 13 知，$OL \underline{\underline{\parallel}} \dfrac{1}{2}AH$，知 $OL \underline{\underline{\parallel}} PH$. 又 $OV = VH$，知 $\triangle OLV \cong \triangle HPV$，从而 $VL = VP = \dfrac{1}{2}OA$，且 L,V,P 三点共线，故点 L 在圆 V 上.

同理，点 M,N 也在圆 V 上.

由 L,V,P 三点共线,知 LP 为圆 V 的一条直径.

由 $\angle LDP = 90°, \angle MEQ = 90°, \angle NFR = 90°$,知点 D,E,F 均在圆 V 上.

故 D,R,M,E,P,F,N,Q,L 九点共圆.

注:(1)上述证法让我们看到了九点圆的特殊性质:圆心 V 为 OH 的中点,其半径为 $\triangle ABC$ 外接圆半径的一半,且点 O 和 V 对于点 G 和 H 是调和共轭的,即 $\dfrac{OG}{GV} = \dfrac{OH}{HV}$.

由牛顿(Newton)线定理,知 EF 的中点在 PL 上,FD 的中点在 QM 上,DE 的中点在 RN 上.

若 EF 交 AH 于点 X,FD 交 BH 于点 Y,DE 交 CH 于点 Z,则 X,D 调和分割 AH,Y,E 调和分别 BH,Z,F 调和分割 CH.

(2)九点圆定理的其他证法可参见本套书《平面几何范例多解探究》中的解法.

性质 17 (斯坦纳定理)三角形外接圆上异于顶点任一点 P 与三角形垂心 H 的连线被点 P 的西姆松线平分(西姆松定理见第 5 章定理 6).

注意到三角形任一顶点的西姆松线就是过该点的高所在的直线,任一顶点的对径点的西姆松线就是这个顶点所对的边所在的直线.下面给出上述性质的证明.

证明 如图 10.15,设点 P 为 $\triangle ABC$ 的外接圆上异于顶点的任一点,其西姆松线为 LMN,$\triangle ABC$ 的垂心为 H.

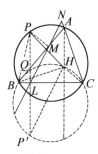

图 10.15

作 $\triangle BHC$ 的外接圆,则此圆 BHC 与圆 ABC 关于 BC 对称,延长 PL 交圆 BHC 于 P',则点 L 为 PP' 的中点.设 PL 交圆 BHC 于点 Q,联结 $P'H$.

由 P,B,L,M 四点共圆,有

$$\angle PLM = \angle PBM = \angle PBA \stackrel{m}{=\!=\!=} \overset{\frown}{PA} = \overset{\frown}{QH} \stackrel{m}{=\!=\!=} \angle QP'H$$

从而直线 $LMN \parallel P'H$,注意到直线 LMN 平分 PP'. 故直线 LMN 平分 PH.

注:斯坦纳定理的其他证法可参见本套书《平面几何范例多解探究》中的解法.

性质 18 在非 Rt△ABC 中,点 H 为△ABC 的垂心,点 P 为△ABC 所在平面内的任意一点,则

$$PH^2 = \frac{PA^2\tan A + PB^2\tan B + PC^2\tan C}{\tan A + \tan B + \tan C} - 8R^2\cos A \cdot \cos B \cdot \cos C$$

证明 如图 10.16,联结 AH,BH 并延长分别交边 BC,AC 于点 D,E,联结 PD,CH. 由垂心性质易,得

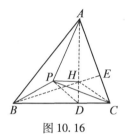

图 10.16

$$AH = 2R\cos A, BH = 2R\cos B$$

对△PBC 及边 BC 上的点 D,应用斯特瓦尔特定理,得

$$PD^2 = PB^2 \cdot \frac{DC}{BC} + PC^2 \cdot \frac{BD}{BC} - BD \cdot DC \qquad ②$$

因为 $DC = b\cos C, BD = c\cos B$,则 $DC \cdot BD = bc\cos B \cdot \cos C$,所以由式②得

$$PD^2 = PB^2 \cdot \frac{b\cos C}{a} + PC^2 \cdot \frac{c\cos B}{a} - bc\cos B \cdot \cos C \qquad ③$$

对△PAD 及边 AD 上的点 H,应用斯特瓦尔特定理,得

$$PH^2 = PA^2 \cdot \frac{HD}{AD} + PD^2 \cdot \frac{AH}{AD} - AH \cdot HD \qquad ④$$

由

$$\text{Rt}\triangle BDH \backsim \text{Rt}\triangle BEC \Rightarrow \frac{BH}{BC} = \frac{HD}{CE}$$

$$\Rightarrow \frac{2R\cos B}{a} = \frac{HD}{a\cos C}$$

$$\Rightarrow HD = 2R\cos B \cdot \cos C$$

$$\Rightarrow AH \cdot HD = 2R\cos A \cdot 2R\cos B \cdot \cos C$$

$$= 4R^2\cos A \cdot \cos B \cdot \cos C \qquad ⑤$$

设 S 为△ABC 的面积,则

$$S = \frac{1}{2}aAD \Rightarrow AD = \frac{2S}{a}$$

$$\Rightarrow \frac{HD}{AD} = \frac{aR\cos B \cdot \cos C}{S}, \frac{AH}{AD} = \frac{aR\cos A}{S}$$

将式③⑤及以上两式代入式④得

$$RH^2 = PA^2 \cdot \frac{aR\cos B \cdot \cos C}{S} + \left(PB^2 \cdot \frac{b\cos C}{a} + PC^2 \cdot \frac{c\cos B}{a} - bc \cdot \cos B \cdot \cos C\right) \cdot$$

$$\frac{aR\cos A}{S} - 4R^2 \cdot \cos A \cdot \cos B \cdot \cos C$$

$$= \frac{PA^2 aR\cos B \cdot \cos C}{S} + \frac{PB^2 bR\cos A \cdot \cos C}{S} + \frac{PC^2 cR\cos A \cdot \cos B}{S} -$$

$$8R^2 \cos A \cdot \cos B \cdot \cos C \qquad ⑥$$

又

$$S = \frac{1}{2}ab\sin C = aR\sin B \cdot \sin C$$

$$S = \frac{1}{2}bc\sin A = bR\sin A \cdot \sin C$$

$$S = \frac{1}{2}ac\sin B = cR\sin A \cdot \sin B$$

则式⑥可化为

$$PH^2 = PA^2 \cot B \cdot \cot C + PB^2 \cot A \cdot \cot C + PC^2 \cot A \cdot \cot B - 8R^2 \cos A \cdot \cos B \cdot \cos C$$

$$= \frac{PA^2 \tan A + PB^2 \tan B + PC^2 \tan C}{\tan A \cdot \tan B \cdot \tan C} - 8R^2 \cos A \cdot \cos B \cdot \cos C$$

$$= \frac{PA^2 \tan A + PB^2 \tan B + PC^2 \tan C}{\tan A + \tan B + \tan C} - 8R^2 \cos A \cdot \cos B \cdot \cos C$$

推论 1 若 O,H 分别为 $\triangle ABC$ 的外心与垂心,则

$$OH^2 = R^2(1 - 8\cos A \cdot \cos B \cdot \cos C)$$

性质 19 若 $\triangle ABC$ 为锐角三角形,点 O,H 分别是它的外心、垂心,则在 $S_{\triangle AOH}, S_{\triangle BOH}, S_{\triangle COH}$ 中,最大的一个等于其余两个之和.

证明 当直线 OH 通过 $\triangle ABC$ 的某一顶点时,结论显然成立.

当直线 OH 与 $\triangle ABC$ 的某两边相交时,如图 10.17 所示.

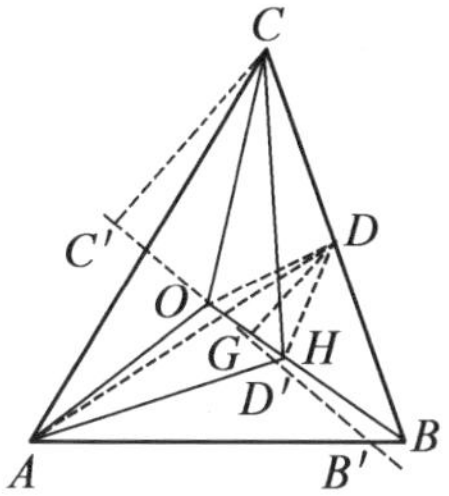

图 10.17

如图 10.17,取 $\triangle ABC$ 的重心 G,则点 G 必在 OH 上,且点 G 在点 O,H 之间(欧拉线定理). 联结 AG 并延长交 BC 于点 D,则点 D 为 BC 的中点,联结 DO,DH,并设 B,D,C 到直线 OH 的距离分别为 BB',DD',CC',则 DD' 为梯形 $BB'C'C$ 的中位线,即 $BB'+CC'=2DD'$,从而 $S_{\triangle BOH}+S_{\triangle COH}=2 \cdot S_{\triangle DOH}$.

又 $AG=2DG$,所以 $S_{\triangle AOH}=2S_{\triangle DOH}$. 故 $S_{\triangle AOH}=S_{\triangle BOH}+S_{\triangle COH}$.

性质 20 (法格纳诺(Fagnano)定理)锐角三角形的内接三角形(此三角形的顶点在原三角形的三边上)中,以垂心的垂足三角形的周长为最短.

证明 如图 10.18,设 $\triangle DEF$ 为 $\triangle ABC$ 的垂心 H 的垂足三角形,$\triangle D'E'F'$ 为任一内接三角形.

分别作点 D,D' 关于 AC 的对称点 D_1,D_1',关于 AB 的对称点 D_2,D_2'. DD_1 与 AC 交于点 E_1,$D'D_1'$ 与 AC 交于点 E_2,DD_2 与 AB 交于点 F_1,$D'D_2'$ 与 AB 交于点 F_2,则 $E_1F_1 \underline{\underline{\parallel}} \frac{1}{2}D_1D_2$,$E_2F_2 \underline{\underline{\parallel}} \frac{1}{2}D_1'D_2'$.

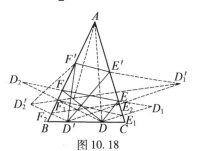

图 10.18

注意到性质 5 证明后的说明,即由图 10.18 中垂足三角形边的对称性,知 D_2,E,F,D_1 四点共线. 于是,注意到在圆 $AF_2D'E_2$ 及圆 AF_1DE_2 中应用正弦定理,有

$$D'E' + E'F' + F'D = D_1'E' + E'F' + F'D_2' \geqslant D_2'D_1' = 2F_2E_2 = 2AD' \cdot \sin A$$
$$\geqslant 2AD \cdot \sin A = 2F_1E_1 = D_2D_1$$
$$= D_2F + FE + ED_1 = DF + FE + ED$$

故结论获证.

性质21 如图 10.19,设点 D 为锐角 $\triangle ABC$ 内一点,且满足条件
$$DA \cdot DB \cdot AB + DB \cdot DC \cdot BC + DC \cdot DA \cdot CA = AB \cdot BC \cdot CA \quad \text{⑦}$$
试确定点 D 的几何位置,并证明你的结论.

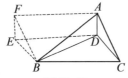

图 10.19

证明 先证更强的结论:设点 D 为锐角 $\triangle ABC$ 内一点,则
$$DA \cdot DB \cdot AB + DB \cdot DC \cdot BC + DC \cdot DA \cdot CA \geq AB \cdot BC \cdot CA \quad \text{⑧}$$
并且等号当且仅当点 D 为 $\triangle ABC$ 的垂心时才成立.

如图 10.19,作 $ED \underline{\parallel} BC$,$FA \underline{\parallel} ED$,联结 EB,EF,则四边形 $BCDE$ 和 $ADEF$ 均是平行四边形,联结 BF 和 AB,显然四边形 $BCAF$ 也是平行四边形. 于是
$$AF = ED = BC, EF = AD, EB = DC, BF = CA$$
在四边形 $ABEF$ 和 $AEBD$ 中,应用托勒密不等式,有
$$AB \cdot EF + AF \cdot BE \geq AE \cdot BF, BD \cdot AE + AD \cdot BE \geq AB \cdot ED$$
即
$$AB \cdot AD + BC \cdot CD \geq AE \cdot AC, BD \cdot AE + AD \cdot CD \geq AB \cdot BC \quad \text{⑨}$$
于是,由上述两式,可得
$$DA \cdot DB \cdot AB + DB \cdot DC \cdot BC + DC \cdot DA \cdot CA$$
$$= DB(AB \cdot AD + BC \cdot CD) + DC \cdot DA \cdot CA$$
$$\geq DB \cdot AE \cdot AC + DC \cdot DA \cdot AC$$
$$= AC(DB \cdot AE + DC \cdot AD) = AC \cdot BC \cdot AB \quad \text{⑩}$$

故式⑧得证,且等号成立的充要条件是式⑨中两式的等号同时都成立,即等号当且仅当四边形 $ABEF$ 和 $AEBD$ 都是圆内接四边形时成立,亦即五边形 $AFEBD$ 恰是圆内接五边形时等号成立.

由于四边形 $AFED$ 为平行四边形,所以条件等价于四边形 $AFED$ 为矩形(即 $AD \perp BC$)且 $\angle ABE = \angle ADE = 90°$,亦等价于 $AD \perp BC$ 且 $CD \perp AB$. 所以式⑩等式成立的充要条件是点 D 为 $\triangle ABC$ 的垂心.

此性质为 1998 年 CMO 试题.

性质22 若点 H 为 $\triangle ABC$ 的顶点,则点 H 是这个三角形垂心的充要条件为
$$\pm HB \cdot HC \cdot BC \pm HC \cdot HA \cdot CA \pm HA \cdot HB \cdot AB = BC \cdot CA \cdot AB$$

其中全取"+"号用于锐角三角形;某一项取"+",其余两项取"-"用于钝角三角形.

证明 这里,我们仅对锐角三角形的情形给出证明.

如图 10.20,以点 H 为反演中心,k 为反演幂,将 A,B,C 变换到 A',B',C',则

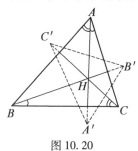

图 10.20

$$HB = \frac{k}{HB'}, HC = \frac{k}{HC'}, HA = \frac{k}{HA'}, BC = \frac{k \cdot B'C'}{HB' \cdot HC'}$$

$$CA = \frac{k \cdot C'A'}{HC' \cdot HA'}, AB = \frac{k \cdot A'B'}{HA' \cdot HB'}$$

若 $HB \cdot HC \cdot BC + HC \cdot HA \cdot CA + HA \cdot HB \cdot AB = BC \cdot CA \cdot AB$,将上述六式代入化简得

$$HA'^2 \cdot B'C' + HB'^2 \cdot C'A' + HC'^2 \cdot A'B' = B'C' \cdot C'A' \cdot A'B'$$

由内心性质 13 知,点 H 为 $\triangle A'B'C'$ 的内心,所以 $\angle HA'B' = \angle HA'C'$.
而 $\angle HA'B' = \angle HBA, \angle HA'C' = \angle HCA$,所以 $\angle HBA = \angle HCA$.

同理

$$\angle HBC = \angle HAC, \angle HCB = \angle HAB$$

由此不难求得

$$\angle HCA = \angle HBA = 90° - \angle A, \angle HAC = \angle HBC = 90° - \angle C$$

$$\angle HCB = \angle HAB = 90° - \angle B$$

故点 H 为垂心,则

$$\frac{HB \cdot HC}{AB \cdot AC} + \frac{HC \cdot HA}{BC \cdot BA} + \frac{HA \cdot HB}{CA \cdot CB} = \frac{S_{\triangle HBC}}{S_{\triangle ABC}} + \frac{S_{\triangle HCA}}{S_{\triangle ABC}} + \frac{S_{\triangle HAB}}{S_{\triangle ABC}} = 1$$

于是

$$HB \cdot HC \cdot BC + HC \cdot HA \cdot CA + HA \cdot HB \cdot AB = BC \cdot CA \cdot AB$$

性质 23 三角形的一条高线与外接圆直径的乘积等于夹这条高线的两边的乘积.

证明 如图 10.21,设 $\triangle ABC$ 的外心为 O,AD 为边 BC 上的高线,联结 AO 并

延长交△ABC的外接圆于点K,则AK为圆O的直径.联结BK,则由Rt△ABK∽Rt△ADC,有$\dfrac{AB}{AD}=\dfrac{AK}{AC}$,故$AD \cdot AK = AB \cdot AC$.

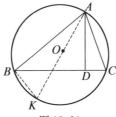

图10.21

推论2 设△ABC的三条边长分别为$a=BC,b=CA,c=AB$,其外接圆半径为R,则$S_\triangle = \dfrac{abc}{4R}$.

事实上,由性质23,知
$$AB \cdot AC = 2R \cdot AD$$

又$S_\triangle = \dfrac{1}{2}BC \cdot AD$,所以
$$S_\triangle = \dfrac{1}{2}BC \cdot \dfrac{AB \cdot AC}{2R} = \dfrac{abc}{4R}$$

性质24 设△ABC的三条高线长分别为h_a, h_b, h_c,△ABC的内切圆半径为r,则$\dfrac{1}{r} = \dfrac{1}{h_a} + \dfrac{1}{h_b} + \dfrac{1}{h_c}$.

证明 注意到
$$2S_\triangle = r(a+b+c) = a \cdot h_a = b \cdot h_b = c \cdot h_c$$

则
$$\dfrac{2S_\triangle}{r} = a+b+c, \dfrac{2S_\triangle}{h_a} = a, \dfrac{2S_\triangle}{h_b} = b, \dfrac{2S_\triangle}{h_c} = c$$

于是
$$\dfrac{2S_\triangle}{r} = \dfrac{2S_\triangle}{h_a} + \dfrac{2S_\triangle}{h_b} + \dfrac{2S_\triangle}{h_c}$$

故
$$\dfrac{1}{r} = \dfrac{1}{h_a} + \dfrac{1}{h_b} + \dfrac{1}{h_c}$$

性质25 从锐角△ABC的各顶点向对边作垂线AD, BE, CF,并将垂线延长与外接圆分别交于点A', B', C',则△ABC的垂心H是△$A'B'C'$的内心.

证明 如图10.22,联结DE, EF, FD.

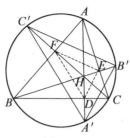

图 10.22

由三角形垂心性质知,点 H 为 $\triangle DEF$ 的内心,而点 D,E,F 分别为 HA', HB',HC' 的中点,即知 $\triangle A'B'C'$ 与 $\triangle DEF$ 以点 H 为位似中心的位似形,从而点 H 为 $\triangle A'B'C'$ 的内心.

性质 26 设点 H 为 $\triangle ABC$ 的垂心,AH 的延长线交 BC 于点 D,$\triangle ABC$ 的外接圆半径为 R,则 $OH^2 = R^2 - 2AH \cdot HD$.

证明 如图 10.23,延长 AD 交外接圆于点 E,则由垂心的性质 10(1) 知 $HD = DE$.

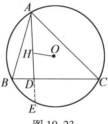

图 10.23

从而
$$AH \cdot HE = 2AH \cdot HD \qquad ⑪$$
又由相交弦(圆幂)定理,所以
$$AH \cdot HE = R^2 - OH^2 \qquad ⑫$$
由式⑪⑫得 $2AH \cdot HD = R^2 - OH^2$,故 $OH^2 = R^2 - 2AH \cdot HD$.

性质 27 设点 I,H 分别为 $\triangle ABC$ 的内心与垂心,从点 A 向 BC 引垂线,垂足为 D,内切圆半径为 r,则 $IH^2 = 2r^2 - AH \cdot HD$.

证明 如图 10.24,设 $\angle A$ 的旁心为 I_A,则由内心性质 5 后的注,知
$$AI \cdot AI_A = AB \cdot AC \qquad ⑬$$
又由垂心的性质 23,所以

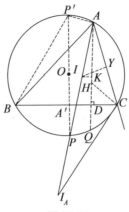

图 10.24

$$2R \cdot AD = AB \cdot AC \qquad ⑭$$

其中 R 为 $\triangle ABC$ 的外接圆半径.

设 AI 的延长线交外接圆于点 P,PP' 为外接圆直径,则点 P 为 II_A 的中点,从而

$$AI \cdot AI_A = AI(AP + PI_A) = AI(AP + AP - AI) = 2AI \cdot AP - AI^2 \qquad ⑮$$

由式⑬⑭⑮得

$$2AI \cdot AP - AI^2 = 2R \cdot AD \qquad ⑯$$

设 $IK \perp AD$ 于点 K,则 $\triangle AIK \backsim \triangle PP'A$,有

$$AI \cdot AP = AK \cdot PP' = 2R \cdot AK$$

于是,由式⑰可得

$$4R \cdot AK - AI^2 = 2R \cdot AD \qquad ⑰$$

又在 $\triangle AIH$ 中,由又勾股定理,有

$$IH^2 = AI^2 + AH^2 - 2AH \cdot AK$$

上式两边同乘 $2R$,得

$$2R \cdot IH^2 = 2R \cdot AI^2 + 2R \cdot AH^2 - 4R \cdot AH \cdot AK$$

由式⑱,得

$$2R \cdot IH^2 = 2R \cdot AI^2 + 2R \cdot AH^2 - AH(2R \cdot AD + AI^2)$$

$$2R \cdot IH^2 = AI^2 \cdot (2R - AH) - 2R \cdot AH(AD - AH)$$

设点 A' 是 PP' 与 BC 的交点,则

$$2R \cdot IH^2 = AI^2(PP' - 2OA') - 2R \cdot AH \cdot HD$$

从而

$$2R \cdot IH^2 = 2AI^2 \cdot A'P - 2R \cdot AH \cdot HD \qquad ⑱$$

从点 I 引直线 IY 垂直于 AC 于点 Y,由 $\triangle BA'P \sim \triangle AYI$ 有 $A'P \cdot AI = r \cdot BP$.

又 $\triangle P'BP \sim \triangle AYI$,所以 $BP \cdot AI = 2R \cdot r$.

所以,$A'P \cdot AI^2 = 2R \cdot r^2$,代入式⑱得

$$2R \cdot IH^2 = 4Rr^2 - 2R \cdot AH \cdot HD$$

故 $$IH^2 = 2r^2 - AH \cdot HD$$

性质 28 设点 I 为 $\triangle ABC$ 的内心,点 N 为其九点圆圆心,$\triangle ABC$ 的外接圆半径、内切圆半径分别为 R, r,则 $NI = \dfrac{R}{2} - r$(费尔巴哈定理).

证明 如图 10.25,设点 O, H 分别为 $\triangle ABC$ 的外心和垂心,则点 N 为 OH 的中点.由中线长公式,有

$$IH^2 + IO^2 = \frac{1}{2}OH^2 + 2NI^2 \qquad ⑲$$

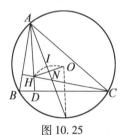

图 10.25

由欧拉定理,知

$$IO^2 = R^2 - 2Rr \qquad ⑳$$

又由内心与垂心的距离公式

$$IH^2 = 2r^2 - AH \cdot HD \qquad ㉑$$

由外心与垂心的距离公式

$$OH^2 = R^2 - 2AH \cdot HD \qquad ㉒$$

把⑳㉑㉒代入式㉓,得

$$(2r^2 - AH \cdot HD) + (R^2 - 2Rr) = \frac{1}{2}(R^2 - 2AH \cdot HD) + 2NI^2$$

从而 $4r^2 + R^2 - 4Rr = 4NI^2$,即 $2NI = R - 2r$. 所以

$$NI = \frac{R}{2} - r$$

注:由 $NI = \dfrac{R}{2} - r$,可知以点 N 为圆心,$\dfrac{R}{2}$ 为半径的圆是九点圆;以点 I 为圆心,r

为半径的圆是内切圆,此式表明九点圆与内切圆相切,这就是费尔巴哈定理.

性质29 在锐角 $\triangle ABC$ 中,A_1,B_1,C_1 分别为边 BC,CA,AB 的中点,$\triangle ABC$ 的垂心、外心分别为点 H,O,HA_1,HB_1,HC_1 分别与 $\triangle ABC$ 的外接圆交于点 A_0,B_0,C_0,那么 H,O,H_0 三点共线,其中,点 H_0 为 $\triangle A_0B_0C_0$ 的垂心.

证明 如图 10.26,联结 HB,HC,A_0B,A_0C,A_0A.

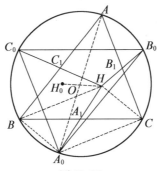

图 10.26

因为点 H 为 $\triangle ABC$ 的垂心,所以 $\angle BHC=180°-\angle BAC=\angle BA_0C$.

又点 A_1 为边 BC 的中点,所以四边形 $BHCA_0$ 为平行四边形.

故 $\angle ACA_0=90°$.

于是,AA_0 为 $\triangle ABC$ 外接圆的直径.

所以,点 O 为 $\triangle ABC$ 和 $\triangle A_0B_0C_0$ 的对称中心,点 H_0 与 H 关于点 O 对称,且点 O 为 HH_0 的中点.

性质30 设点 H 为锐角 $\triangle ABC$ 的垂心,点 M 是边 BC 的中点,过点 H 作 AM 的垂线,垂足为 P,则 BM 为 $\triangle APB$ 的外接圆的切线.

证明 如图 10.27,设 BH 的延长线与 AC 交于点 X,AH 的中点为点 N.

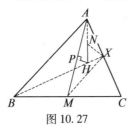

图 10.27

因为 $\angle AXH=\angle APH=90°$,所以点 P,X 在以 AH 为直径的圆上(若 $AB=AC$,则点 P,H 重合,点 X 也在以 AH 为直径的圆上).于是,$\angle AXN=\angle XAN$.

又因为 $\angle BXC=90°$,所以点 X 在以 BC 为直径的圆上.

易知

$$\angle CXM = \angle XCM, \text{且 } XM = BM$$

由

$$\angle NXM = 180° - (\angle AXN + \angle CXM) = 180° - (\angle XAN + \angle XCM) = 90°$$

则 MX 与以 AH 为直径的圆切于点 X.

于是

$$AM \cdot PM = MX^2 = BM^2$$

由切割线定理的逆定理,知 BM 为 $\triangle APB$ 的外接圆的切线.

性质 31 设点 I 为 $\triangle ABC$ 的内心,圆 I 切三边 BC, CA, AB 分别于点 D, E, F,点 M 为点 D 在 EF 上的投影,设点 P 为 DM 的中点,点 H 为 $\triangle BIC$ 的垂心,则 PH 平分 EF.

证明 如图 10.28,设点 Q 为 EF 的中点,则 $QI \perp EF$. 设点 H' 为 $\triangle DEF$ 的垂心,注意到点 I 为 $\triangle DEF$ 的外心,则 $IQ = \frac{1}{2}DH'$.

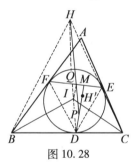

图 10.28

又 $DP = \frac{1}{2}DM$,所以两式相除得 $\frac{IQ}{DP} = \frac{DH'}{DM}$.

因为 $BH \perp CI$,所以

$$\angle HBC = 90° - \angle ICB = 90° - \frac{1}{2}\angle ACB$$

$$= \frac{1}{2}\angle ABC + \frac{1}{2}\angle BAC$$

$$= \angle IFD + \angle IFE = \angle EFD$$

同理,$\angle HCB = \angle FED$. 因此,$\triangle HBC \backsim \triangle DFE$.

又点 I 也是 $\triangle HBC$ 的垂心,所以 $\frac{DH'}{DM} = \frac{HI}{HD} \Rightarrow \frac{IQ}{DP} = \frac{HI}{HD}$.

又 $IQ \parallel DP$ 及 H, I, D 三点共线得 H, Q, P 三点共线.

从而知 PH 平分 EF.

性质 32 三角形垂心 H 的投影三角形的共顶点两邻边关于共顶点的高线、边均是对称的直线,它的三边分别平行于原三角形外接圆在各顶点的切线.

性质 33 设点 H 为非 Rt$\triangle ABC$ 的垂心,且点 D,E,F 分别为 H 在边 BC, CA,AB 所在直线上的射影,点 H_1,H_2,H_3 分别为 $\triangle AEF$, $\triangle BDF$, $\triangle CDE$ 的垂心,则 $\triangle DEF \cong \triangle H_1H_2H_3$.

证明 仅对锐角 $\triangle ABC$ 给出证明. 如图 10.29 所示, 联结 DH,DH_2,DH_3, EH,EH_1,EH_3,FH_1,FH_2. 依题设, 则 $HD \perp BC$ 且 $FH_2 \perp BC$, 从而 $HD /\!/ FH_2$, $HF \perp AB$ 且 $DH_2 \perp AB$, 从而 $HF /\!/ DH_2$. 故四边形 HDH_2F 为平行四边形,有 $HD \underline{\underline{/\!/}} FH_2$.

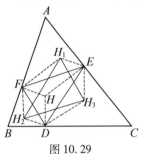

图 10.29

同理,四边形 HDH_3E 为平行四边形,有 $HD \underline{\underline{/\!/}} EH_3$.

于是 $FH_2 \underline{\underline{/\!/}} EH_3$,即四边形 EFH_2H_3 为平行四边形,故 $EF = H_2H_3$.

同理,有

$$FD = H_3H_1, DE = H_1H_2$$

故 $\triangle DEF \cong \triangle H_1H_2H_3$.

推论 3 题设条件同上,则 $\triangle H_1EF \cong \triangle DH_2H_3$, $\triangle H_2DF \cong \triangle EH_1H_3$, $\triangle H_3DE \cong \triangle FH_1H_2$.

推论 4 题设条件同上,则 $S_{\text{六边形}H_1FH_2DH_3E} = 2S_{\triangle H_1H_2H_3}$.

推论 5 题设条件同上,则 HH_1 与 EF, HH_2 与 FD, HH_3 与 DE 相互平分.

性质 34 设 $\triangle ABC$ 的三边 BC,CA,AB 的长为 a,b,c,这三边上的高线分别为 h_a,h_b,h_c,半周长为 p,用 $\sum$ 表示循环和,则①

$$\sum a(h_b + h_c - h_a) = 2\sum h_a(p-a)$$

证明 用 $S_\triangle$ 表示 $\triangle ABC$ 的面积,注意到

$$\sum \left(a \sum \frac{1}{a}\right) = \sum a \cdot \sum \frac{1}{a}, \quad \sum \left(a \sum h_a\right) = \sum a \cdot \sum h_a$$

---

① 丁遵标. 关于三角形高的几何性质[J]. 中学数学研究, 2008(5):48.

从而
$$\sum a(h_b + h_c - h_a) = \sum a\left(\sum h_a - 2h_a\right)$$
$$= \sum a \cdot \sum h_a - 2\sum a h_a$$
$$= \sum a \cdot \sum \frac{2S_\triangle}{a} - 4\sum \frac{1}{2}a h_a$$
$$= 2S_\triangle \sum a \cdot \sum \frac{1}{a} - 4 \cdot 3S_\triangle$$
$$= 2\left(\sum a \sum \frac{1}{a} - 6\right)S_\triangle \qquad ㉓$$

又因为
$$\sum h_a(p-a) = \sum \frac{2S_\triangle}{a}(p-a) = 2pS_\triangle \sum \frac{1}{a} - 2\sum S_\triangle$$
$$= \left(\sum a \cdot \sum \frac{1}{a} - 6\right)S_\triangle \qquad ㉔$$

所以
$$\sum a(h_b + h_c - h_a) = 2\sum h_a(p-a)$$

性质 35 设锐角 $\triangle ABC$ 的三条高为 AD,BE,CF,$\triangle ABC$ 和 $\triangle DEF$ 的边长为 a,b,c 和 a_0,b_0,c_0,则
$$\frac{1}{a_0} + \frac{1}{b_0} + \frac{1}{c_0} \geqslant 2\left(\frac{1}{a} + \frac{1}{b} + \frac{1}{c}\right) \qquad ㉕$$

证明 由柯西(Cauchy)不等式,我们证明比式㉕更强的结论
$$(a_0 + b_0 + c_0)\left(\frac{1}{a} + \frac{1}{b} + \frac{1}{c}\right) \leqslant \frac{9}{2} \qquad ㉖$$

设 $\triangle ABC$ 的垂心为 H,则 A,E,H,F 四点共圆,且 AH 为该圆的直径. 所以 $a_0 = EF = AH\sin A$. 而
$$AH = \frac{AF}{\cos\angle FAH} = \frac{AC\cos A}{\cos(90°-B)} = \frac{2R\sin B\cos A}{\sin B} = 2R\cos A$$

故 $a_0 = 2R\cos A\sin A = R\sin 2A$. 同理 $b_0 = R\sin 2B, c_0 = R\sin 2C$.
由正弦定理及上述结论知式㉖等价于
$$(\sin 2A + \sin 2B + \sin 2C)\left(\frac{1}{\sin A} + \frac{1}{\sin B} + \frac{1}{\sin C}\right) \leqslant 9 \qquad ㉗$$

由三角形恒等式 $\sin 2A + \sin 2B + \sin 2C = 4\sin A\sin B\sin C$ 知式㉗即为
$$\sin B\sin C + \sin C\sin A + \sin A\sin B \leqslant \frac{9}{4} \qquad ㉘$$

由 $\sin B\sin C + \sin C\sin A + \sin A\sin B \leqslant \dfrac{1}{3}(\sin A + \sin B + \sin C)^2$ 及熟知的不等式 $\sin A + \sin B + \sin C \leqslant \dfrac{3\sqrt{3}}{2}$ 知不等式㉘成立,从而不等式㉖成立,进而不等式㉕成立.

例 1 如图 10.30,已知圆 O 的直径为 AB,AG 是弦,点 C 是 $\overparen{AG}$ 的中点,$CD \perp AB$ 于点 D,交 AG 于点 E,BC 交 AG 于点 F. 求证:$AE = EF$.

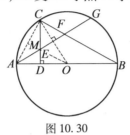

图 10.30

证明 如图 10.30,联结 OC,AC,由点 C 是 $\overparen{AG}$ 的中点,知 $OC \perp AG$. 又 $CD \perp AB$,所以点 E 为 $\triangle CAO$ 的垂心.

联结 OE 交 AC 于点 M,则 $OM \perp AC$. 又 $BC \perp AC$,所以 $OM /\!/ BC$. 又点 M 为 AC 的中点,所以 $AE = EF$.

例 2 如图 10.31,已知点 H 为 $\triangle ABC$ 的垂心,点 D,E,F 分别为 BC,CA,AB 的中点,一个以 H 为圆心的圆交 DE 于点 P,Q,交直线 EF 于点 R,S,交直线 DF 于点 T,U. 证明:$CP = CQ = AR = AS = BT = BU$.

图 10.31

证明 设 AL,BM,CN 为 $\triangle ABC$ 的三条高线,AL 交中位线 EF 于点 K,则点 K 为 AL 的中点,且 AK 垂直平分 SR,故 $AS = AR$.

同理
$$BT = BU, CP = CQ$$

下面证明 $AR = BT = CP$. 设圆 H 的半径为 r,则
$$AR^2 = AK^2 + KR^2 = AK^2 + r^2 - HK^2$$

$$= r^2 + AH(AK - HK) = r^2 + AH \cdot HL$$

同理 $\qquad BT^2 = r^2 + BH \cdot HM, CP^2 = r^2 + CH \cdot HN$

而 $\qquad AH \cdot HL = BH \cdot HM = CH \cdot HN$

故 $AR = BT = CP$,所以

$$CP = CQ = AR = AS = BT = BU$$

思 考 题

1. 已知锐角 $\triangle ABC$,以 $\sin A, \sin B, \sin C$ 为三边作一 $\triangle A'B'C'$,以点 A', B', C' 为圆心,分别以 $\cos A, \cos B, \cos C$ 为半径画圆,则三圆必交于一点 H,且 H 正好是 $\triangle A'B'C'$ 的垂心.

2. (2009 年奥地利数学奥林匹克竞赛题) 设点 D, E, F 分别是 $\triangle ABC$ 三边 BC, CA, AB 的中点,点 H_a, H_b, H_c 是 $\triangle ABC$ 三边上的垂足,且点 P, Q, R 分别是 $\triangle H_a H_b H_c$ 三边 $H_b H_c, H_c H_a, H_a H_b$ 的中点. 证明:直线 PD, QE, RF 三线共点.

3. 设锐角 $\triangle ABC$ 的三条高为 AD, BE, CF,垂心为 H, a, b, c 分别为三内角 A, B, C 的对边,求证: $AD \cdot AH + BE \cdot BH + CF \cdot CH = \dfrac{1}{2}(a^2 + b^2 + c^2)$.

4. 设 AD, BE, CF 为 $\triangle ABC$ 的三条高,点 D, E, F 分别为垂足. 自点 A, B, C 分别作 $AK \perp EF$ 于点 K,作 $BL \perp FD$ 于点 L,作 $CN \perp DE$ 于点 N. 证明:直线 AK, BL, CN 交于一点.

5. 设点 H 为 $\triangle ABC$ 的垂心,点 P 是三角形所在平面内任一点. 由 H 向 PA, PB, PC 引垂线 HL, HM, HN 与 BC, CA, AB 的延长线交于点 X, Y, Z. 证明: X, Y, Z 三点共线.

6. 设四边形 $A_1 A_2 A_3 A_4$ 为圆 O 的内接四边形,点 H_1, H_2, H_3, H_4 依次为 $\triangle A_2 A_3 A_4, \triangle A_3 A_4 A_1, \triangle A_4 A_1 A_2, \triangle A_1 A_2 A_3$ 的垂心. 求证: H_1, H_2, H_3, H_4 四点共圆,并确定出该圆的圆心位置.

思考题 参考解答

1. 由正弦定理 $\dfrac{a}{\sin A} = \dfrac{b}{\sin B} = \dfrac{c}{\sin C}$,可知 $\triangle A'B'C' \backsim \triangle ABC$,且 $\angle A' = \angle A$, $\angle B' = \angle B, \angle C' = \angle C$.

如图 10.32,在 $\triangle A'B'C'$ 中, $A'B' = \sin C, B'C' = \sin A, C'A' = \sin B$,点 H 是 $\triangle A'B'C'$ 的垂心. 则

$$\frac{A'H}{\cos A} = \frac{A'H}{\cos A'} = \frac{A'H}{\sin\left(\frac{\pi}{2} - A'\right)}$$

$$= \frac{A'H}{\sin\angle A'B'H} = \frac{A'B'}{\sin\angle A'HB'}$$

$$= \frac{A'B'}{\sin(\pi - C)}$$

$$= \frac{A'B'}{\sin C'} = \frac{\sin C}{\sin C'} = 1$$

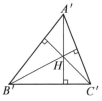

图 10.32

由三角形垂心的唯一性及三圆公共点的唯一性可知,问题得证.

2. 如图 10.33,由于 $\angle BH_aA = \angle BH_bA = 90°$,故点 H_a, H_b 在以 AB 为直径的圆上.

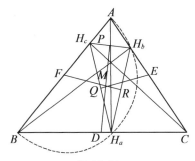

图 10.33

因为点 F, R 分别是 AB, H_aH_b 的中点,所以 RF 是 H_aH_b 的中垂线.

同理,QE, PD 分别是 H_cH_a, H_bH_c 的中垂线.

因此,直线 PD, QE, RF 必交于一点,这一点即为 $\triangle H_aH_bH_c$ 的外接圆圆心.

注:如果垂足不在三角形内,结论也仍然成立.

3. 如图 10.34,在 $\mathrm{Rt}\triangle ABD$ 中,$AD = c \cdot \sin B$. 而由定理又有 $AH = 2R\cos A$.

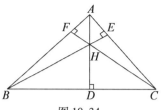

图 10.34

由正弦定理又知 $2R\sin B = b$，所以

$$AD \cdot AH = c \cdot \sin B \cdot 2R\cos A = bc\cos A$$
$$BE \cdot BH = ac\cos B, CF \cdot CH = ab\cos C$$

因此

$$AD \cdot AH + BE \cdot BH + CF \cdot CH$$
$$= bc\cos A + ac\cos B + ab\cos C$$
$$= \frac{1}{2}(a^2 + b^2 - c^2) + \frac{1}{2}(a^2 + c^2 - b^2) + \frac{1}{2}(b^2 + c^2 - a^2)$$
$$= \frac{1}{2}(a^2 + b^2 + c^2)$$

4. 如图 10.35，设 $\triangle ABC$ 的垂心为 H，由 $AK \perp EF, CF \perp AB$，知 $\angle FAK = \angle EFH$. 注意到 A, F, H, E 四点共圆，知 $\angle FAK = \angle EAH$. 设点 O 为 $\triangle ABC$ 的外心，注意到性质 10(5)，有 $\angle FAO = \angle EAH$，知 AO 与 AK 重合. 同理，BL 与 BO 重合，CN 与 CO 重合，故 AK, BL, CN 三线共点于 $\triangle ABC$ 的外心 O.

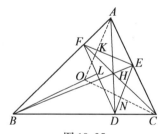

图 10.35

注：此题的背景是 $AO \perp EF, BO \perp DF, CO \perp DE$，其中点 O 为外心. 这可作圆的切线 AT, BK, CL 即证.

5. 如图 10.36，设三条高线的垂足为 D, E, F，则 $HA \cdot HD = HB \cdot HE = HC \cdot HF$. 又 A, D, L, X 四点共圆，所以 $HL \cdot HX = HA \cdot HD$.

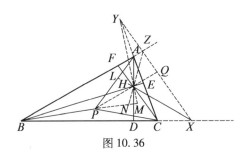

图 10.36

同理
$$HM \cdot HY = HB \cdot HE, HN \cdot HZ = HC \cdot HF$$

于是
$$HM \cdot HY = HN \cdot HZ = HL \cdot HX$$

如图 10.36,联结 PH 并延长,在其上取点 Q,使 $HP \cdot HQ = HA \cdot HD$,则 X, Q, L, P 四点共圆,从而 $\angle PQX = \angle PLX = 90°$,即 $XQ \perp PQ$. 同理,$YQ \perp PQ$,$ZQ \perp PQ$,即 $XY \perp PQ$,$XZ \perp PQ$. 故 X, Z, Y 三点共线.

6. 证法 1 如图 10.37,联结 A_2H_1, A_1H_2, H_1H_2, 设圆 O 的半径为 R. 在 $\triangle A_2A_3A_4$ 中,注意到性质 10(2),有 $\dfrac{A_2H_1}{\sin\angle A_2A_3H_1} = 2R$,故 $A_2H_1 = 2R \cdot \cos\angle A_3A_2A_4$(也可直接由性质 9 即得此式).

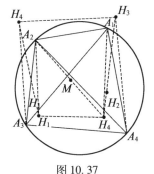

图 10.37

在 $\triangle A_1A_3A_4$ 中,同理求得
$$A_1H_2 = 2R \cdot \cos\angle A_3A_1A_4$$

由 $\angle A_3A_2A_4 = \angle A_3A_1A_4$,故 $A_2H_1 = A_1H_2$.

又 $A_2H_1 \perp A_3A_4$,$A_1H_2 \perp A_3A_4$,所以 $A_2H_1 \underline{\underline{\parallel}} A_1H_2$,故 $H_1H_2 \underline{\underline{\parallel}} A_2A_1$.

设 H_1A_1 与 H_2A_2 的交点为点 M,则 H_1H_2 与 A_1A_2 关于点 M 成中心对称.

同理,H_2H_3 与 A_2A_3,H_3H_4 与 A_3A_4,H_4H_1 与 A_4A_1 都关于点 M 成中心对称. 故四边形 $H_1H_2H_3H_4$ 与四边形 $A_1A_2A_3A_4$ 关于点 M 成中心对称,两者是全等形.

从而 H_1, H_2, H_3, H_4 在同一个圆上. 设此圆圆心为 Q, 则 Q 与 O 也关于点 M 成中心对称. 由 O, M 两点则可确定点 Q 的位置.

证法 2 由性质 9, 得
$$A_1H_4 = 2R \cdot |\cos \angle A_2A_1A_3|$$
$$A_4H_1 = 2R \cdot |\cos \angle A_2A_4A_3|$$
而 $\angle A_2A_1A_3 = \angle A_2A_4A_3$, 从而 $A_1H_4 = A_4H_1$.

又 $A_1H_4 /\!/ A_4H_1$, 知四边形 $A_1H_4H_1A_4$ 为平行四边形, 故 $A_1A_4 \underline{\underline{/\!/}} H_4H_1$.

同理
$$A_1A_2 \underline{\underline{/\!/}} H_2H_1, A_3A_4 \underline{\underline{/\!/}} H_4H_3, A_2A_3 \underline{\underline{/\!/}} H_3H_2$$
于是, 四边形 $A_1A_2A_3A_4 \cong$ 四边形 $H_1H_2H_3H_4$.

由于四边形 $A_1A_2A_3A_4$ 有外接圆圆 O, 所以 H_1, H_2, H_3, H_4 四点共圆. 显然四边形 $A_1A_2A_3A_4$ 与四边形 $H_1H_2H_3H_4$ 位似, 位似中心为 A_1H_1 与 A_4H_4 的交点 O'. 故过四边形 $H_1H_2H_3H_4$ 的圆 O'' 的圆心 O'' 与 O 必关于 O' 对称, 从而 O'' 在 OO' 的延长线上且 $OO' = O'O''$.

附: 性质 23 及推论与应用

性质 23 三角形两边之积等于第三边上的高与外接圆的直径之积.

推论 1 圆内接两个三角形两边之积的比等于这两个三角形第三边上的高之比.

简证 **情形 1** 如图 10.38, $\triangle ABC$ 与 $\triangle ABD$ 的公共边为 AB, CE, DF 为 AB 边上的高, 设圆 O 的直径为 d. 由性质 1, 可得
$$\frac{AC \cdot BC}{AD \cdot BD} = \frac{CE \cdot d}{DF \cdot d} = \frac{CE}{DF}$$

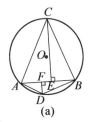
(a)

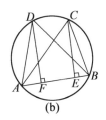
(b)

图 10.38

情形 2 如图 10.39, $\triangle ABC$ 与 $\triangle A_1B_1C_1$ 没有公共边. CE, C_1E_1 分别为边 AB, A_1B_1 上的高, 圆 O 的直径为 d, 仍然有
$$\frac{AC \cdot BC}{A_1C_1 \cdot B_1C_1} = \frac{CE \cdot d}{C_1E_1 \cdot d} = \frac{CE}{C_1E_1}$$

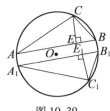

图 10.39

由推论 1,可得:

推论 2 圆内接两个三角形面积之比等于这两个三角形边之积的比.

这三个结论在平面几何证明题中的应用较为广泛,并且可使证题方法巧妙、简洁.

例 1 如图 10.40,在线段 AB 上有一点 B',以 AB,AB' 为直径分别作两个半圆. $MM'\perp AB$,$NN'\perp AB$,点 M,M',N,N' 分别在两个半圆上. 证明: $\triangle AMM'$ 的外接圆与 $\triangle ANN'$ 的外接圆是两个等圆.

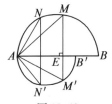

图 10.40

证明 如图 10.40,设 $\triangle AMM'$,$\triangle ANN'$ 的外接圆半径分别为 r_1,r_2,设 $MM'\perp AB$ 于点 E.

根据性质 23,有

$$AM \cdot AM' = AE \cdot 2r_1 \qquad ①$$

易证

$$AM^2 = AE \cdot AB, \quad AM'^2 = AE \cdot AB'$$

故

$$(AM \cdot AM')^2 = AE^2 \cdot AB \cdot AB' \qquad ②$$

将式①代入式②得

$$(AE \cdot 2r_1)^2 = AE^2 \cdot AB \cdot AB'$$

所以

$$r_1 = \frac{1}{2}\sqrt{AB \cdot AB'}$$

同理

$$r_2 = \frac{1}{2}\sqrt{AB \cdot AB'}$$

因此,$r_1 = r_2$,即 $\triangle AMM'$ 的外接圆与 $\triangle ANN'$ 的外接圆是两个等圆.

例 2 设 $\triangle ABC$ 的 3 边分别为 a,b,c，其垂心 H 至 A,B,C 这 3 个顶点的距离分别为 x,y,z. 求证：$\dfrac{a}{x}+\dfrac{b}{y}+\dfrac{c}{z}=\dfrac{abc}{xyz}$.

证明 如图 10.41，设 $\triangle ABC$ 的外接圆的直径为 $2R$，设 $\triangle BHC$，$\triangle CHA$，$\triangle AHB$ 的外接圆的直径分别为 $2R_1,2R_2,2R_3$. 因为
$$a=2R_1\sin\angle BHC=2R_1\sin A=2R\sin A$$
所以 $R_1=R$. 同理
$$R_1=R_2=R_3=R$$

由性质 23，得
$$HB\cdot HC=2R\cdot HD$$
即
$$yz=2R\cdot HD$$

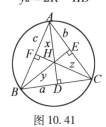

图 10.41

同理可得
$$zx=2R\cdot HE,\ xy=2R\cdot HF$$
则
$$\frac{a}{x}+\frac{b}{y}+\frac{c}{z}=\frac{ayz+bzx+cxy}{xyz}$$
$$=\frac{2R(a\cdot HD+b\cdot HE+c\cdot HF)}{xyz}$$
$$=\frac{4R\cdot\dfrac{abc}{4R}}{xyz}=\frac{abc}{xyz}$$

例 3 已知 $\triangle ABC$ 内接于圆 O，点 P 在 $\overparen{BC}$ 上，且 $PX\perp BC$，$PY\perp AC$，$PZ\perp AB$，X,Y,Z 是三个垂足. 求证：$\dfrac{BC}{PX}=\dfrac{CA}{PY}+\dfrac{AB}{PZ}$.

证明 如图 10.42，联结 PA,PB,PC，设圆 O 的半径为 R.

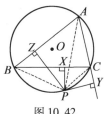

图 10.42

由性质 23 得
$$PB \cdot PC = 2R \cdot PX, PC \cdot PA = 2R \cdot PY, PA \cdot PB = 2R \cdot PZ$$

故
$$PX = \frac{PB \cdot PC}{2R}, PY = \frac{PC \cdot PA}{2R}, PZ = \frac{PA \cdot PB}{2R}$$

于是,本题转化为证明
$$\frac{2R \cdot BC}{PB \cdot PC} = \frac{2R \cdot CA}{PC \cdot PA} + \frac{2R \cdot AB}{PA \cdot PB}$$

或
$$\frac{2R \cdot BC \cdot PA}{PA \cdot PB \cdot PC} = \frac{2R \cdot CA \cdot PB}{PA \cdot PB \cdot PC} + \frac{2R \cdot AB \cdot PC}{PA \cdot PB \cdot PC}$$

再利用托勒密定理易得
$$BC \cdot PA = CA \cdot PB + AB \cdot PC$$

从而,证明了例 3 的结论.

注:利用上述性质将题目的结论加以转化,是解决此题的关键.

例 4 已知点 I 为 $\triangle ABC$ 的内心,射线 AI, BI, CI 分别交 $\triangle ABC$ 的外接圆圆 O 于点 A', B', C'. 求证:

(1) $\dfrac{IB \cdot IC}{IA'} = \dfrac{IC \cdot IA}{IB'} = \dfrac{IA \cdot IB}{IC'}$;

(2) $\dfrac{IB' \cdot IC'}{IA} = \dfrac{IC' \cdot IA'}{IB} = \dfrac{IA' \cdot IB'}{IC}$.

证明 如图 10.43,联结 $A'B, A'C, B'C', AB', AC'$,作 $ID \perp BC$ 于点 D, AI 交 $B'C'$ 于点 K.

设 $\triangle ABC$ 的外接圆、内切圆半径分别为 R, r,则 $ID = r$.

由三角形内心性质,知
$$A'B = A'C = A'I$$

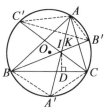

图 10.43

故 IA' 是 $\triangle IBC$ 的外接圆半径.

(1) 由性质 23, 知
$$IB \cdot IC = 2IA \cdot ID'$$
所以
$$\frac{IB \cdot IC}{IA'} = 2ID = 2r$$
同理
$$\frac{IC \cdot IA}{IB'} = 2r, \frac{IA \cdot IB}{IC'} = 2r$$
故
$$\frac{IB \cdot IC}{IA'} = \frac{IC \cdot IA}{IB'} = \frac{IA \cdot IB}{IC'} = 2r$$

(2) 易证 $\triangle IB'C' \cong \triangle AB'C'$. 从而
$$IB' = AB', IC' = AC', IA \perp B'C', AK = IK = \frac{1}{2}IA$$

因为 $\triangle AB'C'$ 内接于圆 O, 所以, $AB' \cdot AC' = 2R \cdot AK$. 即
$$IB' \cdot IC' = \frac{1}{2} \cdot 2R \cdot IA = R \cdot IA$$

从而
$$\frac{IB' \cdot IC'}{IA} = R$$
同理
$$\frac{IC' \cdot IA'}{IB} = R, \frac{IA' \cdot IB'}{IC} = R$$
故
$$\frac{IB' \cdot IC'}{IA} = \frac{IC' \cdot IA'}{IB} = \frac{IA' \cdot IB'}{IC}$$

顺便指出, 在 $\triangle ABC$ 中, $R \geq 2r$. 观察上述证明, 立得 $\frac{IB' \cdot IC'}{IA} \geq \frac{IB \cdot IC}{IA'}$. 从而

得到关于三角形内心的一个几何不等式
$$IA \cdot IB \cdot IC \leqslant IA' \cdot IB' \cdot IC'$$

例5 如图 10.44,设点 P 是圆内接四边形 $ABCD$ 的对角线 AC 与 BD 的交点,求证:$\dfrac{AB \cdot BC}{AD \cdot CD} = \dfrac{BP}{PD}$.

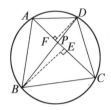

图 10.44

证明 如图 10.44,过点 B,D 分别作 $\triangle ABC$ 与 $\triangle ACD$ 的边 AC 上的高 BE, DF,由推论 1 得

$$\dfrac{AB \cdot BC}{AD \cdot CD} = \dfrac{BE}{DF}$$

又因为 $\triangle BEP \backsim \triangle DFP$,所以 $\dfrac{BE}{DF} = \dfrac{BP}{PD}$. 故 $\dfrac{AB \cdot BC}{AD \cdot CD} = \dfrac{BP}{PD}$.

例6 如图 10.44,已知四边形 $ABCD$ 内接于圆,AC,BD 为对角线. 求证
$$\dfrac{AC}{BD} = \dfrac{AB \cdot AD + CB \cdot CD}{AB \cdot BC + DA \cdot DC}$$

证明 由例 5 的结论,可得 $\dfrac{AB \cdot AD}{BC \cdot CD} = \dfrac{AP}{PC}$,及合比定理得

$$\dfrac{AB \cdot AD + BC \cdot CD}{BC \cdot CD} = \dfrac{AP + PC}{PC} = \dfrac{AC}{PC} \qquad ①$$

同理可得

$$\dfrac{AD \cdot DC + AB \cdot BC}{AB \cdot BC} = \dfrac{PD + PB}{PB} = \dfrac{BD}{PB} \qquad ②$$

由 ①÷②,得

$$\dfrac{AB \cdot AD + BC \cdot CD}{AD \cdot DC + AB \cdot BC} \cdot \dfrac{AB \cdot BC}{BC \cdot CD} = \dfrac{AC \cdot PB}{BD \cdot PC}$$

而

$$\dfrac{AB}{CD} = \dfrac{BP}{PC}$$

故

$$\dfrac{AC}{BD} = \dfrac{AB \cdot AD + BC \cdot CD}{AD \cdot DC + AB \cdot BC}$$

例7 如图 10.45,设圆内接正三角形为 $\triangle ABC$,点 P 在 $\overparen{BC}$ 上,AP 交 BC 于

点 D. 求证: $\dfrac{1}{BP}+\dfrac{1}{CP}=\dfrac{1}{PD}$.

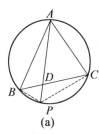

图 10.45

证明 由 $\triangle ABC$ 是正三角形,结合推论 2 得

$$\dfrac{S_{\triangle PBC}}{S_{\triangle ABC}}=\dfrac{PB\cdot PC\cdot BC}{AB\cdot AC\cdot BC}=\dfrac{PB\cdot PC}{BC^2}$$

$$=\dfrac{\dfrac{1}{2}BP\cdot PD\sin 60°+\dfrac{1}{2}PC\cdot PD\sin 60°}{\dfrac{1}{2}BC^2\sin 60°}$$

$$=\dfrac{BP\cdot PD+PC\cdot PD}{BC^2}$$

整理得

$$PB\cdot PC=BP\cdot PD+PC\cdot PD$$

故

$$\dfrac{1}{PD}=\dfrac{1}{PC}+\dfrac{1}{PB}$$

例 8 如图 10.46,点 P 为 $\triangle ABC$ 外接圆外一点,直线 PA,PB,PC 与外接圆交于点 D,E,F. 求证: $\dfrac{S_{\triangle DEF}}{S_{\triangle ABC}}=\dfrac{PD\cdot PE\cdot PF}{PA\cdot PB\cdot PC}$.

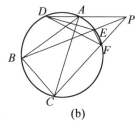

图 10.46

证明 由推论 2,得

$$\dfrac{S_{\triangle DEF}}{S_{\triangle ABC}}=\dfrac{DE\cdot DF\cdot EF}{AB\cdot AC\cdot BC}$$

又因为 $\triangle PEF \backsim \triangle PCB$,所以

$$EF = BC \cdot \frac{PE}{PC}$$

同理

$$DE = AB \cdot \frac{PD}{PB}, DF = AC \cdot \frac{PF}{PA}$$

从而

$$\frac{S_{\triangle DEF}}{S_{\triangle ABC}} = \frac{AB \cdot \frac{PD}{PB} \cdot AC \cdot \frac{PF}{PA} \cdot BC \cdot \frac{PE}{PC}}{AB \cdot AC \cdot BC}$$

$$= \frac{PD \cdot PE \cdot PF}{PA \cdot PB \cdot PC}$$

第11章　三角形中的其他特殊点

定义1　设点 P,Q 是 $\triangle ABC$ 周界上的两点,如果这两点将三角形周界分为相等的两部分,则称线段 PQ 为 $\triangle ABC$ 的一条分周线.

(1)在 $\triangle ABC$ 中过顶点的分周线 AD,BE,CF 交于一点 K,称 K 为第一界心;

(2)在 $\triangle ABC$ 中过各边中点的分周线交于一点 J,称 J 为第二界心.

定义2　$\triangle ABC$ 内切圆切三边于点 D,E,F,或其中有一个旁切圆切点,则 AD,BE,CF 交于一点 M,这一点称为热尔岗(Gergonne)点. 这样的点有 4 个. $\triangle ABC$ 的三个旁切圆分别切三边于点 P,Q,R,则 AP,BQ,CR 交于一点 N,这一点称为纳格尔(Nagel)点.

定义3　设点 M,N,L 分别为 $\triangle ABC$ 三边 BC,CA,AB 的中点,称 $\triangle MNL$ 的内切圆为斯俾克(Spieker)圆,圆心 S 为 $\triangle ABC$ 内心 I 与 N 的中点.

定义4　设点 P 为 $\triangle ABC$ 所在平面内一点,使 $PA+PB+PC$ 达到最小的点称为费马(Fermat)点. 当 $\triangle ABC$ 有顶角为 $120°$ 时,该点即为 $\triangle ABC$ 的费马点;各内角均小于 $120°$ 的 $\triangle ABC$ 内的点 P 满足 $\angle BPC = \angle CPA = \angle APB = 120°$ 时,点 P 为 $\triangle ABC$ 的费马点.

定义5　设点 P 是 $\triangle ABC$ 内一点,若 $\angle PAB = \angle PBC = \angle PCA = \omega$,则点 P 称为第一类布洛卡点或正布洛卡点;设点 Q 是 $\triangle ABC$ 内一点,若 $\angle QBA = \angle QCB = \angle QAC = \omega$,则称点 Q 为第二类布洛卡点或负布洛卡点,ω 称为布洛卡角.

定义6　过 $\triangle ABC$ 的三个顶点 A,B,C 依次作 CA,AB,BC 的垂线,分别交于点 A_1,B_1,C_1,则称 $\triangle A_1B_1C_1$ 为布洛卡三角形.

定义7　如图 11.1,以布洛卡 $\triangle A_1B_1C_1$ 三边上的线段 AA_1,BB_1,CC_1 的中点 O_1,O_2,O_3 构成的 $\triangle O_1O_2O_3$ 称为布洛卡圆心三角形.

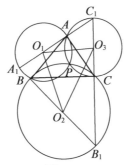

图 11.1

下面简单介绍这些特殊点的关系.

性质 1 △ABC 的热尔岗点和纳格尔点为一对等距共轭点(由 △ABC 的内切圆与旁切圆切点性质即得).

性质 2 △ABC 中的第一界心 K,即为纳格尔点 N.

事实上,如图 11.2 所示,在 △ABC 中,若点 P,Q,R 分别是边 BC,CA,AB 上旁切圆的切点. 显然,AP,BQ,CR 是分周线. 故交点——纳格尔点即是第一界心.

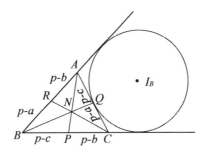

图 11.2

性质 3 △ABC 的第二界心 J,即为斯俾克圆的圆心 S.

事实上,如图 11.3 所示,在 △ABC 中,设点 M,N,L 分别为边 BC,CA,AB 的中点,其内切圆圆心为点 S.

由于第一界心 K 是 △ABC 的内心 I 和第二界心 J 的中点,由斯俾克圆的定义即知 S 即为 J.

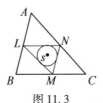

图 11.3

性质 4 设 AD,BE,CF 分别为 $\triangle ABC$ 的分周线,r,R 分别为 $\triangle ABC$ 的内切圆半径、外接圆半径,则
$$S_{\triangle ABC}:S_{\triangle DEF}=r:2R$$

性质 5 $\triangle ABC$ 的重心 G、内心 I 和纳格尔点 N 三点共线,且 $GN=2IG$.

性质 6 $\triangle ABC$ 的第一界心 K,第二界心 J,重心 G,内心 I 四点共线,且 $JK:KG:GI=3:1:2$.

性质 7 任一三角形的第二界心,是其中点三角形的内心,是其中点三角形的中点三角形的第一界心.

性质 8 设 D_J,D_K,D_G 分别是点 J,K,G 到三边距离的和,则 $D_J \geqslant D_K,D_K \geqslant D_G,D_J+3D_G=4D_K$.

性质 9 (1)过三角形任一顶点的周界中线平行于内心与对边中点的连线;

(2)三角形的任一顶点到第一界心的距离与其对边上的周界中线的长之比等于其对边长与半周长之比;

(3)过三角形的第一界心,但不过三角形顶点的任一直线,都不可能把三角形的周界截割为两条等长的折线.

证明 设点 K_1,K_2,K_3 分别是 $\triangle ABC$ 的边 BC,CA,AB 的周界中点,点 K 为界心.

(1)设内心为点 I,点 M 为 BC 的中点,AI 延长交 BC 于点 E,则
$$BE=\frac{ac}{b+c},ME=|MC-EC|=\frac{a|c-b|}{2(b+c)},MK_1=\frac{|c-b|}{2}$$

由
$$\frac{ME}{MK_1}=\frac{a}{b+c}=\frac{IE}{IA}$$

有 $AK_1 /\!/ IM$.

(2)由
$$\frac{AK}{KK_1}\cdot\frac{p-b}{a}\cdot\frac{p-a}{p-b}=\frac{AK}{KK_1}\cdot\frac{K_1C}{CB}\cdot\frac{BK_2}{K_2A}=1$$

即得 $\frac{AK}{AK_1}=\frac{a}{p}$(其中,$p=\frac{1}{2}(a+b+c)$,余下类似证明),或作 $K_1T /\!/ AC$ 交 BK_2 于点 T,由 $\triangle BK_1T \backsim \triangle BCK$,$\triangle K_1KT \backsim \triangle AKK_2$ 即证;

(3)用反证法,并注意用梅涅劳斯定理即证.

性质 10 设点 O,G,H,I,K 分别为 $\triangle ABC$ 的外心、重心、垂心、内心、界心,则:

(1)K,G,I 三点共线,且 $KG=2GI$;

(2) I,O,K,H 四点组成梯形($IO \parallel HK$),且点 G 为此梯形对角线的交点;等腰三角形此"五心"共线,等边三角形此"五心"共点;

(3) 设点 M 为 BC 的中点,则 $AK = 2IM$;

(4) $KO = R - 2r$;

(5) $KI_A = [4r^2 + \frac{1}{r^2}(p-b)^2(p-c)^2 + (p-a)^2]^{\frac{1}{2}}$(点 I_A 为旁心);

(6) $\triangle ABC$ 的旁心三角形的外心 O' 及 I,H,K 组成平行四边形的顶点;

(7) 设 $A(x_1,y_1), B(x_2,y_2), C(x_3,y_3)$,令 $p = \frac{1}{2}(a+b+c)$,则点 K 的坐标为

$$\left(\frac{1}{p}[(p-a)x_1 + (p-b)x_2 + (p-c)x_3], \frac{1}{p}[(p-a)y_1 + (p-b)y_2 + (p-c)y_3]\right)$$

证明 (1) 所设与性质 9 中的证明相同,联结 IK 交 AM 于点 G',由性质 9 (1) 及 (2) 有 $IM \parallel AK_1$,即 $\frac{IM}{AK_1} = \frac{EI}{EA} = \frac{a}{a+b+c} = \frac{a}{2p}$ 及 $\frac{AK}{AK_1} = \frac{a}{p}$,从而 $\frac{AG'}{G'M} = \frac{AK}{IM} = 2$,即点 G' 与 G 重合. 由此即证;

(2) 由 (1) 即证;

(3) 延长 AI 到点 N,使 $IN = AI$,取 AC 的中点 F,则 $IF \parallel NC$. 又 $BK \parallel IF \parallel NC$,同理 $KC \parallel BN$,即四边形 $BNCK$ 为平行四边形. 由 K,M,N 三点共线,有 $AK = 2IM$;

(4) 联结 AO 交 BC 于点 D,交外接圆于点 P,周界中线 AK_1 交外接圆于 Q,则

$$\cos\angle PAQ = \frac{AQ}{AP} = \frac{AK_1 + K_1Q}{2R}$$

$$AK_1 \cdot K_1Q = BK_1 \cdot K_1C = (p-c)(p-b)$$

在 $\triangle AKO$ 中,用余弦定理即可证得结论;

(5) 设 $p = \frac{1}{2}(a+b+c), AK_1 = m, AI = \sqrt{\frac{bc(p-a)}{p}} = l$,在 $\triangle AK_1I_A$ 和 $\triangle AKI_A$ 中,由

$$\frac{(\frac{a}{p}m)^2 + (\frac{pl}{p-a})^2 - JI_A^2}{2 \cdot \frac{am}{p} \cdot \frac{pl}{p-a}} = \frac{m^2 + (\frac{pl}{p-a})^2 - (\frac{rp}{p-a})^2}{2m \cdot \frac{pl}{p-a}}$$

可解得 JI_A.

(6) 由内心的性质知,$\triangle ABC$ 的内心 I 关于 O 的对称点为旁心三角形的外心 O',再由 (2) 得 $O'I \underline{\underline{\parallel}} HK$ 即证;

(7)建立平面直角坐标系 xOy,注意 $BK_1 = p-c, K_1C = p-b$ 及定比分点的坐标公式,有 $K_1(\frac{p-b}{a}x_2 + \frac{p-c}{a}x_3, \frac{p-b}{a}y_2 + \frac{p-c}{a}y_3)$,再由性质 9(2)即证.

性质 11 在 $\triangle ABC$ 中,$BC = a, CA = b, AB = c$,边 BC 上的周界中线 AK_1 的长为 n_A(同样有另两式)

$$n_A = \sqrt{p^2 - \frac{4p}{a}(p-b)(p-c)}$$

其中,$p = \frac{1}{2}(a+b+c)$.

证明 在 $\triangle ABC$ 中,有

$$\cos B = \frac{(a+c)^2 - b^2 - 2ac}{2ac} = \frac{2p(p-b)}{ac} - 1$$

又在 $\triangle ABK_1$ 中,用余弦定理,有

$$n_A^2 = AK_1^2 = c^2 + (p-c)^2 - 2c(p-c)\cos B$$
$$= p^2 - \frac{4p}{a}(p-b)(p-c)$$

即可证.

性质 12 若点 F 是 $\triangle ABC$ 的费马点,且 $\max\{A,B,C\} < 120°$,设 $FA = x, FB = y, FC = z$,则

$$x = \frac{b^2 + c^2 - 2a^2 + k^2}{3k}, y = \frac{a^2 + c^2 - 2b^2 + k^2}{3k}, z = \frac{a^2 + b^2 - 2c^2 + k^2}{3k}$$

其中,$k^2 = \frac{1}{2}(a^2 + b^2 + c^2) + 2\sqrt{3}S_\triangle$.

证明 由题知点 F 在 $\triangle ABC$ 的内部,且 $\angle BFC = \angle CFA = \angle AFB = 120°$. 由

$$a^2 = y^2 + z^2 - 2yz \cdot \cos 120°$$
$$y^2 + z^2 + yz = a^2$$

同理 $\qquad x^2 + z^2 + xz = b^2, x^2 + y^2 + xy = c^2$

又 $\qquad S_{\triangle BFC} = \frac{1}{2}yz \cdot \sin 120° = \frac{\sqrt{3}}{4}yz, S_{\triangle BFA} = \frac{\sqrt{3}}{4}yx, S_{\triangle AFC} = \frac{\sqrt{3}}{4}xz$

所以 $\qquad S_{\triangle ABC} = \frac{\sqrt{3}}{4}(yz + xz + xy)$

于是 $\qquad (x+y+z)^2 = \frac{1}{2}(a^2+b^2+c^2) + 2\sqrt{3}S_\triangle = k^2$

再解 $x+y+z = k, y^2 + z^2 + yz = a^2$ 等三式组成的方程组即得结论.

推论 1 $x:y:z = \dfrac{\sin(A+60°)}{\sin A} : \dfrac{\sin(B+60°)}{\sin B} : \dfrac{\sin(C+60°)}{\sin C}.$

证明提示 运用 $x = \dfrac{3(b^2+c^2-a^2)+4\sqrt{3}S_\triangle}{6k} = \dfrac{2\sqrt{3}bc\cdot\sin(A+60°)}{3k}$ 等三式即得.

推论 2 $\dfrac{1}{x}:\dfrac{1}{y}:\dfrac{1}{z} = S_{\triangle BFC}:S_{\triangle CFA}:S_{\triangle AFB}.$

推论 3 $\dfrac{a}{x}+\dfrac{b}{y}+\dfrac{c}{z} \geqslant \dfrac{6\sqrt{3}r}{R}.$

证明提示 运用均值不等式及 $3(a^2+b^2+c^2) \geqslant (a+b+c)^2, x+y+z \leqslant a^2+b^2+c^2 \leqslant 9R^2, abc = 4R\cdot S_\triangle = 4Rrp, R \geqslant 2r, p \geqslant 3\sqrt{3}r, S_\triangle \leqslant \dfrac{1}{3\sqrt{3}}p^2, \sqrt[3]{abc} \geqslant \sqrt{2^3\cdot 2^{\frac{3}{2}}\cdot r_3}$ 即证.

性质 13 设点 P 为 $\triangle ABC$ 内一点,则 $\angle PAB = \angle PBC = \angle PCA = \omega$(即 ω 为布洛卡角)的充要条件为 $\cot\alpha = \cot A + \cot B + \cot C.$

证明 如图 11.4,设 $\triangle ABC$ 的三边长及面积分别为 a,b,c 和 $S_\triangle$,设 $PA = x, PB = y, PC = z.$

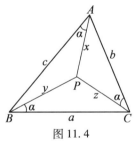

图 11.4

由余弦定理及面积公式,得
$$a^2 = b^2+c^2-4S_\triangle\cot A, b^2 = c^2+a^2-4S_\triangle\cot B, c^2 = a^2+b^2-4\triangle\cot C$$
将此三式相加即得
$$a^2+b^2+c^2 = 4S_\triangle(\cot A+\cot B+\cot C) \qquad ①$$

必要性:当 ω 为布洛卡角时,由余弦定理知
$$x^2 = z^2+b^2-2bz\cos\omega \qquad ②$$
$$y^2 = x^2+c^2-2cx\cos\omega \qquad ③$$
$$z^2 = y^2+a^2-2ay\cos\omega \qquad ④$$

由②+③+④得

$$a^2 + b^2 + c^2 = (2cx + 2ay + 2bz)\cos\omega = 4S_\triangle \cot\omega$$

由式①,知
$$\cot\alpha = \cot A + \cot B + \cot C$$

充分性:先证 $\omega < \min\{A, B, C\}$,不妨设 $\min\{A, B, C\} = A$,即证 $\omega < A$,因 $\cot B\cot C = \sin A\csc B\csc C > 0$,所以
$$\cot\omega = \cot A + \cot B + \cot C > \cot A$$

故 $\omega < A$.

在 $\triangle ABC$ 中取点 P,使 $\angle APB = \angle PBC = \omega$,令 $\angle PCA = \omega_0$,现证 $\omega_0 = \omega$:设 $\triangle PAB$,$\triangle PBC$,$\triangle PCA$ 的面积分别为 $S_{\triangle 1}, S_{\triangle 2}, S_{\triangle 3}$,由
$$x^2 = z^2 + b^2 - 2bz\cos\omega_0 \qquad ⑤$$

及③④,将③+④+⑤得
$$a^2 + b^2 + c^2 = (2cx + 2ay)\cos\omega + 2bz\cos\omega_0$$
$$= 4(S_{\triangle 1} + S_{\triangle 2})\cot\omega + 4S_{\triangle 3}\cot\omega_0$$
$$= 4S_\triangle \cot\omega + 4S_{\triangle 3}(\cot\alpha_0 - \cot\omega) \qquad ⑥$$

即
$$a^2 + b^2 + c^2 = 4S_\triangle \cot\omega + 4S_{\triangle 3}(\cot\alpha_0 - \cot\omega)$$

由 $\cot\omega = \cot A + \cot B + \cot C$ 及式①,得
$$a^2 + b^2 + c^2 = 4S_\triangle \qquad ⑦$$

由⑥⑦即得 $\cot\omega_0 - \cos\omega = 0$,故 $\omega_0 = \omega$,即 ω 是 $\triangle ABC$ 的布洛卡角.

注:在上述证明中证得了
$$\cot\omega = \cot A + \cot B + \cot C = \frac{a^2 + b^2 + c^2}{4S_\triangle}$$

对于这个结论还可以这样证明:

如图 11.5,作 $\triangle PAC$ 的外接圆,延长 BP 交圆于点 B',易证 $AB' \parallel BC$. 过点 A, B' 分别作 BC 的垂线,垂足为 L, K,联结 $B'C$,则由图知

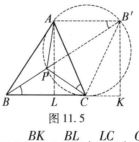

图 11.5

$$\cot\omega = \frac{BK}{B'K} = \frac{BL}{B'K} + \frac{LC}{B'K} + \frac{CK}{B'K}$$
$$= \cot B + \cot C + \cot A$$

再注意 $4S_\triangle \cdot \cot A = b^2 + c^2 - a^2$ 等三式即证.

性质 14 设点 P 是 $\triangle ABC$ 的正布洛卡点,相应的布洛卡角为 ω,设 $PA = x$, $PB = y, PC = z$,则 $x = \dfrac{b^2 c}{T}, y = \dfrac{c^2 a}{T}, z = \dfrac{a^2 b}{T}$,其中,$T = \sqrt{a^2 b^2 + b^2 c^2 + a^2 c^2}$.

证明 参见图 11.5,由
$$\angle APB = 180° - \omega - \angle ABP = 180° - \angle B, \sin \angle APB = \sin B$$

同理
$$\sin \angle BPC = \sin C, \sin \angle APC = \sin A$$

由
$$\frac{1}{2} xy \cdot \sin \angle APB + \frac{1}{2} yz \cdot \sin \angle BPC + \frac{1}{2} xz \cdot \sin \angle APC = S_{\triangle ABC} = \frac{abc}{4R}$$

有
$$xy \cdot \sin B + yz \cdot \sin C + zx \cdot \sin A = \frac{abc}{2R}$$

即
$$bxy + cyz + axz = abc \qquad ⑧$$

又由
$$\frac{x}{\sin \omega} = \frac{b}{\sin \angle APC} = \frac{b}{\sin A} = \frac{2bR}{a}$$

所以
$$\frac{ax}{b} = 2R \cdot \sin \omega$$

同理
$$\frac{by}{c} = 2R \cdot \sin \omega, \frac{cz}{a} = 2R \cdot \sin \omega$$

令 $2R \cdot \sin \omega = k$,则 $x = \dfrac{b}{a} k, y = \dfrac{c}{b} k, z = \dfrac{a}{c} k$,并代入式 ⑧,可求得 $k = \dfrac{abc}{T}$,其中,$T = \sqrt{a^2 b^2 + b^2 c^2 + a^2 c^2}$.由此即证.

注:此性质的逆命题也是成立的,可参见性质 13 充分性证明中的后部分.

推论 1 $x + y + z = \dfrac{a^2 b + b^2 c + c^2 a}{T}$.

推论 2 $(cx + by + bz)^2 = a^2 b^2 + b^2 c^2 + c^2 a^2$.

推论 3 $\omega = \arcsin \dfrac{2S_\triangle}{T}$,其中,$T = \sqrt{a^2 b^2 + b^2 c^2 + a^2 c^2}$.

推论 4 点 P 到边 AB, BC, CA 的距离分别设为 d_C, d_A, d_B,则
$$d_A = \frac{2ac^2}{T^2} \cdot S_\triangle, d_B = \frac{2ba^2}{T^2} \cdot S_\triangle, d_C = \frac{2cb^2}{T^2} \cdot S_\triangle$$

其中,$T^2 = a^2 b^2 + b^2 c^2 + a^2 c^2$.

证明提示 由 $d_A = y \cdot \sin \omega = \dfrac{yk}{2R} = \dfrac{abc}{2RT} \cdot y$ 等三式即证.

性质 15 (1)设点 P 是 $\triangle ABC$ 的正布洛卡点,它在边 BC,CA,AB 上的射影为 A_1,B_1,C_1,则 $\triangle A_1B_1C_1 \backsim \triangle BCA$,且相似比为 $PA_1:PB = \sin\omega$;

(2)正布洛卡点 P 与 $\triangle ABC$ 对应顶点的连线交其外接圆于点 A',B',C',则 $\triangle A'B'C' \cong \triangle CAB$,而且 $\triangle A'B'C'$ 以点 P 为负布洛卡点;

(3)设点 P,Q,O 分别为 $\triangle ABC$ 的正、负布洛卡点和外心,$\triangle A_1B_1C_1$ 与 $\triangle A_2B_2C_2$ 分别是关于点 P,Q 的垂足三角形,则:① $\triangle A_1B_1C_1$ 与 $\triangle A_2B_2C_2$ 共有一个外接圆,其圆心为 PQ 的中点,半径为 $R \cdot \sin\omega$;② $OP = OQ$,$\angle POQ = 2\omega$.

证明提示 (1)由 A_1,C,B_1,P 等三组四点共圆即证;

(2)由同弧上的圆周角相等即证;

(3)①由 A_1,A_2,B_2,B_1 四点共圆,B_2,B_1,C_1,C_2 四点共圆,其圆心均为 PQ 的中点即证;

② PQ 的中点 O' 与 O 是相似 $\triangle A_1B_1C_1$ 与 $\triangle BCA$ 的对应点(都是外心),故 $PO = \dfrac{PO'}{\sin\omega} = \dfrac{OO'}{\sin\omega} = OQ$,$\angle POQ = 2\omega$.

性质 16 在锐角 $\triangle ABC$ 中,设 $BC = a, CA = b, AB = c$,R 为其外接圆的半径,点 P 为 $\triangle ABC$ 的布洛卡点,即 $\angle PAB = \angle PBC = \angle PCA$. 则①
$$R(a+b+c) \geq aPA + bPB + cPC$$

证明 如图 11.6,作 $PD \perp BC$ 于点 D,$PE \perp CA$ 于点 E,$PF \perp AB$ 于点 F. 易知,$\triangle PAF \backsim \triangle PBD \backsim \triangle PCE$.

设 $PF = xPA$,则 $PD = xPB$,$PE = xPC$.

利用埃德斯-莫德尔不等式,得

$$PA + PB + PC \geq 2(PF + PD + PE) = 2x(PA + PB + PC) \Rightarrow x \leq \dfrac{1}{2}$$

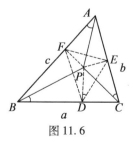

图 11.6

此时

---

① 黄全福.关于布洛卡点的几个结论[J].中等数学,2015(1):17-20.

$$PF \leqslant \frac{1}{2}PA, PD \leqslant \frac{1}{2}PB, PE \leqslant \frac{1}{2}PC$$

故 P,D,C,E 四点共圆 $\Rightarrow \angle PED = \angle PCD, \angle EDP = \angle ECP = \angle PBC$

$$\Rightarrow \triangle PDE \backsim \triangle PBC \Rightarrow \frac{DE}{a} = \frac{PE}{PC} \leqslant \frac{1}{2} \Rightarrow a \geqslant 2DE$$

又

$$\frac{DE}{\sin C} = PC \Rightarrow DE = \frac{c}{2R} \cdot PC$$

$$\Rightarrow a \geqslant 2 \cdot \frac{c}{2R} \cdot PC$$

$$\Rightarrow aR \geqslant cPC$$

类似地,$bR \geqslant aPA, cR \geqslant bPB$. 三式相加知性质 16 成立.

显然,性质 16 可以写成如下形式

$$R(a+b+c) \geqslant aPA + bPB + cPC \geqslant 2r(a+b+c)$$

而 $\dfrac{aPA + bPB + cPC}{a+b+c}$ 即为欧拉不等式 $R \geqslant 2r$ 的又一个隔离.

性质 17 在锐角 $\triangle ABC$ 中,点 P 为布洛卡点,即 $\angle PAB = \angle PBC = \angle PCA$,则

$$\frac{AP^2}{AC^2} + \frac{BP^2}{BA^2} + \frac{CP^2}{CB^2} = 1$$

证明 如图 11.7,分别作 $\triangle PAB, \triangle PBC, \triangle PCA$ 的外接圆,射线 AP, BP, CP 分别与各圆交于点 A', B', C',联结 AB', BC', CA'.

由 $\angle PB'A = \angle PCA = \angle PBC \Rightarrow \angle BB'A = \angle B'BC \Rightarrow AB' \text{ // } BC$.

设两者之间的距离为 h_a.

类似地,$BC' \text{ // } CA$,设两者之间的距离为 h_b;$CA' \text{ // } AB$,设两者之间的距离为 h_c.

再作 $PX \perp BC$ 于点 $X, PY \perp CA$ 于点 $Y, PZ \perp AB$ 于点 Z.

观察图 11.7,可得到 AC 与 $\triangle PBC$ 的外接圆切于点 C,BA 与 $\triangle PCA$ 的外接圆切于点 A,CB 与 $\triangle PAB$ 的外接圆切于点 B.

由此,$AC^2 = AP \cdot AA'$. 故

$$\frac{AP^2}{AC^2} = \frac{AP}{AA'} = \frac{PZ}{h_c} = \frac{S_{\triangle PAB}}{S_{\triangle ABC}} \qquad ⑨$$

类似地

$$\frac{BP^2}{BA^2} = \frac{S_{\triangle PBC}}{S_{\triangle ABC}} \qquad ⑩$$

$$\frac{CP^2}{CB^2} = \frac{S_{\triangle PCA}}{S_{\triangle ABC}} \qquad ⑪$$

由⑨+⑩+⑪得

$$\frac{AP^2}{AC^2} + \frac{BP^2}{BA^2} + \frac{CP^2}{CB^2} = \frac{S_{\triangle PAB} + S_{\triangle PBC} + S_{\triangle PCA}}{S_{\triangle ABC}} = 1$$

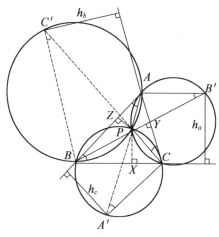

图 11.7

性质 18 在锐角 $\triangle ABC$ 中,设 $BC = a, CA = b, AB = c$,点 P 为布洛卡点,即 $\angle PAB = \angle PBC = \angle PCA$,则

$$a^2 + b^2 + c^2 \geqslant (PA + PB + PC)^2$$

证明 辅助线同性质 17 的图形,联结 AC', BA', CB',如图 11.8 所示.

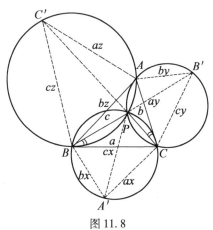

图 11.8

易得

$$b^2 = AC^2 = AP \cdot AA' = AP^2 + AP \cdot PA' \qquad ⑫$$
$$c^2 = BA^2 = BP \cdot BB' = BP^2 + BP \cdot PB' \qquad ⑬$$
$$a^2 = CB^2 = CP \cdot CC' = CP^2 + CP \cdot PC' \qquad ⑭$$

由⑫+⑬+⑭得
$$a^2 + b^2 + c^2 = (PA^2 + PB^2 + PC^2) + (AP \cdot PA' + BP \cdot PB' + CP \cdot PC') \qquad ⑮$$

易证明：

$\triangle BCA' \backsim \triangle ABC$，设其相似比为 x；

$\triangle B'CA \backsim \triangle ABC$，设其相似比为 y；

$\triangle BC'A \backsim \triangle ABC$，设其相似比为 z.

对圆内接四边形 $PBA'C$，由托勒密定理得
$$PA' \cdot BC = PB \cdot A'C + PC \cdot A'B$$
$$\Rightarrow PA' \cdot cx = PB \cdot ax + PC \cdot bx$$
$$\Rightarrow PA' = \frac{a}{c} \cdot PB + \frac{b}{c} \cdot PC$$
$$\Rightarrow AP \cdot PA' = \frac{a}{c} \cdot PA \cdot PB + \frac{b}{c} \cdot PC \cdot PA$$

类似地，有
$$BP \cdot PB' = \frac{c}{a} \cdot PA \cdot PB + \frac{b}{a} \cdot PB \cdot PC$$
$$CP \cdot PC' = \frac{c}{b} \cdot PC \cdot PA + \frac{a}{b} \cdot PB \cdot PC$$

代入式⑫得
$$a^2 + b^2 + c^2 \geqslant (PA + PB + PC)^2$$

则
$$\frac{S_{\triangle A'BC} + S_{\triangle B'CA} + S_{\triangle C'AB}}{S_{\triangle ABC}} = \frac{S_{\triangle BCA'}}{S_{\triangle ABC}} + \frac{S_{\triangle B'CA}}{S_{\triangle ABC}} + \frac{S_{\triangle BC'A}}{S_{\triangle ABC}}$$
$$= x^2 + y^2 + z^2$$
$$= \left(\frac{a}{c}\right)^2 + \left(\frac{b}{a}\right)^2 + \left(\frac{c}{b}\right)^2$$
$$\geqslant 3\sqrt[3]{\left(\frac{a}{c}\right)^2 \left(\frac{b}{a}\right)^2 \left(\frac{c}{b}\right)^2}$$
$$= 3$$

故
$$S_{\triangle A'BC} + S_{\triangle B'CA} + S_{\triangle C'AB} \geqslant 3 S_{\triangle ABC}$$

性质 19 在锐角 $\triangle ABC$ 中,点 P 设为布洛卡点,即
$$\angle PAB = \angle PBC = \angle PCA = \theta$$
(1)则 $\theta \leqslant 30°$;

(2)若 $\theta = 30°$,则 $\triangle ABC$ 为正三角形.

证明 (1)观察图 11.9.

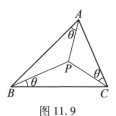

图 11.9

由性质 13 后的注得
$$\cot\theta = \frac{a^2+b^2+c^2}{4S_{\triangle ABC}}$$

由外森匹克不等式
$$a^2+b^2+c^2 \geqslant 4\sqrt{3}S_{\triangle ABC}$$

得
$$\cot\theta \geqslant \sqrt{3} \Rightarrow \theta \leqslant 30°$$

又由性质 16 图形中的 $x \leqslant \frac{1}{2}$,得 $PF \leqslant \frac{1}{2}PA \Rightarrow \theta \leqslant 30°$

(2)若 $\theta = 30°$,则
$$\frac{a^2+b^2+c^2}{4S_{\triangle ABC}} = \sqrt{3} \Rightarrow a^2+b^2+c^2 = 4\sqrt{3}S_{\triangle ABC}$$

接下来证明:$a = b = c$.

如图 11.10,作高 AH.设 $AH = h$,$BH = m$,$CH = n$.

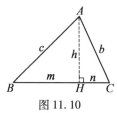

图 11.10

注意到
$$a^2+b^2+c^2 = (m+n)^2 + (h^2+n^2) + (h^2+m^2)$$
$$= 2(h^2+m^2+n^2+mn)$$

而

$$4\sqrt{3}S_{\triangle ABC} = 4\sqrt{3} \cdot \frac{1}{2}h(m+n) = 2\sqrt{3}h(m+n)$$

故

$$h^2 + m^2 + n^2 + mn = \sqrt{3}h(m+n)$$

$$\Rightarrow \left[\frac{\sqrt{3}}{2}(m+n) - h\right]^2 + \frac{1}{4}(m-n)^2 = 0$$

$$\Rightarrow m = n, h = \frac{\sqrt{3}}{2}(m+n)$$

$$\Rightarrow h = \sqrt{3}m = \sqrt{3}n$$

$$\Rightarrow \angle B = 60° = \angle C$$

因此,$\triangle ABC$ 为正三角形.

性质 20 任何 $\triangle ABC$ 都有两个布洛卡三角形和两个布洛卡圆心三角形[①].

这是因为过 $\triangle ABC$ 的一个顶点,可以作相邻两边的垂线各一条,所以依次构成两个布洛卡三角形,当然也就有两个布洛卡圆心三角形.

性质 21 $\triangle ABC$ 的两个布洛卡三角形 $\triangle A_1B_1C_1$,$\triangle A_1'B_1'C_1'$ 全等,且都与 $\triangle ABC$ 相似.

证明 如图 11.11,先证 $\triangle ABC \backsim \triangle A_1B_1C_1 \backsim \triangle A_1'B_1'C_1'$.

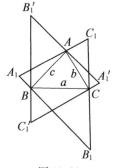

图 11.11

因为 $\angle A_1$,$\angle A$ 都是 $\angle A_1AB$ 的余角,所以 $\angle A = \angle A_1$,同理
$$\angle A = \angle A_1', \angle B = \angle B_1 = \angle B_1'$$

所以
$$\triangle ABC \backsim \triangle A_1B_1C_1 \backsim \triangle A_1'B_1'C_1'$$

再证:$\triangle A_1B_1C_1 \cong \triangle A_1'B_1'C_1'$.

---

① 龙敏信. 与布洛卡点(角)相关的几个命题[J]. 中学数学,1994(10):20-21.

设 $\triangle ABC$ 的三边长分别为 a,b,c, R 为 $\triangle ABC$ 外接圆半径.
在 $\triangle A_1B_1C_1$, $\triangle A_1'B_1'C_1'$ 中,有

$$A_1B_1 = A_1B + BB_1 = c \cdot \cot A_1 + \frac{a}{\sin B_1}$$

$$= c \cdot \frac{\cos A}{\sin A} + \frac{a}{\sin B}$$

$$= \frac{c\sin B \cdot \cos A + a\sin A}{\sin A \sin B}$$

$$= \frac{c \cdot \dfrac{b}{2R} \cdot \dfrac{b^2+c^2-a^2}{2bc} + a \cdot \dfrac{a}{2R}}{\dfrac{a}{2R} \cdot \dfrac{b}{2R}}$$

$$= \frac{(a^2+b^2+c^2)R}{ab}$$

$$A_1'B_1' = A_1'A + AB_1' = \frac{b}{\sin A} + c \cdot \cot B_1$$

$$= \frac{b}{\sin A} + c \cdot \frac{\cos B}{\sin B} = \frac{b\sin B + c\sin A\cos B}{\sin A \cdot \sin B}$$

$$= \frac{b \cdot \dfrac{b}{2R} + c \cdot \dfrac{a}{2R} \cdot \dfrac{a^2+c^2-b^2}{2ac}}{\dfrac{a}{2R} \cdot \dfrac{b}{2R}}$$

$$= \frac{(a^2+b^2+c^2)R}{ab}$$

所以 $\triangle A_1B_1C_1$ 与 $\triangle A_1'B_1'C_1'$ 的相似比为 1,从而
$$\triangle A_1B_1C_1 \cong \triangle A_1'B_1'C_1'$$

注:从性质 21 的证明可得:

(1) 布洛卡三角形三边的长分别为

$$A_1B_1 = A_1'B_1' = \frac{(a^2+b^2+c^2)R}{ab}$$

$$B_1C_1 = B_1'C_1' = \frac{(a^2+b^2+c^2)R}{bc}$$

$$A_1C_1 = A_1'C_1' = \frac{(a^2+b^2+c^2)R}{ac}$$

(2) $\triangle ABC$ 与 $\triangle A_1B_1C_1$(或 $\triangle A_1'B_1'C_1'$)的相似比为:$\dfrac{abc}{(a^2+b^2+c^2)R}$.

第 11 章 三角形中的其他特殊点

(3)两个布洛卡三角形 $\triangle A_1B_1C_1$,$\triangle A_1'B_1'C_1'$ 的对应顶点的连线 A_1A_1',B_1B_1',C_1C_1' 共点且互相平分.

性质22 $\triangle ABC$ 的两个布洛卡圆心三角形 $\triangle O_1O_2O_3$,$\triangle O_1'O_2'O_3'$ 全等,且与 $\triangle ABC$ 相似.

证明 如图 11.12,设点 P 为布洛卡点,即圆 O_1,圆 O_2,圆 O_3 交于点 P,联结 O_1P,O_1B,因为 $\angle O_1A_1B = \angle O_1BA_1$,$\angle AO_1O_3 = \angle PO_1O_3$,$\angle BO_1O_2 = \angle PO_1O_2$,所以

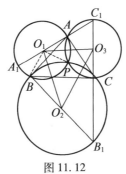

图 11.12

所以

$$\angle O_3O_1O_2 = \frac{180° - \angle A_1O_1B}{2} = \frac{180° - (180° - 2\angle O_1A_1B)}{2}$$

$$= \angle O_1A_1B = \angle A$$

同理 $\angle O_1O_2O_3 = \angle B$.

从而 $\triangle O_1O_2O_3 \backsim \triangle ABC$.

同理可证 $\triangle O_1'O_2'O_3' \backsim \triangle ABC$.

在 $\triangle O_2B_1O_3$ 中,有

$$B_1O_3 = B_1C + CO_3 = B_1C + \frac{1}{2}CC_1 = a\cot B_1 + \frac{1}{2} \cdot \frac{b}{\sin C_1}$$

$$= a \cdot \frac{\cos B}{\sin B} + \frac{1}{2} \cdot \frac{b}{\sin C}$$

$$= \left(a \cdot \frac{c}{2R} \cdot \frac{a^2+c^2-b^2}{2bc} + \frac{b}{2} \cdot \frac{b}{2R}\right) \Big/ \frac{b}{2R} \cdot \frac{c}{2R}$$

$$= \frac{a^2+c^2-b^2+b^2}{4R} \Big/ \frac{bc}{4R^2}$$

$$= \frac{(a^2+c^2)R}{bc}$$

$$O_2B_1 = \frac{1}{2}BB_1 = \frac{1}{2} \cdot \frac{a}{\sin B_1} = \frac{\frac{1}{2}a}{\frac{b}{2R}} = \frac{aR}{b}$$

$$\begin{aligned}
O_2O_3^2 &= O_2B_1^2 + B_1O_3^2 - 2O_2B_1 \cdot B_1O_3 \cos B_1 \\
&= \frac{a^2R^2}{b^2} + \frac{(a^2+c^2)^2R^2}{b^2c^2} - 2 \cdot \frac{aR}{b} \cdot \frac{(a^2+c^2)R}{bc} \cdot \frac{a^2+c^2-b^2}{2ac} \\
&= \frac{a^2c^2R^2 + (a^2+c^2)^2R^2 - (a^2+c^2)^2R^2}{b^2c^2} + \frac{(a^2+c^2)R^2b^2}{b^2c^2} \\
&= \frac{(a^2c^2 + a^2b^2 + c^2b^2)R^2}{b^2c^2}
\end{aligned}$$

$$O_2O_3 = \frac{(a^2b^2 + b^2c^2 + c^2a^2)^{\frac{1}{2}}R}{bc}$$

用类似的方法可算出另一个布洛卡圆心三角形 $\triangle O_1'O_2'O_3'$ 的边 $O_2'O_3'$ 的长为

$$(O_2'O_3')^2 = \frac{(a^2c^2 + a^2b^2 + c^2b^2)^{\frac{1}{2}} \cdot R}{bc}$$

从而 $\triangle O_1O_2O_3$ 与 $\triangle O_1'O_2'O_3'$ 的相似比为 1. 所以 $\triangle O_1O_2O_3 \cong \triangle O_1'O_2'O_3'$.

注:从性质 22 的推证,可以得到以下结论:

(1)布洛卡圆心三角形的三边长分别为

$$O_1O_2 = O_1'O_2' = \frac{(a^2b^2 + b^2c^2 + c^2a^2)^{\frac{1}{2}}R}{ab}$$

$$O_2O_3 = O_2'O_3' = \frac{(a^2b^2 + b^2c^2 + c^2a^2)^{\frac{1}{2}}R}{bc}$$

$$O_3O_1 = O_3'O_1' = \frac{(a^2b^2 + b^2c^2 + c^2a^2)^{\frac{1}{2}}R}{ca}$$

(2) $\triangle ABC$ 与 $\triangle O_1O_2O_3$ 的相似比为 $\dfrac{abc}{\sqrt{(a^2b^2 + b^2c^2 + c^2a^2)}R}$.

(3) $\triangle ABC$ 的布洛卡三角形 $\triangle A_1B_1C_1$ 与布洛卡圆心三角形 $\triangle O_1O_2O_3$ 相似,且相似比为 $\dfrac{a^2+b^2+c^2}{(a^2b^2+b^2c^2+c^2a^2)^{\frac{1}{2}}}$.

例 1 试证:三角形的内心为其中位线三角形的界心.

第 11 章 三角形中的其他特殊点

证明 如图 11.13,设 AK_1 为 $\triangle ABC$ 的周界中线,$\triangle LMN$ 为中位线三角形,点 I 为 $\triangle ABC$ 的内心.

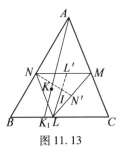

图 11.13

由性质 9(1) 知,$LI // AK_1$. 如图 11.13,延长 LI 交 NM 于点 L',则 $\angle L'LM = \angle BAK_1$,$\angle NML = \angle B$,知 $\triangle LML' \sim \triangle ABK_1$,有

$$L'M : BK_1 = L'L : AK_1 = 1 : 2$$

从而

$$L'M : ML = \frac{1}{2}BK_1 + \frac{1}{2}AB = \frac{1}{2}p$$

同理,$L'N = NL = \frac{1}{2}p$,即 LL' 为 $\triangle LMN$ 的周界中线.

如图 11.13,联结 NI 并延长交 LM 于点 N',同理得 NN' 为 $\triangle LMN$ 的周界中线. 于是,知点 I 是 $\triangle LMN$ 的界心.

注:由此例及三角形各心之间的关系,还可推得(1)设 $\triangle ABC$ 的中位线三角形为 $\triangle_1$,$\triangle_1$ 的垂足三角形为 $\triangle_2$,$\triangle_2$ 的中位线三角形为 $\triangle_3$,则 $\triangle ABC$ 的外心是 $\triangle_3$ 的界心;(2)三角形的界心是其内心关于各边中点的对称点所构成的三角形的内心.

例 2 如图 11.14,设点 P 为 $\triangle ABC$ 所在平面内一点,点 K 为其界心(其他所设同前),则

$$PK^2 = \frac{p-a}{p} \cdot PA^2 + \frac{p-b}{p} \cdot PB^2 + \frac{p-c}{p} \cdot PC^2 + 4r^2 - 4Rr$$

证明 设点 K_1 为边 BC 上的周界中点,则 $BK_1 = p - c$,$K_1C = p - b$. 在 $\triangle PBC$ 中,运用斯特瓦尔特定理,有

$$PK_1^2 = \frac{p-b}{a} \cdot PB^2 + \frac{p-c}{a} \cdot PC^2 - (p-b)(p-c)$$

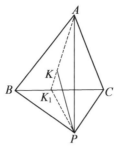

图 11.14

在 $\triangle PAK_1$ 中运用斯特瓦尔特定理,有

$$PK^2 = \frac{p-a}{p} \cdot PA^2 + \frac{a}{p} \cdot PK_1^2 - \frac{a(p-a)}{p^2} \cdot AK_1^2$$

其中 $\dfrac{KK_1}{AK_1} = \dfrac{p-a}{p}, \dfrac{AK}{AK_1} = \dfrac{a}{p}, AK \cdot KK_1 = \dfrac{a}{p} \cdot AK_1 \cdot \dfrac{p-a}{p} \cdot AK_1$ 均由性质9(2)推得,于是注意到性质 11,将 AK_1^2 的表达式及 PK_1^2 代入,并利用 $\dfrac{abc}{p} = 4Rr$,$\dfrac{(p-a)(p-b)(p-c)}{p} = r^2$,即可证得结论成立.

注:利用此题结论亦可推得

$$KO = R - 2r, KH = 2\sqrt{R^2 - 2Rr} = 2IO$$

$$KI = \sqrt{6r^2 - 12Rr - \frac{1}{2}(a^2 + b^2 + c^2)} = 3GI$$

$$KG = \sqrt{\frac{8}{3}r^2 - \frac{16}{3}Rr + \frac{2}{9}(a^2 + b^2 + c^2)} = 2GI$$

$$KN^2 = \frac{1}{4}R^2 - 6Rr + 2r^2 + \frac{1}{4}(a^2 + b^2 + c^2)$$

其中点 N 为 OH 的中点,即九点圆圆心.

例 3 一直线截一个三角形的两边(所在直线)所得到的三角形的界心在原三角形第三边的周界中线(所在直线)上的充要条件是这一直线与原三角形的第三边平行.

证明 如图 11.15,设直线 MN 截 $\triangle ABC$ 的边 AB 与 AC 分别于点 N 与点 M,截边 BC 上的周界中线 AK_1 于点 Q.

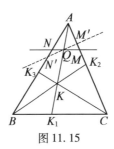

图 11.15

充分性:若 $MN /\!/ BC$,则

$$\frac{AN}{NQ} = \frac{AB}{BK_1},且 \frac{AM}{MQ} = \frac{AC}{CK_1}$$

从而 $AN + NQ = \frac{NQ}{BK_1}(AB + BK_1), AM + MQ = \frac{MQ}{CK_1}(AC + CK_1)$

而 $\frac{NQ}{BK_1} = \frac{AQ}{AK_1} = \frac{MQ}{CK_1}, AB + BK_1 = AC + CK_1$

于是 $AN + NQ = AM + MQ$,即 AQ 为 $\triangle AMN$ 的边 MN 上的周界中线. 故 $\triangle AMN$ 的界心在 $\triangle ABC$ 的边 BC 上的周界中线 AK_1 上.

必要性:若 $\triangle AMN$ 的界心在 AK_1 上,则 $AN = NQ = p'$(p' 表示 $\triangle AMN$ 的半周长). 若 MN 不平行于 BC,则过点 Q 作直线 $N'M' /\!/ BC$,且交 BC 与 AB 分别于点 M' 与 N'. 由充分性证明,可知 $AN' + N'Q = p'$. 但 $NN' + N'Q > NQ$ 或 $N'N + NQ > N'Q$,从而 $AN' + N'Q > AN + NQ$ 或 $AN + NQ > AN' + N'Q$,无论哪一种情况都有 $p' > p'$ 矛盾. 故 $MN /\!/ BC$.

注:当 $MN /\!/ BC$ 时,可证 $\triangle AMN$ 的另外两条边上的周界中线与 BK_2, CK_3 分别平行.

例 4 设点 F 为 $\triangle ABC$ 内的费马点,设 $FA = x, FB = y, FC = z$,$\triangle FBC$,$\triangle FCA$,$\triangle FAB$ 的内切圆半径分别为 r_1, r_2, r_3,则

$$r_1 + r_2 + r_3 \leqslant \frac{2\sqrt{3} - 3}{2}(x + y + z)$$

证明 由 $\frac{1}{2}(y + z + a)r_1 = S_{\triangle FBC} = \frac{\sqrt{3}}{4}yz$

有 $r_1 = \frac{\sqrt{3}}{2} \cdot \frac{yz}{y + z + a}$

又 $a = \sqrt{y^2 + yz + z^2} = \sqrt{\frac{3}{4}(y+z)^2 + \frac{1}{4}(y-z)^2} \geqslant \frac{\sqrt{3}}{2}(y+z)$

及 $\frac{yz}{y+z} \leqslant \frac{1}{4}(y+z)$

故
$$r_1 \leqslant \frac{\sqrt{3}}{4(\sqrt{3}+2)}(y+z)$$

同理
$$r_2 \leqslant \frac{\sqrt{3}}{4(\sqrt{3}+2)}(x+z), r_3 \leqslant \frac{\sqrt{3}}{4(\sqrt{3}+2)}(x+y)$$

例5 设点 P 为 $\triangle ABC$ 内一点,则点 P 为正布洛卡点的充要条件为
$$\frac{S_{\triangle PBC}}{c^2 a^2} = \frac{S_{\triangle PCA}}{a^2 b^2} = \frac{S_{\triangle PAB}}{b^2 c^2} = \frac{S_{\triangle ABC}}{a^2 b^2 + b^2 c^2 + c^2 a^2}$$

证明 必要性:若点 P 为正布洛卡点,则
$$PA = x = \frac{b^2 c}{T}, PB = y = \frac{c^2 a}{T}, PC = z = \frac{a^2 b}{T}, T = \sqrt{a^2 b^2 + b^2 c^2 + c^2 a^2}$$

而
$$S_{\triangle PBC} = \frac{1}{2} ay \cdot \sin \omega = \frac{c^2 a^2}{T^2} \cdot S_\triangle$$

$$S_{\triangle PCA} = \frac{a^2 b^2}{T^2} \cdot S_\triangle, S_{\triangle PAB} = \frac{b^2 c^2}{T^2} \cdot S_\triangle$$

其中,$T^2 = a^2 b^2 + b^2 c^2 + c^2 a^2$,即证.

充分性:设 $\angle BPC = \alpha, \angle CPA = \beta, \angle APB = \gamma$,则
$$\frac{yz \cdot \sin \alpha}{2c^2 a^2} = \frac{zx \cdot \sin \beta}{2a^2 b^2} = \frac{xy \cdot \sin \gamma}{2b^2 c^2} = \frac{S_\triangle}{a^2 b^2 + b^2 c^2 + c^2 a^2}$$

从而
$$\frac{xc^2 a^2}{\sin(\pi-\alpha)} = \frac{ya^2 b^2}{\sin(\pi-\beta)} = \frac{zb^2 c^2}{\sin(\pi-\gamma)} = \frac{xyz(a^2 b^2 + b^2 c^2 + c^2 a^2)}{2S_\triangle}$$

注意到"若 $a,b,c \in \mathbf{R}_+, \angle A, \angle B, \angle C \in (0,\pi), \angle A + \angle B + \angle C = \pi$,且 $\frac{a}{\sin A} = \frac{b}{\sin B} = \frac{c}{\sin C}$,则 a,b,c 可构成三角形,且 a,b,c 的对角分别等于 $\angle A$, $\angle B, \angle C$"的事实,则
$$x^2 a^4 c^4 = y^2 a^4 b^4 + z^2 b^4 c^4 - 2yza^2 b^4 c^2 \cdot \cos(\pi-\alpha) \quad \text{①}$$

又 $2yz \cdot \cos \alpha = y^2 + z^2 - a^2$,代入式①,则有
$$x^2 a^4 c^4 = b^4 (a^2 + c^2)(a^2 y^2 + c^2 z^2) - a^4 b^4 c^2$$

同理
$$y^2 a^4 b^4 = c^4 (a^2 + b^2)(a^2 x^2 + b^2 z^2) - a^4 b^4 c^4$$
$$z^2 b^4 c^4 = a^4 (b^2 + c^2)(b^2 y^2 + c^2 x^2) - a^4 b^4 c^4$$

由此解之得 $x = \frac{b^2 c}{T}, y = \frac{c^2 a}{T}, z = \frac{a^2 b}{T}$,其中,$T = \sqrt{a^2 b^2 + c^2 b^2 + a^2 c^2}$.

设 $\angle PAB = \omega_1, \angle PBC = \omega_2, \angle PCA = \omega_3$,则

$$\cos \omega_1 = \frac{c^2 + x^2 - y^2}{2cx} \qquad ②$$

将 $x = \dfrac{b^2 c}{T}, y = \dfrac{c^2 a}{T}$ 代入式②,并整理得 $\cos \omega_1 = \dfrac{1}{2T}$,其中,$T = \sqrt{a^2 b^2 + b^2 c^2 + c^2 a^2}$.

同理,$\cos \omega_2 = \cos \omega_3 = \dfrac{1}{2T}$,故 $\omega_1 = \omega_2 = \omega_3$,即点 P 为 $\triangle ABC$ 的正布洛卡点. 证毕.

最后指出:三角形布洛卡点分别与费马点、外心、内心、重心、垂心重合的充要条件是三角形为正三角形. 证明留给读者作为练习.

思 考 题

1. 设圆 I 切 $\triangle ABC$ 的边 BC, CA, AB 于点 A', B', C',则 AA', BB', CC' 必交于一点 Q,且 $\sum \dfrac{AQ}{AA'} = 2$.

2. 设点 F 为 $\triangle ABC$ 内的费马点,令 $BC = a, CA = b, AB = c, FC = m, FA = n, FB = p$,则

$$m + n + p = \sqrt{\frac{1}{2}\{a^2 + b^2 + c^2 + \sqrt{3}[a^2 - (b-c)^2][(b+c)^2 - a^2]\}}$$

3. 设点 P 为 $\triangle ABC$ 内的一个布洛卡点(即 $\angle PAB = \angle PBC = \angle PCA = \theta$),$AP, BP, CP$ 的延长线分别交外接圆于点 A', B', C',则

$$(AB + BC + CA)(AA' + BB' + CC') \geq 36 AB \cdot BC \cdot CA \qquad ①$$

4. 试证:(1)界心 J 关于 $\triangle ABC$ 的垂足 $\triangle A'B'C'$ 的面积 $S_{\triangle'} = \dfrac{r}{R}\left(1 - \dfrac{r}{R}\right) \cdot S_{\triangle ABC}$;(2)周界中点三角形面积 $S_r = \dfrac{r}{2R} \cdot S_{\triangle ABC}$.

思 考 题 参 考 解 答

1. 如图 11.16,由切线性质,可设 $AC' = AB' = x, BC' = BA' = y, CA' = CB' = z$,则

$$\frac{A'B}{A'C} \cdot \frac{B'C}{B'A} \cdot \frac{C'A}{C'B} = \frac{y}{z} \cdot \frac{z}{x} \cdot \frac{x}{y} = 1$$

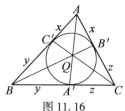

图 11.16

按塞瓦定理,AA',BB',CC'共点 Q.

现在考虑直线 CC' 截 $\triangle ABA'$,根据梅涅劳斯定理得

$$\frac{AC'}{C'B} \cdot \frac{BC}{CA'} \cdot \frac{A'Q}{QA} = \frac{x}{y} \cdot \frac{y+z}{z} \cdot \frac{A'Q}{QA} = 1$$

所以 $\dfrac{A'Q}{QA} = \dfrac{yz}{x(y+z)}$,$\dfrac{AA'}{AQ} = \dfrac{AQ+QA'}{AQ} = \dfrac{xy+yz+zx}{x(y+z)}$

同理 $\dfrac{BB'}{BQ} = \dfrac{xy+yz+zx}{y(z+x)}$,$\dfrac{CC'}{CQ} = \dfrac{xy+yz+zx}{z(x+y)}$

所以 $\displaystyle\sum \frac{AQ}{AA'} = \frac{x(y+z)+y(z+x)+z(x+y)}{xy+yz+zx} = 2$

2. 根据余弦定理,有

$$a^2 = m^2 + p^2 - 2mp\cos 120° = m^2 + p^2 + mp \qquad ①$$

同理
$$b^2 = m^2 + n^2 + mn \qquad ②$$
$$c^2 = n^2 + p^2 + np \qquad ③$$

由①+②+③得

$$a^2 + b^2 + c^2 = 2(m^2 + n^2 + p^2) + mn + mp + np$$
$$= 2(m+n+p)^2 - 3(mn+mp+np)$$

即

$$2(m+n+p)^2 = a^2 + b^2 + c^2 + 3(mn+mp+np) \qquad ④$$

又因为

$$S_{\triangle AOC} + S_{\triangle AOB} + S_{\triangle BOC} = S_{\triangle ABC}$$

所以

$$\frac{1}{2}mn\sin 120° + \frac{1}{2}mp\sin 120° + \frac{1}{2}np\sin 120°$$
$$= \frac{1}{4}\sqrt{(a+b+c)(b+c-a)(b+a-c)(a+c-b)}$$

即

$$mn + mp + np = \frac{\sqrt{3}}{3}\sqrt{[a^2-(b-c)^2][(b+c)^2-a^2]} \qquad ⑤$$

第 11 章 三角形中的其他特殊点

由式④⑤可得
$$2(m+n+p)^2 = a^2+b^2+c^2+\sqrt{3[a^2-(b-c)^2][(b+c)^2-a^2]}$$
所以
$$m+n+p = \sqrt{\frac{a^2+b^2+c^2+\sqrt{3[a^2-(b-c)^2][(b+c)^2-a^2]}}{2}}$$

特殊地,当 $a=b=c$ 时,得 $m+n+p=\sqrt{3}\,a$.

3. 由正弦定理,有
$$\frac{AA'}{\sin(C+\theta)} = \frac{BB'}{\sin(A+\theta)} = \frac{CC'}{\sin(B+\theta)} = 2R$$

而熟知 $\cot\theta = \cot A + \cot B + \cot C = \dfrac{\sum a^2}{4\triangle}$,则

$$AA'+BB'+CC'$$
$$= 2R\sin\theta[\cot\theta(\sin A+\sin B+\sin C)+(\cos A+\cos B+\cos C)]$$
$$= \frac{4R\triangle}{\sqrt{b^2c^2+c^2a^2+a^2b^2}} \cdot \left[\frac{a^2+b^2+c^2}{4\triangle} \cdot \frac{a+b+c}{2R} + \frac{R+r}{R}\right] \qquad ②$$

再由熟知恒等式 $\triangle = sr, abc = 4Rrs$,以及
$$a^2+b^2+c^2 = 2[s^2-r(4R+r)], bc+ca+ab = s^2+r(4R+r)$$
知
$$② \Leftrightarrow H(s^2) \equiv s^6 - 2(11Rr-r^2)s^4+(148R^2-40Rr+r^2)r^2s^2$$
$$-18Rr^3(4R+r)^2 \equiv (s^2+6Rr)(s^2-14Rr+r^2)^2+G(s^2) \geqslant 0 \qquad ③$$

式中
$$G(s^2) \equiv 2r^2R[s^2(5R-r)-r(61R^2-Rr+r^2)]$$
$$\geqslant 2r^2R[(16Rr-5r^2)(5R-r)-r(61R^2-Rr+r^2)]$$
$$= 2r^3R(R-2r)(19R-Rr) \geqslant 0$$

(由 Gerretsen 不等式 $s^2 \geqslant 16Rr-5r^2$ 及欧拉不等式 $R \geqslant 2r$),故式③成立,从而式②得证.

4. (1)设点 A',B',C' 分别为 J 在边 BC,AC,AB 上的射影,由 $a = r(\cot\dfrac{B}{2}+\cot\dfrac{C}{2})$ 及 $p-a = \dfrac{r}{\tan\dfrac{A}{2}}$ 有

$$\frac{AJ}{JK_1} = \frac{a}{p-a} = \frac{1 - \tan\frac{B}{2} \cdot \tan\frac{C}{2}}{\tan\frac{B}{2} \cdot \tan\frac{C}{2}}$$

即

$$\frac{JK_1}{AK_1} = \tan\frac{B}{2} \cdot \tan\frac{C}{2}$$

又

$$S_{\triangle JA'B'} = \frac{1}{2}\tan\frac{B}{2} \cdot \tan\frac{C}{2} \cdot \tan\frac{C}{2} \cdot \tan\frac{A}{2} \cdot h_A \cdot h_B \cdot \sin C$$

$$= \frac{S'_\triangle \cdot r^2}{2R^2} \cdot \frac{1 - \cos C}{\sin A \cdot \sin C}$$

同理

$$S_{\triangle JB'C} = \frac{S'_\triangle r^2}{2R^2} \cdot \frac{1 - \cos A}{\sin B \cdot \sin C}$$

$$S_{\triangle JA'C'} = \frac{S'_\triangle r^2}{2R^2} \cdot \frac{1 - \cos B}{\sin A \cdot \sin C}$$

注意到

$$\frac{\cos A}{\sin B \cdot \sin C} + \frac{\cos C}{\sin A \cdot \sin B} + \frac{\cos B}{\sin A \cdot \sin C} = 2$$

及

$$\frac{1}{\sin B \cdot \sin C} + \frac{1}{\sin A \cdot \sin C} + \frac{1}{\sin A \cdot \sin B} = \frac{2R}{r}$$

及

$$S_{\triangle'} = S_{\triangle JB'C'} + S_{\triangle JA'C'} + S_{\triangle JB'C'}$$

即证.

(2) 由 $\dfrac{BK_1}{K_1C} = \dfrac{p-c}{p-b}, \dfrac{CK_2}{K_2A} = \dfrac{p-a}{p-c}, \dfrac{AK_3}{K_3B} = \dfrac{p-b}{p-a}$, 并注意

$$\frac{(p-a)(p-b)(p-c)}{p} = r^2, \frac{abc}{p} = 4Rr$$

即证.

第 12 章　三角形五心及有关特殊点之间的关系

12.1　三角形"五心"的直角坐标

定理 1　设 $\triangle ABC$ 的顶点坐标为 $A(x_1,y_1), B(x_2,y_2), C(x_3,y_3)$，若点 F，D, E 分别内分或外分 AB, BC, AC，有 $\dfrac{AF}{FB}=\lambda_1, \dfrac{BD}{DC}=\lambda_2, \dfrac{CE}{EA}=\lambda_3$，且 BE 与 AD 交于点 B'，AD 与 CF 交于点 A'，CF 与 BE 交于点 C'，则点 $A'(x_1', y_1'), B'(x_2', y_2'), C'(x_3', y_3')$ 中的坐标值为

$$x_i' = \frac{x_i + \lambda_i x_{i+1} + \lambda_i \lambda_{i+1} x_{i+2}}{1 + \lambda_i + \lambda_i \lambda_{i+1}}, \quad y_i' = \frac{y_i + \lambda_i y_{i+1} + \lambda_i \lambda_{i+1} y_{i+2}}{1 + \lambda_i + \lambda_i \lambda_{i+1}}$$

其中，当 $i+k = m \geq 4$ 时，规定 $i+k = m-3 \ (i=1,2,3; k=1,2)$.

证明　对于 $\triangle BEC$，运用梅涅劳斯定理，有 $\dfrac{AE}{AC} \cdot \dfrac{CD}{DB} \cdot \dfrac{BB'}{B'E} = 1$，即

$$\frac{BB'}{B'E} = (1+\lambda_3)\lambda_2$$

同理　$\dfrac{CC'}{C'F} = (1+\lambda_1)\lambda_3, \dfrac{AA'}{A'D} = (1+\lambda_2)\lambda_1$

设 $D(d_1, d_2), E(e_1, e_2), F(f_1, f_2)$，应用线段的定比分点公式，有

$$d_1 = \frac{x_2 + \lambda_2 x_3}{1+\lambda_2}, \quad e_1 = \frac{x_3 + \lambda_3 x_1}{1+\lambda_3}, \quad f_1 = \frac{x_1 + \lambda_1 x_2}{1+\lambda_1}$$

则

$$x_1' = \frac{x_1 + \lambda_1 x_2 + \lambda_3 \lambda_1 x_2}{1+\lambda_1 + \lambda_1 \lambda_2}$$

$$x_2' = \frac{x_2 + \lambda_2 x_3 + \lambda_2 \lambda_3 x_1}{1+\lambda_2 + \lambda_2 \lambda_3}$$

$$x_3' = \frac{x_3 + \lambda_3 x_1 + \lambda_3 \lambda_1 x_2}{1+\lambda_3 + \lambda_3 \lambda_1}$$

同理,可写出 y_1', y_2', y_3' 的表达式. 由此即证.

由上述定理,适当地选取参数 λ_i 的值,有:

(1) 取 $\lambda_1 = \lambda_2 = \lambda_3 = 1$,则得 $\triangle ABC$ 的重心 G 的坐标为

$$G\left(\frac{x_1+x_2+x_3}{3}, \frac{y_1+y_2+y_3}{3}\right)$$

(2) 取 $\lambda_1 = \frac{b}{a}, \lambda_2 = \frac{c}{b}, \lambda_3 = \frac{a}{c}$,其中 $BC=a, AC=b, AB=c$,则得 $\triangle ABC$ 的内心 I 的坐标为

$$I\left(\frac{ax_1+bx_2+cx_3}{a+b+c}, \frac{ay_1+by_2+cy_3}{a+b+c}\right)$$

(3) 取 $\lambda_1 = -\frac{b}{a}, \lambda_2 = \frac{c}{b}, \lambda_3 = -\frac{a}{c}$,则得切边 BC 及其他两边延长线的旁切圆圆心 I_A 的坐标为

$$I_A\left(\frac{-ax_1+bx_2+cx_3}{-a+b+c}, \frac{-ay_1+by_2+cy_3}{-a+b+c}\right)$$

同理

$$I_B\left(\frac{ax_1-bx_2+cx_3}{a-b+c}, \frac{ay_1-by_2+cy_3}{a-b+c}\right)$$

$$I_C\left(\frac{ax_1+bx_2-cx_3}{a+b-c}, \frac{ay_1+by_2-cy_3}{a+b-c}\right)$$

(4) 对于非直角三角形,取 $\lambda_1 = \frac{\cot A}{\cot B}, \lambda_2 = \frac{\cot B}{\cot C}, \lambda_3 = \frac{\cot C}{\cot A}$,则得 $\triangle ABC$ 的垂心 H 的坐标

$$H\left(\frac{x_1\cdot\tan A + x_2\cdot\tan B + x_3\cdot\tan C}{\tan A + \tan B + \tan C}, \frac{y_1\cdot\tan A + y_2\cdot\tan B + y_3\cdot\tan C}{\tan A + \tan B + \tan C}\right)$$

(5) 对于非直角三角形,由 $\triangle ABC$ 的外心是中位线 $\triangle DEF$ 的垂心,则得 $\triangle ABC$ 的外心坐标为

$$O\left(\frac{x_1(\tan B + \tan C) + x_2(\tan C + \tan A) + x_3(\tan A + \tan B)}{2(\tan A + \tan B + \tan C)},\right.$$

$$\left.\frac{y_1(\tan B + \tan C) + y_2(\tan C + \tan A) + y_3(\tan A + \tan B)}{2(\tan A + \tan B + \tan C)}\right)$$

例 1 试证:平面内到三角形各顶点距离的平方和最小的点为三角形的重心.(参见第 9 章重心性质 3 后的注)

证明 建立平面直角坐标系 xOy,设 $\triangle ABC$ 三顶点 $A(x_1, y_1), B(x_2, y_2)$,

第 12 章 三角形五心及有关特殊点之间的关系

$C(x_3, y_3), P(x, y)$ 为平面内任一点,则

$$|PA|^2 + |PB|^2 + |PC|^2$$

$$= \sum_{i=1}^{3} \left[(x - x_i)^2 + (y - y_i)^2 \right]$$

$$= 3x^2 - 2(x_1 + x_2 + x_3)x + x_1^2 + x_2^2 + x_3^2 + 3y^2 - 2(y_1 + y_2 + y_3) + y_1^2 + y_2^2 + y_3^2$$

$$= 3(x - \frac{x_1 + x_2 + x_3}{3})^2 + x_1^2 + x_2^2 + x_3^2 - \frac{1}{3}(x_1 + x_2 + x_3)^2 +$$

$$3(y - \frac{y_1 + y_2 + y_3}{3})^2 + y_1^2 + y_2^2 + y_3^2 - \frac{1}{3}(y_1 + y_2 + y_3)^2$$

可见当且仅当 $x = \frac{x_1 + x_2 + x_3}{3}$ 且 $y = \frac{y_1 + y_2 + y_3}{3}$ 时,$|PA|^2 + |PB|^2 + |PC|^2$ 的和为最小,而已知 $\left(\frac{1}{3}(x_1 + x_2 + x_3), \frac{1}{3}(y_1 + y_2 + y_3) \right)$ 是 $\triangle ABC$ 的重心 G 的坐标. 故当且仅当点 P 为 $\triangle ABC$ 的重心时,它到三角形各顶点距离的平方和最小.

注:通过计算知,此最小值为三角形各边长平方和的 $\frac{1}{3}$.

12.2 三角形"五心"间的相互位置关系

性质1 (1)三角形的外心、重心、垂心共线(欧拉线);(2)三角形的外心、重心分别是它的中位线三角形的垂心、重心;(3)三角形中位线三角形的外心也是垂足三角形的外心.

性质2 设点 O, H, I 分别是 $\triangle ABC$ 的外心、垂心、内心,则任一顶点与内心 I 的连线平分这一顶点与外心、垂心所成的角.

性质3 (1)三角形的垂心到任一顶点的距离等于外心到对边距离的2倍;(2)三角形的垂心是它的垂足三角形的内心.

性质4 三角形的内心:(1)是它的旁心三角形(三个旁心组成的三角形)的垂心;(2)关于外心的对称点是旁心三角形的外心;(3)是它的切点三角形(内切圆的切点组成的三角形)的外心;(4)是它的旁切三角形(旁切圆与边上的切点组成的三角形)的旁心.

性质5 (1)三角形的内心与三角形一边的两端点及相应的旁心四点共圆;(2)三角形的外心、内心所在的直线与旁心三角形的欧拉线重合.

性质6 (1)三角形三边上的中点、高线垂足、垂心与顶点连线的中点,这

九点共圆,称为三角形的九点圆;(2)三角形的外心与垂心所连线段的中点是三角形九点圆圆心;外心 O,重心 G,九点圆圆心 V,垂心 H 四点共线,且 $OG:GH=1:2,OV:VH=1:2$.

以上性质的证明均留给读者作为练习.(参见本章思考题中第 20~25 题)

性质 7　三角形的外心是外心在各边上射影三角形的垂心.

性质 8　三角形的内心和任一顶点的连线与三角形外接圆相交,这个交点与外心的连线是这一顶点所对的边的中垂线.

性质 9　三角形的内心和任一顶点的连线平分外心、垂心和这一顶点的连线所成的角.

性质 10　三角形的内心与旁心构成一垂心组;三角形的内心与旁心的九点圆是外接圆;三角形的外接圆平分内心与旁心的每一条连线段.

性质 11　设 $\triangle ABC$ 的外心为 O,内心为 I,则点 I 为旁心 $\triangle I_A I_B I_C$ 的垂心,点 I 关于点 O 的对称点 O' 是 $\triangle I_A I_B I_C$ 的外心,$\triangle I_A I_B I_C$ 的欧拉线与直线 OI 重合.

性质 12　三角形的面积是其旁心三角形面积与内切圆切点三角形面积的等比中项.

性质 13　三角形的旁心三角形与内切圆切点三角形的欧拉线重合.

性质 14　设点 H,G,I 分别为三边两两互补相等的三角形的垂心、重心、内心,则 $\angle HIG > 90°$.

事实上,不妨设 $BC > AC > AB$,过点 G 作直线 $l \parallel BC$,这时易证射线 AI 必处于 $\angle HAG$ 的内部,点 I 在直线 l 的上方,在 CH 的下方.于是,点 I 在以 GH 为直径的圆内,从而 $\angle HIG$ 是钝角或平角.

性质 15　在锐角 $\triangle ABC$ 中,外心 O 到三边距离之和设为 $d_{外}$,重心 G 到三边距离之和设为 $d_{重}$,垂心 H 到三边距离之和设为 $d_{垂}$,则 $1 \cdot d_{垂} + 2 \cdot d_{外} = 3 \cdot d_{重}$.

事实上,如图 12.1 所示,设 $\triangle ABC$ 的外接圆半径为 1,三个内角设为 A,B,C,易知

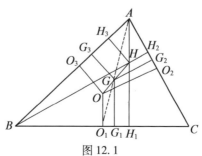

图 12.1

$$d_{外} = OO_1 + OO_2 + OO_3 = \cos A + \cos B + \cos C$$

则 $$2d_{外} = 2(\cos A + \cos B + \cos C)$$

因 $AH_1 = \sin B \cdot AB = 2\sin B \cdot \sin C$. 同理得 AH_2, AH_3.

于是
$$3d_{垂} = 3GG_1 + 3GG_2 + 3GG_3 = AH_1 + BH_2 + CH_3$$
$$= 2(\sin B \cdot \sin C + \sin C \cdot \sin A + \sin A \cdot \sin B)$$

设 AH 的延长线交 $\triangle ABC$ 的外接圆于点 H',则
$$BH = BH' = 2\sin\angle BAH' = 2\cos B$$
$$HH_1 = BH \cdot \cos\angle BHH_1 = BH \cdot \cos C = 2\cos B \cdot \cos C$$

同理可得 HH_2, HH_3,从而
$$d_{垂} = HH_1 + HH_2 + HH_3 = 2(\cos B \cdot \cos C + \cos C \cdot \cos A + \cos A \cdot \cos B)$$

于是由
$$\cos B \cdot \cos C + \cos C \cdot \cos A + \cos A \cdot \cos B - \sin B \cdot \sin C - \sin C \cdot \sin A - \sin A \cdot \sin B$$
$$= \cos(B+C) + \cos(C+A) + \cos(A+B) = -(\cos A + \cos B + \cos C)$$

即证.

例 2 试证:圆内接四边形四顶点组成的四个三角形的垂心构成的四边形与原四边形全等,且每一顶点与其他三顶点所成三角形的垂心之连线共点,共点于两全等四边形外心连线的中点.

证明 如图 12.2,设四边形 $A_1A_2A_3A_4$ 为圆 O 的内接四边形,点 H_1, H_2, H_3, H_4 依次为 $\triangle A_2A_3A_1$, $\triangle A_3A_4A_2$, $\triangle A_4A_1A_3$, $\triangle A_1A_2A_4$ 的垂心,则由性质3(1)知, A_3H_3 与 A_2H_4 的长均等于 O 到 A_1A_4 的距离的 2 倍,且 A_3H_3, A_2H_4 均与 A_1A_4 垂直,故四边形 $H_3H_4A_2A_3$ 为平行四边形,即 $H_3H_4 \underline{\underline{\parallel}} A_3A_2$.

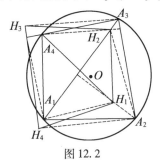

图 12.2

同理
$$H_1H_2 \underline{\underline{\parallel}} A_1A_4, H_2H_3 \underline{\underline{\parallel}} A_1A_2, H_4H_1 \underline{\underline{\parallel}} A_4A_3$$

故四边形 $H_1H_2H_3H_4 \cong$ 四边形 $A_4A_1A_2A_3$.

由于 $\square A_1A_2H_2H_3, \square A_2A_3H_3H_4, \square A_3A_4H_4H_1$ 有相同的中心 P,则四线 A_4H_1,

A_1H_2, A_2H_3, A_3H_4 共点于 P，且 P 是 A_i 和 H_{i+1}($i=1,2,3,4$，且 $H_5=H_1$) 的对称中心. 故点 P 是四边形 $H_1H_2H_3H_4$ 与 $A_4A_1A_2A_3$ 的外心的对称中心，即点 P 是两全等四边形外心连线的中点.

例3 锐角 $\triangle ABC$ 的 $\angle A$ 的平分线与外接圆交于另一点 A_1；B_1, C_1 与此类似. 直线 A_1A 与 B, C 两角的外角平分线交于点 A_0；B_0, C_0 与此类似，求证：$\triangle A_0B_0C_0$ 的面积是六边形 $AC_1BA_1CB_1$ 面积的 2 倍.

证明 设点 I 是 $\triangle ABC$ 的内心，则由性质 4(1)，知点 I 是 $\triangle A_0B_0C_0$ 的垂心. 为了证 $S_{\triangle A_0B_0C_0}=2S_{六边形AC_1BA_1CB_1}$，只需证 $S_{\triangle IA_0B}=2S_{\triangle IA_1B}$. 又只需证点 A_1 是 IA_0 的中点，由于过点 A,B,C 的圆是 $\triangle A_0B_0C_0$ 的九点圆(它过三条高线的垂足)，所以这圆与 IA_0 的交点 A_1 是 IA_0 的中点，从而命题获证.

12.3 三角形各"心"间的距离公式

性质 16 设 $\triangle ABC$ 的外接圆、内切圆半径分别为 R, r，外心为点 O，内心为点 I，垂心为点 H，重心为点 G，顶点 A 所对的边的旁切圆圆心为点 I_A，半径为 r_A (余下类同)，$BC=a, AC=b, AB=c$，则：

(1) $OI^2=R^2-2Rr$；

(2) $IG^2=\dfrac{1}{6}(a+b+c)^2-\dfrac{5}{18}(a^2+b^2+c^2)-4Rr$；

$IG^2=r^2-\dfrac{1}{36}[6(ab+bc+ca)-5(a^2+b^2+c^2)]$；

(3) $OG^2=R^2-\dfrac{1}{9}(a^2+b^2+c^2)$；

(4) $HG^2=4R^2-\dfrac{4}{9}(a^2+b^2+c^2)$；

(5) $OH^2=9R^2-(a^2+b^2+c^2)$；

(6) $IH^2=4R^2-\dfrac{a^3+b^3+c^3+abc}{a+b+c}$；

$IH^2=4R^2-8Rr+\dfrac{1}{2}(a+b+c)^2-\dfrac{3}{2}(a^2+b^2+c^2)$；

$IH^2=4R^2+2r^2-\dfrac{1}{2}(a^2+b^2+c^2)$；

$IH^2=4R^2+3r^2+4Rr-\dfrac{1}{4}(a+b+c)^2$；

$IH^2 = 2r^2 - 4R^2 \cdot \cos A \cdot \cos B \cdot \cos C$;

(7) $II_A^2 = 4R(r_A - r), II_B^2 = 4R(r_B - r), II_C^2 = 4R(r_C - r)$;

(8) $I_A I_B^2 = 4R(r_A + r_B), I_A I_B = \dfrac{a \cdot \cos^2 \dfrac{B}{2} + b \cdot \cos^2 \dfrac{A}{2}}{\cos \dfrac{A}{2} \cdot \cos \dfrac{B}{2}}$;

$I_B I_C^2 = 4R(r_B + r_C), I_B I_C = \dfrac{c \cdot \cos^2 \dfrac{C}{2} + c \cdot \cos^2 \dfrac{B}{2}}{\cos \dfrac{C}{2} \cdot \cos \dfrac{B}{2}}$;

$I_A I_C^2 = 4R(r_A + r_C), I_A I_C = \dfrac{a \cdot \cos^2 \dfrac{C}{2} + c \cdot \cos^2 \dfrac{A}{2}}{\cos \dfrac{A}{2} \cdot \cos \dfrac{C}{2}}$;

(9) $OI_A^2 = R^2 + 2Rr_A, OI_B^2 = R^2 + 2Rr_B, OI_C^2 = R^2 + 2Rr_C$.

为了证明上述结论,先看几条引理:

引理 1 (1) $6OI^2 + 3IH^2 = 2OH^2 + 9IG^2$;

(2) $2OI^2 + IH^2 = 6OG^2 + 3IG^2$;

(3) $4OI^2 + 2IH^2 = 3GH^2 + 6IG^2$.

事实上,由 O, G, H 三点共线且 $OG = \dfrac{1}{2}GH$,有 $OG = \dfrac{1}{3}OH, GH = \dfrac{2}{3}OH$. 在 $\triangle IOH$ 中应用斯特瓦尔特定理,有

$$OI^2 \cdot GH = IH^2 \cdot OG - IG^2 \cdot OH = OH \cdot OG \cdot GH \qquad \text{①}$$

将 $GH = \dfrac{2}{3}OH, OG = \dfrac{1}{3}OH$ 代入式①即得(1);将 $OH = 3OG$ 代入(1)即得(2);

将 $OH = \dfrac{3}{2}GH$ 代入(1)得(3).

引理 2 点 P 为 $\triangle ABC$ 所在平面内的任一点,点 I 为内心,则

$$PI^2 = \dfrac{aPA^2 + bPB^2 + cPC^2 - abc}{a + b + c}$$

事实上,设 $\angle A$ 的平分线交 BC 于点 D,则 $BD = \dfrac{ac}{b+c}, CD = \dfrac{ab}{b+c}$,在 $\triangle PBC$ 中应用斯特瓦尔特定理,有

$$PD^2 = \dfrac{b}{b+c} \cdot PB^2 + \dfrac{c}{b+c} \cdot PC^2 - \dfrac{a^2 bc}{(b+c)^2}$$

又注意到 $\dfrac{AI}{ID}=\dfrac{b+c}{a}$, $AD^2=\dfrac{4bcp}{(b+c)^2}(p-a)$, 其中, $p=\dfrac{1}{2}(a+b+c)$.

在 $\triangle PAD$ 中应用斯特瓦尔特定理, 得

$$PI^2=\dfrac{AI}{AD}\cdot PD^2+\dfrac{ID}{AD}\cdot PA^2-AI\cdot ID$$

$$=\dfrac{b+c}{2p}\cdot PD^2+\dfrac{a}{2p}\cdot PA^2-\dfrac{abc(p-a)}{p(b+c)} \qquad ②$$

将 PD^2 代入式②即得结论.

引理 3 点 P 为 $\triangle ABC$ 所在平面内的任意一点, 点 G 为重心, 则

$$PA^2+PB^2+PC^2=3PG^2+\dfrac{1}{3}(a^2+b^2+c^2)$$

事实上, 设复平面上 $\triangle ABC$ 的顶点 A,B,C 分别对应复数 z_A,z_B,z_C, 则重心 G 对应的复数 $z_G=\dfrac{z_A+z_B+z_C}{3}$, 若 P 对应复数为 z, 则

$$3\left|z-\dfrac{z_A+z_B+z_C}{3}\right|^2=\dfrac{1}{3}|(z-z_1)+(z-z_2)+(z-z_3)|^2$$

$$=\dfrac{1}{3}[(z-z_1)+(z-z_2)+(z-z_3)]\cdot$$

$$[\overline{(z-z_1)}+\overline{(z-z_2)}+\overline{(z-z_3)}]$$

由此即可证得结论.

性质 16 证明提示 (1)可参见第 23 章性质 7 的推论 1, 或由引理 2, 令点 P 与 O 重合即可;

(2)由引理 2, 令点 P 与 G 重合, 注意 $PA^2=\dfrac{1}{9}(2b^2+2c^2-a^2)$ 等三式即得前一式, 应用 $\dfrac{1}{4}(a+b+c)^2-\dfrac{1}{2}(a^2+b^2+c^2)=r^2+4Rr$ 即得后一式;

(3)由引理 3, 令点 P 与 O 重合即得;

(4)由(3)及 $OG=\dfrac{1}{2}GH$ 即证;

(5)由(3)及 $OH=3OG$ 即证;

(6)由引理 2, 令点 P 与 H 重合, 注意 $PA^2=a^2(\csc^2 A-1)=4R^2-a^2$ 等三式即得第一、二式; 后面几式运用前面(1)(2)(3)及引理 1 可推之;

(7)由 $r\cdot\cot\dfrac{B}{2}+r\cdot\cot\dfrac{C}{2}=BC=r_A\cdot\cot\dfrac{\pi-B}{2}+r_A\cdot\cot\dfrac{\pi-C}{2}$, 可得

$$r_A\left(\frac{r}{r_C}+\frac{r}{r_B}\right)=BC\cdot\tan\frac{A}{2}$$

进一步可推得 $\sin^2\frac{A}{2}=\frac{r_A-r}{4R}$（注意到 $r_A+r_B+r_C-r=4R$），再由 $II_A=AI_A-AI=\frac{r_A}{\sin\frac{A}{2}}-\frac{r}{\sin\frac{A}{2}}$ 即证得第一式,其余同理推得;

（8）注意 I_A,C,I_B 三点共线,由正弦定理

$$\frac{I_AI_B}{\sin(\frac{\pi}{2}+\frac{C}{2})}=\frac{|II_B|}{\sin\frac{B}{2}}$$

注意

$$II_B^2=4R(r_B-r)$$

及

$$\sin^2\frac{C}{2}=\frac{r_C-r}{4R} \qquad ③$$

$$\sin^2\frac{B}{2}=\frac{r_B-r}{4R} \qquad ④$$

$$r_A+r_B=4R-r_C+r \qquad ⑤$$

即得式③;在 $\triangle I_ABC$ 和 $\triangle I_BAC$ 中分别用正弦定理,注意 $I_AI_B=I_AC+CI_B$ 即得式④,余下同理推得;

（9）略(也可参见本章思考题中第32题).

性质17 有关字母同性质16所设,设 R^* 为 $\triangle I_AI_BI_C$ 的外接圆半径,点 O^* 为其外心,则 $(1)R^*=2R$;$(2)IO^*=2IO$.

性质18 有关字母同性质16所设,令 $p=\frac{1}{2}(a+b+c)$,则有心径公式:

(1) $OA=OB=OC=R$;

(2) $HA=2R|\cos A|,HB=2R|\cos B|,HC=2R|\cos C|$;

(3) $IA=4R\sin\frac{B}{2}\cdot\sin\frac{C}{2}=\frac{r}{\sin\frac{A}{2}}=\frac{p-a}{\cos\frac{A}{2}}$,…三式;

(4) $I_AA=4R\cdot\cos\frac{B}{2}\cdot\cos\frac{C}{2}=\frac{r_A}{\sin\frac{A}{2}}=\frac{P}{\cos\frac{A}{2}}$,…三式;

(5) $GA=\frac{1}{2}\sqrt{2b^2+2c^2-a^2}$,…三式.

性质19 设点 I,G,H,K 及点 O_1,O_2,O_3 分别为 $\triangle ABC$ 的内心、重心、垂心、第一界心及 $\angle A,\angle B,\angle C$ 内的旁切圆圆心,R,r 分别为 $\triangle ABC$ 的外接圆、内切圆半径,设 $BC=a,CA=b,AB=c$,则:

(1) $HK^2 = 4(R^2 - 2Rr)$;

(2) $KG^2 = \dfrac{2}{9}(a^2+b^2+c^2) - \dfrac{8}{3}r(2R-r)$;

(3) $IK^2 = 6r^2 + \dfrac{1}{2}(a^2+b^2+c^2) - 12Rr$;

(4) $HO_i^2 = 4R^2 + 2r_i^2 - \dfrac{1}{2}(a^2+b^2+c^2)$ (r_i 为旁切圆半径,$i=1,2,3$).

证明 (1)如图 12.3,作 $KM \perp BC$ 于点 M,设 AH 交 BC 于点 L,则 $CD = s - b$(其中 s 为半周长),$CD = b \cdot \cos C$.

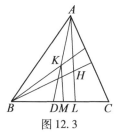

图 12.3

$$DL = (s-b) - b\cos C = 4R\cos\frac{B}{2}\cos\frac{C}{2} \cdot \sin\frac{C-B}{2} \quad (\text{不妨设} \angle C \geqslant \angle B)$$

而

$$\frac{DM}{DL} = \frac{KM}{AL} = \tan\frac{B}{2} \cdot \tan\frac{C}{2}$$

所以

$$DM = DL\tan\frac{B}{2} \cdot \tan\frac{C}{2}$$

$$ML = DL - DM = DL(1 - \tan\frac{B}{2} \cdot \tan\frac{C}{2})$$

$$= DL \cdot \frac{\sin\frac{A}{2}}{\cos\frac{B}{2} \cdot \cos\frac{C}{2}} = 4R\sin\frac{A}{2} \cdot \sin\frac{C-B}{2}$$

又

$$KM = AL\tan\frac{B}{2} \cdot \tan\frac{C}{2} = b\sin C\tan\frac{B}{2} \cdot \tan\frac{C}{2} = 8R\sin^2\frac{B}{2}\sin^2\frac{C}{2}$$

所以
$$HL = b\sin C - 2R\cos A = \frac{b(\sin B\sin C - \cos A)}{\sin B} = 2R\cos B\cos C$$

从而
$$\begin{aligned}KH^2 &= (KM - HL)^2 + ML^2 \\ &= \left(8R\sin^2\frac{B}{2}\sin^2\frac{C}{2} - 2R\cos B\cos C\right)^2 + \\ &\quad 16R^2\sin^2\frac{A}{2}\cdot\sin^2\frac{C-B}{2} \\ &= 4R^2\{(1-\cos B-\cos C)^2 + \\ &\quad (1-\cos A)[1-\cos(B-C)]\} \\ &= 4R^2[3 - 2(\cos A + \cos B + \cos C)] \\ &= 4R^2\left(1 - 8\sin\frac{A}{2}\cdot\sin\frac{B}{2}\cdot\sin\frac{C}{2}\right) \\ &= 4(R^2 - 2Rr)\end{aligned}$$

(2) 如图 12.4, $BD = s - c = \frac{1}{2}(a+b-c)$.

由余弦定理可得
$$AD^2 = c^2 + \frac{1}{4}(a+b-c)^2 - \frac{(a+b-c)(a^2+c^2-b^2)}{2a}$$

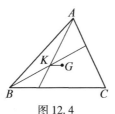

图 12.4

又 $\dfrac{AD}{AK} = \dfrac{s}{a} = \dfrac{a+b+c}{2a}$, 所以 $AK = \dfrac{2a\cdot AD}{a+b+c}$. 则

$$\begin{aligned}AK^2 &= \frac{4a^2\cdot AD^2}{(a+b+c)^2} \\ &= \frac{1}{(a+b+c)^2}[4a^2c^2 + a^2(a+b-c)^2 - 2a(a+b-c)(a^2+c^2-b^2)] \\ &= \frac{1}{(a+b+c)^2}[3a^2(b^2+c^2) + 2a(b^3+c^3) - a^4 - 2abc(a+b+c)]\end{aligned}$$

同理

$$BK^2 = \frac{1}{(a+b+c)^2}\left[3b^2(a^2+c^2)+2b(a^3+c^3)-b^4-2abc(a+b+c)\right]$$

$$CK^2 = \frac{1}{(a+b+c)^2}\left[3c^2(a^2+b^2)+2c(a^3+b^3)-c^4-2abc(a+b+c)\right]$$

所以

$$AK^2+BK^2+CK^2$$
$$=\frac{2(a^3+b^3+c^3)}{a+b+c}-\frac{8abc}{a+b+c}+\frac{3(2a^2b^2+2b^2c^2+2c^2a^2)}{(a+b+c)^2}-\frac{3(a^4+b^4+c^4)}{(a+b+c)^2}$$

而

$$a^2(b^2+c^2-a^2)=2Rabc\sin 2A$$
$$b^2(c^2+a^2-b^2)=2Rabc\sin 2B$$
$$c^2(a^2+b^2-c^2)=2Rabc\sin 2C$$

所以
$$2a^2b^2+2b^2c^2+2c^2a^2-a^4-b^4-c^4=2Rabc(\sin 2A+\sin 2B+\sin 2C)$$
$$=8Rabc\sin A\sin B\sin C=\frac{(abc)^2}{R^2}$$

又

$$\frac{a^3+b^3+c^3+abc}{a+b+c}=\frac{1}{2}(a^2+b^2+c^2)-2r^2 \cdot \frac{abc}{a+b+c}=2Rr$$

所以
$$AK^2+BK^2+CK^2 = (a^2+b^2+c^2)-4r^2-16Rr+12r^2$$
$$= (a^2+b^2+c^2)+8r^2-16Rr$$

从而
$$KG^2 = \frac{1}{3}(AK^2+BK^2+CK^2)-\frac{1}{9}(a^2+b^2+c^2)$$
$$= \frac{2}{9}(a^2+b^2+c^2)-\frac{8}{3}r(2R-r)$$

(3) 如图 12.5,联结 AI,AG,AK 并延长交 BC 于点 E,F,D,联结 IK 交 AF 于点 G'.

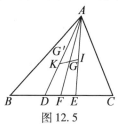

图 12.5

因为 $\dfrac{BE}{EC}=\dfrac{c}{b}$,所以 $\dfrac{BE}{a}=\dfrac{c}{b+c}$.

而
$$EF=\dfrac{1}{2}a-\dfrac{ac}{b+c}=\dfrac{a(b-c)}{2(b+c)} \quad (\text{不妨设 } b\geqslant c)$$

又 $CD=s-b$,所以 $FD=\dfrac{1}{2}a-(s-b)=\dfrac{b-c}{2}$.

所以 $\dfrac{EF}{FD}=\dfrac{a}{b+c}$,而 $\dfrac{EI}{IA}=\dfrac{BE}{AB}=\dfrac{a}{b+c}$.

故 $\dfrac{EF}{FD}=\dfrac{FI}{IA}$,所以 $IF\parallel AD$.

由 $\dfrac{AK}{AD}=\dfrac{s}{a}$,可得 $AD=\dfrac{a}{s}AK$.

因为 $IF\parallel AD$,所以 $\dfrac{IF}{AD}=\dfrac{EI}{EA}=\dfrac{a}{2s}$.

即 $\dfrac{IF}{\dfrac{a}{s}AK}=\dfrac{a}{2s}$,亦即 $\dfrac{IF}{AK}=\dfrac{1}{2}$,从而 $\dfrac{AG}{G'F}=\dfrac{IF}{AK}=\dfrac{1}{2}$.

所以点 G 为 $\triangle ABC$ 的重心,故 $\dfrac{IK}{KG}=\dfrac{3}{2}$. 即

$$IK^2=\dfrac{9}{4}KG^2=6r^2+\dfrac{1}{2}(a^2+b^2+c^2)-12Rr$$

(4) 如图 12.6.

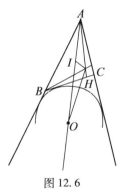

图 12.6

$$AI=\dfrac{r}{\sin\dfrac{A}{2}},AH=2R|\cos A|,IH^2=4R^2+2r^2-\dfrac{1}{2}(a^2+b^2+c^2)$$

所以

$$\cos \angle IAH = \frac{AI^2 + AH^2 - IH^2}{2AI \cdot AH}$$

$$= \frac{\dfrac{r^2}{\sin^2 \dfrac{A}{2}} + 4R^2\cos^2 A - 4R^2 - 2r^2 + \dfrac{1}{2}(a^2+b^2+c^2)}{\dfrac{4Rr|\cos A|}{\sin \dfrac{A}{2}}}$$

$$= \frac{\sin \dfrac{A}{2}\left[\dfrac{r^2}{\sin^2 \dfrac{A}{2}} - a^2 - 2r^2 + \dfrac{1}{2}(a^2+b^2+c^2)\right]}{4Rr|\cos A|}$$

故

$$HO_1^2 = AO_1^2 + AH^2 - 2AO_1 \cdot AH \cdot \cos \angle IAH$$

$$= \frac{r_1^2}{\sin^2 \dfrac{A}{2}} + 4R^2\cos^2 A - \frac{r_1}{r}\left[\frac{r^2}{\cos^2 \dfrac{A}{2}} - a^2 - 2r^2 + \frac{1}{2}(a^2+b^2+c^2)\right]$$

$$= 4Rr_1 + 4R^2 - a^2 + 8R^2\sin^2 \frac{A}{2}\sin B \sin C + \frac{r_1}{2r}(a^2 - b^2 - c^2)$$

$$= 4R^2 + 4Rr_1 + bc - \frac{1}{2}(a^2+b^2+c^2) + \frac{r_1}{2r}(a^2 - b^2 - c^2)$$

而

$$4Rr_1 + bc + \frac{r_1}{2r}(a^2 - b^2 - c^2)$$

$$= 16R^2 \sin \frac{A}{2}\cos \frac{B}{2}\cos \frac{C}{2} + 4R^2 \sin B \sin C -$$

$$\frac{\cos \dfrac{B}{2}\cos \dfrac{A}{2}}{\sin \dfrac{B}{2}\sin \dfrac{C}{2}} \cdot 4R^2 \sin B \sin C \cos A$$

$$= 16R^2 \cos^2 \frac{B}{2}\cos^2 \frac{C}{2}(1 - \cos A)$$

$$= 32R^2 \sin^2 \frac{A}{2}\cos^2 \frac{B}{2}\cos^2 \frac{C}{2} = 2r_1^2$$

所以 $HO_1^2 = 4R^2 + 2r_1^2 - \dfrac{1}{2}(a^2+b^2+c^2)$

同理可得其余各式.

例 4 在 $\triangle ABC$ 中,内心到外心的距离等于重心到外心的距离的充要条件是 $a^2+b^2+c^2=18Rr$.

证明 由性质 16 中(1)(3)即得.

例 5 在 $\triangle ABC$ 中,内心与外心之间的距离等于垂心与内心之间距离的充要条件是三内角中有一个角为 $60°$.

证明 若 $\angle B=60°$,则 $a^2+b^2-ac=b^2$,$b^2=2R\cdot\sin B=\sqrt{3}R$,由性质 16 的 (6) 中第一式,得

$$IH^2 = 4R - \frac{(a+c)(a^2+c^2-ac)+b^3}{a+b+c} - \frac{abc}{a+b+c}$$

$$= 4R - b^2 - 2Rr = R^2 - 2Rr = IO^2$$

$$\Rightarrow IH = IO$$

反之,由 $IH=IO$,有

$$\frac{a^3+b^3+c^3}{a+b+c}=3R^2$$

由正弦定理,得

$$(3\sin A - 4\sin^3 A)+(3\sin B - 4\sin^3 B)+(3\sin C - 4\sin^3 C)=0$$

即
$$\sin 3A + \sin 3B + \sin 3C = 0$$

亦即
$$\cos\frac{3}{2}A \cdot \cos\frac{3}{2}B \cdot \cos\frac{3}{2}C = 0$$

故 $\angle A,\angle B,\angle C$ 中至少有一个角为 $60°$.

12.4 三角形各"心"的有关线段关系式

定理 2 设 $\triangle ABC$ 的三顶点 A,B,C 所对的边长分别为 a,b,c,点 D 是 BC 上的一点,且 $BD:BC=\lambda:1$,则
$$AD^2 = \lambda(\lambda-1)a^2 + \lambda b^2 + (1-\lambda)c^2 \qquad ⑥$$

证明 由 $BD:BC=\lambda:1$,有 $BD=\lambda a$.

在 $\triangle ABC$ 中,由余弦定理,有 $\cos B = \dfrac{c^2+a^2-b^2}{2ac}$

在 $\triangle ABD$ 中,由余弦定理,有
$$AD^2 = BD^2 + AB^2 - 2AB \cdot BD \cdot \cos B$$
$$= \lambda^2 a^2 + c^2 - \lambda c^2 - \lambda a^2 + \lambda b^2$$

$$= \lambda(\lambda - 1)a^2 + \lambda b^2 + (1 - \lambda)c^2$$

由于式⑥中含有参数 λ，我们适当地选取 λ 的值，可得出 $\triangle ABC$ 中的有关"心"的线段之长.

(1) 取 $\lambda = \dfrac{1}{2}$，则得边 BC 上的中线 $m_A = \dfrac{1}{2}\sqrt{2(b^2 + c^2) - a^2}$.

同理 $m_B = \dfrac{1}{2}\sqrt{2(a^2 + c^2) - b^2}$，$m_C = \dfrac{1}{2}\sqrt{2(a^2 + b^2) - c^2}$.

(2) 取 $\lambda = \dfrac{c}{b+c}$，则 $\angle A$ 的平分线 $t_A = \dfrac{2\sqrt{bcp(p-a)}}{b+c}$，其中，$p = \dfrac{1}{2}(a+b+c)$. 同理可求得 t_B, t_C.

(3) 取 $\lambda = \dfrac{a^2 - b^2 + c^2}{2a^2}$，则边 BC 上的高 $h_A = \dfrac{2}{a}\sqrt{p(p-a)(p-b)(p-c)}$，$p = \dfrac{1}{2}(a+b+c)$. 同理可求得 h_B, h_C.

(4) 取 $\lambda = \dfrac{c}{c-b}$ ($b \neq c$)，则 $\angle A$ 的外角平分线 $t_A' = \dfrac{2}{|c-b|} \cdot \sqrt{bc(p-b)(p-c)}$，其中，$p = \dfrac{1}{2}(a+b+c)$.

同理可求得 t_B', t_C'.

定理 3 设点 I, O, G, H, I_x 分别是 $\triangle ABC$ 的内心、外心、重心、垂心、旁心（外切顶点 x 所对的边）；$R, r, r_x, m_x, h_x, t_x, t_x'$ 分别为其外接圆半径、内切圆半径、顶点 x 所对的边或顶点 x 处的旁切圆半径、中线长、高线长、角平分线长、外角平分线长，则：

(1) $\dfrac{IA}{\sin\dfrac{B}{2} \cdot \sin\dfrac{C}{2}} = \dfrac{IB}{\sin\dfrac{C}{2} \cdot \sin\dfrac{A}{2}} = \dfrac{IC}{\sin\dfrac{A}{2} \cdot \sin\dfrac{B}{2}} = 4R$;

(2) $\dfrac{t_A}{\sin B \cdot \sin C \cdot \sec\dfrac{B-C}{2}} = \dfrac{t_B}{\sin C \cdot \sin A \cdot \sec\dfrac{C-A}{2}}$

$$= \dfrac{t_C}{\sin B \cdot \sin A \cdot \sec\dfrac{A-B}{2}} = 2R;$$

(3) $\dfrac{OD}{\cos A} = \dfrac{OE}{\cos B} = \dfrac{OF}{\cos C} = R;$

(其中，点 D, E, F 分别为点 O 在边 BC, CA, AB 上的射影)

(4) $\dfrac{AA_1}{\sin B \cdot \sin C \cdot \sec(B-C)} = \dfrac{BB_1}{\sin C \cdot \sin A \cdot \sec(C-A)}$
$= \dfrac{CC_1}{\sin A \cdot \sin B \cdot \sec(A-B)} = 2R;$

(其中,点 A_1, B_1, C_1 分别为 AO, BO, CO 与其对边的交点)

(5) $\dfrac{GD}{\sin B \cdot \sin C} = \dfrac{GE}{\sin C \cdot \sin A} = \dfrac{GF}{\sin A \cdot \sin B} = \dfrac{2}{3}R;$

(其中,点 D, E, F 分别为点 G 在边 BC, CA, AB 上的射影)

(6) $\dfrac{m_A}{\frac{1}{2}\sqrt{2\sin^2 B + 2\sin^2 C - \sin^2 A}} = \dfrac{m_B}{\frac{1}{2}\sqrt{2\sin^2 A + 2\sin^2 C - \sin^2 B}}$
$= \dfrac{m_C}{\frac{1}{2}\sqrt{2\sin^2 A + 2\sin^2 B - \sin^2 C}} = 2R;$

(7) $\dfrac{HA}{|\cos A|} = \dfrac{HB}{|\cos B|} = \dfrac{HC}{|\cos C|} = 2R;$

(8) $\dfrac{HD}{|\cos B \cdot \cos C|} = \dfrac{HE}{|\cos C \cdot \cos A|} = \dfrac{HF}{|\cos A \cdot \cos B|} = 2R;$

(其中,点 D, E, F 分别为点 H 在边 BC, CA, AB 上的射影)

(9) $\dfrac{h_A}{|\sin B \cdot \sin C|} = \dfrac{h_B}{|\sin C \cdot \sin A|} = \dfrac{h_C}{|\sin A \cdot \sin B|} = 2R;$

(10) $\dfrac{I_A A}{\cos\frac{B}{2} \cdot \cos\frac{C}{2}} = \dfrac{I_A B}{\sin\frac{A}{2} \cdot \cos\frac{C}{2}} = \dfrac{I_A C}{\sin\frac{A}{2} \cdot \cos\frac{B}{2}} = 4R;$

(11) $\dfrac{r_A}{\sin\frac{A}{2} \cdot \cos\frac{B}{2} \cdot \cos\frac{C}{2}} = \dfrac{r_B}{\sin\frac{B}{2} \cdot \cos\frac{C}{2} \cdot \cos\frac{A}{2}}$
$= \dfrac{r_C}{\sin\frac{C}{2} \cdot \cos\frac{A}{2} \cdot \cos\frac{B}{2}} = 4R;$

(12) $\dfrac{t_A{'}}{\sin B \cdot \sin C \cdot \sec\frac{B-C}{2}} = \dfrac{t_B{'}}{\sin A \cdot \sin C \cdot \sec\frac{A-C}{2}}$
$= \dfrac{t_C{'}}{\sin A \cdot \sin B \cdot \sec\frac{A-B}{2}} = 2R.$

（其中，$\angle A > \angle B > \angle C$.）

证明提示 （1）由面积等式 $\frac{1}{2}r(a+b+c) = 2R^2 \cdot \sin A \cdot \sin B \cdot \sin C$，有

$$r = 4R \cdot \sin\frac{A}{2} \cdot \sin\frac{B}{2} \cdot \sin\frac{C}{2}$$

则

$$IA = \frac{r}{\sin\frac{A}{2}} = 4R \cdot \sin\frac{B}{2} \cdot \sin\frac{C}{2}$$

等三式即证；

（2）由正弦定理及

$$t_A = \frac{2bc}{b+c} \cdot \cos\frac{A}{2} = \frac{8R^2 \cdot \sin B \cdot \sin C}{2R(\sin B + \sin C)} \cdot \cos\frac{A}{2}$$

$$= 2R \cdot \sin B \cdot \sin C \cdot \sec\frac{B-C}{2}$$

等三式即证；

（3）略；

（4）由

$$AA_1 = OA_1 + R = \frac{R \cdot AB \cdot \sin B}{AB \cdot \sin B - R \cdot \cos A}$$

$$= 2R \cdot \sin B \cdot \sin C \cdot \sec(B-C)$$

等三式即证；

（5）由 $GD = \frac{1}{3}AB \cdot \sin B = \frac{2}{3}R \cdot \sin A \cdot \sin B$ 等即证；

（6）由 $m_A = \frac{1}{2}\sqrt{2b^2 + 2c^2 - a^2}$ 及正弦定理即证；

（7）由 $AH = \frac{AC \cdot |\cos A|}{\sin B} = 2R \cdot |\cos A|$ 等三式即证；

（8）由 $HD = |AD - AH| = 2R \cdot |\cos B \cdot \cos C|$ 等三式即证；

（9）由 $h_A = \frac{a}{\cot B + \cot C} = \frac{a \cdot \sin B \cdot \sin C}{\sin A} = 2R \cdot \sin B \cdot \sin C$ 即证；

（10）由 $\frac{AC}{\sin\frac{B}{2}} = \frac{I_A A}{\sin\left(\frac{\pi}{2} + \frac{C}{2}\right)}$ 等三式即证；

（11）由 $r_A = I_A A \cdot \sin\frac{A}{2} = 4R \cdot \sin\frac{A}{2} \cdot \cos\frac{B}{2} \cdot \cos\frac{C}{2}$ 等即证；

(12) 由 $\dfrac{t_A'}{\sin(\pi-B)} = \dfrac{c}{\sin\angle AT''B} = \dfrac{c}{\sin\left[\pi-(\pi-B)-\dfrac{1}{2}(B+C)\right]}$ 即证.

定理4 设点 P 为 $\triangle ABC$ 平面内的一点,AP,BP,CP 所在的直线分别交 $\triangle ABC$ 的外接圆于点 A',B',C',则:

(1) 若点 P 为 $\triangle ABC$ 的外心, 对锐角三角形, 有 $S_{\triangle ABC} = S_{\triangle A'BC} + S_{\triangle AB'C} + S_{\triangle ABC'}$;

对非锐角三角形(不妨设 $\angle A \geqslant 90°$,下同),有 $S_{\triangle ABC} = S_{\triangle A'BC} - S_{\triangle AB'C} - S_{\triangle ABC'}$;

(2) 若点 P 为 $\triangle ABC$ 的垂心, 有同(1)的结论;

(3) 若点 P 为 $\triangle ABC$ 的重心, 又 $S_{\triangle ABC} \leqslant S_{\triangle A'BC} + S_{\triangle AB'C} + S_{\triangle ABC'}$, 所以当且仅当 $\triangle ABC$ 为正三角形时取得等号;

(4) 若点 P 为 $\triangle ABC$ 的内心, 有同(3)的结论.

定理5 (1) 三角形的内心与外心的距离等于内心到垂心之距离的充要条件是有一个角为 $60°$;(证明见本章例5)

(2) 三角形的内心、外心、垂心与两顶点五点共圆的充要条件是另一顶点的内角为 $60°$.(证明见第36章(下篇)性质3)

定理6 设点 P 是 $\triangle ABC$ 的巧合点,联结 AP 交 BC 边于点 D,过点 P 的直线分别与 AB,AC 所在的直线交于点 E,F,则 $\dfrac{AD}{AP} = \dfrac{AB}{AE} \cdot \dfrac{CD}{BC} + \dfrac{AC}{AF} \cdot \dfrac{BD}{BC}$.

特别地,当点 P 分别为外心 O,内心 I,垂心 H,重心 G,角 A 内的旁心 I_A 时,有:

(1) $\dfrac{AB}{AE} \cdot \sin 2B + \dfrac{AC}{AF} \cdot \sin 2C = \sin 2A + \sin 2B + \sin 2C$;

(2) $\dfrac{AB}{AE} \cdot \sin B + \dfrac{AC}{AF} \cdot \sin C = \sin A + \sin B + \sin C$

(3) $\dfrac{AB}{AE} \cdot \tan B + \dfrac{AC}{AF} \cdot \tan C = \tan A + \tan B + \tan C$;

(4) $\dfrac{AB}{AE} + \dfrac{AC}{AF} = 3$;

(5) $\dfrac{AB}{AE} \cdot \sin B + \dfrac{AC}{AF} \cdot \sin C = -\sin A + \sin B + \sin C$.

事实上,由

$$\dfrac{AD}{AP} = \dfrac{AD+DP}{AP} = \dfrac{S_{\triangle AEF}+S_{\triangle DEF}}{S_{\triangle AEF}} = \dfrac{S_{\triangle AED}+S_{\triangle AFD}}{\dfrac{AE \cdot AF}{AB \cdot AC} \cdot S_{\triangle ABC}}$$

$$= \frac{\frac{AE}{AB} \cdot S_{\triangle ABD} + \frac{AF}{AC} \cdot S_{\triangle ACD}}{\frac{AE}{AB} \cdot \frac{AF}{AC} \cdot S_{\triangle ABC}} = \frac{AC}{AF} \cdot \frac{BD}{BC} + \frac{AB}{AE} \cdot \frac{CD}{BC}$$

及

$$\frac{AD}{AO} = \frac{\sin 2A + \sin 2B + \sin 2C}{\sin 2B + \sin 2C}, \frac{AD}{AI} = \frac{AB + CA + BC}{AB + AC}$$

$$\frac{AD}{AG} = \frac{3}{2}, \frac{AD}{AH} = \frac{AD \cdot \tan A}{BC}, \frac{AD}{AI_A} = \frac{AB + AC - BC}{AB + AC}$$

等式,即可推得.

定理 7 设点 P 是 $\triangle ABC$ 的巧合点,直线 AD, BP, CP 分别与边 BC, CA, AB 或其延长线交于 D, E, F,则对于有向线段的比,有 $\frac{PD}{AP} + \frac{PE}{BP} + \frac{PF}{CP} = 1$.

事实上,当点 P 为 $\triangle ABC$ 所在平面内任一点上式均成立. 引入三角形有向面积,运用面积比即证.

为了便于介绍下面的三角形重心和布洛卡角的一个新结论需给出如下约定①.

如图 12.7,设点 G 为 $\triangle ABC$ 的重心,D, E, F 为 BC, CA, AB 的中点,$S_\triangle, R$ 为 $\triangle ABC$ 的面积和外接圆半径,三内角 A, B, C 所对的三边长分别为 a, b, c, m_a, m_b, m_c 表示 a, b, c 所对的三条中线的长,$A_1, A_2, B_1, B_2, C_1, C_2$ 分别表示 $\angle GAB$,$\angle GAC, \angle GBC, \angle GBA, \angle GCA, \angle GCB$ 的大小,ω 为 $\triangle ABC$ 的布洛卡角的大小,设

$$\mu = \cot A_1 + \cot A_2 + \cot B_1 + \cot B_2 + \cot C_1 + \cot C_2$$
$$\lambda = (\cot A_1 + \cot A_2)^2 + (\cot B_1 + \cot B_2)^2 + (\cot C_1 + \cot C_2)^2$$
$$\rho = (\cot A_1 + \cot A_2)(\cot B_1 + \cot B_2) + (\cot B_1 + \cot B_2)(\cot C_1 + \cot C_2) +$$
$$(\cot C_1 + \cot C_2)(\cot A_1 + \cot A_2)$$

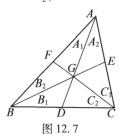

图 12.7

---

① 卢圣,杨艳玲. 关于三角形重心和布洛卡角的一个新性质[J]. 数学通报, 2015(10):55.

定理 8　（1）$\mu = 6\cot\omega$；

（2）$\lambda = 18(\cot^2\omega - 1)$；

（3）$\rho = 9(\cot^2\omega + 1)$．

证明　首先给出如下 4 条引理：

引理 1　$m_a^2 + m_b^2 + m_c^2 = \dfrac{3}{4}(a^2 + b^2 + c^2)$；

$m_a^4 + m_b^4 + m_c^4 = \dfrac{9}{16}(a^4 + b^4 + c^4)$；

$m_a^2 m_b^2 + m_b^2 m_c^2 + m_c^2 m_a^2 = \dfrac{9}{16}(a^2 b^2 + b^2 c^2 + c^2 a^2)$．

引理 2　$S_\triangle = 2R^2 \sin A \sin B \sin C$

引理 3　$\cot\omega = \cot A + \cot B + \cot C = \dfrac{a^2 + b^2 + c^2}{4S_\triangle}$．

引理 4　$\cot A \cot B + \cot B \cot C + \cot C \cot A = 1$．

定理 8（1）　如图 12.7，由正弦定理，有

$$\frac{AD}{\sin B} = \frac{BD}{\sin A_1}, \frac{AD}{\sin C} = \frac{DC}{\sin A_2}$$

所以

$$m_a^2 = AD^2 = \frac{BD \cdot CD \sin B \sin C}{\sin A_1 \sin A_2} = \frac{a^2 \sin B \sin C}{4\sin A_1 \sin A_2}$$

$$= \frac{2R^2 \sin A \sin B \sin C \sin A}{2\sin A_1 \sin A_2} = \frac{S_\triangle}{2} \cdot \frac{\sin(A_1 + A_2)}{\sin A_1 \sin A_2}$$

$$= \frac{S_\triangle}{2} \cdot \frac{\sin A_1 \cos A_2 + \cos A_1 \sin A_2}{\sin A_1 \sin A_2}$$

$$= \frac{S_\triangle}{2}(\cot A_1 + \cot A_2)$$

即

$$\cot A_1 + \cot A_2 = \frac{2m_a^2}{S_\triangle}$$

同理

$$\cot B_1 + \cot B_2 = \frac{2m_b^2}{S_\triangle}, \cot C_1 + \cot C_2 = \frac{2m_c^2}{S_\triangle}$$

所以

$$\mu = \frac{2m_a^2}{S_\triangle} + \frac{2m_b^2}{S_\triangle} + \frac{2m_c^2}{S_\triangle} = \frac{2(m_a^2 + m_b^2 + m_c^2)}{S_\triangle}$$

$$= \frac{6(a^2 + b^2 + c^2)}{4S_\triangle} = 6\cot\omega$$

定理 8(2)

$$\lambda = \frac{4m_a^4}{S_\triangle^2} + \frac{4m_b^4}{S_\triangle^2} + \frac{4m_c^4}{S_\triangle^2} = \frac{4(m_a^4 + m_b^4 + m_c^4)}{S_\triangle^2} = \frac{9(a^4 + b^4 + c^4)}{4S_\triangle^2}$$

$$= \frac{9(a^2 + b^2 + c^2)^2 - 18(a^2b^2 + b^2c^2 + c^2a^2)}{4S_\triangle^2}$$

$$= 36\left(\frac{a^2 + b^2 + c^2}{4S_\triangle}\right)^2 - \frac{9(a^2b^2 + b^2c^2 + c^2a^2)}{2S_\triangle^2}$$

$$= 36\cot^2\omega - 18 \cdot \frac{\sin^2 A\sin^2 B + \sin^2 B\sin^2 C + \sin^2 C\sin^2 A}{\sin^2 A\sin^2 B\sin^2 C}$$

$$= 36\cot^2\omega - 18\left(\frac{1}{\sin^2 A} + \frac{1}{\sin^2 B} + \frac{1}{\sin^2 C}\right)$$

$$= 36\cot^2\omega - 18(3 + \cot^2 A + \cot^2 B + \cot^2 C)$$

$$= 36\cot^2\omega - 18[3 + (\cot A + \cot B + \cot C)^2 -$$
$$2(\cot A\cot B + \cot B\cot C + \cot C\cot A)]$$

$$= 36\cot^2\omega - 18(\cot^2\omega + 1) = 18(\cot^2\omega - 1)$$

定理 8(3)　由代数恒等式

$$(x + y + z)^2 = x^2 + y^2 + z^2 + 2xy + 2yz + 2zx$$

知 μ, λ, ρ 有如下的等量关系:$\mu^2 = \lambda + 2\rho$.

将(1)(2)的结论代入上式,解得 $\rho = 9(\cot^2\omega + 1)$.

例 6　如图 12.8,已知圆 $O(R)$ 的内接 $\triangle ABC$ 的内心为点 I,内切圆半径为 r,延长 AI, BI, CI 分别交圆 $O(R)$ 于点 G, K, L,令 $\triangle IBG, \triangle ICK, \triangle IAL, \triangle IGC, \triangle IKA$, $\triangle ILB$ 的外接圆半径分别为 $R_1', R_2', R_3', R_1, R_2, R_3$,设 AG 与 BC 交于点 S. 求证
$$R_1' \cdot R_2' \cdot R_3' = R_1 \cdot R_2 \cdot R_3$$

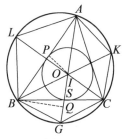

图 12.8

证明　如图 12.8,作 $BQ \perp AG$ 于点 Q, $IP \perp AB$ 于点 P. 设 $\angle BAC, \angle ABC$, $\angle BCA$ 所对三边分别为 a, b, c. 由 $\triangle IAP \sim \triangle BAQ$,有 $\frac{AI}{r} = \frac{c}{BQ}$,即 $BQ = \frac{rc}{AI}$. 由

$\dfrac{CS}{BS}=\dfrac{AC}{AB}$,$\dfrac{AC}{AS}=\dfrac{AG}{AB}$ 有

$$CS=\dfrac{ab}{b+c},\ bc=AS\cdot AG$$

又 $AS=\dfrac{2}{b+c}\sqrt{bcp(p-a)}$,其中,$p=\dfrac{1}{2}(a+b+c)$,所以

$$AG=\dfrac{bc}{AS}=\dfrac{b+c}{2}\sqrt{\dfrac{bc}{p(p-a)}}$$

又由 $\triangle ASC \sim \triangle ABG$,所以

$$BG=\dfrac{AG\cdot CS}{b}=\dfrac{a}{2}\sqrt{\dfrac{bc}{p(p-a)}}$$

再在 $\triangle BOG$ 中,由 $BI\cdot GB=2R_1{}'\cdot BQ$,有

$$R_1{}'=\dfrac{a\cdot AI\cdot BI}{4r}\sqrt{\dfrac{b}{cp(p-a)}}$$

类似求得

$$R_1=\dfrac{a\cdot AI\cdot GI}{4r}\sqrt{\dfrac{c}{cp(p-a)}}$$

$$R_2{}'=\dfrac{b\cdot BI\cdot CI}{4r}\sqrt{\dfrac{c}{ap(p-b)}},\ R_2=\dfrac{b\cdot BI\cdot AI}{4r}\sqrt{\dfrac{a}{cp(p-b)}}$$

$$R_3{}'=\dfrac{c\cdot CI\cdot AI}{4r}\sqrt{\dfrac{a}{bp(p-c)}},\ R_3=\dfrac{c\cdot CI\cdot BI}{4r}\sqrt{\dfrac{b}{ap(p-c)}}$$

由此即证 $R_1{}'R_2{}'R_3{}'=R_1R_2R_3$.

例7 如图 12.9,设 AB 是圆 O 的一条弦,CD 是圆 O 的直径,且与弦 AB 相交. 求证:$|S_{\triangle CAB}-S_{\triangle DAB}|=2S_{\triangle OAB}$.

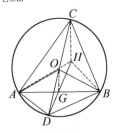

图 12.9

证明 如图 12.9,设点 H 为 $\triangle ABC$ 的垂心,联结 AH,BH,CH,作 $OG\perp AB$ 于点 G,则点 G 为 AB 的中点. 由 DA,BH 均与 AC 垂直知 $DA\parallel BH$,由 $DA=CD\cdot\cos\angle ADC$ 及 $BH=CD\cdot\cos\angle ABC$,知四边形 $ADBH$ 为平行四边形,则点 G 为

DH 的中点,且 $CH = 2OG$, $S_{\triangle DAB} = S_{\triangle HAB}$. 从而

$$|S_{\triangle CAB} - S_{\triangle DAB}| = S_{\triangle ACH} + S_{\triangle BCH} = \frac{1}{2} AB \cdot CH$$
$$= AB \cdot OG = 2S_{\triangle OAB}$$

注:如图 12.9,可知(设三角形所对的边为 a,b,c)
$$AH^2 + a^2 = BH^2 + b^2 = CH^2 + c^2 = 4R$$

例 8 设点 I 为 $\triangle ABC$ 的内心,角 A,B,C 的内角平分线分别交其对边于点 A',B',C'. 求证

$$\frac{1}{4} < \frac{AI \cdot BI \cdot CI}{AA' \cdot BB' \cdot CC'} \leq \frac{8}{27}$$

证明 由定理 3(1)(4)知

$$AI = 4R \cdot \sin \frac{B}{2} \cdot \sin \frac{C}{2}, AA' = 2R \cdot \sin B \cdot \sin C \cdot \sec \frac{B-C}{2}$$

即
$$\frac{AI}{AA'} = \frac{1}{2}(1 + \tan \frac{B}{2} \cdot \tan \frac{C}{2})$$

同理
$$\frac{BI}{BB'} = \frac{1}{2}(1 + \tan \frac{C}{2} \cdot \tan \frac{A}{2}), \frac{CI}{CC'} = \frac{1}{2}(1 + \tan \frac{A}{2} \cdot \tan \frac{B}{2})$$

因为
$$\tan \frac{A}{2} \cdot \tan \frac{B}{2} + \tan \frac{B}{2} \cdot \tan \frac{C}{2} + \tan \frac{C}{2} \cdot \tan \frac{A}{2} = 1$$

由均值不等式,可得

$$\frac{AI \cdot BI \cdot CI}{AA' \cdot BB' \cdot CC'}$$
$$\leq \left[\frac{1}{3} \cdot \frac{1}{2}(1+1+1+\tan \frac{A}{2} \cdot \tan \frac{B}{2}) + \tan \frac{B}{2} \cdot \tan \frac{C}{2} + \tan \frac{C}{2} \cdot \tan \frac{A}{2}\right]^3$$
$$= \frac{8}{27}$$

又
$$\frac{AI \cdot BI \cdot CI}{AA' \cdot BB' \cdot CC'}$$
$$= \frac{1}{8}(1 + \tan \frac{A}{2} \cdot \tan \frac{B}{2})(1 + \tan \frac{B}{2} \cdot \tan \frac{C}{2})(1 + \tan \frac{C}{2} \cdot \tan \frac{A}{2})$$
$$> \frac{1}{8}(1+1) = \frac{1}{4}$$

所以由此即证得原不等式成立.

例 9 凸四边形 $ABCD$ 的对角线交于点 M,点 P,Q 分别是 $\triangle AMD$ 和 $\triangle CMB$

的重心,点 R,S 分别是 $\triangle DMC$ 和 $\triangle MAB$ 的垂心. 求证: $PQ \perp RS$.

证明 如图 12.10,作 $\square AMDX$ 与 $\square CMBY$, 联结 MX, MY, SA, SB, SX, SY, RC, RD, RX, BY.

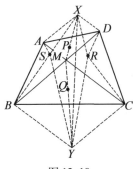

图 12.10

由重心的性质,知点 P 在 MX 上且 $MP = \frac{1}{3}MX$,点 Q 在 MY 上且 $MQ = \frac{1}{3}MY$,所以 $PQ \parallel XY$ 或 P,Q,X,Y 四点共线.

又因为点 R 是 $\triangle CDM$ 的垂心,所以 $DR \perp CM$,结合 $DX \parallel CM$,可知 $DR \perp DX$. 同理
$$CR \perp CY, AS \perp AX, BS \perp BY$$
所以
$$(SX^2 + RY^2) - (RX^2 + SY^2)$$
$$= (AS^2 + AX^2 + CR^2 + CY^2) - (DR^2 + DX^2 + SB^2 + BY^2)$$
$$= (AS^2 + BM^2 - BS^2 - AM^2) + (CR^2 + DM^2 - DR^2 - CM^2) = 0$$

于是 $SX^2 + RY^2 = RX^2 + SY^2$,故 $RS \perp XY, RS \perp PQ$.

例10 如图 12.11,在非等边 $\triangle PQR$ 中,点 X,Y,Z 分别是 QR,RP,PQ 的中点, $\triangle PQR$ 的垂心是 H,外心是点 M, $\triangle XYZ$ 的外心是点 O,则 $\triangle XYZ$ 的垂心也是 M,并且点 O 为 MH 的中点.

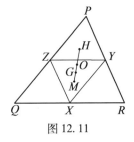

图 12.11

证明 联结 PX, QY, RZ 交于点 G,则点 G 为 $\triangle PQR$ 与 $\triangle XYZ$ 的重心.

因为 $PG:GX = QG:GY = RG:GZ = 2:1$,所以 $\triangle PQR$ 与 $\triangle XYZ$ 是以点 G 为位似中心,且位似比为 $2:1$ 的位似形.

因为 $MP = MQ$,所以 $MZ \perp PQ$,因此 $MZ \perp XY$.

同理 $MY \perp XZ$,所以点 M 为 $\triangle XYZ$ 的垂心.

由位似性质,知 $MG = 2GO$ 且点 G 在线段 MO 上,$HG = 2GM$ 且点 G 在线段 MH 上,所以点 O 为 MH 的中点.

例 11 如图 12.12,四边形 $ABCD$ 内接于圆 O,对角线 $AC \perp BD$,$OE \perp AB$ 于点 E. 求证:$OE = \dfrac{1}{2}CD$.

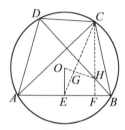

图 12.12

证明 如图 12.12,作 $CF \perp AB$ 于点 F,CF 交 BD 于点 H,则点 H 为 $\triangle ABC$ 的垂心. 联结 CE 交 OH 于 G,因为点 O 为 $\triangle ABC$ 的外心,所以点 G 为 $\triangle ABC$ 的重心,且 $GH:OG = 2:1$.

由 $OE \parallel CF$,有 $CH:OE = GH:OG = 2:1$.

又 $\angle ACD = \angle ABD = \angle ACF$,所以 $CD = CH$,从而 $CD:OE = 2:1$.

即 $OE = \dfrac{1}{2}CD$.

例 12 如图 12.13,在 $\triangle ABC$ 中,$\angle ACB = 30°$,$\angle ABC = 50°$,点 M 为形内一点,$\angle MAC = 40°$,$\angle MCB = 20°$,求 $\angle MBC$ 的度数.

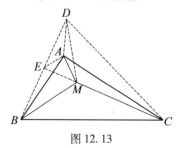

图 12.13

解 如图 12.13,在 CM 的延长线上取一点 E,使 $\angle EBC = 60°$,在 BE 的延长线上取一点 D,使 $\angle DCB = 40°$,联结 DA,DM,DC,EA. 易知 $CA \perp DB,BA \perp DC$,即点 A 为 $\triangle BCD$ 的垂心,可知 $\angle ADB = 30°$.

在 $\triangle CDE$ 中,易知 $\angle ECD = 20°, \angle BDC = 80°$. 可知 $\angle DEC = 80° = \angle EDC$. 又 $EC = DC$,且 AC 为 $\angle DCE$ 的平分线,即 AC 为 DE 的中垂线,所以 $AD = AE$, $\angle AED = 30°, \angle AEM = 50°$.

又 $\angle AME = \angle MAC + \angle MCA = 50°$,所以 $AM = AE = AD$,即点 A 为 $\triangle DEM$ 的外心,于是 $\angle MDE = \dfrac{1}{2}\angle MAE = 40°$.

由 $\angle BDC = 80°$,可知 DM 平分 $\angle BDC$. 又 CM 平分 $\angle BCD$,知点 M 为 $\triangle BCD$ 的内心,故 $\angle MBC = \dfrac{1}{2}\angle DBC = 30°$.

思 考 题

1. 从等腰 $\triangle ABC$ 底边 BC 上任一点 P 分别作两腰的平行线交 AB 于点 R,交 AC 于点 Q. 求证:点 P 关于直线 PQ 的对称点 D 在 $\triangle ABC$ 的外接圆上.

2. 已知正 $\triangle ABC$ 外有一点 D,且 $AD = AC, AH \perp CD$ 于点 H,点 K 在 AH 上, $KC \perp BC$. 求证: $S_{\triangle ABC} = \dfrac{\sqrt{3}}{4} AK \cdot BD$.

3. 在 $\triangle ABC$ 中, $AB = AC, AD \perp BC$ 于点 $D, DF \perp AB$ 于点 $F, AE \perp CF$ 于点 E 交 DF 于点 M. 求证: M 为 DF 的中点.

4. 设点 H 为等腰 $\triangle ABC$ 的垂心,在底边 BC 保持不变的情况下,让顶点 A 至底边 BC 的距离变小,这时 $S_{\triangle ABC} \cdot S_{\triangle HBC}$ 的值怎样变化?

5. 设 AB 为半圆的直径,从半圆上的点 C 作 $CD \perp AB$ 于点 D,点 E,F 分别在 AD,AC 上,满足 $\angle DCE = \angle ADF$. 求证: $AF : FC = ED : DB$.

6. 设 BD,CE 是 $\triangle ABC$ 的高,过点 D 作 $DG \perp BC$ 于点 G,交 CE 于点 F, CD 的延长线与 BA 的延长线交于点 H. 求证: $GD^2 = GF \cdot GH$.

7. 设 AD,BE,CF 是 $\triangle ABC$ 的三条中线,点 P 是任意一点. 证明:在 $\triangle PAD$, $\triangle PBE, \triangle PCF$ 中,其中一个面积等于另外两个面积的和.

8. 在 $\square ABCD$ 中,点 E,F 分别为 AB,BC 上的点,且 $AE = 2EB, BF = FC$,联结 EF 交 BD 于点 H. 设 $S_{\triangle BEH} = 1$,求 $S_{\square ABCD}$.

9. 两直线交于点 O,在一直线上取 A,B,C 三点,使 $OA = AB = BC$;在另一直线上取 L,M,N 三点,使 $LO = OM = MN$. 求证: AL,BN,CM 三线共点.

10. 设过 $\triangle ABC$ 的重心 G 任作一直线分别交 AB,AC 于点 D,E,若 DE 不平行 BC. 求证: $S_{四边形DBCE} - S_{\triangle ADE} < \dfrac{1}{9} S_{\triangle ABC}$.

11. 在 $\triangle ABC$ 中,$AB=4, AC=6, BC=5$,$\angle A$ 的平分线 AD 交外接圆于点 K. 点 O,I 分别为 $\triangle ABC$ 的外心、内心. 求证: $OI \perp AK$.

12. 设点 I 是 $\triangle ABC$ 的内心,且 AI,BI 的延长线分别交 BC 于点 D,交 AC 于点 E. 若点 I,D,C,E 在同一圆周上,且 $DE=1$,试求 ID 和 IE 的长.

13. 设 $\triangle ABC$ 的外接圆半径为 R,内切圆半径为 r,内心为点 I,延长 AI 交外接圆于点 D. 求证: $AI \cdot ID = 2Rr$.

14. 在 $\triangle ABC$ 中,$\angle C$ 的平分线交 AB 边及三角形外接圆于点 D,K,点 I 是内心. 求证: (1) $\dfrac{1}{ID} - \dfrac{1}{IK} = \dfrac{1}{IC}$; (2) $\dfrac{IC}{ID} - \dfrac{ID}{DK} = 1$.

15. 在 $\triangle ABC$ 中,$\angle A, \angle B, \angle C$ 的平分线分别交外接圆于点 P,Q,R. 求证
$$AP + BQ + CR > BC + CA + AB$$

16. 设 $\triangle ABC$ 的外接圆 O 的半径为 R,内心为点 I,$\angle B = 60°$,$\angle A < \angle C$,$\angle A$ 的外角平分线交圆 O 于点 E. 证明:(1) $IO = AE$;(2) $2R < IO + IA + IC < (1+\sqrt{3})R$.

17. 已知 $\triangle ABC$ 的内切圆切 BC 边于点 D,切 AB 边于点 E,切 AC 边于点 F. 联结 AD,作 $\triangle ABD$ 和 $\triangle ACD$ 的内切圆. 求证: $\triangle ABD$ 和 $\triangle ADC$ 的内切圆切 AD 于同一点.

18. 已知 $\triangle ABC$ 的内切圆分别切 BC, AB, AC 边于点 D,M,N,AF 是 BC 边上的中线. 求证: MN, DO, AF 三线共点.

19. 设 $\triangle ABC$ 的内切圆 O 与 AB, AC 切于点 E, F,射线 BO, CO 分别交 EF 于点 N, M. 求证: $S_{四边形AMON} = S_{\triangle OBC}$.

20. 证明性质 1.

21. 证明性质 2.

22. 证明性质 3.

23. 证明性质 4.

24. 证明性质 5.

25. 证明性质 6.

26. 设点 O 和 C 在线段 AB 的同侧,$OA = OB$,且 $\angle AOB = 2\angle ACB$(或 $2(180° - \angle ACB)$),则点 O 为 $\triangle ABC$ 的外心.

27. 设点 I_1, I_2, I_3 分别为 $\triangle ABC$ 的边 BC, CA, AB 外的旁心,点 A_1, B_1, C_1 分

别为 $\triangle I_1BC, \triangle I_2CA, \triangle I_3AB$ 的外心. 求证：$\triangle ABC$ 与 $\triangle A_1B_1C_1$ 有相同的外心.

28. 设圆 O 是 $\triangle ABC$ 的内切圆,点 D,E,F 分别是圆 O 与 BC,CA,AB 边的切点.

(1) 若 BD 的延长线与 EF 交于点 K, 则直线 AK 平分 BC;

(2) 已知 $BC=a, AC=b, AB=c$, 且 $b>c$. 求 $S_{\triangle ABC}:S_{\triangle BKC}$.

29. 在 $\triangle ABC$ 中,求证:

(1) $\sin A + \sin B + \sin C = 4\cos\dfrac{A}{2}\cdot\cos\dfrac{B}{2}\cdot\cos\dfrac{C}{2}$;

(2) $\cot A \cdot \cot B + \cot B \cdot \cot C + \cot C \cdot \cot A = 1$;

(3) $\sin A + \sin B - \sin C = 4\sin\dfrac{A}{2}\cdot\sin\dfrac{B}{2}\cdot\sin\dfrac{C}{2}$.

30. 设点 D,E,F 分别是 $\triangle ABC$ 的三边 BC,CA,AB 的中点,点 G 是重心,点 P 是平面上任一点,过 D,E,F 分别作 AP,BP,CP 的平行线,求证:(1) 所作的三条线交于点 P';(2) P', G, P 三点共线;(3) $P'G = \dfrac{1}{2}PG$.

31. 设 $\triangle ABC$ 的外接圆半径为 R,旁切圆半径为 r_i,两圆的圆心距为 d_i ($i=1,2,3$),则 $d_i^2 = R^2 + 2Rr_i$.

32. 设 $\triangle ABC$ 的三个旁切圆 I_A, I_B, I_C 与 $\triangle ABC$ 三边所在的直线分别切于点 M,N,E,G,F,D,且直线 DF, EG, MN 两两交于点 P_1, P_2, P_3. 又设 R, r 分别为 $\triangle ABC$ 的外接圆半径、内切圆半径,其外心为点 O、内心为点 I. 求证:

(1) P_1A, P_2B, P_3C 三直线共点,且 $\triangle ABC$ 的垂心是 $\triangle P_1P_2P_3$ 的外心;

$\dfrac{1}{P_1A} + \dfrac{1}{P_2B} + \dfrac{1}{P_3C} = \dfrac{1}{r}$;

(2) $\dfrac{1}{OI_A^2 - R^2} + \dfrac{1}{OI_B^2 - R^2} + \dfrac{1}{OI_C^2 - R^2} = \dfrac{1}{2Rr}$;

$OI_A + OI_B + OI_C \leqslant 6R$;

$II_A \cdot II_B \cdot II_C \leqslant 6R$;

(3) $\triangle I_AI_BI_C \backsim \triangle P_1P_2P_3$,且相似比为 $2R:(R+r)$;

(4) $\dfrac{I_AI_B \cdot I_BI_C \cdot I_AI_C}{AB \cdot AC \cdot BC} = \dfrac{4R}{r}, \dfrac{S_{\triangle I_AI_BI_C}}{S_{\triangle ABC}} = \dfrac{2R}{r}$.

33. 当点 H 为 $\triangle ABC$ 的垂心,R, r 分别为其外接圆半径、内切圆半径时. 求证:

(1) 当 $\triangle ABC$ 为锐角三角形时,$|HA| + |HB| + |HC| = 2(R+r)$;

(2) 当 $\triangle ABC$ 为钝角($\angle C > 90°$)三角形时,$|HA| + |HB| - |HC| = 2(R+r)$.

34. 在 $\triangle ABC$ 中,$\angle A$ 是钝角,H 是垂心,$AH=BC$,求 $\cos(\angle HBC + \angle HCB)$ 的值.

35. 证明下列等式(字母意义同定理3):

(1) $h_A \cdot h_B \cdot h_C = \dfrac{(abc)^2}{8R^3}$;

(2) $\dfrac{1}{h_A} + \dfrac{1}{h_B} + \dfrac{1}{h_C} = \dfrac{1}{r}$;

(3) $m_A^2 + m_B^2 + m_C^2 = \dfrac{3}{4}(a^2 + b^2 + c^2)$;

(4) $m_A^4 + m_B^4 + m_C^4 = \dfrac{9}{16}(a^4 + b^4 + c^4)$;

(5) $\dfrac{1}{t_A^2} + \dfrac{1}{t_A'^2} = \dfrac{1}{h_A^2}$;

(6) $t_A^2 + t_A'^2 = \left[\dfrac{bc}{R \cdot \sin(B-C)}\right]^2$.

36. 试证下列结论:

(1) 三角形的重心分每条中线(从顶点起)之比均等于二比一;

(2) 三角形的内心分每条内角平分线(从顶点起)之比均等于夹这角的两边之和与对边之比;

(3) 三角形的旁心分相应的内角平分线(从顶点起)之比均等于夹这角的两边之和与对边之比;

(4) 三角形的外心分过这点的三条线段 AD, BE, CF 之比均等于其相应两角的倍角正弦值与另一角倍角正弦值之比;

(5) 三角形的垂心内分(或外分)每条高(从顶点起)之比等于其相应角的余弦值与另两角余弦值之积的比的绝对值.

37. (1) 若点 P 为 $\triangle ABC$ 的外心(或垂心),设点 A', B', C' 分别为 AP, BP, CP 延长线与其外接圆的交点,则对锐角三角形,有 $S_{\triangle ABC} = S_{\triangle A'BC} + S_{\triangle AB'C} + S_{\triangle ABC'}$;对于非锐角三角形(设 $\angle A \geq 90°$),则 $S_{\triangle ABC} = S_{\triangle A'BC} - S_{\triangle AB'C} - S_{\triangle ABC'}$;

(2) 若点 P 为 $\triangle ABC$ 的重心(或内心),设点 A', B', C' 分别为 AP, BP, CP 的延长线与其外接圆的交点,则 $S_{\triangle ABC} \leq S_{\triangle A'BC} + S_{\triangle AB'C} + S_{\triangle ABC'}$,其中等号当且仅当 $\triangle ABC$ 为正三角形时取到.

38. 设 AD 是 $\triangle ABC$ 外角 $\angle EAC$ 的平分线,交 $\triangle ABC$ 的外接圆于点 D,以 CD 为直径的圆分别交 BC, AC 于点 P, Q. 求证:线段 PQ 把 $\triangle ABC$ 的周长二等分.

39. 若三角形的面积和周长被一直线截得的两部分的比相同. 求证:此直线必过其内心.

40. 设点 D', E', F' 分别为 $\triangle ABC$ 的垂心,点 H 在三边上的射影 D, E, F 依

次为 BC, CA, AB 的中点的对称点. 若 AD', BE', CF' 交于点 H'. 求证
$$\frac{H'D'}{AH'} \cdot \frac{H'E'}{BH'} \cdot \frac{H'F'}{CH'} = \frac{HD}{AH} \cdot \frac{HE}{BH} \cdot \frac{HF}{CH}$$

41. 试证: 对于垂心组(1)四个三角形有同一九点圆; (2) 四个三角形的外心另成一垂心组, 此垂心组各点与已知垂心组各点关于九点圆圆心 V 对称.

42. 试证: 三角形的垂心组的四个三角形中的四个重心另成一垂心组, 此二组形相位似.

43. 试证: 三角形的三个切圆(内切或旁切)圆心构成一个三角形, 此新三角形的外心以已知三角形的外心为中心与另外一个切圆的圆心对称.

44. 试证: 自 $\triangle ABC$ 的旁心 I_A, I_B, I_C 分别至对应边的垂线共点.

45. 称 $\triangle ABC$ 内任一点 P 在三边上的射影点组成的三角形为 $\triangle ABC$ 的垂足三角形. (1) 试求垂足三角形的边长; (2) 试证: 三角形的第三个垂足三角形与原三角形是相似的.

46. 设 $\triangle ABC$ 的 $\angle A$ 的平分线与 $\triangle ABC$ 的外接圆交于点 D, 点 I 是 $\triangle ABC$ 的内心, 点 M 是 BC 的中点, 圆内一点 P 是 I 关于 M 的对称点. 延长 DP 与外接圆交于点 N. 试证: 在 AN, BN, CN 三条线段中, 必有一条线段是另两条线段之和.

思考题 参考解答

1. 不难发现点 R 为 $\triangle DBP$ 的外心, 点 Q 为 $\triangle CDP$ 的外心, 故
$$\angle BDP = \frac{1}{2}\angle BRP, \angle CPD = \frac{1}{2}\angle CQP$$
而
$$\angle BRP = \angle CQP = \angle BAC$$
故
$$\angle BDC = \angle BDP + \angle CDP = \angle BAC$$
即证.

2. 易知点 A 为 $\triangle BCD$ 的外心, 有 $\angle BDC = \frac{1}{2}\angle BAC = 30°$, 而 $\angle ACK = 90° - 60° = 30°$. 又 $\angle CBD = \frac{1}{2}\angle CAD = \angle CAK$, 所以 $\triangle ACK \sim \triangle BDC$, 故 $BC^2 = AK \cdot BD$, 即 $S_{\triangle ABC} = \frac{\sqrt{3}}{4} AK \cdot BD$.

3. 过点 D 作 $DG \parallel CF$, 可知点 M 为 $\triangle ADG$ 的垂心. 从而 $GM \perp AD$, 故 $GM \parallel$

BC. 又点 G 为 BF 的中点,即可证.

4. 设三高线 AD,BE,CF 的垂足分别为 D,E,F,则点 D 为 BC 的中点. 由
$$S_{\triangle ABC} \cdot S_{\triangle HBC} = \frac{1}{4}(AB \cdot BF)(CF \cdot CH)$$
而
$$AB \cdot BF = BD \cdot BC = \frac{1}{2}BC^2, CF \cdot CH = CD \cdot BC = \frac{1}{2}BC^2$$
故 $S_{\triangle ABC} \cdot S_{\triangle HBC}$ 的值保持不变.

5. 作 $FM \perp CD$ 交 CE 于点 H,则可证点 H 为 $\triangle CDF$ 的垂心. 由 $DN /\!/ BC$,有 $EH:HC = ED:DB$,又由 $FH /\!/ AE$,有 $AF:FC = EH:HC$,故 $AF:FC = ED:DB$.

6. 设 BD 与 CE 交于点 O,则点 O 为 $\triangle ABC$ 的垂心. 联结 AO 并延长交 BC 于点 P. 由 $AP /\!/ HG$,有 $GF:DF = PO:AO$,由合比性质有 $GF:GD = PO:PA$. 同理 $PO:PA = GD:GH$,即证.

7. 设点 G 为 $\triangle ABC$ 的重心,直线 PQ 与 AB,BC 相交,从点 A,C,D,E,F 分别作该直线的垂线,垂足为 A',C',D',E',F'. 易证
$$AA' = 2DD', CC' = 2FF', 2EE' = AA' + CC'$$
即 $EE' = DD' + FF'$,有
$$S_{\triangle PGE} = S_{\triangle PGD} + S_{\triangle PGF}$$
两边各扩大 3 倍,有
$$S_{\triangle PBE} = S_{\triangle PAD} + S_{\triangle PCF}$$

8. 联结 AF 交 BD 于点 G,则点 G 为 $\triangle ABC$ 的重心. 可证 $EG /\!/ BF$,有
$$\frac{GH}{BH} = \frac{EG}{BF} = \frac{AE}{AB} = \frac{2}{3}, \frac{S_{\triangle EHG}}{S_{\triangle BEH}} = \frac{GH}{BH} = \frac{2}{3}, S_{\triangle GBE} = \frac{5}{3}$$
又 $\frac{S_{\triangle GAE}}{S_{\triangle GBE}} = \frac{AE}{EB} = 2$,所以 $S_{\triangle GAB} = 5$,从而 $S_{\triangle ABC} = 3S_{\triangle GAB} = 15$.

故 $S_{四边形ABCD} = 2S_{\triangle ABC} = 30$.

9. 联结 LC,由 $LO = OM, AC = 2OA$,知点 A 为 $\triangle MLC$ 的重心,LA 必过 CM 的中点 P. 由 $MA /\!/ BN$,B 为 AC 的中点,则 BN 亦通过 CM 的中点 P,故 AL,BN,CM 共点于 P.

10. 过点 G 作 $PQ /\!/ BC$ 交 AB 于点 P,AC 于点 Q. 可证
$$\frac{S_{\triangle APQ}}{S_{\triangle ABC}} = \frac{4}{9}, S_{四边形PBCQ} = \frac{5}{9}S_{\triangle ABC}, S_{四边形PBCQ} - S_{\triangle APQ} = \frac{1}{9}S_{\triangle ABC}$$
再作 $PF /\!/ AQ$ 交 DE 于点 F,由 $S_{\triangle PGD} > S_{\triangle PGF} = S_{\triangle GEQ}$,有 $S_{四边形DPCQ} = S_{四边形DBCE} +$

$$S_{\triangle PGD} - S_{\triangle GEQ} > S_{四边形 DBCE}.$$
又 $S_{\triangle ADE} = S_{\triangle APQ} + S_{\triangle PGD} - S_{\triangle GEQ} > S_{\triangle APQ}$,有
$$S_{四边形 DBCE} - S_{\triangle ADE} < S_{四边形 PBCQ} - S_{\triangle APQ} < \frac{1}{9} S_{\triangle ABC}$$

11. 联结 KO 并延长交 $\triangle ABC$ 的外接圆于点 E,联结 AE,则 $\angle KAE = 90°$, $\frac{EK}{OK} = 2$. 由内心性质,$\frac{AK}{IK} = \frac{AB + AC}{BC} = 2$,从而 $OI /\!/ AE$,由 $\angle OIK = \angle KAE = 90°$,即证 $OI \perp AK$.

12. 由 I,D,C,E 四点共圆知 $\angle DIE = 180° - \angle C$,又由内心性质 $\angle AIB = 90° + \frac{1}{2}\angle C$,知 $\angle C = 60°$,所以 $\angle DIE = 120°$. 又可推证 $ID = IE$,故 $ID = IE = \frac{\sqrt{3}}{3}$.

13. 设圆 I 切 AB 于点 E,联结 IE,则 $IE \perp AB$. 设点 O 为外心,联结 DO 并延长交圆 O 于点 F. 由 $\triangle AIE \sim \triangle FDB$,有 $\frac{DF}{BD} = \frac{AI}{IE}$. 又 $BD = ID$,所以 $\frac{2R}{ID} = \frac{AI}{r}$.

14. (1) 原式可变为 $\frac{IC}{ID} - \frac{IC}{IK} = 1$. 由内心性质 $\frac{IC}{ID} = \frac{AC + BC}{AB}$, $\frac{CK}{IK} = \frac{AC + BC}{AB}$,即 $\frac{IC}{IK} = \frac{AC + BC - AB}{AB}$,即证;

(2) 由 $\frac{IC}{ID} = \frac{BC}{BD} = \frac{AK}{DK} = \frac{IK}{DK} = \frac{ID}{DK} + 1 \Rightarrow \frac{IC}{ID} - \frac{ID}{DK} = 1$.

15. 设点 I 为 $\triangle ABC$ 的内心,则 $IP = BP = CP$,有 $2IP = BP + CP > BC$,即 $IP > \frac{1}{2} BC$. 又 $\frac{AP}{IP} = \frac{AB + AC}{BC}$,所以 $\frac{AP}{\frac{1}{2}BC} > \frac{AB + BC}{BC}$,即 $AP > \frac{1}{2}(AB + AC)$. 同理 $BQ > \frac{1}{2}(BC + AB)$,$CR > \frac{1}{2}(AC + BC)$. 三式相加即证.

16. (1) 联结 BI 并延长交圆 O 于点 M,则 $IM = AM = CM$. 由 $\angle B = 60°$ 知 $\triangle AOM$ 为正三角形,过 A,O,I,C 四点的圆 M 和圆 O 是等圆. 设 AI 的延长线交 BC 于点 F,联结 EF,则 $\angle EAF = 90°$,EF 为其直径. 由 $\angle OFA = \angle OAF = \angle OCI$,有 $IO = AE$;

(2) 由 $IF = FC = IC$,有
$$2R = EF < EA + AI + IC = EA + AF$$
$$= 2R \cdot (\cos \angle AEF + \sin \angle AEF)$$
$$= 2R \cdot \sqrt{2} \sin(\alpha + 45°) < (1 + \sqrt{3})R$$

17. 设 $\triangle ABD$ 的内切圆切 AD 于点 K，$\triangle ACD$ 的内切圆切 AD 于点 K'，则由内心性质 10(2)，知 $AK = \frac{1}{2}(AD + AB - BD)$. 注意 $BD = BE$，则 $AK = \frac{1}{2}(AD + AE)$. 同理 $AK' = \frac{1}{2}(AD + AF)$. 又 $AE = AF$，所以 $AK = AK'$，即证.

18. 设 MN 与 DO 的延长线交于点 E，联结 AB 并延长交 BC 于点 F'，过点 E 作 $M'N' /\!/ BC$ 交 AB 于点 M'，交 AC 于点 N'. 联结 DM', OM', ON', ON. 由 M, O, E, M' 四点共圆，有 $\angle OME = \angle OM'E$. 同理 $\angle ONE = \angle ON'E$，则 $\angle OM'E = \angle ON'E$. 又 $M'E = EN'$，及 $\frac{M'E}{BF'} = \frac{EN'}{F'C}$ 有 $BF' = F'C$，即 F 与 F' 重合，即证.

19. 联结 OA, OE. 设 OA 与 EF 交于点 P，则 $OA \perp EF$. 由 $\angle BEF = 180° - \angle AEF = 90° + \frac{1}{2}\angle A = \angle BOC$，知 B, E, M, O 四点共圆，有 $\angle NMO = \angle EBO = \angle CBO$. 由 $\triangle NMO \sim \triangle CBO$，有 $MN \cdot OE = OP \cdot BC$，即 $MN \cdot OE^2 = OP \cdot BC \cdot OE$. 又在 $\text{Rt}\triangle OEA$ 中，有 $OE^2 = OP \cdot OA$，即 $MN \cdot OA = BC \cdot OE$，故 $S_{\text{四边形}AMON} = S_{\triangle OBC}$.

20. 设 $\triangle ABC$ 的外心、重心、垂心、内心分别为 O, G, H, I.

(1) 联结 HG, OG，取 AG 的中点 P，HG 的中点 Q，证 $\triangle QPG \cong \triangle GLO$（$L$ 为点 O 在 BC 边上的射影），有 $\angle PGO = \angle LGO$，即证；

(2) 略；

(3) 此即为三角形九点圆的圆心.

21. 联结 AO 并延长交外接圆于点 E，联结 AH 并延长交 BC 于点 D，则 $\text{Rt}\triangle ABE \sim \text{Rt}\triangle ADC$，有 $\angle BAO = \angle HAC$，即证.

22. (1) 所设同前，联结 CO 并延长交外接圆于点 P，可证四边形 $BHAP$ 为平行四边形，设点 M 为 BC 的中点，则 $OM \perp BC$，且 $OM = \frac{1}{2}PB = \frac{1}{2}AH$；

(2) 参见三角形的垂心性质 5.

23. (1) 由 A, I, I_A 三点共线及 I_B, A, I_C 三点共线，注意一个角的内、外平分线垂直即可证 $I_A A \perp I_B I_C$，同样可得另两式，即证；

(2) 设 II_A 与 $\triangle ABC$ 的外接圆交于点 D，则由(1)可证 $\angle BID = \angle DAB + \angle I_B BA = \angle CAD + \angle I_B BC = \angle CBD + \angle I_B BC = \angle IBD$ 可证 $OD \underline{\underline{/\!/}} \frac{1}{2}MI_A$，而 $OD = R$. 同理 $MI_B = MI_C = 2R$，即证；

(3) 略；

(4) 略.

24. (1) 由 $IA \perp I_B I_C, IB \perp M_A M_C$,有 I, A, B, I_C 四点都在以 II_C 为直径的圆上,类似有另两组四点共圆;

(2) 设点 K 为 $\triangle I_A I_B I_C$ 的垂心,由 23 题(2)知点 K, I 关于点 O 对称且直线 IK 为 $\triangle I_A I_B I_C$ 的欧拉线,由此即证.

25. (1) 设点 H 为 $\triangle ABC$ 的垂心,点 L, M, N 分别是 BC, CA, AB 边的中点,点 D, E, F 分别是 BC, AC, AB 边上高线的垂足,点 P, Q, R 分别是 HA, HB, HC 的中点,考虑位似变换 $H(H, 2)$ 及中心对称变换 $C(D), C(L)$,即圆 $PQR \xrightarrow{H(H,2)}$ 圆 $ABC, H \xrightarrow{C(D)} D', H \xrightarrow{C(L)} L'$,则点 D', L' 在圆 ABC 上,从而点 D, L 在圆 PQR 上,同理证其余点在圆 PQR 上;

(2) $\triangle PQR$ 与 $\triangle ABC$ 是位似形,位似中心是 H,位似比是 $HP:HA=1:2$,因此垂心与 $\triangle ABC$ 外接圆上一点所连线段被九点圆平分,由此即证;

(3) 略.

26. 延长 AO 交 $\triangle ABC$ 的外接圆于点 D,联结 BD,则 $\angle ADB = \angle ACB$. 由 $\angle AOB = 2\angle ACB$ 知 $\angle AOB = 2\angle ADB$,有 $\angle ADB = \angle OBD$,即 $OD = OB = OA$,点 O 为 $\triangle ABD$ 的外心. 又 $\triangle ABD$ 与 $\triangle ABC$ 有相同的外接圆,即证.

27. 由 $\angle BI_1 C = 180° - \left[\frac{1}{2}(180°-\angle C) + \frac{1}{2}(180°-\angle B)\right] = \frac{1}{2}(\angle B + \angle C)$,知点 A_1 是 $\triangle I_1 BC$ 的外心,则 $\angle BA_1 C = 2\angle BI_1 C = \angle B + \angle C$,有 $\angle BA_1 C + \angle A = 180°$,即 A, B, A_1, C 四点共圆. 同理 A, B, C_1, C 四点共圆,A, C_1, B, C 四点共圆,即证.

注:把 I_1, I_2, I_3 变为内心 I 时,结论亦成立.

28. (1) 设 AD 与 BC 交于点 M,$\angle EOK = \angle C, \angle FOK = \angle B, \dfrac{FK}{EK} = \dfrac{\sin B}{\sin C}$ 及 $\dfrac{FK}{\sin \angle FAK} = \dfrac{EK}{\sin \angle KAE}$,从而 $\dfrac{BM}{CM} = \dfrac{BM}{AM} : \dfrac{BM}{AM} = 1$.

(2) 作 $AH \perp BC$ 于点 H. 由 $\dfrac{S_{\triangle ABC}}{S_{\triangle BKC}} = \dfrac{AH}{DK} = \dfrac{HM}{MD}$,有 $HM = \dfrac{a}{2} - c \cdot \cos B = \dfrac{b^2 - c^2}{2a}, MD = \dfrac{b-c}{2}$,故 $\dfrac{S_{\triangle ABC}}{S_{\triangle BKC}} = \dfrac{b+c}{a}$.

注:把内切圆圆 O 改为 BC 边外的旁切圆时,结论亦成立.

29. (1) 设点 I 为 $\triangle ABC$ 的内心,则 $r = 2R \cdot \sin\dfrac{A}{2} \cdot \sin\dfrac{B}{2} \cdot \sin\dfrac{C}{2}, \dfrac{S_{\triangle IBC}}{S_{\triangle ABC}} =$

$$\frac{\frac{1}{2}ar}{\frac{1}{2}ab \cdot \sin C} = \frac{\sin A}{4\cos\frac{A}{2} \cdot \cos\frac{B}{2} \cdot \cos\frac{C}{2}},$$ 类似有另两式,即可证;

(2) 设三条高 AA_1, BB_1, CC_1 交于点 H, 由 $\frac{S_{\triangle HBC}}{S_{\triangle ABC}} = \frac{HA_1}{AA_1} = \frac{HA_1}{A_1B} \cdot \cot B = \cot C \cdot \cot B$, 类似有另两式,即可证;

(3) 设外切 AB 的旁切圆圆心为 I_1, 半径为 r, 则 $r_1 = \frac{b}{\cot\frac{C}{2} - \tan\frac{A}{2}} = \frac{b \cdot \cos\frac{A}{2} \cdot \sin\frac{C}{2}}{\sin\frac{B}{2}}$, 有 $\frac{S_{\triangle I_1 AC}}{S_{\triangle ABC}} = \frac{\frac{1}{2}br_1}{\frac{1}{2}ab \cdot \sin C} = \frac{\sin B}{4\sin\frac{A}{2} \cdot \sin\frac{B}{2} \cdot \sin\frac{C}{2}}$, 类似有另两式,即可证.

30. 作 $DD' \parallel AP$ 交 EF 于点 D', $EE' \parallel BP$ 交 DF 于点 E', $FF' \parallel CP$ 交 DE 于点 F', 设 DD' 与 EE' 交于点 P', DD' 与 FF' 交于点 P'', 那么 $\triangle P''DF \backsim \triangle PAC$, $\triangle P'DE \backsim \triangle PAB$, $\frac{P''D}{PA} = \frac{DF}{AC} = \frac{1}{2}$, $\frac{P'D}{PA} = \frac{DE}{AB} = \frac{1}{2}$, 故点 P'' 与 P' 重合, 即所作的三条线交于点 P'.

再由 $\triangle P'DG \backsim \triangle PAG$, 有 $P'G = \frac{1}{2}PG$, $\angle P'GD = \angle PGA$. 由 $\angle PGA + \angle PGD = 180°$, 有 $\angle P'GD + \angle PGD = 180°$, 即 P', G, P 三点共线.

注:此题的逆命题也是成立的.

31. 设圆 I_A 切 AB, AC 的延长线于点 C_1, B_1, 切 BC 边于点 P, 点 O 为 $\triangle ABC$ 的外心, OI_A 及反向延长线交圆 O 于点 K, L, CI_A 交圆 O 于点 M, 则 $CI_A \cdot MI_A = KI_A \cdot LI_A = OI_A^2 - R^2$. 在 $\text{Rt}\triangle CPI_A$ 中, 有 $CI_A = \frac{r_A}{\cos\frac{C}{2}}$; 在 $\triangle CMB$ 中, $BM = 2R \cdot \sin\angle MCB = 2R \cdot \cos\frac{C}{2}$. 又由 $\angle MI_AB = \frac{1}{2}(\angle B + \angle C) = \angle I_ABC$, 有 $IM = BM$, 所以 $OI_A^2 = R^2 + 2Rr_A$. 余下同理可证.

32. (1) 第一个结论注意到旁心性质例 2 即证, 即 P_1A, P_2B, P_3C 共点于 $\triangle ABC$ 的垂心 H; 在 $\triangle P_1HP_2$ 中, $\angle P_2P_1H = 90° - \angle P_1DC = 90° - \angle P_2FC = \angle P_1P_2H$, 有 $HP_1 = HP_2$, 由此即证得点 H 为 $\triangle P_1P_2P_3$ 的外心, 在 $\triangle P_1AF$ 中, 由

第 12 章 三角形五心及有关特殊点之间的关系

$\dfrac{P_1A}{\sin\angle P_1FA} = \dfrac{AF}{\sin\angle FP_1A}$,有 $P_1A = \sin\dfrac{C}{2} \cdot AF \cdot \cos\dfrac{C}{2} = AF \cdot \cot\dfrac{C}{2} = r \cdot \cot\dfrac{B}{2} \cdot \cot\dfrac{C}{2} = r_A$,再由 $\tan\dfrac{A}{2} \cdot \tan\dfrac{B}{2} + \tan\dfrac{B}{2} \cdot \tan\dfrac{C}{2} + \tan\dfrac{C}{2} \cdot \tan\dfrac{A}{2} = 1$,即证得第三个结论;

(2)由 $OI_A^2 = R^2 + 2Rr_A = R^2 + 2Rr \cdot \cot\dfrac{B}{2} \cdot \cot\dfrac{C}{2}$ 等式即证第一式;由 $OI_A^2 = R^2 + 8R^2 \cdot \sin\dfrac{A}{2} \cdot \cos\dfrac{B}{2} \cdot \cos\dfrac{C}{2} \leq R^2(2\sin\dfrac{A}{2} + 1)^2$ 即证第三式,并注意 $\sin\dfrac{A}{2} + \sin\dfrac{B}{2} + \sin\dfrac{C}{2} \leq \dfrac{3}{2}$ 即证第二式;由 $II_A^2 = (r_A - r)^2 + [r_A \cdot \cot\dfrac{1}{2}(180° - C) + r \cdot \cot\dfrac{C}{2}]^2 = 16R^2 \cdot \sin^2\dfrac{A}{2}$ 等三式,注意 $\sin\dfrac{A}{2} + \sin\dfrac{B}{2} + \sin\dfrac{C}{2} \leq \dfrac{3}{2}$,即证得第三式;

(3)由 $AI_A \perp I_BI_C$ 及 $AI_A \perp P_2P_3$ 知 $I_BI_C \parallel P_2P_3$ 等三式,即 $\triangle I_AI_BI_C \backsim \triangle P_1P_2P_3$. 由 $I_AI_B = I_AC + I_BC = 4R \cdot \cos\dfrac{C}{2}$ 及 $P_1P_2 = P_1D + P_2F - DF = \dfrac{P_1A + AK}{\sin\dfrac{1}{2}(180° - C)} + \dfrac{P_2B + BT}{\sin\dfrac{1}{2}(180° - C)} + 2r_C \cdot \cos\dfrac{C}{2} = (4R \cdot \sin\dfrac{A}{2} \cdot \cos\dfrac{B}{2} + 4R \cdot \sin\dfrac{C}{2} \cdot \sin B) + (4R \cdot \sin\dfrac{B}{2} \cdot \cos\dfrac{A}{2} + 4R \cdot \sin\dfrac{C}{2} \cdot \sin A) + 4R \cdot \cos\dfrac{A}{2} \cdot \cos\dfrac{B}{2} \cdot \sin C = 4R \cdot \cos\dfrac{C}{2}(1 + \dfrac{r}{2R})$,即证;

(4)设 $\triangle I_AI_BI_C$ 的外接圆半径为 R_0,$I_2I_3 = a'$,则 $R_0 = 2R$,$\angle I_2I_1I_3 = 90° - \dfrac{1}{2}\angle A$,$a' = 2R_0 \cdot \sin(90° - \dfrac{1}{2}\angle A) = 4R \cdot \cos\dfrac{A}{2}$,同理得另两式. 从而 $\triangle I_AI_BI_C$ 三边长的积为 $64R^3 \cdot \cos\dfrac{A}{2} \cdot \cos\dfrac{B}{2} \cdot \cos\dfrac{C}{2} = 16R^3(\sin A + \sin B + \sin C) = 8R^2(a + b + c) = 8R^2 \cdot \dfrac{abc}{2Rr} = 4R \cdot \dfrac{abc}{r}$,即证第一式,由 $\dfrac{S_{\triangle I_AI_BI_C}}{S_{\triangle ABC}} = \dfrac{\dfrac{a'b'c'}{4R_0}}{\dfrac{abc}{4R}} = \dfrac{a'b'c'}{2abc} = \dfrac{2R}{r}$,即证.

33. 由定理3(7),注意到 $\cos A + \cos B + \cos C = 1 + 4\sin\dfrac{A}{2} \cdot \sin\dfrac{B}{2} \cdot \sin\dfrac{C}{2}$,

$r=4R\cdot\sin\dfrac{A}{2}\cdot\sin\dfrac{B}{2}\cdot\sin\dfrac{C}{2}$ 及 $\angle C>90°$ 时, $|HC|=-2R\cdot\cos C$, 即证.

34. 由 $AH=-2R\cdot\cos A, BC=2R\cdot\sin A$, 有 $\angle BHC=45°$, 则
$$\cos(\angle HBC+\angle HCB)=\cos 135°=-\dfrac{\sqrt{2}}{2}$$

35. (1)由本章定理 3(9)及正弦定理即可证;

(2)同(1)并注意 $\dfrac{1}{2}(a+b+c):ab\cdot\sin\dfrac{C}{2}=1:r$ 即可证;

(3)(4)由本章定理 3 及正弦定理即可证;

(5)(6)由本章定理 3(6)(9)(12)即可证.

36. 先证如下两条引理:

引理 1 设点 O 为 $\triangle ABC$ 内任一点,AO,BO,CO 的延长线分别交对边于点 D,E,F,则
$$\dfrac{AO}{OD}=\dfrac{AF}{BF}+\dfrac{AE}{CE},\dfrac{BO}{OE}=\dfrac{BD}{DC}+\dfrac{BF}{FA},\dfrac{CO}{OF}=\dfrac{CE}{EA}+\dfrac{CD}{DB}$$

事实上,可作 $DM/\!/BA$ 交 CF 于点 M,有 $\dfrac{AO}{OD}=\dfrac{AF}{DM}$,注意到 $DM=\dfrac{DM}{FB}\cdot FB=\dfrac{CD}{CB}\cdot FB$ 及 $\dfrac{BD}{DC}\cdot\dfrac{CE}{EA}\cdot\dfrac{AF}{FB}=1$ 即可证第一式,其余两式同理可证.

引理 2 设点 D,E 分别为 $\triangle ABC$ 的边 BC,CA(所在直线)上的点,AD 与 BE 交于点 O(O 不在边上),则
$$\dfrac{AO}{OD}=\dfrac{BC}{BD}\cdot\dfrac{EA}{CE},\dfrac{BO}{OE}=\dfrac{CA}{AE}\cdot\dfrac{DB}{CD}$$

事实上,延长 BE 交过点 A 与 BC 的直线于 B',则 $\dfrac{AO}{OD}=\dfrac{AB'}{BD},\dfrac{AB'}{BC}=\dfrac{EA}{CE}$,由此即证.

此题中的 5 个结论可分别由引理 1 或引理 2 推出.(略)

37. (1)当点 P 为外心时,设 H 为垂心,则由四边形 $AB'CH$ 为平行四边形,有 $S_{\triangle AHC}=S_{\triangle AB'C}$,类似另两式即证;若点 P 为垂心,设点 O 为外心,延长 AO 交外接圆于点 A_1,则 $S_{\triangle A_1BC}=S_{\triangle A'BC}$.类似另两式即证.

(2)类似于(1)即证.

38. 由题设易证 $\triangle BDC$ 为等腰三角形,点 P 为 BC 的中点.由托勒密定理 $AC\cdot BD=BC\cdot AD+DC\cdot AB$, 有
$$AC-AB=\dfrac{BC\cdot AD}{BD}=\dfrac{2BP\cdot AD}{BD}$$

由 $\triangle ADQ \backsim \triangle BDP$,有 $AQ = \dfrac{BP \cdot AD}{BD}$,即

$$AQ = \dfrac{1}{2}(AC - AB)$$

$$CQ + CP = (CA - AQ) + \dfrac{1}{2}BC = [CA - \dfrac{1}{2}(AC - AB)] + \dfrac{1}{2}BC$$

$$= \dfrac{1}{2}(AB + AC + BC)$$

39. 设 $\angle A$ 的平分线交已知截线于 I,此线交 AB 于点 E,交 AC 于点 F,过点 I 向三边作垂线段 ID, IG, IP,则 $DI = IG$. 设 $DI = r_1, IP = r_2$,由 $(AE + AF):(BE + BC + CF) = S_{\triangle AEF}:S_{\text{四边形}BCEF}$,而

$$\dfrac{S_{\text{四边形}BCEF}}{S_{\triangle AEF}} = \dfrac{S_{\triangle BIE} + S_{\triangle BIC} + S_{\triangle CIF}}{S_{\triangle AEI} + S_{\triangle AFI}} = \dfrac{\dfrac{1}{2}r_1(BE + BC + CF) + \dfrac{1}{2}BC(r_2 - r_1)}{\dfrac{1}{2}r_1(AE + AF)}$$

$$= \dfrac{BE + BC + CF}{AE + AF} + \dfrac{BC(r_2 - r_1)}{r_1(AE + AF)}$$

故 $\dfrac{BC(r_2 - r_1)}{r_1(AE + AF)} = 0$,即 $r_1 = r_2$.

40. 由三高线 AD, BE, CF 共点有 $\dfrac{BD}{DC} \cdot \dfrac{CE}{EA} \cdot \dfrac{AF}{FB} = 1$,有 $\dfrac{CD'}{D'B} \cdot \dfrac{AE'}{E'C} \cdot \dfrac{BF'}{F'A} = 1$,知 AD', BE', CF' 共点于 H'. 对 $\triangle ABD$ 和直线 $F'C$ 用梅涅劳斯定理,有

$$\dfrac{H'D'}{AH'} = \dfrac{F'B}{AF'} \cdot \dfrac{CD'}{BC} = \dfrac{AF}{FB} \cdot \dfrac{BD}{BC} = \dfrac{b \cdot \cos A}{a \cdot \cos B} \cdot \dfrac{c \cdot \cos B}{a} = \dfrac{b^2 + c^2 - a^2}{2a^2}$$

同理有另两式,则求证式左边等于 $\cos A \cdot \cos B \cdot \cos C$. 又由定理 3(7),有 $\dfrac{BH}{AH} = \dfrac{\cos B}{\cos A}$,由 $\triangle BHD \backsim \triangle BCE$,有

$$HD = BH \cdot \dfrac{CE}{BC} = BH \cdot \cos C, \dfrac{HD}{AH} = \dfrac{BH}{AH} \cdot \cos C = \dfrac{\cos B \cdot \cos C}{\cos A}$$

同理有另两式,此三式乘积为 $\cos A \cdot \cos B \cdot \cos C$. 证毕.(还可证点 H' 到 BC, CA, AB 边的距离之比为 $\dfrac{bc}{a}\cos A:\dfrac{ca}{b}\cos B:\dfrac{ab}{c}\cos C$)

41. (1)九点圆是垂足三角形的外接圆,由垂心组的四个三角形有同一垂足三角形,即证;

(2)设 A, B, C, H 为已知垂心组,则点 A 为 $\triangle HBC$ 的垂心,故 $\triangle HBC$ 的外心

O_A 与 A 关于 V 对称,余下同理即证.

42. 设垂心组 A,B,C,H 中 $\triangle ABC$ 的重心为 G_H,余下类似. 又九点圆圆心为 V,所以 $HV:VG_H = 3:1, AV:VG_A = BV:VG_B = CV:VG_C = 3:1$,即证.

43. 由 41(2),又点 I 和点 I_A, I_B, I_C 成一垂心组,$\triangle ABC$ 的外接圆是这个垂心组的九点圆,所以 $\triangle I_A I_B I_C$ 的外心是关于 O($\triangle ABC$ 的外心)的对称点 I.

44. 设点 O 为 $\triangle I_A I_B I_C$ 的外心,则
$$\angle OI_B I_C = \frac{1}{2}(\pi - \angle I_B O I_C) = \frac{1}{2}(\pi - 2\angle I_B I_A I_C)$$
而 $\angle I_B AC = \angle I_B I_A I_C$($I_A, I_C, A, C$ 四点共圆),则 $\angle OI_B I_C + \angle I_B AC = \frac{\pi}{2}$,从而 $I_B O \perp AC$. 同理 $I_A O \perp BC, I_C O \perp BA$.

45. 设点 P 在 BC, AC, AB 上的射影分别为 A_1, B_1, C_1;点 P 在 $B_1 C_1, C_1 A_1, A_1 B_1$ 上的射影分别为 A_2, B_2, C_2;点 P 在 $B_2 C_2, C_2 A_2, A_2 B_2$ 上的射影分别为 A_3, B_3, C_3.

(1) 由 $\frac{B_1 C_1}{\sin A} = AP, \frac{a}{\sin A} = 2R$,有 $B_1 C_1 = \frac{a \cdot AR}{2R}$. 同理 $C_1 A_1 = \frac{b \cdot BP}{2R}, A_1 B_1 = \frac{c \cdot CP}{2R}$;

(2) 因为点 P 同时在 $\triangle AB_1 C_1, \triangle A_2 B_1 C_2, \triangle A_3 B_3 C_2, \triangle A_2 B_2 C_1$ 和 $\triangle A_3 B_2 C_3$ 的外接圆上,则 $\angle C_1 AP = \angle C_1 B_1 P = \angle A_2 B_1 P = \angle A_2 C_2 P = \angle B_3 C_2 P = \angle B_3 A_3 P$ 及 $\angle PAB_1 = \angle PC_1 B_1 = \angle PC_1 A_2 = \angle PB_2 A_2 = \angle PB_2 C_3 = \angle PA_3 C_3$,即 AP 把 $\angle A$ 分成两个角,它们分别等于顶点为 B_1 和 C_1 的对应角,又等于顶点为 C_2 和 B_2 的对应角,又都等于顶点为 A_3 的对应角. 因此, $\triangle ABC$ 和 $\triangle A_3 B_3 C_3$ 中顶点为 A 和 A_3 的角相等. 同理顶点为 B 和 B_3 的角相等.

注:此题结论还可推广为任意平面 n 边形的第 n 个垂足 n 边形与原 n 边形相似.

46. 设点 N 在 BC 上,由 $S_{\triangle BND} + S_{\triangle CND} = 2S_{\triangle MND}$,点 P 在 ND 上有 $IM = MP$, $2S_{\triangle MND} = S_{\triangle IND} = S_{\triangle BND} + S_{\triangle CND}$. 令 $\angle NAD = \theta$,则 $\angle BND = \angle CND = \theta$. $S_{\triangle BND} = \frac{1}{2} BD \cdot BN \cdot \sin\theta, S_{\triangle CND} = \frac{1}{2} CD \cdot CN \cdot \sin\theta, S_{\triangle IND} = \frac{1}{2} ID \cdot AN \cdot \sin\theta$. 注意到 $BD = CD = ID$,即得 $BN + CN = AN$.

第13章 三角形中三角恒等式的几何意义

设 $\angle A, \angle B, \angle C$ 是 $\triangle ABC$ 的内角,则有下述恒等式:

(1) $\sin 2A + \sin 2B + \sin 2C = 4\sin A\sin B\sin C$;

(2) $\sin 2A + \sin 2B - \sin 2C = 4\cos A\cos B\sin C$;

(3) $\cos 2A + \cos 2B + \cos 2C = -4\cos A\cos B\cos C - 1$;

(4) $\cos 2A + \cos 2B - \cos 2C = -4\sin A\sin B\cos C + 1$;

(5) $\tan 2A + \tan 2B + \tan 2C = \tan 2A\tan 2B\tan 2C$;

(6) $\sin A + \sin B + \sin C = 4\cos\dfrac{A}{2}\cos\dfrac{B}{2}\cos\dfrac{C}{2}$;

(7) $\sin A + \sin B - \sin C = 4\sin\dfrac{A}{2}\sin\dfrac{B}{2}\cos\dfrac{C}{2}$;

(8) $\cos A + \cos B + \cos C = 4\sin\dfrac{A}{2}\sin\dfrac{B}{2}\sin\dfrac{C}{2} + 1$;

(9) $\cos A + \cos B - \cos C = 4\cos\dfrac{A}{2}\cos\dfrac{B}{2}\sin\dfrac{C}{2} - 1$;

(10) $\tan A + \tan B + \tan C = \tan A\tan B\tan C$;

(11) $\sin\dfrac{A}{2} + \sin\dfrac{B}{2} + \sin\dfrac{C}{2} = 4\sin\dfrac{B+C}{4}\sin\dfrac{C+A}{4}\sin\dfrac{A+B}{4} + 1$;

(12) $\sin\dfrac{A}{2} + \sin\dfrac{B}{2} - \sin\dfrac{C}{2} = 4\cos\dfrac{B+C}{4}\cos\dfrac{C+A}{4}\sin\dfrac{A+B}{4} - 1$;

(13) $\cos\dfrac{A}{2} + \cos\dfrac{B}{2} + \cos\dfrac{C}{2} = 4\cos\dfrac{B+C}{4}\cos\dfrac{C+A}{4}\cos\dfrac{A+B}{4}$;

(14) $\cos\dfrac{A}{2} + \cos\dfrac{B}{2} - \cos\dfrac{C}{2} = 4\sin\dfrac{B+C}{4}\sin\dfrac{C+A}{4}\cos\dfrac{A+B}{4}$;

(15) $\tan\dfrac{A}{2}\tan\dfrac{B}{2} + \tan\dfrac{B}{2}\tan\dfrac{C}{2} + \tan\dfrac{C}{2}\tan\dfrac{A}{2} = 1$;

(16) $\cot\dfrac{A}{2} + \cot\dfrac{B}{2} + \cot\dfrac{C}{2} = \cot\dfrac{A}{2}\cot\dfrac{B}{2}\cot\dfrac{C}{2}$.

这些恒等式,作为三角函数和与积变换公式的练习题,在教科书或参考书中一般都有,但其几何意义则很少介绍.本章想找出其几何意义,其基本思路是:把三角形的边长、面积、面积比等用两种方法表示,从而得到恒等式,然后再对角度进行代换,得到另外一批恒等式. 当然,对角度进行代换,也是有其几何意义的.

从研究的结果知道,恒等式(1)~(16)本质上是下面相应的问题(1)~(16),用两种表示式而得的. 这些问题是:

(1)三角形的面积;
(2)垂足三角形内切圆的切点到各顶点所取的边长;
(3)垂足三角形对原三角形的面积比;
(4)三角形的边长;
(5)"外心垂足三角形"的垂足三角形的面积;
(6)旁心三角形的面积.
或内切圆切点三角形△DEF 的面积等于其外心分线的三个小三角形的面积之和
(7)三角形内切圆的切点到各顶点所取的边长;
(8)原三角形对旁心三角形的面积比;
(9)旁心三角形的边长;
(10)三角形的外心垂足三角形的面积;
(11)第一旁心三角形对第二旁心三角形的面积比;
(12)第二旁心三角形的边长;
(13)第二旁心三角形的面积;
(14)旁心三角形内切圆切点到各顶点所取的边长;
(15)以旁心三角形的外心所作的"垂足三角形"的面积;
(16)三角形的面积等于其内心分成的三个小三角形的面积之和.

下面,从七个方面分析导出其几何意义:

一、由三角形的面积导出的恒等式

把三角形的面积用两种方法表示,可导出恒等式(1),然后,对角度进行代换,导出恒等式(6)和(3).

如图 13.1,设△ABC 的面积为 S,外接圆半径为 R,由正弦定理,得

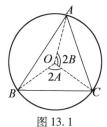

图 13.1

$$S = \frac{1}{2}ab\sin C = \frac{1}{2}(2R\sin A)(2R\sin B)\sin C = 2R^2\sin A\sin B\sin C \qquad ①$$

另一方面,三角形的外心 O 把其面积分成三块,(用 $\triangle OBC$, $\triangle OCA$, $\triangle OAB$ 表示 $\triangle OBC$, $\triangle OCA$, $\triangle OAB$ 的面积)而

$$\angle BOC = 2A, \angle AOC = 2B, \angle AOB = 2C$$

$$S = \triangle OBC + \triangle OCA + \triangle OAB = \frac{1}{2}R^2(\sin 2A + \sin 2B + \sin 2C) \qquad ②$$

由① = ②,从而得到恒等式(1).

在恒等式(1)中,对角 A,B,C 分别用 $90° - \frac{A}{2}$, $90° - \frac{B}{2}$, $90° - \frac{C}{2}$ 来代换,代换的三个角的和仍是 $180°$,因而恒等式(1)仍成立. 代换后进行整理,得到恒等式(6).

在恒等式(6)中,再对角 A,B,C 分别用 $90° - \frac{A}{2}$, $90° - \frac{B}{2}$, $90° - \frac{C}{2}$ 代换,经过整理,可得恒等式(13).

当然,这里的代换,也是有其几何意义的,下面讨论原三角形的旁心三角形后,再予以详细说明.

二、由三角形的边长导出的恒等式

把三角形的边长用两种方法表示,可导出恒等式(4)(9)(12).

由三角形余弦定理: $a^2 + b^2 - c^2 = 2ab\cos C$,再由三角形正弦定理 $a = 2R\sin A$ 等,从而得到

$$(2R\sin A)^2 + (2R\sin B)^2 - (2R\sin C)^2 = 2(R\sin A)(2R\sin A)\cos C$$

所以 $$\sin^2 A + \sin^2 B - \sin^2 C = 2\sin A\sin B\cos C$$

再由半角公式 $\sin^2 A = \frac{1}{2}(1 - \cos 2A)$ 等代入上式,经整理,得到恒等式(4).

当然,用公式 $\sin^2 A = 1 - \cos^2 A$ 代入上式,还能得到 $\cos^2 A + \cos^2 B - \cos^2 C = 1 - 2\sin A\sin B\sin C$.

在恒等式(4)中,对角 A,B,C 用 $90° - \frac{A}{2}$, $90° - \frac{B}{2}$, $90° - \frac{C}{2}$ 代换,就得恒等式(12).

三、由外心垂足三角形的面积导出的恒等式

从三角形的外心向三边引垂线,其垂足构成的三角形称为三角形的外心垂足三角形. 将外心垂足三角形的面积用两种方法表示,就可导出恒等式(5)(10)和(15).

如图 13.2，△ABC 的外心为 O，外接圆半径为 R. 从点 O 向三边引垂线，垂足分别为 O_1, O_2, O_3，因为 $\angle COO_1 = \frac{1}{2}\angle COB = \angle A$，所以 $OO_1 = R\cos A$.

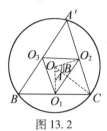

图 13.2

同理，$OO_2 = R\cos B$. 从而

$$S_{\triangle O_1OO_2} = \frac{1}{2}(R\cos A)(R\cos B)\sin(A+B)$$

$$= \frac{1}{2}R^2\cos A\cos B\sin C$$

同理

$$S_{\triangle O_2OO_3} = \frac{1}{2}R^2\cos B\cos C\sin A$$

$$S_{\triangle O_3OO_1} = \frac{1}{2}R^2\cos C\cos A\sin B$$

所以

$$S_{\triangle O_1O_2O_3} = \frac{1}{2}R^2(\cos A\cos B\sin C + \cos B\cos C\sin A + \cos C\cos A\sin B) \quad ③$$

另一方面，O_1, O_2, O_3 是三边的中点

$$S_{\triangle O_1O_2O_3} = \frac{1}{4}S_{\triangle ABC} = \frac{1}{4}\cdot(2R^2\sin A\sin B\sin C) \quad ④$$

由 ③ = ④，两边除以 $\frac{1}{2}R^2\cos A\cos B\cos C$，则得恒等式(10).

在恒等式(10)中，对角 A, B, C 分别用 $90°-\frac{A}{2}, 90°-\frac{B}{2}, 90°-\frac{C}{2}$ 代换，经过整理，即得恒等式(15).

不用说，恒等式(15)就是

$$\cot\frac{A}{2} + \cot\frac{B}{2} + \cot\frac{C}{2} = \cot\frac{A}{2}\cot\frac{B}{2}\cot\frac{C}{2} \quad ⑤$$

最后，在恒等式(10)中，对 A, B, C 分别用 $180°-2A, 180°-2B, 180°-2C$ 代换，因为代换的三个角和仍是 $180°$，所以恒等式(10)仍是成立的. 代换后经过整理,即得恒等式(5).

四、垂足三角形和旁心三角形及其形式

为说明代换的几何意义,我们讨论垂足三角形和旁心三角形及其性质.

(一)垂足三角形

如图 13.3,从锐角三角形的顶点向对边作垂线,则三条垂线交于一点 H,称为三角形的垂心,三个垂足构成的 $\triangle A_1B_1C_1$,称为 $\triangle ABC$ 垂心的垂足三角形. 为简单起见,称为第一垂足三角形;$\triangle A_1B_1C_1$ 垂心的垂足 $\triangle A_2B_2C_2$,称为 $\triangle ABC$ 的第二垂足三角形,依此类推,可定义 $\triangle ABC$ 的第 n 垂足三角形.

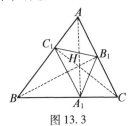

图 13.3

由于直角三角形的垂足三角形不存在,因而任意三角形的第 n 垂足三角形不一定存在. 本章的目的是说明恒等式的几何意义,因而是对存在的情况下进行讨论的.

$\triangle ABC$ 的第一垂足 $\triangle A_1B_1C_1$,有下面的性质:

(1) $\angle A_1 = 180° - 2\angle A$ 等;

(2) $\triangle A_1B_1C_1$ 的内心是 $\triangle ABC$ 的垂心 H;

(3) $B_1C_1 = R\sin 2A$ 等.

(4) $\triangle A_1B_1C_1$ 的面积为 $\frac{1}{2}R^2\sin 2A\sin 2B\sin 2C$.

(5) $\triangle A_1B_1C_1$ 的内切圆半径 $\rho = 2R\cos A\cos B\cos C$.

上述五条性质的证明不难,这里从略.

(二)旁心三角形

在 $\triangle ABC$ 中,作 $\angle A$ 的平分线和 $\angle B$ 的外角平分线,其交点 A_{-1},称为 $\triangle ABC$ 关于点 A 的旁心. 同样地,可定义点 B 和点 C 的旁心 B_{-1} 和 C_{-1},$\triangle A_{-1}B_{-1}C_{-1}$ 称为 $\triangle ABC$ 的第一旁心三角形;$\triangle A_{-2}B_{-2}C_{-2}$ 称为 $\triangle ABC$ 的第二旁心三角形. 同样地,可定义 $\triangle ABC$ 的第 n 旁心三角形.

$\triangle ABC$ 的第一旁心 $\triangle A_{-1}B_{-1}C_{-1}$ 有下面的性质:

(6) $\angle A_{-1} = 90° - \dfrac{\angle A}{2}$ 等;

(7) $B_{-1}C_{-1} = a\csc\dfrac{A}{2}$ 等;

(8) $\triangle A_{-1}B_{-1}C_{-1}$ 的垂心是 $\triangle ABC$ 的内心.

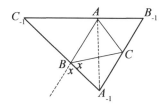

图 13.4

以上三条性质证明也较易,从略.

(三) 代换的几何意义

当 $\angle A + \angle B + \angle C = 180°$ 时,如关于三个角 A,B,C 有恒等式
$$T(A,B,C) = 0 \qquad ⑥$$
由角的代换,得到新的恒等式
$$T(90° - \dfrac{A}{2}, 90° - \dfrac{B}{2}, 90° - \dfrac{C}{2}) = 0 \qquad ⑦$$
$$T(180° - 2A, 180° - 2B, 180° - 2C) = 0 \qquad ⑧$$

这种代换,实际上是运用了垂足三角形的性质(a)和旁心三角形的性质(f). 也就是说,代换恒等式⑦的几何意义是 $\triangle ABC$ 的旁心三角形在恒等式⑥中的运用;代数恒等式⑧是 $\triangle ABC$ 的垂足三角形在恒等式⑥中的运用.

例如,前面讲的恒等式(1)是把三角形的面积用两种不同的表示法得到的,将其角分别用 $A \to 90° - \dfrac{A}{2}$ 等代换,得到的恒等式(6)实际上是把原三角形的三个角换成其第一旁心三角形的三个角,对第一旁心三角形的面积用两种方法表示得到的. 同样地,$A \to 180° - 2A$ 等的代换,是把原三角形的三个角换成其第一垂足三角形的三个角,对第一垂足三角形的面积用两种表示方法而得到的恒等式.

考虑第 n 旁心三角形和第 n 垂足三角形,可得到下面一些恒等式
$$\sin 2A_n + \sin 2B_n + \sin 2C_n = 4\sin A_n \sin B_n \sin C_n$$
$$\sin 2A_n + \sin 2B_n - \sin 2C_n = 4\cos A_n \cos B_n \sin C_n$$
$$\cos 2A_n + \cos 2B_n + \cos 2C_n = -4\cos A_n \cos B_n \cos C_n - 1$$
$$\cos 2A_n + \cos 2B_n - \cos 2C_n = -4\sin A_n \sin B_n \cos C_n + 1$$
$$\tan 2A_n + \tan 2B_n + \tan 2C_n = \tan 2A_n \tan 2B_n \tan 2_n$$

其中，$n=0, \pm 1, \pm 2, \pm 3, \cdots, A_n = 60° + (-2)^n(A - 60°)\cdots$.

五、由垂足三角形的面积导出的恒等式

把垂足三角形的面积对于原三角形的面积比用两种方法表示，可导出恒等式(3)(8)(11).

设 $\triangle ABC$ 的外接圆半径为 R，面积为 S，由前面的式①和垂足三角形的性质(d)，可得

$$\frac{S_{\triangle A_1 B_1 C_1}}{S} = \frac{\frac{1}{2}R^2 \sin 2A \sin 2B \sin 2C}{2R^2 \sin A \sin B \sin C} = 2\cos A \cos B \qquad ⑨$$

另一方面，$\triangle ABC \backsim \triangle A_1 BC_1$，$BA_1 = BA\cos B$.

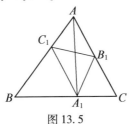

图 13.5

则

$$\frac{S_{\triangle A_1 BC_1}}{S} = \cos^2 B = \frac{1}{2}(1 + \cos 2B)$$

同样地

$$\frac{S_{\triangle B_1 CA_1}}{S} = \frac{1}{2}(1 + \cos 2C), \frac{S_{\triangle C_1 AB_1}}{S} = \frac{1}{2}(1 + \cos 2A)$$

从而

$$S_{\triangle A_1 B_1 C_1} = S - (S_{\triangle AB_1 C_1} + S_{\triangle BC_1 A_1} + S_{\triangle CA_1 B_1})$$
$$= S - \frac{S}{2}(3 + \cos 2A + \cos 2B + \cos 2C)$$

于是

$$\frac{S_{\triangle A_1 B_1 C_1}}{S} = -\frac{1}{2}(1 + \cos 2A + \cos 2B + \cos 2C) \qquad ⑩$$

由⑨=⑩，从而得到恒等式(3).

在恒等式(3)中，对角 A, B, C 分别用 $90° - \frac{A}{2}$，$90° - \frac{B}{2}$，$90° - \frac{C}{2}$代换，经过整理可得恒等式(8)；在恒等式(8)中，再对角 A, B, C 分别用 $90° - \frac{A}{2}$，$90° -$

$\dfrac{B}{2},90°-\dfrac{C}{2}$代换,经整理可得恒等式(11).

六、由垂足三角形内切圆的切点所取的边长导出的恒等式

如图 13.6,三角形的第一垂足三角形的内切圆的切点到各顶点的距离分别为 x,y,z,将 x,y,z 用两种方法表示,就可导出恒等式(2)(7)(14).

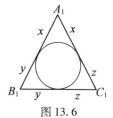

图 13.6

设原 $\triangle ABC$ 的外接圆半径为 R,第一垂足三角形的内切圆半径为 ρ.

在图 13.6 中,有
$$\begin{cases} x+y=A_1B_1 \\ y+z=B_1C_1 \\ z+x=C_1A_1 \end{cases}$$

由垂足三角形的性质(c),有
$$z=\dfrac{1}{2}(B_1C_1+C_1A_1-A_1B_1)=\dfrac{1}{2}R(\sin 2A+\sin 2B-\sin 2C) \qquad ⑪$$

另一方面,由垂足三角形的性质(a)和(e),得
$$\begin{aligned} z &=\rho\cot\dfrac{1}{2}C_1=\rho\tan C=2R\cos A\cos B\cos C\tan C \\ &=2R\cos A\cos B\sin C \end{aligned} \qquad ⑫$$

由⑪ = ⑫,得恒等式(2).

在恒等式(2)中,对角 A,B,C 分别用 $90°-\dfrac{A}{2},90°-\dfrac{B}{2},90°-\dfrac{C}{2}$ 代换,经过整理可得恒等式(7);在恒等式(7)中,对角 A,B,C 分别用 $90°-\dfrac{A}{2},90°-\dfrac{B}{2},90°-\dfrac{C}{2}$ 代换,经过整理,可得恒等式(14).

七、由内心及内切圆切点三角形导出的恒等式

如图 13.7,设 $\triangle ABC$ 的内切圆半径为 1,圆心为 O,切点为 D,E,F,则
$$OD=OE=OF=1, AE=AF=\cot\dfrac{A}{2}, BF=BD=\cot\dfrac{B}{2}, CD=CE=\cot\dfrac{C}{2}$$

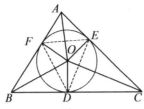

图 13.7

$$S_{\triangle OAB} = \frac{1}{2}\left(\cot\frac{A}{2} + \cot\frac{B}{2}\right), S_{\triangle OBC} = \frac{1}{2}\left(\cot\frac{B}{2} + \cot\frac{C}{2}\right)$$

$$S_{\triangle OCA} = \frac{1}{2}\left(\cot\frac{C}{2} + \cot\frac{A}{2}\right)$$

由海伦公式,得

$$S_{\triangle ABC} = \sqrt{\left(\cot\frac{A}{2} + \cot\frac{B}{2} + \cot\frac{C}{2}\right)\cot\frac{A}{2}\cot\frac{B}{2}\cot\frac{C}{2}}$$

因为 $S_{\triangle OAB} + S_{\triangle OBC} + S_{\triangle OCA} = S_{\triangle ABC}$,所以

$$\cot\frac{A}{2} + \cot\frac{B}{2} + \cot\frac{C}{2} = \cot\frac{A}{2}\cot\frac{B}{2}\cot\frac{C}{2}$$

此即恒等式(16).

如图 13.7,联结 DE, EF, DF,由 $\angle FOE = 180° - \angle A, \angle FOD = 180° - \angle B,$ $\angle DOE = 180° - \angle C$,则

$$\angle FDE = 90° - \frac{\angle A}{2}, \angle DEF = 90° - \frac{\angle B}{2}, \angle EFD = 90° - \frac{\angle C}{2}$$

$$S_{\triangle FOE} = \frac{1}{2}\sin(180° - A) = \frac{1}{2}\sin A, S_{\triangle FOD} = \frac{1}{2}\sin B, S_{\triangle DOE} = \frac{1}{2}\sin C$$

在 $\triangle DEF$ 中,由正弦定理,得

$$EF = 2\sin\left(90° - \frac{A}{2}\right) = 2\cos\frac{A}{2}, FD = 2\cos\frac{B}{2}$$

从而

$$S_{\triangle DEF} = \frac{1}{2}EF \cdot FD\sin\angle EFD = \frac{1}{2} \cdot 2\cos\frac{A}{2} \cdot 2\cos\frac{B}{2}\sin\left(90° - \frac{C}{2}\right)$$

$$= 2\cos\frac{A}{2}\cos\frac{B}{2}\cos\frac{C}{2}$$

又 $S_{\triangle FOE} + S_{\triangle FOD} + S_{\triangle DOE} = S_{\triangle DEF}$,所以

$$\sin A + \sin B + \sin C = 4\cos\frac{A}{2}\cos\frac{B}{2}\cos\frac{C}{2}$$

此即为恒等式(6).

第 14 章 三角形的一个边角关系

定理 在 $\triangle ABC$ 中,角 A,B,C 所对的边分别为 a,b,c(下同),则
$$a\sin A = b\sin B + c\sin(A-B) \qquad ①$$
$$b\sin B = c\sin C + a\sin(B-C) \qquad ②$$
$$c\sin C = a\sin A + b\sin(C-A) \qquad ③$$

证明 若 $\angle A > \angle B$,如图 14.1 所示,以点 A 为顶点,AC 为一边,在 $\angle BAC$ 内作 $\angle CAD = \angle B$,AD 交 BC 于点 D,则
$$\frac{1}{2}BD \cdot AD\sin\alpha + \frac{1}{2}CD \cdot AD\sin\beta = S_{\triangle ABC}$$
$$= \frac{1}{2}AC \cdot AD\sin B + \frac{1}{2}AB \cdot AD\sin(A-B)$$

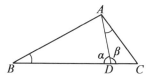

图 14.1

因为 $\angle \beta = (\angle A - \angle B) + \angle B = \angle A$,$\alpha = 180° - \beta$,所以 $\sin\alpha = \sin\beta = \sin A$.
故 $BC\sin A = AC\sin B + AB\sin(A-B)$,即 $a\sin A = b\sin B + c\sin(A-B)$.
若 $\angle A < \angle B$,则应有
$$b\sin B = a\sin A + c\sin(B-A) = a\sin A - c\sin(A-B)$$
同理
$$a\sin A = b\sin B + c\sin(A-B)$$
若 $\angle A = \angle B$,则 $a = b$,式①显然成立.
同理可证
$$b\sin B = c\sin C + a\sin(B-C)$$
$$c\sin C = a\sin A + b\sin(C-A)$$

定理中的结论结构整齐,轮换对称,体现了数学美.它深刻地揭示了三角形三边及三内角之间的一种有趣的关系,三角形中的许多重要定理和公式皆可由这个定理直接导出.

若以 $\sin A = \dfrac{a}{2R}, \sin B = \dfrac{b}{2R}, \sin C = \dfrac{c}{2R}$ 分别代入式①②③中,则

$$a^2 = b^2 + 2Rc \cdot \sin(A-B) \qquad ④$$
$$b^2 = c^2 + 2Ra \cdot \sin(B-C) \qquad ⑤$$
$$c^2 = a^2 + 2Rb \cdot \sin(C-A) \qquad ⑥$$

④⑤⑥三式可统一叙述为

$$\dfrac{a^2-b^2}{c\sin(A-B)} = \dfrac{b^2-c^2}{a\sin(B-C)} = \dfrac{c^2-a^2}{b\sin(C-A)} = 2R$$

由式④知 $(a+b)(a-b) = 2Rc\sin(A-B)$,得

$$\dfrac{a-b}{c} = \dfrac{2R\sin(A-B)}{a+b} = \dfrac{\sin(A-B)}{\sin A + \sin B} = \dfrac{\sin\dfrac{A-B}{2}}{\cos\dfrac{C}{2}} \qquad ⑦$$

$$\dfrac{a+b}{c} = \dfrac{\cos\dfrac{A-B}{2}}{\sin\dfrac{C}{2}} \qquad ⑧$$

式⑦⑧即三角学中著名的莫尔威德(Mollweide)公式,类似地,不难得到另外四个等式.

由式④,还可得

$$a^2 - b^2 = 2Rc\sin(A-B) = 2Rc(\sin A\cos B - \cos A\sin B)$$
$$= 2Rc[(\sin A\cos B + \cos A\sin B) - 2\cos A\sin B]$$
$$= 2Rc[\sin(A+B) - 2\cos A\sin B]$$
$$= 2Rc(\sin C - 2\cos A\sin B)$$
$$= c^2 - 2bc\cos A$$

故

$$a^2 = b^2 + c^2 - 2bc\cos A \qquad ⑨$$

式⑨即余弦定理,类似地,可得另外两式.

另外,若以 $a = 2R\sin A, b = 2R\sin B, c = 2R\sin C$ 分别代入式①②③中,则

$$\sin^2 A = \sin^2 B + \sin C\sin(A-B) \qquad ⑩$$
$$\sin^2 B = \sin^2 C + \sin A\sin(B-C) \qquad ⑪$$
$$\sin^2 C = \sin^2 A + \sin B\sin(C-A) \qquad ⑫$$

例1 在 $\triangle ABC$ 中,若 $\angle A = 2\angle B$,则 $a^2 = b^2 + bc$;若 $\angle A = 3\angle B$,则 $(a+b) \cdot (a-b)^2 = bc^2$.

证明 由式④得
$$a^2 = b^2 + 2Rc \cdot \sin(A-B)$$
若 $\angle A = 2\angle B$,则
$$a^2 = b^2 + 2Rc\sin B = b^2 + bc$$
若 $\angle A = 3\angle B$,则
$$a^2 = b^2 + 2Rc\sin 2B = b^2 + 2Rc \cdot 2\sin B\cos B = b^2 + 2bc\cos B$$
将 $\cos B = \dfrac{c^2+a^2-b^2}{2ca}$ 代入,可得 $a^3 = ab^2 + bc^2 + ba^2 - b^3$,从而 $a^3 + b^3 - ab(a+b) = bc^2$,即 $(a+b)(a-b)^2 = bc^2$.

由此题的结论,可十分简洁地解决以下问题:

在 $\triangle ABC$ 中,若 $\angle A : \angle B : \angle C = 1:2:4$,则 $\dfrac{1}{a} = \dfrac{1}{b} + \dfrac{1}{c}$.

若 $\angle A : \angle B : \angle C = 1:3:6$,则 $\dfrac{b}{a} + \dfrac{a}{b} = 3$.

若 $\angle A : \angle B : \angle C = 1:2:6$,则 $\dfrac{a-b}{b-c} = \dfrac{c}{b}$.

例2 设等腰三角形的腰长为 a,底边长为 b. 若顶角为 $30°$,则 $a^2 - b^2 = \sqrt{2}ab$;若顶角为 $20°$,则 $a^3 + b^3 = 3a^2b$.

证明 在 $\triangle ABC$ 中,设 $BA = BC = a, AC = b$.
若顶角 $\angle B = 30°$,则 $\angle A = \angle C = 75°$,由式④知
$$a^2 = b^2 + 2Rc \cdot \sin 45° = b^2 + \sqrt{2}Rc = b^2 + \sqrt{2}c \cdot 2R \cdot \sin 30°$$
$$= b^2 + \sqrt{2}c \cdot 2R\sin B = b^2 + \sqrt{2}bc$$
则
$$a^2 - b^2 = \sqrt{2}bc = \sqrt{2}ba$$
若顶角 $\angle B = 20°$,则 $\angle A = \angle C = 80°$,由式④知
$$a^2 = b^2 + 2RC\sin 60° = b^2 + \sqrt{3}Ra \qquad ⑬$$
由海伦公式
$$16S^2 = [(a+c)^2 - b^2][b^2 - (a-c)^2] = (4a^2 - b^2)b^2$$
及 $16S^2 = \dfrac{(abc)^2}{R^2} = \dfrac{a^4b^2}{R^2}$ 得
$$R^2 = \dfrac{a^4}{4a^2 - b^2} \qquad ⑭$$
由式⑬和式⑭可得
$$(a^3 + b^3)(a^3 - b^3) = 9a^4b^2 - 6a^2b^4$$

即
$$(a^3+b^3)^2 - 2b^3(a^3+b^3) + 6a^2b^4 - 9a^4b^2 = 0$$
从而 $a^3 + b^2 = 3a^2 b$.

例3 在 $\triangle ABC$ 中,若 $\angle A - \angle B = 90°$,则
$$\frac{2}{c^2} = \frac{1}{(a+b)^2} + \frac{1}{(a-b)^2}$$

证明 因为 $\angle A - \angle B = 90°$,所以
$$\sin A = \cos B, \sin^2 A + \sin^2 B = 1, \sin(A-B) = 1$$

由式⑩得
$$\sin^2 A - \sin^2 B = \sin C$$

即
$$\frac{1}{\sin^2 C} = \frac{1}{(\sin A + \sin B)^2 (\sin A - \sin B)^2}$$

从而
$$\frac{2}{\sin^2 C} = \frac{1}{(\sin A + \sin B)^2} + \frac{1}{(\sin A - \sin B)^2}$$

亦即
$$\frac{2}{c^2} = \frac{1}{(a+b)^2} + \frac{1}{(a-b)^2}$$

例4 若 $\triangle ABC$ 为圆内接正三角形,点 P 为 $\overset{\frown}{BC}$ 上一点,则:(1) $PB + PC = PA$;(2) $PB \cdot PC = PA^2 - AB^2$.

证明 如图 14.2,设 $\angle BAP = \alpha$,$\angle BPA = \beta$,则 $\angle PAC = \beta - \alpha$. 在 $\triangle ABP$ 中,由式⑩得
$$\sin^2 \alpha = \sin^2 \beta + \sin \angle ABP \sin(\alpha - \beta)$$
$$= \sin^2 \beta - \sin \angle ABP \sin(\beta - \alpha)$$

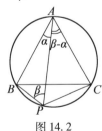

图 14.2

由正弦定理,得
$$PB^2 = AB^2 - PA \cdot PC \qquad \text{⑮}$$

在 $\triangle ACP$ 中,由式⑮得
$$\sin^2 \angle APC = \sin^2 \angle PAC + \sin \angle ACP$$

$$\sin(\angle APC - \angle PAC) = \sin^2\angle PAC + \sin\angle ACP\sin\alpha$$

从而
$$AC^2 = PC^2 + PA \cdot PB$$

由式①,及上两式知
$$PB^2 - PC^2 = PA \cdot PB - PA \cdot PC = PA(PB - PC)$$

故
$$PB + PC = PA$$

又在 $\triangle ABP$ 中,有
$$\sin^2\angle ABP = \sin^2\beta + \sin\alpha\sin(\beta - \alpha)$$

故
$$PA^2 - AB^2 = PB \cdot PC \text{[①]}$$

[①] 方亚斌.三角形边角关系的一个重要性及其应用.中学数学(苏州)[J],1992(6):14-15.

第15章 垂直于三角形边的直线

作垂直于三角形边的直线也称为与三角形正交.

垂直于三角形边的直线有如下一些有趣的特性:

性质1 一个角的两边分别与一个三角形的两边分别垂直,则这三角形两边的夹角与已知角相等或互补.

事实上,如图15.1所示,$\angle EPF$ 的两边 $PE \perp BC$ 于点 E,$PF \perp AC$ 于点 F,则 $\angle EPF = \angle BCA$ 或 $\angle EPF + \angle BCA = 180°$.

(a)

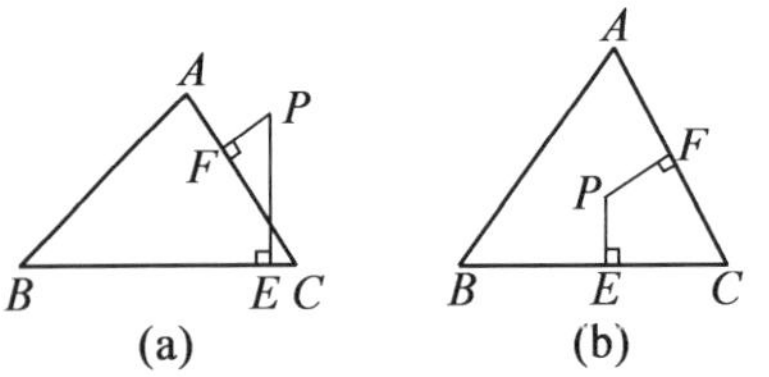

(b)

图 15.1

推论1 若两组对应边垂直的两个三角形相似,则第三边也互相垂直.

性质2 由 $\triangle ABC$ 所在平面上的点 A_1, B_1, C_1 分别向边 BC, CA, AB 作垂线,共点的充要条件是 $A_1B^2 - BC_1^2 + C_1A^2 - AB_1^2 + B_1C^2 - CA_1^2 = 0$.

证明 必要性:如图15.2所示,设自 A_1, B_1, C_1 分别向边 BC, CA, AB 作垂线相交于一点 M,垂足依次为 H_1, H_2, H_3. 由定差幂线定理,有

$$A_1B^2 - A_1C^2 = MB^2 - MC^2 \qquad ①$$
$$B_1C^2 - B_1A^2 = MC^2 - MA^2 \qquad ②$$
$$C_1A^2 - C_1B^2 = MA^2 - MB^2 \qquad ③$$

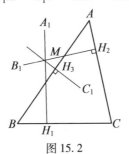

图 15.2

由①+②+③得
$$A_1B^2 - A_1C^2 + B_1C^2 - B_1A^2 + C_1A^2 - C_1B^2$$
$$= MB^2 - MC^2 + MC^2 - MA^2 + MA^2 - MB^2 = 0$$
故 $\quad A_1B^2 - BC_1^2 + C_1A^2 - AB_1^2 + B_1C^2 - CA_1^2 = 0$

充分性:设点 M 是 A_1,B_1 分别向 BC,AC 作的垂线的交点,则由定差幂线定理,有
$$MB^2 - MC^2 = A_1B^2 - A_1C^2 \qquad ④$$
$$MC^2 - MA^2 = B_1C^2 - B_1A^2 \qquad ⑤$$
④+⑤,有
$$MB^2 - MA^2 = A_1B^2 - A_1C^2 + B_1C^2 - B_1A^2 \qquad ⑥$$
将式⑥代入已知条件,得
$$A_1B^2 - BC_1^2 + C_1A^2 - AB_1^2 + B_1C^2 - CA_1^2 = 0$$
可得 $\quad MB^2 - MA^2 = BC_1^2 - C_1A^2$

又由定差幂线定理,知点 M 在过点 C_1 向 AB 所作的垂线上,也就是说过 A_1,B_1,C_1 分别向 BC,CA,AB 作的三条垂线共点.

推论 2 给定△ABC,点 P 是任一点,l,m,n 各是 AP,BP,SP 的等角线,则 l,m,n 三线共点或互相平行.

证明 如图 15.3,作 $PX \perp BC$ 于点 $X,PY \perp CA$ 于点 $Y,PZ \perp AB$ 于点 Z. 联结 YZ,ZX,XY. 显然 AP 是△AYZ 外接圆的直径,而 l 是 AP 的等角线. 可见 $l \perp YZ$.

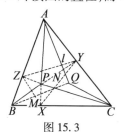

图 15.3

同理,$m \perp ZX,n \perp XY$. 令三垂足分别为 L,M,N,则
$$LY^2 - LZ^2 = YZ^2 - ZA^2, MZ^2 - MX^2 = ZB^2 - XB^2, NX^2 - NY^2 = XC^2 - YC^2$$
由上述性质 2,知这三式左端的总和等于 0. 于是
$$LY^2 - LZ^2 + MZ^2 - MX^2 + NX^2 - NY^2 = 0 \qquad ⑦$$
但是,X,Y,Z 三点或共线或否. 若 X,Y,Z 三点共线,则 $l // m // n$;若 X,Y,Z 三点不共线,则由式⑦知 l,m,n 三线交于一点.

性质 3 若△ABC 和△$A'B'C'$,自点 A,B,C 分别向 $B'C',C'A',A'B'$ 所作的

垂线共点,则自点 A',B',C' 分别向 BC,CA,AB 所作的垂线亦共点.

证明 如图 15.4,由 $A'X' \perp BC, B'Y' \perp CA, C'Z' \perp AB$,有

$$X'B^2 - X'C^2 = A'B^2 - A'C^2 \qquad ⑧$$
$$Y'C^2 - Y'A^2 = B'C^2 - B'A^2 \qquad ⑨$$
$$Z'A^2 - Z'B^2 = C'A^2 - C'B^2 \qquad ⑩$$

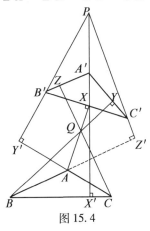

图 15.4

由 ⑧ + ⑨ + ⑩,得

$$X'B^2 + X'C^2 + Y'C^2 - Y'A^2 + Z'A^2 - Z'B^2$$
$$= A'B^2 + B'C^2 + C'A^2 - (A'C^2 + B'A^2 + C'B^2)$$
$$= (YA'^2 + YB^2) + (ZB'^2 + ZC^2) + (XC'^2 + XA^2) -$$
$$\qquad [(ZA'^2 + ZC^2) + (XB'^2 + XA^2) + (YC'^2 + YB^2)]$$
$$= XC'^2 - XB'^2 + YA'^2 - YC'^2 + ZB'^2 - ZA'^2 = 0$$

由性质 2 知,$A'X', B'Y', C'Z'$ 三线共点于 P.

例1 已知圆 ABC 及不在这圆上的一点 P,联结 AP,BP,CP 交已知圆于 A',B',C',在此圆内作三弦 $A'X, B'Y, C'Z$ 使分别平行于 BC, CA, AB. 求证:AX, BY, CZ 三线共点.

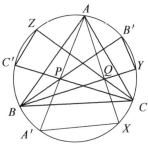

图 15.5

证明 由 $A'X \parallel BC$,则 $\angle BAA' = \angle CAX$,即 AA' 与 AX 是 $\angle BAC$ 的等角线.

同理,BB' 与 BY 是 $\angle ABC$ 的等角线,CC' 与 CZ 是 $\angle BCA$ 的等角线,即点 P, Q 为等角共轭点.

由推论 2,即知 AX, BY, CZ 三线共点.

例 2 将某点在一三角形每个角的内、外平分线上的射影相连. 求证:三连线共点或互相平行.

证明 如图 15.6,设点 L, M, N 分别为矩形 $PXAX', PYBY', PZCZ'$ 的中心,则
$$\angle PLM = \angle PAB = \angle LAX - \angle BAX = \angle LXA - \angle CAX$$
$$= \angle ADX = \angle XLN$$

即 XX' 与 PL 是 $\angle NLM$ 的等角线.

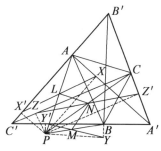

图 15.6

同理,YY' 与 PM 是 $\angle LMN$ 的等角线,ZZ' 与 PN 是 $\angle MNL$ 的等角线.

由推论 2,知 XX', YY', ZZ' 或共点或互相平行.

例 3 一点 P 在 $\triangle ABC$ 三边 BC, CA, AB 所在直线上的射影为 X, Y, Z. 设过这三点可作一圆,而这圆又交 BC, CA, AB 于点 X', Y', Z'. 求证:过这三点依次所作 BC, CA, AB 的垂线必共点.

证明 如图 15.7,有
$$X'B - XB = XC - X'C, Y'C - YC = YA - Y'A, ZA - Z'A = Z'B - ZB$$

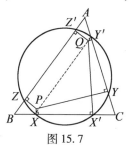

图 15.7

以上三式两边平方后相加并适当整理,得
$$XB^2 - XC^2 + YC^2 - YA^2 + ZA^2 - ZB^2 + X'B^2 - X'C^2 + Y'C^2 - Y'A^2 + Z'A^2 - Z'B^2$$
$$= 2[(XB \cdot X'B - ZB \cdot Z'B) + (YC \cdot Y'C - XC \cdot X'C) + (ZA \cdot Z'A - YA \cdot Y'A)]$$
由于点 X, X', Y, Y', Z, Z' 均是圆上的点,故等式右端为零.

由性质2,得
$$X'B^2 - X'C^2 + Y'C^2 - Y'A^2 + Z'A^2 - Z'B^2 = 0$$
故 QX', QY', QZ' 三线共点.

例4 已知圆 (A, r_A),圆 (B, r_B),圆 (C, r_C) 两两相交. 证明:这三个圆两两相交所得的三条公共弦共点.

证明 如图15.8,由两圆连心线与公共弦垂直可知,问题可视为从诸圆的交点 A_1, B_1, C_1 分别向 $\triangle ABC$ 三边 BC, CA, AB 引垂线,证这三条垂线共点. 由于

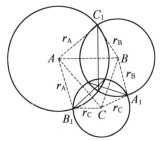

图 15.8

$$A_1B^2 - BC_1^2 + C_1A^2 - AB_1^2 + B_1C^2 - CA_1^2 = r_B^2 - r_B^2 + r_A^2 - r_A^2 + r_C^2 - r_C^2 = 0$$
由性质2可得三条公共弦共点.

例5 如图15.9,$\triangle ABC$ 的三条高线 AA_1, BB_1, CC_1 相交于点 H. 求证:自点 A, B, C 分别作 B_1C_1, C_1A_1, A_1B_1 的垂线也必交于一点,该点恰是 $\triangle ABC$ 的外心.

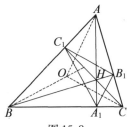

图 15.9

证明 图15.9中有两个三角形 $\triangle ABC$ 和 $\triangle A_1B_1C_1$(垂足三角形),其中,自点 A_1, B_1, C_1 分别作 $\triangle ABC$ 三边 BC, CA, AB 的垂线共点于 H,根据性质3,自点 A, B, C 三点分别作 B_1C_1, C_1A_1, A_1B_1 的垂线也必共点,设这点为 O. 现证明点 O 就是 $\triangle ABC$ 的外心.

由 B,C,B_1,C_1 四点共圆,可得 $\angle AC_1B_1 = \angle C$. 而 $AO \perp B_1C_1$,所以
$$\angle BAO = 90° - \angle C$$
又由 C,A,C_1,A_1 四点共圆,可得 $\angle A_1C_1B = \angle C$. 而 $BO \perp A_1C_1$,所以
$$\angle ABO = 90° - \angle C$$
由此可知 $\angle BAO = \angle ABO$,于是 $AO = BO$.
同理可证 $BO = CO$.
故 $AO = BO = CO$,即点 O 为 $\triangle ABC$ 的外心.

例 6 已知 AA_1,BB_1,CC_1 分别为 $\triangle ABC$ 三边 BC,CA,AB 上的高. 设点 A_2, B_2,C_2 分别为 B_1C_1,C_1A_1,A_1B_1 的中点,并设 A_2R,B_2S,C_2T 是分别垂直于 BC, CA,AB 的线段. 求证:A_2R,B_2S,C_2T 三线共点.

证明 如图 15.10,自点 A_1,B_1,C_1 分别引 BC,CA,AB 的三条垂线共点 H. 依上例可知,自 A,B,C 分别作 B_1C_1,C_1A_1,A_1B_1 的垂线共点于 O,且点 O 是 $\triangle ABC$ 的外心.

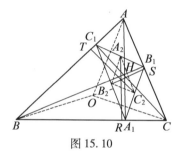

图 15.10

由中位线定理可知
$$B_1C_1 /\!/ B_2C_2, A_1C_1 /\!/ A_2C_2, A_1B_1 /\!/ A_2B_2$$
所以
$$AO \perp B_2C_2, BO \perp C_2A_2, CO \perp A_2B_2$$
此时,对 $\triangle ABC$ 与 $\triangle A_2B_2C_2$ 来说,自 A,B,C 三点分别作 B_2C_2,C_2A_2,A_2B_2 的垂线共点于 O,根据性质 3,则由 A_2,B_2,C_2 分别作 BC,CA,AB 的垂线 A_2R, B_2S,C_2T 三线共点.

例 7 如图 15.11,在 $\triangle ABC$ 中,点 O 为外心,三条高 AD,BE,CF 交于点 H, 直线 ED 和 AB 交于点 M,FD 和 AC 交于点 N. 求证:

(1) $OB \perp DF, OC \perp DE$;

(2) $OH \perp MN$.

证明 如图 15.11.

(1) 由 D,E,F 三点分别作 BC,CA,AB 的垂线共点于 H,则由 A,B,C 分别

作 EF,DF,DE 的垂线共点于 $\triangle ABC$ 的外心 O(见例2). 故 $OB \perp DF, OC \perp DE$.

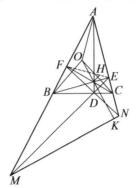

图 15.11

(2)再看 $\triangle AMN$ 与 $\triangle OBC$ 自 A,M,N 三点分别向 $\triangle OBC$ 三边 BC,CO,OB 作的垂线 AD,ME,NF 共点于 D,根据性质3,则有自 O,B,C 三点分别作 MN, AN,AM 的垂线 OK,BE,CF 亦应共点. 但已知其中 BE,CF 交于点 H,所以 OK 亦必过点 H. 换言之,$OH \perp MN$ 成立.

例8 如图 15.12,设点 I 为 $\triangle ABC$ 的内心,点 M,N 分别为 AB,AC 的中点,点 D,E 分别在直线 AB,AC 上,满足 $BD = CE = BC$,过点 D 且垂直于 IM 的直线与过点 E 且垂直于 IN 的直线交于点 P,求证:$AP \perp BC$.

证明 设点 O 是 $\triangle ABC$ 的外心,我们首先证明 $DE \perp OI$.

如图 15.13,联结 BE,并设 CI 的延长线交 BE 于点 L,且交 $\triangle ABC$ 的外接圆于点 H. 由于 CI 是 $\angle C$ 的角平分线,易知 O,M,H 三点共线. 所以 $OH \perp AB$. 又因 $BC = CE$,所以 $CH \perp BE$. 这说明 H,B,L,M 四点共圆,故 $\angle IHO = \angle EBD$.

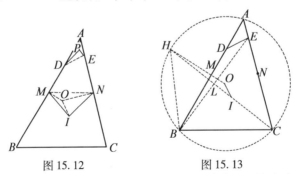

图 15.12　　　　图 15.13

另一方面,设 $\triangle ABC$ 的外接圆半径为 R. 由正弦定理,并注意点 L 是 BE 的中点,以及 $BH = IH$,我们有

$$\frac{OH}{BD} = \frac{R}{BC} = \frac{1}{2\sin A} = \frac{1}{2\sin \angle BHC} = \frac{HB}{2BL} = \frac{HI}{BE}$$

所以 $\triangle IHO \backsim \triangle EBD$. 再由 $IH \perp BE, OH \perp BD$ 知 $OI \perp DE$.

下面证明 $AP \perp BC$.

因为 $OI \perp DE, OM \perp AD, ON \perp EA$, 并且 $PD \perp MI, PE \perp IN$, 所以由性质3, 知 $AP \perp MN$, 但 $MN \parallel BC$, 故 $AP \perp BC$.

例9 如图 15.14, 已知点 E, F 是 $\triangle ABC$ 两边 AB, AC 的中点, CM, BN 是 AB, AC 边上的高, 连线 EF, MN 交于点 P. 又设点 O, H 分别是 $\triangle ABC$ 的外心和垂心, 联结 AP, OH. 求证: $AP \perp OH$.

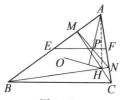

图 15.14

证明 如图 15.15, 延长 AP, MN 分别交底边 BC 及其延长线于 Q, L 两点, 并联结 AO, AH.

由 B, C, N, M 四点共圆, 得 $\angle AMN = \angle ACB$; 由点 O, H 分别是 $\triangle ABC$ 的外心和垂心, 得 $\angle BAO = \angle HAC$. 故

$$\angle AMN + \angle BAO = \angle ACB + \angle HAC = 90°$$（注意 $AH \perp BC$）

由此
$$AO \perp MN \qquad ①$$

在 $\triangle AOH$ 和 $\triangle LPQ$ 中:

由式①, 知 $AO \perp LP$; 又由点 H 是 $\triangle ABC$ 的垂心, 知 $AH \perp LQ$.

为证明 $AP \perp OH$, 即相当于证明对应边 OH 和 PQ 相互垂直, 只需证明这两个三角形互相相似就可以了.

由于这两个三角形已有两组对应边互相垂直, 它们所夹的角一定相等, 即 $\angle OAH = \angle PLQ$. 故只需证明夹这两个角的边成比例就可以了, 即证明 $\dfrac{AO}{AH} = \dfrac{LP}{LQ}$.

对 $\triangle ABQ$ 和截线 MPL 应用梅涅劳斯定理, 得 $\dfrac{BL}{LQ} \cdot \dfrac{QP}{PA} \cdot \dfrac{AM}{MB} = 1$, 故

$$LQ = \frac{AM \cdot BL}{MB} \qquad ②$$

对 $\triangle AMP$ 和截线 BQL 应用梅涅劳斯定理, 得 $\dfrac{ML}{LP} \cdot \dfrac{PQ}{QA} \cdot \dfrac{AB}{BM} = 1$, 故

$$LP = \frac{AB \cdot ML}{2BM} \qquad ③$$

由式②③得

$$\frac{LP}{LQ} = \frac{AB}{2AM} \cdot \frac{ML}{BL} = \frac{c}{2b\cos A} \cdot \frac{ML}{BL}$$

又对 $\triangle LMB$ 应用正弦定理

$$\frac{ML}{BL} = \frac{\sin B}{\sin \angle LMB} = \frac{\sin B}{\sin \angle LMA} = \frac{\sin B}{\sin C} = \frac{b}{c}$$

所以

$$\frac{LP}{LQ} = \frac{c}{2b\cos A} \cdot \frac{ML}{BL} = \frac{c}{2b\cos A} \cdot \frac{b}{c} = \frac{1}{2\cos A} \qquad ④$$

而 $AO = R, AH = 2R\cos A$, 故

$$\frac{AO}{AH} = \frac{R}{2R\cos A} = \frac{1}{2\cos A} \qquad ⑤$$

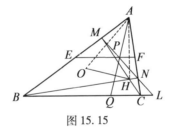

图 15.15

由式④⑤即得 $\dfrac{LP}{LQ} = \dfrac{AO}{AH}$, 加上已得到的有 $\angle OAH = \angle PLQ$, 所以

$$\triangle AOH \backsim \triangle LPQ$$

既然这两个相似三角形已有两组对应边互相垂直, 由推论1, 即知它们的第三组对应边也一定垂直, 即 $PQ \perp OH$.

因此 $AP \perp OH$.

例 10 已知点 E, F 是 $\angle AOB$ 内的两点, 并且满足 $\angle AOE = \angle BOF$. 自点 E, F 向 OA 作垂线, 垂足分别为 E_1, F_1; 自点 E, F 向 OB 作垂线, 垂足分别为 E_2, F_2. 联结 E_1E_2, F_1F_2, 并两线交于点 P. 求证: $OP \perp EF$.

证明 如图 15.16, 设 OE 和 E_1E_2 交于点 M, OF 和 F_1F_2 交于点 N, 联结 MN, 并设 E_1E_2 与 OF 交于点 K, F_1F_2 与 OE 交于点 J.

先证 $MN /\!/ EF$.

因为 $\angle AOE = \angle BOF$, 所以 $\text{Rt}\triangle OE_1E \backsim \text{Rt}\triangle OF_2F$.

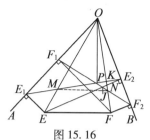

图 15.16

同理,因为 $\angle AOF = \angle BOE$,所以 $\mathrm{Rt}\triangle OF_1F \sim \mathrm{Rt}\triangle OE_2E$.

将两组相似直角三角形合起来,就得到四边形 $OE_1EE_2 \sim$ 四边形 OF_2FF_1.

而因上述两个四边形的对角线交点 M,N 分别是相似图形的对应点,所以 $\dfrac{OM}{ME} = \dfrac{ON}{NF}$,从而 $MN /\!/ EF$.

再证点 P 是 $\triangle OMN$ 的垂心.

由 O,F_1,F,F_2 四点共圆,得 $\angle F_2OF = \angle F_2F_1F$;

由四边形 $OE_1EE_2 \sim$ 四边形 OF_2FF_1,得 $\angle F_2F_1F = \angle E_1E_2E$;

注意到 $EE_2 \perp OB$,得
$$\angle F_2OF + \angle OE_2E_1 = \angle E_1E_2E + \angle OE_2E_1 = 90°$$

由此
$$OF \perp E_1E_2$$

同理
$$OE \perp F_1F_2$$

即 $MK \perp ON, NJ \perp OM$,故点 P 是 $\triangle OMN$ 的垂心,所以 $OP \perp MN$.

因为前面中已证 $MN /\!/ EF$,所以 $OP \perp EF$.

思 考 题

1. 自三角形的顶点向一直线作垂线,则各垂足分别至对边所作的垂线共点.

2. 求证:圆心不共线的三圆,它们两两的等幂轴共点.

3. 点 P 在 $\triangle ABC$ 三边 BC,CA,AB 所在直线上的射影为 X,Y,Z. 求证:自 YZ,ZX,XY 的中点分别向 BC,CA,AB 所作的垂线共点.

4. 给定 $\triangle ABC$,设点 L,M,N 分别是三边 BC,CA,AB 的中点,直线 $l \perp BC$ 于点 X,直线 $m \perp CA$ 于点 Y,直线 $n \perp AB$ 于点 Z,则 l,m,n 三线共点的充要条件为
$$\overrightarrow{XL} \cdot \overrightarrow{BC} + \overrightarrow{YM} \cdot \overrightarrow{CA} + \overrightarrow{ZN} \cdot \overrightarrow{AB} = 0$$

5. 设一线段 PP' 在 $\triangle ABC$ 三边 BC,CA,AB 所在直线上的射影为 XX',YY',

ZZ',则 $\overrightarrow{XX'} \cdot \overrightarrow{BC} + \overrightarrow{YY'} \cdot \overrightarrow{CA} + \overrightarrow{ZZ'} \cdot \overrightarrow{AB} = 0$.

思考题 参考解答

1. 如图 15.17,由 $\text{Rt}\triangle XBD, \text{Rt}\triangle XCD$,有
$$XB^2 - XC^2 = DB^2 - DC^2 \qquad ①$$

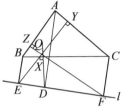

图 15.17

由 $\text{Rt}\triangle YCE, \text{Rt}\triangle YAE$,有
$$YC^2 - YA^2 = BC^2 - EA^2 \qquad ②$$

由 $\text{Rt}\triangle ZAF, \text{Rt}\triangle ZBF$,有
$$ZA^2 - ZB^2 = FA^2 - FB^2 \qquad ③$$

由①+②+③,得
$$XB^2 - XC^2 + YC^2 - YA^2 + ZA^2 - ZB^2$$
$$= DB^2 + EC^2 + FA^2 - (DC^2 + EA^2 + FB^2)$$
$$= (DE^2 + BE^2) + (EF^2 + CF^2) + (FD^2 + AD^2) -$$
$$\quad [(CF^2 + FD^2) + (AD^2 + DE^2) + (BE^2 + EF^2)]$$
$$= 0$$

由性质2,知 XD, YE, ZF 三线共点于 Q.

2. 如图 15.18 设 x, y, z 为三等幂轴且交于 $\triangle O_1 O_2 O_3$ 于点 X, Y, Z,则
$$O_3 X - O_2 X = r_3 - r_2$$
$$O_2 Z - O_1 Z = r_2 - r_1$$
$$O_1 Y - O_3 Y = r_1 - r_3$$

所以
$$XO_3^2 - XO_2^2 + YO_1^2 - YO_3^2 + ZO_2^2 - ZO_1^2 = 0$$

又 $x \perp O_2 O_3, y \perp O_3 O_1, z \perp O_1 O_2$,所以由性质2得,$x, y, z$ 交于一点 S.

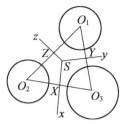

图 15.18

3. 如图 15.19，由三角形的中线长公式，有

$$m_a^2 = \frac{1}{2}(b^2+c^2) - \frac{1}{4}a^2$$

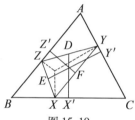

图 15.19

因为 $DX' \perp BC$ 于点 X'，$EY' \perp CA$ 于点 Y'，$FZ' \perp AB$ 于点 Z'，所以
$X'B^2 - X'C^2 = BD^2 - CD^2$

$$= \frac{1}{2}(BZ^2 + BY^2) - \frac{1}{4}YZ^2 - \left[\frac{1}{2}(CY^2 + CZ^2) - \frac{1}{4}YZ^2\right]$$

$$= \frac{1}{2}(BY^2 + BZ^2 - CY^2 - CZ^2) \qquad ①$$

同理

$$Y'C^2 - Y'A^2 = \frac{1}{2}(CZ^2 + CX^2 - AZ^2 - AX^2) \qquad ②$$

$$Z'A^2 - Z'B^2 = \frac{1}{2}(AX^2 + AY^2 - BX^2 - BY^2) \qquad ③$$

由①+②+③，得

$$X'B^2 - X'C^2 + Y'C^2 - Y'A^2 + Z'A^2 - Z'B^2$$
$$= \frac{1}{2}(XC^2 - XB^2 + YA^2 - YC^2 + ZB^2 - ZA^2)$$
$$= 0$$

故由性质 2，知结论成立.

4. 由性质 2，知 l, m, n 三线共点的充要条件是

$$XB^2 - XC^2 + YC^2 - YA^2 + ZA^2 - ZB^2 = 0$$

所以
$$(\overrightarrow{XB} + \overrightarrow{XC})(\overrightarrow{XB} - \overrightarrow{XC}) + (\overrightarrow{YC} + \overrightarrow{YA})(\overrightarrow{YC} - \overrightarrow{YA}) + (\overrightarrow{ZA} + \overrightarrow{ZB})(\overrightarrow{ZA} - \overrightarrow{ZB}) = 0$$

左端 $= (\overrightarrow{XL} + \overrightarrow{LB} + \overrightarrow{LC} + \overrightarrow{XL}) \cdot \overrightarrow{CB} + (\overrightarrow{MC} + \overrightarrow{YM} + \overrightarrow{YM} + \overrightarrow{MA}) \cdot \overrightarrow{AC} +$
$\qquad (\overrightarrow{NA} + \overrightarrow{ZN} + \overrightarrow{ZN} + \overrightarrow{NB}) \cdot \overrightarrow{BA}$
$= 2\overrightarrow{XL} \cdot \overrightarrow{CB} + 2\overrightarrow{YM} \cdot \overrightarrow{AC} + 2\overrightarrow{ZN} \cdot \overrightarrow{BA} = 0$

所以
$$\overrightarrow{XL} \cdot \overrightarrow{BC} + \overrightarrow{YM} \cdot \overrightarrow{CA} + \overrightarrow{ZA} \cdot \overrightarrow{AB} = 0$$

此即为所求证的条件.

5. 设点 L,M,N 分别为三边的中点,则
$$\overrightarrow{XL} \cdot \overrightarrow{BC} + \overrightarrow{YM} \cdot \overrightarrow{CA} + \overrightarrow{ZN} \cdot \overrightarrow{AB} = 0 \qquad ①$$
$$\overrightarrow{X'L} \cdot \overrightarrow{BC} + \overrightarrow{Y'B} \cdot \overrightarrow{CA} + \overrightarrow{Z'N} \cdot \overrightarrow{AB} = 0 \qquad ②$$

由① – ②即证得结论.

第16章 投影三角形

定义 由一点向三角形三边作投影,三个投影点组成的三角形称为投影三角形.

定理1 已知 $\triangle ABC$ 外接圆的半径为 R,在 $\triangle ABC$ 所在平面内一点 P 向 $\triangle ABC$ 的三边 BC,CA,AB 作投影 A_1,B_1,C_1,令 $OP=d$,则

$$\frac{S_{\triangle A_1B_1C_1}}{S_{\triangle ABC}}=\frac{|R^2-d^2|}{4R^2} \qquad (\text{I})$$

证法1 为证上述结论,先看下面引理:

引理 从 $\triangle ABC$ 所在平面内一点 P 向三角形三边作同向等角 θ 的射线,分别交 BC,CA,AB 边于点 A_1,B_1,C_1. 设 $\triangle ABC$ 外接圆 O 的半径为 R,$OP=d$,则

$$\frac{S_{\triangle A_1B_1C_1}}{S_{\triangle ABC}}=\frac{|R^2-d^2|}{4R^2\sin^2\theta}$$

事实上,如图 16.1,当点 P 在 $\triangle ABC$ 内

$$\angle PA_1B=\angle PB_1C=\angle PC_1A=\theta$$

延长 CP 交圆 O 于点 D,联结 AD,AP.

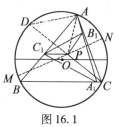

图 16.1

由题意知,点 A,C_1,P,B_1 四点共圆,由正弦定理,得 $B_1C_1=\dfrac{PA\sin A}{\sin\theta}$,同理 $A_1B_1=\dfrac{PC\sin C}{\sin\theta}$. 因为

$$\angle BAD=\angle BCP=\angle A_1B_1P,\angle PB_1C_1=\angle PAC_1$$

所以

$$\angle A_1B_1C_1=\angle A_1B_1P+\angle PB_1C_1=\angle BAD+\angle PAC_1=\angle PAD$$

在 $\triangle PAD$ 中,有
$$PA \cdot \sin \angle PAD = PD \cdot \sin D$$
而 $\angle D = \angle B$,从而
$$PA \cdot \sin \angle PAD = PD \cdot \sin B$$
故
$$S_{\triangle A_1 B_1 C_1} = \frac{1}{2} A_1 B_1 \cdot B_1 C_1 \cdot \sin \angle A_1 B_1 C_1 = \frac{PA \cdot PC}{2\sin^2 \theta} \sin A \sin C \sin \angle PAD$$
$$= \frac{PC \cdot PD}{2\sin^2 \theta} \sin A \sin B \sin C$$

设 MN 为过点 O,P 的直径,则
$$PC \cdot PD = PN \cdot PM = (R-d)(R+d) = R^2 - d^2$$
又由 $S_{\triangle ABC} = 2R^2 \sin A \sin B \sin C$,有
$$\frac{S_{\triangle A_1 B_1 C_1}}{S_{\triangle ABC}} = \frac{R^2 - d^2}{4R^2 \sin^2 \theta}$$

当点 P 在 $\triangle ABC$ 的外部时,如图 16.2 所示,类似地可证得
$$\frac{S_{\triangle A_1 B_1 C_1}}{S_{\triangle ABC}} = \frac{d^2 - R^2}{4R^2 \sin^2 \theta}$$

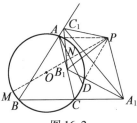

图 16.2

故引理得证.

下面回到定理的证明:当 $\theta = 90°$ 时,由引理,即
$$\frac{S_{\triangle A_1 B_1 C_1}}{S_{\triangle ABC}} = \frac{|R^2 - d^2|}{4R^2}$$

证法 2 如图 16.3,联结 AP,BP 并延长分别交圆周于点 D,E,又联结 OP,设直线 OP 分别交圆周于点 M,N.

由已知有:$PA_1 \perp AC, PC_1 \perp AB$,从而 A,A_1,P,C_1 四点共圆,则
$$\angle A_1 C_1 P = \angle A_1 AP$$
同理:B,C_1,P,B_1 四点共圆,则

$$\angle B_1C_1P = \angle B_1BP \qquad ②$$

又由 $\angle A_1AP$ 与 $\angle CBD$ 是同弧 CD 所对的圆周角,从而

$$\angle A_1AP = \angle CBD \qquad ③$$

由式①②③,有

$$\angle A_1C_1P + \angle B_1C_1P = \angle A_1AP + \angle B_1BP = \angle CBD + \angle B_1BP$$

而

$$\angle A_1C_1B = \angle A_1C_1P + \angle B_1C_1P,\ \angle EBD = \angle CBD + \angle B_1BP$$

则

$$\angle A_1C_1B_1 = \angle EBD$$

由三角形的面积公式,有

$$S_{\triangle B_1C_1A_1} = \frac{1}{2}A_1C_1 \cdot B_1C_1 \cdot \sin\angle A_1C_1B_1 = \frac{1}{2}A_1C_1 \cdot B_1C_1 \cdot \sin\angle EBD \qquad ④$$

又因 AP,BP 分别是平面四边形 AA_1PC_1,BC_1PB_1 外接圆的直径,所以由正弦定理,有

$$\frac{A_1C_1}{\sin\angle BAC} = AP, \frac{B_1C_1}{\sin\angle ABC} = BP$$

即

$$A_1C_1 = AP\sin\angle BAC,\ B_1C_1 = BP\sin\angle ABC \qquad ⑤$$

又 $\angle BDP$ 与 $\angle ACB$ 是同弧 AB 所对的圆周角,所以 $\angle BDP = \angle ACB$,在 $\triangle BPD$ 中,由正弦定理,有

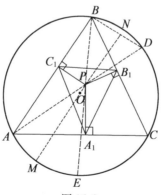

图 16.3

$$\frac{BP}{DP} = \frac{\sin\angle BDP}{\sin\angle PBD} = \frac{\sin\angle ACB}{\sin\angle EBD}$$

从而

$$\sin\angle EBD = \frac{DP\sin\angle ACB}{BP} \qquad ⑥$$

将式⑤⑥代入式④,得

$$S_{\triangle B_1C_1A_1} = \frac{1}{2}A_1C_1 \cdot B_1C_1 \cdot \sin\angle EBD$$

$$= \frac{1}{2}AP \cdot DP \cdot \sin\angle BAC \cdot \sin\angle ABC \cdot \sin\angle ACB$$

由圆幂定理,得

$$AP \cdot DP = MP \cdot NP = R^2 - d^2 \quad (\text{显然 } R > d)$$

故 $\quad S_{\triangle B_1A_1C_1} = \frac{1}{2}(R^2 - d^2)\sin\angle BAC \cdot \sin\angle ABC \cdot \sin\angle ACB$

在 $\triangle ABC$ 中,由正弦定理有

$$\sin\angle BAC = \frac{a}{2R}, \sin\angle ABC = \frac{b}{2R}$$

故

$$S_{\triangle B_1A_1C_1} = \frac{1}{4R^2}(R^2 - d^2) \cdot \frac{1}{2}ab\sin\angle ACB$$

而

$$S_{\triangle ABC} = \frac{1}{2}ab\sin\angle ACB$$

故

$$S_{\triangle A_1B_1C_1} = \frac{1}{4R^2}(R^2 - d^2) \cdot S_{\triangle ABC}$$

即式(Ⅰ)成立.

推论1 锐角 $\triangle ABC$ 的内心 I 关于 $\triangle ABC$ 的投影三角形的面积为

$$S_I = \frac{r}{2R} \cdot S_{\triangle ABC} \qquad (\text{Ⅱ})$$

证明 由三角形的欧拉公式,有

$$OI^2 = R^2 - 2Rr$$

即

$$d^2 = OI^2 = R^2 - 2Rr$$

则 $R^2 - d^2 = 2Rr$,又由公式(Ⅰ)可得

$$S_I = \frac{1}{4R^2}(R^2 - d^2) \cdot S_{\triangle ABC} = \frac{r}{2R} \cdot S_{\triangle ABC}$$

故即推论1成立.

推论2 锐角 $\triangle ABC$ 的三边 BC, CA, AB 上的高线分别为 AQ, BP, CS,垂足分别为 Q, P, S,三高线的交点为 H(即 $\triangle ABC$ 的垂心),则 $\triangle QPS$ 就是垂心 H 关

于 $\triangle ABC$ 的投影三角形,则
$$S_H = 2\cos A\cos B\cos C \cdot S_{\triangle ABC} \qquad (\text{Ⅲ})$$

证明 如图 16.4,由已知显然有(设 BC,CA,AB 所对的边分别为 a,b,c)
$$AS = b\cos A, AP = c\cos A, BQ = c\cos B$$
$$BS = a\cos B, CP = a\cos C, CQ = b\cos C$$

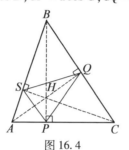

图 16.4

在 $\triangle ASP$ 中,由余弦定理,有
$$\begin{aligned}PS^2 &= AS^2 + AP^2 - 2AS \cdot AP \cdot \cos A \\ &= b^2\cos^2 A + c^2\cos^2 A - 2bc \cdot \cos^3 A \\ &= \cos^2 A(b^2 + c^2 - 2bc \cdot \cos A)\end{aligned} \qquad ⑦$$

在 $\triangle ABC$ 中,由余弦定理,有
$$a^2 = b^2 + c^2 - 2bc \cdot \cos A \qquad ⑧$$

将式⑧代入式⑦,得 $PS^2 = a^2\cos^2 A$,即 $PS = a\cos A$.

同理可得 $PQ = c\cos C$.

由已知显然有:点 H,S,A,P 与点 H,P,C,Q 分别四点共圆,而 $\angle SPH$ 与 $\angle SAH$ 是同弧所对的圆周角,则
$$\angle SPH = \angle SAH = 90° - \angle ABC$$

同理,可得
$$\angle HPQ = \angle HCQ = 90° - \angle ABC$$

从而
$$\angle SPQ = \angle SPH + \angle HPQ = 180° - 2\angle ABC$$

于是
$$\begin{aligned}S_{\triangle QPS} &= \frac{1}{2}PS \cdot PQ \cdot \sin\angle SPQ \\ &= \frac{1}{2}a\cos A \cdot c\cos C \cdot 2\sin B\cos B \\ &= 2 \cdot \frac{1}{2}ac\sin B \cdot \cos A\cos B\cos C\end{aligned}$$

而
$$S_{\triangle ABC} = \frac{1}{2}ac\sin B$$

于是
$$S_{\triangle QPS} = 2\cos A\cos B\cos C \cdot S_{\triangle ABC}$$

即
$$S_H = 2\cos A\cos B\cos C \cdot S_{\triangle ABC}$$

故推论 2 成立.

推论 3 锐角 $\triangle ABC$ 的重心 G 关于 $\triangle ABC$ 的投影三角形的面积为
$$S_G = \frac{a^2 + b^2 + c^2}{26R^2} \cdot S_{\triangle ABC} \qquad (\text{Ⅳ})$$

证明 由三角形的欧拉线可知：$\triangle ABC$ 的垂心 H,重心 G,外心 O 三点共线,且 $OG = \frac{1}{3}OH$,从而
$$OG^2 = \frac{1}{9}OH^2 \qquad \text{⑨}$$

把公式（Ⅲ）代入公式（Ⅰ）,得
$$2\cos A\cos B\cos C \cdot S_{\triangle ABC} = \frac{1}{4R^2}(R^2 - d^2) \cdot S_{\triangle ABC}$$

这里 $d = OH$,从而化简,得
$$OH^2 = R^2(1 - 8\cos A\cos B\cos C) \qquad \text{⑩}$$

在 $\triangle ABC$ 中,易证
$$\sin^2 A + \sin^2 B + \sin^2 C = 2 + 2\cos A\cos B\cos C$$

从而
$$\cos A\cos B\cos C = \frac{\sin^2 A + \sin^2 B + \sin^2 C - 2}{2} \qquad \text{⑪}$$

把式⑪代入式⑩,整理得
$$OH^2 = R^2[9 - 4(\sin^2 A + \sin^2 B + \sin^2 C)]$$

在 $\triangle ABC$ 中,由正弦定理,有
$$\sin A = \frac{a}{2R}, \sin B = \frac{b}{2R}, \sin C = \frac{c}{2R}$$

于是
$$OH^2 = 9R^2 - (a^2 + b^2 + c^2) \qquad \text{⑫}$$

由式⑨有

$$OG^2 = \frac{1}{9}OH^2 = R^2 - \frac{1}{9}(a^2 + b^2 + c^2)$$

由投影三角形的面积公式（Ⅰ），这里$(d^2 = OG^2)$有

$$S_G = \frac{1}{4R^2}(R^2 - d^2) \cdot S_{\triangle ABC} = \frac{1}{4R^2}(R^2 - OG^2) \cdot S_{\triangle ABC}$$

$$= \frac{a^2 + b^2 + c^2}{36R^2} \cdot S_{\triangle ABC}$$

推论 4 锐角$\triangle ABC$的外心O关于$\triangle ABC$的广义垂足三角形的面积为

$$S_O = \frac{1}{4}S_{\triangle ABC} \quad\quad (\text{Ⅴ})$$

证明 由投影三角形的面积公式（Ⅰ），(这里$d=0$)有

$$S_O = \frac{1}{4R^2}(R^2 - d^2) \cdot S_{\triangle ABC} = \frac{1}{4R^2}(R^2 - 0) \cdot S_{\triangle ABC} = \frac{1}{4}S_{\triangle ABC}$$

故推论 4 成立.

推论 5 已知锐角$\triangle ABC$的外接圆圆O半径为R，三边BC,CA,AB上的中点分别为G_1,G_2,G_3，其三边上的高线为AH_1,BH_2,CH_3，垂足分别为H_1,H_2,H_3，$\triangle ABC$的垂心为H，线段AH,BH,CH的中点分别为K_1,K_2,K_3，则可知$G_1,G_2,G_3,H_1,H_2,H_3,K_1,K_2,K_3$这九点共圆，其圆心$V$为外心与垂心连线的中点，由$V$分别向三边$BC,CA,AB$作垂线，垂足分别为$Q,P,S$，则$\triangle QPS$是九点圆圆心$V$关于$\triangle ABC$的投影三角形，则

$$S_V = \frac{a^2 + b^2 + c^2 - 5R^2}{16R^2} \cdot S_{\triangle ABC} \quad\quad (\text{Ⅵ})$$

证明 由于$OV = \frac{1}{2}OH$，即$OV^2 = \frac{1}{4}OH^2$，由推论 3 的证明过程中的公式（Ⅳ）

$$OH^2 = 9R^2 - (a^2 + b^2 + c^2)$$

得

$$OK^2 = \frac{9}{4}R^2 - \frac{1}{4}(a^2 + b^2 + c^2)$$

由投影三角形的面积公式（Ⅰ），(这里$d = OK$)得

$$S_{\triangle QPS} = \frac{1}{4R^2}\left[R^2 - \frac{9}{4}R^2 + \frac{1}{4}(a^2 + b^2 + c^2)\right] \cdot S_{\triangle ABC}$$

$$= \frac{a^2 + b^2 + c^2 - 5R^2}{16R^2} \cdot S_{\triangle ABC}$$

即
$$S_K = \frac{a^2+b^2+c^2-5R^2}{16R^2} \cdot S_{\triangle ABC}$$

故推论 5 成立.

注:由公式(Ⅰ),有 $d^2 = R^2(1 - \frac{4S_r}{S_{\triangle ABC}})$,从而有下面的一些结论.

(1)在锐角 $\triangle ABC$ 中,垂心 H 和重心 G 的投影三角形面积之间的关系.

因为
$$OH^2 = R^2(1-\frac{4S_H}{S_{\triangle ABC}}), OG^2 = R^2(1-\frac{4S_G}{S_{\triangle ABC}})$$

由三角形的欧拉线有:$OH = 3OG$,从而 $OH^2 = 9OG^2$. 故
$$9S_G - S_H = 2S_{\triangle ABC} \qquad (Ⅶ)$$

(2)在锐角 $\triangle ABC$ 中,垂心 H 和九点圆圆心 V 的投影三角形面积之间的关系.

因为
$$OH^2 = R^2(1-\frac{4S_H}{S_{\triangle ABC}}), OV^2 = R^2(1-\frac{4S_V}{S_{\triangle ABC}})$$

而
$$OH = 2OV$$

所以
$$4S_V - S_H = \frac{3}{4}S_{\triangle ABC} \qquad (Ⅷ)$$

(3)在锐角 $\triangle ABC$ 中,重心 G 和九点圆圆心 V 的广义垂足三角形面积之间的关系.

因为
$$OV^2 = R^2(1-\frac{4S_V}{S_{\triangle ABC}}), OG^2 = R^2(1-\frac{4S_G}{S_{\triangle ABC}})$$

由三角形的欧拉线有:$OH = 3OG$,而 $OH = 2OK$,于是 $OV^2 = \frac{9}{4}OG^2$. 故
$$9S_G - 4S_V = \frac{5}{4}S_{\triangle ABC} \qquad (Ⅸ)$$

(4)在锐角 $\triangle ABC$ 中,重心 G、垂心 H 和九点圆圆心 V 的广义垂足三角形面积之间的关系.

由式(Ⅶ)(Ⅷ)消去 $S_{\triangle ABC}$,可得
$$27S_G + 5S_H = 32S_V \qquad (Ⅹ)$$

定理2 设点 P 为 $\triangle ABC$ 内任一点,过点 P 作 BC, CA, AB 的垂线,垂足分别为 A_1, B_1, C_1,设 $\triangle ABC$ 的外接圆半径为 R,则

$$S_{\triangle PBC} \cdot PA^2 + S_{\triangle PCA} \cdot PB^2 + S_{\triangle PAB} \cdot PC^2 = 4R^2 \cdot S_{\triangle A_1B_1C_1} \qquad ⑪$$

证明 如图 16.5,设 $\triangle ABC$ 的三边长分别为 $a, b, c, PA_1 = u, PB_1 = v,$ $PC_1 = w$,由正弦定理,有

$$\frac{a}{2R} = \sin A = \frac{B_1C_1}{PA}$$

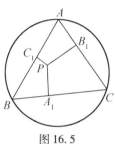

图 16.5

则

$$a \cdot PA = 2R \cdot B_1C_1$$

同理

$$b \cdot PB = 2R \cdot C_1A_1, c \cdot PC = 2R \cdot A_1B_1$$

从而

$$S_{\triangle PBC} \cdot PA^2 + S_{\triangle PCA} \cdot PB^2 + S_{\triangle PAB} \cdot PC^2$$
$$= \frac{1}{2}au \cdot PA^2 + \frac{1}{2}bv \cdot PB^2 + \frac{1}{2}cw \cdot PC^2$$
$$= R(u \cdot PA \cdot B_1C_1 + v \cdot PB \cdot C_1A_1 + w \cdot PC \cdot A_1B_1)$$

又 A, C_1, P, B_1 四点共圆,所以

$$PA \cdot B_1C_1 = w \cdot AB_1 + v \cdot AC_1$$

从而

$$u \cdot PA \cdot B_1C_1 = wu \cdot AB_1 + uv \cdot AC_1$$

同理

$$v \cdot PB \cdot C_1A_1 = wu \cdot BA_1 + uv \cdot BC_1$$
$$w \cdot PC \cdot A_1B_1 = wu \cdot B_1C + wv \cdot A_1C$$

于是

$$u \cdot PA \cdot B_1C_1 + v \cdot PB \cdot C_1A_1 + w \cdot PC \cdot A_1B_1$$
$$= wv \cdot (BA_1 + A_1C) + wu \cdot (AB_1 + B_1C) + uv \cdot (AC_1 + C_1B)$$

$$= wv \cdot a + wu \cdot b + uv \cdot c$$

所以
$$S_{\triangle PBC} \cdot PA^2 + S_{\triangle PCA} \cdot PB^2 + S_{\triangle PAB} \cdot PC^2$$
$$= R(wv \cdot a + wu \cdot b + uv \cdot c)$$

又因
$$S_{\triangle A_1B_1C_1} = \frac{1}{2}wu\sin B + \frac{1}{2}wv\sin A + \frac{1}{2}uv\sin C$$
$$= \frac{1}{4R}(wv \cdot a + wu \cdot b + uv \cdot c)$$

所以 $\quad S_{\triangle PBC} \cdot PA^2 + S_{\triangle PCA} \cdot PB^2 + S_{\triangle PAB} \cdot PC^2 = 4R^2 \cdot S_{\triangle A_1B_1C_1}$

例1 设 $\triangle ABC$ 的外接圆圆心为 O,半径为 R,内切圆圆心为 I,半径为 r,则
$$OI^2 = R^2 - 2Rr$$

证明 如图 16.6,由题意可得
$$S_{\triangle A_1B_1C_1} = S_{\triangle IB_1C_1} + S_{\triangle IC_1A_1} + S_{\triangle IA_1B_1} = \frac{1}{2}r^2(\sin A + \sin B + \sin C)$$
$$= \frac{1}{2}r^2 \cdot \frac{a+b+c}{2R}$$
$$= \frac{1}{2}r(a+b+c) \cdot \frac{r}{2R}$$
$$= S_{\triangle ABC} \cdot \frac{r}{2R}$$

故
$$\frac{S_{\triangle A_1B_1C_1}}{S_{\triangle ABC}} = \frac{r}{2R}$$

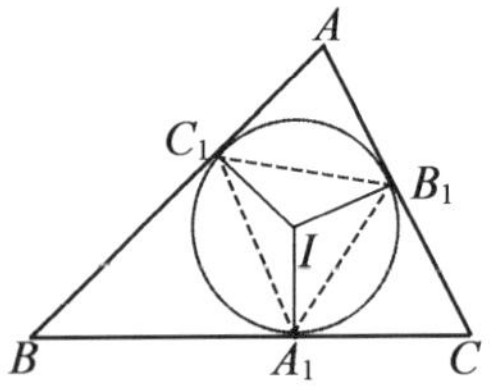

图 16.6

由定理 1,知 $\dfrac{r}{2R} = \dfrac{R^2 - d^2}{4R^2}$,则 $d^2 = R^2 - 2Rr$,即 $OI^2 = R^2 - 2Rr$. 这就是著名的欧拉定理.

例2 设点 P 是 $\triangle ABC$ 外接圆上的一点,过点 P 向三角形三边作垂线,垂足分别为 A_1, B_1, C_1,求证:A_1, B_1, C_1 三点共线.(西姆松定理)

证明 由题意,知点 P 在 $\triangle ABC$ 的外接圆上,则 $d=R$,由定理 1,得 $\dfrac{S_{\triangle A_1B_1C_1}}{S_{\triangle ABC}}=0$,所以 $S_{\triangle A_1B_1C_1}=0$,故 A_1,B_1,C_1 三点共线.

例 3 设 $\triangle ABC$ 的外心为 O,外接圆半径为 R,垂心为 H,$\triangle ABC$ 三边长为 a,b,c,求证:$OH^2=9R^2-(a^2+b^2+c^2)$.

证明 如图 16.7,A_1,B_1,C_1 为垂足,在 $\mathrm{Rt}\triangle AA_1C$ 中,$A_1C=b\cos C$,在 $\mathrm{Rt}\triangle HA_1C$ 中,$\tan\angle CHA_1=\dfrac{A_1C}{HA_1}=\tan B$,从而

$$HA_1=\dfrac{A_1C}{\tan B}=\dfrac{b\cos C\cos B}{\sin B}=2R\cos B\cos C$$

同理,可得

$$HB_1=2R\cdot\cos A\cos C,\ HC_1=2R\cos A\cos B$$

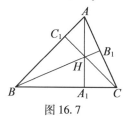

图 16.7

从而

$$S_{\triangle A_1B_1C_1}=\dfrac{1}{2}HB_1\cdot HC_1\sin A+\dfrac{1}{2}HC_1\cdot HA_1\sin B+\dfrac{1}{2}HA_1\cdot HB_1\sin C$$
$$=R^2\cos A\cos B\cos C(\sin 2A+\sin 2B+\sin 2C)$$
$$=4R^2\cos A\cos B\cos C\sin A\sin B\sin C$$
$$=2\cos A\cos B\cos C\cdot S_{\triangle ABC}$$

故

$$\dfrac{S_{\triangle A_1B_1C_1}}{S_{\triangle ABC}}=2\cos A\cos B\cos C$$

由定理 1,得

$$2\cos A\cos B\cos C=\dfrac{R^2-d^2}{4R^2}$$

则

$$d^2=R^2(1-8\cos A\cos B\cos C)$$
$$=R^2(9-4\sin^2 A-4\sin^2 B-4\sin^2 C)$$
$$=9R^2-(a^2+b^2+c^2)$$

即
$$OH^2 = 9R^2 - (a^2 + b^2 + c^2)$$

例4 设 $\triangle ABC$ 的外心为 O,重心为 G,外接圆半径为 R,三边长分别为 a,b,c. 求证: $OG^2 = R^2 - \dfrac{1}{9}(a^2 + b^2 + c^2)$.

证明 如图 16.8,过重心 G 作边 AB,BC,AC 的垂线,垂足为 C_1,A_1,B_1,设 $\triangle ABC$ 在 AB,BC,CA 边上的高分别为 h_c,h_a,h_b,,则

$$S_{\triangle A_1 B_1 C_1} = \frac{1}{2} GA_1 \cdot GB_1 \sin C + \frac{1}{2} GB_1 \cdot GC_1 \sin A + \frac{1}{2} GC_1 \cdot GA_1 \sin B$$

$$= \frac{1}{2} \cdot \frac{1}{3} h_a \cdot \frac{1}{3} h_b \cdot \sin C + \frac{1}{2} \cdot \frac{1}{3} h_b \cdot \frac{1}{3} h_c \sin A + \frac{1}{2} \cdot \frac{1}{3} h_c \cdot \frac{1}{3} h_a \sin B$$

$$= \frac{2}{9ab} S^2_{\triangle ABC} \cdot \sin C + \frac{2}{9bc} S^2_{\triangle ABC} \sin A + \frac{2}{9ac} S^2_{\triangle ABC} \sin B$$

$$= \frac{2}{9} S^2_{\triangle ABC} \left(\frac{\sin C}{ab} + \frac{\sin A}{bc} + \frac{\sin C}{ac} \right)$$

$$= \frac{1}{9R} S^2_{\triangle ABC} \left(\frac{c}{ab} + \frac{a}{bc} + \frac{b}{ac} \right)$$

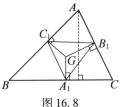

图 16.8

由定理 1,得

$$\frac{R^2 - d^2}{4R^2} = \frac{1}{9R} S_{\triangle ABC} \left(\frac{c}{ab} + \frac{a}{bc} + \frac{b}{ac} \right)$$

从而

$$\frac{R^2 - d^2}{4R^2} = \frac{1}{9R} \cdot \frac{abc}{4R} \left(\frac{c}{ab} + \frac{a}{bc} + \frac{b}{ac} \right)$$

整理,得

$$d^2 = R^2 - \frac{1}{9}(a^2 + b^2 + c^2)$$

即

$$OG^2 = R^2 - \frac{1}{9}(a^2 + b^2 + c^2)$$

例5 设三角形的外心为 O,重心为 G,垂心为 H,求证:$OH = 3OG$.

证明 该例可由例3和例4直接推出.

例6 设点 G 为 $\triangle ABC$ 的重心,a, b, c 为 $\triangle ABC$ 三边长,求证:$GA^2 + GB^2 + GC^2 = \frac{1}{3}(a^2 + b^2 + c^2)$.

证明 如图16.9,因为点 G 是 $\triangle ABC$ 的重心,所以

$$S_{\triangle BGC} = S_{\triangle AGC} = S_{\triangle ABG} = \frac{1}{3} S_{\triangle ABC}$$

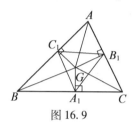

图 16.9

由定理2知

$$S_{\triangle BAC} \cdot GA^2 + S_{\triangle AGC} \cdot GB^2 + S_{\triangle ABG} \cdot GC^2 = 4R^2 S_{\triangle A_1 B_1 C_1}$$

由例5知

$$S_{\triangle A_1 B_1 C_1} = \frac{1}{9R} S_{\triangle ABC}^2 \cdot \left(\frac{c}{ab} + \frac{a}{bc} + \frac{b}{ac} \right)$$

从而

$$\frac{1}{3} S_{\triangle ABC} (GA^2 + GB^2 + GC^2) = 4R^2 \cdot \frac{1}{9R} S_{\triangle ABC}^2 \cdot \frac{a^2 + b^2 + c^2}{abc}$$

所以

$$GA^2 + GB^2 + GC^2 = \frac{4R}{3} \cdot \frac{abc}{4R} \cdot \frac{a^2 + b^2 + c^2}{abc}$$

故

$$GA^2 + GB^2 + GC^2 = \frac{1}{3}(a^2 + b^2 + c^2)$$

例7 设点 I 为 $\triangle ABC$ 的内心,三角形三边长为 a, b, c,求证:$\frac{IA^2}{bc} + \frac{IB^2}{ac} + \frac{IC^2}{ab} = 1$.

证明 如图16.10,由定理2知

$$S_{\triangle IBC} \cdot IA^2 + S_{\triangle ICA} \cdot IB^2 + S_{\triangle IAB} \cdot IC^2$$

$$= 4R^2 S_{\triangle A_1BC_1} \frac{1}{2}bc$$

即
$$\frac{1}{2}ar \cdot IA^2 + \frac{1}{2}br \cdot IB^2 + \frac{1}{2}cr \cdot IC^2 = 4R^2 S_{\triangle A_1B_1C_1}$$

由定理 1 以及例 1 可得
$$S_{\triangle A_1B_1C_1} = \frac{R^2 - (R^2 - 2Rr)}{4R^2} \cdot S_{\triangle ABC} = \frac{r}{8R^2} \cdot abc$$

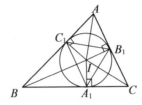

图 16.10

从而
$$\frac{1}{2}ar \cdot IA^2 + \frac{1}{2}br \cdot IB^2 + \frac{1}{2}cr \cdot IC^2 = 4R^2 \cdot \frac{r}{8R^2} \cdot abc$$

所以
$$a \cdot IA^2 + b \cdot IB^2 + c \cdot IC^2 = abc$$

故
$$\frac{IA^2}{bc} + \frac{IB^2}{ac} + \frac{IC^2}{ab} = 1$$

上述内容参考了以下两篇文章：

[1]张明龙. 三角形两个定理的证明及应用[J]. 中学数学月刊,1997(6):28-24.

[2]杨承毅. 广义垂足三角形的面积关系[J]. 中学数学研究,2011(9):46-48.

第 17 章 垂心组

由三角形的三顶点及垂心引发我们给出垂心组的概念.

定义 四点组中以三点为三角形的顶点,另一点为该三角形的垂心,这样的四点称为垂心组,由此即知,垂心组中的四点,每一点都可以为其余三点为顶点的三角形的垂心. 垂心组有如下优美的性质[①].

性质 1 垂心组的四个三角形的外接圆是等圆.

证明 如图 17.1,设点 H 为锐角 $\triangle ABC$ 的垂心,延长 AH 交 $\triangle ABC$ 的外接圆于点 H_1,则 $\triangle BH_1C$ 与 $\triangle BHC$ 关于边 BC 对称. 于是,$\triangle BHC$ 的外接圆与 $\triangle BH_1C$ 的外接圆关于边 BC 对称,即为等圆. 而 $\triangle BH_1C$ 的外接圆即为 $\triangle ABC$ 的外接圆,故 $\triangle BHC$ 的外接圆与 $\triangle ABC$ 的外接圆是等圆.

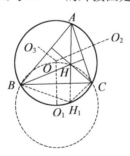

图 17.1

同理,$\triangle AHB$,$\triangle AHC$ 的外接圆与 $\triangle ABC$ 的外接圆是等圆.

若点 H 为钝角 $\triangle ABC$ 的垂心,同理可证得结论成立.

性质 2 若三个等圆交于一点,则这点和其他三个交点构成一垂心组.

证明 如图 17.2,设三个等圆交于点 H,每两圆的另一交点为 A,B,C. 直线 BH,CH 分别交直线 AC,AB 于点 E,F.

由等圆中等弧所对的圆周角相等,有 $\angle ABH = \angle ACH$,即知 B,C,E,F 四点共圆.

又由 $\angle BFC = \angle BEC$,知 $\angle AFC = \angle AEC$,即知 A,F,H,E 四点共圆.

---

① 沈文选.垂心组的性质及应用[J].数学通讯,2009(2):60-62.

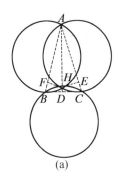
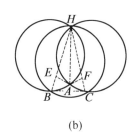

(a)   (b)

图 17.2

于是,$\angle BFC = \angle BEC = \angle AFH =$ 邻补角相等 $= 90°$,即知 $CF \perp AB$.

同理,$BE \perp AC$. 故点 H 为 $\triangle ABC$ 的垂心. 从而 H, A, B, C 为垂心组.

性质 3 垂心组的四个三角形的外心构成一垂心组.

证明 如图 17.3,设点 H 为 $\triangle ABC$ 的垂心,$\triangle ABC, \triangle BHC, \triangle CHA, \triangle AHB$ 的外心分别为 O, O_1, O_2, O_3.

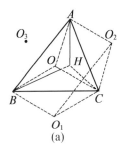
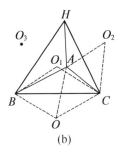

(a)   (b)

图 17.3

联结 $AO_2, AO, BO_1, BO, CO_1, CO_2, CO$,则知四边形 $AOCO_2, BO_1CO$ 均为菱形,即 $AO_2 \underline{\underline{\parallel}} OC \underline{\underline{\parallel}} BO_1$,从而四边形 ABO_1O_2 为平行四边形,于是 $O_1O_2 \underline{\underline{\parallel}} BA$.

同理,$OO_3 \underline{\underline{\parallel}} CH$.

又 $CH \perp AB$,所以 $OO_3 \perp O_1O_2$.

同理,$OO_2 \perp O_1O_3, OO_1 \perp O_2O_3$. 故点 O 为 $\triangle O_1O_2O_3$ 的垂心,即 O, O_1, O_2, O_3 为一垂心组.

性质 4 垂心组的四个三角形的重心构成一垂心组.

证明 如图 17.4,设点 H 为 $\triangle ABC$ 的垂心,$\triangle ABC, \triangle BHC, \triangle AHC, \triangle AHB$ 的重心分别为 G, G_1, G_2, G_3,联结 AG 并延长交 BC 于点 M,则点 M 为 BC 的中点,且 G_1 在 HM 上;联结 BG 并延长交 AC 于点 N,则点 N 为 AC 的中点,且点 G_2 在 HN 上.

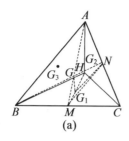
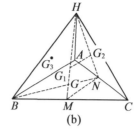

(a)   (b)

图 17.4

注意到重心在中线的 $\frac{2}{3}$ 处,在 $\triangle MAH$ 中, $\frac{MG}{MA} = \frac{1}{3}$, $\frac{MG_1}{MH} = \frac{1}{3}$, 故 $GG_1 \parallel AH$.

在 $\triangle HMN$ 中, $\frac{HG_1}{HM} = \frac{2}{3}$, $\frac{HG_2}{HN} = \frac{2}{3}$.

从而 $G_1G_2 \parallel MN \parallel BA$. 同理 $G_3G_2 \parallel BC$.

又注意到 $AH \perp BC$, 所以 $GG_1 \perp G_3G_2$.

同理, $GG_2 \perp G_1G_3$, $GG_3 \perp G_1G_2$.

故点 G 为 $\triangle G_1G_2G_3$ 的垂心, 即 G, G_1, G_2, G_3 为一垂心组.

性质 5 垂心组四点位于中间的一点可作为一个三角形的内心, 其余三点作为这个三角形的三个旁心. 反过来结论亦成立. 一个三角形的内心、三个旁心构成一垂心组.

事实上, 垂心组位于中间的一点作为垂心时, 这个垂心即垂足三角形的内心, 此时其余三点恰为垂足三角形的三个旁心. 反过来, 结论亦成立. 留给读者自行推证.

注:内心、旁心位于三角形顶点外的内角平分线、外角平分线上, 且同一顶点处的内、外角平分线相互垂直. 又两个旁心所在的直线过三角形一顶点. 由此即证得结论成立, 即一个三角形的内心、三个旁心构成一垂心组.

性质 6 以三角形的外心为密克尔点的关于三边所在直线上的三点与外心构成一垂心组(可参见第 25 章密克尔圆的性质 7)

性质 7 三角形的垂心、一顶点、该顶点所对边的中点, 以及这条对边所在直线与三角形另两边上的高线的垂足所在直线的交点, 这四点构成一垂心组.

性质 8 垂心组中的两点与其余一点的平方差等于这两点与其余另一点的平方差.

事实上, 如图 17.4 所示, 由定差幂线定理, 知

$$AB^2 - AC^2 = HB^2 - HC^2, BA^2 - BC^2 = HA^2 - HC^2, CA^2 - CB^2 = HA^2 - HB^2$$

推论 设垂心组 A, B, C, H 中的三角形的外接圆半径为 R, 则

$$AB^2 + CH^2 = AC^2 + BH^2 = BC^2 + AH^2 = 4R^2$$

事实上,如图 17.5 所示,作 △ABC 的外接圆 O,设点 H 为其垂心,联结 AO 并延长交圆 O 于点 M,则四边形 BMCH 为平行四边形. 从而, $BH = MC$, $HC = BM$.

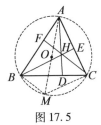

图 17.5

在 Rt△AMC, Rt△ABM 中,有
$$MC^2 + AC^2 = AM^2, BM^2 + AB^2 = AM^2$$

从而
$$AB^2 + CH^2 = 4R^2 = AC^2 + BH^2$$

同理
$$BC^2 + AH^2 = 4R^2$$

性质 9 以一垂心组中任两点的连线段为直径作圆,则在此圆中,凡垂直于该直径的弦的两端点,都是垂心组的垂足三角形的等角共轭点.

证明 首先看如下命题:设 △DEF 为锐角 △ABC 的垂心点 H 的垂足三角形,点 M 为 BH 上的一点,过点 M 与 BH 垂直的直线交 △BDF 的外接圆于 P, Q 两点,则

$$\angle PDE + \angle QDF = 180°$$

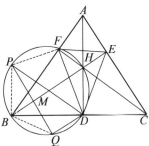

图 17.6

事实上,显然点 H 在 △BDF 的外接圆上,且 BH 为圆 BDF 的直径. 联结 BP, BQ,则由对称性知 $\angle PBH = \angle QBH$.

由 △DEF 为 H 的垂足三角形,则知点 H 为 △DEF 的内心,从而 $\angle HDE = \angle HDF$.

联结 PF,则

$$\angle PDE = \angle PDH + \angle HDE = \angle PBH + \angle HDF$$
$$= \angle QBH + \angle HBF = \angle QBF$$
$$= \angle QPF = 180° - \angle QDF$$

故
$$\angle PDE + \angle QDF = 180°$$

从而此时,可称 PD,QD 为 $\angle FDE$ 的等角线. 同理,可证 PF,QF 为 $\angle EFD$ 的等角线. 又显然 PE,QE 是 $\angle DEF$ 的等角线,所以点 P,Q 可称为 $\triangle DEF$ 的等角共轭点. 于是,我们便证明了结论.

例 1 设点 H 为 $\triangle ABC$ 的垂心,R 为 $\triangle ABC$ 的外接圆半径,则
$$AH = 2R \cdot |\cos A|, BH = 2R \cdot |\cos B|, CH = 2R \cdot |\cos C|$$

证明 由性质 1,知 $\triangle AHC$ 的外接圆半径为 R,在 $\triangle AHC$ 中应用正弦定理,有 $\dfrac{AH}{\sin \angle ACH} = 2R$.

当 $\angle A$ 为锐角时,如图 17.7(a) 所示,$\angle ACH = 90° - \angle A$,从而
$$AH = 2R \cdot \sin \angle ACH = 2R \cdot \sin(90° - \angle A) = 2R \cdot \cos A$$

当 $\angle A$ 为直角时,$\cos A = 0$,点 H 与 A 重合,如图(b)所示,此时,亦有
$$AH = 2R \cdot \cos A$$

当 $\angle A$ 为钝角时,有
$$\angle ACH = 90° - \angle EAC = \angle BAC - 90° = \angle A - 90°$$

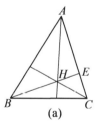
(a)

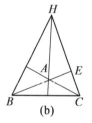
(b)

图 17.7

从而
$$AH = 2R \cdot \sin \angle ACH = 2R \cdot \sin(\angle A - 90°) = -2R \cdot \cos A$$

故
$$AH = 2R \cdot |\cos A|$$

同理
$$BH = 2R \cdot |\cos B|, CH = 2R \cdot |\cos C|$$

例 2 (1998 年 CMO 试题)在 $\triangle ABC$ 中,点 O 是外心,点 I 为内心,$\angle C = 30°$,边 AC 上的点 D 与边 BC 上的点 E,使 $AD = BE = AB$. 求证:$OI \perp DE$ 且 $OI = DE$.

证明 如图 17.8,联结 DI,AI,BI,EI,则 $\triangle AID \cong \triangle AIB \cong \triangle EID$. 从而 $\angle AID = \angle AIB = \angle EIB$. 而 $\angle AIB = 90° + \dfrac{1}{2}\angle C = 105°$,则 $\angle DIE = 45°$.

如图 17.8,联结 AO,则 $AB = 2AO\sin C = AO$,且 $\triangle AOB$ 为正三角形. 联结

OD,作 $\angle CAO$ 的平分线交 BC 于点 K,则 $OD \perp AK$,且

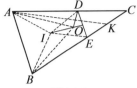

图 17.8

$$\angle AKB = \angle C + \frac{1}{2}\angle DAO = 30° + \frac{1}{2}(\angle BAC - \angle BAO)$$

$$= \frac{1}{2}\angle BAC = \angle BAI = \angle BEI$$

于是 $IE \parallel AK$. 从而 $DO \perp IE$. 此时, $\angle IDO = 45°$(因 $\angle DIE = 45°$).

同理, $EO \perp ID$, 即知点 O 为 $\triangle DIE$ 的垂心,亦即 O,D,I,E 为垂心组.

由垂心组的概念及性质 1,知 $OI \perp DE$,且等圆中相同的圆周角所对的弦相等,有 $IO = DE$. 故结论获证.

例3 (2004 年第 21 届巴尔干地区数学奥林匹克竞赛题)如图 17.9,设点 O 是锐角 $\triangle ABC$ 的外心,分别以 $\triangle ABC$ 三边的中点为圆心作过点 O 的圆,这三个圆两两相交异于 O 的交点分别为点 K,L,M. 求证:点 O 是 $\triangle KLM$ 的内心.

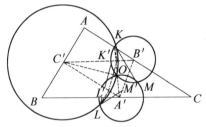

图 17.9

证明 如图 17.9,设点 A',B',C' 分别为边 BC,CA,AB 的中点,由 $OA' \perp BC, B'C' \parallel BC$,知 $OA' \perp B'C'$.

同理, $OB' \perp A'C'$.

从而,点 O 为 $\triangle A'B'C'$ 的垂心,即点 O,A',B',C' 为一垂心组.

又 $B'C'$ 是 KO 的中垂线,所以 KO 的中点 K' 是点 O 在 $B'C'$ 上的射影(即垂足).

同理, LO,MO 的中点 L',M' 也是点 O 在 $A'C',C'B'$ 上的射影,即 $\triangle K'L'M'$ 是 $\triangle A'B'C'$ 的垂心 O 的垂足三角形,从而点 O 为 $\triangle K'L'M'$ 的内心.

注意到 $\triangle KLM$ 为 $\triangle K'L'M'$ 是以 O 为位似中心,位似比为 2 的位似图形,故点 O 为 $\triangle KLM$ 的内心.

第18章 三角形高线上一点

我们从如下六个方面介绍三角形,高线上一点的有趣结论:

1.若三角形向上一点是三角形的垂心,则该垂心是其垂心的垂足三角形的内心,即每条高线是垂心的垂足三角形的角平分线.

2.若点 H 为三角形高上的一点,则这条高则可成为角平分线,即为如下命题:

命题1 如图18.1,设 AD 是锐角 $\triangle ABC$ 的底边 BC 上的高,点 H 是 AD 上任意异于 A 和 D 的点,BH,CH 的延长线分别交 AC,AB 于点 E,F. 求证:$\angle EDH = \angle FDH$.

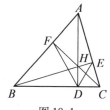

图 18.1

证法1 直线 FHC 截 $\triangle ABE$,由梅涅劳斯定理和三角形的面积公式,有

$$1 = \frac{AF}{FB} \cdot \frac{BH}{HE} \cdot \frac{EC}{CA} = \frac{S_{\triangle AFD}}{S_{\triangle FBD}} \cdot \frac{S_{\triangle HBD}}{S_{\triangle HDE}} \cdot \frac{S_{\triangle EDC}}{S_{\triangle ADC}}$$

$$= \frac{AD\sin\angle ADF}{BD\sin\angle BDF} \cdot \frac{BD}{ED\sin\angle HDE} \cdot \frac{ED\sin\angle EDC}{AD}$$

$$= \tan\angle ADF \cdot \cot\angle HDE$$

所以 $\tan\angle HDF = \tan\angle HDE$

故 $\angle EDH = \angle FDH$

证法2 由塞瓦定理,有

$$1 = \frac{AF}{FB} \cdot \frac{BD}{DC} \cdot \frac{CE}{EA} = \frac{S_{\triangle AFD}}{S_{\triangle FBD}} \cdot \frac{BD}{DC} \cdot \frac{S_{\triangle EDC}}{S_{\triangle ADE}}$$

$$= \frac{AD\sin\angle ADF}{BD\sin\angle FDB} \cdot \frac{BD}{DC} \cdot \frac{CD\sin\angle EDC}{AD\sin\angle ADE}$$

$$= \tan\angle ADF \cdot \cot\angle ADE$$

所以 $\angle FDH = \angle EDH$

3. 若考虑高线所在直线上的点,则有如下命题:

命题 2 在锐角 $\triangle ABC$ 中,AD 是 BC 边上的高,点 P 为 AD 所在直线上任意一点,BP,CP 分别交 AC 和 AB 所在的直线于点 E,F,则 AD 平分 $\angle EDF$ 或其邻补角.

证明 为了讨论问题的方便,先作辅助图,过点 C 作 $CP_1 // AB$ 交直线 AD 于点 P_1,过点 B 作 $BP_2 // AC$ 交 AD 于点 P_2,若 $AB \neq AC$,则点 P_1,P_2 不重合,如图 18.2 所示.

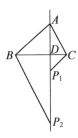

图 18.2

(1)若点 P 取在除去线段 $P_1 P_2$ 外的任一点,则 AD 平分 $\angle EDF$,如图 18.3(a),(b),(c),(d)所示.

下面仅就图 18.3(a)的情形给出证明.

过点 P 作平行于 BC 的直线,分别交 DF,DE 的延长线于点 M,N. 由塞瓦定理得

$$\frac{PF}{FB} \cdot \frac{BD}{DC} \cdot \frac{CE}{EP} = 1 \qquad ①$$

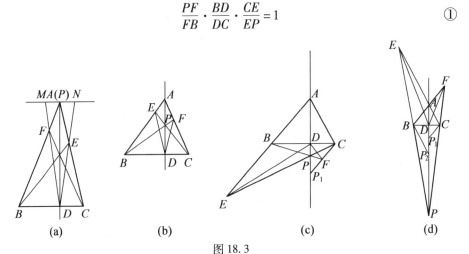

图 18.3

由 $\triangle PMF \backsim \triangle BDF$，得
$$\frac{PM}{BD} = \frac{PF}{BF} \qquad ②$$
由 $\triangle CDE \backsim \triangle PNE$，得
$$\frac{CD}{PN} = \frac{CE}{PE} \qquad ③$$
式②③代入式①，得
$$\frac{PM}{BD} \cdot \frac{BD}{DC} \cdot \frac{CD}{PN} = 1$$
则
$$PM = PN$$
又 $MN \parallel BC$，$AD \perp BC$，所以 DP 垂直平分 MN，故 AD 平分 $\angle EDF$.

(2) 若点 P 取在线段 P_1P_2 上，则 AD 平分 $\angle EDF$ 的邻补角，如图 18.4 所示.

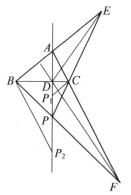

图 18.4

(3) 若点 P 取垂足 D，则点 E 与点 C 重合，点 F 与点 B 重合，$\angle EDF$ 为平角；若点 P 取顶点 A，则点 E，F 皆与 A 重合，$\angle EDF$ 可看成零度. 结论 AD 平分 $\angle EDF$ 都成立.

(4) 若点 P 取在点 P_1，BP 与 AC 相交于点 E，过点 D 作 AB 的平行线 DF（注意方向），仍有 AD 平分 $\angle EDF$，如图 18.5 所示. 如取 DF 反方向 DF'，则 AD 平分 $\angle EDF'$ 的邻补角；点 P 取在 P_2 的情形类似.

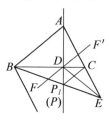

图 18.5

(5)若 $AB=AC$,则点 P_1 与 P_2 重合,不存在 AD 平分 $\angle EDF$ 的邻补角的情况.

推广1 对于钝角三角形(或直角三角形)对钝角边(或直角边)上的高所在的直线上任取一点 P,与命题2有同样的结果.

推广2 对于在钝角 $\triangle ABC$ 对锐角边上的高所在的直线 AD,同推广1得出 P_1,P_2 两点.若在线段 P_1P_2 上(不包含两端点)任取一点 P,直线 BP 交直线 CA 于点 E,直线 CP 交 AB 于点 F,则 AD 平分 $\angle EDF$,如图18.6所示,若在 P_1P_2 外任取一点,同样作出 E,F 两点,则 AD 平分 $\angle EDF$ 的邻补角.

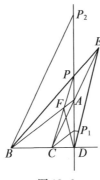

图18.6

上面的推广,可综合为:

命题2′ 对于三角形一边上的高所在的直线上任意一点,如果它和这边两端点的连线与另两边所在的直线相交,那么这条高将平分高的垂足与两交点连线的夹角或其邻补角.

4. 若考虑高线的垂足点(的投影),则有如下命题:

命题3 设点 H 为锐角 $\triangle ABC$ 的高 AD 所在直线异于垂足的任意一点,设点 D 在直线 AB,BH,CH,AC 上的射影分别为 P,Q,R,S,若直线 QR 与直线 BC 交于点 G,则 P,Q,R,S 四点共线或四点共圆且 $GD^2=GP\cdot GS=GR\cdot GQ$.

证明 (1)当点 H 为 $\triangle ABC$ 的垂心时,如图18.7所示.

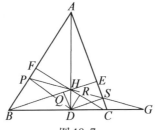

图18.7

设 BH 交 AC 于点 E,CH 交 AB 于点 F,由 F,B,D,H 四点共圆,应用西姆松

定理,知 P,Q,R 三点共圆.

由 D,C,E,H 四点共圆,知 Q,R,S 三点共圆.

从而 P,Q,R,S 四点共线,亦即 PS 与直线 BC 也交于点 G.

由 A,P,D,S 四点共圆,知 AD 为该圆直径,DG 为该圆切线,即
$$GD^2 = GS \cdot GP \qquad ④$$

由 $\angle GSC = \angle ASP = \angle ADP = \angle ABD$,知 B,C,S,P 四点共圆,即
$$GC \cdot GB = GS \cdot GP \qquad ⑤$$

又由 D,R,H,Q 四点共圆,有
$$\angle QRH = \angle QDH = \angle QBD$$

知 B,C,R,Q 四点共圆,即
$$GC \cdot GB = GR \cdot GQ$$

故
$$GD^2 = GP \cdot GS = GC \cdot GB = GR \cdot GQ$$

注:当点 H 为 $\triangle ABC$ 的垂心时,有 $DQ \parallel CA$,亦有 $\dfrac{CS}{DQ} = \dfrac{GC}{GD}$,还有 $BA \parallel DR$,亦有 $\dfrac{BP}{DR} = \dfrac{GB}{GD}$. 此两式相乘并将式④⑤代入得 $\dfrac{BP \cdot CS}{DQ \cdot DR} = \dfrac{GB \cdot GC}{GD^2} = \dfrac{GS \cdot GP}{GS \cdot GP} = 1$,即 $BP \cdot CS = DQ \cdot DR$.

(2)当点 H 不为 $\triangle ABC$ 的垂心时,如图 18.8 所示,当点 H 在垂心上方时.

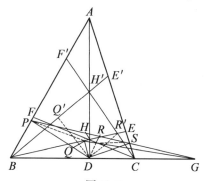

图 18.8

由 A,P,D,S 四点共圆,知 AD 为该圆直径,DG 为该圆切线,即
$$GD^2 = GS \cdot GP \qquad ⑥$$

且
$$\angle APS = \angle ADS = 90° - \angle DAS = \angle ACD \qquad ⑦$$

因此由 B,D,Q,P 四点共圆,有

$$\angle QPS = 180° - \angle BPQ - \angle APS = \angle BDQ - \angle APS$$
$$= 90° - \angle QBD - \angle ACD \qquad \text{⑧}$$

又由 D,R,S,C 四点共圆,有
$$\angle DRS = 180° - \angle DCS = 180° - \angle ACD \qquad \text{⑨}$$

由 D,Q,H,R 四点共圆,有
$$\angle DRQ = \angle DHQ = 90° - \angle HBD = 90° - \angle QBD \qquad \text{⑩}$$

由式⑨,⑩,有
$$\angle QRS = 360° - \angle DRS - \angle DRQ = 90° + \angle ACD + \angle QBD \qquad \text{⑪}$$

由式⑧⑪知,$\angle QPS + \angle QRS = 180°$,因此 P,Q,R,S 四点共圆.

又由 D,R,H,Q 四点共圆,所以 $\angle QRH = \angle QDH = \angle QBD$,知 B,C,R,Q 四点共圆,且 BC 为圆 $BCSP$ 与圆 $BCRQ$ 的根轴. QR 为圆 $BCRQ$ 与圆 $PQRS$ 的根轴,直线 QR 与直线 BC 交于点 G. 从而知点 G 为这三个圆的根心,即知直线 PS 也过点 G. 亦即 $GS \cdot GP = GQ \cdot QR$. 故
$$GD^2 = GS \cdot GP = GR \cdot GQ$$

当点 H 在垂心的下方时,同样,可证 P,Q,R,S 四点共圆. 亦有
$$GD^2 = GP \cdot GS = GR \cdot GQ$$

当点 H 在点 A 时, D 在 BA,BH 上的射影重合于点 P,点 D 在 CH,CA 上的射影重合于 S,此时 P,Q,R,S 重合于两点,即四点共直线. 当 H 在点 A 的上方,且趋向于无穷远时,D 在 BH,CH 上的射影趋近于 B,C,此时,四射影点在以 BC 为弦过 P,S 的图上(图 18.9).

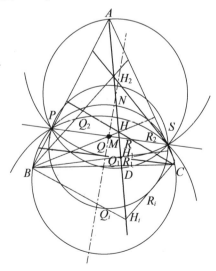

图 18.9

当 H 在点 D 的位置时,点 D 在 BH, CH 上的射影即为 D, 此时四射影点在以 AD 为直径的圆上.

综上可知,这些圆以 PS 为公共弦,圆心在 AD 的中点 N 与 PS 的中点 M 所在的直线上时,亦有 $GD^2 = GP \cdot GS = GR \cdot GQ$.

5. 若考虑直角三角形斜边高上的一点,则有下述命题:

命题 4　设点 X 为非等腰 Rt$\triangle ABC$ 的斜边 AB 的高 CD 上一点,点 K 在线段 AX 上,满足 $BK = BC$,点 L 在线段 BX 上满足 $AL = AC$.

(1) 设点 H 为 $\triangle AXB$ 的垂心,则 $\angle ALH = \angle BKH = 90°$,且 $HK = HL$;

(2) 设 AL 与 BK 交于点 M,则 $MK = ML$.

证明　如图 18.10.

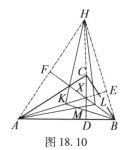

图 18.10

(1) 易知 H, C, D 三点共线.

设直线 AX 交 BH 于点 E,直线 BX 交 AH 于点 F.

由直角三角形射影定理及垂心性质,有
$$AL^2 = AC^2 = AD \cdot AB = AF \cdot AH$$

从而　　　　　　　　　$AL \perp HL$

即　　　　　　　　　　$\angle ALH = 90°$

同理　　　　　　　　　$\angle BKH = 90°$

此时,由直角三角形射影定理,有
$$HK^2 = HE \cdot HB = HF \cdot HA = HL^2$$

故　　　　　　　　　　$HK = HL$

(2) 如图 18.11,设点 C' 为 C 关于 AB 的对称点,则点 C' 是分别以点 A, B 为圆心,以 AC, BC 为半径的两圆的另一个交点,且 L 在圆 A 上,K 在圆 B 上.

设直线 LX 交圆 A 于点 L_1,直线 KX 交圆 B 于点 K_1,则由 $L_1 X \cdot XL = CX \cdot XC' = KX \cdot XK_1$,知 L_1, K, L, K_1 四点共圆. 该圆设为 ω.

又 $AL^2 = AC^2 = AK \cdot AK_1$,所以知 AL 切圆 ω 于点 L.

同理,BK 切圆 ω 于点 K.

故 $MK = ML$.

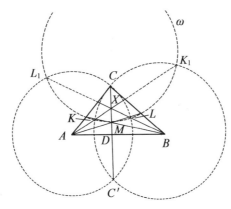

图 18.11

注:命题 4(2) 及证明给出了如下两道竞赛题的证明:

(1)(第 19 届美国数学奥林匹克竞赛题)给出平面上的一个锐角 $\triangle HAB$,以 HA 为直径的圆与 HA 边上的高线及其延长线分别交于 L,Q 两点,以 HB 为直径的圆与 HB 边上的高线 AE 及其延长线分别交于 K,P 两点. 求证: K,L,P,Q 四点共圆.

(2)(第 35 届 IMO 试题)在 $\triangle ABC$ 中,已知 $\angle BCA = 90°$,点 D 是过顶点 C 的高的垂足.设点 X 是线段 CD 内的一点,点 K 是线段 AX 上一点,使 $BK = BC$,点 L 是线段 BX 上一点,使 $AL = AC$. 设点 M 是 AL 与 BK 的交点.证明:$MK = ML$.

在命题 4 的基础上,又可得如下命题:

命题 5 设不等边 $\triangle ABC$ 满足 $\angle BCA = 90°$,点 D 为边 AB 上高的垂足,在线段 CD 上取点 X,点 K 在线段 AX 上,满足 $BK = BC$. 类似地,设点 L 在线段 BX 上,满足 $AL = AC$,若线段 AB 上的点 T 满足 K,L,D,T 四点共圆,则

$$\angle ACT = \angle BCT$$

证明 如图 18.12,取 $\triangle AXB$ 的垂心 H,则 H,C,D 三点共线.

作 $\triangle KLD$ 的外接圆,与 CD 交于点 N,则 $\angle KNH = \angle KTB$.

由性质 4(1),知 H,K,D,B 四点共圆. 从而

$$\angle KHN = \angle KBT$$

因此,$\triangle KNH \sim \triangle KTB$.

类似地,$\triangle LNH \sim \triangle LTA$.

再由命题 4(1),有 $\dfrac{AT}{AL} = \dfrac{HN}{HL} = \dfrac{HN}{HK} = \dfrac{BT}{BK} \Rightarrow \dfrac{AT}{AC} = \dfrac{BT}{BC}$,再由角平分线性质有

∠ACT = ∠BCT.

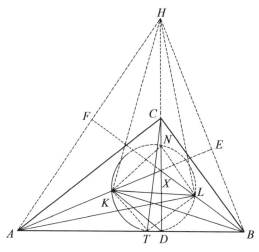

图 18.12

6. 上述一些命题中的高线即为 $AD \perp BC$, 若将此改述为 AD 平分平角 $\angle BDC$, 则可联想到将平角换为大于平角的角或小于平角的角, 则有下述命题:

命题 6 如图 18.13, 在四边形 $ABCD$ 中, 对角线 AC 平分 $\angle BAD$, 在边 CD 上取一点 E, $BE \cap AC = F$, $DF \cap BC = G$. 求证: $\angle GAC = \angle EAC$.

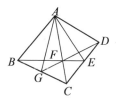

图 18.13

命题 1 的两个证法都可以完全平行地用来证明此题. 仅有的区别是, 使用塞瓦定理时要把对角线 BD 画出来或者将 GE 联结起来.

命题 6 中的四边形也可以是凹四边形, 结论仍成立.

7. 若将高线 AD 变为折线段, 高线上一点变为折点, 则有下述命题:

命题 7 如图 18.14, 在 $\triangle AEF$ 的两边 AE, AF 上各取点 B, D, $BF \cap ED = C$, $AC \cap BD = P$, 过点 P 作 $PO \perp EF$ 于点 O. 求证: $\angle BOP = \angle DOP$.

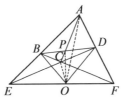

图 18.14

注:当 $AC \perp EF$ 时,此题就变成了命题 1. 因此,解此题时,自然可以或多或少地借鉴命题 1 的证法.

证明 对 $\triangle ABD$ 和点 C 应用塞瓦定理,有

$$1 = \frac{AE}{EB} \cdot \frac{BP}{PD} \cdot \frac{DF}{FA} = \frac{S_{\triangle AEO}}{S_{\triangle BEO}} \cdot \frac{S_{\triangle PBO}}{S_{\triangle POD}} \cdot \frac{S_{\triangle DOF}}{S_{\triangle AOF}}$$

$$= \frac{OA\sin\angle AOE}{OB\sin\angle BOE} \cdot \frac{OB\sin\angle POB}{OD\sin\angle POD} \cdot \frac{OD\sin\angle DOF}{OA\sin\angle AOF}$$

因为

$$\angle AOE + \angle AOF = 180°, \angle BOE + \angle BOP = 90°, \angle POD + \angle DOF = 90°$$

所以

$$1 = \frac{\sin\angle BOP}{\cos\angle BOP} \cdot \frac{\cos\angle DOP}{\sin\angle DOP}$$

于是

$$\tan\angle BOP = \tan\angle DOP$$

故

$$\angle BOP = \angle DOP$$

注:在命题 7 中,还可证明 $\angle AOP = \angle COP$.

事实上,如图 18.15 所示,延长 AC 交 EF 于点 Q,对 $\triangle AEC$ 和点 F 应用塞瓦定理,有

$$\frac{AB}{BE} \cdot \frac{ED}{DC} \cdot \frac{CQ}{QA} = 1$$

⑫

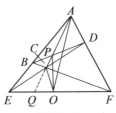

图 18.15

直线 BPD 截 $\triangle AEC$,由梅涅劳斯定理有

$$\frac{AB}{BE} \cdot \frac{ED}{DC} \cdot \frac{CP}{PA} \quad ⑬$$

比较式⑫⑬得到

$$\frac{CQ}{QA} = \frac{CP}{PA}$$

故

$$1 = \frac{AP}{AQ} \cdot \frac{CQ}{CP} = \frac{S_{\triangle OAP}}{S_{\triangle OAQ}} \cdot \frac{S_{\triangle OCQ}}{S_{\triangle OCP}}$$

$$= \frac{OP\sin\angle AOP}{OQ\sin\angle AOQ} \cdot \frac{OQ\sin\angle COQ}{OP\sin\angle COP}$$

$$= \tan\angle AOP \cdot \cot\angle COP$$

所以

$$\angle AOP = \angle COP$$

第18章 三角形高线上一点

第19章 三角形内角平分线上一点

下面,我们将熟悉的和不熟悉的有关三角形内角平分线上一点的结论作为性质来介绍,请看:

性质1 三角形所在平面内一点在内角平分线上的充要条件是该点到这个内角两边所在直线的距离相等.

性质2 三角形一边上的点在这边所对内角平分线上的充要条件是这点内分边的比等于这个内角两边对应之比.

性质3 在 $\triangle ABC$ 的边 BC 上的点 P 在 $\angle A$ 的内角平分线上的充要条件是

$$\frac{2\cos\frac{1}{2}A}{AP} = \frac{1}{AB} + \frac{1}{AC}$$

事实上,这是张角定理的特殊情形.

性质4 在 $\triangle ABC$ 中,边 BC 上的点 P 在 $\angle A$ 的内角平分线上的充要条件是
$$AP^2 = AB \cdot AC - BP \cdot PC$$

事实上,这是斯特瓦尔特定理的特殊情形,即斯库顿定理.

性质5 在 $\triangle ABC$ 的外接圆 $\overparen{BC}$ 上的一点 P,其在 $\angle A$ 的内角平分线上的充要条件是 AP 与 BC 交于点 T 时,$BP^2 = PT \cdot PA$.

事实上,如图 19.1 所示,因为 $\angle BPA = \angle TPB$,所以

$$BP^2 = PT \cdot PA \Leftrightarrow \frac{PB}{PA} = \frac{PT}{PB} \Leftrightarrow \triangle BPA \backsim \triangle TPB$$

$$\Leftrightarrow \angle BAP = \angle TBP \Leftrightarrow \overparen{BP} = \overparen{PC} \Leftrightarrow AP \text{ 平分} \angle BAC$$

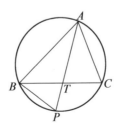

图 19.1

性质 6 在 $\triangle ABC$ 的外接圆 $\overset{\frown}{BC}$ 上的一点 P 在 $\angle A$ 的内角平分线上的充要条件是点 T 在 BC 且 AT 为角平分线时,$AT \cdot AP = AB \cdot AC$.

事实上,必要性显然. 充分性采用同一法证即可.

性质 7 非等腰三角形顶点处的内角平分线上一点在三角形外接圆上的充分必要条件是这点到另两顶点的距离相等.

证明 如图 19.2,在 $\triangle ABC$ 中,$AB \neq AC$,点 D 为 $\angle BAC$ 的平分线上一点.

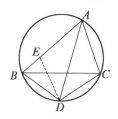

图 19.2

必要性:当点 D 在 $\triangle ABC$ 的外接圆上时,即 $\angle BAC$ 的平分线与 $\triangle ABC$ 外接圆的交点,显然点 D 为劣弧 $\overset{\frown}{BC}$ 的中点,从而 $DB = DC$.

充分性:当 $DB = DC$ 时,因 $AB \neq AC$,不妨设 $AB > AC$,如图 19.2 所示,在边 AB 上取点 E,使 $AE = AC$,联结 DE.

则
$$\triangle AED \cong \triangle ACD \Rightarrow \angle AED = \angle ACD$$
$$DE = DC = DB$$
$$\Rightarrow \angle DEB = \angle DBE$$
$$\Rightarrow \angle ABC + \angle ACD = \angle DEB + \angle AED = 180°$$
$$\Rightarrow A,B,D,C \text{ 四点共圆}$$

即点 D 在 $\triangle ABC$ 的外接圆上.

或者这样证:由题设 $AB \neq AC$,$DB = DC$,易知 $\angle ABD \neq \angle ACD$.

在 $\triangle ABD$,$\triangle ACD$ 中分别应用正弦定理,注意 AD 平分 $\angle BAC$,有
$$\frac{AD}{\sin \angle ABC} = \frac{DB}{\sin \angle DAB} = \frac{CD}{\sin \angle DAC} = \frac{AD}{\sin \angle ACD}$$
$$\Rightarrow \sin \angle ABC = \sin \angle ACD$$
$$\Rightarrow \angle ABD + \angle ACD = 180°$$
$$\Rightarrow A,B,D,C \text{ 四点共圆}$$

即点 D 在 $\triangle ABC$ 的外接圆上.

性质 8 设 AT 为 $\triangle ABC$ 中 $\angle A$ 的内角平分线,AT 上的点为 $\triangle ABC$ 的内心

或旁心的充分必要条件是射线 AT 交 $\triangle ABC$ 的外接圆于点 M 时,以点 M 为圆心,以 BM 为半径的圆交 AT 的交点.

事实上,如图 19.3 所示.

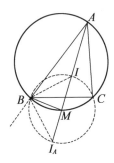

图 19.3

点 I 为 $\triangle ABC$ 的内心 $\Leftrightarrow BI$ 平分 $\angle ABC \Leftrightarrow \angle BAI + \angle ABI = \angle CAI + \angle CBI = \angle CBM + \angle CBI \Leftrightarrow \angle BIM = \angle IBM \Leftrightarrow MI = MB \Leftrightarrow$ 点 M 为 $\triangle IBC$ 的外心.

对于旁心 I_A 也可同样证明(略).

性质 9 设 $\triangle ABC$ 的 $\angle A$ 的内角平分线交 BC 于点 D,点 E,F 分别在边 AB,AC 上,且 B,C,F,E 四点共圆.若射线 AD 上的点 I 为 $\triangle ABC$ 的内心,则 I 为关于 D,E,F 的 $\triangle ABC$ 的密克尔点的充要条件是 $BC = BE + FC$.

事实上,此性质即为内心性质 16. 此性质也亦为第 29 届中国数学奥林匹克竞赛题:在锐角 $\triangle ABC$ 中,已知 $AB > AC$,$\angle BAC$ 的角平分线与边 BC 交于点 D,点 E,F 分别在边 AB,AC 上,使 B,C,F,E 四点共圆,则 $\triangle DEF$ 的外心与 $\triangle ABC$ 的内心重合的充要条件是 $BC = BE + CF$.

性质 10 设 $\triangle ABC$ 的 $\angle A$ 的内角平分线交 BC 于点 D,点 E,F 分别在边 AB,AC 上,且 B,C,F,E 四点共圆.若点 D 为 $\triangle AEF$ 的旁心,则 $BC = BE + FC$.

事实上,此性质可参见内心性质 16 证明后的注(2).

性质 11 三角形内(外)角平分线上的点为三角形一顶点的射影的充分必要条件是另一顶点关于内切(旁切)圆的切点弦直线与这条角平分线的交点.

事实上,此性质即为内心性质 18.

性质 12 设 $\triangle ABC$ 的 $\angle A$ 的内角平分线交 BC 于点 D,过点 D 作 $DE \perp AC$ 于点 E,作 $DF \perp AB$ 于点 F,又作 $AH \perp BC$ 于点 H,则:

(1) AH 平分 $\angle EHF$;

(2) 直线 BE,CF,AH 共点.

证明 如图 19.4.

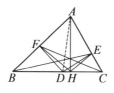

图 19.4

(1) 由 $DE \perp AC$ 于点 E, $DF \perp AB$ 于点 F, 则知 A,F,D,E 四点共圆, 且 AD 为其直径.

又 $AH \perp BC$ 于点 H, 所以点 H 也在这个圆上, 由角平分线性质, 知 $AE=AF$, 从而知 AH 平分 $\angle EHF$.

(2) **证法 1** 由
$$\text{Rt}\triangle BDF \backsim \text{Rt}\triangle BAH, \text{Rt}\triangle CDE \backsim \text{Rt}\triangle CAH$$
注意到 $DE=DF$, 有
$$\frac{BH}{BF}=\frac{AH}{DF}=\frac{AH}{DE}=\frac{CH}{CE}$$
即
$$\frac{BH}{BF}=\frac{CH}{CE}$$
亦即
$$BH \cdot CE = BF \cdot CH$$
又因为 $AF=AE$, 所以
$$\frac{AF}{FB} \cdot \frac{BH}{HC} \cdot \frac{CE}{EA} = \frac{AF}{AE} \cdot \frac{BH}{BF} \cdot \frac{CE}{CH} = 1$$
由塞瓦定理的逆定理, 知 BE, CF, AH 三直线共点.

证法 2 由(1)知 A,F,H,E 四点共圆及 AH 平分 $\angle EHF$, 知 $\angle BHF = \angle CHE$, $\angle BFH$ 与 $\angle CEH$ 互补. 由正弦定理, 有
$$\frac{BF}{BH}=\frac{\sin \angle BHF}{\sin \angle BFH}=\frac{\sin \angle CHE}{\sin \angle CEH}=\frac{CE}{CH}$$
即
$$\frac{BF}{BH} \cdot \frac{CH}{CE} = 1$$
注意到 $AF=AE$, 有
$$\frac{AF}{FB} \cdot \frac{BH}{HC} \cdot \frac{CE}{EA} = 1$$
由塞瓦定理的逆定理, 知 BE, CF, AH 三直线共点.

例 1 设 $\triangle ABC$ 的外接圆为 Γ, AD, AL 分别为 $\triangle ABC$ 的高线、角平分线. 设 W 为直线 AL 与圆 Γ 的另一个交点, 点 T 为直线 WD 与圆 Γ 的另一个交点, A' 为

直线 TL 与圆 Γ 的另一个交点. 证明: AA' 为圆 Γ 的直径.

证明 若 $AB = AC$, 结论显然成立.

下面考虑 $AB \neq AC$ 的情形. 如图 19.5 所示.

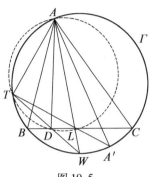

图 19.5

因为 AL 为 $\angle BAC$ 的平分线, 即 $\angle BAW = \angle WAC$, 所以, $\overset{\frown}{WC} = \overset{\frown}{WB}$. 又

$$\angle TAL \xlongequal{m} \frac{1}{2}\overset{\frown}{WT}$$

$$\angle TDB \xlongequal{m} \frac{1}{2}(\overset{\frown}{TB} + \overset{\frown}{WC}) = \frac{1}{2}(\overset{\frown}{TB} + \overset{\frown}{WB}) = \frac{1}{2}\overset{\frown}{TW}$$

所以
$$\angle TAL = \angle TDB.$$

于是, A, T, D, L 四点共圆, 即

$$\angle A'TA = \angle LTA = \angle LDA = 90°$$

从而, AA' 为圆 Γ 的直径.

例 2 在锐角 $\triangle ABC$ 中, 已知 $AB < BC < AC$, $\angle A$ 的平分线 AD 的垂直平分线与 $\triangle ABC$ 的外接圆圆 O 交于点 K, L(点 K 在劣弧 $\overset{\frown}{AB}$ 上), 以点 K 为圆心, KA 为半径作圆, 圆 K 与圆 O 交于点 T, 以点 L 为圆心, LA 为半径作圆, 圆 L 与圆 O 交于点 S. 证明: $\angle BAT = \angle CAS$.

证明 如图 19.6, 由点 K 在 AD 的垂直平分线上知 $KA = KD$.

故点 D 在圆 K 上.

同理, 点 D 亦在圆 L 上.

又 $LA = LD, KL = KL$, 所以 $\triangle KAL \cong \triangle KDL \Rightarrow \angle KLA = \angle KLD$.

由 $KT = KA$, 知在圆 O 中 $\angle KLT = \angle KLA = \angle KLD$.

从而, L, D, T 三点共线.

同理, K, D, S 三点共线.

故

$$\angle TKS = \angle TLS \Rightarrow \frac{\angle TKS}{2} = \frac{\angle TLS}{2}$$
$$\Rightarrow \angle TAD = \angle SAD$$
$$\Rightarrow \angle BAT = \angle CAS$$

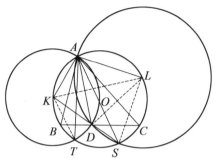

图 19.6

例 3 在等腰 △ABC 中, AB = AC > BC, 点 D 为 △ABC 内一点, 满足 DA = DB + DC, 边 AB 的中垂线与 ∠ADB 的外角平分线交于点 P, 边 AC 的中垂线与 ∠ADC 的外角平分线交于点 Q. 证明: B, C, P, Q 四点共圆.

证明 如图 19.7, 联结 AP, BP, AQ, CQ.

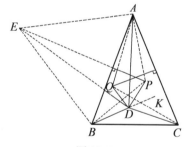

图 19.7

延长 BD 到点 K. 作 ∠ADB 的平分线, 与边 AB 的中垂线交于点 E, 联结 EA, EB.

由 EA = EB, DA > DB, ∠ADE = ∠BDE 及性质 7 得 A, E, B, D 四点共圆.

此时, ∠ADK = ∠AEB.

又

$$\angle ADP = \frac{1}{2}\angle ADK = \frac{1}{2}\angle AEB = \angle AEP$$

所以 A, E, D, P 四点共圆.

由于 A, E, D 三点确定一个圆, 于是, A, E, B, D, P 五点共圆.

从而,A,B,D,P 四点共圆.

类似地,A,C,D,Q 四点共圆.

为证明 B,C,P,Q 四点共圆,观察图 19.7,需证明 AD,BP,CQ 三线共点.

令 AD 与 BP,CQ 分别交于点 X,Y. 只要证 X,Y 两点重合即可.

利用托勒密定理得

$$AB \cdot DP = AD \cdot BP - BD \cdot AP = AP(AD - BD) = AP \cdot DC$$

$$\Rightarrow \frac{AP}{DP} = \frac{AB}{DC}$$

此时

$$\frac{AX}{XD} = \frac{S_{\triangle ABP}}{S_{\triangle DBP}} = \frac{AB \cdot AP}{DB \cdot DP} = \frac{AB^2}{DB \cdot DC}$$

类似地,有

$$\frac{AY}{YD} = \frac{AC^2}{DB \cdot DC}$$

又 $AB = AC$,所以

$$\frac{AX}{XD} = \frac{AY}{YD} \Rightarrow X,Y \text{ 两点重合}$$

利用圆幂定理,得

$$BX \cdot XP = AX \cdot XD = CX \cdot XQ$$

故 B,C,P,Q 四点共圆.

第20章 直角三角形直角边上一点

直角三角形直角边上一点有如下结论:

性质 设点 D 是 $Rt\triangle ABC(\angle C=90°)$ 的直角边 BC 所在直线上一点(异于点 B),则

$$AB^2 = BD^2 + DA^2 \mp 2DB \cdot DC = \overrightarrow{DA}^2 + \overrightarrow{DB}^2 - 2\overrightarrow{DB} \cdot \overrightarrow{DC}$$

证明 如图 20.1(a),当点 D 在 BC 的延长线上时,由勾股定理,有

$$AB^2 = BC^2 + CA^2 = BC^2 + DA^2 - DC^2$$
$$= (BC^2 + DC^2 + 2BC \cdot DC) + DA^2 - 2DC^2 - 2BC \cdot DC$$
$$= (BC + DC)^2 + DA^2 - 2(DC + BC) \cdot DC$$
$$= BD^2 + DA^2 - 2DB \cdot DC$$
$$= \overrightarrow{DA}^2 + \overrightarrow{DB}^2 - 2\overrightarrow{DC} \cdot \overrightarrow{DB}$$

当点 D 在 CB 的延长线上时,类似地有

$$AB^2 = BC^2 + DA^2 - DC^2 = (BC^2 + DC^2 - 2BC \cdot DC) + DA^2 - 2DC^2 + 2BC \cdot DC$$
$$= (DC - BC)^2 + DA^2 - 2(DC - BC)DC = BD^2 + DA^2 - 2DB \cdot DC$$
$$= \overrightarrow{DA}^2 + \overrightarrow{DB}^2 - 2\overrightarrow{DC} \cdot \overrightarrow{DB}$$

如图 20.1(b),当点 D 在边 BC 上时,类似地有

$$AB^2 = BC^2 + DA^2 - DC^2 = (BC^2 + DC^2 - 2BC \cdot DC) + DA^2 - 2DC^2 + 2BC \cdot DC$$
$$= (BC - DC)^2 + DA^2 + 2(BC - DC) \cdot DC = BD^2 + DA^2 + 2DB \cdot DC$$
$$= \overrightarrow{DA}^2 + \overrightarrow{DB}^2 - 2\overrightarrow{DC} \cdot \overrightarrow{DB}$$

(a)

(b)

图 20.1

注:(1)在图 20.1 中,若点 D 与点 C 重合,则 $DC=0$,有 $AB^2 = BC^2 + CA^2$,此即为勾股定理. 因此,我们可把上述性质称为广勾股定理.

(2)注意到三角形余弦定理,有
$$AB^2 = AD^2 + BD^2 - 2AD \cdot BD \cdot \cos\angle ADB$$
将上式与上述结论比较,可知 $AD \cdot \cos\angle ADB = \pm CD = \overrightarrow{DC}$.

从而上述性质也可称为余弦定理的变形式.

推论 1 三角形一边的平方等于、小于或大于其他两边的平方和,视该边所对的角是直角、锐角或钝角而定.

推论 2 三角形的一角是直角、锐角或钝角,视该角所对的边的平方等于、小于或大于其他两边的平方和而定.

例 1 (三角形的中线长公式)三角形一边上的中线长的平方,等于其他两条边长的平方和之半减去该边长平方的四分之一.

证明 如图 20.2,点 O 为 $\triangle ABC$ 中边 AB 的中点,作 $CD \perp AB$ 于点 D. 分别在 $\triangle AOC$ 和 $\triangle OBC$ 中应用广勾股定理,有

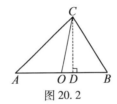

图 20.2

$$AC^2 = OC^2 + AO^2 + 2OA \cdot OD = OC^2 + \frac{1}{4}AB^2 + AB \cdot OD \quad \text{①}$$

$$BC^2 = OC^2 + OB^2 - 2OB \cdot OD = OC^2 + \frac{1}{4}AB^2 - AB \cdot OD \quad \text{②}$$

由①+②,得
$$OC^2 = \frac{1}{2}(AC^2 + BC^2) - \frac{1}{4}AB^2$$

注:由例 1 的结论可得下述结论:

(平行四边形边长与对角线长的关系)平行四边形各边的平方和等于两对角线的平方和.

事实上,在图 20.2 中,将 CO 延长至点 E,使 $OE = OC$,则四边形 $AEBC$ 为平行四边形,由三角形中线长公式,即得 $2(AC^2 + BC^2) = AB^2 + CE^2$.

例 2 (定差幂线定理)设 MN, PQ 是两条线段,则 $MN \perp PQ$ 的充要条件为
$$PM^2 - PN^2 = QM^2 - QN^2$$

证明 必要性. 如图 20.3 所示,若 $MN \perp PQ$,则可设 $MN \perp PQ$ 于点 D,分别在 $\triangle MQP, \triangle PQN$ 中应用广勾股定理,有

$$PM^2 = QM^2 + PQ^2 - 2\overrightarrow{QP} \cdot \overrightarrow{QD} \qquad ①$$

$$PN^2 = QN^2 + PQ^2 - 2\overrightarrow{QP} \cdot \overrightarrow{QD} \qquad ②$$

由①-②,得

$$PM^2 - PN^2 = QM^2 - QN^2$$

充分性. 当 $PM^2 - PN^2 = QM^2 - QN^2$ 时,如图 20.3(b) 所示.

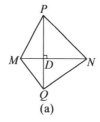
(a)

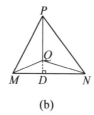
(b)

图 20.3

设 R, S, T, K, E, F 分别为 QN, NP, PM, MQ, PQ, MN 的中点,将这些中点联结如图 20.4 所示,则四边形 $KRST, RFTE, KFSE$ 均为平行四边形. 由例 2 的结论,有

$$2(KF^2 + KE^2) = EF^2 + KS^2$$

$$2(ER^2 + RF^2) = EF^2 + RT^2$$

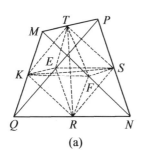
(a)

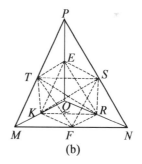
(b)

图 20.4

由题设,有

$$PM^2 + QN^2 = PN^2 + QM^2$$

即有

$$4KE^2 + 4KF^2 = 4ER^2 + 4RF^2$$

将上述四式整理得 $KS^2 = RT^2$,即 $KS = RT$,从而四边形 $KRST$ 为矩形,所以有 $KT \perp KR$.

而 $KT \ /\!/\ PQ, KR \ /\!/\ MN$,故 $MN \perp PQ$.

例3 在 $\triangle ABC$ 中,$\angle A = 75°$,$\angle B = 35°$,点 D 是边 BC 的上一点,$BD = 2CD$. 求证:$AD^2 = (AC+BD)(AC-CD)$.

证明 如图 20.5,延长 BC 至点 E,使 $CE = AC$.

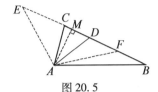

图 20.5

由题设 $\angle C = 70°$,则 $\angle E = 35° = \angle B$,即知 $\triangle ABE$ 为等腰三角形. 过点 A 作 $AM \perp BE$ 于点 M,则点 M 为 BE 的中点. 取 BD 的中点 F,则 $BF = FD = DC$,联结 AF.

对 $Rt \triangle ABM$ 的直角边 BM 所在直线上的点 C 应用广勾股定理,有
$$AB^2 = AC^2 + BC^2 - 2CB \cdot CM = AC^2 + BC(BC - CM - CM)$$
$$= AC^2 + BC(BM - CM) = AC^2 + BC(EM - CM)$$
$$= AC^2 + BC \cdot CE = AC^2 + BC \cdot AC \qquad ①$$

又在 $Rt \triangle AFM$,$Rt \triangle ACM$ 中分别对点 D 应用广勾股定理,有
$$AF^2 = FD^2 + AD^2 + 2DF \cdot DM \qquad ②$$
$$2AC^2 = CD^2 + AD^2 - 2DC \cdot DM \qquad ③$$

由②+③得
$$AF^2 + AC^2 = 2CD^2 + 2AD^2 \qquad ④$$

同理,在 $Rt \triangle ABM$,$Rt \triangle ADM$ 中分别对点 F 应用广勾股定理,有
$$AB^2 = AF^2 + BF^2 + 2FB \cdot FM \qquad ⑤$$
$$AD^2 = AF^2 + DF^2 - 2FD \cdot FM \qquad ⑥$$

由⑤+⑥得
$$AB^2 + AD^2 = 2AF^2 + 2CD^2 \qquad ⑦$$

由式④⑦得
$$2AC^2 + AB^2 = 6CD^2 + 3AD^2$$

将式①代入并注意 $BC = 3CD$,得
$$AC^2 + AC \cdot CD = 2CD^2 + AD^2$$

故
$$AD^2 = AC^2 + AC \cdot CD - 2CD^2$$
$$= (AC + 2CD)(AC - CD)$$
$$= (AC + BD)(AC - CD)$$

例 4 设凸四边形 $ABCD$ 外切于圆 O,两组对边所在的直线分别交于点 E, F,对角线交于点 G.求证:$OG \perp EF$.

证明 如图 20.6,设圆 O 与边 AB,BC,CD,DA 的切点分别为 M,N,R,S,则由牛顿定理知 AC,BD,MR,NS 四线共点于点 G.

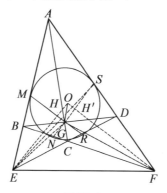

图 20.6

联结 OE 交 MG 于点 H,联结 OF 交 SG 于点 H',则 $GH \perp OE, GH' \perp OF$. 在 $\triangle OEG$ 和 $\triangle OFG$ 中分别应用广勾股定理,有

$$EG^2 = OG^2 + EO^2 - 2OE \cdot OH, FG^2 = OG^2 + FO^2 - 2OF \cdot OH'$$

注意到直角三角形的射影定理,有

$$OE \cdot OH = OM^2 = OS^2 = OF \cdot OH'$$

从而

$$EG^2 - EO^2 = OG^2 - 2OE \cdot OH = OG^2 - 2OF \cdot OH'$$
$$= FG^2 - FO^2$$

由例 2 的结论,知 $OG \perp EF$.

注:牛顿定理见下篇的第 53 章.

第 21 章 等腰三角形底边上一点

等腰三角形底边所在直线上的一点,有如下结论:

性质 设点 P 是等腰 $\triangle OAB$ 的底边 AB 所在直线上的一点,则
$$OP^2 = OA^2 \mp AP \cdot PB = OA^2 - \vec{AP} \cdot \vec{PB}$$

证明 如图 21.1(a),当点 P 在底边 AB 上时.

设点 M 为底边 AB 的中点,联结 OM,则 $OM \perp AB$,且 $BM = AM$. 注意到勾股定理,有

$$\begin{aligned}
OP^2 &= OM^2 + PM^2 = OM^2 + (AM - AP)(PB - AM) \\
&= OM^2 - AM^2 - AP \cdot PB + AM(AP + PB) \\
&= OM^2 - AP \cdot PB + AM^2 = OA^2 - AP \cdot PB \\
&= \vec{OA}^2 - \vec{AP} \cdot \vec{PB}
\end{aligned}$$

如图 21.1(b),当点 P 在底边 AB 的延长线上时,设点 M 为 AB 的中点. 同上述证法,有

$$OP^2 = OM^2 + (AP - AM)(PB + AM)$$

（或当点 P 在 AB 左侧时,有 $(AP + AM)(PB - AM)$）

$$\begin{aligned}
&= OM^2 + AP \cdot PB - AM^2 + AM(AP - PB) \text{（或} + AM(PB - AP)\text{）} \\
&= OM^2 + AP \cdot PB + AM^2 = OA^2 + AP \cdot PB \\
&= \vec{OA}^2 - \vec{AP} \cdot \vec{PB}
\end{aligned}$$

证毕.

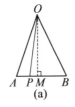 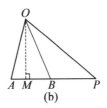

图 21.1

注:也可利用在点 P 处的角相等或互补,分别对 $\triangle APO$ 和 $\triangle OPB$ 运用余弦定理来证.

显然,上述结论是斯特瓦尔特定理(若点 P 为 $\triangle OAB$ 的边 AB 所在直线上的一点,则 $OP^2 = OA^2 \cdot \dfrac{PB}{AB} + OB^2 \cdot \dfrac{AP}{AB} - \overrightarrow{AP} \cdot \overrightarrow{BP}$)的特殊情形. 上述基本图形常出现在与等腰三角形有关的问题中,也常出现在与线段的中垂线有关的问题中、与切线长定理有关的问题中、与点对圆的幂(即圆幂定理)有关的问题中,即:若以点 O 为圆心,过点 A,B 作圆,则对 AB 所在直线上一点 P,有 $OP^2 = OA^2 \mp AP \cdot PB = R^2 \mp AP \cdot PB$,此即为圆幂定理.

例1 已知点 E,F 是 $\triangle ABC$ 的边 AB,AC 的中点,CM,BN 是边 AB,AC 上的高,联结 EF,MN 交于点 P. 又设点 O,H 分别是 $\triangle ABC$ 的外心、垂心,联结 AP,OH. 求证:$AP \perp OH$.

证明 如图 21.2,联结 AO,AH,设点 O_1,H_1 分别为 AO,AH 的中点.

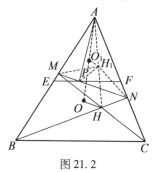

图 21.2

在 Rt $\triangle ANH$ 中,$H_1N = \dfrac{1}{2}AH$;在 Rt $\triangle AMH$ 中,$H_1M = \dfrac{1}{2}AH$,于是点 H_1 在线段 MN 的中垂线上,应用性质,有

$$H_1P^2 = H_1M^2 - MP \cdot PN \qquad ①$$

注意到 EF 为 $\triangle ABC$ 的中位线,而点 O 在 BC 的中垂线上,从而点 O_1 也在线段 EF 的中垂线上,应用性质,有

$$O_1P^2 = O_1E^2 - EP \cdot PF \qquad ②$$

又注意到 $\angle ANM = \angle ABC = \angle AEF$,知 M,E,N,F 四点共圆,所以

$$MP \cdot PF = EP \cdot PF \qquad ③$$

而 $OE \perp AB, OF \perp AC$,知 A,E,O,F 四点共圆,且点 O_1 为其圆心,有

$$O_1E = O_1A \qquad ④$$

于是,由式①②③④,并注意 $H_1M = H_1A$,有

$$H_1A^2 - H_1P^2 = O_1A^2 - O_1P^2$$

从而由定差幂线定理,知 $O_1H_1 \perp AP$.

因为 $OH \mathbin{/\mkern-5mu/} O_1H_1$，所以 $AP \perp OH$.

例2 设凸四边形 $ABCD$ 外切于圆 O，两组对边所在的直线分别交于点 E，F，对角线交于点 G. 求证：$OG \perp EF$.

证明 如图21.3，设圆 O 与边 AB, BC, CD, DA 分别切于点 M, N, R, S，则由牛顿定理知 AC, BD, MR, NS 四线共点于 G. 由切线长定理知 $EM = ER$，应用性质，有

$$EG^2 = EM^2 - MG \cdot GR \qquad ①$$

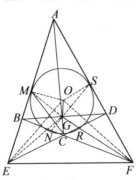

图 21.3

同理
$$FG^2 = FS^2 - SG \cdot GN \qquad ②$$

联结 MO, EO, FO, SO，令圆 O 的半径为 r，则
$$EM^2 = OE^2 - r^2, FS^2 = OF^2 - r^2 \qquad ③$$

显然，有
$$MG \cdot GR = SG \cdot GN \qquad ④$$

于是，由式①②③④，有
$$EG^2 - EO^2 = FG^2 - FO^2$$

从而由定差幂线定理，知 $OG \perp EF$.

第 22 章　三角形外接圆上一点

在三角形外接圆上的一点,有下述有趣的结论:

性质 1　(西姆松定理)设点 P 为 $\triangle ABC$ 的外接圆上一点,则点 P 在三边上的射影共线(西姆松线).

特别地,顶点的西姆松线就是过顶点的高线,顶点的对径点的西姆松线就是顶点的对边.

如图 22.1,设点 P 在边 AB,AC,BC 上的射影分别为 D,E,F,则 D,E,F 三点共线(见第 5 章定理 6).

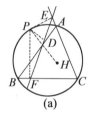
(a)
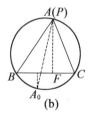
(b)

图 22.1

性质 2　(斯坦纳定理)设点 P 为 $\triangle ABC$ 的外接圆上任一点,点 H 为 $\triangle ABC$ 的垂心,则 PH 被点 P 的西姆松线平分(西姆松线的性质).

证明　如图 22.2,设点 P 在边 AB,AC,BC 上的射影分别为 D,E,F,点 H' 为 H 关于边 BC 的对称点,联结 $H'P$ 交 BC 于点 G,交 EF 于点 Q.

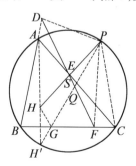

图 22.2

由 P,E,F,C 及 A,H',C,P 分别四点共圆,有

$$\angle EFP = \angle ACP = \angle AH'P = \angle H'PF$$

由此即知点 Q 为 Rt$\triangle PFG$ 的斜边 PG 的中点.

于是
$$\angle QFG = \angle QGF = \angle BGH' = \angle BGH.$$

从而 $HG /\!/ EF$.

设 PH 交 EF 于点 S,则知点 S 为 PH 的中点. 故结论获证.

注:在此性质中,当 $\triangle ABC$ 为钝角三角形时,结论仍成立.

如图 22.3,设点 P 在边 AB,AC,BC 上的射影分别为 D,E,F,点 H' 为 H 关于边 BC 的对称点.由垂心性质 10 知,点 H' 在 $\triangle ABC$ 的外接圆上,此时 $\triangle BHC$ 的外接圆与 $\triangle ABC$ 的外接圆关于 BC 对称.

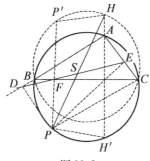

图 22.3

延长 PF 交 $\triangle BHC$ 的外接圆于点 P',则点 F 为 PP' 的中点.

由 P,F,E,C 及 A,C,H',P 分别四点共圆,有

$$\angle PFE = 180° - \angle PCA = 180° - \angle PH'A = 180° - \angle P'HH' = \angle PP'H$$

从而 $P'H /\!/ FE$.

设 PH 与 FE 交于点 S,则点 S 为 PH 的中点. 结论获证.

性质 1 中点 P 在三边上的射影即为
$$\angle PDA = \angle PEC = \angle PFC = 90°$$

改为 $\angle PDA = \angle PEC' = \angle PFC$,便得到一个更强的结论. 此时,$D,E,F$ 三点共线依然成立.

性质 3 (卡诺定理)设点 P 为 $\triangle ABC$ 的外接圆上任一点,从点 P 向三边作斜线交边 AB,AC,BC 分别于点 D,E,F,且 $\angle PDA = \angle PEC' = \angle PFC$,则 D,E,F 三点共线.

证明 如图 22.4,设 $\angle PDA = \angle PEC' = \angle PFC = \alpha$.

则 $D,P,E,A;P,E,C,F;P,D,F,B$ 分别四点共圆.

从而
$$DE = \frac{AP\sin\angle BAC}{\sin\alpha} = \frac{PA \cdot BC}{2R\sin\alpha}$$

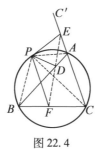

图 22.4

同理
$$EF = \frac{PC \cdot AB}{2R\sin\alpha}, DF = \frac{PB \cdot AC}{2R\sin\alpha}$$

故
$$EF - DE = \frac{PC \cdot AB}{2R\sin\alpha} - \frac{PA \cdot BC}{2R\sin\alpha} = \frac{PB \cdot AC}{2R\sin\alpha} = DF$$

因此,D,E,F 三点共线.

性质 4 从 $\triangle ABC$ 的外接圆上异于顶点的任一点 P 向边 BC,CA,AB 或其延长线分别作垂线 PD,PE,PF. 设这些垂线段或其延长线和圆的交点分别为 X,Y,Z, 则 AX,BY,CZ 都是关于点 P 的西姆松线的平行线.

证明 如图 22.5, 由 $\angle BDP = 90° = \angle PFB$, 知 P,D,F,B 四点共圆. 从而
$$\angle DFP = \angle CBP$$

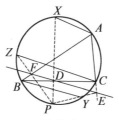

图 22.5

又 $\angle CBP = \angle CZP$, 所以 $\angle DFP = \angle CZP$.

因此,$FD \parallel CZ$, 即 $CZ \parallel EF$.

同理,$AX \parallel EF, BY \parallel EF$.

性质 5 设点 D,E,F 为 $\triangle ABC$ 的外接圆上的三点, 使 $AD \parallel BE \parallel CF$, 若点 P 在外接圆上, 且满足 $PD \parallel BC$, 则 $PE \parallel AC, PF \parallel BA$.

证明 如图 22.6,当 $PD \parallel BC$ 时,$\overset{\frown}{BP} = \overset{\frown}{DC}$.
从而 $\angle BEP = \angle DAC$. 当 $EB \parallel AD$ 时,则 $EP \parallel AC$.
此时 $\overset{\frown}{EA} = \overset{\frown}{PC}$,从而 $\angle EBA = \angle PFC$.
当 $EB \parallel FC$ 时,则 $FP \parallel AB$.
故当 $PD \parallel BC$ 时,有 $PE \parallel AC$, $PF \parallel BA$.

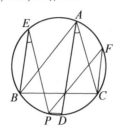

图 22.6

性质 6 三角形的外接圆上任一点关于三边的对称点共线,且这条线过三角形的垂心.

证明 如图 22.7.

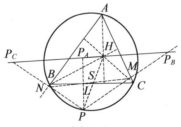

图 22.7

设点 H 为 $\triangle ABC$ 的垂心,点 P 为 $\triangle ABC$ 的外接圆上任一点,点 P 关于 BC,CA,AB 的对称点分别为 P_A,P_B,P_C. 作点 P 的西姆松线 NLM,则由西姆松线的性质,知西姆松线平分 PH 于点 S.

注意到点 N,L,M 分别为 PP_C,PP_A,PP_B 的中点. 于是 $HP_C \parallel NS$,$HP_A \parallel LS$,$HP_B \parallel SM$,而 N,L,S,M 四点共线.

故 P_C,P_A,H,P_B 也四点共线.

注:若一直线过三角形的垂心,则它关于三边的对称直线必交于外接圆上的一点,且这点对于三角形的西姆松线平行于已知直线.

证明 如图 22.8,设过垂心 H 的直线 l 与 $\triangle ABC$ 的三边 BC,CA,AB 分别交于点 G,I,K. 设 l 关于 CA 对称的直线交圆 ABC 于点 P. 作点 P 关于边 BC,

CA,AB 的对称点 P_A,P_B,P_C,则由性质 2 知 P_A,P_B,P_C 三点共线,且该线过 H. 故直线 $P_AP_BP_C$ 与 l 重合.

由性质 2 可得点 P 关于 $\triangle ABC$ 的西姆松线 NLM 与直线 l 平行.

又 PK,PG,PI 为 l 关于 AB,BC,CA 的对称线,所以此三线交于圆 ABC 上的点 P.

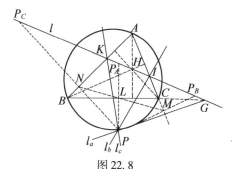

图 22.8

性质 7 设点 H 为 $\triangle ABC$ 的垂心,直线 l,m,n 分别过顶点 A,B,C 且互相平行,则 AH,BH,CH 分别关于 l,m,n 的对称线共点,且这点在 $\triangle ABC$ 的外接圆上.

证明 如图 22.9,设 l',m',n' 分别为 AH,BH,CH 关于 l,m,n 对称的直线.

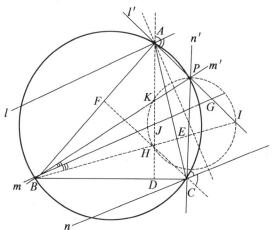

图 22.9

设直线 m' 与 l' 交于点 P,为此要证 $\angle APB = \angle ACB$.

但 $\angle AHE = \angle ACB$,因此,只需证 $\angle AHE = \angle APB$.

设直线 BH 交直线 l' 于点 I,m 与 l' 交于点 G,m 交 AH 于点 J. m' 交 AH 于点 K.

下面证明:I,H,K,P 四点共圆.

注意到 AH 与 l' 关于 l 对称,也关于过点 A 与 l 垂直的线对称. 因此

$$\angle AIH = 180° - \angle IBG - \angle IGB = 180° - \angle KBG - \angle KJB$$
$$= 180° - \angle HKP$$

由此,即知 I,H,K,P 四点共圆.

又 H,D,C,E 四点共圆,所以
$$\angle IPK = 180° - \angle AHI = 180° - \angle ACB$$

即 $\angle APB = \angle ACB$,从而点 P 在圆 ABC 上.

同理,CH 关于 n 的对称线 n' 与 BP 的交点也在圆 ABC 上.

故 CP 与 CH 关于 n 的对称线为 n'.

性质8 (奥倍尔定理) 过 $\triangle ABC$ 的顶点 A,B,C 引互相平行的三条直线,与 $\triangle ABC$ 的外接圆的交点分别为 A',B',C'. 点 P 为 $\triangle ABC$ 外接圆上任一点,PA',PB',PC' 分别与边 BC,CA,AB 或其延长线的交点分别为 D,E,F,则 D,E,F 三点共线.

证明 如图 22.10,由 P,A',C,A 四点共圆,有 $\angle PCE = \angle PA'A$. 令直线 PA' 与 BB' 交于点 Q,则
$$\angle PA'A = \angle DQB \Rightarrow \angle DQB = \angle PCE$$

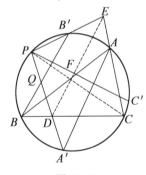

图 22.10

由 $\angle CPE = \angle CBB' \stackrel{m}{=\!=} \frac{1}{2}\overparen{CB'}$,有
$$\angle PDC = \angle DQB + \angle DBQ = \angle PCE + \angle CPE = 180° - \angle PEC$$

即知 P,D,C,E 四点共圆,亦即 $\angle PDE = \angle PA'A$.

从而 $DE \parallel AA'$.

同理 $DF \parallel AA'$. 故 D,E,F 三点共线.

性质9 如图 22.11,设点 O,H 分别为 $\triangle ABC$ 的外心、垂心,点 P 为 $\triangle ABC$ 的外接圆上异于顶点的任一点,点 P 关于边 BC 的中点的对称点为 Q,则 QH 的垂直平分线与直线 AP 关于 OH 的中点对称.

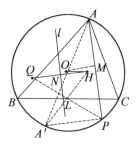

图 22.11

证明 如图 22.11,过点 A 作 $\triangle ABC$ 的外接圆的直径 AA',则点 A' 与 $\triangle ABC$ 的垂心 H 关于边 BC 的中点 L 对称. 所以 $QH \underline{\parallel} A'P$. 又 $A'P \perp AP$,所以 $QH \perp AP$.

设点 M,N 分别为 AP,QH 的中点,则 $A'P = 2OM$,$QH = 2NH$,于是 $OM \underline{\parallel} NH$.

又 $AP \perp OM$,所以 QH 的垂直平分线与直线 AP 关于 OH 的中点对称(其中四边形 $ONHM$ 为平行四边形,点 N,M 关于 OH 的中点对称,$l \perp NH$,$AP \perp OM$).

例 1 已知锐角 $\triangle ABC$,CD 是过点 C 的高线,点 M 是边 AB 的中点,过点 M 的直线分别与 CA,CB 交于点 K,L,且 $CK = CL$. 若 $\triangle CKL$ 的外心为 S,证明

$$SD = SM$$

证明 如图 22.12,作 $\triangle ABC$ 的外接圆,延长 CS 与外接圆交于点 T,联结 TM,作 $TK' \perp AC$ 于点 K',$TL' \perp BC$ 于点 L'.

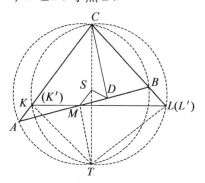

图 22.12

因为点 S 为 $\triangle KCL$ 的外心,且 $KC = LC$,所以,CS 为 $\angle KCL$ 的平分线.

于是,点 T 为 $\overset{\frown}{AB}$ 的中点.

又点 M 为 AB 的中点,所以 $TM \perp AB$.

由西姆松定理,知 K',M,L' 三点共线.

又 CT 是 $\angle K'CL'$ 的平分线,且 K,L,M 三点共线,所以 $CK' = CL'$.

故点 K 与 K' 重合,点 L 与 L' 重合.

所以,$\angle CKT = \angle CLT = 90°$.

从而,C,K,T,L 四点共圆.

故点 S 为四边形 $CKTL$ 的外接圆圆心.

于是,$SC = ST$,即点 S 为 TC 的中点.

又 $CD \perp AB$,所以 $CD \parallel MT$. 故 $SM = SD$.

例2 如图22.13,由 $\triangle ABC$ 的顶点 A 引两顶点 B,C 的内外角平分线的垂线,垂足分别为 F,G,E,D. 证明:F,G,E,D 四点共线,且此线与 $\triangle ABC$ 的中位线重合.

证明 如图22.13,易知点 I 为 $\triangle ABC$ 的内心.

联结 AI,延长 BF 与 CG 的延长线交于点 L,延长 BE 与 CD 的延长线交于点 K.

因为 BF,BE,CK,CG 分别为 $\angle ABC,\angle ACB$ 的外角、内角平分线,所以

$$\angle BAI = \frac{1}{2}\angle BAC, \angle CBF = 90° + \frac{1}{2}\angle ABC, \angle GCB = \frac{1}{2}\angle BCA$$

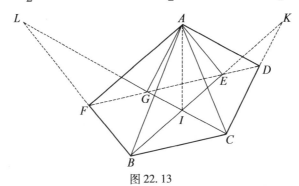

图 22.13

故 $\angle BLC = 90° - \frac{1}{2}\angle ABC - \frac{1}{2}\angle ACB = \frac{1}{2}\angle BAC = \angle BAI$

从而,B,I,A,L 四点共圆.

由西姆松定理知 F,G,E 三点共线.

同理,G,E,D 三点共线. 于是,F,G,E,D 四点共线.

因为 $\angle LBI = \angle KCI = 90°$,所以,点 B,C 分别为 $\triangle LBI,\triangle KCL$ 的垂心.

由西姆松线的性质,知点 F,G,E,D 所在的直线平分 AB,AC,即此直线与 $\triangle ABC$ 的中位线重合.

例3 过 $\triangle ABC$ 的三个顶点引互相平行的三条直线,其与 $\triangle ABC$ 的外接圆的交点分别为 A',B',C',在 $\triangle ABC$ 的外接圆上任取一点 P,设 PA',PB',PC' 与

CB,CA,AB 或其延长线分别交于点 D,E,F. 证明:E,D,F 三点共线. (参见奥倍尔定理)

证明 如图 22.14,设 PB' 与 AB 交于点 X.

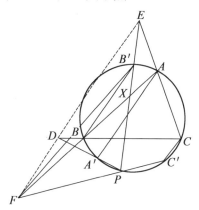

图 22.14

因为 $BB'\parallel CC'$,所以,$B'C'=BC$. 于是,$\angle B'PC'=\angle BAC$. 故
$$\angle AXP+\angle XAC=\angle AXP+\angle XPC$$
从而,$\angle E=\angle F$. 同理,$\angle E=\angle D,\angle F=\angle D$.
故 $\angle E=\angle D=\angle F$.
由卡诺定理,知 E,D,F 三点共线.

例4 设点 H 为 $\triangle ABC$ 的垂心,点 D,E,F 为 $\triangle ABC$ 的外接圆上的三点,使 $AD\parallel BE\parallel CF,S,T,U$ 分别为 D,E,F 关于边 BC,CA,AB 的对称点. 求证:S,H,U,T 四点共圆.

证明 如图 22.15,过点 D 作 BC 的平行线与 $\triangle ABC$ 的外接圆交于另一点 P.

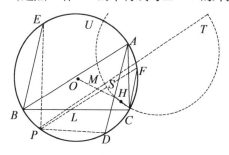

图 22.15

由 $AD\parallel BE\parallel CF$ 及性质 5 知,$PE\parallel CA,PF\parallel BA$.
又 $PD\parallel BC,S$ 是点 D 关于 BC 的对称点,则知点 P 关于 BC 的中点 L 的对称点为 S.

设△ABC 的外心为 O,OH 的中点为 M,则由性质 11 知,直线 AP 关于点 M 的对称直线是 HS 的垂直平分线.

同理,直线 BP,CP 关于点 M 的对称直线分别是 HT,HU 的垂直平分线.

而 AP,BP,CP 有公共点 P. 因此,HS,HT,HU 这三条线段的垂直平分线交于一点.

故 S,H,T,U 四点共圆.

注:此例为 2006 年中国国家队队员选拔考试题.

例 5 设点 H 是锐角△ABC 的垂心,点 P 是其外接圆 $\overset{\frown}{BC}$ 上的一点,联结 PH 交 AC 于点 M,$\overset{\frown}{AB}$ 上有一点 K,使得直线 KM 平行于点 P 关于△ABC 的西姆松线,弦 QP∥BC,弦 KQ 交边 BC 于点 J. 求证:△KMJ 是等腰三角形.

证明 如图 22.16. 下面证明 JK = JM.

过点 P 作 BC 的垂线交外接圆于点 S,交 BC 于点 L,设点 P 在 AB 上的射影为点 N,联结 AS,NL,NP,BP. 由 B,P,L,N 四点共圆知(或由性质 4),∠SLN = ∠NBP = ∠ABP = ∠ASP,从而 NL∥AS.

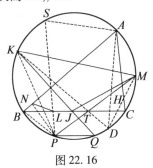

图 22.16

又因为 NL∥KM,则 KM∥SA.

设 BC 与 PH 交于点 T,AH 交外接圆于另一点 D.

由 K,P,Q,M 共圆及 BC∥PQ 知,K,J,T,M 四点共圆.

联结 KT,TD,有
$$\angle JKM = \angle MTC, \angle KMJ = \angle KTJ.$$

故又需证∠MTC = ∠KTJ.

易知点 D 与 H 关于 BC 对称,则
$$\angle SPM = \angle SPH = \angle THD = \angle HDM.$$

这表明 K,T,D 三点共线,于是
$$\angle KTJ = \angle DTC = \angle MTC.$$

故∠JKM = ∠KMJ,从而 JK = JM.

第 23 章 圆弧的中点

圆弧的中点联系着相等的角、相等的弦、内角平分线与外角平分线,还有平行的直线与相似的三角形. 现在我们来看几个性质:[1]

性质 1 设点 M 为 $\overset{\frown}{BC}$ 上的一点,则 M 为 $\overset{\frown}{BC}$ 的中点的充分必要条件是 $MB = MC$.

性质 2 设点 M 为 $\overset{\frown}{BC}$ 上的一点,则 M 为 $\overset{\frown}{BC}$ 的中点的充分必要条件是经过点 M 的圆弧的切线与弦 BC 平行.

推论 1 三角形的顶点是与另外两顶点在对边所在直线上的射影连线的平行线交其外接圆所截得的弧的中点.

证明 如图 23.1,设点 O 为 $\triangle ABC$ 外接圆的圆心,顶点 B,C 在对边所在直线上的射影分别为 E,F,过点 A 作圆 O 的切线 ST,则 $\angle TAC = \angle ABC = \angle AEF$(注意 B,C,E,F 四点共圆),即 $ST /\!/ FE$,于是与 EF 平行的弦 PQ 也与 ST 平行.

由于 $ST \perp AO$,则 $PQ \perp AO$. 故点 A 为 $\overset{\frown}{PQ}$ 的中点.

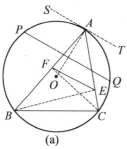 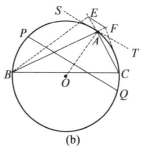

图 23.1

推论 2 三角形的顶点与另外两顶点处的外接圆切线交点的连线,平分这两顶点在对边所在直线上射影连线的平行线段.

证明 如图 23.2,过点 B,C 处的切线的交点 D 作 MN 平行于点 B,C 在对边所在直线上的射影 E,F 的连线,交射线 AB,AC 于点 M,N.

---

[1] 沈文选. 圆弧中点的性质及应用[J]. 中等数学, 2013(7): 6-9.

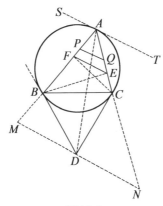

图 23.2

过点 A 作外接圆的切线 ST,则由上述结论知 $ST/\!/EF$, $ST/\!/PQ$. 从而 $ST/\!/MN$.

于是
$$\angle DBM = \angle SAB = \angle DMB, \angle DCN = \angle TAC = \angle DNC$$
即知
$$DM = DB = DC = DN$$
亦知 AD 为 $\triangle AMN$ 的中线. 故 AD 平分 PQ.

注:在图 23.2 中,直线 AFB 与 AEC 的两条截线 PQ 与 BC,如果有等角 $\angle APQ = \angle ACB$ 或者说 $\triangle APQ$ 与 $\triangle ACB$ 反相似,那么这两条截线称为关于这两条直线的逆平行.

此时显然:

(1) B,C,Q,P 四点共圆,且 $\triangle APQ$ 的外接圆与 $\triangle ABC$ 的外接圆内切于点 A;

(2) 三角形两条高的垂足的连线与第三条边逆平行;

(3) 三角形外接圆在一个顶点处的切线与对边逆平行;

(4) 外接圆中过一个顶点的半径,垂直于所有与对边逆平行的直线.

性质 3 如图 23.3,设点 M 为 $\overset{\frown}{BC}$ 上的一点,该圆弧所在圆上的另一点 A 与 M 位于弦 BC 的异侧,点 I 在线段 AM 上,且满足 $IM = MB$,则点 M 为 $\overset{\frown}{BC}$ 的中点的充要条件是点 I 为 $\triangle ABC$ 的内心.

证明 充分性. 当点 I 为 $\triangle ABC$ 的内心时, AM 为 $\angle BAC$ 的平分线, 从而点 M 为 $\overset{\frown}{BC}$ 的中点.

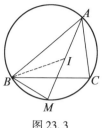

图 23.3

必要性. 联结 BI, 当点 M 为 $\overset{\frown}{BC}$ 的中点时, 则点 I 在 $\angle BAC$ 的平分线上, 且有 $\angle BAM = \angle MAC = \angle MBC$.

因为 $IM = MB$, 所以
$$\angle MBC + \angle IBC = \angle MBI = \angle MIB = \angle ABI + \angle BAM$$
$$= \angle ABI + \angle MBC$$

从而, 有 $\angle IBC = \angle ABI$, 即点 I 在 $\angle ABC$ 的平分线上.

故点 I 为 $\triangle ABC$ 的内心.

性质 4 设点 M 为 $\overset{\frown}{BC}$ 的中点, 点 A 是该圆弧所在圆周上的另一点, 直线 MA 与直线 BC 交于点 D.

(1) 若点 A 与点 M 位于弦 BC 异侧, 则 MA 平分 $\angle BAC$, 且 $MC^2 = MD \cdot MA$;

(2) 若点 A 与点 M 位于弦 BC 同侧, 则 MA 平分 $\angle BAC$ 的外角, 且 $MC^2 = MD \cdot MA$.

证明 (1) 如图 23.4(a), 由 $\overset{\frown}{BM} = \overset{\frown}{MC}$ 知 $\angle BAC$ 被 MA 平分.

由 $\angle MAC = \angle BCM = \angle MCD$, 知 $\triangle MAC \sim \triangle MCD$, 从而 $MC^2 = MD \cdot MA$.

(2) 如图 23.4(b), 设点 K 为 CA 延长线上的一点, 联结 MB, 则
$$\angle MAK = \angle MBC = \angle MCB = \angle MAB$$
即知 MA 平分 $\angle BAC$ 的外角.

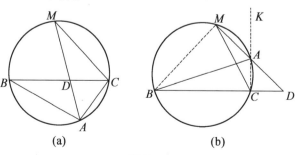

图 23.4

由
$$\angle MAC = 180° - \angle DAC = 180° - \angle MAK = 180° - \angle MAB$$
$$= 180° - \angle MCB = \angle MCD$$

知 $\triangle MAC \backsim \triangle MCD$,从而 $MC^2 = MD \cdot MA$.

注:在图 23.4 中,还可由 $\triangle ABD \backsim \triangle AMC$,有 $AD \cdot AM = AB \cdot AC$. 该式表明:三角形角平分线的长与该平分线所在的外接圆的弦长的乘积等于夹这条角平分线的两边的乘积.

推论 3 圆 O_1 与圆 O_2 切于点 A(圆 O_1 的半径小于圆 O_2 的半径),点 D 为圆 O_1 上的一点,过点 D 的圆 O_1 的切线交圆 O_2 于 B,C 两点,直线 AD 交圆 O_2 于点 M.

(1)若圆 O_1 内切于圆 O_2,则 MA 平分 $\angle BAC$,且 $MC^2 = MD \cdot MA$;

(2)若圆 O_1 外切于圆 O_2,则 MA 平分 $\angle BAC$ 的外角,且 $MC^2 = MD \cdot MA$,点 M 为 $\overset{\frown}{BC}$ 的中点.

证明 如图 23.5,设直线 AB,AC 分别与圆 O_1 交于点 E,F,联结 EF,则由相切圆的性质(或过点 A 作公切线推证)知 $\overset{\frown}{ED} = \overset{\frown}{DF}$.

(1)如图 23.5(a),此时 $\angle BAD = \angle DAC$,即知点 M 为 $\overset{\frown}{BC}$ 的中点,MA 平分 $\angle BAC$. 由 $\triangle MAC \backsim \triangle MCD$,有 $MC^2 = MD \cdot MA$.

(2)如图 23.5(b),联结 DE,DF,则有 $\angle DFE = \angle DEF$,于是
$$\angle EAM = \angle DAB = \angle DFE = \angle DEF = \angle DAF = \angle MAC$$
即 MA 平分 $\angle BAC$ 的外角.

由 $\angle MCB = \angle MAE = \angle MAC = \angle MBC$,知点 M 为优弧 $\overset{\frown}{BC}$ 的中点.

由 $\triangle MAC \backsim \triangle MCD$,有 $MC^2 = MD \cdot MA$.

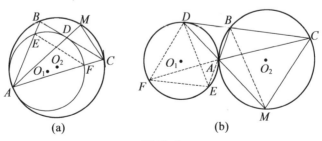

图 23.5

推论 4 圆 O_1 与圆 O_2 切于点 A,AM 交圆 O_1 于点 D,交圆 O_2 于点 M,过点

D 的直线交圆 O_2 于点 B,C. 若点 M 为 $\overset{\frown}{BC}$ 的中点,则该直线与圆 O_1 切于点 D.

性质 5 (阿基米德(Archimedes)折弦定理) 设点 M 为 $\overset{\frown}{BC}$ 的中点,点 A 是该圆弧所在圆周上的另一点,且与 M 在弦 BC 的同侧,满足 $AB>AC$,作 $MD \perp AB$ 于点 D,则点 D 平分折弦 ABC,即 $BD = DA + AC$.

证明 如图 23.6,在 BA 上取点 E,使 $BE = AC$.

联结 MB, ME, MC, MA,因为 M 为 $\overset{\frown}{BC}$ 的中点,所以 $MB = MC$. 注意到 $\angle MBE = \angle MCA$,知 $\triangle MBE \cong \triangle MCA$,从而 $ME = MA$. 又 $MD \perp EA$,所以 $ED = DA$.

故 $BD = BE + ED = AC + DA$.

注:阿基米德折弦定理的其他证法可参见本丛书中《平面几何范例多解探究》中的解法.

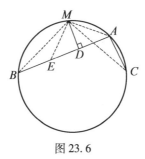

图 23.6

推论 5 设点 M 为 $\overset{\frown}{BC}$ 的中点,点 A 是该圆弧所在圆周上的另一点,且 $AB>AC$.

(1)若点 A 与 M 位于弦 BC 的同侧,则 $MB^2 - MA^2 = BA \cdot AC$. (1997 年天津市竞赛题)

(2)若点 A 与 M 位于弦 BC 的异侧,则 $MA^2 - MB^2 = BA \cdot AC$.

证明 (1)如图 23.6,作 $MD \perp BA$ 于点 D,则由性质 5,知 $BD = DA + AC$,即 $BD - DA = AC$.

因为 M 为 $\overset{\frown}{BC}$ 的中点,所以
$$MB^2 = BD^2 + MD^2, MA^2 = DA^2 + MD^2$$
故
$$MB^2 - MA^2 = BD^2 - DA^2 = (BD+DA)(BD-DA) = BA \cdot AC$$

(2)如图 23.7,取 $\overset{\frown}{BAC}$ 的中点 N,则由(1)知
$$NB^2 - NA^2 = BA \cdot AC$$

因为点 M, N 分别为 $\overset{\frown}{BMC}$ 和 $\overset{\frown}{BAC}$ 的中点,所以 MN 为圆的直径. 从而
$$BM^2 + BN^2 = MN^2 = MA^2 + AN^2$$

故
$$MA^2 - MB^2 = BN^2 - AN^2 = BA \cdot AC$$

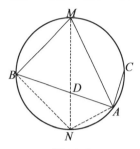

图 23.7

性质 6 设点 M 为 $\overset{\frown}{AB}$ 的中点,点 C,D 与 M 在弦 AB 的异侧的圆弧(C 在 A 与 D 之间)上,AD 与 MC 交于点 E,BC 与 MD 交于点 F,则:

(1) C,D,F,E 四点共圆;

(2) $\triangle CAM \backsim \triangle CEF$,$\triangle DBM \backsim \triangle DFE$.

证明 如图 23.8.

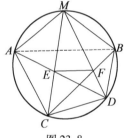

图 23.8

(1) 因为 M 为劣弧 $\overset{\frown}{AB}$ 的中点,所以 $\angle ECF = \angle EDF$,从而 C,D,F,E 四点共圆.

(2) 由 C,D,F,E 四点共圆,有 $\angle EFC = \angle EDC = \angle AMC$,从而 $\triangle CAM \backsim \triangle CEF$. 同理,由 $\angle BMD = \angle FCD = \angle FED$,从而 $\triangle DBM \backsim \triangle DFE$.

性质 7 如图 23.9,设点 M 为 $\overset{\frown}{BC}$ 的中点,过点 B,M 的圆交 MC 于点 A,点 N 为 $\overset{\frown}{BMA}$ 的中点,则等腰 $\triangle BMC \backsim$ 等腰 $\triangle BNA$,且 $\triangle BNM \backsim \triangle BAC$,$NM \parallel BC$.

图 23.9

证明 由 B,A,M,N 四点共圆,知 $\triangle BMC \backsim \triangle BNA$,且由 $\angle BNM = \angle BAC$ 及 $\angle NBM = \angle ABC$ 知 $\triangle BNM \backsim \triangle BAC$.

由 $\angle NMB = \angle NAB = \angle NBA = \angle MBC$,知 $NM /\!/ BC$.

例 1 在 $\triangle ABC$ 中,$AB > AC$,$\angle A$ 外角的平分线交 $\triangle ABC$ 的外接圆于点 E,过 E 作 $EF \perp AB$ 于点 F,求证:$2AF = AB - AC$.

证明 如图 23.10,设点 K 为 CA 延长线上的一点,联结 EB,EC.

由 AE 平分 $\angle BAC$ 的外角,有 $\angle EBC = \angle EAK = \angle EAB = \angle ECB$,亦有 $EC = EB$,即知点 E 为 $\overset{\frown}{BAC}$ 的中点.

由性质 5,知 $BF = AF + AC$.

从而 $AB - FA = AF + AC$. 故 $2AF = AB - AC$.

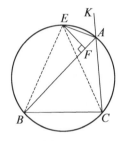

图 23.10

例 2 在 $\triangle ABC$ 中,$\angle A : \angle B : \angle C = 4 : 2 : 1$,$\angle A,\angle B,\angle C$ 的对边分别为 a,b,c.

(1) 求证:$\dfrac{1}{a} + \dfrac{1}{b} = \dfrac{1}{c}$;(2) 求 $\dfrac{(a+b-c)^2}{a^2+b^2+c^2}$ 的值.

证法 1 (1) 如图 23.11,在 $\triangle ABC$ 中,$\angle A : \angle B : \angle C = 4 : 2 : 1$.

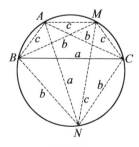

图 23.11

作 $\angle ABC$ 的平分线交 $\triangle ABC$ 的外接圆于点 M,作 $\angle BAC$ 的平分线交 $\triangle ABC$

的外接圆于点 N,则
$$AM = MC = AB = c, 且 AM /\!/ BC$$
$$CN = BN = AC = b, 且 AB /\!/ CN$$

于是,四边形 $ABCM$ 及 $ABNC$ 均为等腰梯形,所以
$$BM = AC = b, AN = BC = a$$

由推论 5(2),注意点 M, N 分别为 $\overset{\frown}{AC}, \overset{\frown}{BC}$(分别不含 B 或 A)的中点,知
$$MB^2 - MA^2 = AB \cdot BC, NA^2 - NB^2 = AB \cdot AC$$

即
$$b^2 - c^2 = ac \qquad ①$$
$$a^2 - b^2 = bc \qquad ②$$

由①+②得
$$a^2 - ac = c(b + c)$$

即
$$\frac{b+c}{a} = \frac{a-c}{c} = \frac{a}{c} - 1 \qquad ③$$

又 $b^2 + bc = a^2$,所以
$$\frac{b+c}{a} = \frac{a}{b} \qquad ④$$

由式③④得 $\frac{a}{c} - \frac{a}{b} = 1$,故 $\frac{1}{a} + \frac{1}{b} = \frac{1}{c}$.

(2)由 $\frac{1}{a} + \frac{1}{b} = \frac{1}{c}$,有 $ab = ac + bc$,从而
$$\frac{(a+b-c)^2}{a^2+b^2+c^2} = \frac{a^2+b^2+c^2+2(ab-bc-ac)}{a^2+b^2+c^2} = 1$$

证法 2 (1)同证法 1,知 $AM /\!/ BC$.

注意到点 N 为优弧 $\overset{\frown}{BC}$ 的中点,知点 N 为优弧 $\overset{\frown}{AM}$ 的中点,由性质 1 知 $NM = NA = a$.

在四边形 $ANCM$ 中应用托勒密定理,有 $ab = ac + bc$.故 $\frac{1}{a} + \frac{1}{b} = \frac{1}{c}$.

(2)略.

例 3 已知点 C 是线段 AB 的中点,过点 A, C 的圆 O_1 与过点 B, C 的圆 O_2

相交于 C,D 两点,点 P 是圆 O_1 上 $\overparen{AD}$(不包含点 C)的中点,点 Q 是圆 O_2 上 $\overparen{BD}$(不包含点 C)的中点,求证:$PQ \perp CD$.

证明 如图 23.12,联结 PA,PD,QD,QB,设 PC 与 AD 交于点 E,QC 与 BD 交于点 F.

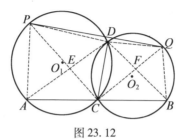

图 23.12

由性质 4 及证明后的注,知

$$PD^2 = PE \cdot PC, \quad QD^2 = QF \cdot QC$$

$$CE \cdot CP = CA \cdot CD, \quad CF \cdot CQ = CB \cdot CD$$

即

$$CE \cdot CP = CF \cdot CQ \quad (因点 C 为 AB 的中点).$$

于是

$$\begin{aligned}
PD^2 - QD^2 &= PE \cdot PC - QF \cdot QC \\
&= (PC - CE) \cdot PC - (QC - CF) \cdot QC \\
&= PC^2 - QC^2 - CE \cdot PC + CF \cdot QC \\
&= PC^2 - QC^2
\end{aligned}$$

由定差幂线定理,知 $PQ \perp CD$.

例 4 (2012 年 CMO 试题)在圆内接 $\triangle ABC$ 中,$\angle A$ 为最大角,不含点 A 的 $\overparen{BC}$ 上的两点 D,E 分别为 $\overparen{ABC},\overparen{ACB}$ 的中点.设过点 A,B 且与 AC 相切的圆为圆 O_1,过点 A,E 且与 AD 相切的圆为圆 O_2,圆 O_1 与圆 O_2 交于点 A,P. 证明:AP 平分 $\angle BAC$.

证明 如图 23.13,设直线 DB,EC 分别交圆 O_1,圆 O_2 于点 N,M,联结 NA,AM,BP,PE,BE,AE.

平面几何图形特性新析(上篇)

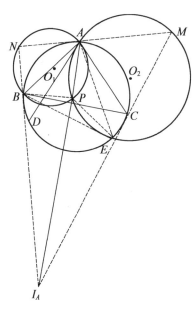

图 23.13

因为点 D,E 分别为 $\overset{\frown}{ABC},\overset{\frown}{ACB}$ 的中点,所以由性质4(2),知直线 BD,CE 分别是 $\triangle ABC$ 中 $\angle B,\angle C$ 的外角平分线.从而这条直线的交点 I_A 为 $\triangle ABC$ 中 $\angle A$ 内的旁心.

本题只需证 A,P,I_A 三点共线即可.由
$$\begin{aligned}\angle PBD &= (\angle ABC + \angle CBD) - \angle ABP\\ &= \angle ABC + \angle CAD - \angle CAP\\ &= \angle ABC + \angle PAD\\ &= \angle AEC + \angle PEA\\ &= \angle CEP\end{aligned}$$

知 $\angle NAP = \angle PBD = \angle CEP = 180° - \angle MAP$,即知 N,A,M 三点共线.

由 $\angle DBE = \angle DAE = \angle AME$,知 N,B,E,M 四点共圆.

此时,由根心定理知,三条根轴 NB,AP,ME 共点于 I_A.

故 A,P,I_A 三点共线.

而点 I_A 在 $\angle BAC$ 的平分线上,即 AP 平分 $\angle BAC$.

例5 (2014年CMO试题)如图22.14,设 A,B,D,E,F,C 依次为一个圆上的六点,满足 $AB = AC$,直线 AD 与 BE 交于点 P,直线 AF 与 CE 交于点 R,直线 BF 与 CD 交于点 Q,直线 AD 与 BF 交于点 S,直线 AF 与 CD 交于点 T,点 K 在

线段 ST 上,使 $\angle SKQ = \angle ACE$. 证明:$\dfrac{SK}{KT} = \dfrac{PQ}{QR}$.

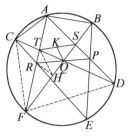

图 23.14

证明 如图 23.14,作 $TH \parallel KQ$ 交 BF 于点 H,联结 RH, CF, FD.

由帕斯卡定理,知 P, Q, R 三点共线.

由圆弧的中点性质 6,知 S, D, F, T 四点共圆,且 $\triangle FCA \backsim \triangle FTS$,则

$$\angle CAR = \angle CAF = \angle TSF = \angle KSQ$$

由 $\angle ACE = \angle SKQ$,知 $\triangle RCA \backsim \triangle QKS \backsim \triangle HTS$.

又点 R, H 为相似三角形的对应点,所以对应线段成比例,即

$$\dfrac{FR}{FA} = \dfrac{FH}{FS}$$

于是 $RH \parallel AS \parallel AP$,故

$$\dfrac{SK}{KT} = \dfrac{SQ}{QH} = \dfrac{PQ}{QR}$$

例 6 (2015 年中国国家队选拔赛试题) 如图 23.15,在等腰 $\triangle ABC$ 中,$AB = AC > BC$,点 D 为 $\triangle ABC$ 内的一点,满足 $DA = DB + DC$. 边 AB 的中垂线与 $\angle ADB$ 的外角平分线交于点 P,边 AC 的中垂线与 $\angle ADC$ 的外角平分线交于点 Q. 证明:B, C, P, Q 四点共圆.

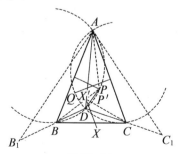

图 23.15

证法 1 先证明 A, B, D, P 四点共圆.

事实上，可取 $\overset{\frown}{ADB}$ 的中点 P'，则点 P' 在线段 AB 的中垂线上. 由圆弧的中点性质4，知 DP' 平分 $\angle ADB$ 的外角. 故点 P' 与 P 重合，即知 A,B,D,P 四点共圆.

由托勒密定理，有
$$AB \cdot DP + BD \cdot AP = AD \cdot BP$$

结合 $AP = PB$ 及 $AD = BD + CD$，知
$$AB \cdot DP = AD \cdot BP - BD \cdot AP = AP(AD - BD) = AP \cdot CD$$

即
$$\frac{AP}{DP} = \frac{AB}{CD}$$

设 BP 与 AD 的交点为点 X，注意到
$$\angle BAP + \angle BDP = 180°$$

则
$$\frac{AX}{XD} = \frac{S_{\triangle ABP}}{S_{\triangle DBP}} = \frac{\frac{1}{2}AB \cdot AP \cdot \sin \angle BAP}{\frac{1}{2}DB \cdot DP \cdot \sin \angle BDP}$$

$$= \frac{AB \cdot AP}{DB \cdot DP} = \frac{AB}{DB} \cdot \frac{AB}{CD} = \frac{AB^2}{BD \cdot CD}$$

类似地，A,C,D,Q 四点共圆，令 CQ 交 AD 于点 X'，则
$$\frac{AX'}{X'D} = \frac{AC^2}{BD \cdot CD}$$

注意到 $AB = AC$，有 $\frac{AX'}{X'D} = \frac{AX}{XD}$，即知点 X' 与 X 重合.

由圆幂定理，得
$$XB \cdot XP = XA \cdot XD = XC \cdot XQ$$

故 B,C,P,Q 四点共圆.

证法2 如图23.15，延长 DB 至点 B_1，使 $BB_1 = DC$，延长 DC 至点 C_1，使 $CC_1 = DB$，则 $DA = DB_1$，$DA = DC_1$，由证法1知 A,B,D,P 四点共圆.

此时，由圆弧中点的性质7，知等腰 $\triangle ADB_1 \backsim$ 等腰 $\triangle APB$，且 $\triangle APD \backsim \triangle ABB_1$，则 PB 分线段 DA 的比值为

$$\frac{DX}{XA} = \frac{S_{\triangle DPB}}{S_{\triangle APB}} = \frac{DB}{BA} \cdot \frac{DP}{PA} = \frac{DB}{BA} \cdot \frac{B_1B}{BA} = \frac{DB \cdot DC}{AB^2}$$

类似地，QC 分线段 DA 的比值为 $\frac{DX'}{X'A} = \frac{DB \cdot DC}{AC^2}$.

注意到 $AB = AC$，即点 X' 与 X 重合，即 PB,QC,AD 三线共点于 X.

由相交弦定理有
$$PX \cdot XB = AX \cdot XD = QX \cdot XC$$
故 B,C,P,Q 四点共圆.

思 考 题

1. 锐角 $\triangle ABC$ 内接于圆 O,过圆心 O 且垂直于半径 OA 的直线分别交边 AB, AC 于点 E,F. 该圆 O 在 B,C 两点处的切线交于点 P. 求证:直线 AP 平分线段 EF.

2. 设锐角 $\triangle ABC$ 的边 BC,CA,AB 上的高的垂足分别为 D,E,F. 直线 EF 与 $\triangle ABC$ 的外接圆的一个交点为 P,直线 BP 与 DF 交于点 Q. 证明:$AP = AQ$.

3. 凸四边形 $ABCD$ 内接于圆 Γ,与边 BC 相交的一个圆与圆 Γ 内切,且分别与 BD,AC 切于点 P,Q. 求证:$\triangle ABC$ 的内心与 $\triangle DBC$ 的内心皆在直线 PQ 上.

4. 给定一圆内接 $\triangle ABC$,设点 A',B' 和 C' 分别是 $\overset{\frown}{BC},\overset{\frown}{CA}$ 和 $\overset{\frown}{AB}$ 的中点,联结 $A'C',A'B'$ 分别交 AB,AC 于点 D,E. 求证:$DE \parallel BC$,且 DE 经过 $\triangle ABC$ 的内心.

5. 已知点 A',B',C' 分别是 $\triangle ABC$ 外接圆上不包含点 A,B,C 的 $\overset{\frown}{BC},\overset{\frown}{CA},\overset{\frown}{AB}$ 的中点,CA 分别和 $A'B',B'C'$ 交于点 E,G,BC 分别和 $C'A',A'B'$ 交于点 F,H,AB 分别和 $B'C',C'A'$ 相交于点 K,D. 求证:(1) $FH = EG = KD$ 的充要条件是 $\triangle ABC$ 是正三角形;(2) $DF = HE = GK$ 的充要条件是 $\triangle ABC$ 是正三角形.

思考题 参考解答

1. 如图 23.16,设点 E',F' 分别为 C,B 在对边 AB,AC 所在直线上的射影,则 $AO \perp E'F'$,从而 $EF \parallel E'F'$. 故由本章推论 2 即证.

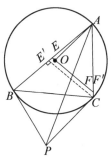

图 23.16

2. 如图 23.17,设 FE 的延长线交外接圆于点 P',则由本章推论 1 知,$AP = AP'$,则 $\angle ABP = \angle ABP'$,即知 BP 与 BP' 关于直线 AB 对称.

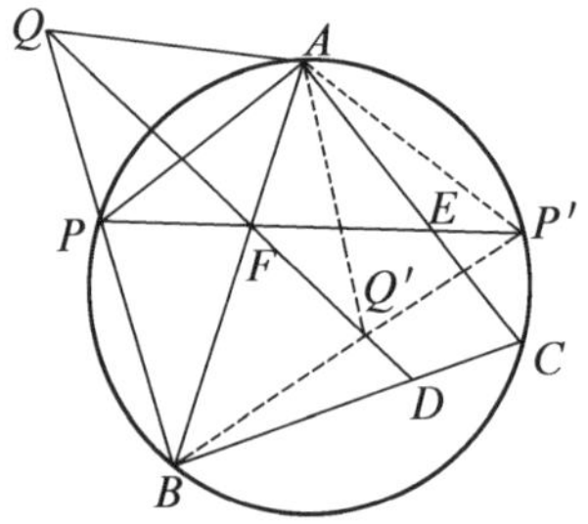

图 23.17

设 BP' 与 FD 交于点 Q',则由 $\angle PFB = \angle Q'FB$ 知,FP 与 FQ' 关于直线 BA 对称. 由 $\triangle FBQ \cong \triangle FBP'$,知点 P, P' 关于直线 BA 的对称点分别为 Q', Q,故 $AP = AP' = AQ$.

3. 如图 23.18,设两圆内切于点 T,直线 TP, TQ 分别交圆 Γ 于点 E, F. 由相切两圆性质知 $EF \parallel PQ$.

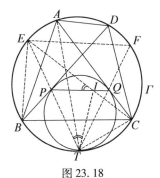

图 23.18

由推论 3(1),知点 E, F 分别为 $\overparen{BAD}, \overparen{ADC}$ 的中点,即知 TF 平分 $\angle ATC$,即

$$\angle FTC = \angle ATF \qquad ①$$

及 CE 平分 $\angle BCD$,且有

$$EB^2 = EP \cdot ET \qquad ②$$

设直线 CE 交 PQ 于点 I,联结 TC, TI.

由 $\angle PQT = \angle EFT = \angle ECT = \angle ICT$,知 T, C, Q, I 四点共圆.

从而,$\angle QTI = \angle QCI = \angle ACE = \angle ATE$,并注意到式①,则

$$\angle EIP = \angle QIC = \angle QTC$$
$$= \angle ATQ = \angle ATI + \angle QTI$$
$$= \angle ATI + \angle ATE$$
$$= \angle ETI$$

于是,由相似三角形(或由弦切角定理的逆定理知 EI 与圆 PTI 相切),有
$$EI^2 = EP \cdot ET \qquad ③$$
由式②③知 $EB = EI$. 从而由性质 3,知点 I 为 $\triangle DBC$ 的内心.

这说明 $\triangle DBC$ 的内心在直线 PQ 上.

同理,$\triangle ABC$ 的内心也在直线 PQ 上.

4. 证法　联结 $A'B, BC'$,设点 F 是 BC 与 $A'C'$ 的交点,如图 23.19 所示.

因为
$$\angle A'BI = \frac{1}{2}\angle A + \frac{1}{2}\angle B = \angle A'IB \quad (\triangle AIB \text{ 的外角})$$

所以 $A'B = A'I$. 同理 $C'B = C'I$,从而 $A'C'$ 是线段 BI 的中垂线.

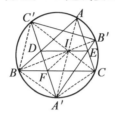

图 23.19

又 BI 平分 $\angle B$,所以 BI 是 DF 的垂直平分线,所以四边形 $DBFI$ 是菱形.

故 $DI \parallel BF$,即 $DI \parallel BC$.

同理可证 $IE \parallel BC$.

故 $DE \parallel BC$,且 DE 过 $\triangle ABC$ 的内心 I.

注:还可以这样来证 DE 过 $\triangle ABC$ 的内心.

如图 23.20,因为 $\triangle ABC$,$\triangle A'B'C'$ 有同一个外接圆,所以这六个顶点可以组成许多不同的内接于圆的六边形,现在先对六边形 $BACC'A'B'$ 运用帕斯卡定理,则知三组对边的交点:BA 与 $C'A'$ 交于点 D,AC 与 $A'B'$ 交于 E,CC' 与 BB' 交于 I,这三点共线.

故 DE 过 $\triangle ABC$ 的内心 I.

同理,再分别对六边形 $BCAA'C'B'$,$ABCC'B'A'$ 运用帕斯卡定理,则又知 FG, HK(图 23.21)也都过 $\triangle ABC$ 的内心.

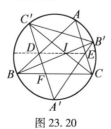

图 23.20

这就证明了 DE,FG,HK 三线共点,且所共之点就是 $\triangle ABC$ 的内心.

由上述问题,可得如下结论:

推论 如图 23.21,在第 4 题中,设 BC 分别交 $A'C',A'B'$ 于点 $F,H,B'C'$ 分别交 AC,AB 于点 G,K,则:

(1) DE,FG 和 HK 三线共点,且所共之点就是 $\triangle ABC$ 的内心 I;

(2) $DE\!/\!/BC,FG\!/\!/AB,HK\!/\!/CA$;

(3) 四边形 $BDIF,CEIH$ 和 $AGIK$ 都是菱形.

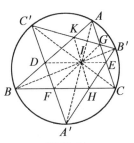

图 23.21

5.(1) 因为充分性显然成立,所以只证必要性.

证法 1 (构造全等形)联结 DE,FG 和 HK,由第 4 题知,这三条线都经过 $\triangle ABC$ 的内心 I,如图 23.22 所示,且 $DE\!/\!/BC,FG\!/\!/AB,HK\!/\!/CA$,故

$$\angle IDK \xlongequal{DE/\!/BC} \angle B \xlongequal{FG/\!/AB} \angle IFH$$

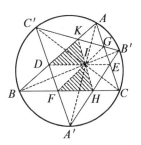

图 23.22

因为 $ID=IF$(推论,四边形 $BDIF$ 是菱形),$DK=FH$,所以 $\triangle IDK \cong \triangle IFH$(图 23.22 中带阴影的两个三角形).

从而 $IK=IH$,即点 I 是 HK 的中点.

同理,点 I 也是 FG 的中点.

则 $KG\!/\!/FH$($\square GKFH$),所以

$$\overset{\frown}{BC'}=\overset{\frown}{CB'} \quad (\text{平行线所截的弧相等})$$

于是 $\overset{\frown}{AB}=\overset{\frown}{AC}$ （点 C',B' 分别是 $\overset{\frown}{AB},\overset{\frown}{AC}$ 的中点）

即 $AB=AC$.同理可证 $AB=BC$,故 $\triangle ABC$ 是正三角形.

证法 2 （兼用全等与相似）同证法 1,先由第 4 题的推论知 DE,FG 与 HK 皆过内心 I,如图 23.22 所示.且 $\triangle KDI \backsim \triangle IFH \backsim \triangle ABC$.

由证法 1 又知

$$\triangle IDK \cong \triangle IFH$$

$$\angle A=\angle FIH(\triangle ABC \backsim \triangle IFH)$$

$$\angle FIH=\angle DIK(\triangle IFH \cong \triangle IDK)$$

$$\angle DIK=\angle C(\triangle KDI \backsim \triangle ABC)$$

则 $\angle A=\angle C$,同理可证 $\angle A=\angle B$,故 $\triangle ABC$ 是正三角形.

证法 3 （单用相似形）同证法 2,由三组平行线可知 $\triangle KDI \backsim \triangle IFH \backsim \triangle ABC$,则

$$\frac{KD}{DI}=\frac{IF}{FH}$$

即 $$DI \cdot IF=KD \cdot FH=FH^2$$

又 $DI=IF$（推论,四边形 $BDIF$ 是菱形）,则 $IF^2=FH^2$,即 $IF=FH$,所以 $AB=AC$（$\triangle ABC \backsim \triangle IFH$）.

同理可证 $AB=BC$,故 $\triangle ABC$ 是正三角形.

(2)充分性显然成立,只证必要性,如图 23.23 所示.

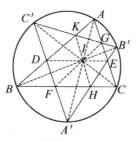

图 23.23

因为 $DE /\!/ BC$（第 4 题已证）,又已知 $DF=HE$,从而四边形 $DEHF$ 是等腰梯形,所以 $\angle FDI=\angle HEI$.

又 $ID=IF,IE=IH$（四边形 $BDIF,CEIH$ 皆为菱形）,则等腰 $\triangle IDF \cong$ 等腰 $\triangle IEH$,所以 $\angle B=\angle DIF=\angle EIH=\angle C$.

同理可证 $\angle A=\angle B$,故 $\triangle ABC$ 是正三角形.

第24章 三角形的外接圆与内(旁)切圆的关系

性质1 三角形角平分线的长与角平分线所在弦的乘积等于夹这条角平分线两边的乘积.

事实上,如图24.1,联结 BD,由 $\triangle ABD \backsim \triangle ATC$,有 $\dfrac{AB}{AT} = \dfrac{AD}{AC}$,故

$$AT \cdot AD = AB \cdot AC.$$

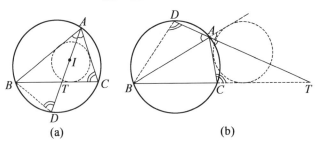

图 24.1

性质2 三角形外接圆上每边所在弓形弧的中点是该边的两端点及内心这三点为顶点所构成的三角形的外心.

证明 如图24.2,设 M 为 $\overparen{BC}$ 的中点,I 为 $\triangle ABC$ 的内心.

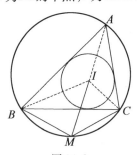

图 24.2

由 $\angle MBI = \angle MBC + \angle CBI = \angle MAC + \angle ABI = \angle MIB$

知 $MI = MB$

又 $MB = MC$,所以点 M 为 $\triangle BCI$ 的外心.

注:若将内心点 I 改为旁心 I_A,则点 M 为 $\triangle BCI_A$ 的外心.

性质 3 设圆 O,圆 I 分别为 $\triangle ABC$ 的外接圆和内切圆.

(1)过顶点 A 可作圆 P_A 与圆 Q_A 均在点 A 处与圆 O 内切,且圆 P_A 与圆 I 外切,圆 Q_A 与圆 I 内切;

(2)设圆 O 的半径为 R,则 $P_A Q_A = \dfrac{\sin\dfrac{A}{2}\cdot\cos^2\dfrac{A}{2}}{\cos\dfrac{B}{2}\cdot\cos\dfrac{C}{2}}\cdot R$.

证明 如图 24.3.

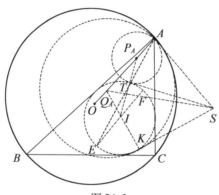

图 24.3

(1)过点 I 作 $EF /\!/ AO$ 分别与交圆 I 于点 E,F,联结 AE 交圆 I 于点 T,直线 IT 交 AO 于点 P_A,以 P_A 为圆心,以 AP_A 为半径作圆,则圆 P_A 符合题设. 这是因为,$AO /\!/ FE$,有 $\angle P_A AT = \angle IET = \angle ITE = \angle P_A TA$,即知 $P_A A = P_A T$,从而知圆 P_A 与圆 I 外切.

显然圆 P_A 与圆 O 内切.

设过点 A,点 T 的公切线交于点 S,从点 S 作圆 I 的切线,切点为 K,直线 KI 交 AO 于点 Q_A.

以点 Q_A 为圆心,以 $Q_A K$ 为半径作圆,则圆 Q_A 符合题设. 这是因为,点 S 为根心,由此即证得 $\mathrm{Rt}\triangle ASQ_A \cong \mathrm{Rt}\triangle KSQ_A$,则 $Q_A A = Q_A K$. 故得证.

(2)设圆 P_A,圆 Q_A 的半径分别为 u,v,圆 I 的半径为 r,则
$$AP_A = u, P_A O = R - u, IP_A = r + u$$

在 $\triangle AOI$ 中应用斯特瓦尔特定理,有
$$(r+u)^2 = \dfrac{u\cdot OI^2 + (R-u)\cdot IA^2}{R} - u(R-u)$$

将欧拉定理 $OI=\sqrt{R(R-2r)}$ 代入,得 $u=\dfrac{(IA^2-r^2)R}{IA+4Rr}$.

又 $IA=\dfrac{r}{\sin\dfrac{A}{2}}=4R\cdot\sin\dfrac{B}{2}\cdot\sin\dfrac{C}{2}$,所以

$$u=\dfrac{(4R)^2\cdot\sin^2\dfrac{B}{2}\cdot\sin^2\dfrac{C}{2}\cdot\cos^2\dfrac{A}{2}}{(4R)^2\cdot\sin\dfrac{B}{2}\cdot\sin\dfrac{C}{2}\left(\sin\dfrac{A}{2}+\sin\dfrac{B}{2}\cdot\sin\dfrac{C}{2}\right)}\cdot R$$

$$=\dfrac{\sin\dfrac{B}{2}\cdot\sin\dfrac{C}{2}\cdot\cos^2\dfrac{A}{2}}{\sin\dfrac{A}{2}+\sin\dfrac{B}{2}\cdot\sin\dfrac{C}{2}}\cdot R$$

同理,由 $AQ_A=v, Q_AO=R-v, IQ_A=v-r$,有

$$(u-r)^2=\dfrac{v\cdot OI^2+(R-v)\cdot IA^2}{R}-v(R-v)$$

则

$$v=\dfrac{(IA^2-r^2)R}{IA^2}=\cos^2\dfrac{A}{2}\cdot R$$

故

$$P_AQ_A=v-u=\dfrac{\sin\dfrac{A}{2}\cdot\cos^2\dfrac{A}{2}}{\cos\dfrac{B}{2}\cdot\cos\dfrac{C}{2}}\cdot R$$

性质 4 设点 O, I, I_A, I_B, I_C 分别为 $\triangle ABC$ 的外心、内心及 $\angle A, \angle B, \angle C$ 内的旁心,$\triangle ABC$ 的外接圆、内切圆及 $\angle A, \angle B, \angle C$ 所对的旁切圆的半径分别为 R, r, r_A, r_B, r_C,点 O 到 I, I_A, I_B, I_C 的距离分别为 d, d_A, d_B, d_C,则

$$R^2=d^2+2Rr=d_A^2-2Rr_A=d_B^2-2Rr_B$$
$$=d_C^2-2Rr_C$$
$$=\dfrac{1}{12}(d^2+d_A^2+d_B^2+d_C^2)$$

证明 如图 24.4,联结 II_A 交 $\triangle ABC$ 的外接圆于点 M,过点 M 作外接圆的直径 MN,IO 与外接圆交于 P, Q 两点,作 $IE\perp AC$ 于点 E,则由 Rt$\triangle AEI\sim$ Rt$\triangle NCM$,有 $\dfrac{AI}{IE}=\dfrac{NM}{MC}$.

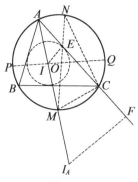

图 24.4

由上述性质 2,知 $MI = MC$,则
$$NM \cdot IE = AI \cdot IM = PI \cdot IQ = (PO - IO)(PO + IO)$$
即
$$2R \cdot r = R^2 - IO^2$$
故
$$R^2 = d^2 + 2Rr$$

又由 r_A 向 AC 引垂线 I_AF,垂足为 F,则 Rt$\triangle AI_AF \backsim$ Rt$\triangle NMC$.

同理可得,$2Rr_A = d_A^2 - R^2$,即 $R^2 = d_A^2 - 2Rr_A$.

同理 $R^2 = d_B^2 - 2Rr_B, R^2 = d_C^2 - 2Rr_C$.

上述四式相加,得
$$4R^2 = d^2 + d_A^2 + d_B^2 + d_C^2 - 2R(r_A + r_B + r_C - r)$$

注意到公式 $r_A + r_B + r_C - r = 4R$,故
$$R^2 = \frac{1}{12}(d^2 + d_A^2 + d_B^2 + d_C^2)$$

性质 5 设点 O, I, I_A, I_B, I_C 分别为 $\triangle ABC$ 的外心、内心及 $\angle A, \angle B, \angle C$ 内的旁心,$\triangle ABC$ 的外接圆、内切圆及 $\angle A, \angle B, \angle C$ 所对的旁切圆的半径分别为 R, r, r_A, r_B, r_C,从外心 O 向三边引垂线段 OM_i,其长分别为 P_A, P_B, P_C,延长 OM_i 交外接圆于 A_i,线段 $M_iA_i (i = 1,2,3)$ 的长度分别为 q_A, q_B, q_C,则:(1) $r_A + r_B + r_C = 4R + r$;(2) $P_A + P_B + P_C = R + r$;(3) $q_A + q_B + q_C = 2R - r$.

证明 如图 24.5,设圆 I 切 BC 于点 D,圆 I_A 与 BC 的切点为 T_1,OA_1 与 IT_1 的交点为点 K,作外接圆直径 A_1N,作 I_CD_1 垂直 DB 的延长线于点 D_1,作 I_BD_2 垂直 DC 的延长线于点 D_2,则点 M_1 为 D_1D_2 的中点,且由内切圆的与旁切圆的性质知,点 M_1 为 DT_1 的中点,则 KM_1 为 $\triangle T_1ID$ 的中位线,NM_1 为梯形 $I_CD_1D_2I_B$

的中位线.

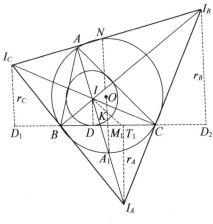

图 24.5

（1）于是
$$r_A = I_A T_1 = 2A_1 K = 2(KM_1 + M_1 A_1)$$
$$= 2KM_1 + 2(A_1 N - M_1 N)$$
$$= ID + 4R - (I_C D_1 + I_B D_2)$$
$$= r + 4R - r_C - r_B$$

故
$$r_A + r_B + r_C = 4R + r$$

（2）$P_A = OM_1 = OA_1 - M_1 A_1 = R - (KA_1 - KM_1) = R - \frac{1}{2}(r_A - r)$

同理
$$P_B = R - \frac{1}{2}r_B + \frac{1}{2}r, P_C = R - \frac{1}{2}r_C + r$$

故
$$P_A + P_B + P_C = 3R + \frac{3}{2}r - \frac{1}{2}(r_A + r_B + r_C) = R + r$$

（3）$\quad q_A + q_B + q_C = 3R - (P_A + P_B + P_C) = 2R - r$

性质 6 设 $\triangle ABC$ 的三边分别为 a, b, c，它的内切圆半径为 r，外接圆半径为 R，则 $\dfrac{1}{2Rr} = \dfrac{1}{ab} + \dfrac{1}{bc} + \dfrac{1}{ca}$.

证明 设 $\triangle ABC$ 的内心为点 I，则
$$S_{\triangle ABC} = \frac{1}{2}r(AB + BC + CA) = \frac{r}{2}(a + b + c)$$

而 $S_{\triangle ABC} = \dfrac{abc}{4R}$. 由此即可得

$$\frac{1}{2Rr} = \frac{a+b+c}{abc} = \frac{1}{ab} + \frac{1}{bc} + \frac{1}{ca}$$

性质7 设 $\triangle ABC$ 的内心为 I,联结 AI 交 $\triangle ABC$ 的外接圆于另一点 M,则 $AI \cdot IM = 2Rr$(其中 R,r 分别为 $\triangle ABC$ 的外接圆、内切圆半径).

证明 如图 24.6,过点 M 作 $\triangle ABC$ 外接圆的直径 MN. 设 $\triangle ABC$ 的外心为 O,则点 O 在 MN 上. 又设圆 I 切边 AC 于点 E,则

$$\angle NBM = 90° = \angle AEI, \angle BNM = \angle EAI$$

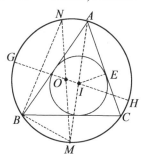

图 24.6

从而 $\text{Rt}\triangle NBM \backsim \text{Rt}\triangle AEI$,有 $\dfrac{BM}{EI} = \dfrac{NM}{AI}$. 注意到 $BM = IM, MN = 2R, EI = r$,故

$$AI \cdot IM = AI \cdot BM = NM \cdot EI = 2R \cdot r$$

推论1 设点 O, I 分别为 $\triangle ABC$ 的外心、内心 R, r 分别为 $\triangle ABC$ 的外接圆、内切圆半径,则 $OI^2 = R^2 - 2Rr$.(欧拉定理)

证明 如图 24.6,由性质7,知 $AI \cdot IM = 2Rr$.

设过点 O, I 的直线与圆 O 交于点 G, H,则

$$AI \cdot IM = GI \cdot IH = (R + OI)(R - OI) = R^2 - OI^2$$

故 $R^2 - OI^2 = 2Rr$,即 $OI^2 = R^2 - 2Rr$.

性质8 (曼海姆定理)一圆切 $\triangle ABC$ 的两边 AB, AC 及外接圆于点 P, Q, T,则 PQ 的中点为 $\triangle ABC$ 的内心 I.

证明 如图 24.7,设已知圆的圆心和 $\triangle ABC$ 的外心分别为 O_1, O,则 A, I, O_1 三点共线,延长 AI 交圆 O 于点 M. 注意 O, O_1, T 三点共线,延长 TO 交圆 O 于点 L,则

$$O_1L \cdot O_1T = O_1A \cdot O_1M \qquad ①$$

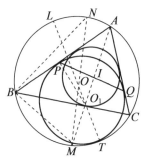

图 24.7

由 $O_1P \perp AB, O_1A \perp PQ$,有
$$O_1P^2 = O_1I \cdot O_1A \qquad ②$$

注意 $O_1P = O_1T$,由①+②有
$$O_1P \cdot TL = O_1A \cdot MI \qquad ③$$

作圆 O 的直径 MN,由 $\mathrm{Rt}\triangle BMN \sim \mathrm{Rt}\triangle PO_1A$,有
$$O_1P \cdot MN = O_1A \cdot BM \qquad ④$$

由式③④,并注意 $TL = MN$,知 $BM = MI$.

又点 M 为 $\overset{\frown}{BC}$ 的中点,所以点 I 为 $\triangle ABC$ 的内心.

注:将已知圆改为与边 AB, AC 的延长线相切,则 PQ 的中点为 $\triangle ABC$ 的一个旁心.

事实上,可设已知圆的圆心和 $\triangle ABC$ 的外心分别为 O_1, O,$\triangle ABC$ 在 $\angle BAC$ 内的旁心为 I_A,设 PQ 的中点为 J,则 A, J, O_1 三点共线.

如图 24.8,设 AJ 交圆 O 于点 M,注意 O, T, O_1 三点共线,延长 TO 交圆 O 于点 L,如图 24.8 所示,则
$$O_1L \cdot O_1T = O_1A \cdot O_1M \qquad ⑤$$

由 $O_1P \perp AB, O_1A \perp PQ$,有
$$O_1P^2 = O_1J \cdot O_1A \qquad ⑥$$

注意 $O_1P = O_1T$. 由⑤-⑥有
$$O_1P \cdot TL = O_1A \cdot MJ \qquad ⑦$$

作圆 O 的直径 MN,由 $\mathrm{Rt}\triangle BMN \sim \mathrm{Rt}\triangle PO_1A$,有
$$O_1P(O_1L - O_1T) = O_1A(O_1M - O_1J)$$

则
$$O_1P \cdot MN = O_1A \cdot BM \qquad ⑧$$

注意 $TL = MN$,由式⑦⑧有 $MJ = BM$.

注意到点 M 为 $\overset{\frown}{BC}$ 的中点,从而知点 J 为 $\angle BAC$ 内的旁心 I_A.

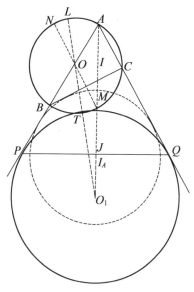

图 24.8

性质 9 设圆 O_1 切 $\triangle ABC$ 的两边 AB,AC 及外接圆圆 O 于点 P,Q,T,$\triangle ABC$ 的内心为 I,则:(1) $\angle O_1TI = \angle O_1AT$;(2) $\angle ITP = \angle ATQ$.

证明 如图 24.9,当 $AB = AC$ 时,结论显然成立.

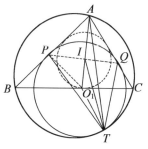

图 24.9

不妨设 $AB > AC$. 由曼海姆定理知点 I 为 PQ 的中点,则 A,I,O_1 三点共线,且 $AO_1 \perp PQ$.

(1)联结 O_1P,则 $O_1I \cdot O_1A = O_1P^2 = O_1T^2$,注意 $\angle IO_1T$ 公用,所以 $\triangle O_1IT \backsim \triangle O_1TA$,故 $\angle ITO_1 = \angle O_1AT$.

(2)注意到 AT 为 $\triangle PTQ$ 的共轭中线,则 $\angle ITP = \angle ATQ$.

性质 10 设圆 O_1 切 $\triangle ABC$ 的两边 AB,AC 及外接圆圆 O 于点 P,Q,T,

△ABC 的内心为 I,延长 TI 交△ABC 的外接圆于点 N,则:(1)B,T,I,P 及 T,C, Q,I 分别四点共圆;(2)AN 为∠BAC 的外角平分线(或点 N 为$\overset{\frown}{BAC}$的中点).

证明 如图 24.10.

(1)延长 TQ 交△ABC 的外接圆于点 K,则由相切两圆的性质,知点 K 为$\overset{\frown}{AC}$的中点,从而 B,I,K 三点共线.由曼海姆定理,知点 I 为 PQ 的中点.

令 AT 交圆 O_1 于点 L,则由△AQL∽△ATQ 及△APL∽△ATP 推知四边形 PTQL 为调和四边形,从而,TA,TI 为∠PTQ 的等角线,于是

$$\angle PTI = \angle ATQ = \angle ABK = \angle PBI$$

故 B,T,I,P 四点共圆.

同理,T,C,Q,I 四点共圆.

(2)如图 24.10,联结 BT.由 B,T,I,P 四点共圆,有∠NAB = ∠BTN = ∠BTI = ∠API.

从而 AN∥IP.注意到 AI⊥PQ,从而 AN⊥AI.

故 AN 为∠BAC 的外角平分线.

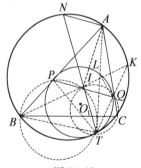

图 24.10

推论 2 设圆 O_1 切△ABC 的两边 AB,AC 及外接圆圆 O 于点 P,Q,T.线段 PQ 的中点为 I,N 为$\overset{\frown}{BAC}$的中点,则 N,I,T 三点共线.

性质 11 设圆 O,圆 I 分别为△ABC 的外接圆和内切圆,∠A 的外角平分线交圆 O 于点 P,直线 PI 交圆 O 于点 T.圆 I 切 BC 于点 D,则∠ATP = ∠DTP.

证法 1 如图 24.11,设圆 O,圆 I 的半径分别为 R,r,延长 AI 交圆 O 于点 Q,则点 Q 为$\overset{\frown}{BC}$的中点,从而 PQ 为圆 O 的直径,且 PQ⊥BC.联结 ID,则 PQ∥ID.从而∠QPI = ∠DIT.

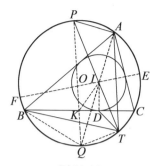

图 24.11

注意到欧拉公式 $2Rr = R^2 - OI^2 = FI \cdot IE = PI \cdot IT$,从而 $\triangle IPQ \backsim \triangle DIT$,于是,$\angle DTP = \angle DTI = \angle IQP = \angle ATP$.

证法 2 如图 24.11,由内心性质,有
$$QI^2 = QB^2 = QK \cdot QP$$
从而
$$\triangle KIQ \backsim \triangle IPQ \Rightarrow \angle KIQ = \angle IPQ = \angle DIT \Rightarrow \angle KID = \angle QIT$$

注意到 $\angle IDK = 90° = \angle ITQ$,即知 $\triangle IDK \backsim \triangle ITQ \Rightarrow \dfrac{ID}{IT} = \dfrac{IK}{IQ}$.

注意到 $\angle KIQ = \angle DIT$,则 $\triangle DIT \backsim \triangle KIQ \backsim \triangle IPQ$,故
$$\angle DTP = \angle DTI = \angle IQP = \angle ATP$$

推论 3 在性质 1 的条件下,有 $\angle BTD = \angle ATC$.

事实上,由 AP 为 $\angle BAC$ 的外角平分线,知点 P 为 $\overparen{BAC}$ 的中点,即 TP 平分 $\angle BTC$,而 $\angle ATP = \angle DTP$,故 $\angle BTD = \angle ATC$.

注:将圆 I 改为 $\angle BAC$ 内的旁切圆圆 I_A,也有 $\angle ATP = \angle DTP$.

推论 4 (叶中豪问题)如图 24.12,在 $\triangle ABC$ 中,$\angle ACB$ 内有一个圆,其与边 CA,CB 分别切于点 E,F,又与 $\triangle ABC$ 的外接圆内切于点 T,EF 的中点 I 在 AB 上的射影为 X,直线 AB 与 EF 交于点 Y. 证明:$\angle CTX = 2\angle Y$.

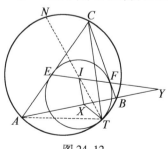

图 24.12

证明 如图 24.12,由 $\angle CFE = \angle CBA - \angle Y$ 及 $\angle CEF = \angle CAB + \angle Y$,有
$$2\angle Y = \angle CBA - \angle CAB$$
从而
$$\angle CTX = 2\angle Y \Leftrightarrow \angle ATX = \angle BTC$$

延长 TI 交 $\triangle ABC$ 的外接圆于点 N,则由性质 10 知点 N 为 $\overset{\frown}{ACB}$ 的中点, CN 为 $\angle ACB$ 的外角平分线.

于是,由性质 11,知 $\angle ATX = \angle BTC$ 成立.

推论 5 (潘成华问题)如图 24.13,在 $\triangle ABC$ 中,$\angle ACB$ 内有一个圆,其与 CA,CB 的延长线分别切于点 E,F,又与 $\triangle ABC$ 的外接圆外切于点 S,EF 的中点 J 在 AB 上的射影为 X,直线 AB 与 EF 交于点 Y. 证明:$\angle CSX = 2\angle Y$.

证明 如图 24.13,由 $\angle CEF = \angle CSB + \angle Y$ 及 $\angle CFE = \angle ASC - \angle Y$,有
$$2\angle Y = \angle ASC - \angle CSB$$
从而
$$\angle CSX = 2\angle Y \Leftrightarrow \angle ASX = \angle BSC$$

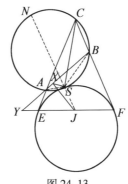

图 24.13

延长 JS 交 $\triangle ABC$ 的外接圆于点 N,则由性质 10,知点 N 为 $\overset{\frown}{ACB}$ 的中点, CN 为 $\angle ACB$ 的外角平分线.

于是,由性质 11,可知 $\angle ASX = \angle BSC$.

性质 12 在非钝角 $\triangle ABC$ 中,外心 O 到三边的距离分别为 d_1,d_2,d_3,R,r 分别为 $\triangle ABC$ 的外接圆和内切圆半径. 则:

(1) $d_1 + d_2 + d_3 = R + r$;

(2) $(R - d_1)(R - d_2)(R - d_3) = \dfrac{1}{2}Rr^2$.

证明 对于(1),已在性质 5(2)中给出了一种证法,下面另证如下:

(1) $$d_1 + d_2 + d_3 = R(\cos A + \cos B + \cos C)$$

$$= R\left(1 + 4\sin\frac{A}{2}\sin\frac{B}{2}\sin\frac{C}{2}\right)$$

$$= R\left(1 + \frac{r}{R}\right) = R + r$$

(2) $(R - d_1)(R - d_2)(R - d_3) = R^3(1 - \cos A)(1 - \cos B)(1 - \cos C)$

$$= (2R)^3 \sin^2\frac{A}{2}\sin^2\frac{B}{2}\sin^2\frac{C}{2}$$

$$= 8R^3 \cdot \left(\frac{r}{4R}\right)^2 = \frac{1}{2}Rr^2$$

性质 13 三角形的外心、内心及内切圆切点三角形的重心,此三点共线.

证法 1 如图 24.14,设点 O,I 分别为 $\triangle ABC$ 的外心、内心. 圆 I 分别切边 BC,CA,AB 于点 D,E,F,G' 为 $\triangle DEF$ 的重心.

联结 AI 并延长交圆 O 于点 M,交 EF 为点 K,则点 M 为 $\overset{\frown}{BC}$ 的中点,且在 BC 的中垂线上,AK 垂直平分 EF.

联结 OM, MC, ID, IE,则由 $OM \perp BC, ID \perp BC$,知 $ID \parallel OM$,且由性质 2 知 $IM = MC$.

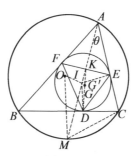

图 24.14

令 $\angle MAC = \theta$,则 $\angle KEI = \theta$. 设圆 O 的半径为 R,直线 OI 与 KD 交于点 G,则

$$\frac{DG}{GK} = \frac{S_{\triangle DIG}}{S_{\triangle KIG}} = \frac{ID \cdot \sin \angle DIG}{IK \cdot \sin \angle KIG} = \frac{ID \cdot \sin \angle IOM}{IK \cdot \sin \angle OIM} = \frac{ID}{IK} \cdot \frac{IM}{OM}$$

$$= \frac{IE}{IK} \cdot \frac{IM}{R} = \frac{AI}{IE} \cdot \frac{IM}{R} = \frac{IM}{\sin\theta \cdot R} = \frac{2IM}{MC} = 2$$

从而知点 G 为 $\triangle DEF$ 的重心,即点 G 与 G' 重合,故 O, I, G' 三点共线.

证法 2[①] 如图 24.15,因为点 I 是 $\triangle DEF$ 的外心,所以直线 IG 就是 $\triangle DEF$

---

① 杨先义. 数学问题 1871[J]. 数学通报,2010(10):64.

的欧拉线.于是,命题等价于 $\triangle DFE$ 的欧拉线过外心 O. 下面证明 H, I, O 三点共线,其中点 H 是 $\triangle DEF$ 的垂心. 易证

$$IO^2 = R^2 - 2Rr, AI = 4R\sin\frac{B}{2}\sin\frac{C}{2}, r = 4R\sin\frac{A}{2}\sin\frac{B}{2}\sin\frac{C}{2}$$

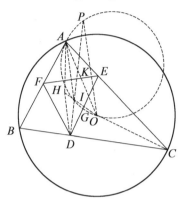

图 24.15

设 $\triangle ABC$ 的内切圆与三边分别切于点 D, E, F, 则内切圆半径 r 是 $\triangle DEF$ 的外接圆半径. 由 $AF = AE, BD = BF$ 知

$$\angle AFE = 90° - \frac{\angle A}{2}, \angle BFD = 90° - \frac{\angle B}{2}$$

所以

$$\angle DFE = \frac{\angle A + \angle B}{2} = 90° - \frac{\angle C}{2}$$

同理

$$\angle FED = 90° - \frac{\angle B}{2}, \angle EDF = 90° - \frac{\angle A}{2}$$

由垂心的性质,有

$$HD = 2r\cos\angle EDF = 2r\sin\frac{A}{2}$$

延长 DI 到点 P, 使 $IP = R$, 联结 AP, 设 IP 交 AO 于点 K, 则

$$\angle OAI = \angle CAI - \angle CAO = \frac{\angle A}{2} - \left(90° - \frac{1}{2}\angle AOC\right)$$

$$= \frac{\angle A}{2} + \angle B - 90° = \angle B - \frac{\angle B + \angle C}{2} = \frac{\angle B - \angle C}{2}$$

$$\angle IDH = 90° - \angle BDF - \angle FDH = \frac{\angle B}{2} - (90° - \angle DFE) = \frac{\angle B}{2} - \frac{\angle C}{2}$$

又因为 $DH \perp EF, AI \perp EF$，所以，$DH \parallel AI$，故
$$\angle AIK = \angle IDH = \angle OAI$$
又 $IP = OA = R$，所以四边形 $AIOP$ 是等腰梯形，$\angle OPI = \angle OAI = \angle IDH$，且四边形 $AIOP$ 是圆内接四边形，由托勒密定理，得
$$OP \cdot AI + AP \cdot IO = AO \cdot IP$$
即
$$OP \cdot 4R\sin\frac{B}{2}\sin\frac{C}{2} + R^2 - 2Rr = R^2$$
从而
$$OP = \frac{r}{2\sin\frac{B}{2}\sin\frac{C}{2}}$$
所以
$$\frac{HD}{OP} = 4\sin\frac{A}{2}\sin\frac{B}{2}\sin\frac{C}{2} = \frac{r}{R}$$
又 $\frac{DI}{IP} = \frac{r}{R}$，所以 $\triangle IDH \backsim \triangle IPO$，故 $\angle DIH = \angle PIO$，所以 $\angle DIH = \angle POI$，因此，H, I, O 三点共线．

从而结论成立．

注：将内心 I 改为某旁心 I_X，$\triangle DEF$ 为这个旁切圆的切点三角形，点 G 为 $\triangle DEF$ 的重心，则 O, I_X, G 三点共线．

事实上，如图 24.16 所示，联结 AI_A 交圆 O 于点 M，交 EF 于点 H，联结 I_AE, MC，则 $I_AM = MC$．

设直线 OI_A 交 DH 于点 G'，$\angle MAC = \theta$，则 $\angle HEI_A = \theta$，且
$$\frac{DG'}{G'H} = \frac{S_{\triangle DI_AG'}}{S_{\triangle HI_AG'}} = \frac{I_AD \cdot \sin \angle DI_AG'}{I_AH \cdot \sin \angle HI_AG'}$$
$$= \frac{I_AD \cdot \sin \angle I_AOM}{I_AH \cdot \sin \angle OI_AM} = \frac{I_AD}{I_AH} \cdot \frac{I_AM}{DM}$$
$$= \frac{I_AE}{I_AH} \cdot \frac{I_AM}{R} = \frac{I_AM}{\sin\theta \cdot R} = \frac{2I_AM}{MC} = 2$$

从而点 G' 为点 G，即证．

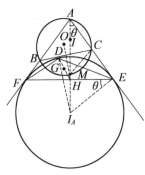

图 24.16

由上述性质中的证法 2 还可得如下结论:

推论 6 设三角形的外心、内心及内切圆切点三角形的重心分别为 O, I, G，则 $GI = \dfrac{r}{3R} IO$（其中 r, R 分别为三角形的内切圆、外接圆半径）. 事实上, 由欧拉定理知 $HI = 3GI$. 从而 $\dfrac{3GI}{IO} = \dfrac{r}{R}$.

性质 14 在 $\triangle ABC$ 中, 已知 $AB \neq AC$, $\triangle ABC$ 的内切圆圆 I 与边 BC 切于点 D, $\angle A$ 的角平分线与 $\triangle ABC$ 的外接圆圆 O 交于点 M, 直线 MD 与圆 O 交于点 P（异于点 M），则 $\angle API = 90°$.

证明 如图 24.17, 设 AE 是圆 O 的直径. 由点 M 为 $\overparen{BC}$ 的中点, 知
$$\angle MPC = \angle DCM = \dfrac{1}{2} \angle A$$
所以 $\triangle PMC \backsim \triangle CMD$, 于是
$$MI^2 = MC^2 = MD \cdot MP$$

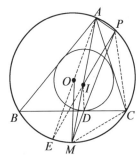

图 24.17

又 $\triangle MID \backsim \triangle MPI$. 从而, $\angle MID = \angle IPM$.

由 $OM \parallel ID$, 得

$$\angle OAM = \angle OMA = \angle MID$$

因此

$$\angle EPM = \angle EAM = \angle OAM = \angle MID = \angle IPM$$

于是,E,I,P 三点共线.

因为 AE 是直径,所以 $\angle API = 90°$.

性质 15 已知 $\triangle ABC$ 的外接圆圆 O,圆 O_1,圆 O_2 分别与射线 AB,AC 及圆 O 相切,其中,圆 O_1 在圆 O 的内部,圆 O_2 在圆 O 的外部.设圆 O_1,圆 O 的公切线与圆 O_2,圆 O 的公切线交于点 X,圆 O 上不含点 A 的 $\overset{\frown}{BC}$ 的中点为 M,点 A 关于圆 O 的对称点为 A',则 X,M,A' 三点共线.

证明 只需证明:MA' 为圆 O_1,圆 O_2 的根轴.

如图 24.18,设点 I 为 $\triangle ABC$ 的内心,点 I_A 为 $\angle A$ 所对的旁心,MA' 分别与 AB,AC 交于点 M_1,M_2,圆 O_1 分别与 AB,AC 切于点 N_1,N_2,圆 O_2 分别与 AB,AC 切于点 W_1,W_2.

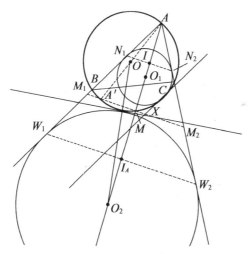

图 24.18

由曼海姆定理,知 N_1,I,N_2 及 W_1,I_A,W_2 分别三点共线,且 $W_1W_2 \perp AI_A$,$N_1N_2 \perp AI$.

再由熟知的定理得 $IM = I_AM$. 故

$$N_1M_1 = W_1M_1 = N_2M_2 = W_2M_2$$

因此,MA' 为圆 O_1,圆 O_2 的根轴.

注:此性质为 2015 年台湾数学奥林匹克竞赛题.

性质 16 设 $\triangle ABC$ 的外接圆为圆 O,内切圆圆 I 分别切边 BC,CA,AB 于点

D,E,F. 作圆 w_a,w_b,w_c,且满足 w_a 切圆 I,圆 O 于点 D,K,w_b 切圆 I,圆 O 于点 E,M,w_c 切圆 I,圆 O 于点 F,N,则:(1)直线 DK,EM,FN 共点于 P;(2)△DEF 的垂心在直线 OP 上.

证明 (1)如图 24.19,设点 Q 为圆 O 和圆 I 的内位似中心,显然点 Q 在 OI 上.

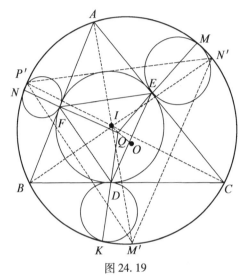

图 24.19

由位似变换的性质知,圆 O 和圆 I 的内位似中心,圆 w_a 和圆 I 的外位似中心,圆 O 和圆 w_a 的内位似中心三点共线.

但圆 O 和圆 I 的内位似中心为 Q,圆 w_a 和圆 I 的外位似中心为 D(因两圆切于点 D),圆 O 和圆 w_a 的内位似中心为 K(因两圆切于点 K),于是,知 Q,D,K 三点共线,即点 Q 位于直线 DK 上.

同理,点 Q 位于直线 EM 和 FN 上.

因此,直线 DK,EM,FN 共点于 Q,从而点 Q 即为点 P.

(2)只要证明△DEF 的垂心在 OQ 上.

因为点 Q 在 OI 上,所以直线 OQ 就是直线 OI.

于是,只需证明△DEF 的垂心在直线 OI 上,也就是证明△DEF 的垂心,△ABC 的内心 I,外心 O 三点共线.

下面用位似变换证明.

如图 23.19,设 $\angle A,\angle B,\angle C$ 的平分线分别交圆 O 于点 M',N',P'. 容易证明 $P'M' \parallel DF, M'N' \parallel DE, P'N' \parallel EF$.

于是,△DEF 和△$M'N'P'$ 位似.

设两个三角形的位似中心为 T.

因为 $\triangle M'N'P'$ 的外心为 O, $\triangle DEF$ 的垂心为 H', 则 O, H', T 三点共线.

又因为 $\triangle M'N'P'$ 的垂心为 I, $\triangle DEF$ 的垂心为 H', 则 I, H', T 三点共线, 所以 I, T, O, H' 四点共线, 即点 H' 在 OI 上.

性质 17 已知 $\triangle ABC(AB>AC)$ 内接于圆 O, 它的内切圆圆 I 与边 BC 切于点 D, DK 为圆 I 的直径, AK 的延长线交 BC 于点 E, 交圆 O 于点 E_1, AD 的延长线交圆 O 于点 D_1, 则①

$$AB^2+AC^2=AE\cdot AE_1+AD\cdot AD_1$$

证明 如图 24.20, 过点 K 作圆 O 的切线交 AB 于点 P, 交 AC 于点 Q.

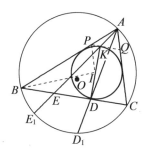

图 24.20

因为 DK 为直径, 圆 I 与边 BC 相切于点 D, 所以 $PQ\parallel BC$, 联结 IP, IB.

因为 PB 为圆 I 的切线, 所以 BI 平分 $\angle B$, PI 平分 $\angle BPQ$.

而 $\angle B+\angle BPQ=180°$, 所以 $\angle PIB=90°$, $\angle PIK+\angle BID=90°$.

又 $\angle IBD+\angle BID=90°$, 所以 $\angle PIK=\angle IBD$, 于是 $\text{Rt}\triangle IKP\backsim \text{Rt}\triangle BDI$, 所以

$$\frac{ID}{PK}=\frac{BD}{IK}$$

同理可得

$$\frac{ID}{KQ}=\frac{DC}{IK}$$

两式相除,得

$$\frac{PK}{KQ}=\frac{DC}{BD} \qquad ⑨$$

又由 $PQ\parallel BC$,得

---

① 白玉娟,郭璋. 数学问题 1840[J]. 数学通报,2010(3):封三.

$$\frac{PK}{BE}=\frac{AK}{AE}=\frac{KQ}{EC}$$

所以
$$\frac{PK}{KQ}=\frac{BE}{EC} \qquad \text{⑩}$$

由式⑨⑩得 $\dfrac{DC}{BD}=\dfrac{BE}{EC}$.

由合比定理,得 $\dfrac{DC}{BC}=\dfrac{BE}{BC}$,所以 $BE=DC,BD=CE$.

又圆 O 的弦 BC 与 AE_1 交于点 E,由相交弦定理,得
$$BE \cdot EC = AE \cdot EE_1 = AE \cdot (AE_1 - AE) = AE \cdot AE_1 - AE^2$$

所以
$$AE^2 = AE \cdot AE_1 - BE \cdot EC \qquad \text{⑪}$$

同理,可证
$$AD^2 = AD \cdot AD_1 - BD \cdot DC \qquad \text{⑫}$$

因为 $BE \cdot EC = BD \cdot DC$,所以由⑪+⑫得
$$AE^2 + AD^2 + 2BE \cdot EC = AE \cdot AE_1 + AD \cdot AD_1 \qquad \text{⑬}$$

在△ABC 中,点 E 在边 BC 上,由斯特瓦尔特定理,得
$$AB^2 \cdot CE + AC^2 \cdot BE - AE^2 \cdot BC = BC \cdot BE \cdot EC \qquad \text{⑭}$$

同理可证
$$AB^2 \cdot CD + AC^2 \cdot BD - AD^2 \cdot BC = BC \cdot BD \cdot DC \qquad \text{⑮}$$

由⑭+⑮,有
$$AB^2 \cdot (CD + CE) + AC^2 \cdot (BD + BE) - BC \cdot (AE^2 + AD^2)$$
$$= BC \cdot (BE \cdot EC + BD \cdot DC)$$

又 $BE = DC, BD = CE$,所以
$$AB^2 \cdot BC + AC^2 \cdot BC - BC \cdot (AE^2 + AD^2) = BC \cdot (2BE \cdot EC)$$

所以
$$AB^2 + AC^2 = AE^2 + AD^2 + 2BE \cdot EC \qquad \text{⑯}$$

由⑬和⑯得
$$AB^2 + AC^2 = AE \cdot AE_1 + AD \cdot AD_1$$

性质 18[①]　过不等边三角形的外心和内心的直线是具有以下性质的点的

---

① 单建.三角形内外心连线的一个性质[J].数学通报,2007(11):56.

轨迹:该点在三角形三边或其延长线上的射影将三边分为六段,其中相互间隔的三条有向线段的长度的代数和等于另外三条有向线段的长度的代数和.

如图 24.21,点 O,I 分别为 $\triangle ABC$ 的外心和内心,点 P 为 $\triangle ABC$ 所在平面内的一点,从点 P 作 $PD \perp BC, PE \perp CA, PF \perp AB$,垂足分别为 D,E,F,若
$$AF + BD + CE = FB + DC + EA \qquad ⑰$$
则点 P 的轨迹为直线 OI.

证法 1 首先证明:直线 OI 上的任意一点 P 都满足式⑰. 为方便起见,设 $OP:OI = k$, OP 和 OI 的方向以 $O \to I$ 为正. 设点 O 在 BC 上的射影为 D_1, D, D_2,点 P 在 AC 上的射影为 E_1, E, E_2,点 I 在 AB 上的射影为 F_1, F, F_2,如图 24.21 所示,则由外心和内心的性质可知
$$AF_1 + BD_1 + CE_1 = F_1B + D_1C + E_1A \qquad ⑱$$
$$AF_2 + BD_2 + CE_2 = F_2B + D_2C + E_2A \qquad ⑲$$

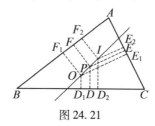

图 24.21

从而
$$\begin{aligned}&2(F_1F_2 + D_1D_2 + E_1E_2)\\&= (AF_2 - AF_1) + (F_1B - F_2B) + (BD_2 - BD_1) +\\&\quad (D_1C - D_2C) + (CE_2 - CE_1) + (E_1A - E_2A)\\&= 0\end{aligned} \qquad ⑳$$

此外,由于 $OD_1 // PD // ID_2, OE_1 // PE // IE_2, OF_1 // PF // IF_2$,有以下比例关系
$$\begin{aligned}D_1D : D_1D_2 &= E_1E : E_1E_2 = F_1F : F_1F_2 \\&= OP : OI = k\end{aligned} \qquad ㉑$$

由式⑱⑲⑳可得
$$\begin{aligned}&(AF + BD + CE) - (FB + DC + EA)\\&= (AF_1 + F_1F + BD_1 + D_1D + CE_1 + E_1E) -\\&\quad (F_1B - F_1F + D_1C - D_1D + E_1A - E_1E)\\&= (AF_1 + BD_1 + CE_1) - (F_1B + D_1C + E_1A) +\\&\quad 2(F_1F + D_1D + E_1E)\end{aligned}$$

$$= 2k(F_1F_2 + D_1D_2 + E_1E_2)$$
$$= 0$$

因此式⑰成立.

在图 24.21 中,外心 O 在 $\triangle ABC$ 的内部,点 P 为线段 OI 内部的点,这并非必要. 对于其他情况,例如,外心在三角形的外部以及点 P 在 OI 或 IO 的延长线上的情况,包括点 P 在三角形外部的情况,只要统一执行上述关于线段长度的符号规定,证明过程都是相同的.

其次证明:若点 P 不是直线 OI 上的点,则式⑰一定不成立.(证明略)

由此可知,直线 OI 就是点 P 的轨迹. 证毕.

证法 2[①] 以外心 O 为坐标原点,设点 A,B,C,P 的坐标分别为 (x_A,y_A),(x_B,y_B),(x_C,y_C),(x,y). 又设 $\overrightarrow{BC},\overrightarrow{CA},\overrightarrow{AB}$ 上的单位向量分别为
$$(\cos\alpha,\sin\alpha),(\cos\beta,\sin\beta),(\cos\gamma,\sin\gamma)$$

所以
$$BD = \overrightarrow{BP} \cdot (\cos\alpha,\sin\alpha)$$
$$= (x - x_B)\cos\alpha + (y - y_B)\sin\alpha \quad ㉒$$

为 x 与 y 的线性式(一次式). 同理 CE,AF 以及 $DC = a - BD$(其中 $a = BC$),EA,FB 也都是如此,因此式⑰是 x 与 y 的一次方程,即

$$(2\sum\cos\alpha)x + (2\sum\sin\alpha)y - 2\sum x_B\cos\alpha - 2\sum y_B\sin\alpha = a+b+c \quad ㉓$$

其中 x,y 的系数分别为

$$2\sum\cos\alpha, 2\sum\sin\alpha \quad ㉔$$

⑰,㉔中两式同时为 0,即 $\overrightarrow{BC},\overrightarrow{CA},\overrightarrow{AB}$ 上的单位向量构成三角形(向量 $(\sum\cos\alpha,\sum\sin\alpha)$ 为零向量),这时 $\triangle ABC$ 是正三角形.

因此,在 $\triangle ABC$ 不是正三角形时,方程㉓是真正的一次方程,表示一条直线,而外心 O 显然满足式⑰(因为点 D,E,F 分别是 BC,CA,AB 的中点),即点 O 在这条直线上. 内心 I 也满足式⑰(因为 $BD=FB,DC=CE,EA=AF$),即点 I 也在这条直线上,所以这条直线就是直线 OI. 注意,我们选择点 O 为原点,而点 O 的坐标适合方程㉓,所以将 $(0,0)$ 代入方程㉓得

$$-2\sum x_B\cos\alpha - 2\sum y_B\sin\alpha = a+b+c \quad ㉕$$

---

① 单墫. 过三角形外心与内心的直线[J]. 中学数学研究,2007(2):29.

因此 OI 的方程㉓为

$$x\sum\cos\alpha + y\sum\sin\alpha = 0 \qquad ㉖$$

在 $\triangle ABC$ 是正三角形时,由于 $\overrightarrow{BC} + \overrightarrow{CA} + \overrightarrow{AB} = \mathbf{0}$,故

$$\sum\cos\alpha = 0,\sum\sin\alpha = 0 \qquad ㉗$$

因此式㉖也就是方程㉓,恒成立,即平面上任一点 P 都满足式⑰.

注:(1)证法 2 中的 BD,DC 等均为有向线段,即当点 D 在线段 BC 内部时,BD,DC 均为正;当点 D 在 BC 的延长线上时,BD 为正,而 DC 为负,它是 CD 的相反数;当点 D 在 CB 的延长线上时,BD 为负,而 DC 为正.上述结果对于双心 n 边形包括正 n 边形同样成立.

(2)对于等边三角形,其外心 O 和内心 I 重合,直线 OI 不确定,则点 P 的轨迹为过 $O(I)$ 的所有直线,即三角形所在的整个平面.这是本问题的一个特例,其结论可以简化为:

等边三角形所在平面内的任意一点在三边或其延长线上的射影将三边分为六段,其中相互间隔的三条有向线段的长度的代数和等于另外三条有向线段的长度的代数和.

思 考 题

1. 在 $\triangle ABC$ 中,R,r 为其外接圆和内切圆的半径,P 为其半周长,试比较 P 与 $\sqrt{3}(R+r)$ 的大小.

2. (2003 年土耳其数学奥林匹克竞赛题)已知一个圆与 $\triangle ABC$ 的边 AB,BC 相切,也和 $\triangle ABC$ 的外接圆相切于点 T.若点 I 是 $\triangle ABC$ 的内心,证明:$\angle ATI = \angle CTI$.

3. 设 $\triangle ABC$ 的外接圆半径、内切圆半径、内心分别为 R,r,I. AI 与边 BC,外接圆的交点分别为 D',D. 对于 BI,CI 分别类似地有 E',E,F',F. 求证

$$\frac{DD'}{D'A} + \frac{EE'}{E'B} + \frac{FF'}{F'C} = \frac{R-r}{r}$$

4. 已知点 I,O 分别为 $\triangle ABC$ 的内心,外心,直线 $l \parallel BC$ 且与圆 I 相切.设直线 l 与 IO 交于点 X,在 l 上选一点 Y,使 $YI \perp IO$. 证明:A,X,O,Y 四点共圆.

思考题　参考解答

1. 由正弦定理得

$$P = R(\sin A + \sin B + \sin C)$$

又
$$R+r = R(\cos A + \cos B + \cos C)$$
所以
$$\begin{aligned}
P - \sqrt{3}(R+r) &= R(\sin A + \sin B + \sin C) - \sqrt{3}R(\cos A + \cos B + \cos C) \\
&= 2R[\sin(A-60°) + \sin(B-60°) + \sin(C-60°)] \\
&= 2R\left[2\sin\frac{A+B-120°}{2}\cos\frac{A-B}{2} + \sin(C-60°)\right] \\
&= 2R\left(2\sin\frac{60°-C}{2}\cos\frac{A-B}{2} - 2\sin\frac{60°-C}{2}\cos\frac{60°-C}{2}\right) \\
&= 4R\sin\frac{60°-C}{2}\left(\cos\frac{A-B}{2} - \cos\frac{60°-C}{2}\right) \\
&= -8R\sin\frac{60°-C}{2}\sin\frac{A-B+60°-C}{4}\sin\frac{A-B+C-60°}{4} \\
&= -8R\sin\frac{60°-C}{2}\sin\frac{A-60°}{2}\sin\frac{60°-B}{2} \\
&= -8R\sin\frac{A-60°}{2}\sin\frac{B-60°}{2}\sin\frac{C-60°}{2}
\end{aligned}$$

故:(1)当∠A,∠B,∠C中有一个角等于60°时,$P = \sqrt{3}(R+r)$;

(2)当∠A,∠B,∠C中有两个角大于60°时,$P > \sqrt{3}(R+r)$;

(3)当∠A,∠B,∠C中有两个角小于60°时,$P < \sqrt{3}(R+r)$.

2. 如图24.22,设AB,BC分别与已知圆切于点P,Q,联结TQ交$\triangle ABC$的外接圆于点M,则点M为劣弧$\overparen{BC}$的中点.由题设点I是$\triangle ABC$的内心,知A,I,M三点共线.由曼海姆定理,知点I为PQ的中点.

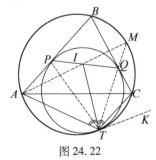

图 24.22

过点T作公切线TK,则
$$\angle IAT = \angle MAT = \angle MTK = \angle QPT = \angle IPT$$
从而A,T,I,P四点共圆,有$\angle ATI = \angle BPQ$.

同理 $\angle CTI = \angle BQP$.

而 $\angle BPQ = \angle BQP$,故 $\angle ATI = \angle CTI$.

3. 如图 24.23,点 I 是 $\triangle ABC$ 的内心,$AD'D$ 是 $\triangle ABC$ 中内角 A 的平分线.

在 $\triangle AD'B$ 中,有

$$\frac{AD'}{\sin B} = \frac{AB}{\sin \angle BD'A}$$

则

$$AD' = \frac{2R\sin C \cdot \sin B}{\sin \angle BD'A}$$

在 $\triangle BD'D$ 中,有

$$\frac{DD'}{\sin \frac{A}{2}} = \frac{BD}{\sin \angle BD'D}, \angle BD'D = 180° - \angle BD'A$$

则

$$DD' = \frac{2R\sin^2 \frac{A}{2}}{\sin \angle BD'A}$$

故

$$\frac{DD'}{D'A} = \frac{\sin^2 \frac{A}{2}}{\sin B \cdot \sin C}$$

同理

$$\frac{EE'}{E'B} = \frac{\sin^2 \frac{B}{2}}{\sin C \cdot \sin A}, \frac{FF'}{F'C} = \frac{\sin^2 \frac{C}{2}}{\sin A \cdot \sin B}$$

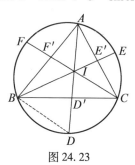

图 24.23

于是

$$\frac{DD'}{D'A} + \frac{EE'}{E'B} + \frac{FF'}{F'C}$$

$$= \frac{\sin^2 \frac{A}{2}}{\sin B \cdot \sin C} + \frac{\sin^2 \frac{B}{2}}{\sin C \cdot \sin A} + \frac{\sin^2 \frac{C}{2}}{\sin A \cdot \sin B}$$

$$=\frac{1}{\sin A \cdot \sin B \cdot \sin C}[\sin A(1-\cos A)+\sin B(1-\cos B)+\sin C(1-\cos C)]$$

$$=\frac{1}{\sin A \cdot \sin B \cdot \sin C}[\sin A+\sin B+\sin C-\frac{1}{2}(\sin 2A+\sin 2B+\sin 2C)]$$

$$=\frac{1}{\sin A \cdot \sin B \cdot \sin C}(4\cos\frac{A}{2} \cdot \cos\frac{B}{2} \cdot \cos\frac{C}{2}-\frac{1}{2} \cdot 4\sin A \cdot \sin B \cdot \sin C)$$

$$=\frac{1}{4\sin\frac{A}{2} \cdot \sin\frac{B}{2} \cdot \sin\frac{C}{2}}(1-4\sin\frac{A}{2} \cdot \sin\frac{B}{2} \cdot \sin\frac{C}{2})$$

$$=\frac{R}{r}\left(1-\frac{r}{R}\right)$$

$$=\frac{R-r}{r}$$

4. 如图 24.24,设直线 l 与圆 I 切于点 D,IY 与边 BC 交于点 Y',点 M 为边 BC 的中点.

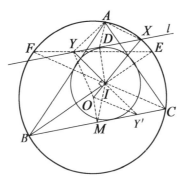

图 24.24

由于点 Y 所在的直线 l 与点 Y' 所在的边 BC 关于点 I 对称,则 Y 与 Y' 也关于点 I 对称.

因此,$\angle YOI = \angle Y'OI$. 由题意知 $YI \perp IO$.

而 $OM \perp BC$,故 I,O,M,Y' 四点共圆. 从而

$$\angle YOI = \angle Y'OI = \angle IMY'$$

由两边分别垂直且同向的两角相等,知
$$AD /\!/ IM \Rightarrow \angle ADY = \angle IMB$$
故
$$A,X,O,Y 四点共圆$$
$$\Leftrightarrow \angle XAY = 180° - \angle YOX = 180° - \angle Y'MI = \angle IMB = \angle ADY$$
$$\Leftrightarrow \triangle AXY \backsim \triangle DAY \Leftrightarrow AY^2 = YD \cdot YX = YI^2 \Leftrightarrow AY = YI$$

如图 24.24,延长 BI,CI 分别与圆 O 交于点 E,F. 设 EF 与直线 YY' 交于点 Y''. 对于圆 O,因为 $YI \perp IO$,所以,点 I 为 $Y'Y''$ 所在弦的中点.

由蝴蝶定理,知过中点 I 的两条弦 BE,CF,在 $Y'Y''$ 所在弦上截得的线段相等,即 $Y''I = Y'I$.

故点 Y'' 与 Y 重合,即 F,Y,E 三点共线.

又 I 为内心,所以
$$EA = EC = EI, FA = FB = FI$$
从而,EF 为线段 AI 的垂直平分线.

而点 Y 在 EF 上,则 $AY = YI$.

因此原命题得证.

第 25 章 三角形的密克尔定理

定理（三角形的密克尔定理）设在一个三角形每一边上取一点（可在一条边，或两条边，或三条边的延长线上取），过三角形的每一顶点与两条邻边所在直线上所取的点作圆，则这三个圆共点.[①]

证明 在 $\triangle ACF$ 中，令 $\angle CAF = \alpha_1$，$\angle ACF = \alpha_2$，$\angle CFA = \alpha_3$.

如图 25.1(a)，点 B, D, E 分别在 $\triangle ACF$ 的三边 AC, CF, FA 上. 设 $\triangle ABE$ 与 $\triangle BCD$ 的外接圆除交于点 B 外，另一交点为 M，联结 BM, DM, EM，则

$$\angle BME = 180° - \alpha_1, \angle BMD = 180° - \alpha_2$$

于是

$$\angle DME = 360° - \angle BME - \angle BMD = \alpha_1 + \alpha_2 = 180° - \alpha_3$$

从而知 M, D, F, E 四点共圆.

故 $\triangle ABE$，$\triangle CDB$，$\triangle FED$ 的外接圆共点于 M.

对于图 25.1(b)，点 B, D 分别为 $\triangle ACF$ 的边 AC, CF 上的点，点 E 在边 AF 的延长线上. 设 $\triangle ABE$ 与 $\triangle BCD$ 的外接圆除交于点 B 外，另一交点为 M，联结 BM, DM, EM，则

$$\angle BME = 180° - \alpha_1, \angle BMD = \alpha_2$$

于是

$$\angle DME = \angle BME - \angle BMD = 180° - \alpha_1 - \alpha_2 = \alpha_3 = 180° - \angle DFE$$

从而知 M, D, F, E 四点共圆. 故 $\triangle ABE$，$\triangle CDB$，$\triangle FED$ 的外接圆共点于 M.

对于图 25.1(c)，点 B, D, E 分别为 $\triangle ACF$ 的三边 CA, CF, FA 延长线上的点. 设 $\triangle ABE$ 与 $\triangle BCD$ 的外接圆除交于点 B 外，另一交点为 M，联结 BM, DM, EM，则

$$\angle BME = \alpha_1, \angle BMD = \alpha_2$$

于是

$$\angle DME = \angle BME + \angle BMD = \alpha_1 + \alpha_2 = 180° - \alpha_3 = \angle DFE$$

[①] 沈文选. 三角形的密克尔定理及应用[J]. 中等数学, 2011(11):5-8.

从而知 M,F,D,E 四点共圆.故 $\triangle ABE$,$\triangle CDB$,$\triangle FED$ 的外接圆共点于 M.

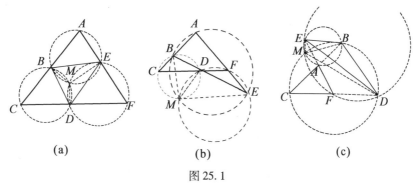

(a)　　　　　(b)　　　　　(c)

图 25.1

对于其他取点情形均可类似于上述情形而证.

特别地,若有一点取在三角形的顶点,则过两个重合点的圆与这两点所在的边相切.又若取的三点共直线,如在图 25.1(b)(c) 中的点 B,D,E;C,D,F 共直线,则对 $\triangle ACF$ 来说,直线 BDE 截其三边时,三圆圆 ABE,圆 CDB,圆 FED 共点于 M;对 $\triangle ABE$ 来说,直线 CDF 截其三边时,三圆圆 ACF,圆 CDB,圆 FED 也共点于 M,此时四圆圆 ABE,圆 ACF,圆 CDB,圆 FED 共点于 M,因而可得如下结论:

推论 (完全四边形的密克尔定理)四条一般位置的直线所形成的四个三角形,它们的外接圆共点.

如图 25.2,四条直线两两相交又没有三线共点而构成四个三角形的图形称为完全四边形,其交点设为 A,B,C,D,E,F.在完全四边形 $ABCDEF$ 中,$\triangle ACF$,$\triangle ABE$,$\triangle BCD$,$\triangle DEF$ 的外接圆共点于 M,也可这样推证:设 $\triangle ACF$ 和 $\triangle ABE$ 的外接圆的另一交点为 M.联结 AM,BM,CM,DM,EM,FM,则由
$$\angle FCM = \angle FAM = \angle EAM = \angle EBM = \angle DBM$$
即知 D,B,C,M 四点共圆.

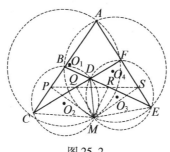

图 25.2

同理,E,F,D,M 四点共圆.

或者也可以这样推证:设 $\triangle BCD$ 和 $\triangle DEF$ 的外接圆的另一交点为点 M,作点 M 分别在直线 AC,CF,BE,AE 上的射影为 P,Q,R,S,则利用西姆松定理及其逆定理来证.

定理中的点 M 称为点 B,D,E 关于 $\triangle ACF$ 的密克尔点,$\triangle BDE$ 是点 M 的密克尔三角形,三个圆称为密克尔圆.

在定理中,任意一组在三角形三边所在的直线共点,它们的密克尔点在其外接圆上;反之,外接圆上在一点的密克三角形(所取的三点为顶点的三角形)化为一条直线段.由此可知,三角形的西姆松线段也是一个特殊的密克尔三角形.

推论中的点 M 称为完全四边形的密克尔点,点 M 在完全四边形各边的射影共线,此线称为完全四边形的西姆松线.

若点 M 是完全四边形 $ABCDEF$ 的密克尔点,即 $\triangle ACF$,$\triangle BCD$,$\triangle DEF$,$\triangle ABE$ 的外接圆共点.

下面讨论三角形的密克尔点、密克尔圆的有趣性质:

若点 M 为 $\triangle ACF$ 的三边 AC,CF,FA 上的各点 B,D,E 关于该三角形的密克尔点,则:

性质 1 $\angle MDF(C) = \angle MEA(F) = \angle MBC(A)$,即密克尔点与所取三点的连线与对应边所成的锐角相等.

这个结论可由四点共圆时,同弧上的圆周角相等或四边形的外角等于内对角即得.又对于图 25.1(c)(其他图形类似推导)有

$$\angle CMF = \angle CMD + \angle DMF = \angle CBD + \angle DEF$$
$$= (\angle BDA + \angle BAD) + (\angle ADE + \angle DAE)$$
$$= \angle A + \angle BDE$$

等三式得到如下的密克尔等式(对于图 25.1(b)(c)亦有类似等式):

性质 2 $\angle CMF = \angle A + \angle BDE$,$\angle FMA = \angle C + \angle DEB$
$$\angle AMC = \angle F + \angle EBD$$

我们可以由密克尔点 M 作出任一组(3 条)直线与三边成等角,或过点 M 与三角形的一个顶点任作一圆.从而有多种方法定出它的密克尔三角形.因而,有结论:

性质 3 若点 M 为 $\triangle ACF$ 所在平面上的一定点,则有无穷多种方法定出它的密克尔三角形.

对于三角形的密克尔圆,也有如下结论:

性质 4 设 $\triangle ACF$ 的三个密克尔圆圆 ABA',圆 CDB,圆 FED 与 $\triangle ACF$ 的外接圆依次交于点 A',C',F',则

$$\triangle A'BC \backsim \triangle A'EF, \triangle C'BA \backsim \triangle C'DF, \triangle F'DC \backsim \triangle F'EA$$

事实上,如图 25.3 所示,由相交两圆的性质其内接三角形均相似即证.

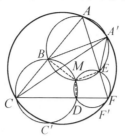

图 25.3

性质 5 设点 D,E,B 分别是 $\triangle ACF$ 的边 CF,FA,AC 上的点,自点 A,C,F 各引一直线 a,c,f 分别与密克尔圆圆 ABE,圆 CDB,圆 FED 交于点 A',C',F',则:(1)当 a,c,f 交于一点 P 时,A',C',F',P,M 五点共圆;(2)当 $a/\!/c/\!/f$ 时,A',C',M,F' 四点共线.

证明 (1)如图 25.4(a).

由 $\angle PA'M = \angle MEA = \angle MBC = \angle MDF = \angle FF'M = \angle PF'M$

知 M,P,A',F' 四点共圆. 同理,M,P,F',C' 四点共圆.

故 A',C',F',P,M 五点共圆.

(2)如图 25.4(b). 联结 $A'M,MC'$,由 $\angle AA'M = \angle MEF = \angle MF'F$,知 A',M,F' 三点共线.

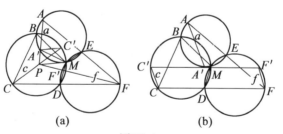

图 25.4

联结 MC' 与直线 a 交于点 A'',则

$$\angle AA''M = 180° - \angle AA''C' = 180° - \angle A'C'C = 180° - \angle MBC = \angle ABM$$

即知 A,B,A'',M 四点共圆. 而点 A'' 又在直线 a 上,从而知点 A'' 与 A' 重合. 故 C',A',M 三点共线.

由于点 A',M 公用,这两条直线重合. 故 A',C',M,F' 四点共线.

性质 6 在 $\triangle ABC$ 中,点 D,E,F 分别在边 BC,CA,AB 上,设 M 为密克尔点,则:

(1) 当 $AD \perp BC$,且点 M 在 AD 上时,点 E,F 与密克尔圆圆 BDF,圆 DCE 的圆心 O_1,O_2 四点共圆的充要条件是点 M 为 $\triangle ABC$ 的垂心;

(2) 当点 D,E,F 分别为内切圆与边的切点,$\triangle ABC$ 的外接圆与其密克尔圆圆 AFE,圆 BDF,圆 CED 依次交于点 P,Q,R 时,点 M 为 $\triangle ABC$ 的内心,且直线 PD,QE,RF 共点.

证明 (1) 如图 25.5,由性质 1 知,$ME \perp AC$,$MF \perp AB$. 此时,B,D,M,F 及 D,C,E,M 分别四点共圆,有 $AF \cdot AB = AM \cdot AD = AE \cdot AC$,即知 B,C,E,F 四点共圆.

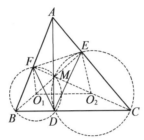

图 25.5

又 $AD \perp BC$,知点 O_1,O_2 分别为 BM,CM 的中点,即 $O_1O_2 \parallel BC$,所以
$$\angle MO_2O_1 = \angle MCB$$

充分性:当点 M 为 $\triangle ABC$ 的垂心时,由九点圆定理即知 O_1,O_2,E,F 四点共圆.

或者注意到 B,O_1,M,E 及 C,O_2,M,F 分别四点共线,有
$$\angle FO_2O_1 = \angle FCB = \angle FEB = \angle FEO_1$$
即知 O_1,O_2,E,F 四点共圆.

必要性:当 O_1,O_2,E,F 四点共圆时,即
$$\angle O_1O_2E + \angle EFO_1 = 180° \qquad ①$$

由 B,C,E,F 四点共圆,有
$$\angle AFE = \angle ACB$$

又
$$\angle MO_2E = 2\angle MCA,\quad \angle BFO_1 = \angle ABM$$

则由式①,有
$$[(\angle ACB - \angle MCA) + 2\angle MCA] + [(90° - \angle ABM) + (90° - \angle ACB)] = 180°$$

于是,得 $\angle ABM = \angle MCA$,即知 $\text{Rt}\triangle BMF \sim \text{Rt}\triangle CME$. 从而,有
$$\frac{MF}{BF} = \frac{ME}{CE}$$

即
$$\frac{AM \cdot \cos B}{AB - AM \cdot \sin B} = \frac{AM \cdot \cos C}{AC - AM \cdot \sin C}$$

故
$$AM = \frac{AB \cdot \cos C - AC \cdot \cos B}{\sin B \cdot \cos C - \cos B \cdot \sin C} = 2R \cdot \cos A$$

其中 R 为 $\triangle ABC$ 的外接圆半径.

另一方面,当点 H 是 $\triangle ABC$ 的垂心时,易得 $AH = \dfrac{AC \cdot \cos A}{\sin B} = 2R \cdot \cos A$

从而,点 H 与 M 重合,即点 M 为 $\triangle ABC$ 的垂心.

(2) 如图 25.6,当 D,E,F 分别为内切圆与边 BC,CA,AB 的切点时,密克尔圆圆 AFE,圆 BDF,圆 CED 均过 $\triangle ABC$ 的内心,此时密克尔点 M,即为其内心.

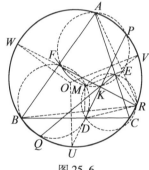

图 25.6

联结 RE,RD,RA,RB,则
$$\angle ERD = \angle ECD = \angle ACB = \angle ARB$$

故
$$\angle ARE = \angle BRD$$

又由 $\angle REC = \angle RDC$,所以 $\angle AEB = \angle BDR$,从而 $\triangle ARE \sim \triangle BRD$.

从而,$\dfrac{AR}{BR} = \dfrac{AE}{BD} = \dfrac{AF}{BF}$,即知 RF 平分 $\angle ARB$.

由上即知,RF 过 $\triangle ABC$ 的外接圆圆 O 的 $\overset{\frown}{AB}$ 的中点 W.

同理,PD,QE 分别平分 $\angle BPC, \angle CQA$,且分别过圆 O 上 $\overset{\frown}{BC}, \overset{\frown}{CA}$ 的中点 U,V.

又 PU,QV,RW 分别过点 D,E,F,所以只需证明 DU,EV,FW 三线交于一点.

由于 $MD \perp BC$,$OU \perp BC$,所以 $MD \,//\, OU$.

同理,$ME \,//\, OV$,$MF \,//\, OW$.

设 $\triangle ABC$ 的外接圆、内切圆半径分别为 R,r,则

$$\frac{MD}{OU} = \frac{ME}{OV} = \frac{MF}{OW} = \frac{R}{r}$$

若设直线 OM 与 UD 交于点 K,则由上述比例式知,直线 VE,WF 均过点 K. 故直线 PD,QE,RF 三线共点于 K.

性质 7 若锐角 $\triangle ABC$ 的外心为 $\triangle ABC$ 的密克尔点时,则三个密克尔圆与三角形外接圆的三个交点所构成的三角形与 $\triangle ABC$ 相似. 此时,三个密克尔圆为等圆,且 D,E,F,O 为垂心组.

如图 25.7,设点 O 为 $\triangle ABC$ 的外心,$\triangle ABC$ 的三个密克尔圆均过外心 O,且与三边 BC,CA,AB 分别交于点 D,F,E,这三个密克尔圆与圆 O 分别交于点 M,K,L,则 $\triangle MKL \backsim \triangle ABC$.

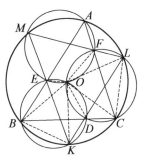

图 25.7

证明 如图 25.7,注意到外心 O 即为 $\triangle ABC$ 的密克尔点,所以 O,F,L,C;A,E,O,F;B,E,O,D 分别四点共圆.

联结 $OD,OF,OE,OL,OK,OC,BK,KD,LD$. 从而

$$\angle OLC = \angle OFC = \angle AEO = \angle ODB = \angle OKB$$

于是

$$\angle BDK = \angle BOK = \angle LOC = \angle LDC$$

又 B,D,C 三点共线,所以 L,D,K 三点共线.

同理,M,E,K 及 M,F,L 分别三点共线. 从而

$$\angle MKL = \angle EKD = \angle ABC$$

同理,$\angle MLK = \angle ACB$. 故 $\triangle MKL \backsim \triangle ABC$.

由相交两圆的内接三角形为等腰三角形知,这三个圆为等圆,由垂心组的性质 2 即知结论成立.

注:此性质为 2012 年意大利国家队选拔考试题的等价叙述.

设 $\triangle ABC$ 的外接圆为圆 O,点 D 在线段 BC 上,且与 BC 的端点、中点不重合. 已知 $\triangle BOD$ 的外接圆与圆 O 的另一个交点为 K,与直线 AB 的另一个交点

为 E;$\triangle COD$ 的外接圆与圆 O 的另一个交点为 L,与直线 AC 的另一个交点为 F;$\triangle AEF$ 的外接圆与圆 O 的另一个交点为 M. 若点 E,F 分别在线段 AB,AC 上. 证明:$\triangle ABC \backsim \triangle MKL$.

性质 8 锐角三角形的三个密克尔圆的圆心所构成的三角形与原三角形相似.

如图 25.8,在 $\triangle ABC$ 中,已知点 P,Q,R 依次是边 AB,BC,CA 上的点,设 $\triangle APR,\triangle BPQ,\triangle CQR$ 的外心分别为 O_1,O_2,O_3,则 $\triangle O_1O_2O_3 \backsim \triangle ABC$.

证明 如图 25.8,过点 O_1,O_2 分别作 AB 的垂线,垂足分别为点 M_1,M_2.

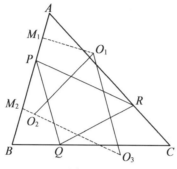

图 25.8

则点 M_1,M_2 分别为 AP,PB 的中点,即 $\dfrac{M_1M_2}{AB}=\dfrac{1}{2}$. 而

$$O_1M_1 = r_1 \cos \angle ARP = \dfrac{PR}{2\sin A}\cos \angle ARP$$

$$O_2M_2 = r_2 \cos \angle PQB = \dfrac{PQ}{2\sin B}\cos \angle PQB$$

其中 r_1,r_2 分别是 $\triangle APR,\triangle BPQ$ 的外接圆半径,则

$$\dfrac{O_1M_1 - O_2M_2}{\sin C} = \dfrac{PR\cos \angle ARP \cdot \sin B - PQ\cos \angle PQB \cdot \sin A}{2\sin A \cdot \sin B \cdot \sin C}$$

又

$$PR\cos \angle ARP \cdot \sin B$$
$$= PR \cdot \dfrac{AR^2 + PR^2 - AP^2}{2PR \cdot AR} \cdot \sin B = \dfrac{AR^2 + PR^2 - AP^2}{2AR} \cdot \sin B$$
$$= \dfrac{AR^2 + AP^2 + AR^2 - 2AP \cdot AR\cos A - AP^2}{2AR} \cdot \sin B$$
$$= (AR - AP\cos A) \cdot \sin B$$

同理 $PQ\cos \angle PQB \cdot \sin A = (BQ - BP\cos B)\sin A$

而

$$(AR - AP\cos A)\sin B - (BQ - BP\cos B)\sin A$$
$$= AR\sin B - BQ\sin A + AB\cos B\sin A - AP\sin C$$
$$= AR\sin B - BQ \cdot \sin A + AB \cdot \cos B \cdot \sin A - AP \cdot \sin C$$
$$= (AC \cdot \sin B + AB \cdot \cos B \cdot \sin A) - CR \cdot \sin B - BQ \cdot \sin A - AP \cdot \sin C$$
$$= 2r(\sin^2 B + \sin C \cdot \cos B \cdot \sin A) - CR \cdot \sin B - BQ \cdot \sin A - AP \cdot \sin C$$
$$= 2r(\sin A \cdot \sin B \cdot \cos C + \sin A \cdot \cos B \cdot \sin C + \cos A \cdot \sin B \cdot \sin C) -$$
$$(CR \cdot \sin B + BQ \cdot \sin A + AP \cdot \sin C)$$

其中 r 为 $\triangle ABC$ 的外接圆半径.

注意到,上式轮换对称,则
$$\frac{O_1M_1 - O_2M_2}{2r \cdot \sin C} = \lambda, \frac{O_1O_2}{AB} = \sqrt{\left(\frac{1}{2}\right)^2 + \lambda^2}$$

同理
$$\frac{O_2O_3}{BC} = \frac{O_3O_1}{CA} = \sqrt{\left(\frac{1}{2}\right)^2 + \lambda^2}$$

故 $\triangle O_1O_2O_3 \backsim \triangle ABC$.

例 1 (2006 年 IMO 预选题)已知点 A_1, B_1, C_1 分别是 $\triangle ABC$ 的边 BC, CA, AB 上的点,$\triangle AB_1C_1, \triangle BC_1A_1, \triangle CA_1B_1$ 的外接圆与 $\triangle ABC$ 的外接圆分别交于点 $A_2, B_2, C_2 (A_2 \neq A, B_2 \neq B, C_2 \neq C)$,点 A_3, B_3, C_3 分别是 A_1, B_1, C_1 关于边 BC, CA, AB 的中点的对称点. 证明: $\triangle A_2B_2C_2 \backsim \triangle A_3B_3C_3$.

证明 如图 25.9,联结 $A_2B, A_2C_1, A_2C, A_2B_1$.

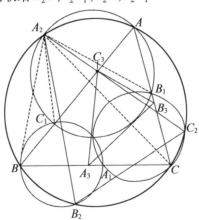

图 25.9

由上述性质,知 $\triangle A_2BC_1 \backsim \triangle A_2CB_1$,则
$$\frac{A_2B}{A_2C} = \frac{BC_1}{CB_1} = \frac{AC_3}{AB_3}$$

同理
$$\frac{B_2C}{B_2A} = \frac{CA_1}{AC_1} = \frac{BA_3}{BC_3}, \frac{C_2A}{C_2B} = \frac{AB_1}{BA_1} = \frac{CB_3}{CA_3}$$

注意到
$$\angle BA_2C = \angle BAC, \angle AB_2C = \angle ABC, \angle AC_2B = \angle ACB$$

则
$$\triangle A_2BC \backsim \triangle AC_3B_3, \triangle B_2CA \backsim \triangle BA_3C_3, \triangle C_2AB \backsim \triangle CB_3A_3$$

从而
$$\angle A_2BC = \angle AC_3B_3, \angle B_2AC = \angle BC_3A_3$$
$$\angle A_2C_2B_2 = \angle A_2CB_2 = 180° - \angle A_2B_2C - \angle B_2A_2C$$
$$= 180° - \angle A_2BC - \angle B_2AC$$
$$= 180° - \angle AC_3B_3 - \angle BC_3A_3 = \angle A_3C_3B_3$$

同理，$\angle A_2B_2C_2 = \angle A_3B_3C_3$. 故 $\triangle A_2B_2C_2 \backsim \triangle A_3B_3C_3$.

例 2　(2007 年第 39 届加拿大数学奥林匹克竞赛题)设 $\triangle ABC$ 的内切圆分别切三边 BC, CA, AB 于点 D, E, F，$\triangle ABC$ 的外接圆圆 O 与 $\triangle AEF$ 的外接圆圆 O_1，$\triangle BFD$ 的外接圆圆 O_2，$\triangle CDE$ 的外接圆圆 O_3 分别交于点 A 和 P, B 和 Q, C 和 R. 求证：

(1) 圆 O_1，圆 O_2，圆 O_3 交于一点；

(2) PD, QE, RF 三线交于一点.

证明　(1) 显然圆 O_1，圆 O_2，圆 O_3 交于 $\triangle ABC$ 的中心 M.

(2) 如图 25.10，联结 AR, ER, BR, DR.

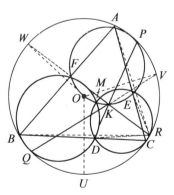

图 25.10

由上述性质，知 $\triangle ARE \backsim \triangle BRD$，则 $\frac{AR}{BR} = \frac{AE}{BD} = \frac{AF}{BF}$，即知 RF 平分 $\angle ARB$，亦即知 RF 过圆 O 中 $\overset{\frown}{AB}$ 的中点 W.

同理, PD, QE 分别过圆 O 中 $\overset{\frown}{BC}, \overset{\frown}{CA}$ 的中点 U, V.

又 PU, QV, RW 分别过点 D, E, F, 所以只需证 DU, EV, FW 三线交于一点即可.

由于, $MD \perp BC, OU \perp BC$, 所以 $MD // OU$.

同理, $ME // OV, MF // OW$.

设 $\triangle ABC$ 的外接圆、内切圆半径分别为 R, r, 则
$$\frac{MD}{OU} = \frac{ME}{OV} = \frac{MF}{OW} = \frac{R}{r}$$

设直线 OM 与 UD 交于点 K, 则由上述比例式知, 直线 VE, WF 均过点 K.

故直线 PD, QE, RF 三线共点于 K.

例3 (2005 年第 31 届俄罗斯数学奥林匹克竞赛题) 设 $\triangle ABC$ 的三个旁切圆分别与边 BC, CA, AB 相切于点 A', B', C'. $\triangle A'B'C, \triangle AB'C', \triangle A'BC'$ 的外接圆分别与 $\triangle ABC$ 的外接圆再次相交于点 C_1, A_1, B_1. 证明: $\triangle A_1 B_1 C_1$ 与 $\triangle ABC$ 的内切圆在各自三条边上的切点所形成的三角形相似.

证法1 如图 25.11, $\triangle ABC$ 的内切圆切 BC, CA, AB 分别于点 A_2, B_2, C_2, 则
$$BC' = AC_2 = AB_2 = CB' \qquad ①$$

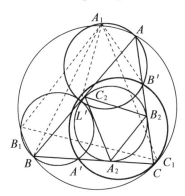

图 25.11

联结 $A_1 B, A_1 C', A_1 C, A_1 B'$, 则由上述性质知 $\triangle A_1 BC' \cong \triangle A_1 CB'$. 故 $A_1 B = A_1 C$, 即点 A_1 为 $\overset{\frown}{BAC}$ 的中点.

同理, 点 B_1, C_1 分别为 $\overset{\frown}{CBA}, \overset{\frown}{ACB}$ 的中点.

设 AC 与 $B_1 C_1$ 交于点 D, 则
$$\angle ABB_1 = 90° - \frac{1}{2} \angle ABC, \angle BA_1 C = 90° - \frac{1}{2} \angle ACB$$

又 $\angle BA_1 C = \angle BAC$, 所以

$$\angle ADB_1 = \angle ABB_1 + \angle CA_1C_1 = \angle ABB_1 + \angle BA_1C_1 - \angle BA_1C$$
$$= 90° - \frac{1}{2}\angle ABC + 90° - \frac{1}{2}\angle ACB - \angle BAC$$
$$= 90° - \frac{1}{2}\angle A = \angle AB_2C_2$$

于是,$B_1C_1 /\!/ B_2C_2$.

同理,$C_1A_1 /\!/ C_2A_2$, $A_1B_1 /\!/ A_2B_2$. 故 $\triangle A_1B_1C_1 \backsim \triangle A_2B_2C_2$.

证法 2 如图 25.12,经过旁切圆在三角形边上的切点 A', C' 分别作相应边的垂线,它们分别经过旁心 I_1, I_3,且相交于某点 O.

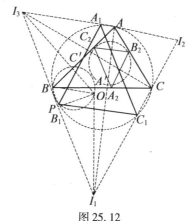

图 25.12

由点 I_1, I_3 位于 $\angle B$ 的外角平分线上,则 $\angle ABI_3 = \angle CBI_1$. 又对于 $\mathrm{Rt}\triangle I_1A'B$, $\mathrm{Rt}\triangle I_3C'B$,可知 $\angle BI_1A' = \angle BI_3C'$,即知 $\triangle OI_1I_3$ 为等腰三角形.

设点 P 为线段 I_1I_3 的中点,则 $OP \perp I_1I_3$.

考虑以 OB 为直径的圆,易知点 A', C', P 都在该圆周上,所以,该圆就是 $\triangle BA'C'$ 的外接圆.

现在只需证点 P 位于 $\triangle ABC$ 的外接圆上,由此即知 $P = B_1$. 于是,$\triangle A_1B_1C_1$ 就是以 $\triangle I_1I_2I_3$ 的三边中点作为顶点的三角形. 所以,它的三条边分别平行于 $\triangle BAC$ 的三个外角平分线,三个外角平分线分别平行于以 $\triangle BAC$ 的内切圆在三边上的切点为顶点的三角形的三边. 从而,得出题中要证的结论.

注:作出 $\triangle ABC$ 的三个外角平分线和顶点 A, C 处的内角平分线,如图 25.12 所示.

注意到同一个角的内、外角平分线相互垂直,因此点 I_1, C, A, I_3 都位于以点 P 为圆心,I_1I_3 为直径的圆周上.

考查圆心角 $\angle API_3$. 由于 $\angle ACI_3 = \frac{1}{2}\angle C$, 而 $\angle API_3$, $\angle ACI_3$ 分别是 $\overset{\frown}{AI_3}$ 所对的圆心角和圆周角,所以 $\angle API_3 = 2\angle ACI_3 = \angle C$,即 $\angle BPA = \angle BCA$,从而 A,B,P,C 四点共圆.

例 4 (IMO55 预选题)已知圆 Γ 为定圆,A,B,C 为圆 Γ 上的三个定点,确定的实数 $\lambda \in (0,1)$,点 P 为圆 Γ 上不同于 A,B,C 的动点,点 M 为线段 CP 上的点,使 $CM = \lambda CP$. 设 $\triangle AMP$ 的外接圆与 $\triangle BMC$ 的外接圆的第二个交点为点 Q. 证明:当点 P 变动时,点 Q 在一个定圆上.

证明 设 $\measuredangle(a,b)$ 为直线 a 与 b 的有向角.

设点 D 为线段 AB 上的一点,使 $BD = \lambda BA$.

下面证明:要么点 Q 与 D 重合,要么 $\measuredangle(DQ,QB) = \measuredangle(AB,BC)$. 这表明,点 Q 在过点 D 且与 BC 切于点 B 的一个定圆上.

设 $\triangle AMP$ 的外接圆,$\triangle BMC$ 的外接圆分别为 Γ_A, Γ_B,则直线 AP, BC, MQ 为三个圆 $\Gamma, \Gamma_A, \Gamma_B$ 两两相交的根轴. 由根轴(蒙日)定理,知这三条根轴要么互相平行,要么交于一点.

若 $AP \parallel BC \parallel MQ$,如图 25.13 所示.

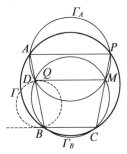

图 25.13

此时,AP, QM, BC 有一条公共的中垂线,此中垂线将线段 CP 对称到线段 BA,将点 M 对称到点 Q. 于是,点 Q 在线段 AB 上,且

$$\frac{BQ}{BA} = \frac{CM}{CP} = \frac{BD}{BA} = \lambda$$

因此,点 Q 与 D 重合.

若 AP, BC, QM 三线交于一点 X,如图 25.14 所示.

由密克尔定理,知 $\triangle ABX$ 的外接圆圆 Γ' 过点 Q.

设点 X 关于线段 AB 的中垂线对称的点为点 Y,则点 Y 在圆 Γ' 上,且 $\triangle YAB \cong \triangle XBA$. 于是,由 $\triangle XPC \backsim \triangle XBA$ 得 $\triangle XPC \backsim \triangle YAB$.

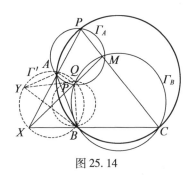

图 25.14

因为 $\frac{BD}{BA} = \frac{CM}{CP} = \lambda$，所以，$D$ 与 M 为相似三角形 $\triangle YAB$ 与 $\triangle XBP$ 的对应边上的对应点.

又 $\triangle YAB$ 与 $\triangle XPC$ 的转向相同，从而 $\measuredangle(MX, XP) = \measuredangle(DY, YA)$.

另一方面，点 A, Q, X, Y 均在圆 Γ' 上，则 $\measuredangle(QY, YP) = \measuredangle(MX, XP)$.

于是，$\measuredangle(QY, YA) = \measuredangle(DY, YA)$，这表明 Y, D, Q 三点共线.

故 $\measuredangle(DQ, QB) = \measuredangle(DY, YA) = \measuredangle(YA, AB) = \measuredangle(AB, BX) = \measuredangle(AB, BC)$.

例 5 （IMO55 预选题）已知 $\triangle ABC$ 为一确定的锐角三角形，点 E, F 分别为边 AC, AB 上的点，点 M 为 EF 的中点，EF 的中垂线与 BC 交于点 K，MK 的中垂线与 AC, AB 分别交于点 S, T. 若 K, S, A, T 四点共圆，则称点对 (E, F) 为"有趣的". 如果点对 $(E_1, F_1), (E_2, F_2)$ 均为有趣的. 证明：$\dfrac{E_1 E_2}{AB} = \dfrac{F_1 F_2}{AC}$.

证明 对于任意有趣的点对 (E, F)，称对应的 $\triangle EFK$ 也是有趣的. 则此题中 $\triangle EFK$ 是有趣的.

设过点 K, S, A, T 的圆为圆 Γ. 直线 AM 与直线 ST，圆 Γ 分别交于点 N, L（第二个交点），如图 25.15 所示.

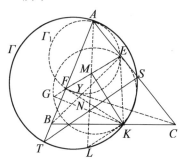

图 25.15

因为 $EF \parallel TS$，且点 M 为 EF 的中点，所以点 N 为 TS 的中点.

又 K,M 关于直线 ST 对称，则 $\angle KNS = \angle MNS = \angle LNT$. 于是，点 K,L 关于 ST 的中垂线对称，从而 $KL \parallel ST$.

设点 K 关于点 N 的对称点为 G，则点 G 在直线 EF 上.

不妨设点 G 在 MF 的延长线上，则

$$\angle KGE = \angle KNS = \angle SNM = \angle KLA = 180° - \angle KSA = 180° - \angle KSE$$

(若点 K 与 L 重合，则 $\angle KLA$ 为直线 AL 和过点 L 与圆 Γ 相切的直线所夹的角.)

这表明，K,G,E,S 四点共圆.

注意到四边形 $KSGT$ 为平行四边形，则

$$\angle KEF = \angle KSG = 180° - \angle TKS = \angle BAC$$

又 $KE = KF$，有 $\angle KFE = \angle KEF = \angle BAC$，这表明，$KE,KF$ 均与 $\triangle AEF$ 的外接圆相切.

再证明：若点对 (E,F) 是有趣的，则

$$\frac{AE}{AB} + \frac{AF}{AC} = 2\cos\angle BAC \qquad ①$$

设线段 BE 与 CF 交于点 Y. 由于 B,K,C 三点共线，则对于退化的六边形 $AFFYEE$，应用帕斯卡定理，知点 Y 在圆 Γ_1 上.

设 $\triangle BFY$ 的外接圆与 BC 的第二个交点为 Z，如图 25.16 所示，则由密克尔定理，知 C,Z,Y,E 四点共圆. 从而

$$BF \cdot BA + CE \cdot CA = BY \cdot BE + CY \cdot CF = BZ \cdot BC + CZ \cdot CB = BC^2$$

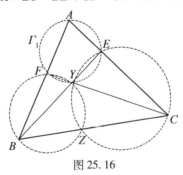

图 25.16

于是

$$(AB - AF) \cdot AB + (AC - AE) \cdot AC = BC^2$$
$$= AB^2 + AC^2 - 2AB \cdot AC \cdot \cos\angle BAC$$

即

$$AF \cdot AB + AE \cdot AC = 2AB \cdot AC \cdot \cos\angle BAC$$

从而式①成立.

若点对(E_1,F_1)与(E_2,F_2)均是有趣的,则
$$\frac{AE_1}{AB}+\frac{AF_1}{AC}=2\cos\angle BAC=\frac{AE_2}{AB}+\frac{AF_2}{AC}$$
故
$$\frac{E_1E_2}{AB}=\frac{F_1F_2}{AC}$$

第 26 章 戴维斯定理

戴维斯(Davis)定理 三角形每边所在的直线上有一对点(可以重合),若每两对点同在一个圆上,则三对点(六个点)都在同一个圆上(若题设中的圆与直线相切,则为直线上重合的对点).①

证明 用反证法.若所说三圆不重合,则根据三圆的根轴或者共点或者相互平行,推得三角形三条边所在的直线或者共点或者相互平行,显然这是不可能的,所以三圆非重合不可,证毕.

特别地,三角形的内切圆是其特殊情形.

推论 一圆与 $\triangle ABC$ 的三边 BC,CA,AB 的交点依次为点 A_1,A_2,B_1,B_2,C_1,C_2,直线 A_1B_1 与 A_2C_2 交于点 D,直线 A_2B_2 与 B_1C_1 交于点 E,直线 C_1A_1 与 C_2B_2 交于点 F,则 AD,BE,CF 三直线共点.

证明 如图 26.1,联结 C_2B_1,在 $\triangle AC_2B_1$ 中,因为直线 AD,C_2B_3,B_1C_3 共点于 D,所以由第一角元形式的塞瓦定理有

$$\frac{\sin\angle C_2AD}{\sin\angle DAB_1}\cdot\frac{\sin\angle A_2C_2B_1}{\sin\angle A_2C_2A}\cdot\frac{\sin\angle AB_1A_1}{\sin\angle A_1B_1C_2}=1$$

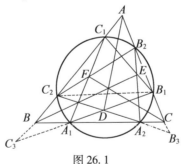

图 26.1

注意到三角形的正弦定理,有

$$\frac{\sin\angle A_2C_2B_1}{\sin\angle A_2C_2A}=\frac{A_2B_1}{A_2C_1},\frac{\sin\angle AB_1A_1}{\sin\angle A_1B_1C_2}=\frac{A_1B_2}{A_1C_2}$$

---

① 沈文选.戴维斯定理及其应用[J].中学数学,2014(2):2-5.

于是
$$\frac{\sin \angle C_2AD}{\sin \angle DAB_1} = \frac{A_2C_1}{A_2B_1} \cdot \frac{A_1C_2}{A_1B_2}$$

故
$$\frac{\sin \angle BAD}{\sin \angle DAC} = \frac{A_2C_1}{A_2B_1} \cdot \frac{A_1C_2}{A_1B_2} \qquad ①$$

同理
$$\frac{\sin \angle CBE}{\sin \angle EBA} = \frac{B_1A_2}{B_1C_2} \cdot \frac{B_2A_1}{B_2C_1} \qquad ②$$

$$\frac{\sin \angle ACF}{\sin \angle FCB} = \frac{C_1B_2}{C_1A_2} \cdot \frac{C_2B_1}{C_2A_1} \qquad ③$$

由①×②×③,得
$$\frac{\sin \angle BAD}{\sin \angle DAC} \cdot \frac{\sin \angle CBE}{\sin \angle EBA} \cdot \frac{\sin \angle ACF}{\sin \angle FCB} = 1$$

由第一角元形式的塞瓦定理之逆知 AD,BE,CF 三线共点.

特别地,若 $\triangle ABC$ 的内切圆切边 BC,CA,AB 分别于点 D,E,F,则 AD,BE,CF 三线共点.

下面给出应用上述定理及推论的例子.

例 1 (2005 年中国数学奥林匹克竞赛题) 设一圆与 $\triangle ABC$ 的三边 BC,CA,AB 的交点依次为 D_1,D_2,E_1,E_2,F_1,F_2. 线段 D_1E_1 与 D_2F_2 交于点 L,线段 E_1F_1 与 E_2D_2 交于点 M,线段 F_1D_1 与 F_2E_2 交于点 N. 证明:AL,BM,CN 三线共点.

事实上,由上述推论即证.

例 2 (九点圆定理) 三角形三条高的垂足、三边的中点,以及垂心与顶点连线的中点,这九点共圆.

证明 如图 26.2,设 D,E,F 分别是三条高的垂足,L,M,N 分别是三边的中点,H 为垂心,点 P,Q,R 分别为 HA,HB,HC 的中点.

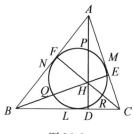

图 26.2

由 $Rt\triangle CBF \backsim Rt\triangle ABD$,有 $\dfrac{BC}{BF} = \dfrac{BA}{BD}$.

注意到点 L,N 分别为 BC,BA 的中点,则 $\dfrac{BL}{BF} = \dfrac{BN}{BD}$.

从而 $BL \cdot BD = BF \cdot BN$,这说明 L,D,F,N 四点共圆.

同理,L,D,E,M 及 E,M,F,N 分别四点共圆.

由戴维斯定理知 L,D,E,M,F,N 六点共圆,记为圆 V.

又由 $Rt\triangle CHD \backsim Rt\triangle CBF$,有 $\dfrac{CH}{CD} = \dfrac{CB}{CF}$.

注意到点 R,L 分别为 CH,CB 的中点,则 $\dfrac{CR}{CD} = \dfrac{CL}{CF}$,即 $CR \cdot CF = CD \cdot CL$.

这说明 R,F,L,D 四点共圆,即点 R 在圆 V 上.

同理,点 P,Q 也都在圆 V 上. 故 D,E,F,L,M,N,P,Q,R 这九点共圆.

例3 (IMO49)已知点 H 是锐角 $\triangle ABC$ 的垂心,以边 BC 的中点为圆心,过点 H 的圆与直线 BC 交于 A_1,A_2 两点;以边 CA 的中点为圆心,过点 H 的圆与直线 CA 交于 B_1,B_2 两点;以边 AB 的中点为圆心,过点 H 的圆与直线 AB 交于 C_1,C_2 两点. 证明:A_1,A_2,B_1,B_2,C_1,C_2 六点共圆.

证明 如图26.3,设点 A_0,B_0,C_0 分别为边 BC,CA,AB 的中点,又设分别以点 A_0,B_0,C_0 为圆心,且都过点 H 的两圆的另一交点为 A',则 $A'H \perp C_0B_0$.

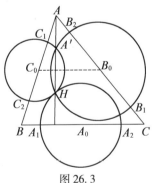

图26.3

又 $C_0B_0 \parallel BC$,所以 $A'H \perp BC$,于是,知点 A' 在 AH 上.

由割线定理,有

$$AC_1 \cdot AC_2 = AA' \cdot AH = AB_2 \cdot AB_1.$$

这表明 B_1,B_2,C_1,C_2 四点共圆.

同理,A_1,A_2,C_1,C_2 及 A_1,A_2,B_1,B_2 分别四点共圆.

由戴维斯定理,知 A_1,A_2,B_1,B_2,C_1,C_2 六点共圆.

例 4 (2005 年国家集训队测试题)设锐角 $\triangle ABC$ 的外接圆为 ω,过点 B,C 作 ω 的两条切线,相交于点 P. 联结 AP 交 BC 于点 D,点 E,F 分别在边 AC,AB 上,使得 $DE\,/\!/\,BA,DF\,/\!/\,CA$.

(1)求证:F,B,C,E 四点共圆;

(2)若设过点 F,B,C,E 的圆的圆心为 A_1,类似地定义 B_1,C_1,则直线 AA_1,BB_1,CC_1 共点.

证明 (1)如图 26.4,欲证 F,B,C,E 四点共圆,只需证 $AF \cdot AB = AE \cdot AC$.
由于 $DE\,/\!/\,BA,DF\,/\!/\,CA$,所以有

$$AF = DE = AB \cdot \frac{CD}{BC}, AE = FD = AC \cdot \frac{BD}{BC}$$

于是,只需证 $\dfrac{BD}{CD} = \dfrac{AB^2}{AC^2}$.

注意到 $\angle ABP = 180° - \angle ACB, \angle ACP = 180° - \angle ABC$,则

$$\frac{BD}{CD} = \frac{S_{\triangle ABP}}{S_{\triangle ACP}} = \frac{\frac{1}{2}AB \cdot BP \cdot \sin \angle ABP}{\frac{1}{2}AC \cdot CP \cdot \sin \angle ACP} = \frac{AB \cdot \sin(180° - \angle ACB)}{AC \cdot \sin(180° - \angle ABC)} = \frac{AB^2}{AC^2}$$

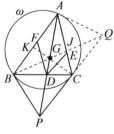

图 26.4

故 F,B,C,E 四点共圆.

(2)在图 26.4 中,设过点 A,C 的圆 ω 的两条切线交于点 Q,联结 BQ 交 AP 于点 G,交 AC 于点 J,如图 26.4 所示,同(1)中的证法,知 $\dfrac{AJ}{JC} = \dfrac{BA^2}{BC^2}$.

联结 CG 并延长交 AB 于点 K,则由塞瓦定理,知 $\dfrac{AK}{BK} = \dfrac{CA^2}{CB^2}$.

过点 G 分别作 $M_1N_1\,/\!/\,BC,S_1E_1\,/\!/\,AB,F_1T_1\,/\!/\,AC$,如图 26.5 所示,交点分别为 F_1,M_1,S_1,T_1,N_1,E_1.

平面几何图形特性新析(上篇)

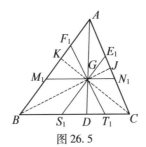

图 26.5

由于 $\triangle AM_1N_1$ 与 $\triangle ABC$ 位似,由 $\dfrac{AM_1}{AB} = \dfrac{AN_1}{AC}$,$\dfrac{M_1G}{BD} = \dfrac{GN_1}{DC}$,有 $\dfrac{M_1G}{N_1G} = \dfrac{AM_1^2}{AN_1^2}$.

由(1)的证明,知 F_1, M_1, N_1, E_1 四点共圆.

同理,F_1, M_1, S_1, T_1 及 S_1, T_1, N_1, E_1 分别四点共圆.

由戴维斯定理,知 $F_1, M_1, S_1, T_1, N_1, E_1$ 六点共圆,设此圆的圆心为点 O.

由于圆 A_1 与圆 O 的位似中心是点 A,故直线 AA_1 过点 O.

同理,直线 BB_1, CC_1 也都过点 O. 故直线 AA_1, BB_1, CC_1 三线共点.

例5 若圆内接凸四边形的对边乘积相等(即为调和四边形),则过对角线的交点引直线平行于四边形的每边与两邻边相交的八点共圆.

证明 如图 26.6,设 $ABCD$ 为调和四边形,AC 与 BD 交于点 P,过点 P 作与边 AB, BC, CD, DA 平行的直线分别交各边于点 $X_1, X_2, X_3, X_4, X_5, X_6, X_7, X_8$.

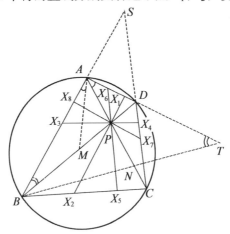

图 26.6

令 $BC = a, CD = b, DA = c, AB = d, AC = e, BD = f$.

则由托勒密定理,有 $ac + bd = ef$.

由题设 $ac = bd$,则 $ac = bd = \dfrac{1}{2}ef$.

设点 M 为 BD 的中点,由 $\angle ABM = \angle ABD$,注意到 $\dfrac{d}{\frac{1}{2}f} = \dfrac{e}{b}$,即 $\dfrac{AB}{BM} = \dfrac{AC}{CD}$.

由此即知 $\triangle ABM \backsim \triangle ACD$. 于是

$\angle BAM = \angle CAD$ （或由调和四边形对角线中点为等角共轭点即得）　①

过点 B 作直线 BT 交 AD 的延长线于点 T,使 $\angle ATB = \angle ABD$,且 BT 交 AC 于点 N,则 $\triangle ABD \backsim \triangle ATB$,有

$$\dfrac{AB}{AD} = \dfrac{AT}{AB} \qquad ②$$

注意到式①及点 M 为 BD 的中点,推知点 N 为 BT 的中点.

对 $\triangle DBT$ 及截线 APN 应用梅涅劳斯定理,有

$$\dfrac{DP}{PB} \cdot \dfrac{BN}{NT} \cdot \dfrac{TA}{AD} = 1 \qquad ③$$

再注意到式②③,有

$$\dfrac{DP}{PB} = \dfrac{AD}{AT} = \dfrac{AD^2}{AB^2} \qquad ④$$

由 $PX_1 /\!/ BA$,有

$$AX_1 = \dfrac{AD}{BD} \cdot BP = \dfrac{BP \cdot AD}{BD}$$

同理

$$AX_6 = \dfrac{AP \cdot AD}{AC},\ AX_8 = \dfrac{DP \cdot AB}{DB},\ AX_3 = \dfrac{AP \cdot AB}{AC}$$

于是

$$\dfrac{AX_1 \cdot AX_6}{AX_8 \cdot AX_3} = \dfrac{BP \cdot AD^2}{PD \cdot AB^2} \xlongequal{\text{式④}} 1$$

即

$$AX_1 \cdot AX_6 = AX_8 \cdot AX_3$$

这说明 X_1, X_6, X_8, X_3 四点共圆,设这个圆为 w_1.

同理,X_6, X_1, X_4, X_7 四点共圆于 w_2.

设直线 BA 与 CD 交于点 S,注意到

$$\angle AX_3 P = \angle ABC = \angle ADS = \angle SX_7 P$$

知 X_3, X_7, X_8, X_4 四点共圆于 w_3.

由戴维斯定理,知 $X_3, X_8, X_6, X_1, X_4, X_7$ 六点共圆.

同理,$X_4, X_7, X_5, X_2, X_3, X_8$ 六点共圆.

故 $X_1, X_2, X_3, X_4, X_5, X_6, X_7, X_8$ 这八点共圆.

例 6 设点 A', B', C' 分别是 $\triangle ABC$ 三条高线 AD, BE, CF 上的点,满足 $\dfrac{A'A}{A'D} = \dfrac{B'B}{B'E} = \dfrac{C'C}{C'F} = k$,且 A', B', C' 分别在 CA 与 AB, AB 与 BC, BC 与 CA 上的射影为 Y', Z', Z, X, X', Y. 若 XY 与 ZX' 交于点 $L, X'Y$ 与 YZ' 交于点 $M, Y'Z$ 与 $Z'X$ 交于点 N,则 AL, BM, CN 三线共点.

证明 如图 26.7,若证得
$$BX \cdot BX' = BZ \cdot BZ' \text{ 或 } BX(BC - X'C) = BZ(BA - Z'A) \quad \text{①}$$

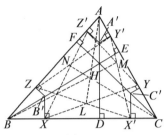

图 26.7

等三式便证得六点射影共圆. 这又可由, $\triangle BB'X \backsim \triangle BCE, \triangle BB'Z \backsim \triangle BAE$, $\triangle CC'X' \backsim \triangle CBF, \triangle AA'Z' \backsim \triangle ABD$,有
$$BX = BB' \cdot \dfrac{BE}{BC}, BZ = BB' \cdot \dfrac{BE}{BA}, CX' = CC' \cdot \dfrac{CF}{CB}, AZ' = AA' \cdot \dfrac{AD}{AB} \quad \text{②}$$

应用合比性质于题设,有
$$\dfrac{AA'}{AD} = \dfrac{BB'}{BE} = \dfrac{CC'}{CF} \quad \text{③}$$

又 $\triangle ABD \backsim \triangle CBF$,所以有
$$\dfrac{AD}{AB} = \dfrac{CF}{BC} \quad \text{④}$$

将式②③④分别代入式①的左、右两边,得
$$\text{左} = BB' \cdot \dfrac{BE}{BC}(BC - CC' \cdot \dfrac{CF}{CB}) = BB' \cdot BE(1 - \dfrac{CC' \cdot CF}{BC^2})$$
$$= BB' \cdot BE(1 - \dfrac{CX'}{BC})$$
$$\text{右} = BB' \cdot \dfrac{BE}{BA}(BA - AA' \cdot \dfrac{AD}{AB}) = BB' \cdot BE(1 - \dfrac{AA' \cdot AD}{AB^2})$$
$$= BB' \cdot BE(1 - \dfrac{AZ'}{AB})$$

因为
$$\frac{CX'}{AZ'} = \frac{CC'}{AA'} = \frac{k \cdot CF}{k \cdot AD} = \frac{CF}{AD} = \frac{BC}{AB}$$

所以
$$\frac{CX'}{BC} = \frac{AZ'}{AB}$$

故式①成立.

由戴维斯定理的推论,知 AL, BM, CN 三线共点.

第 27 章　笛沙格定理

笛沙格(Desargues)定理(形式一)　已知两个三角形的三组对应顶点的连线交于一点,若它们的三组对应边分别相交,则这三个交点在一条直线上. 其逆命题亦成立.

证明　先证原命题:如图 27.1 所示,设 $\triangle PQR$ 和 $\triangle P'Q'R'$ 的三组顶点的连线 PP',QQ',RR' 交于点 O,它们的三组对应边的交点分别是点 D,E,F. 分别对 $\triangle OQR$ 及截线 $DR'Q'$,$\triangle ORP$ 及截线 $EP'R'$,$\triangle OPQ$ 及截线 $FP'Q'$ 应用梅涅劳斯定理有

$$\frac{QD}{DR} \cdot \frac{RR'}{R'O} \cdot \frac{OQ'}{Q'Q} = 1 \qquad ①$$

$$\frac{RE}{EP} \cdot \frac{PP'}{P'O} \cdot \frac{OR'}{R'R} = 1 \qquad ②$$

$$\frac{PF}{FQ} \cdot \frac{QQ'}{Q'O} \cdot \frac{OP'}{P'P} = 1 \qquad ③$$

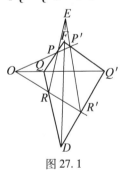

图 27.1

由 ①×②×③,得

$$\frac{QD}{DR} \cdot \frac{RE}{EP} \cdot \frac{PF}{FQ} = 1$$

对 $\triangle QRP$ 运用梅涅劳斯定理,即知 D,F,E 三点共线.

再证逆命题:设 $\triangle PQR$ 与 $\triangle P'Q'R'$ 的三组对应边的交点分别是 D,E,F,两组对应顶点的连线 PP' 与 RR' 交于点 O,要证第三组顶点对应连线 QQ' 也通过点 O,即 O,Q,Q' 三点共线.

事实上，$\triangle FPP'$ 与 $\triangle DRR'$ 的三组对顶点连线 $FD,PR,R'P'$ 交于点 E，利用已证得的原命题可以得到：在这两个三角形三组对应边交点的连线中，PP' 与 RR' 的交点 O，FP 与 DR 的交点 Q，FP' 与 DR' 的交点 Q' 是在同一条直线上的，这就是所要求证的.

在这里，若两组对应顶点的连线 PP' 与 RR' 平行，则可证得直线 QQ' 也与 PP' 平行. 否则若直线 PP' 与 QQ' 交于一点 O'，则由上述逆命题中同样的理由，得直线 RR' 也过点 O'，与 PP' 与 RR' 平行矛盾.

于是，我们便有如下结论：

笛沙格定理的逆定理 若两三角形对应边（所在直线）的交点共线，则对应顶点的连线交于一点或互相平行.

参看图 27.1 中的两个三角形 $\triangle PQR,\triangle P'Q'R'$，我们可以用透视的观点看待它.

一般地，有如下的定义：①

定义 平面上两个图形称为互相透视的，如果：(1) 联结对应点的直线交于一点，称为透视中心；(2) 对应线的交点在一条直线上，称为透视轴.

上述定义的一种特殊情形，即为对应边互相平行的相似形. 这时透视轴是无穷远直线，透视中心是位似中心. 更一般的透视图形的存在性，由笛沙格定理建立.

笛沙格定理(形式二) 设两个三角形有透视中心，则它们有透视轴.

反过来，设两个三角形有透视轴，则它们有透视中点.

对于三个三角形，我们有如下的定理：

定理 1 设三个三角形有公共的透视中心，则它们的三条透视轴共点.

事实上，设三个三角形为 $\triangle A_1A_2A_3$，$\triangle B_1B_2B_3$，$\triangle C_1C_2C_3$，则 $A_1B_1C_1$，$A_2B_2C_2$，$A_3B_3C_3$ 为共点的直线. 我们将三角形的边用与所对顶点相同的小写字母表示. 考虑边为 a_2,b_2,c_2 与 a_3,b_3,c_3 的三角形，它们的对应边交于共线点 A_1,B_1,C_1，所以对应顶点的连线共点. 但联结 a_2,b_2 的交点与 a_3,b_3 的交点的直线是 $\triangle A_1A_2A_3$ 与 $\triangle B_1B_2B_3$ 的透视轴，等等. 所以这三条轴共点.

定理 2 设三个三角形两两互为透视，并且有一条公共的透视轴，则它们的透视中心共线.

---

① R.A.约翰逊.近代欧氏几何[M].单墫,译.上海:上海教育出版社,1998:202. 或 R.A.约翰逊.近代欧氏几何学[M].单墫,译.哈尔滨:哈尔滨工业大学出版社,2012:159.

这个定理及各种逆定理的证明较易,留给读者.

对于完全四边形,我们也有如下的结论:

定理3 边是一个完全四边形的边的每一个三角形,与这个完全四边形的对角三角形成透视.

事实上,这两个三角形以完全四边形的第四条边为透视轴.

更一般地,设一个完全四边形的两条对角线的交点与剩下的两个顶点相连,则在这样的六条连线中,三条交于一点,产生四个新点,因而形成一个完全四角形(即包括四条边,两条对角线的图形). 于是,每个完全四边形必有一个相伴的完全四角形,具有同样的对角三角形;反过来也成立. 过这完全四边形的每个顶点,有完全四角形的一条边. 这完全四角形的每一个三角形,与完全四边形的一个三角形及对角三角形成透视,公共的透视中心是完全四角形的第四个顶点,透视轴是完全四边形的第四条边.

第 28 章 三角形中的等角共轭

定义 1 如图 28.1,给定 $\angle AOB$,假定 OC 是其角平分线. 过点 O 作两条直线 OX, OY,若其关于 OC 对称,则称这样的两条直线为 $\angle AOB$ 的一对"等角线". 由于角的平分线和其邻补角的平分线是重合的等角线. 因而,称为自等角线.

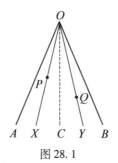

图 28.1

定义 2 如图 28.1,若点 P, Q 分别在 OX, OY 上,则称点 P, Q 为关于 $\angle AOB$ 的一对"等角点".

对于多边形而言,其每个角的等角线称为多边形的等角线.

三角形的等角共轭定理 任取一点与三角形各顶点相连,则三条连线的等角线共点或互相平行.

这样的一对点称为关于三角形互为"等角共轭点".

注:当"等角共轭点"中一点位于三角形的外接圆上时,发生平行,即外接圆上的点的等角共轭点退化为无穷远点. 等角共轭点不局限于三角形形内,形外的点也有等角共轭关系. 内心和三个旁心是全平面上四个自共轭点.

关于等角共轭点的概念,也可推广到多边形. 不过对于多边形而言,一点 P 与各顶点连线的等角线未必交于一点. 若这些等角线恰共点于 Q,则称点 P, Q 为多边形的一对等角共轭点.

我们已在第 1 章第 1.2 节中的性质 1,2,3 及第 4 章中的性质 9 中给出了等角线的如下 4 条性质:

性质 1 设点 P, Q 是 $\angle AOB$ 的一对等角点,作 $PP_1 \perp OA, PP_2 \perp OB$,则 $OQ \perp P_1P_2$.

性质 2 设点 P,Q 是 $\angle AOB$ 的一对等角点,作 $PP_1 \perp OA, PP_2 \perp OB, QQ_1 \perp OA, QQ_2 \perp OB$,则 $PP_1 \cdot QQ_1 = PP_2 \cdot QQ_2$.

若采用有向距离,即点 P,Q 同在 $\angle AOB$ 内,或同在 $\angle AOB$ 外,满足距离乘积相等,则其必是 $\angle AOB$ 的等角点.

性质 3 设点 P,Q 是 $\angle AOB$ 的一对等角点,作 $PP_1 \perp OA, PP_2 \perp OB, QQ_1 \perp OA, QQ_2 \perp OB$,则 $OP_1 \cdot OQ_1 = OP_2 \cdot OQ_2$.

推论 1 上述 P_1, Q_1, P_2, Q_2 四点共圆,其圆心即为 PQ 的中点.

性质 4 在 $\triangle ABC$ 中,则 AA_1, AA_2 是一对等角线(点 A_1, A_2 在 BC 上)$\Leftrightarrow$
$$\frac{AB^2}{AC^2} = \frac{BA_1 \cdot BA_2}{CA_1 \cdot CA_2}.$$

等角线还有如下的几条性质:

性质 5 在 $\triangle ABC$ 中,点 A_1, A_2 在边 BC 上,AA_1 的延长线交 $\triangle ABC$ 的外接圆于点 D,则 $\angle BAA_1 = \angle A_2AC$ 的必要条件是 $AB \cdot AC = AD \cdot AA_2$.

证明 如图 28.2,联结 BD,则 $\angle ADB = \angle ACB = \angle ACA_2$,于是
$$\angle BAA_1 = \angle A_2AC \Leftrightarrow \triangle ABD \sim \triangle AA_2C$$
$$\Rightarrow \frac{AB}{AA_2} = \frac{AD}{AC} \Leftrightarrow AB \cdot AC = AD \cdot AA_2$$

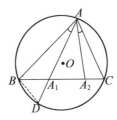

图 28.2

推论 2 在性质 5 的条件下,若 $AA_2 \perp BC$ 于点 A_2,则 AD 为圆的直径,且三角形的高 AA_2 与直径 AD 的乘积等于夹这条高 AA_2 的两条边 AB, AC 的乘积.

推论 3 在性质 5 的条件下,若点 A_1 与 A_2 重合于点 T, AD 为 $\angle BAC$ 的平分线,则 $AD \cdot AT = AB \cdot AC$.

性质 6 在 $\triangle ABC$ 中,点 A_1, A_2 在边 BC 上,则 $\angle BAA_1 = \angle A_2AC$ 的充要条件是 $\triangle AA_1A_2$ 的外接圆与 $\triangle ABC$ 的外接圆内切于点 A.

证明 如图 28.3,过点 A 分别作圆 ABC,圆 AA_1A_2 的切线 AT, AT_1.设圆 AA_1A_2 与 AB, AC 分别交于点 B_1, C_1,联结 B_1C_1.于是

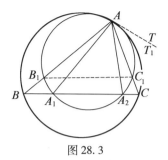

图 28.3

$\angle BAA_1 = \angle A_2AC \Leftrightarrow \overparen{B_1A_1} = \overparen{A_2C_1} \Leftrightarrow B_1C_1 \parallel BC \Leftrightarrow \angle ABC = \angle TAC$

$\angle AB_1C_1 = \angle T_1AC \Leftrightarrow \angle TAC = \angle T_1AC$

$\Leftrightarrow AT 与 AT_1 重合$

$\Leftrightarrow 圆 AA_1A_2 与圆 ABC 内切于点 A$

推论 4 在性质 6 的条件下,由性质 4,有 $\dfrac{AB^2}{AC^2} = \dfrac{BA_1 \cdot BA_2}{A_1C \cdot A_2C} \Leftrightarrow$ 圆 AA_1A_2 与圆 ABC 内切于点 A.

性质 7 在 $\triangle ABC$ 中,点 A_1, A_2 在边 BC 上,则 $\angle BAA_1 = \angle A_2AC$ 的充要条件是 $\triangle ABA_1$, $\triangle ABA_2$, $\triangle ACA_1$, $\triangle ACA_2$ 的外心共圆.

证明 如图 28.4,设点 O_1, O_2, O_3, O_4 分别为 $\triangle ABA_1$, $\triangle ABA_2$, $\triangle ACA_1$, $\triangle ACA_2$ 的外心,则直线 $O_1O_2, O_1O_3, O_2O_4, O_3O_4$ 分别是线段 AB, AA_1, AA_2, AC 的中垂线.

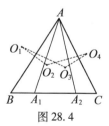

图 28.4

注意到两边分别对应垂直的角相等,即

$$\angle O_2O_1O_3 = \angle BAA_1, \angle O_2O_4O_3 = \angle A_2AC$$

于是,$\angle BAA_1 = \angle A_2AC \Leftrightarrow \angle O_2O_1O_3 = \angle O_2O_4O_3 \Leftrightarrow O_1, O_2, O_3, O_4$ 四点共圆.

性质 8 在 $\triangle ABC$ 中,点 A_1, A_2 在边 BC 上,过点 A 与 BC 切于点 A_1 的圆和 $\triangle ABC$ 的外接圆交于点 D,直线 AA_2 交 $\triangle ABC$ 的外接圆于点 E,则 $\angle BAA_1 = \angle A_2AC$ 的充要条件是 D, A_1, E 三点共线.

证明 如图 28.5,充分性:当 D, A_1, E 三点共线时,延长 AA_1 交 $\triangle ABC$ 的外

接圆于点 F, 联结 EF, AD, 则
$$\angle DEF = \angle DAF = \angle DAA_1 = \angle DA_1B$$
从而 $BC \parallel FE$.

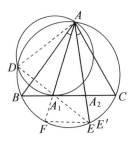

图 28.5

于是 $\overset{\frown}{BF} = \overset{\frown}{EC}$. 故 $\angle BAA_1 = \angle A_2AC$.

必要性: 当 $\angle BAA_1 = \angle A_2AC$ 时, 延长 DA_1 交直线 FE 于点 E', 如图 28.5 所示, 此时, 由 $\overset{\frown}{BF} = \overset{\frown}{EC}$, 知 $BC \parallel FE$, 则
$$\angle AE'F = \angle DA_1B = \angle DAA_1 = \angle DAF = \angle DEF$$
即知点 E' 在 $\triangle ABC$ 的外接圆上, 亦即点 E' 和 E 重合. 故 D, A_1, E 三点共线.

对于三角形, 有一对特殊的等角共轭点.

性质 9 三角形的外心、垂心是一组等角共轭点.

证明 如图 28.6, 在锐角 $\triangle ABC$ 中, 点 O, H 分别为其外心与垂心.

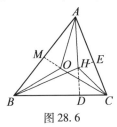

图 28.6

由
$$\angle CAH = 90° - \angle C = 90° - \frac{1}{2}\angle AOB = 90° - \angle AOM = \angle BAO$$
即知 AH, AO 为 $\angle A$ 的等角线.

同理, BH, BO 以及 CH, CO 均为 $\angle B, \angle C$ 的等角线.

从而点 O, H 为 $\triangle ABC$ 的一对等角共轭点.

如图 28.7, 在钝角 $\triangle ABC$ 中, $\angle BAC$ 为钝角, 点 O, H 分别为其外心与垂心, 此时点 A 为 $\triangle HBC$ 的垂心.

由
$$\angle ABH = 90° - \angle BAE = 90° - \angle BPC = 90° - \angle PBO = \angle CBO$$
即知 BH,BO 为 $\angle ABC$ 的等角线.

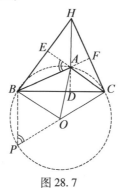

图 28.7

同理,CH,CO 为 $\angle ACB$ 的等角线.

由
$$\angle EAH = 90° - \angle EHA = \angle HBD = \angle ABO = \angle BAO$$
即知 AH,AO 为 $\angle BAC$ 的等角线.

从而,点 O,H 为钝角 $\triangle ABC$ 的一对等角共轭点.

注:三角形为直角三角形时,等角线即为其边.

对于一个三角形而言,等角共轭点有如下结论[1]:

(1)外接圆上除 3 个顶点外,其余所有点均无等角共轭点和它们相配;

(2)每个顶点可有无限多个等角共轭点,即对边所在直线上的所有点;

(3)每边及延长线上的所有点同其对顶点为它们的等角共轭点;

(4)除以上所说的点外,每一点都有唯一的等角共轭点和它配成点对.

对于三角形的等角共轭点,易得如下结论:

性质 10 设点 P,Q 是 $\triangle ABC$ 的一对等角共轭点,则点 P,Q 在边 BC,CA,AB(所在直线)上的射影必共圆,其共圆圆心是等角共轭点 P,Q 连线的中点,如图 28.8 所示.

事实上,这个命题对多边形来说也是成立的.

如果一个多边形有等角共轭点,那么这对等角共轭点在各边(所在直线)上的射影必共圆,所共圆圆心是这对等角共轭点连线的中点.

---

① 李耀文,朱艳玲.三角形等角共轭点的性质探究[J].中学教研(数学),2006(11):41-44.

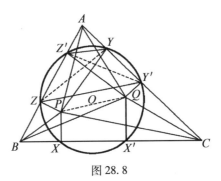

图 28.8

于是我们可以得到：

(1)若两点在一个多边形各边(所在直线)上的射影共圆,则它们必是该多边形的等角共轭点；

(2)若一点在一个多边形各边(所在直线)上的射影共圆,则该点的等角共轭点(关于该多边形而言)必定存在.

我们还可以把性质 10 加强为如下一个等价形式的命题：

性质 11 设给定 $\triangle ABC$ 及 P,Q 两点,则 P,Q 两点是 $\triangle ABC$ 的等角共轭点的充要条件是点 P,Q 在 $\triangle ABC$ 各边(所在直线)上的射影必共圆.

事实上,由推论 1 及戴维斯定理即证.

性质 12 设给定 $\triangle ABC$ 及 P,Q 两点,则 P,Q 两点是 $\triangle ABC$ 的等角共轭点的充要条件是点 P,Q 到 $\triangle ABC$ 各边的距离成反比.(证明略)

性质 13 三角形的一对等角共轭点到各顶点的距离乘积之比等于其等角共轭点到各边的距离乘积之比.

证明 如图 28.9,由 $\angle PAB = \angle QAC, PZ \perp AB, QY' \perp AC$,易知 $\mathrm{Rt}\triangle PAZ \backsim \mathrm{Rt}\triangle QAY'$,所以

$$\frac{PA}{QA} = \frac{PZ}{QY'}$$

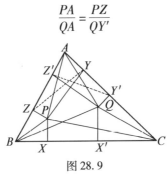

图 28.9

同理,由 $\mathrm{Rt}\triangle PAY \backsim \mathrm{Rt}\triangle QAZ'$,得

$$\frac{PA}{QA} = \frac{PY}{QZ'}$$

于是
$$\left(\frac{PA}{QA}\right)^2 = \frac{PY \cdot PZ}{QY' \cdot QZ'}$$

同理
$$\left(\frac{PB}{QB}\right)^2 = \frac{PX \cdot PZ}{QX' \cdot QZ'}, \left(\frac{PC}{QC}\right)^2 = \frac{PX \cdot PY}{QX' \cdot QY'}$$

所以
$$\frac{PA \cdot PB \cdot PC}{QA \cdot QB \cdot QC} = \frac{PX \cdot PY \cdot PZ}{QX' \cdot QY' \cdot QZ'}$$

性质 14 三角形的一对等角共轭点对于三角形的垂足三角形的面积之比等于其等角共轭点与各顶点连线所分成对应的 3 个三角形的面积的乘积之比.

为了证明性质,先给出如下引理.

引理 设点 P,Q 是 $\triangle ABC$ 的等角共轭点,则
$$\frac{AP}{AQ} = \frac{\sin \angle BQC}{\sin \angle BPC}, \frac{BP}{BQ} = \frac{\sin \angle CQA}{\sin \angle CPA}, \frac{CP}{CQ} = \frac{\sin \angle AQB}{\sin \angle APB}$$

(证明略).

下面给出性质 14 的证明:

证明 如图 28.10,因点 X,X',Y,Y',Z,Z' 分别是等角共轭点 P,Q 在 $\triangle ABC$ 的边 BC,CA,AB 所在直线上的射影,由性质 11 知,X,X',Y,Y',Z,Z' 六点共圆,所以

$$\frac{S_{\triangle XYZ}}{S_{\triangle X'Y'Z'}} = \frac{XY \cdot YZ \cdot ZX}{X'Y' \cdot Y'Z' \cdot Z'X'} \qquad ①$$

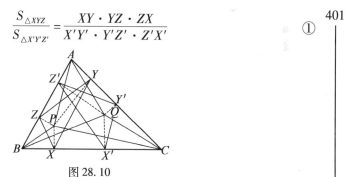

图 28.10

又由 $PZ \perp AB, PY \perp AC$ 知 A,Y,P,Z 四点共圆,且 AP 为圆 $AYPZ$ 的直径,所以
$$YZ = AP\sin A$$

同理
$$Y'Z' = AQ\sin A, ZX = BP\sin B, Z'X' = BQ\sin B, XY = CP\sin C, X'Y' = CQ\sin C$$

于是
$$\frac{XY \cdot YZ \cdot ZX}{X'Y' \cdot Y'Z' \cdot Z'X'} = \frac{AP \cdot BP \cdot CP}{AQ \cdot BQ \cdot CQ} \qquad ②$$

利用三角形面积公式,有

$$S_{\triangle PAB} = \frac{1}{2} AP \cdot BP \cdot \sin \angle APB$$

$$S_{\triangle PBC} = \frac{1}{2} BP \cdot CP \cdot \sin \angle BPC$$

$$S_{\triangle PCA} = \frac{1}{2} CP \cdot AP \cdot \sin \angle CPA$$

所以

$$S_{\triangle PAB} \cdot S_{\triangle PBC} \cdot S_{\triangle PCA}$$
$$= \frac{1}{8}(AP \cdot BP \cdot CP)^2 \cdot (\sin \angle APB \cdot \sin \angle BPC \cdot \sin \angle CPA)$$

同理

$$S_{\triangle QAB} \cdot S_{\triangle QBC} \cdot S_{\triangle QCA}$$
$$= \frac{1}{8}(AQ \cdot BQ \cdot CQ)^2 \cdot (\sin \angle AQB \cdot \sin \angle BQC \cdot \sin \angle CQA)$$

再由引理,知

$$\frac{AP}{AQ} = \frac{\sin \angle BQC}{\sin \angle BPC}, \frac{BP}{BQ} = \frac{\sin \angle CQA}{\sin \angle CPA}, \frac{CP}{CQ} = \frac{\sin \angle AQB}{\sin \angle APB}$$

所以

$$\frac{AP \cdot BP \cdot CP}{AQ \cdot BQ \cdot CQ} = \frac{S_{\triangle PAB} \cdot S_{\triangle PBC} \cdot S_{\triangle PCA}}{S_{\triangle QAB} \cdot S_{\triangle QBC} \cdot S_{\triangle QCA}} \qquad ③$$

由式①②③,可得

$$\frac{S_{\triangle XYZ}}{S_{\triangle X'Y'Z'}} = \frac{S_{\triangle PAB} \cdot S_{\triangle PBC} \cdot S_{\triangle PCA}}{S_{\triangle QAB} \cdot S_{\triangle QBC} \cdot S_{\triangle QCA}}$$

由上述性质 14 的证明过程,不难推证如下推论(证明略).

推论 5 $\triangle ABC$ 的等角共轭点 P,Q 对于 $\triangle ABC$ 的垂足三角形(图 28.10 中的 $\triangle XYZ, \triangle X'Y'Z'$)的边长由下式给出

$$ZY = AP\sin A = AP \cdot \frac{a}{2R}$$

$$Z'Y' = AQ\sin A = AQ \cdot \frac{a}{2R}$$

$$\vdots$$

其中 a 表示 $\triangle ABC$ 的边 BC 的长,R 表示 $\triangle ABC$ 的外接圆半径.

推论 6 $\triangle ABC$ 的等角共轭点 P(或 O)对于 $\triangle ABC$ 的垂足三角形(图

28.10 中的 △XYZ 或 △X'Y'Z')的边垂直于所对的 △ABC 的顶点与等角共轭点 Q(或 P)的连线(图 28.10 中的 ZY⊥AQ(或 Z'Y'⊥AP)等).

推论 7 △ABC 的等角共轭点(P,Q)对于 △ABC 的垂足三角形的边,与 △ABC 的对应边乘这边相对的顶点到等角共轭点的距离的积成比例.

推论 8 △ABC 的一对等角共轭点(P,Q)及其在 △ABC 对应两边上的射影为顶点的两个对应三角形相似(图 28.10 中的 △PYZ∽△QZ'Y'等).

推论 9 △ABC 的等角共轭点(P 或 Q)到各顶点的距离之和,与其等角共轭点对于 △ABC 的垂足三角形(图 28.10 中的 △XYZ 或 △X'Y'Z')的三边之和的比是一定值 $\left(\dfrac{2R^2}{\Delta}\right)$,其中 Δ,R 分别表示 △ABC 的面积、外接圆半径.

推论 10 三角形的等角共轭点对于三角形的垂足三角形的面积之比等于其等角共轭点与顶点连线所分成对应的 3 个三角形外接圆半径的乘积之比.

性质 15 设点 P,Q 是 △ABC 的等角共轭点,则
$$\frac{AP\cdot AQ}{AB\cdot AC}+\frac{BP\cdot BQ}{BA\cdot BC}+\frac{CP\cdot CQ}{CA\cdot CB}=1$$

证明 如图 28.11,设点 D 是射线 AQ 上的点,且满足 $\angle ACD=\angle APB$.

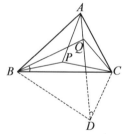

图 28.11

因为 $\angle APB>\angle ACB$,所以点 D 必在 △ABC 的外部.

又因为 $\angle PAB=\angle CAD$,所以 △ABP∽△ADC.故
$$\frac{AB}{AD}=\frac{AP}{AC}=\frac{BP}{CD} \qquad ④$$

又由 $\angle QAB=\angle PAC,\dfrac{AB}{AD}=\dfrac{AP}{AC}$,可知 △ABD∽△APC,所以
$$\frac{AB}{AP}=\frac{AD}{AC}=\frac{BD}{CP} \qquad ⑤$$

又因为 $\angle CDA=\angle PBA=\angle QBC$,所以 B,Q,C,D 四点共圆.由托勒密定理,有

$$BC \cdot DQ = BQ \cdot CD + BD \cdot CQ$$

即有
$$BC \cdot (AD - AQ) = BQ \cdot CD + BD \cdot CQ \qquad ⑥$$

由式④⑤知
$$CD = \frac{BP \cdot AC}{AP}, BD = \frac{CP \cdot AB}{AP}, AD = \frac{AB \cdot AC}{AP} \qquad ⑦$$

将式⑦代入式⑥中,得
$$BC \cdot \left(\frac{AB \cdot AC}{AP} - AQ\right) = \frac{BP \cdot BQ \cdot AC}{AP} + \frac{CP \cdot CQ \cdot AB}{AP}$$

即
$$\frac{AP \cdot AQ}{AB \cdot AC} + \frac{BP \cdot BQ}{BA \cdot BC} + \frac{CP \cdot CQ}{CA \cdot CB} = 1$$

特别地,当 $\triangle ABC$ 的等角共轭点 P,Q 是自等角共轭点(即点 P 与 Q 重合,亦即为 $\triangle ABC$ 的内心 I)时,有
$$\frac{AI^2}{AB \cdot AC} + \frac{BI^2}{BA \cdot BC} + \frac{CI^2}{CA \cdot CB} = 1$$

一般地,设点 P,Q 是 $\triangle ABC$ 内任意两点,则
$$\frac{AP \cdot AQ}{AB \cdot AC} + \frac{BP \cdot BQ}{BA \cdot BC} + \frac{CP \cdot CQ}{CA \cdot CB} \geqslant 1$$

当且仅当 $\angle PAB = \angle QAC, \angle PBC = \angle QBA, \angle PCB = \angle QCA$ 时取等号.

性质 16 设点 P,Q 是 $\triangle ABC$ 的等角共轭点,则在 BC,CA,AB 上分别存在点 D,E,F,使 $PD + DQ = PE + EQ = PF + FQ$,且 AD,BE,CF 三线共点.

证明 如图 28.12,设点 P 关于直线 BC,CA,AB 的对称点分别为 $P_i(i=1,2,3)$. 联结 P_1Q 交 BC 于点 D,再联结 PD,由对称性知 $PD = P_1D$. 于是
$$PD + DQ = P_1D + DQ = P_1Q$$

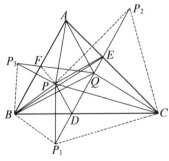

图 28.12

类似地,可以在 CA 和 AB 上得到点 E,F,且使得

$$PE+EQ=P_2E+EQ=P_2Q, PF+FQ=P_3F+FQ=P_3Q$$

联结 P_1C, P_2C, P_1B, P_3B，则易证 $\triangle BQP_1 \cong \triangle BQP_3, \triangle CQP_1 \cong \triangle CQP_2$，得
$$P_1Q=P_2Q=P_3Q$$

从而
$$PD+DQ=PE+EQ=PF+FQ$$

不妨设 $\angle BQD=\alpha, \angle CDQ=\beta, \angle PBC=\angle QBA=\theta, \angle PCB=\angle QCA=\omega$，则易知
$$\angle P_1BQ=\theta+\theta+\angle PBQ=\angle ABC$$
$$\angle P_1CQ=\omega+\omega+\angle PCQ=\angle ACB$$

由正弦定理得
$$\frac{BP_1}{\sin\angle BQP_1}=\frac{QP_1}{\sin\angle P_1BQ}, \frac{CP_1}{\sin\angle CQP_1}=\frac{QP_1}{\sin\angle P_1CQ}$$

又因 $BP_1=BP, CP_1=CP$，所以
$$\frac{\sin\alpha}{\sin\beta}=\frac{BP}{CP}\cdot\frac{\sin B}{\sin C}$$

又
$$\frac{BD}{CD}=\frac{S_{\triangle BQD}}{S_{\triangle CQD}}=\frac{\frac{1}{2}BQ\cdot DQ\cdot\sin\alpha}{\frac{1}{2}CQ\cdot DQ\cdot\sin\beta}=\frac{BQ\cdot BD\cdot\sin B}{CQ\cdot CP\cdot\sin C}$$

同理
$$\frac{CE}{EA}=\frac{CP\cdot CQ\cdot\sin C}{AP\cdot AQ\cdot\sin A}, \frac{AF}{FB}=\frac{AP\cdot AQ\cdot\sin A}{BP\cdot BQ\cdot\sin B}$$

所以
$$\frac{BD}{CD}\cdot\frac{CE}{EA}\cdot\frac{AF}{FB}=1$$

由塞瓦定理的逆定理知，AD, BE, CF 三线共点.

由上述性质 15 的证明过程，不难得到：

推论 11 设点 P, Q 是 $\triangle ABC$ 的等角共轭点，且点 P, Q 分别关于 BC, CA, AB 的对称点依次记作 $P_i, Q_i(i=1,2,3)$，则：

（1）$P_iQ_i=PQ(i=1,2,3)$；

（2）圆 $P_1P_2P_3$ 与圆 $Q_1Q_2Q_3$ 是等圆. （证明略）

性质 17 设点 P, Q 是 $\triangle ABC$ 的等角共轭点，分别在边 BC, CA, AB 上各取两点 $D_1, D_2; E_1, E_2; F_1, F_2$，且使其满足 $\angle PD_1C=\angle QD_2B=\angle PE_1A=\angle QE_2C=\angle PF_1B=\angle QF_2A=\theta$，如图 28.13 所示，则

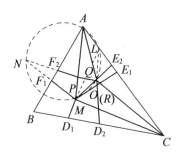

图 28.13

(1) $D_1, D_2, E_1, E_2, F_1, F_2$ 六点共圆;

(2) 若设圆 $D_1D_2E_1E_2F_1F_2$ 的圆心为点 O,则 $OP = OQ$,且 $\angle POQ = 2\theta$.

证明 如图 28.13,(1) 在 $\triangle APF_1$ 和 $\triangle AQE_2$ 中,由 $\angle PAF_1 = \angle QAE_2$ 及 $\angle AF_1P = \angle AE_2Q$,得 $\triangle APF_1 \backsim \triangle AQE_2$,所以 $\dfrac{AP}{AQ} = \dfrac{AF_1}{AE_2}$.

同理,由 $\triangle APE_1 \backsim \triangle AQF_2$,得 $\dfrac{AP}{AQ} = \dfrac{AE_1}{AF_2}$. 于是 $\dfrac{AF_1}{AE_2} = \dfrac{AE_1}{AF_2}$,即 $AF_1 \cdot AF_2 = AE_1 \cdot AE_2$,所以 E_1, E_2, F_1, F_2 四点共圆. 同理,可得 D_1, D_2, E_1, E_2 及 D_1, D_2, F_1, F_2 四点共圆,故 $D_1, D_2, E_1, E_2, F_1, F_2$ 六点共圆.

(2) 设圆 $D_1D_2E_1E_2F_1F_2$ 的圆心为 $O_1, L = D_1P \cap D_2Q, M = E_1P \cap E_2Q, N = F_1P \cap F_2Q$,由 $\angle PD_1C = \angle QD_2B = \angle PE_1A = \angle QE_2C = \angle PF_1B = \angle QF_2A = \theta$,知 $\angle L = \angle M = \angle N$. 所以 L, M, N, P, Q 五点共圆.

不妨取圆 $LMNPQ$ 中 $\overset{\frown}{PQ}$ 的中点 R(图 28.13),于是,RL, RM, RN 分别平分 $\angle D_1LD_2, \angle E_1ME_2, \angle F_1NF_2$,因此,点 R 是 D_1D_2, E_1E_2, F_1F_2 三条线段的中垂线的交点.

这就表明:点 R 必重合于该性质中(1)的六点圆 $D_1D_2E_1E_2F_1F_2$ 的圆心 O,此时很显然有 $OP = OQ, \angle POQ = 2\theta$.

例 1 设 AP, AQ 为 $\triangle ABC(AB > AC)$ 的等角线,AD 为 $\triangle ABC$ 中 $\angle BAC$ 的内角平分线,则

$$\frac{1}{CD} - \frac{1}{BD} = \frac{1}{QD} \mp \frac{1}{PD}$$

式中右端"$\mp$"号的取法:"$-$"号用于内等角线的情形,"$+$"号用于外等角线的情形.

证明 先给出取"$-$"号情况的证明. 如图 28.14 所示,设 AP, AQ 为 $\triangle ABC$ 的内等角线. 由性质 4,知

$$\frac{AB^2}{AC^2}=\frac{BP\cdot BQ}{CP\cdot CQ} \qquad ①$$

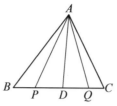

图 28.14

又由三角形内角平分线的性质定理得

$$\frac{AB}{AC}=\frac{BD}{CD} \qquad ②$$

由式①②得

$$\frac{BD^2}{CD^2}=\frac{BP\cdot BQ}{CP\cdot CQ}$$

即

$$BD^2\cdot CP\cdot CQ=CD^2\cdot BP\cdot BQ \qquad ③$$

将 $CP=CD+DP, CQ=CD-DQ, BP=BD-DP, BQ=BD+DQ$ 均代入式③,得

$$BD^2\cdot(CD+DP)(CD-DQ)=CD^2\cdot(BD-DP)(BD+DQ)$$

化简整理得

$$(BD-CD)\cdot DP\cdot DQ=(DP-DQ)\cdot BD\cdot CD \qquad ④$$

式④两边同除以 $BD\cdot CD\cdot DP\cdot DQ$,得 $\dfrac{1}{CD}-\dfrac{1}{BD}=\dfrac{1}{QD}-\dfrac{1}{PD}$.

同理可证得,当取"+"号的情况下(即 AP,AQ 为 $\triangle ABC$ 的外等角线),结论 $\dfrac{1}{CD}-\dfrac{1}{BD}=\dfrac{1}{QD}+\dfrac{1}{PD}$ 成立.

例2 设 AD,AE 是 $\triangle ABC$ 的等角线,即 $\angle BAD=\angle CAE$. 如图 28.15 所示,且 $\triangle ABD,\triangle ACE$ 的内切圆分别与 BC 切于点 M 和 N,则 $\dfrac{1}{MB}+\dfrac{1}{MD}=\dfrac{1}{NC}+\dfrac{1}{NE}$.

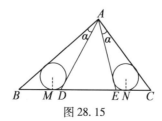

图 28.15

证明 如图 28.15,由切线长公式得

$$MB = \frac{1}{2}(AB + BD - AD), MD = \frac{1}{2}(AD + BD - AB)$$

$$NC = \frac{1}{2}(AC + CE - AE), NE = \frac{1}{2}(AE + CE - AC)$$

所以

$$BD \cdot NC \cdot NE$$

$$= \frac{BD}{4}(AC + CE - AE)(AE + CE - AC)$$

$$= \frac{BD}{4}(CE^2 - AC^2 - AE^2 + 2AC \cdot AE)$$

$$= \frac{1}{4}[BD(CE^2 - AC^2 - AE^2) + 2BD \cdot AC \cdot AE] \qquad ①$$

$$CE \cdot MB \cdot MD$$

$$= \frac{CE}{4}(AB + BD - AD)(AD + BD - AB)$$

$$= \frac{CE}{4}(BD^2 - AB^2 - AD^2 + 2AB \cdot AD)$$

$$= \frac{1}{4}[CE(BD^2 - AB^2 - AD^2) + 2CE \cdot AB \cdot AD] \qquad ②$$

不妨设 $\angle BAD = \angle CAE = \alpha$,则在 $\triangle ABD$ 和 $\triangle ACE$ 中应用正弦定理,有

$$\frac{BD}{\sin \alpha} = \frac{AD}{\sin B}, \frac{CE}{\sin \alpha} = \frac{AE}{\sin C}$$

于是,有

$$BD \cdot AE \sin B = CE \cdot AD \sin C$$

即

$$BD \cdot AC \cdot AE = CE \cdot AB \cdot AD \qquad ③$$

再在 $\triangle ABD$ 和 $\triangle ACE$ 中应用余弦定理,得

$$BD^2 - AB^2 - AD^2 = -2AB \cdot AD \cos \alpha$$

$$CE^2 - AC^2 - AE^2 = -2AC \cdot AE \cos \alpha$$

从而,有

$$\frac{BD^2 - AB^2 - AC^2}{AB \cdot AD} = \frac{CE^2 - AC^2 - AE^2}{AC \cdot AE} \qquad ④$$

由③×④,得

$$BD(CE^2 - AC^2 - AE^2) = CE(BD^2 - AB^2 - AC^2) \qquad ⑤$$

由式①②③⑤,知
$$BD \cdot NC \cdot NE = CE \cdot MB \cdot MD$$

所以
$$\frac{BD}{MB \cdot MD} = \frac{CE}{NC \cdot NE}$$

即
$$\frac{MB + MD}{MB \cdot MD} = \frac{NC + NE}{NC \cdot NE}$$

故
$$\frac{1}{MB} + \frac{1}{MD} = \frac{1}{NC} + \frac{1}{NE}$$

例3 设点 M, N 是 $\triangle ABC$ 内的两个点,且满足 $\angle MBA = \angle NBC$, $\frac{AM \cdot AN}{AB \cdot AC} + \frac{BM \cdot BN}{BA \cdot BC} + \frac{CM \cdot CN}{CA \cdot CB} = 1$,则 $\angle MAB = \angle NAC$.

证明 延长 BN 至点 K,使 $\angle BCK = \angle BMA$,如图 28.16 所示.

由 $\angle BMA > \angle BCA$,知点 K 在 $\triangle ABC$ 的外部.

又 $\angle MBA = \angle NBC$,则 $\triangle MBA \sim \triangle CBK$,所以
$$\frac{AB}{BK} = \frac{BM}{BC} = \frac{AM}{CK} \qquad ①$$

由 $\angle ABK = \angle CBM$, $\frac{AB}{BK} = \frac{BM}{BC}$,有 $\triangle ABK \sim \triangle MBC$,有
$$\frac{AB}{BM} = \frac{BK}{BC} = \frac{AK}{CM} \qquad ②$$

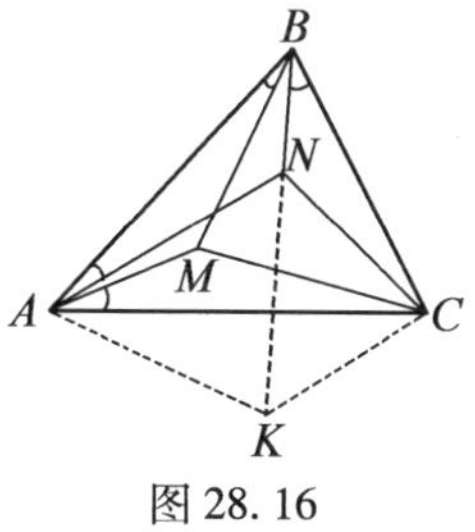

图 28.16

又由已知
$$\frac{AM \cdot AN}{AB \cdot AC} + \frac{BM \cdot BN}{BA \cdot BC} + \frac{CM \cdot CN}{CA \cdot CB} = 1$$

可得
$$AC\left(\frac{AB \cdot BC}{BM} - BN\right) = \frac{AN \cdot AM \cdot BC}{BM} + \frac{CN \cdot AB \cdot CM}{BM} \qquad ③$$

由式①②可得
$$CK = \frac{AM \cdot BC}{BM}, AK = \frac{AB \cdot CM}{BM}, BK = \frac{AB \cdot BC}{BM}$$

代入式③,得
$$AC \cdot (BK - BN) = AN \cdot CK + CN \cdot AK$$

即
$$AC \cdot NK = AN \cdot CK + CN \cdot AK$$

由托勒密定理的逆定理知 A, K, C, N 四点共圆.

所以 $\angle NAC = \angle CKN$. 因为 $\angle CKN = \angle MAB$, 所以 $\angle NAC = \angle MAB$.

例 4 已知非等腰 $\triangle ABC$, 点 N 是其外接圆 $\overparen{BAC}$ 的中点, 点 M 是边 BC 的中点, 点 I_1, I_2 分别是 $\triangle ABM, \triangle ACM$ 的内心. 证明: I_1, I_2, A, N 四点共圆.

证明 如图 28.17, 设 I_2' 是点 I_2 关于 MN 的对称点, 联结 BI_2', BI_1, MI_2', MI_1, 则
$$\angle BMI_1 + \angle BMI_2' = \angle BMI_1 + \angle CMI_2$$
$$= \frac{1}{2}(\angle BMA + \angle CMA)$$
$$= 90° = \angle BMN$$

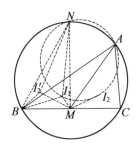

图 28.17

故 MI_1, MI_2' 关于 $\angle BMN$ 的平分线对称.

同理, BI_1, BI_2' 关于 $\angle MBN$ 的平分线对称.

这表明, 点 I_1, I_2' 是 $\triangle BMN$ 的一对等角共轭点.

因此 $\angle BNM = \angle MNI_1 + \angle MNI_2'$, 从而
$$\angle I_1 AI_2 = \frac{1}{2} \angle BAC = \angle BNM = \angle MNI_1 + \angle MNI_2'$$
$$= \angle MNI_1 + \angle MNI_2 = \angle I_1 NI_2$$

故 I_1, I_2, A, N 四点共圆.

注:由

$$\angle MBI_1 + \angle MBI_2' = \angle MBI_1 + \angle MCI_2 = \frac{1}{2}(\angle ABC + \angle ACB)$$
$$= 90° - \frac{1}{2}\angle A = 90° - \angle BNM$$
$$= \angle MBN$$

即得 BI_1, BI_2' 关于 $\angle MBN$ 的平分线对称.

例5 已知 AD 为 $\triangle ABC$ 的内角平分线,点 I_1, I_2 分别为 $\triangle ABD, \triangle ACD$ 的内心,以 I_1I_2 为底向边 BC 作等腰 $\triangle EI_1I_2$,使 $\angle I_1EI_2 = \frac{1}{2}\angle BAC$. 证明:$DE \perp BC$.

证明 设点 I 为 $\triangle ABC$ 的内心,则点 I 为直线 DA, BI_1, CI_2 的交点,如图 28.18 所示.

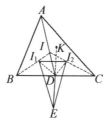

图 28.18

联结 DI_1, DI_2,并延长 ED 至点 K. 由题设,知

$$\angle EI_1I_2 = 90° - \frac{1}{4}\angle BAC$$

$$\angle II_1D = 180° - (90° + \frac{1}{4}\angle BAC) = 90° - \frac{1}{4}\angle BAC$$

故 $$\angle EI_1I_2 = \angle II_1D$$

同理,$\angle EI_2I_1 = \angle II_2D$,即知点 E, I 是 $\triangle DI_1I_2$ 的一对等角共轭点. 于是

$$\angle KDI_2 = \angle ADI_1 = \frac{1}{2}\angle ADB$$

从而

$$\angle KDC = \angle KDI_2 + \angle I_2DC = \frac{1}{2}\angle ADB + \frac{1}{2}\angle ADC = 90°$$

故 $$DE \perp BC$$

注:也可由 $\angle BI_1D + \angle EI_1I_2 = (90° + \frac{1}{4}\angle BAC) + (90° - \frac{1}{4}\angle BAC) = 180°$ 来证.

例6 点 P 在 $\triangle DEF$ 的外角平分线上的射影依次为 S_1, S_2, S_3,在内角平分线上的射影依次为 T_1, T_2, T_3,则三直线 S_1T_1, S_2T_2, S_3T_3 共点.

证明 如图 28.19,过点 D 作 S_1T_1 的平行线 DQ,注意到四边形 PS_1DT_1 为矩形,则 $\angle QDT_1 = \angle PS_1T_1 = \angle PDT_1$.此说明直线 DQ 为 DP 的等角线.

设点 Q 为点 P 关于 $\triangle DEF$ 的等角共轭点.

由于直线 S_1T_1 过 DP 的中点,且 $S_1T_1 /\!/ DQ$,从而直线 S_1T_1 必过线段 PQ 的中点 M.

同理,直线 S_2T_2, S_3T_3 均过 PQ 的中点 M.

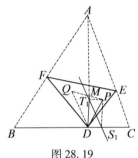

图 28.19

故三直线 S_1T_1, S_2T_2, S_3T_3 共点.

注:此结论等价于:点 P 在 $\triangle ABC$ 的三边 BC, CA, AB 上的射影依次为 S_1, S_2, S_3,又在三条高线 AD, BE, CF 上的射影依次为 T_1, T_2, T_3,所以三直线 S_1T_1, S_2T_2, S_3T_3 共点.

例 7 在凸四边形 $ABCD$ 中,对角线 BD 既不是 $\angle ABC$ 的平分线,也不是 $\angle CDA$ 的平分线.点 P 在四边形 $ABCD$ 的内部,满足 $\angle PBC = \angle DBA$ 和 $\angle PDC = \angle BDA$.

证明:四边形 $ABCD$ 为圆内接四边形的充分必要条件是 $AP = CP$.

证法 1 如图 28.20,不妨设点 P 在 $\triangle ABC$ 和 $\triangle BCD$ 内,直线 BP, DP 分别交 AC 于点 K, L.注意到点 A, C 是 $\triangle BPD$ 的等角共轭点,则

$$\angle APL = \angle CPK \qquad ①$$

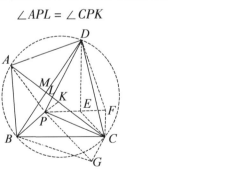

图 28.20

必要性:当凸四边形 $ABCD$ 是圆内接四边形时,则

$$\angle PKL = \angle KBC + \angle KCB = \angle ABD + \angle ADB = \angle ACD + \angle LDC = \angle PLK$$

从而 $PL = PK$,且 $\angle PLA = \angle PKC$.

注意到式①,知 $\triangle APL \cong \triangle CPK$. 故 $AP = CP$.

充分性:当 $AP = CP$ 时,注意到式①,则 $\triangle APL \cong \triangle CPK$,有 $AL = CK, AK = CL$.

设 AC 与 BD 交于点 M,则

$$\frac{AM}{CM} \cdot \frac{AK}{CK} = \frac{S_{\triangle ABM}}{S_{\triangle BCM}} \cdot \frac{S_{\triangle ABK}}{S_{\triangle CBK}} = \frac{AB \cdot \sin \angle ABM}{BC \cdot \sin \angle MBC} \cdot \frac{AB \cdot \sin \angle ABK}{BC \cdot \sin \angle CBK}$$

$$= \frac{AB^2}{BC^2} \quad \text{(施坦纳定理)} \qquad \qquad ②$$

同理

$$\frac{AM}{CM} \cdot \frac{AL}{CL} = \frac{AD^2}{CD^2} \qquad \qquad ③$$

由②×③,得

$$\frac{AM}{CM} = \frac{AB \cdot AD}{BC \cdot CD} = \frac{S_{\triangle ABD}}{S_{\triangle CBD}}$$

于是

$$\sin \angle BAD = \sin \angle BCD$$

易知 $\angle BAD \neq \angle BCD$(否则 $\angle ABD + \angle ADB = \angle CBD + \angle CDB$ 不存在点 P 满足条件).

故 $\angle BAD + \angle BCD = 180°$,即知 A, B, C, D 四点共圆.

证法2 如图 28.21,自点 P 分别向四边 AB, BC, CD, DA 作垂线,垂足依次为 E, F, G, H. 由 $\angle PBC = \angle DBA$,知 $EF \perp BD$. 由 $\angle PDC = \angle BDA$ 知 $GH \perp BD$,从而 $EF \parallel HG$,即知四边形 $EFGH$ 为梯形.

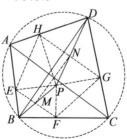

图 28.21

分别取 BP, DP 的中点 M, N,则 $MN \parallel BD$.

注意到点 M 为圆 $BFPE$ 的圆心,则 MN 为 EF 的中垂线.

同理,MN 为 GH 的中垂线. 从而四边形 $EFGH$ 为等腰梯形,故 $EH = FG$.

在圆内接四边形 $AEPH$ 中,直径为 AP,则由正弦定理,有
$$EH = AP \cdot \sin \angle BAD$$
同理,$FG = PC \cdot \sin \angle BCD$. 于是 $\dfrac{AP}{CP} = \dfrac{\sin \angle BCD}{\sin \angle BAD}$.

故 $\qquad AP = CP \Leftrightarrow \sin \angle BAD = \sin \angle BCD$

若 $\angle BAD = \angle BCD$,则导致 BD 为对称轴与题设矛盾. 故 $\angle BAD$ 与 $\angle BCD$ 互补,即 A,B,C,D 四点共圆.

例 8 如图 28.22,在 $\triangle ABC$ 中,点 O,N 分别为其外心、九点圆的圆心,延长 AO 与过 B,O,C 三点的圆交于点 D,A' 为点 A 关于 BC 的对称点. 证明:AN 平分 $A'D$.

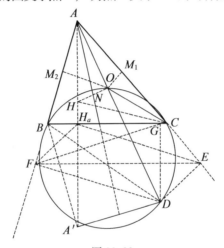

图 28.22

证明 如图 28.22,取 $\triangle ABC$ 的垂心 H,作 $DF \perp AB, DE \perp AC, DG \perp BC$,取 AC, AB 的中点 M_1, M_2.

由欧拉线定理知 O, H, N 三点共线,且 $ON = NH$.

由点 O, H 为等角共轭,得
$$\angle FBA' = 2 \angle BAA' = 2 \angle OAC = \angle DOC = \angle DBC$$
故点 D, A' 为 $\triangle ABC$ 的一对等角共轭点.

而由于等角共轭点的垂足圆相同,故 F, H_a, G, E 四点共圆.

再结合 $H_a G \text{ // } FE$,知四边形 $H_a FEG$ 为等腰梯形.

另一方面,由 B, F, D, G 四点共圆,知
$$\angle DGF = \angle DBF = \angle A'BH_a = \angle ABC = \angle GDF$$
故 $DF = FG = EH_a$.

类似地,$DE = FH_a$.

因此,四边形 DEH_aF 为平行四边形.

由 $FH_a /\!/ DE$,知 $EH_a /\!/ CH$. 则

$$\frac{AO}{AD} = \frac{AM_1}{AE} = \frac{AC}{2AE} = \frac{AH}{2AH_a} = \frac{AH}{AA'} \Rightarrow \triangle AHO \text{ 与 } \triangle AA'D \text{ 关于点 } A \text{ 位似}$$

结合 $ON = NH$,知 AN 平分 $A'D$.

例 9 (2012 年台湾地区数学奥林匹克选拔竞赛题)设点 P,Q 为 $\triangle ABC$ 内的等角共轭点(即 $\angle BAP = \angle CAQ, \angle ACP = \angle BCQ, \angle CBP = \angle ABQ$),点 Q_1, Q_2, Q_3 分别为点 Q 关于边 BC, CA, AB 的对称点,点 D, E, F 分别为 PQ_1 与 BC, PQ_2 与 CA,PQ_3 与 AB 的交点. 证明: AD, BE, CF 三线共点.

证明 如图 28.23,设点 M_1, M_2, M_3 为点 P 在边 BC, CA, AB 上的垂足,点 N_1, N_2, N_3 分别为点 Q 在边 BC, CA, AB 上的垂足,联结 PC, Q_1C.

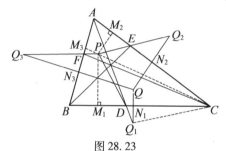

图 28.23

首先,由等角共轭以及对称性,得

$$\angle PCQ_1 = \angle Q_1CD + \angle DCP = \angle QCD + \angle ACQ = \angle ACB$$

由

$$S_{\triangle PCQ_1} = S_{\triangle PCD} + S_{\triangle Q_1CD}$$

$$\Rightarrow CP \cdot CQ_1 \sin C = CD \cdot PM_1 + CD \cdot QN_1$$

$$\Rightarrow CD = \frac{CP \cdot CQ_1 \sin C}{PM_1 + QN_1}$$

同理

$$CE = \frac{CP \cdot CQ_1 \sin C}{PM_2 + QN_2}$$

从而

$$\frac{CD}{CE} = \frac{PM_2 + QN_2}{PM_1 + QN_1}$$

同理

$$\frac{AE}{AF} = \frac{PM_3 + QN_3}{PM_2 + QN_2}, \frac{BF}{BD} = \frac{PM_1 + QN_1}{PM_3 + QN_3}$$

于是

$$\frac{CD}{CE} \cdot \frac{AE}{AF} \cdot \frac{BF}{BD} = 1$$

由塞瓦定理的逆定理,知 AD,BE,CF 三线共点.

例 10 (2014 年国家集训队选拔赛题) 如图 28.24,设锐角 $\triangle ABC$ 的外心为 O,点 A 在边 BC 上的射影为 H_A,AO 的延长线与 $\triangle BOC$ 的外接圆交于点 A',点 A' 在直线 AB,AC 上的射影分别是 D,E,$\triangle DEH_A$ 的外心为 O_A. 类似定义点 H_B,O_B 及 H_C,O_C. 证明:O_AH_A,O_BH_B,O_CH_C 三线共点.

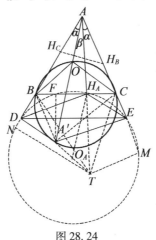

图 28.24

证明 注意到 AA' 与 AH_A 为等角线,设其角为 α,如图 28.24 所示. 又设点 T 是 A 关于 BC 的对称点,点 M 为点 T 在直线 AC 上的射影,F 为点 A' 在 BC 上的射影.

联结 $A'C,TC$,则
$$\angle TCM = 2\alpha = \angle BOA' = \angle FCA'$$

于是由 $\mathrm{Rt}\triangle CH_AT \backsim \mathrm{Rt}\triangle CEA'$,$\mathrm{Rt}\triangle CFA' \backsim \mathrm{Rt}\triangle CMT$ 有 $\dfrac{CH_A}{CE} = \dfrac{CT}{CA'} = \dfrac{CM}{CF}$,

即 $CH_A \cdot CF = CM \cdot CE$. 从而知 F,H_A,E,M 四点共圆,且其圆心为 $A'T$ 的中点.

同理,设点 N 为点 T 在直线 AB 上的射影,令 $\angle OAH_A = \beta$,则
$$\angle TBN = 2\angle BAT = 2(\alpha+\beta) = \angle A'OC = \angle A'BC$$

于是,由 $\mathrm{Rt}\triangle BFA' \backsim \mathrm{Rt}\triangle BNT$,$\mathrm{Rt}\triangle BH_AT \backsim \mathrm{Rt}\triangle BDA'$,有 $\dfrac{BF}{BN} = \dfrac{BA'}{BT} = \dfrac{BD}{BH_A}$,

即 $BF \cdot BH_A = BD \cdot BN$,亦即知 N,D,F,H_A 四点共圆,且其圆心为 $A'T$ 的中点,从而知圆 FH_AEM 与圆 $NDFH_A$ 重合. 故知 $A'T$ 的中点即为 $\triangle DEH_A$ 的外心.

从而 $H_AO_A \parallel AA'$. 由等角线性质知 $AA' \perp H_CH_B$,故 $O_AH_A \perp H_CH_B$.

同理,$O_BH_B \perp H_AH_C$,$O_CH_C \perp H_AH_B$. 故 O_AH_A,O_BH_B,O_CH_C 三线共点于

$\triangle H_A H_B H_C$ 的垂心.

注:若证得 F, H_A, E, M 四点共圆,且其圆心为 $A'T$ 的中点,再由等角线性质 3,知 N, D, E, M 四点共圆,且圆心为 $A'T$ 的中点. 亦可推知 $A'T$ 的中点即为 $\triangle DEH_A$ 的外心.

思 考 题

1. 设点 P 是 $\triangle ABC$ 内任一点,点 O, O_A, O_B, O_C 分别是 $\triangle ABC$, $\triangle PBC$, $\triangle PCA$, $\triangle PAB$ 的外心. 证明:点 O, P 关于 $\triangle O_A O_B O_C$ 是一对等角共轭点.

2. 已知点 P 是 $\triangle ABC$ 内一点, $PD \perp BC, PE \perp CA, PF \perp AB$,设 $\triangle DEF$ 的外接圆与 BC, CA, AB 分别交于点 D', E', F'. 证明:过点 D', E', F' 分别作 BC, CA, AB 的垂线也一定共点.

3. (2011 年保加利亚数学奥林匹克竞赛题)已知点 O 为锐角 $\triangle ABC$ 内一点,点 O 在 BC, AC, AB 上的投影分别为 A_1, B_1, C_1,过点 A, B 分别作 $B_1 C_1, A_1 C_1$ 的垂线,且交于点 P. 设点 P 在 AB 上的投影为 H. 证明: A_1, B_1, C_1, H 四点共圆.

4. 设点 M, N 是 $\triangle ABC$ 内的两个点,且满足 $\angle MAB = \angle NAC, \angle MBA = \angle NBC$,则 $\dfrac{AM \cdot AN}{AB \cdot AC} + \dfrac{BM \cdot BN}{BA \cdot BC} + \dfrac{CM \cdot CN}{CA \cdot CB} = 1$.

5. 设点 P, Q 是 $\triangle ABC$ 内任意两点,则 $\dfrac{AP \cdot AQ}{AB \cdot AC} + \dfrac{BP \cdot BQ}{AB \cdot BC} + \dfrac{CP \cdot CQ}{AC \cdot BC} \geqslant 1$.

等号当且仅当 $\angle PAB = \angle QAC, \angle PBC = \angle QBA, \angle PCB = \angle QCA$ 时成立.

6. 设点 O, H 分别为 $\triangle ABC$ 的外心和垂心. 证明:在 BC, CA, AB 上分别存在点 D, E, F,使 $OD + DH = OE + EH = OF + FH$,且直线 AD, BE, CF 共点.

7. 已知点 P 为 $\triangle ABC$ 内一点,直线 AP, BP, CP 与 $\triangle ABC$ 外接圆的另一个交点分别为 T, S, R. 设点 U 为线段 PT 上任意一点,过 U 作 AB 的平行线与 CR 交于点 W,过 U 作 AC 的平行线与 BS 交于点 V,作 $\square PBQC$. 若 $RS \parallel VW$,证明: $\angle CAP = \angle BAQ$.

8. 已知圆 Γ 为 $\triangle ABC$ 的外接圆,点 P 为 $\overparen{BAC}$ 的中点,以 CP 为直径作圆与 $\angle BAC$ 的角平分线交于点 K, L(点 K 在 A, L 之间),点 M 与 L 关于直线 BC 对称. 证明: $\triangle BKM$ 的外接圆平分线段 BC.

9. 在 $\triangle ABC$ 中,点 A_1, B_1, C_1 分别为边 BC, CA, AB 的中点,点 B_2, C_2 分别为边 AC, AB 上高的垂足,令点 B_3, C_3 分别为 BB_2, CC_2 的中点,设 $B_1 B_3$ 与 $C_1 C_3$ 交于点 K, AK 与 BC 交于点 L. 证明: $\angle BAL = \angle CAA_1$.

思考题　参考解答

1. 如图 28.25，联结 O_AB, O_AP, O_AC. 则
$$O_AB = O_AP = O_AC$$

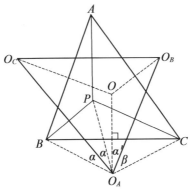

图 28.25

因为点 O_A, O 均在 BC 的中垂线上，所以，O_AO 平分 $\angle BO_AC$.

令 $\angle PO_AO_C = \alpha, \angle PO_AO_B = \beta, \angle OO_AO_B = \alpha'$，则 $\angle BO_AO_C = \alpha, \angle CO_AO_B = \beta$，故
$$2\alpha + (\beta - \alpha') = \alpha' + \beta \Rightarrow 2\alpha = 2\alpha' \Rightarrow \alpha = \alpha'$$

这表明，O_AP, O_AO 关于 $\angle O_BO_AO_C$ 是等角线.

同理，另两角也如此，即点 O, P 关于 $\triangle O_AO_BO_C$ 是一对等角共轭点.

2. 如图 28.26，设 $\triangle DEF$ 的外心为 O，作点 P 关于 O 的对称点 P'，联结 $P'D', P'E', P'F'$. 作 $OD_0 \perp BC$ 于点 D_0.

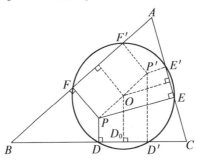

图 28.26

由垂径定理，知点 D_0 是弦 DD' 的中点.

注意 $PD \parallel OD_0$，有 $\dfrac{PP'}{P'O} = \dfrac{DD'}{D'D_0} = 2$.

故 $P'D' // PD$,即 $P'D' \perp BC$.

同理,$P'E' \perp CA, P'F' \perp AB$,即点 P' 为点 D', E', F' 处分别作的 BC, CA, AB 的垂线的公共点.

这表明,三条垂线共点.

3. 如图 28.27,因为 O, C_1, B, A_1 四点共圆,所以
$$\angle OBC = \angle OBA_1 = \angle OC_1A_1 = 90° - \angle A_1C_1B = \angle PBC_1 = \angle PBA$$
同理
$$\angle OAC = \angle PAB$$

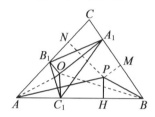

图 28.27

设点 P 在 BC, AC 上的投影分别为 M, N,则
$$BC_1 \cdot BH = BO \cdot BP\cos\angle OBA \cdot \cos\angle PBA$$
$$= BO \cdot BP\cos\angle OBC \cdot \cos\angle PBC$$
$$= BA_1 \cdot BM$$

于是,H, C_1, A_1, M 四点共圆.

因为 HC_1 和 MA_1 的中垂线过 OP 的中点 Q,所以,点 Q 就是过点 H, C_1, A_1, M 的圆的圆心.

同理,过点 H, C_1, B_1, N 的圆的圆心也是 Q.

因此,A_1, B_1, C_1, H, M, N 六点共圆.

故 A_1, B_1, C_1, H 四点共圆.

4. 设点 M 关于 AB, BC, CA 的对称点分别为点 M_1, M_2, M_3,联结有关线段如图 28.28 所示.

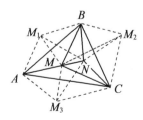

图 28.28

则 $\angle NAM_3 = \angle NAC + \angle CAM_2 = \angle MAB + \angle MAC = \angle BAC$

同理 $\angle NAM_1 = \angle BAC = \angle NAM_3$.

又 $AM_1 = AM = AM_3$，所以 $\triangle NAM_1 \cong \triangle NAM_3$，有 $NM_3 = NM_1$.

同理 $\triangle NBM_1 \cong \triangle NBM_2$，有 $NM_1 = NM_2$. 故 $NM_2 = NM_3$.

又 $CM_2 = CM = CM_3$，所以 $\triangle NCM_2 \cong \triangle NCM_3$. 从而

$$\angle M_2 CN = \angle M_3 CN = \frac{1}{2} \angle M_2 CM_3 = \angle BCM + \angle MCA = \angle BCA$$

于是

$$\angle BCN = \angle M_2 CN - \angle N_2 CB = \angle BCA - \angle BCM = \angle MCA$$

又 $S_{六边形 AM_1BM_2CM_3} = 2S_{\triangle ABC}$，所以

$$\frac{AM_1 \cdot AN \cdot \sin \angle BAC}{2S_{\triangle ABC}} + \frac{BM_1 \cdot BN \cdot \sin \angle ABC}{2S_{\triangle ABC}} + \frac{CM_2 \cdot CN \cdot \sin \angle ACB}{2S_{\triangle ABC}} = 1$$

注意到

$$2S_{\triangle ABC} = AB \cdot AC \cdot \sin \angle BAC = BA \cdot BC \cdot \sin \angle ABC$$
$$= CA \cdot CB \cdot \sin \angle BCA$$

故结论获证.

5. 如图 28.29，顺次以 BC, CA, AB 为对称轴，作 $\triangle PBC, \triangle PCA, \triangle PAB$ 的对称三角形 $\triangle A'BC, \triangle B'CA, \triangle C'AB$，联结 $A'Q, B'Q, C'Q$，则易知

$$S_{\triangle AC'Q} + S_{\triangle AB'Q}$$
$$= \frac{1}{2} AC' \cdot AQ \sin \angle C'AQ + \frac{1}{2} AQ \cdot AB' \sin \angle B'AQ$$
$$= \frac{1}{2} AP \cdot AQ (\sin \angle C'AQ + \sin \angle B'AQ)$$
$$= \frac{1}{2} AP \cdot AQ \cdot 2\sin \frac{\angle C'AQ + \angle B'AQ}{2} \cdot \cos \frac{\angle C'AQ - \angle B'AQ}{2}$$
$$\leq AP \cdot AQ \sin \angle BAC \qquad ①$$

等号当且仅当 $\angle C'AQ = \angle B'AQ$，即 $\angle PAB = \angle QAC$ 时成立.

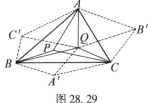

图 28.29

同理

$$S_{\triangle BA'Q} + S_{\triangle BC'Q} \leq BP \cdot BQ \sin \angle ABC \qquad ②$$

等号当且仅当 $\angle PBC = \angle QBA$ 时成立.
$$S_{\triangle CA'Q} + S_{\triangle CB'Q} \leqslant CP \cdot CQ \sin \angle ACB \qquad ③$$
等号当且仅当 $\angle PCB = \angle QCA$ 时成立.

由①+②+③,并注意到
$$2S_{\triangle ABC} = S_{\triangle AC'Q} + S_{\triangle AB'Q} + S_{\triangle BA'Q} + S_{\triangle BC'Q} + S_{\triangle CA'Q} + S_{\triangle CB'Q}$$
则
$$AP \cdot AQ \sin \angle BAC + BP \cdot BQ \sin \angle ABC + CP \cdot CQ \sin \angle ACB \geqslant 2S_{\triangle ABC}$$
又
$$S_{\triangle ABC} = \frac{1}{2} AB \cdot AC \sin \angle BAC = \frac{1}{2} AB \cdot BC \sin \angle ABC$$
$$= \frac{1}{2} AC \cdot BC \sin \angle ACB$$
所以
$$\frac{AP \cdot AQ}{AB \cdot AC} + \frac{BP \cdot BQ}{AB \cdot BC} + \frac{CP \cdot CQ}{AC \cdot BC} \geqslant 1$$
等号当且仅当 $\angle PAB = \angle QAC, \angle PBC = \angle QBA, \angle PCB = \angle QCA$ 时成立.

推论 设点 P 为 $\triangle ABC$ 内一点,则
$$\frac{AP^2}{AB \cdot AC} + \frac{BP^2}{AB \cdot BC} + \frac{CP^2}{AC \cdot BC} \geqslant 1$$
等号当且仅当点 P 为 $\triangle ABC$ 的内心时成立.

6. **证法 1** 如图 28.30,延长 AH 交 BC 于点 K,交圆 O 于点 L,联结 OL 交 BC 于点 D,则 $HK = KL$. 从而 $DH = DL$,且 $OD + DH = OL = R$(圆 O 的半径).

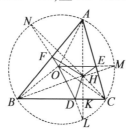

图 28.30

类似地,有 $E \in CA, F \in AB$,使 $OE + EH = OF + FH = R$.
联结 OB, OC, OA,则
$$\angle BOD = 2\angle BAL = 2(90° - \angle B) = 180° - 2\angle B$$
同理
$$\angle COD = 180° - 2\angle C$$
于是

$$\frac{BD}{DC}=\frac{S_{\triangle OBD}}{S_{\triangle ODC}}=\frac{\sin\angle BOD}{\sin\angle COD}=\frac{\sin 2B}{\sin 2C}$$

同理
$$\frac{CE}{EA}=\frac{\sin 2C}{\sin 2A},\frac{AF}{FB}=\frac{\sin 2A}{\sin 2B}$$

从而
$$\frac{BD}{DC}\cdot\frac{CE}{EA}\cdot\frac{AF}{FB}=1$$

由塞瓦定理的逆定理知 AD,BE,CF 三线共点.

证法 2 如图 28.30,设三条高分别交圆 O 于点 L,M,N. OL 交 BC 于点 D, OM 交 CA 于点 E, ON 交 AB 于点 F. 同证法 1,有 $D\in BC, E\in CA, F\in AB$ 满足条件.

由 $\angle BOD=2\angle BAL=2\angle BCN=\angle BOF$. 同理
$$\angle COD=\angle COE,\angle AOE=\angle AOF$$

注意 $\frac{BD}{DC}=\frac{\sin\angle BOD}{\sin\angle COD}$ 等三式,即证结论.

证法 3 如图 28.31,作点 P 关于 BC,CA,AB 的对称点 L,M,N,联结 QL, QM,QN,BL,LC,CM,MA,AN,NB.

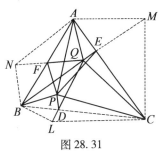

图 28.31

由作图知
$$PD=DL,PD+DQ=LQ$$
同理
$$PE+EQ=MQ,PF+FQ=NQ$$

因为 $\angle LCB=\angle PCB=\angle QCA$,所以 $\angle QCL=\angle ACB$.

同理 $\angle QCM=\angle ACB$. 所以 $\angle QCL=\angle QCM$.

又因为 $CL=CP=CM,CQ=CQ$,所以 $\triangle LCQ\cong\triangle MCQ$,故 $LQ=MQ$.

同理 $MQ=NQ$. 所以
$$PD+DQ=PE+EQ=PF+FQ$$

由 $\triangle LCQ\cong\triangle MCQ$ 同时得到 $\angle CQL=\angle CQM$.

同理 $\angle AQM = \angle AQN, \angle BQN = \angle BQL$.

又因为
$$\frac{BD}{DC} = \frac{S_{\triangle QBD}}{S_{\triangle QDC}} = \frac{QB\sin\angle BQL}{QC\sin\angle CQL}$$

同理
$$\frac{CE}{EA} = \frac{QC\sin\angle CQM}{QA\sin\angle AQM}, \frac{AF}{FB} = \frac{QA\sin\angle AQN}{QB\sin\angle BQN}$$

所以
$$\frac{BD}{DC} \cdot \frac{CE}{EA} \cdot \frac{AF}{FB} = 1$$

所以 AD, BE, CF 三线共点.

注:该题的推广命题,设点 P, Q 为 $\triangle ABC$ 内的一对等角共轭点. 则在 BC, CA, AB 上分别存在点 D, E, F,使
$$PD + DQ = PE + EQ = PF + FQ$$
且 AD, BE, CF 三线共点.

7. 如图 28.32,设 BP 的延长线与 AC, CP 的延长线与 AB 的交点分别为点 X, Y.

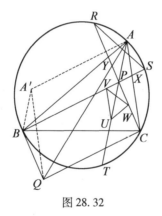

图 28.32

由
$$WV /\!/ RS \Rightarrow \angle VWP = \angle PRS = \angle PBC$$
$$\Rightarrow V, W, C, B \text{ 四点共圆}$$
$$\Rightarrow PV \cdot PB = PW \cdot PC$$

由于 $VU /\!/ AC$,故
$$\frac{PV}{PU} = \frac{PX}{PA}$$

类似地,有

$$\frac{PW}{PU} = \frac{PY}{PA}.$$

两式相除,并结合式①得

$$\frac{PV}{PW} = \frac{PX}{PY} \Rightarrow PX \cdot PB = PY \cdot PC$$

$$\Rightarrow X, Y, B, C \text{ 四点共圆}$$

$$\Rightarrow \angle PBA = \angle PCA$$

接下来作 $\square AA'BP$.

由 $\square PBQC$ 知 $\triangle PAC$ 平移后即得 $\triangle BA'Q$. 故

$$\angle A'QB = \angle ACP = \angle PBA = \angle A'AB$$

从而,A, A', B, Q 四点共圆. 所以

$$\angle CAP = \angle QA'B = \angle BAQ$$

8. 如图 28.33,设点 D 为 $\overset{\frown}{BC}$ 的中点,点 N 为 BC 的中点,点 P 在 AC 上的正投影为 X,则 X, K, L, N, C, P 六点共圆.

由 $\angle PNX = \angle PCA = \angle PDA \Rightarrow NX // KL \Rightarrow LN = KX$, $\angle LCN = \angle KCA$.

又 $\angle BAK = \angle LAC$,所以点 K, L 关于 $\triangle ABC$ 等角共轭. 于是

$$\angle MBC = \angle CBL = \angle KBA, \angle BCM = \angle LCB = \angle ACK$$

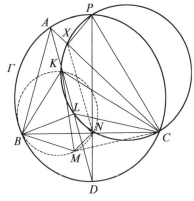

图 28.33

从而,点 A, M 关于 $\triangle KBC$ 等角共轭,有

$$\angle BNM = \angle LNB = \angle LKC = \angle BKM$$

所以,B, M, N, K 四点共圆.

9. 如图 28.34,类似地,定义 A_2, A_3. 因为中位线

$$A_1B_1 // AB, B_1C_1 // BC, C_1A_1 // CA$$

所以,由比例线段定理及塞瓦定理,知

$$\frac{C_1A_3}{A_3B_1} \cdot \frac{B_1C_3}{C_3A_1} \cdot \frac{A_1B_3}{B_3C_1} = \frac{BA_2}{A_2C} \cdot \frac{AC_2}{C_2B} \cdot \frac{CB_2}{B_2A} = 1$$

由塞瓦定理的逆定理,知点 K 在 A_1A_3 上.

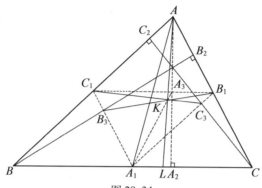

图 28.34

设 $BC=a, CA=b, AB=c$. 由梅涅劳斯定理知

$$\frac{A_1K}{KA_3} \cdot \frac{A_3C_1}{C_1B_1} \cdot \frac{B_1C_3}{C_3A_1} = 1, \frac{A_1K}{KA_3} \cdot \frac{A_3A}{AA_2} \cdot \frac{A_2L}{LA_1} = 1$$

故

$$\frac{A_2L}{LA_1} = \frac{AA_2}{A_2A} \cdot \frac{A_3C_1}{C_1B_1} \cdot \frac{B_1C_3}{C_3A_1} = 2 \cdot \frac{c\cos B}{a} \cdot \frac{b\cos A}{a\cos B} = \frac{2bc\cos A}{a^2}$$

将此比值设为 r,则

$$c\cos B + b\cos C = a$$

$$A_1A_2 = \frac{1}{2}a - b\cos C = \frac{c\cos B - b\cos C}{2}$$

故

$$\frac{BL}{LC} = \frac{c\cos B - \dfrac{r}{1+r} \cdot \dfrac{c\cos B - b\cos C}{2}}{b\cos C + \dfrac{r}{1+r} \cdot \dfrac{c\cos B - b\cos C}{2}}$$

$$= \frac{2c\cos B + r(c\cos B + b\cos C)}{2b\cos C + r(c\cos B + b\cos C)}$$

$$= \frac{2c\cos B + \dfrac{2bc\cos A}{a}}{2b\cos C + \dfrac{2bc\cos A}{a}}$$

$$= \frac{c(a\cos B + b\cos A)}{b(a\cos C + c\cos A)}$$

$$= \frac{c^2}{b^2}$$

而

$$\frac{BL}{LC} = \frac{c\sin\angle BAL}{b\sin\angle CAL}$$

所以

$$\frac{\sin\angle BAL}{\sin\angle CAL} = \frac{c}{b}$$

又点 A_1 为 BC 的中点,所以

$$1 = \frac{BA_1}{A_1C} = \frac{c\sin\angle CAA_1}{b\sin\angle CAA_1}$$

故

$$\frac{\sin\angle BAL}{\sin\angle CAL} = \frac{\sin\angle CAA_1}{\sin\angle BAA_1}$$

由

$$\angle BAL + \angle CAL = \angle CAA_1 + \angle BAA_1 = \angle BAC$$

知

$$\angle BAL = \angle CAA_1, \angle CAL = \angle BAA_1$$

第29章 三角形的共轭中线

定义1 三角形的一个顶点与对边中点的连线称为三角形的中线,这条中线关于这个顶角的平分线对称的线称为三角形的共轭中线(或陪位中线).

显然,直角三角形斜边上的高线就是斜边上的共轭中线.

为了方便讨论问题,将三角形边的中点看作边的内中点,则三角形的中线可称为三角形的内中线,其共轭中线也称为内共轭中线.三角形的三条内共轭中线的交点称为内共轭重心(或共轭重心,这可由下面的性质(1)及塞瓦定理的逆定理推证).

无穷远点可看作线段的外中点.于是,我们有:

定义2 过三角形的一个顶点且平行于对边的直线称为三角形的外中线.任两条外中线的交点称为三角形的旁重心.

显然,三角形的一个顶角处的外中线、内中线、两条边组成调和线束,且过这个顶点的圆截这四条射线的交点组成调和四边形的四个顶点.

定义3 三角形的外中线在这个顶点处关于顶角平分线对称的直线称为三角形的外共轭中线.任两条外共轭中线的交点称为旁共轭重心.

显然,三角形的外共轭中线就是在三角形顶点处的外接圆的切线.

如图29.1,点设 M 为 $\triangle ABC$ 的边 BC 的中点,AT 为 $\angle BAC$ 的平分线,若 AD 关于 AT 与 AM 对称,则 AD 为内共轭中线;若 $AN \parallel BC$ 交圆 ABC 于点 N,则 AN 为 $\triangle ABC$ 的外中线;若 AE 关于 AT 与 AN 对称,则 AE 为外共轭中线.注意到 $\angle BAM = \angle CAD$,则 $\angle BAN = \angle CAE$,即 $\angle CAE = \angle ABC$,从而 AE 为圆 ABC 的切线.反之,若 AE 为圆 ABC 的切线,则推知 AE 关于 $\angle BAC$ 的平分线 AT 对称的直线为外中线 AN.

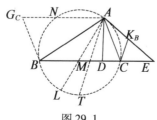

图29.1

在图 29.1 中,AN,AM,AB,AC 为调和线束. 若 AM 交外接圆于点 L, 则四边形 $NBLC$ 为调和四边形. 图 29.1 中的点 G_C,K_B 分别为 $\triangle ABC$ 的一个旁重心、旁共轭重心.

三角形的内、外共轭中线有如下性质:

性质 1 在 $\triangle ABC$ 中,点 D 在边 BC 上,点 E 在边 BC 的延长线上,则:

(1) AD 为 $\triangle ABC$ 的内共轭中线的充要条件是 $\dfrac{AB^2}{AC^2}=\dfrac{BD}{DC}$;

(2) AE 为 $\triangle ABC$ 的外共轭中线的充要条件是 $\dfrac{AB^2}{AC^2}=\dfrac{BE}{EC}$.

证明 (1) 如图 29.2,设点 M 为边 BC 的中点,则 $BM=MC$. 过 A,M,D 三点的圆交 AB 于点 B_1,交 AC 于点 C_1,则

$$AD \text{ 为 } \triangle ABC \text{ 的内共轭中线} \Leftrightarrow \angle BAM = \angle CAD \Leftrightarrow \overset{\frown}{B_1M} = \overset{\frown}{DC_1}$$

$$\Leftrightarrow B_1C_1 /\!/ BC \Leftrightarrow \dfrac{AB}{AC} = \dfrac{BB_1}{CC_1}$$

$$\Leftrightarrow \dfrac{AB^2}{AC^2} = \dfrac{BB_1 \cdot AB}{CC_1 \cdot AC} = \dfrac{BM \cdot BD}{CM \cdot CD} = \dfrac{BD}{DC}$$

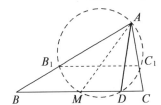

图 29.2

(2) 如图 29.3,作 $\triangle ABC$ 的外中线 AN,则 $\angle NAB = \angle ABC$.

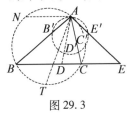

图 29.3

故

AE 为 $\triangle ABC$ 的外共轭中线 $\Leftrightarrow \angle NAT = \angle TAE \Leftrightarrow \angle NAB = \angle CAE$

$$\Leftrightarrow \angle CBA = \angle CAE \Leftrightarrow \triangle BAE \backsim \triangle ACE$$

$$\Leftrightarrow \dfrac{BA}{AC} = \dfrac{AE}{CE} = \dfrac{BE}{AE} \Leftrightarrow \dfrac{AB^2}{AC^2} = \dfrac{AE \cdot BE}{CE \cdot AE} = \dfrac{BE}{EC}.$$

推论 1 三角形的一个顶点处的内共轭中线、外共轭中线、两条边组成调

和线束,且过这个顶点的圆截这四条射线的交点组成调和四边形的四个顶点.

事实上,如图 29.3 所示,由 $\dfrac{BD}{DC}=\dfrac{AB^2}{AC^2}=\dfrac{BE}{EC}$,即知点 B,C,D,E 为调和点列,亦即知 AD,AE,AB,AC 为调和线束.若过顶点 A 的圆与 AD,AE,AB,AC 分别交于点 D',E',B',C',则四边形 $B'D'C'E$ 为调和四边形.

显然,在图 29.3 中,点 E 为边 BC 延长线的上一点,所以 AE 为 $\triangle ABC$ 的外共轭中线的充要条件是 $AE^2 = EB \cdot EC$.

性质 2　在锐角 $\triangle ABC$ 中,点 D 在边 BC 内,点 K_A 为顶点 A 所对应的旁共轭重心(即点 B,C 处切线的交点),则 AD 为 $\triangle ABC$ 的内共轭中线的充要条件是 A,D,K_A 三点共线.

证明　充分性:如图 29.4 所示,当 A,D,K_A 三点共线时,设直线 AD 交圆 ABC 于点 X,联结 BX,XC,则由 $\triangle K_ABX \sim \triangle K_AAB$ 及 $\triangle K_ACX \sim \triangle K_AAC$,有
$$\dfrac{BX}{AB} = \dfrac{K_AB}{K_AA} = \dfrac{K_AC}{K_AA} = \dfrac{CX}{AC}$$

亦有
$$AB \cdot CX = AC \cdot BX$$

①

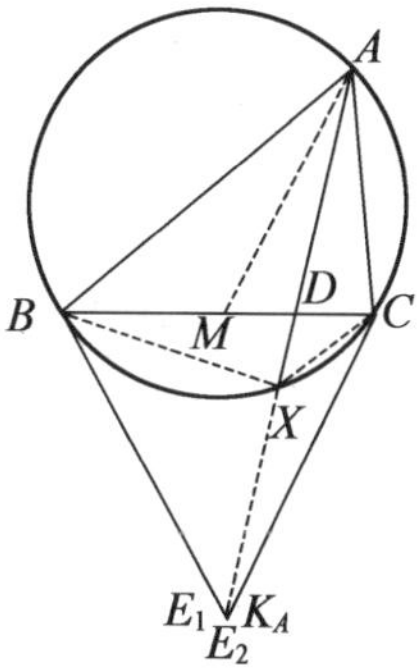

图 29.4

设点 M 为 BC 的中点,联结 AM,在四边形 $ABXC$ 中应用托勒密定理,有
$$AB \cdot CX + AC \cdot BX = BC \cdot AX$$

即
$$2AB \cdot CX = 2BM \cdot AX$$

亦即
$$\dfrac{AB}{BM} = \dfrac{AX}{XC}$$

注意到 $\angle ABM = \angle ABC = \angle AXC$,知 $\triangle ABM \sim \triangle AXC$,则 $\angle BAM = \angle XAC$,从而 AD 为锐角 $\triangle ABC$ 的内共轭中线.

必要性:如图 29.4 所示,当 AD 为锐角 $\triangle ABC$ 的内共轭中线时,即点 M 为 BC 的中点时,有 $\angle BAM = \angle CAD$.设直线 AD 交圆 ABC 于点 X,联结 BX,XC,则由 $\triangle ABM \sim \triangle AXC$ 及 $\triangle ABX \sim \triangle AMC$ 有

$$AB \cdot XC = AX \cdot BM, AC \cdot BX = AX \cdot MC$$

注意到 $BM = MC$,则
$$AB \cdot XC = AC \cdot BX$$

即
$$\frac{AB}{BX} = \frac{AC}{CX} \qquad ②$$

设过点 B 的圆 ABC 的切线与直线 AX 交于点 E_1,过点 C 的圆 ABC 的切线与直线 AX 交于点 E_2,则由性质 1(2),有
$$\frac{BA^2}{BX^2} = \frac{AE_1}{E_1X}, \frac{CA^2}{CX^2} = \frac{AE_2}{E_2X}$$

此时注意到式②,有
$$\frac{AE_1}{E_1X} = \frac{AE_2}{E_2X} \Leftrightarrow \frac{AX}{E_1X} = \frac{AX}{E_2X}$$

从而,点 E_1 与 E_2 重合于点 K_A. 故 A, D, K_A 三点共线.

注:A, D, K_A 三点共线时,由式①及性质 1(1) 可推知,DX 也为钝角 $\triangle BXC$ 的内共轭中线.

由式①,即知四边形 $ABXC$ 为调和四边形. 因而,可推证出如下结论:

推论 2 圆内接四边形为调和四边形的充要条件是其一条对角线为另一条对角线分该四边形所成三角形的内共轭中线.

由性质 2,立即有如下结论:

推论 3 三角形的任两条外共轭中线与第三条内共轭中线交于一点(即一旁共轭重心).

特别地,直角三角形的直角顶点对应的旁共轭重心为无穷远点.

性质 3 在 $\triangle ABC$ 中,点 E 在边 BC 的延长线上,过点 E 作 $\triangle ABC$ 外接圆的切线,切于点 X,联结 AX 交 BC 于点 D,则 AE 为 $\triangle ABC$ 的外共轭中线的充要条件是 AD 为其内共轭中线.

证明 事实上,由推论 1 及调和线束的特性即可得上述结论. 我们另证如下:

如图 29.5,充分性:当 AD 为 $\triangle ABC$ 的内共轭中线时,由性质 2 的必要性证明中的式②,有 $\frac{AB}{AC} = \frac{BX}{CX}$.

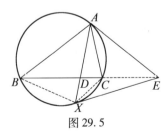

图 29.5

又由性质1(1),对于△ABC有$\frac{AB^2}{AC^2}=\frac{BD}{DC}$.

由性质1(2),对于△BXC,由XE为其外共轭中线,有
$$\frac{BX^2}{CX^2}=\frac{BE}{EC}$$
从而
$$\frac{AB^2}{AC^2}=\frac{BX^2}{CX^2}=\frac{BE}{EC}$$
再对△ABC运用性质1(2),知AE为其外共轭中线.

必要性: 当AE为△ABC的外共轭中线时,此时有$\frac{AB^2}{AC^2}=\frac{BE}{EC}$.

注意到XE为△BXC的外共轭中线,有$\frac{BX^2}{CX^2}=\frac{BE}{EC}$.

从而
$$\frac{AB}{AC}=\frac{BX}{CX}$$
于是
$$\frac{BD}{DC}=\frac{S_{\triangle ABX}}{S_{\triangle ACX}}=\frac{AB\cdot BX}{AC\cdot CX}=\frac{AB^2}{AC^2}$$
即知AD为△ABC的内共轭中线.

注:在图29.5中,AX为△ABC的内共轭中线的充要条件是点A,X处的切线的交点E与B,C三点共线.由性质2知,BC为△ABX的内共轭中线的充要条件也是B,C,E三点共线.由此,又推证了推论2.

性质4 在△ABC中,点D在边BC边上,作DE∥BA交AC于点E,作DF∥CA交AB于点F,则AD为△ABC的内共轭中线的充要条件是B,C,E,F四点共圆.

证明 如图29.6,由DE∥BA,DF∥CA,知
$$AF=DE=AB\cdot\frac{CD}{BC}, AE=FD=AC\cdot\frac{BD}{BC}$$

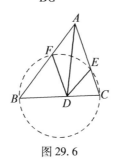

图29.6

于是，由性质 1(1) 知

AD 为 $\triangle ABC$ 的内共轭中线 $\Leftrightarrow \dfrac{AB^2}{AC^2} = \dfrac{BD}{DC} \Leftrightarrow AB^2 = AC^2 \cdot \dfrac{BD}{DC}$

$\Leftrightarrow AB^2 \cdot \dfrac{CD}{BC} = AC^2 \cdot \dfrac{BD}{DC} \cdot \dfrac{CD}{BC} = AC^2 \cdot \dfrac{BD}{BC}$

$\Leftrightarrow AB \cdot AB \cdot \dfrac{CD}{BC} = AC \cdot AC \cdot \dfrac{BD}{BC}$

$\Leftrightarrow AB \cdot AF = AC \cdot AE$

$\Leftrightarrow B, C, E, F$ 四点共圆

推论 4 在直角三角形中，斜边上高线的垂足在两直角边上的射影、斜边两端点这四点共圆.

性质 5 在锐角 $\triangle ABC$ 中，点 D 在边 BC 上，过 A, B 两点且与 AC 切于点 A 的圆 O_1 与过 A, C 两点且与 AB 切于点 A 的圆 O_2 的公共弦为 AQ，则 AD 为 $\triangle ABC$ 的内共轭中线的充要条件是 AD 与 AQ 重合（或 A, Q, D 三点共线）.

证明 如图 29.7，作 $\triangle ABC$ 的外接圆.

充分性：当直线 AD 与 AQ 重合时，设此重合的直线与圆 ABC 交于点 S，联结 BS, CS, BQ, CQ，则由题设，知

$$\angle ABQ = \angle CAQ = \angle CBS, \angle BCS = \angle BAQ = \angle ACQ$$

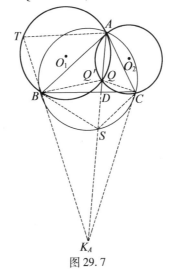

图 29.7

从而 $\triangle ABQ \sim \triangle CAQ \sim \triangle CBS$，于是

$$\dfrac{AQ}{CS} = \dfrac{AB}{CB}, \dfrac{AQ}{BS} = \dfrac{CA}{CB}$$

上述两式相除，有

$$\frac{BS}{CS} = \frac{AB}{AC}$$

所以 $\frac{BD}{DC} = \frac{S_{\triangle BAS}}{S_{\triangle ACB}} = \frac{AB \cdot BS}{AC \cdot CS} = \frac{AB^2}{AC^2}$

由性质1(1)知,AD 为 $\triangle ABC$ 的内共轭中线.

必要性:当 AD 为 $\triangle ABC$ 的内共轭中线时,由性质2知,在圆 ABC 中,B,C 两点处的切线的交点 K_A 在直线 AD 上,如图29.7所示.

设直线 K_AB 交圆 O_1 交点 T,直线 AD 与圆 O_1 交于另一点 Q',联结 BQ', $Q'C, AT$,则

$$\angle BQ'K_A = \angle BTA = \angle BAC = \angle BCK_A$$

即知 B, K_A, C, Q' 四点共圆.

注意到 $K_AB = K_AC$,有 $\angle BQ'K_A = \angle CQ'K_A$,亦有 $\angle BQ'A = \angle AQ'C$.

又由 $\angle ABQ' = \angle CAQ'$,所以有 $\angle BAQ' = \angle ACQ'$.

于是,由弦切角定理的逆定理知,过点 A, Q', C 的圆与 AB 切于点 A,此圆即为圆 O_2.

从而点 Q' 与 Q 重合,故圆 O_1 与圆 O_2 的公共弦 AQ 与直线 AD 重合.

对性质5,钝角三角形也有上述结论(证明留给读者).

又由性质5,我们可得到如下结论:

推论5 在 $\triangle ABC$ 中,点 D 在边 BC 上,点 Q 在线段 AD 上,则 AD 为 $\triangle ABC$ 的内共轭中线的充要条件是 $\angle BQA = \angle AQC$ 且 $\triangle ABQ \backsim \triangle CAQ$.

性质6 在 $\triangle ABC$ 中,点 D 在边 BC 上,在 AB, AC 上分别取点 E, F,使 $EF \parallel BC$,令 BF 与 CE 交于点 P.设完全四边形 $AEBPCF$ 的密克尔点为 M(参见下篇第65章),则 AD 为 $\triangle ABC$ 的内共轭中线的充要条件是 A, D, M 三点共线(或直线 AD 与 AM 重合).

证明 首先注意到完全四边形的密克尔点的性质:

密克尔点与完全四边形中每类四边形的一组对边组成相似三角形. 如图29.8所示,有 $\triangle MEA \backsim \triangle MPF$,$\triangle MBE \backsim \triangle MFC$.

由 $A, B, M, F; A, E, M, C; P, M, C, F$ 分别四点共圆,有 $\angle BAM = \angle BFM$,即

$$\angle EAM = \angle PFM, \angle AEM = 180° - \angle MCF = \angle FPM$$

由此知 $\triangle MEA \backsim \triangle MPF$.

由 $\angle EBM = \angle CFM$ 及 $\angle BEM = \angle FCM$ 知 $\triangle MBE \backsim \triangle MFC$. 于是由这两对相似三角形有

$$\frac{AE}{FP} = \frac{ME}{MP}, \frac{BE}{FC} = \frac{ME}{MC}$$

即

$$AE = \frac{ME}{MP} \cdot FP, BE = \frac{ME}{MC} \cdot FC \qquad ③$$

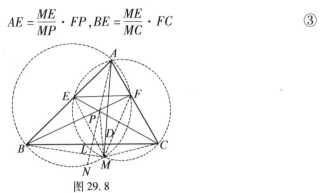

图 29.8

由 $EF \parallel BC$ 知四边形 $BCFE$ 为梯形,由梯形性质,知直线 AP 分别过 EF, BC 的中点,从而直线 AP 为 $\triangle ABC$ 的边 BC 上的内中线所在直线. 此时,还有

$$\frac{AE}{EB} = \frac{AF}{FC} \qquad ④$$

将式③代入式④,有

$$\frac{MC \cdot FP}{MP \cdot FC} = \frac{AF}{FC}$$

即

$$\frac{CM}{MP} = \frac{AF}{FP}$$

注意到 $\angle CMP = \angle AFP$(P,M,C,F 四点共圆),则 $\triangle CMP \backsim \triangle AFP$,有 $\angle MCP = \angle FAP$.

于是

AD 为 $\triangle ABC$ 的内共轭中线

$\Leftrightarrow \angle BAP = \angle CAD$

$\Leftrightarrow \angle BAD = \angle CAP = \angle FAP = \angle MCP = \angle MAE = \angle BAM$

$\Leftrightarrow$ 直线 AD 与直线 AM 重合(或 A,D,M 三点共线)

注:在性质6中,我们给出的完全四边形 $AEBPCF$ 有两条对角线平行,即 $EF \parallel BC$,其实对于一般的完全四边形 $AEBPCF$,若设点 M 为其密克尔点,则 $\angle BAM = \angle CAP \Leftrightarrow EF \parallel BC$.

事实上,$\angle BAM = \angle CAP \Leftrightarrow \angle PCM = \angle ECM = \angle BAM = \angle CAP = \angle PAF$,注意有

$$\angle CMP = \angle AFP \Leftrightarrow \triangle CMP \backsim \triangle AFP \Leftrightarrow \frac{CM}{MP} = \frac{AF}{FP}$$

$$\underset{\text{式①代入}}{\Longleftrightarrow} \frac{\frac{ME}{BE} \cdot FC}{\frac{ME}{AE} \cdot FP} = \frac{AF}{FP} \Leftrightarrow \frac{AE}{EB} = \frac{AF}{FC}$$

$\Leftrightarrow EF // BC$

又在图 29.8 中,若直线 AP 交圆 ABF 于点 N,交圆 AEC 于点 L,则:
$NM // BF \Leftrightarrow \angle BFM$ 与 $\angle FMN$ 互补(或相等)$\Leftrightarrow \angle BAM = \angle FAN \Leftrightarrow EF // BC$;
$ML // EC \Leftrightarrow \angle ECM$ 与 $\angle CML$ 互补(或相等)$\Leftrightarrow \angle EAM = \angle CAP \Leftrightarrow EF // BC$.

于是,我们有:

推论 6 在 $\triangle ABC$ 中,点 E, F 分别在边 AB, AC 上,BF 与 CE 交于点 P. 设完全四边形 $AEBPCF$ 的密克尔点为点 M,直线 AP 交圆 ABF 于点 N,交圆 AEC 于点 L,则 AM 所在直线为 $\triangle ABC$ 的内共轭中线所在的直线的充要条件是下述三条件之一:

(1) $EF // BC$;(2) $NM // BF$;(3) $LM // EC$.

注:本丛书中的《平面几何范例多解探究》(上篇)中给出了共轭中线的 17 种作法.

例 1 (2003 年全国高中联赛题)$\angle APB$ 内有一内切圆与边于 A, B 两点,PCD 是任一割线交圆于 C, D 两点,点 Q 在 CD 上,且 $\angle QAD = \angle PBC$. 证明:$\angle PAC = \angle QBD$.

证明 如图 29.9,联结 AB,则由性质 3,知 AB 为 $\triangle ACD$ 的内共轭中线. 由 $\angle QAD = \angle PBC = \angle CAB$ 知,点 Q 为 CD 的中点. 于是,对 $\triangle BCD$,有 $\angle QBD = \angle CBA = \angle PAC$,其中注意到 AB 也为 $\triangle BCD$ 的内共轭中线.

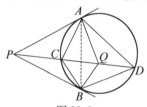

图 29.9

例 2 (2006 年福建省竞赛题)如图 29.10,圆 O 为 $\triangle ABC$ 的外接圆,AM,AT 分别为中线和角平分线,过点 B, C 的圆 O 的切线相交于点 P,联结 AP 与 BC 和圆 O 分别交于点 D, E. 求证:点 T 是 $\triangle AME$ 的内心.

证明 如图 29.10,联结 BE, EC. 由性质 2,知 AE 为 $\triangle ABC$ 的内共轭中线,有 $\angle BAM = \angle CAE$,注意 AT 为 $\angle BAC$ 的平分线,从而知 AT 平分 $\angle MAE$.

此时 DE 也为 $\triangle BCE$ 的内共轭中线,有 $\angle BEM = \angle AEC$.

注意到 $\angle EBM = \angle EAC$,知 $\triangle BME \backsim \triangle ACE$,即 $\angle BME = \angle ACE$.

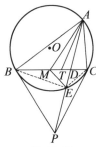

图 29.10

又由 $\triangle AMB \backsim \triangle ACE$,有 $\angle AMB = \angle ACE$.

从而知 $\angle AMT = \angle EMT$,即 MT 平分 $\angle AME$.

故点 T 为 $\triangle AME$ 的内心.

例3 (2009 年全国高中联赛题) 如图 29.11,点 M,N 分别为锐角 $\triangle ABC$ ($\angle A < \angle B$) 的外接圆 Γ 上 $\overparen{BC}$,$\overparen{AC}$ 的中点,过点 C 作 $PC \parallel MN$ 交圆 Γ 于点 P,点 I 为 $\triangle ABC$ 的内心,联结 PI 并延长交圆 Γ 于点 T.

(1) 求证:$MP \cdot MT = NP \cdot NT$;

(2) 在 $\overparen{AB}$ (不含点 C) 上任取一点 $Q(Q \neq A, T, B)$,设 $\triangle AQC$, $\triangle QCB$ 的内心分别为 I_1, I_2. 求证:Q, I_1, I_2, T 四点共圆.

证明 (1) 联结 NI, MI, MC,由内心性质知 $IN = NC, IM = MC$. 由 $PC \parallel NM$ 知,四边形 $NMCP$ 为等腰梯形,由此推知四边形 $IMPN$ 为平行四边形,从而直线 PI 过 NM 的中点. 此时,PC, PT 为 $\triangle PNM$ 的外中线与内中线. 于是 PC, PT, PM, PN 为调和线束,即知四边形 $CMTN$ 为调和四边形,于是

$$CN \cdot MT = CM \cdot NT \qquad ①$$

注意到 $NP = CM, CN = PM$,故

$$MP \cdot MT = NP \cdot NT$$

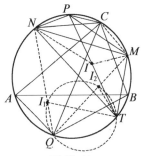

图 29.11

(2) 由式①并注意内心性质,有 Q, I_1, N 及 Q, I_2, M 分别三点共线,且

$$CM \cdot NT = MT \cdot NC \Leftrightarrow \frac{CM}{NC} = \frac{MT}{NT} \Leftrightarrow \frac{I_2 M}{I_1 N} = \frac{MT}{NT}$$
$$\Leftrightarrow \frac{I_1 N}{NT} = \frac{I_2 M}{MT}$$
$$\Leftrightarrow \triangle I_1 NT \backsim \triangle I_2 MT$$
$$\Leftrightarrow \angle I_1 TN = \angle I_2 TM$$
$$\Leftrightarrow \angle I_1 TI_2 = \angle NTM = \angle NQM = \angle I_1 QI_2$$
$$\Leftrightarrow Q, I_1, I_2, T \text{ 四点共圆}$$

例 4 (2011年全国高中联赛题)设点 P,Q 分别是圆内接四边形 $ABCD$ 的对角线 AC,BD 的中点. 若 $\angle BPA = \angle DPA$,证明:$\angle AQB = \angle CQB$.

证明 如图 29.12,延长 DP 交圆于点 F,则
$$\angle CPF = \angle DPA = \angle BPA$$

注意到点 P 为 AC 的中点,由圆的对称性知 $\overset{\frown}{AB} = \overset{\frown}{FC}$,从而 $BF // AC$.

联结 AF, FC,即知 FB, FD 为 $\triangle AFC$ 的外中线和内中线,从而知 FB, FD, FA, FC 为调和线束. 于是四边形 $ABCD$ 为调和四边形.

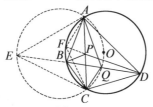

图 29.12

由推论 2,知 AC 为 $\triangle BCD$(或 $\triangle ABD$)的内共轭中线. 此时,又由性质 3 知,点 A, C 处的圆的切线交点 E 于直线 DB 上.

设四边形 $ABCD$ 的外接圆圆心为 O,注意到点 Q 为 BD 的中点,则知 A, E, C, Q, O 五点共圆. 在此圆中,由 $EA = EC$,则知 $\angle AQB = \angle CQB$.

例 5 (2013年北方数学奥林匹克竞赛题)如图 29.13,点 A, B 是圆 O 上的两个定点,点 C 是优弧 $\overset{\frown}{AB}$ 的中点,点 D 是劣弧 $\overset{\frown}{AB}$ 上任一点,过点 D 作圆 O 的切线与圆 O 在点 A, B 处的切线分别交于点 E, F, CE, CF 与弦 AB 分别交于点 G, H. 求证:线段 GH 的长为定值.

证明 如图 29.13,联结 AC, AD,联结 CD 交 AB 于点 K,过点 C 作圆的切线 TS. 由于点 C 为优弧 $\overset{\frown}{AB}$ 的中点,则 $TS // AB$.

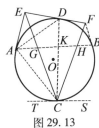

图 29.13

由性质 2,知 CE,CT 分别为 $\triangle CDA$ 的内共轭中线和外共轭中线. 又由推论 1,知 CT,CE,CA,CD 组成调和线束. 注意到 $AK\parallel CT$,则由调和线束的性质,知:调和线束中的一射线的任一平行线段被其他三条射线截出相等的线段.

从而知点 G 为 AK 的中点.

同理,点 H 为 KB 的中点. 故 $GH=\dfrac{1}{2}AB$ 为定值.

例6 (2010年第1届陈省身杯数学奥林匹克竞赛题)在 $\triangle ABC$ 中,点 D,E 分别为边 AB,AC 的中点,BE 与 CD 交于点 G,$\triangle ABE$ 的外接圆与 $\triangle ACD$ 的外接圆交于点 $P(P\neq A)$,AG 的延长线与 $\triangle ACD$ 的外接圆交于点 $L(L\neq A)$. 证明:$PL\parallel CD$.

证明 如图 29.14,联结 DE,由点 D,E 分别为边 AB,AC 的中点知 $DE\parallel BC$. 显然点 P 为完全四边形 $ADBGCE$ 的密克尔点. 从而由性质 6 知,AP 为 $\triangle ABC$ 的内共轭中线,由推论 6(3) 即知 $PL\parallel CD$.

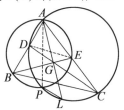

图 29.14

例7 (2010年中国国家集训队选拔赛题)在锐角 $\triangle ABC$ 中,$AB>AC$,点 M 是边 BC 的中点,点 P 是 $\triangle ABC$ 内一点,使 $\angle MAB=\angle PAC$. 设 $\triangle ABC,\triangle ABP,\triangle ACP$ 的外心分别为 O,O_1,O_2. 证明:直线 AO 平分线段 O_1O_2.

证明 如图 29.15,由 $\angle MAB=\angle PAC$ 及点 M 为边 BC 的中点,知 AP 为 $\triangle ABC$ 的内共轭中线. 于是,由性质 5 知,存在过 A,B 两点且与 AC 切于点 A 的圆 O_1' 和过 A,C 两点且与 AB 切于点 A 的圆 O_2',这两圆的公共弦 AQ 与直线 AP 重合. 此时 O_1,O_1',O 及 O_2,O_2',O 分别三点共线,且 $O_1O_2\perp AP$,$O_1'O_2'\perp AQ$. 从而 $O_1O_2\parallel O_1'O_2'$.

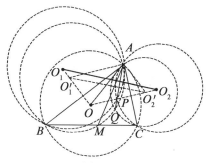

图 29.15

注意到 $O_1'A \perp AC, OO_2' \perp AC$,知 $O_1'A \parallel OO_2'$.同理 $AO_2' \parallel O_1'O$.

于是,四边形 $OO_2'AO_1'$ 为平行四边形,所以 AO 平分 $O_1'O_2'$,即 AO 为 $\triangle OO_1'O_2'$ 的中线.

从而 AO 也为 $\triangle OO_1O_2$ 的中线,故 AO 平分线段 O_1O_2.

例 8 (2005 年中国国家集训队测试题)设锐角 $\triangle ABC$ 的外接圆为 w,过点 B,C 作圆 w 的两条切线相交于点 P,联结 AP 交 BC 于点 D,点 E,F 分别在边 AC,AB 上,使 $DE \parallel BA$,$DF \parallel CA$.

(1)求证:F,B,C,E 四点共圆;

(2)若设过 F,B,C,E 的圆的圆心为 A_1,类似地定义 B_1,C_1,则直线 AA_1,BB_1,CC_1 三线共点.

证明 (1)如图 29.16(a),由性质 2 知,AD 为 $\triangle ABC$ 的内共轭中线.再由性质 4,即知 F,B,C,E 四点共圆.

(2)如图 29.16(b),因 AD 为 $\triangle ABC$ 的一条内共轭中线,设 $\triangle ABC$ 的另外两条内共轭中线 BJ,CK 交于点 G,则由性质 1(1)及塞瓦定理的逆定理知,AD 也过点 G(内共轭重心).过点 G 分别作 $M_1N_1 \parallel BC, F_1T_1 \parallel AC, S_1E_1 \parallel BA$,其交点如图 29.16(b)所示.

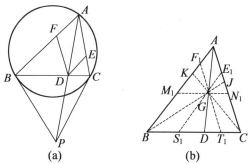

图 29.16

因 $\triangle AM_1N_1$ 与 $\triangle ABC$ 位似,由(1)知在 $\triangle ABC$ 中有 B,C,E,F 四点共圆,从

而在 $\triangle AM_1N_1$ 中,有 M_1, N_1, E_1, F_1 四点共圆.

类似地,有 F_1, T_1, S_1, M_1 及 E_1, S_1, T_1, N_1 分别四点共圆.

由戴维斯定理知,$F_1, M_1, S_1, T_1, N_1, E_1$ 六点共圆. 设该圆圆心为 O,注意到圆 A 与圆 O 的位似中心是 A,从而知直线 AA_1 过点 O.

同理,直线 BB_1, CC_1 也过点 O. 故直线 AA_1, BB_1, CC_1 共点.

例9 (2010年中国国家集训队测试题) 如图29.17,设凸四边形 $ABCD$ 的两组对边的延长线分别交于点 E, F. $\triangle BEC$ 的外接圆与 $\triangle CFD$ 的外接圆交于点 C, P. 求证:$\angle BAP = \angle CAD$ 的充分必要条件是 $BD \parallel EF$.

证明 如图29.17,注意到点 P 为完全四边形 $ABECFD$ 的密克尔点,显然,可类似于性质6证明后的注而证. 这里,我们另证如下:

设过 A, E, D 三点的圆的圆心为 O_1,过 A, B, F 三点的圆的圆心为 O_2,则由完全四边形密克尔定理知,圆 O_1 与圆 O_2 交于点 A, P,即 AP 为其公共弦,且 $O_1O_2 \perp AP$.

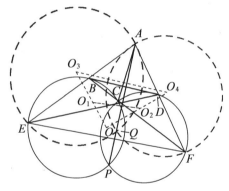

图 29.17

设点 O 为 $\triangle ABC$ 的外心,过点 A, E 且与 AF 切于点 A 的圆为圆 O_3. 过点 A, F 且 AB 切于点 A 的圆为圆 O_4,则由性质5,知这两圆的公共弦 AQ 是 $\triangle AEF$ 的内轭中线,且 $O_3O_4 \perp AQ$.

此时,O, O_1, O_3 及 O, O_2, O_4 分别三点共线(均分别在 AE, AF 的中垂线上). 注意到

$$\frac{OO_1}{O_1O_3} = \frac{\frac{1}{2}(FA - DA)}{\frac{1}{2}DA} = \frac{FD}{DA}, \frac{OO_2}{O_2O_4} = \frac{\frac{1}{2}(EA - BA)}{\frac{1}{2}BA} = \frac{EB}{BA}$$

于是

$$\angle BAP = \angle CAD \Leftrightarrow AP \text{ 与 } AQ \text{ 重合}$$
$$\Leftrightarrow O_1O_2 \parallel O_3O_4 \Leftrightarrow \frac{OO_1}{O_1O_3} = \frac{OO_2}{O_2O_4}$$

$$\Leftrightarrow \frac{EB}{BA} = \frac{FD}{DA}$$
$$\Leftrightarrow BD /\!/ EF$$

思 考 题

1. 已知两圆内切,点 P 为大圆上的一点,大圆的两条弦 PA 和 PB 切小圆于点 E 和 F. 证明: $EF^2 = 4AE \cdot BF$.

2. (2003 年土耳其数学奥林匹克竞赛题)已知一个圆与 $\triangle ABC$ 的边 AB, BC 相切,也和 $\triangle ABC$ 的外接圆切于点 T. 若点 I 是 $\triangle ABC$ 的内心,证明: $\angle ATI = \angle CTI$.

3. 设圆 O_1 与圆 O_2 交于点 M, N, MA 是圆 O_2 的切线交 O_1 于点 A, MB 是圆 O_1 的切线交圆 O_2 于点 B, 直线 AB 分别交圆 O_1, 圆 O_2 于点 C, D, MN 交 AB 于点 P. 求证: $\dfrac{AP}{BP} = \dfrac{AD}{BC}$.

4. (2007 年陕西竞赛题改编)在 $\triangle ABC$ 中, $AB > AC$, 过点 A 作 $\triangle ABC$ 的外接圆的切线交 BC 的延长线于点 D, 点 E 为 AD 的中点, 联结 BE 交 $\triangle ABC$ 的外接圆于点 F, 若点 M 为 CD 的中点, 则 $\angle CAF = \angle DAM$.

5. (2008 年陕西竞赛题) AB 是半圆圆 O 的直径, 点 C 是 $\overparen{AB}$ 的中点, 点 M 是弦 AC 的中点, $CH \perp BM$, 垂足为 H. 求证: $CH^2 = AH \cdot OH$.

6. (2006 年江西数学竞赛题)在 $\triangle ABC$ 中, $AB = AC$, 点 M 是边 BC 的中点, 点 D, E, F 分别是边 BC, CA, AB 上的点, 且 $AE = AF$, $\triangle AEF$ 的外接圆交线段 AD 于点 P. 若点 P 满足 $PD^2 = PE \cdot PF$. 试证明: $\angle BPM = \angle CPD$.

7. (1997 年全国高中联赛题)已知两个半径不等的圆 O_1 与 O_2 交于 M, N 两点, 且圆 O_1, 圆 O_2 分别与圆 O 内切于点 S, T. 求证: $OM \perp MN$ 的充要条件是 S, N, T 三点共线.

8. 自圆外一点 P 作圆的两条切线 PS, PT(点 S, T 为切点), 再过点 P 作割线与圆交于 A, B 两点, 直线 SA, SB 与切线 PT 分别交于点 Q, R. 证明
$$\frac{1}{PQ} + \frac{1}{PR} = \frac{2}{PT}$$

思考题 参考解答

1. 如图 29.18, 设两圆内切于点 T, 取 EF 的中点 Q.

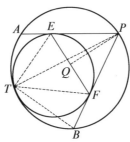

图 29.18

由性质 2 知，$\angle ETP = \angle QTF$. 注意 TF 平分 $\angle BTP$. 推知 $\triangle BFT \backsim \triangle QET$，有

$$\frac{BF}{FT} = \frac{QE}{EF} \qquad ①$$

由 $\triangle AET \backsim \triangle QFT$，有

$$\frac{AE}{ET} = \frac{QF}{FT} = \frac{QE}{FT} \qquad ②$$

由式①②有

$$AE \cdot BF = QE^2 = \frac{1}{4}EF^2$$

即证.

2. 如图 29.19，设圆与 AB，BC 切于点 P，Q，则由曼海姆定理知，点 I 为 PQ 的中点. 延长 TQ 交 $\triangle ABC$ 的外接圆于点 M，则点 M 为 $\overset{\frown}{BC}$ 的中点，即知 A, I, M 三点共线. 联结 BT，由性质 2 知

$$\angle PTI = \angle BTQ = \angle PAI$$

即知 P, A, T, I 四点共圆，有

$$\angle ATI = \angle BPQ$$

同理

$$\angle CTI = \angle BQP$$

注意 $\triangle BPQ$ 为等腰三角形即得结论.

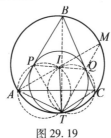

图 29.19

3. 由性质 5, 知 MP 是 $\triangle MAB$ 的内共轭中线, 由性质 1(1) 有 $\dfrac{MA^2}{MB^2}=\dfrac{AP}{PB}$. 再注意到切割线定理即证, 即 $\dfrac{AP}{BP}=\dfrac{MA^2}{MB^2}=\dfrac{AD\cdot AB}{BC\cdot BA}=\dfrac{AD}{BC}$.

4. 如图 29.20, 因为 BD 为切线, 由 $ED^2=EA^2=EF\cdot EB$, 推知 $\triangle DEF \backsim \triangle BED$, 有
$$\angle FDA=\angle DBE=\angle FAC$$
即知存在过 A,F,D 三点的圆与 AC 切于点 A. 由性质 5 知, AF 为 $\triangle ACD$ 的内共轭中线. 故 $\angle CAF=\angle DAM$.

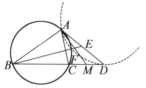

图 29.20

5. 如图 29.21, 显然 O,B,C,H 四点共圆, 且与 AC 切于点 C. 由 $AM^2=MC^2=MH\cdot MB$, 推知 $\triangle AMH \backsim \triangle BMA$, 有 $\angle MAH=\angle MBA=\angle HCO$, 即知存在过 C,H,A 三点的圆且与 CO 切于点 C. 由性质 5, 知 CH 为 $\triangle CAO$ 的内共轭中线. 由推论 5, 知 $\triangle AHC \backsim \triangle CHO$, 故 $CH^2=AH\cdot OH$.

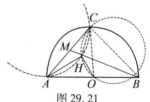

图 29.21

6. 如图 29.22, 由 $AE=AF$ 及 A,F,P,E 四点共圆, 知 AP 平分 $\angle EPF$, 即 $\angle DPF=\angle EPD$. 由 $PD^2=PE\cdot PF$, 即 $\dfrac{DP}{PF}=\dfrac{EP}{PD}$, 知 $\triangle DPF \backsim \triangle EPD$.

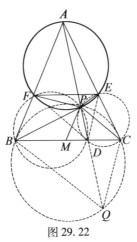

图 29.22

又由 $\angle APE = \angle APF = \dfrac{1}{2}(180° - \angle A) = \angle FBD = \angle ECD$,知 B,D,P,F 及 D,C,E,P 分别四点共圆. 从而推知

$$\angle PBD = \angle PCE, \angle PCD = \angle PBF$$

即 AC,AB 分别与 $\triangle PBC$ 的外接圆相切.

延长 AD 交 $\triangle PBC$ 的外接圆于点 Q,则由性质 2 知,PQ 为 $\triangle BQC$ 的内共轭中线,亦即为 $\triangle PBC$ 的内共轭中线. 故 $\angle BPM = \angle CPD$.

7. 如图 29.23,设直线 NM 交圆 O 于点 B,A,由蒙日定理知,点 S,T 处圆 O 的切线与直线 NM 共点于 P. 设 AS,BS 分别交圆 O_1 于点 E,F,则由 $\angle SAB = \angle PSB = \angle SEF$,知 $EF \parallel MN$,有 $\angle ASM = \angle BSN$. 又由性质 3 知,ST 为 $\triangle SBA$ 的内共轭中线,则

$$OM \perp MN \Leftrightarrow 点 M 为 AB 的中点 \Leftrightarrow \angle BST = \angle ASM = \angle BSN$$
$$\Leftrightarrow S,N,T 三点共线$$

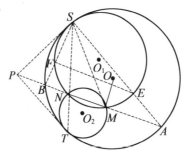

图 29.23

8. 如图 29.24,联结 ST 交 AB 于点 K,则由性质 3(3)知,P,K 调和分割 AB,即知 $SP,SK;SA,SB$ 为调和线束. 由调和线束的性质知,$P,T;Q,R$ 为调和点列.

又由调和点列的性质知所要求的结论成立.

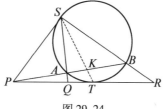

图 29.24

第30章 调和点列

定义1 设 C,D 两点内分与外分同一线段 AB 成同一比例,即 $\dfrac{AC}{CB}=\dfrac{AD}{DB}$,则称点 C 和 D 调和分割线段 AB,或称点 C 是点 D 关于线段 AB 的调和共轭点,亦称点列 A,B,C,D 为调和点列.[1][2][3]

注意,C 和 D 调和分割线段 AB,也可以称 A 和 B 调和分割线段 CD(见性质1).

定义2 若从直线 AB 外一点 P 引射线 PA,PC,PB,PD,则称线束 PA,PB,PC,PD 为调和线束,且 PA 与 PB 共轭,或 PC 与 PD 共轭.

调和点列(或线段的调和分割)有下列有趣的性质:

性质1 设 A,C,B,D 是共线四点,点 M 为 AB 的中点,则 C,D 调和分割线段 AB 的充要条件是满足下述六个条件之一:

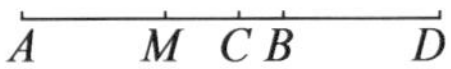

(1) 点 A,B 调和分割 CD;

(2) $\dfrac{1}{AC}+\dfrac{1}{AD}=\dfrac{2}{AB}$;

(3) $AB \cdot CD = 2AD \cdot BC = 2AC \cdot DB$;

(4) $CA \cdot CB = CM \cdot CD$;

(5) $DA \cdot DB = DM \cdot DC$;

(6) $MA^2 = MB^2 = MC \cdot MD$.

图 30.1

证明 (1) 由 $\dfrac{AC}{CB}=\dfrac{AD}{DB} \Leftrightarrow \dfrac{CA}{AD}=\dfrac{CB}{BD} \Leftrightarrow$ 点 A,B 调和分割 CD.

(2) $\dfrac{AC}{CB}=\dfrac{AD}{DB} \Leftrightarrow \dfrac{AC}{AB-AC}=\dfrac{AD}{AD-AB} \Leftrightarrow \dfrac{AB-AC}{AC}=\dfrac{AD-AB}{AD} \Leftrightarrow \dfrac{1}{AC}+\dfrac{1}{AD}=\dfrac{2}{AB}$.

(3) $\dfrac{AC}{CB}=\dfrac{AD}{DB} \Leftrightarrow AC \cdot DB = BC \cdot AD = BC \cdot (AC+CB+BD)$

---

[1] 沈文选.线段调和分割的性质及应用[J].中等教研(数学),2009(9):28-33.

[2] 沈文选,肖登鹏.调和点列的性质与一类竞赛题[J].数学通讯,2009(6):43-46.

[3] 沈文选,羊明亮.线段的调和分割在证明两角相等中的应用[J].中学数学研究,2009(8):31-33.

$$\Leftrightarrow 2AC \cdot DB = AC \cdot DB + BC \cdot AC + BC^2 + BC \cdot BD = (AC + CB) \cdot (BD + BC) = AB \cdot CD$$

$$\Leftrightarrow AB \cdot CD = 2AC \cdot DB = 2BC \cdot AD.$$

(4) $AB \cdot CD = 2BC \cdot AD \Leftrightarrow \dfrac{AD}{CD} = \dfrac{\frac{1}{2}AB}{BC} = \dfrac{MB}{BC} \Leftrightarrow \dfrac{AC+CD}{CD} = \dfrac{MC+CB}{CB}$

$$\Leftrightarrow \dfrac{AC}{CD} = \dfrac{MC}{CB} \Leftrightarrow CA \cdot CB = CM \cdot CD.$$

(5) $AB \cdot CD = 2AC \cdot BD \Leftrightarrow \dfrac{AC}{CD} = \dfrac{\frac{1}{2}AB}{BD} = \dfrac{MB}{BD} \Leftrightarrow \dfrac{AC+CD}{CD} = \dfrac{MB+DB}{DB}$

$$\Leftrightarrow \dfrac{AD}{CD} = \dfrac{MD}{BD} \Leftrightarrow DA \cdot DB = DM \cdot DC.$$

(6) $\dfrac{AC}{CB} = \dfrac{AD}{DB} \Leftrightarrow \dfrac{AM+MC}{BM-MC} = \dfrac{MD+AM}{MD-BM} \Leftrightarrow \dfrac{AM+MC}{AM-MC} = \dfrac{MD+AM}{MD-AM}$

$$\Leftrightarrow \dfrac{2AM}{2MC} = \dfrac{2MD}{2AM} \Leftrightarrow MC \cdot MD = MA^2 = MB^2.$$

性质 2 (调和点列的角元形式) 设 A, C, B, D 是共线四点,过共点直线外一点 P 引射线 PA, PC, PB, PD. 令 $\angle APC = \theta_1, \angle CPB = \theta_2, \angle BPD = \theta_3$, 则 $AC \cdot BD = CB \cdot AD$ 的充要条件是 $\sin\theta_1 \cdot \sin\theta_3 = \sin\theta_2 \cdot \sin(\theta_1+\theta_2+\theta_3)$.

证明 如图 30.2,运用三角形正弦定理,有

$$\sin\angle ACP = \dfrac{AP \cdot \sin\theta_1}{AC}, \sin\angle CBP = \dfrac{BP \cdot \sin\theta_2}{BC}$$

$$\sin\angle PDB = \dfrac{BP \cdot \sin\theta_2}{BD}, \sin\angle PDA = \dfrac{AP \cdot \sin(\theta_1+\theta_2+\theta_3)}{AD}$$

于是 $\dfrac{\sin\theta_1}{\sin\theta_2} = \dfrac{BP \cdot AC}{AP \cdot BC}, \dfrac{\sin(\theta_1+\theta_2+\theta_3)}{\sin\theta_3} = \dfrac{BP \cdot AD}{AP \cdot BD}$

故 $AC \cdot BD = CB \cdot AD \Leftrightarrow \sin\theta_1 \cdot \sin\theta_3 = \sin\theta_2 \cdot \sin(\theta_1+\theta_2+\theta_3)$

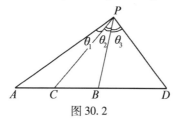

图 30.2

性质 3 设 A, C, B, D 是共线四点,过共点直线外一点 P 引射线 PA, PC,

PB,PD,则 C,D 调和分割线段 AB 的充要条件是满足下述两个条件之一:

(1)其中一射线的任一平行线被其他三条射线截成相等的两线段;

(2)另一直线 l 分别交射线 PA,PC,PB,PD 于点 A',B',C',D' 时,点 C',D' 调和分割线段 $A'B'$.

证明 (1)如图 30.3,不失一般性,设过点 B 作 $GH /\!/ AP$ 交射线 PC 于点 G,交射线 PD 于点 H.

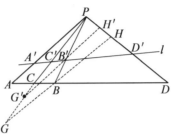

图 30.3

则由 $\dfrac{AC}{CB} = \dfrac{AD}{DB}$,注意 $GH /\!/ AP$,有

$$\frac{AP}{GB} = \frac{AC}{CB} = \frac{AD}{DB} = \frac{AP}{BH} \Leftrightarrow GB = BH$$

(2)不失一般性,过点 B' 作 $G'H' /\!/ GH$ 交射线 PC 于点 G',交射线 PD 于点 H',如图 30.3 所示.

则由 $\dfrac{AC}{CB} = \dfrac{AD}{DB}$,点 B 为 GH 的中点,再注意 $G'H' /\!/ GH$,有

$$\text{点 } B' \text{ 为 } G'H' \text{ 的中点} \Leftrightarrow \frac{A'C'}{C'B'} = \frac{A'D'}{D'B'} \Leftrightarrow C',D' \text{ 调和分割线段 } A'B'$$

注:结论(2)也可由性质 2 来证.

性质 4 对线段 AB 的内分点 C 和外分点 D,以及直线 AB 外一点 P,给出如下四个论断:

①PC 是 $\angle APB$ 的平分线;②PD 是 $\angle APB$ 的外角平分线;③C,D 调和分割线段 AB;④$PC \perp PD$.

以上四个论断中,任意选取两个作题设,另两个作结论组成的六个命题均为真命题.

证明 (1)由①,②推出③,④. 此时,有 $\dfrac{AC}{CB} = \dfrac{PA}{PB} = \dfrac{AD}{DB}$,显然 $PC \perp PD$.

(2)由①,③推出②,④. 此时,可过点 C 作 $EF /\!/ PD$ 交射线 PA 于点 E,交射线 PB 于点 F,如图 30.4 所示. 则由性质 3(1)知 $EC = CF$,从而知 $PC \perp EF$,

亦知 $PC \perp PD$,亦即 PD 平分 $\angle APB$ 的外角.

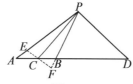

图 30.4

(3)由①,④推出②,③.此时,推知 PD 是 $\angle APB$ 的外角平分线,由此即知 C,D 调和分割线段 AB.

(4)由②,③推出①,④.此时结论显然成立.

(5)由②,④推出①,④.此时结论亦显然成立.

(6)由③,④推出①,②.此时不妨设 $\angle APC = \alpha$, $\angle BPC = \beta$,由 $PC \perp PD$,知 $\angle APD = 90° + \alpha$, $\angle BPD = 90° - \beta$. 由正弦定理(或共角比例定理),有

$$\frac{PA \cdot \sin\alpha}{PB \cdot \sin\beta} = \frac{PA \cdot \sin\angle APC}{PB \cdot \sin\angle BPC} = \frac{AC}{CB} = \frac{AD}{DB} = \frac{PA \cdot \sin\angle APD}{PB \cdot \sin\angle BPD} = \frac{PA \cdot \cos\alpha}{PB \cdot \cos\beta}$$

即

$$\frac{\sin\alpha}{\sin\beta} = \frac{\cos\alpha}{\cos\beta} \Leftrightarrow \sin\alpha\cos\beta - \cos\alpha\sin\beta = 0 \Leftrightarrow \sin(\alpha - \beta) = 0 \Leftrightarrow \alpha = \beta$$

从而知 PC 平分 $\angle APB$.由此亦可推知 PD 是 $\angle APB$ 的外角平分线.

推论 1 三角形的角平分线被其内心和相应的旁心调和分割.

推论 2 不相等且外离的两圆圆心的连线被两圆的外公切线的交点和内公切线的交点调和分割.

推论 3 若 C,D 两点调和分割圆的直径 AB,则圆周上任一点到 C,D 两点的距离之比是常数.

推论 4 从圆周上一点作两割线,将它们与圆相交的非公共的两点连线,垂直于这条连线的直径所在的直线与两条割线相交,则这条直径被这两条割线调和分割.

证明 如图 30.5,直径 $AB \perp$ 弦 QR,有 $\overset{\frown}{QB} = \overset{\frown}{BR}$,从而知 PB 平分 $\angle CPD$. 又 $\angle APB = 90°$,由此,即知 CD 被 A,B 调和分割,所以 AB 被 C,D 调和分割.

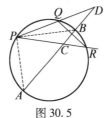

图 30.5

推论 5 一圆的直径被另一圆周调和分割的充要条件是,已知直径的圆周与过两分割点的圆周正交(即交点处的切线互相垂直).

证明 如图 30.6,圆 O 与圆 O_1 交于点 F,圆 O 过点 A,B,CD 为圆 O 的直径,且 A,C,B,D 四点共线.

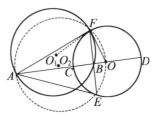

图 30.6

因此 A,B 调和分割 $CD \Leftrightarrow OC^2 = OA \cdot OB \Leftrightarrow AF \perp FO$.

推论 6 设点 C 是 $\triangle AEF$ 的内心,角平分线 AC 交边 EF 于点 B,射线 AB 交 $\triangle AEF$ 的外接圆圆 O_2 于点 O,则射线 AB 上的点 D 为 $\triangle AEF$ 的旁心的充要条件是 $\dfrac{AC}{CB} = \dfrac{DO}{OB}$.

证明 由题设有 $OC = OE = OF$,即点 O 为圆 ECF 的圆心,则点 D 为 $\triangle AEF$ 的旁心(在 $\angle EAF$ 内的)$\Leftrightarrow$ 点 D 在圆 ECF 上,且

$$\frac{AC}{CB} = \frac{AD}{DB} \Leftrightarrow \frac{OA - OC}{OC - OB} = \frac{AC}{CB} = \frac{AD}{DB} = \frac{OA + OC}{OC + OB}$$

$$\Leftrightarrow \frac{AC}{CB} = \frac{2OC}{2OB} = \frac{OC}{OB} = \frac{OD}{OB}$$

推论 7 设 $\triangle AEF$ 的内角平分线 AB 交 EF 于点 B,交 $\triangle AEF$ 的外接圆于点 O,则 $OE^2 = OF^2 = OA \cdot OB$.

例 1 (1998 年高中联赛题)设点 O,I 分别是 $\triangle ABC$ 的外心、内心,AD 是边 BC 上的高,点 I 在线段 OD 上. 求证:$\triangle ABC$ 的外接圆半径等于边 BC 上的旁切圆半径.

证明 如图 30.7,设点 I_A 为旁心,AI_A 交 BC 于点 E,交圆 O 于点 M,则点 M 为 $\overset{\frown}{BC}$ 的中点. 联结 OM,则 $OM \perp BC$. 作 $I_AF \perp BC$ 于点 F,则由平行线性质,有

$$\frac{AD}{AI} = \frac{OM}{MI} \qquad ①$$

$$\frac{AD}{I_AF} = \frac{AE}{I_AE}$$

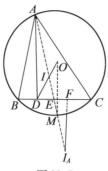

图 30.7

由的推论 6,有
$$\frac{AI}{IE} = \frac{I_A M}{ME}$$

即 $\dfrac{AI}{I_A M} = \dfrac{IE}{ME} = \dfrac{AI+IE}{I_A M + ME} = \dfrac{AE}{I_A E}$

从而 $\dfrac{AD}{I_A F} = \dfrac{AI}{I_A M}$

即 $\dfrac{AD}{AI} = \dfrac{I_A F}{I_A M}$

注意到式①及 $MI = I_A M$,故 $OM = I_A F$.

即 $\triangle ABC$ 的外接圆半径 OM 等于边 BC 上的旁切圆半径 $I_A F$.

例 2 (2005 年高中联赛题) 在 $\triangle ABC$ 中,设 $AB > AC$. 过点 A 作 $\triangle ABC$ 的外接圆的切线 l. 又以点 A 为圆心,AC 为半径作圆分别交线段 AB 于点 D,交直线 l 于点 E, F. 证明: 直线 DE, DF 分别通过 $\triangle ABC$ 的内心与一个旁心.

证明 如图 30.8,作 $\angle BAC$ 的平分线,交 DE 于点 I,易知 $\triangle ADI \cong \triangle ACI$. 所以

$$\angle ACI = \angle ADI = \angle AEI = \frac{1}{2}\angle FAB = \frac{1}{2}\angle ACB$$

从而点 I 为 $\triangle ABC$ 的内心.

设射线 AI 交 BC 于点 M,交 $\triangle ABC$ 的外接圆于点 A_1,交直线 FD 于点 I_A. 联结 CI_A,则知 $\angle DI_A A = \angle AI_A C$.

延长 CB 到点 P,使 $PB = BA$,则

$$\angle APC = \frac{1}{2}\angle ABC = \frac{1}{2}\angle B$$

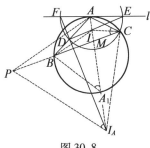

图 30.8

注意到

$$\frac{1}{2}(\angle A + \angle B + \angle C) = 90° = \angle FDA + \angle ADE$$

$$= (\frac{1}{2}\angle A + \angle DI_A A) + \angle ICA = (\frac{1}{2}\angle A + \angle AI_A C) + \frac{1}{2}\angle C$$

从而

$$\angle AI_A C = \frac{1}{2}\angle B = \angle APC$$

于是,A,P,I_A,C 四点共圆,有

$$\angle AI_A P = \angle ACP = \angle AA_1 B$$

即 $BA_1 /\!/ PI_A$,亦即

$$\frac{I_A A_1}{A_1 M} = \frac{PB}{BM} = \frac{AB}{BM} = \frac{AI}{IM}$$

由推论 6,知点 I_A 是边 BC 外的旁心.

例3 (1996 年高中联赛题)圆 O_1 和圆 O_2 与 $\triangle ABC$ 的三边所在的三条直线都相切,点 E,F,G,H 为切点,并且 EG,FH 的延长线交于点 P. 求证:直线 PA 与 BC 垂直.

证明 如图 30.9,设直线 PA 交 BC 于点 D. 对 $\triangle ABD$ 及截线 PHF,对 $\triangle ADC$ 及截线 PGE 分别应用梅涅劳斯定理,有

$$\frac{AH}{HB} \cdot \frac{BF}{FD} \cdot \frac{DP}{PA} = 1 = \frac{DP}{PA} \cdot \frac{AG}{GC} \cdot \frac{CE}{ED}$$

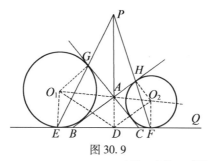

图 30.9

由切线性质,有 $BF=HB, CE=GC$,则 $\dfrac{AH}{FD}=\dfrac{AG}{ED}$,即 $\dfrac{ED}{DF}=\dfrac{AG}{AH}$.

联结 O_1G, O_2H,由 $\mathrm{Rt}\triangle AGO_1 \sim \mathrm{Rt}\triangle AHO_2$,知 $\dfrac{AG}{AH}=\dfrac{O_1G}{O_2H}$.

联结 O_1E, O_2F,则 $\dfrac{AG}{AH}=\dfrac{O_1E}{O_2F}$.

联结 O_1D, O_2D,则在 $\mathrm{Rt}\triangle O_1ED$ 与 $\mathrm{Rt}\triangle O_2FD$ 中,有 $\dfrac{ED}{DF}=\dfrac{O_1E}{O_2F}$.

于是, $\mathrm{Rt}\triangle O_1ED \sim \mathrm{Rt}\triangle O_2FD$,即 $\angle O_1DE = \angle O_2DC$,从而直线 DF 为 $\triangle O_1DO_2$ 中 $\angle O_1DO_2$ 的外角平分线.

设直线 O_1O_2 与直线 EF 交于点 Q(或无穷远点 Q),从而点 A,Q 调和分割 O_1O_2,即 DO_1, DO_2, DA, DQ 为调和线束,于是知 $DA \perp DQ$. 故 $PA \perp BC$.

例 4 (1997 年 CMO 试题) 四边形 $ABCD$ 内接于圆 O,其边 AB, DC 的延长线交于点 P, AD 和 BC 的延长线交于点 Q,过 Q 作该圆的两条切线,切点分别为 E, F. 求证:P, E, F 三点共线.

证明 如图 30.10,联结 AC, BD 交于点 G,联结 PG 并延长分别交 AD, BC 于点 M, N. 对 $\triangle APD$ 及点 G 应用塞瓦定理,并对 $\triangle APD$ 及截线 QCB 应梅涅劳斯定理,分别有

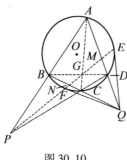

图 30.10

$$\frac{AB}{BP} \cdot \frac{PC}{CD} \cdot \frac{DM}{MA} = 1, \frac{AB}{BP} \cdot \frac{PC}{CD} \cdot \frac{DQ}{QA} = 1$$

从而 $\frac{DM}{DQ} = \frac{AM}{AQ}$,即点 M, Q 调和分割 AD.

联结 EF 与 AD 交于点 M',则知点 M' 为点 Q 的切点弦上的点,亦即知 M', Q 调和分割 AD.

于是点 M' 与 M 重合,即知点 M 在直线 EF 上.

同理,点 N 在直线 EF 上,从而直线 PG 与 EF 重合. 故 P, E, F 三点共线.

例 5 (1983 年 IMO 试题)已知点 A 为平面上两半径不等的圆 O_1 和圆 O_2 的一个交点,两外公切线 P_1P_2, Q_1Q_2 分别切两圆于 P_1, P_2, Q_1, Q_2,点 M_1, M_2 分别是 P_1Q_1, P_2Q_2 的中点. 求证:$\angle O_1AO_2 = \angle M_1AM_2$.

证明 如图 30.11,设直线 P_1P_2 与 Q_1Q_2 交于点 O,则 O, O_1, O_2 三点共线,且设此直线交圆 O_1 于 D, E 两点,则知 M_1, O 调和分割 DE,从而 DE 的中点 O_1 满足

$$O_1M_1 \cdot O_1O = O_1E^2 = O_1A^2$$

即 $\frac{O_1A}{O_1M_1} = \frac{O_1O}{O_1A}$. 由 $\angle AO_1M_1$ 公用,知 $\triangle O_1AM_1 \sim \triangle O_1OA$.

于是 $\angle O_1AM_1 = \angle O_1OA$. 同理 $\angle O_2AM_2 = \angle O_2OA$. 故 $\angle O_1AO_2 = \angle M_1AM_2$.

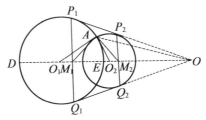

图 30.11

例 6 如图 30.12,已知圆 O_1 和圆 O_2 外离,两条公切线分别切圆 O_1 于点 A_1, B_1,切圆 O_2 于点 A_2, B_2,弦 A_1B_1, A_2B_2 分别交直线 O_1O_2 于点 M_1, M_2,圆 O 过点 A_1, A_2 分别交圆 O_1,圆 O_2 于点 P_1, P_2. 求证:$\angle O_1P_1M_1 = \angle O_2P_2M_2$.

证明 如图 30.12,设直线 A_1A_2 与 B_1B_2 交于点 P,先证 P_1, P_2, P 三点共线.

联结 P_1P 交圆 O_2 于点 Q_2,直线 P_1P 交圆 O_1 于另一点 Q_1. 联结 A_1Q_1, A_2Q_2, A_1P_1,则

$$\angle A_2Q_2P = \angle A_1Q_1P = \angle P_1A_1P$$

从而 A_1, A_2, Q_2, P_1 四点共圆,于是知点 P_2 与 Q_2 重合,故 P_1, P_2, P 三点共线.

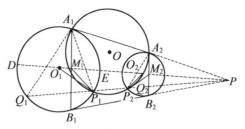

图 30.12

由 O_1, O_2, O 三点共线,设此直线交圆 O_1 于点 D, E,则知点 M_1, P 调和分割 DE. 从而 DE 的中点 O_1 满足

$$O_1 M_1 \cdot O_1 P = O_1 E^2 = O_1 P_1^2$$

即 $\dfrac{O_1 P_1}{O_1 M_1} = \dfrac{O_1 P}{O_1 P_1}$. 由 $\angle P O_1 M_1$ 公用,知 $\triangle O_1 P_1 M_1 \backsim \triangle O_1 P P_1$,有 $\angle O_1 P_1 M_1 = \angle O_1 P P_1$.

同理,$\angle O_2 P_2 M_2 = \angle O_2 P P_2$. 故 $\angle O_1 P_1 M_1 = \angle O_2 P_2 M_2$.

思 考 题

1. 已知 $\triangle ABC$ 的外心 O,点 P 为 OA 延长线上的一点,直线 l 与 PB 关于 BA 对称,直线 h 与 PC 关于 AC 对称,l 与 h 交于点 Q. 若点 P 在 OA 的延长线上运动,求点 Q 的轨迹.

2. 在 $\triangle ABC (AB > AC)$ 中,点 D_1 在边 BC 上,以 AD_1 为直径作圆,交 AB 于点 M,交 AC 的延长线于点 N. 联结 MN,作 $AP \perp MN$ 于点 P,交 BC 于点 D_2,AE 为 $\triangle ABC$ 外角的平分线. 求证:$\dfrac{1}{BE} + \dfrac{1}{CE} = \dfrac{1}{D_1 E} + \dfrac{1}{D_2 E}$.

3. (2008 年蒙古国家队选拔考试题) 已知四边形 $ABCD$ 内接于以 BD 为直径的圆. 设点 A' 为点 A 关于 BD 的对称点,B' 为点 B 关于 AC 的对称点,直线 $A'C$ 与 BD,AC 与 $B'D$ 分别交于点 P, Q. 证明:$PQ \perp AC$.

思 考 题 参 考 解 答

1. 如图 30.13,设 l 与 OA 交于点 K,OA 所在的直线交圆 O 于另一点 D,则 $\angle ABD = 90°$,于是 BA, BD 分别是 $\angle PBK$ 的内、外角平分线. 因此,PK 被 A, D 调和分割.

此时,$\angle ACD = 90°$,AC 平分 $\angle PCQ$. 设 CQ 交 AO 于点 Q',则 PQ' 被 A, D 调和分割,从而点 Q' 与 K 重合,即 Q', K, Q 三点重合,故知 l 与 h 的交点 Q 的轨迹

是线段 OA 内部的点.

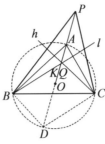

图 30.13

2. 如图 30.14, 联结 MD_1, 在 $Rt\triangle AMD_1$ 与 $Rt\triangle APN$ 中, 由 $\angle AD_1M = \angle ANM = \angle ANP$, 知 $\angle BAD_1 = \angle D_2AC$.

由 AE 平分 $\triangle ABC$ 中 $\angle BAC$ 的外角, 知 AE 平分 $\triangle D_1AD_2$ 中 $\angle D_1AD_2$ 的外角.

作 $\angle BAC$ 的平分线交 BC 于点 F, 则知点 F, E 调和分割 D_1D_2, 即 $\dfrac{1}{D_1E} + \dfrac{1}{D_2E} = \dfrac{2}{FE}$. 显然, F 和 E 调和分割 BC, 即 $\dfrac{1}{BE} + \dfrac{1}{CE} = \dfrac{2}{FE}$. 故 $\dfrac{1}{BE} + \dfrac{1}{CE} = \dfrac{1}{D_1E} + \dfrac{1}{D_2E}$.

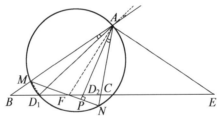

图 30.14

3. 如图 30.15, 设 AC 与 BD 交于点 R, 由于 A, B, A', C 四点共圆, 则 $\angle BAR = \angle BAC = \angle BA'P = \angle BAP$, 即知 AB 平分 $\angle CAP$. 又 BD 为直径, 知 $\angle DAB = 90°$, 即知 AD 平分 $\angle CAP$ 的外角. 因此, 由性质 4 知, P, R, B, D 为调和点列, 所以 $QP, QR; QB, QD$ 为调和线束.

由于 $\angle BQR = \angle B'QR = \angle DQR$, 则由性质 4 知 $\angle RQP = 90°$. 故 $PQ \perp AC$.

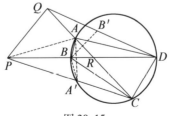

图 30.15

第31章 调和四边形

定义1 对边乘积相等的圆内接四边形称为调和四边形[①][②].

显然,矩形、圆内接筝形等均为调和四边形.

31.1 调和四边形的作法

作法1 如图31.1,作$\angle APC$的内切圆,圆Γ切$\angle APC$的两边于点A,C,过顶点P任作一条割线交圆Γ于点D,B,则四边形$ABCD$为调和四边形.

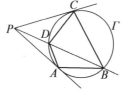

图31.1

事实上,由$\triangle PAD \backsim \triangle PBA$,$\triangle PCD \backsim \triangle PBC$,有

$$\frac{AD}{BA} = \frac{PA}{PB} = \frac{PC}{PB} = \frac{CD}{BC}$$

从而

$$AD \cdot BC = AB \cdot CD$$

作法2 如图31.2,作圆内接$\triangle BCD$,过点C作$CT \parallel BD$交圆于点T,过点T,BD的中点M的直线交圆于点A,则四边形$ABCD$为调和四边形.

图31.2

事实上,由点M为BD的中点,有$S_{\triangle ADT} = S_{\triangle ABT}$,亦有

$$AD \cdot DT = AB \cdot BT$$

---

① 沈文选.论调和四边形的性质及应用[J].中学教研(数学),2010(10):35-39.
② 沈文选.再谈调和四边形的性质及应用[J].中学教研(数学),2010(12):31-34.

又 $CT \parallel DB$,四边形 $DBTC$ 为等腰梯形,所以 $DT=BC,BT=DC$,故
$$AD \cdot BC = AB \cdot CD$$

作法 3 如图 31.3,作圆内接 $\triangle ABD$,垂心为 H,点 M 为边 BD 的中点,AH 的延长线交 BD 于点 E,直线 MH 交圆于点 F,直线 FE 交圆于点 C,则四边形 $ABCD$ 为调和四边形.

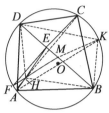

图 31.3

事实上,不妨设 $AB>AD$,如图 31.3 所示,设点 O 为 $\triangle ABD$ 的外心,联结 AO 并延长交外接圆于点 K,联结 BK,DK,则由 $BK \perp AB, DH \perp AB$ 知 $KB \parallel DH$. 同理,$BH \parallel KD$.

因此四边形 $BKDH$ 为平行四边形,点 M 为其对角线的交点,即知 H,M,K 三点共线,有 $\angle AFM=90°=\angle AEM$,从而 A,F,E,M 四点共圆,有
$$\angle AMB = \angle AFE = \angle AFC = \angle ADC$$

于是,$\triangle AMB \sim \triangle ADC$,即 $\dfrac{AM}{BM}=\dfrac{AD}{CD}$.

同理,$\triangle ADM \sim \triangle ACB$,即 $\dfrac{AM}{DM}=\dfrac{AB}{CB}$.

注意到 $BM=MD$,所以有 $\dfrac{AD}{CD}=\dfrac{AB}{CB}$,故 $AD \cdot BC = AB \cdot CD$.

作法 4 如图 31.4,过调和线束的顶点作圆 Γ 与调和线束的 4 条射线相截,截得的四边形即为调和四边形.

事实上,如图 31.4 所示,由于 PA,PC,PB,PD 为调和线束,过点 P 的圆 Γ 与调和线束分别交于点 A,B,C,D. 联结 AD 与 PB,PC 分别交于点 B',C',则由调和线束的性质知 $A,C';B',D$ 为调和点列.

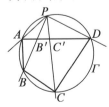

图 31.4

设 $\angle APB = \alpha, \angle BPC = \beta, \angle CPD = \gamma$,则由调和点列的角元形式有
$$\sin\alpha \cdot \sin\gamma = \sin\beta \cdot \sin(\alpha+\beta+\gamma)$$
又在圆 Γ 中应用正弦定理,有 $AB \cdot CD = AD \cdot BC$,由此即证得结论.

作法 5　如图 31.5,在圆 Γ 内作两相切(或相交)的圆,且均与圆 Γ 内切,则两个切点,两小圆的根轴与圆 Γ 的两个交点,这四点构成调和四边形的四个顶点.

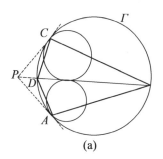
(a)

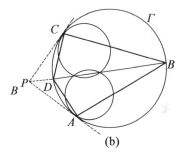
(b)

图 31.5

事实上,如图 31.5 所示,过两切点作公切线.这两条根轴与已知两小圆的根轴要么互相平行,要么交于一点.当其互相平行时,四个交点构成的四边形为筝形.显然为调和四边形.三条根轴交于一点时,就变为作法 1 的情形.从而也得到调和四边形.

作法 6　如图 31.6,在圆 Γ 内作内接正方形.设点 P 为圆 Γ 内或外的一点,点 P 与正方形四顶点所连直线交圆 Γ 的四个交点,即为调和四边形的四个顶点.

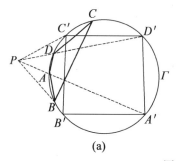
(a)

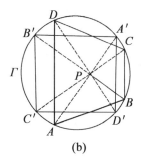
(b)

图 31.6

事实上,如图 31.6(a)所示,设正方形 $A'B'C'D'$ 为圆 Γ 的内接正方形,直线 PA', PB', PC', PD' 分别交圆 Γ 于点 A, B, C, D.

由割线定理或相交弦定理,有 $PA \cdot PA' = PB \cdot PB'$,即 $\triangle APB \backsim \triangle B'PA'$,

亦即 $\dfrac{AB}{A'B'} = \dfrac{PA}{PB'}$.

令点 P 对圆 Γ 的幂为 k,则

$$AB = A'B' \cdot \dfrac{PA}{PB'} = A'B' \cdot \dfrac{k}{PA' \cdot PB'} \quad (\text{或} = \dfrac{A'B' \cdot PA \cdot PB}{k})$$

同理

$$CD = C'D' \cdot \dfrac{k}{PC' \cdot PD'}$$

从而

$$\dfrac{AB \cdot CD}{A'B' \cdot C'D'} = \dfrac{PA' \cdot PB' \cdot PC' \cdot PD'}{k^2}$$

同理

$$\dfrac{BC \cdot DA}{B'C' \cdot D'A'} = \dfrac{PA' \cdot PB' \cdot PC' \cdot PD'}{k^2}$$

于是

$$\dfrac{AB \cdot CD}{A'B' \cdot C'D'} = \dfrac{BC \cdot AD}{B'C' \cdot D'A'}$$

从而,当点 A', B', C', D' 为正方形四顶点时,显然有 $AB \cdot CD = BC \cdot AD$.

注:调和四边形的其他作法可参考共轭中线的 17 种作法去作.

31.2 调和四边形与调和点列的关系

注意到调和点列的角元形式:若 A, B, C, D 为调和点列,线段 AC, CB, BD 对某点 P 的张角 $\angle APC = \alpha, \angle CPB = \beta, \angle BPD = \gamma$,则

$$AC \cdot BD = CB \cdot AD \Leftrightarrow \sin\alpha \cdot \sin\gamma = \sin\beta \cdot \sin(\alpha + \beta + \gamma)$$

由上述角元形式不仅可以推得调和线束的一条重要性质:

一直线 l 与调和线束 PA, PB, PC, PD 交于点 A', B', C', D',则 $A', B'; C', D'$ 为调和点列,即

$$AC \cdot BD = CB \cdot AD \Leftrightarrow \sin\alpha \cdot \sin\gamma = \sin\beta \cdot \sin(\alpha + \beta + \gamma)$$
$$\Leftrightarrow A'C' \cdot B'D' = C'B' \cdot A'D'$$

由上述角元形式还可推得调和点列与调和四边形的密切关系:

结论 1 设调和四边形一对顶点处的切线交于点 P,则 P 在调和四边形的一条对角线所在的直线上,令调和四边形对角线的交点为 Q,则 P, Q 调和分割这条对角线.

证明 如图 31.7,设调和四边形 $ABCD$ 的对顶点 A, C 处的切线交于点 P.

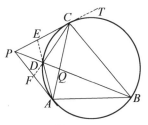

图 31.7

因 $AB \cdot CD = BC \cdot DA$,由正弦定理,有

$$\sin\angle ADB \cdot \sin\angle DBC = \sin\angle BDC \cdot \sin\angle DBA \qquad ①$$

联结 AC 交 BD 于点 Q,延长 AD 交 PC 于点 E,延长 CD 交 PA 于点 F,则 $\angle CAF = \angle ECA$,此时

$$\frac{AQ}{QC} \cdot \frac{CF}{FD} \cdot \frac{DE}{EA}$$

$$= \frac{S_{\triangle DAQ}}{S_{\triangle DQC}} \cdot \frac{S_{\triangle ACF}}{S_{\triangle AFD}} \cdot \frac{S_{\triangle CDE}}{S_{\triangle CEA}}$$

$$= \frac{AD \cdot \sin\angle ADQ}{CD \cdot \sin\angle QDC} \cdot \frac{AC \cdot \sin\angle CAF}{AD \cdot \sin\angle FAD} \cdot \frac{CD \cdot \sin\angle DCE}{AC \cdot \sin\angle ECA}$$

$$= \frac{\sin\angle ADQ}{\sin\angle QDC} \cdot \frac{\sin\angle DCE}{\sin\angle FAD}$$

$$= \frac{\sin\angle ADB \cdot \sin\angle DBC}{\sin\angle QDC \cdot \sin\angle DBA} = 1$$

对 $\triangle ACD$ 应用塞瓦定理的逆定理,知 AF,QD,CE 三线共点.

故过 A,C 两点处的两切线,直线 DB 共点于 P.

延长 PC 至点 T,则

$$\angle BDC = \angle BCT = 180° - \angle PCB$$

又由式①,所以

$$\sin\angle ADB \cdot \sin\angle DBC = \sin\angle BDC \cdot \sin\angle DBA$$

$$\Leftrightarrow \sin\angle QCB \cdot \sin\angle PCQ = \sin\angle PCB \cdot \sin\angle DCQ$$

$$\Leftrightarrow QB \cdot PD = PB \cdot DQ,即 P,Q 调和分割 DB$$

结论 2 调和四边形的 4 个顶点与圆上一点 P 的连线交调和四边形所得交点成调和点列.

证明 如图 31.8,设点 P 在调和四边形 $ABCD$ 的外接圆上. P 与四顶点的连线所得四交点为 A,B',C',D. 则由

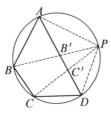

图 31.8

$AB \cdot CD = BC \cdot DA \Leftrightarrow \sin\angle APB' \cdot \sin\angle C'PD = \sin\angle B'PC' \cdot \sin\angle APD$
$\Leftrightarrow AB' \cdot C'D = B'C' \cdot AD$

即 $A, C'; B', D$ 为调和点列.

注：由调和点列也可得调和四边形.

31.3 调和四边形的性质

性质 1 圆内接四边形为调和四边形的充要条件是对顶点处的两条切线与另一对顶点的对角线所在直线三线平行或三线共点.

证明 当圆内接四边形为筝形时,如图 31.9(a)所示,当 $AB = AD, CD = CB$ 时,对角线 AC 必过圆心,此时,过点 A, C 的两条切线,对角线 DB 均与 AC 垂直,因而它们相互平行.

当圆内接四边形不为筝形时,如图 31.9(b)所示,设点 Q 是对顶点 A, C 处两条切线的交点.

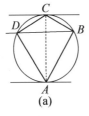 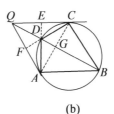

(a) (b)

图 31.9

充分性：当点 Q 在直线 DB 上时,则由 $QA = QC$, $\triangle QAD \backsim \triangle QBA$, $\triangle QCD \backsim \triangle QBC$, 有 $\dfrac{AD}{BA} = \dfrac{QD}{QA} = \dfrac{QD}{QC} = \dfrac{CD}{BC}$, 故 $AB \cdot CD = BC \cdot DA$.

必要性：当 $AB \cdot CD = BC \cdot DA$ 时,由正弦定理,有

$$\sin\angle ADB \cdot \sin\angle DBC = \sin\angle BDC \cdot \sin\angle DBA$$

联结 AC 交 BD 于点 G,延长 AD 交 QC 于点 E,延长 CD 交 QA 于点 F,则

$\angle CAF = \angle ECA$.

下同结论 1 中的证法,有 AF, GD, CE 三线共点,故直线 DB 过点 Q.

性质 2 圆内接四边形为调和四边形的充要条件是过一顶点且与四边形的对角线平行的直线交圆于一点,这交点、对角线的中点、该顶点的对顶点三点共线.

证明 如图 31.10,设四边形 $ABCD$ 为圆内接四边形,过 C 作 $CT /\!/ DB$ 交圆于点 T,点 M 为 DB 的中点. 由 $CT /\!/ DB$ 知,四边形 $DBTC$ 为等腰梯形. 此时,$DC = BT, DT = BC$. 注意到 $\angle ABT$ 与 $\angle TDA$ 互补,则

$$AB \cdot CD = BC \cdot DA \Leftrightarrow AB \cdot BT = DT \cdot DA$$
$$\Leftrightarrow \frac{1}{2} AB \cdot BT \cdot \sin\angle ABT = \frac{1}{2} DT \cdot DA \cdot \sin\angle TDA$$
$$\Leftrightarrow S_{\triangle ABT} = S_{\triangle ADT} \Leftrightarrow 直线 AT 过 DB 的中点 M$$
$$\Leftrightarrow T, M, A 三点共线$$

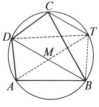

图 31.10

性质 3 圆内接四边形为调和四边形的充要条件是相对角的平分线的交点在另一对顶点的对角线上.

证明 如图 31.11,设四边形 $ABCD$ 为圆内接四边形.

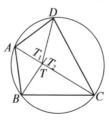

图 31.11

充分性:设 $\angle B$ 的平分线与 $\angle D$ 的平分线的交点 T 在对角线 AC 上,则由角平分线的性质知,$\dfrac{AT}{TC} = \dfrac{BA}{BC}, \dfrac{AT}{TC} = \dfrac{DA}{DC}$,从而 $\dfrac{BA}{BC} = \dfrac{DA}{DC}$,故 $AB \cdot CD = BC \cdot DA$.

必要性:由 $AB \cdot CD = BC \cdot DA$,有 $\dfrac{BA}{BC} = \dfrac{DA}{DC}$.

设∠B 的平分线交 AC 于点 T_1，∠D 的平分线交 AC 于点 T_2，则
$$\frac{AT_1}{T_1C}=\frac{BA}{BC},\frac{AT_2}{T_2C}=\frac{DA}{DC}$$

于是 $\dfrac{AT_1}{T_1C}=\dfrac{AT_2}{T_2C}$，即 $\dfrac{AT_1}{AT_1+T_1C}=\dfrac{AT_2}{AT_2+T_2C}$，从而 $AT_1=AT_2$，即点 T_1 与 T_2 重合.

这说明∠B 的平分线与∠D 的平分线的交点在对角线 AC 上.

性质 4 圆内接四边形为调和四边形的充要条件是两条对角线的中点是四边形的等角共轭点.

证明 如图 31.12，设点 M,N 分别为圆内接四边形 ABCD 的对角线 AC，BD 的中点.

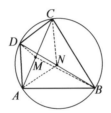

图 31.12

充分性：若点 M,N 是四边形 ABCD 的等角共轭点，即

$$\angle CDM = \angle ADN = \angle ADB \qquad ②$$
$$\angle DAM = \angle DAC = \angle BAN \qquad ③$$

由式②，并注意到 ∠DCM = ∠DCA = ∠DBA，则知 △DCM ∽ △DBA，即

$$\frac{DC}{CM}=\frac{DB}{BA}$$

亦即

$$\frac{DC}{\frac{1}{2}AC}=\frac{DB}{BA}$$

从而

$$AB \cdot CD = \frac{1}{2}AC \cdot BD \qquad ④$$

由式③，有 ∠DAN = ∠CAB，再注意到 ∠ADN = ∠ADB = ∠ACB，则知 △AND ∽ △ABC，即 $\dfrac{DN}{DA}=\dfrac{BC}{AC}$，从而

$$BC \cdot DA = DN \cdot AC = \frac{1}{2} BD \cdot AC \qquad ⑤$$

由式④⑤,即得

$$AB \cdot CD = BC \cdot DA$$

必要性:若 $AB \cdot CD = BC \cdot DA$,注意到托勒密定理,有

$$AB \cdot CD + BC \cdot DA = AC \cdot BD$$

则

$$AB \cdot CD = BC \cdot DA = \frac{1}{2} AC \cdot BD$$

即

$$\frac{DA}{\frac{1}{2}AC} = \frac{BD}{BC}$$

又 $\angle DAM = \angle DAC = \angle DBC$,所以 $\triangle DAM \backsim \triangle DBC$,即

$$\angle ADM = \angle BDC = \angle NDC$$

同理

$$\angle DCM = \angle BCN, \angle CBN = \angle ABM, \angle BAN = \angle DAM$$

故点 M, N 为四边形 $ABCD$ 的等角共轭点.

性质 5 圆内接四边形为调和四边形的充要条件是以每边为弦且与相邻的一边相切于弦的端点的圆交过切点的一条对角线于中点.

证明 如图 31.13,设点 M, N 分别是圆内接四边形 $ABCD$ 的对角线 AC, BD 的中点.

充分性:设过点 D 与 AB 切于点 A 的圆为 c_1,过点 A 与 BC 切于点 B 的圆为 c_2,依次得 c_3, c_4;设点 B 与 DA 切于点 A 的圆为 d_1,过点 C 与 AB 切于点 B 的圆为 d_2,依次得 d_3, d_4.

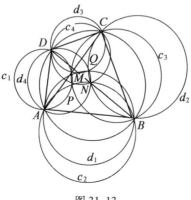

图 31.13

当 c_1 过点 M 时,由弦切角定理,知
$$\angle ADM = \angle MAB = \angle CAB = \angle CDB = \angle CDN$$
即
$$\angle ADM = \angle CDN$$
当 c_2 过点 N 时,由弦切角定理,知
$$\angle BAN = \angle NBC = \angle DBC = \angle DAC = \angle DAM$$
即
$$\angle BAN = \angle DAM$$

同理 $\angle ABM = \angle CBN$,$\angle BCN = \angle DCM$.

从而,点 M,N 为四边形 $ABCD$ 的等角共轭点.

又点 M,N 分别为 AC,BD 的中点,所以由性质 4 知,四边形 $ABCD$ 为调和四边形.

必要性:当四边形 $ABCD$ 为调和四边形时,在性质 4 的证明中,有 $\triangle DAM \backsim \triangle DBC$,有 $\angle ADM = \angle BDC = \angle CAB = \angle MAB$,由弦切角定理的逆定理知,点 M 在圆 c_1 上.

同理,点 M 在圆 d_1,c_3,d_3 上;点 N 在圆 c_2,d_2,c_4,d_4 上.

推论 1 在调和四边形 $ABCD$ 中,性质 5 中的圆 c_1,d_1,c_3,d_3 共点于 AC 的中点 M,圆 c_2,d_2,c_4,d_4 共点于 BD 的中点 N.

推论 2 在调和四边形 $ABCD$ 中,性质 5 中的圆 c_1,c_2,c_3,c_4 共点于点 P,圆 d_1,d_2,d_3,d_4 共点 Q. 因而,P,Q 也是四边形 $ABCD$ 的等角共轭点.

事实上,设圆 c_1 与 c_2 交于点 P,因 M,N 为等角共轭点,所以
$$\angle MPB = \angle MDA + \angle PAB + \angle PBA = \angle CDB + \angle PAB$$
$$= \angle CAB + \angle PBC + \angle PBA$$
$$= \angle CAB + \angle ABC = 180° - \angle MCB$$

即知 M,P,B,C 四点共圆,即圆 c_3 过点 P.

同理,圆 c_4 也过点 P. 故圆 c_1,c_2,c_3,c_4 共点于 P.

同理,圆 d_1,d_2,d_3,d_4 共点于 Q.

性质 6 圆内接四边形 $ABCD$ 为调和四边形的充要条件是某一顶点(不妨设为点 C)位于劣弧 $\overset{\frown}{DB}$ 上,又在优弧 $\overset{\frown}{DB}$ 上取两点 E,F,使点 D,B 分别为 $\overset{\frown}{EC},\overset{\frown}{CF}$ 的中点,过点 C 作 $CT\parallel DB$ 交圆于点 T,则点 T、$\triangle CEF$ 的内心、点 C 的对顶点 A 三点共线.

证明 如图 31.14,由题设知 D,I,F 三点共线,B,I,E 三点共线. 因为点 I 为 $\triangle CEF$ 的内心,所以由内心的性质并注意,$CT\parallel DB$,有

$$ID = DC = BT, IB = BC = DT$$

从而四边形 $IBTD$ 为平行四边形,即 TI 过 DB 的中点 M. 故由性质2,有

$AB \cdot CD = BC \cdot DA \Leftrightarrow T, M, A$ 三点共线 $\Leftrightarrow TI$ 过 DB 的中点 $M \Leftrightarrow T, I, A$ 三点共线

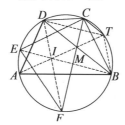

图 31.14

性质7 圆内接四边形 $ABCD$ 为调和四边形的充要条件是某一顶点(不妨设为点 C)位于劣弧 $\overparen{DB}$ 上,又在优弧 $\overparen{DB}$ 上取两点 E, F,使 D, B 分别为 $\overparen{EC}, \overparen{FC}$ 的中点,在劣弧 $\overparen{EF}$ 上任取点 P,设点 I_1, I_2 分别为 $\triangle CEP, \triangle CFP$ 的内心,此时 A, P, I_2, I_1 四点共圆.

证明 如图 31.15,由题设知,P, I_1, D 及 P, I_2, B 分别三点共线,联结 $I_1 A$, $I_2 A$,则

$$\angle I_1 DA = \angle I_2 BA, \angle I_1 P I_2 = \angle BPD = \angle BAD$$

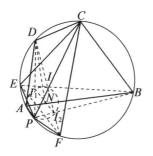

图 31.15

注意到内心性质,有 $CD = I_1 D, BC = I_2 B$,于是

$$AB \cdot CD = BC \cdot DA \Leftrightarrow \frac{CD}{BC} = \frac{AD}{AB} \Leftrightarrow \frac{I_1 D}{I_2 B} = \frac{AD}{AB} \Leftrightarrow \frac{I_1 D}{AD} = \frac{I_2 B}{AB}$$

$$\Leftrightarrow \triangle I_1 DA \sim \triangle I_2 BA \Leftrightarrow \angle I_1 AD = \angle I_2 AB$$

$$\Leftrightarrow \angle I_1 A I_2 = \angle I_1 P I_2$$

$$\Leftrightarrow A, P, I_2, I_1 \text{ 四点共圆}$$

推论3 题设同性质7,设点 I 为 $\triangle CEF$ 的内心,则 $I_1 I \perp I_2 I$.

事实上,如图 31.15 所示,注意内心所张的角与对应顶点处的角的关系,知

$$\angle EI_1C = 90° + \frac{1}{2}\angle EPC = 90° + \frac{1}{2}\angle EFC = \angle EIC$$

即知 E, I_1, I, C 四点共圆.

从而

$$\angle I_1EI = \angle I_1CI = \frac{1}{2}\angle ECF - \angle ECI_1$$

$$= \frac{1}{2}(\angle ECF - \angle ECP)$$

$$= \frac{1}{2}\angle FCP = \angle FCI$$

同理,$\angle EII_1 = \angle IFI_2$,从而 $\triangle EI_1I \backsim \triangle II_2F$. 于是

$$\angle EII_1 + \angle FII_2 = \angle EII_1 + \angle I_1EI_2 = 180° - \angle EI_1I$$

$$= \angle ECI = \frac{1}{2}\angle ECF$$

所以

$$\angle I_1II_2 = \angle EIF - (\angle EII_1 + \angle FII_2)$$

$$= 90° + \frac{1}{2}\angle ECF - \frac{1}{2}\angle ECF = 90°$$

故

$$I_1I \perp I_2I$$

推论 4 题设同性质 7,又设点 N 为 I_1I_2 的中点,所以 $BN \perp DN$.

事实上,如图 31.15 所示,注意到 D, I, F 三点共线及内心的性质,有 $DI = DC, DI_1 = DC$. 从而 $DI = DI_1$.

由推论 3 知 $I_1I \perp I_2I$,即 $IN = I_1N$.

注意到 DN 公用,则 $\triangle DNI_1 \cong \triangle DNI$,从而

$$\angle NDI = \frac{1}{2}\angle I_1DI \stackrel{m}{=\!=\!=} \frac{1}{2}\widehat{PF}$$

同理

$$\angle NBI \stackrel{m}{=\!=\!=} \frac{1}{2}\widehat{EP}$$

又 $\angle IDB + \angle IBD \stackrel{m}{=\!=\!=} \frac{1}{2}\widehat{FBC} + \frac{1}{2}\widehat{CE}$,所以

$$\angle NDB + \angle NBD$$

$$= \angle NDI + \angle IDB + \angle IDB + \angle NBI \xlongequal{m} \frac{1}{2}(\overparen{PF} + \overparen{FBC} + \overparen{CE} + \overparen{EP})$$

$$= 90°$$

即 $\angle BND = 90°$. 故 $BN \perp DN$.

性质 8 圆内接四边形为调和四边形的充分必要条件是该四边形四顶点与不在其圆上一点的连线交圆于四点为一正方形的四个顶点.

证明 如图 31.16,四边形 $ABCD$ 内接于圆 O,点 P 不在圆 O 的圆周上,直线 PA,PB,PC,PD 分别交圆 O 于点 A',B',C',D'.

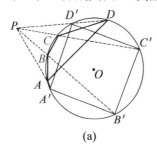
(a)

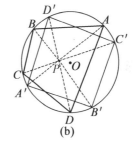
(b)

图 31.16

由割线或相交弦定理,有

$$PA \cdot PA' = PB \cdot PB'$$

即 $\triangle APB \backsim \triangle B'PA'$,亦即

$$\frac{AB}{A'B'} = \frac{PA}{PB'}$$

设点 P 对圆 O 的幂为 k,则

$$AB = A'B' \cdot \frac{PA}{PB'} = A'B' \cdot \frac{k}{PA' \cdot PB'} \quad (或 = \frac{A'B' \cdot PA \cdot PB}{k})$$

同理 $$CD = C'D' \cdot \frac{k}{PC' \cdot PD'}$$

从而 $$\frac{AB \cdot CD}{A'B' \cdot C'D'} = \frac{PA' \cdot PB' \cdot PC' \cdot PD'}{k^2}$$

同理 $$\frac{BC \cdot DA}{B'C' \cdot D'A'} = \frac{PA' \cdot PB' \cdot PC' \cdot PD'}{k^2}$$

于是 $$\frac{AB \cdot CD}{A'B' \cdot C'D'} = \frac{BC \cdot DA}{B'C' \cdot D'A'}$$

充分性:当点 A',B',C',D' 为正方形的四个顶点时,显然 $AB \cdot CD = BC \cdot DA$.

必要性:当 $AB \cdot CD = BC \cdot DA$ 时,由 $PA \cdot PA' = PB \cdot PB' = PC \cdot PC' = PD \cdot PD' = k$,可视点 A,B,C,D 的反演点为 A',B',C',D'. 由反演变换的性质,可知点 A',B',C',D' 在 $AB \cdot CD = BC \cdot DA$ 的条件下为一正方形的四个顶点.

注:由性质 8,给出了作调和四边形的作法 6,因为在《近代欧氏几何学》中有如下定义:如果一个四边形的顶点是一个正方形顶点的变形,那么它称为调和四边形.

性质 9 圆内接四边形为调和四边形的充分必要条件是其一顶点对其余三顶点为顶点的三角形的西姆松线段被截成相等的两段.

证明 如图 31.17,设四边形 $ABCD$ 为圆内接四边形,不失一般性,设点 D 在 $\triangle ABC$ 的三边 BC,CA,AB 所在直线上的射影分别为 L,K,T,则 LKT 为西姆松线段,此时 L,D,K,C 及 D,A,T,K 分别四点共圆,且 CD,AD 分别为其直径.

设圆 $ABCD$ 的半径为 R,则由正弦定理,有
$$LK = CD \cdot \sin \angle LCK = CD \cdot \sin(180° - \angle ACB)$$
$$= CD \cdot \sin \angle ACB = \frac{CD \cdot AB}{2R}$$
$$KT = AD \cdot \sin \angle BAC = \frac{AD \cdot BC}{2R}$$

于是
$$LK = KT \Leftrightarrow CD \cdot AB = AD \cdot BC \Leftrightarrow 四边形 ABCD 为调和四边形$$

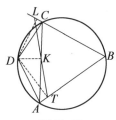

图 31.17

性质 10 圆内接四边形为调和四边形的充分必要条件是一条对角线两端点处的切线交点(或无穷远点),两对角线的交点调和分割另一条对角线.

证明 当圆内接四边形为筝形时,结论得证,将此留给读者自证.下面证明非筝形时情形.

设圆内接四边形 $ABCD$ 的两条对角线交于点 Q,在点 A,C 处的两条切线交于点 P,则由 $\triangle QCD \sim \triangle QBA$,$\triangle QAD \sim \triangle QBC$,有

$$\frac{QD}{QA}=\frac{CD}{BA}, \frac{QA}{QB}=\frac{AD}{BC}$$

从而

$$\frac{DQ}{QB}=\frac{QD}{QA}\cdot\frac{QA}{QB}=\frac{CD}{BA}\cdot\frac{AD}{BC} \qquad ⑥$$

充分性:如图 31.18 所示,当 P,Q 调和分割 DB 时,由式⑥即有

$$\frac{PD}{PB}=\frac{DQ}{QB} \qquad ⑦$$

此时 P,D,Q,B 四点共线,且由 $\triangle PDC \backsim \triangle PCB$,有

$$\frac{PD}{PC}=\frac{PC}{PB}=\frac{CD}{BC}$$

从而

$$\frac{PD}{PB}=\frac{PD}{PC}\cdot\frac{PC}{PB}=\frac{CD}{BC}\cdot\frac{CD}{BC} \qquad ⑧$$

由式⑥⑦⑧,得

$$\frac{AD}{AB}=\frac{CD}{BC}$$

即

$$AD \cdot BC = AB \cdot CD$$

亦即四边形 $ABCD$ 为调和四边形.

必要性:如图 31.18 所示,当四边形 $ABCD$ 为调和四边形时,由性质 4,知 P,D,Q,B 四点共线,且有式⑧成立. 由 $AD \cdot BC = AB \cdot CD$,有 $\frac{AD}{AB}=\frac{CD}{BC}$,再注意到式⑥⑧,则 $\frac{PD}{PB}=\frac{DQ}{QB}$,即 $\frac{PD}{DQ}=\frac{PB}{BQ}$,亦即知点 P,Q 调和分割 DB.

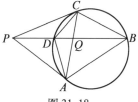

图 31.18

注:必要性也可以这样证:由 $\triangle PAB \backsim \triangle PDA$,有 $\frac{AB}{DA}=\frac{PA}{PD}=\frac{PB}{PA}$,从而 $\frac{AB^2}{AD^2}=\frac{PA}{PD}\cdot\frac{PB}{PA}=\frac{PB}{PD}$. 又注意到性质 11 有 $\frac{AB^2}{AD^2}=\frac{BQ}{DQ}$. 于是,有 $\frac{PB}{PD}=\frac{BQ}{DQ}$,故 P,Q 调和分割 DB.

性质 11 圆内接四边形为调和四边形的充分必要条件是其对角线为由另一条对角线所分四边形所成三角形的共轭中线(或陪位中线,此即为与中线关于角平分线对称的直线,亦即点 Q 在边 BC 上时,AQ 为共轭中线 $\Leftrightarrow \dfrac{AB^2}{AC^2} = \dfrac{BQ}{QC}$).

证明 如图 31.19,设圆内接四边形 $ABCD$ 的两条对角线 AC 与 BD 交于点 Q.

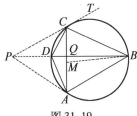

图 31.19

当圆内接四边形为筝形时,易证得结论,将此亦留给读者自证.下面证非筝形时的情形.

充分性:不失一般性,当 $\dfrac{AB^2}{AD^2} = \dfrac{QB}{QD}$ 成立时,则

$$\frac{AB^2}{AD^2} = \frac{QB}{QD} = \frac{S_{\triangle ABC}}{S_{\triangle ADC}} = \frac{AB \cdot BC}{AD \cdot DC}$$

即 $\dfrac{AB}{AD} = \dfrac{BC}{DC}$.

故 $AB \cdot DC = AD \cdot BC$,所以四边形 $ABCD$ 为调和四边形.

必要性:当四边形 $ABCD$ 为调和四边形时,则由性质 4,知点 A,C 处的切线与直线 DB 共点于 P,如图 31.19 所示.于是,注意到面积关系与正弦定理,有

$$\frac{CQ}{QA} = \frac{S_{\triangle BCP}}{S_{\triangle BAP}} = \frac{CB \cdot CP \cdot \sin \angle BCP}{AB \cdot AP \cdot \sin \angle BAP} = \frac{CB \cdot \sin(180° - \angle BAC)}{AB \cdot \sin(180° - \angle ACB)}$$

$$= \frac{CB \cdot \sin \angle BAC}{AB \cdot \sin \angle ACB} = \frac{CB^2}{AB^2}$$

此时,亦有

$$\frac{CD^2}{AD^2} = \frac{CB^2}{AB^2} = \frac{CQ}{QA}$$

则

$$\frac{AB^2}{AD^2} = \frac{CB^2}{CD^2} = \frac{CB \cdot \sin \angle BAC}{CD \cdot \sin \angle DBC} = \frac{CB \cdot CP \cdot \sin \angle BCT}{CD \cdot CP \cdot \sin \angle DCP}$$

$$= \frac{CB \cdot CP \cdot \sin \angle BCP}{CD \cdot CP \cdot \sin \angle DCP} = \frac{S_{\triangle BCP}}{S_{\triangle DCP}} = \frac{PB}{PD} \qquad ⑨$$

注意到性质 10,当四边形 $ABCD$ 为调和四边形时,P,Q 调和分割 DB,即 $\frac{PB}{PD} = \frac{QB}{QD}$. 将其代入式⑨,故 $\frac{AB^2}{AD^2} = \frac{CB^2}{CD^2} = \frac{QB}{QD}$.

注:(1)必要性也可以这样证:由 $AB \cdot DC = BC \cdot AD$,有

$$\frac{CB^2}{AB^2} = \frac{CB}{AD} \cdot \frac{DC}{AD} = \frac{CB}{AD} \cdot \frac{DC}{AB} = \frac{CQ}{DQ} \cdot \frac{DQ}{AQ} = \frac{CQ}{AQ}$$

(2)由性质 4,知在调和四边形中,对角线的中点是其等角共轭点,在图 31.19 中,设点 M 为 AC 的中点,则 $\angle ABM = \angle QBC$,即知 BQ 为 BM 的等角共轭线,亦即 BQ 为 BM 的共轭中线(即中线以该角角平分线为对称轴翻折后的直线). 三角形的三条共轭中线的交点称为共轭重心. 显然 BQ 过 $\triangle ABC$ 的共轭重心. 因此,对于过三角形共轭重心的线段 BQ,有 $\frac{AB^2}{BC^2} = \frac{AQ}{QC}$.

性质 12 在调和四边形 $ABCD$ 中,点 P 在对角线 BD 上,设点 O,O_1,O_2 分别为四边形 $ABCD$,$\triangle BCP$,$\triangle ABP$ 的外接圆圆心,则直线 BO 平分线段 O_1O_2.

证法 1 如图 31.20,联结 BO_1,BO_2,OO_1,OO_2. 设点 M 为 AC 的中点,则由调和四边形的性质 4,知 $\angle ABP = \angle CBM$,即 $\angle ABM = \angle CBP$.

设直线 BO 交 O_1O_2 于点 Q,此时 $O_1O_2 \perp BP$,$OO_2 \perp AB$,$OO_1 \perp BC$,注意到一个角的两边与另一个角的两边对应垂直时,则这两个角相等或相补,即知 $\angle OO_2Q = \angle ABP$,$\angle OO_1Q = \angle CBP$. 于是,由正弦定理有

$$\frac{OO_1}{OO_2} = \frac{\sin \angle OO_2Q}{\sin \angle OO_1Q} = \frac{\sin \angle ABP}{\sin \angle CBP} = \frac{\sin \angle CBM}{\sin \angle ABM}$$

$$\frac{BC}{BA} = \frac{\sin \angle BAC}{\sin \angle BCA} = \frac{\sin \angle BAM}{\sin \angle BCM}$$

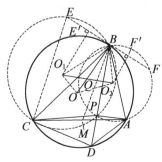

图 31.20

从而
$$\frac{O_1Q}{QO_2} = \frac{S_{\triangle BO_1O}}{S_{\triangle BO_2O}} = \frac{BC \cdot OO_1}{BA \cdot OO_2} = \frac{\sin\angle BAM \cdot \sin\angle CBM}{\sin\angle BCM \cdot \sin\angle ABM}$$
$$= \frac{\sin\angle BAM}{\sin\angle ABM} \cdot \frac{\sin\angle CBM}{\sin\angle BCM} = \frac{BM}{AM} \cdot \frac{CM}{BM} = 1$$

故 $O_1Q = QO_2$.

证法2 如图 31.20, 设点 M 为 AC 的中点, 则由性质 4, 知 $\angle CBM = \angle ABP$, 亦即 $\angle CBD = \angle ABM$.

又 $\angle BDC = \angle BAM$, 所以 $\triangle DBC \sim \triangle ABM$. 从而

$$\frac{BC}{CD} = \frac{BM}{MA} \qquad \text{⑩}$$

作 $\triangle BCP$, $\triangle ABP$ 的外接圆, 过点 B 作圆 O 的切线分别交圆 O_1, 圆 O_2 于点 E, F. 联结 CE, 则由 $\triangle EBC \sim \triangle PDC$, 有

$$\frac{BE}{DP} = \frac{BC}{CD} \qquad \text{⑪}$$

由式⑩⑪有 $\dfrac{BM}{MA} = \dfrac{BE}{DP}$, 即 $BE = \dfrac{BM \cdot DP}{MA}$.

同理, $BF = \dfrac{BM \cdot DP}{CM}$. 而 $MA = CM$, 于是, $BE = BF$.

作 $O_1E' \perp EB$ 于点 E', 作 $O_2F' \perp BF$ 于点 F', 由垂径定理, 知点 E', F' 分别为 EB, BF 的中点. 在直角梯形 $O_1E'F'O_2$ 中, BO 为其中位线所在的直线, 故它一定平分 O_1O_2.

性质13 设点 M, N 分别为调和四边形 $ACBD$ 的两条对角线 AB, CD 的中点, 则 $AN + NB = CM + MD$.

证明 如图 31.21, 因为四边形 $ACBD$ 为调和四边形, 所以
$$AD \cdot BC = AC \cdot BD$$
又由托勒密定理, 有
$$AD \cdot BC + AC \cdot BD = AB \cdot CD$$
于是 $\qquad 2AC \cdot BD = 2BM \cdot CD$
即 $\qquad \dfrac{AC}{CD} = \dfrac{MB}{BD}$

注意到 $\angle ACD = \angle MBD$, 知 $\triangle ACD \sim \triangle MBD$, 即

$$\frac{AD}{MD} = \frac{AC}{MB} \qquad ⑫$$

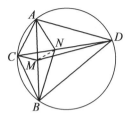

图 31.21

同理,由 △ACD ∽ △MCB,有

$$\frac{AC}{MC} = \frac{AD}{MB} \qquad ⑬$$

由⑫×⑬,得

$$MC \cdot MD = MB^2 = \frac{1}{4}AB^2 \qquad ⑭$$

联结 MN,由三角形中线长公式,有

$$MC^2 + MD^2 = 2\left(MN^2 + \frac{1}{4}CD^2\right) \qquad ⑮$$

由⑭×2+⑮得

$$(MC + MD)^2 = 2MN^2 + \frac{1}{4}(AB^2 + CD^2) \qquad ⑯$$

同理

$$(NA + NB)^2 = 2MN^2 + \frac{1}{4}(AB^2 + CD^2) \qquad ⑰$$

由式⑯⑰,即知

$$AN + NB = CM + MD$$

性质 14 在调和四边形 $ABCD$ 中,$\angle ADC$ 的平分线交 AC 于点 T,O_1 为 $\triangle BDT$ 的外心. 若四边形 $ABCD$ 的外接圆圆心为 O,则 $O_1D \perp DO$,$O_1B \perp BO$.

证明 如图 31.22,由性质 3 知 BT 平分 $\angle ABC$,联结 O_1O.

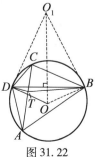

图 31.22

于是
$$\angle DTB = \angle DAB + \angle ADT + \angle ABT$$
$$= \angle DAB + \frac{1}{2}\angle ADC + \frac{1}{2}\angle ABC$$
$$= 90° + \angle DAB$$

从而 $\angle DO_1O = \frac{1}{2}\angle DO_1B = 180° - \angle DTB = 90° - \angle DAB$

又 $\angle BDO = 90° - \frac{1}{2}\angle BOD = 90° - \angle DAB$

所以 $\angle DO_1O = \angle BDO$

注意到 $O_1O \perp DB$，则 $\angle O_1DO = 90°$. 故 $O_1D \perp DO$. 同理 $O_1B \perp BO$.

注:(1) 由 $\angle OBD = 90° - \frac{1}{2}\angle BOD = 90° - \angle DAB$，又 $\angle DTB = 90° + \angle DAB$，所以 $\angle OBD + \angle DTB = 180°$.

注意到弦切角定理的逆定理,知 OB 是 $\triangle DTB$ 外接圆的切线.

(2) 由调和四边形性质 1,可推知点 B,D 处的切线的交点即为 $\triangle BDT$ 外接圆的圆心.

(3) 调和四边形还有其他性质,如戴维斯定理这一章中的例 5,以及本章后的思考题 1 等.

例 1 (2010 年东南数学奥林匹克竞赛题)如图 31.23,已知 $\triangle ABC$ 的内切圆 I 分别与边 AB,BC 相切于点 F,D,直线 AD,CF 分别交圆 I 于另一点 H,K. 求证:$\dfrac{FD \cdot HK}{FH \cdot DK} = 3$.

证明 如图 31.23,设圆 I 切 AC 于点 Q,则由性质 1,知四边形 $FDKQ$, $FDQH$ 均为调和四边形,注意到托勒密定理有

$$KF \cdot DQ = 2DK \cdot FQ \quad \text{①}$$
$$HD \cdot FQ = 2FH \cdot DQ \quad \text{②}$$

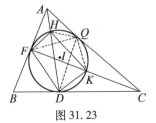

图 31.23

由①×②,得
$$\frac{KF \cdot HD}{FH \cdot DK} = 4$$

又由托勒密定理,有
$$KF \cdot HD = DF \cdot HK + FH \cdot DK$$

故 $\quad \dfrac{KF \cdot HD}{FH \cdot DK} = 4 \Leftrightarrow \dfrac{FD \cdot HK}{FH \cdot DK} = 3$

例2 设点 A, B 是圆 O 内两点,且点 O 为线段 AB 的中点,点 P 是圆 O 上一点,直线 PA, PB 与圆 O 的另一交点分别为 C, D. 圆 O 在 C, D 两点处的切线交于点 Q,点 M 为 PQ 的中点. 求证:$OM \perp AB$.

证明 如图31.24,作 $PE \parallel AB$ 交圆 O 于点 E. 联结 PO 并延长交圆 O 于点 F. 注意到点 O 为 AB 的中点,则知 PE, PF, PA, PB 为调和线束.

从而知四边形 $ECFD$ 为调和四边形.

由性质1,知 E, F, Q 三点共线.

又 $\angle FEP = 90°$,所以 $QF \perp PE$,从而 $QF \perp AB$.

注意到点 O, M 分别为 PF, PQ 的中点,则 $OM \parallel QF$. 故 $OM \perp AB$.

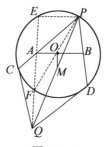

图 31.24

例3 (2003年国家集训队测试题)平面上两个圆交于点 A, B,设 PQ 为它们的一条公切线,点 P, Q 为切点. 点 S 为过点 P, Q 所作的 $\triangle APQ$ 外接圆的切线的交点. 点 H 是点 B 关于 PQ 的对称点. 求证:A, H, S 三点共线.

证法1 如图31.25,联结 BP, BQ,联结 AB 并延长交 PQ 于点 M,联结 AS 与 $\triangle APQ$ 的外接圆交于点 H'.

第31章 调和四边形

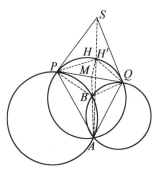

图 31.25

由 $MP^2 = MB \cdot MA = MQ^2$，知点 M 为 PQ 的中点. 又

$$\angle PHQ = \angle PBQ = 180° - \angle BPQ - \angle BQP$$
$$= 180° - \angle PAB - \angle QAB$$
$$= 180° - \angle PAQ$$

所以知点 H 在 $\triangle APQ$ 的外接圆上.

由性质 1 知四边形 $PH'QA$ 为调和四边形.

由性质 11 知 AH' 为 $\triangle APQ$ 的共轭中线.

于是 $\angle H'AQ = \angle PAB = \angle BPQ = \angle HPQ = \angle HAQ$.

所以，点 H 与 H' 重合.

从而 A, H, S 三点共线.

证法 2 同证法 1 知点 M 为 PQ 的中点，四边形 $PH'QA$ 为调和四边形.

由性质 4，知 $\triangle APH' \backsim \triangle AMQ \backsim \triangle QMH'$，从而 $\angle PAH' = \angle MAQ$.

于是 $\angle PQH' = \angle PAH' = \angle MAQ = \angle PQB$.

同理 $\angle QPH' = \angle QPB$.

又 $QP = QP$，所以 $\triangle QPH' \cong \triangle QPB$.

即点 H' 为 B 关于 PQ 的对称点 H. 故 A, S, H 三点共线.

例 4 （2008 年蒙古国家队选拔考试题）已知梯形 $ABCD$ 内接于圆 Γ. 两底 BC, AD 满足 $BC < AD$，过点 C 的切线与 AD 的延长线交于点 P. 过点 P 的切线切圆 Γ 于异于 C 的另一点 E, BP 与圆 Γ 交于点 K，过点 C 作 AB 的平行线分别与 AK, AE 交于点 M, N. 证明：点 M 为 CN 的中点.

证法 1 因为

$$CM = MN \Leftrightarrow S_{\triangle NAM} = S_{\triangle CAM} \Leftrightarrow \frac{AN}{AC} = \frac{\sin \angle CAM}{\sin \angle NAM}$$

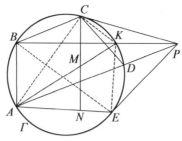

图 31.26

所以由性质 1,知四边形 $CBEK$ 为调和四边形,则
$$\frac{AN}{AC}=\frac{\sin\angle ACN}{\sin\angle ANC}=\frac{\sin\angle BAC}{\sin\angle BAN}=\frac{BC}{BE}=\frac{CK}{EK}=\frac{\sin\angle CAM}{\sin\angle NAM}$$

由此即证.

证法 2 由性质 1,知四边形 $CBEK$ 为调和四边形.

则 AE,AC,AK,AB 为调和线段. 又直线 CN 截调和线束且与 AB 平行. 所以
$$CM=MN$$

例 5 (2013 年全国高中联赛题) 如图 31.27, AB 是圆 Γ 的一条弦, 点 P 为 $\overset{\frown}{AB}$ 内一点, 点 E,F 为线段 AB 上两点, 满足 $AE=EF=FB$. 联结 PE,PF 并延长, 与圆 Γ 分别交于点 C,D. 证明: $EF\cdot CD=AC\cdot BD$.

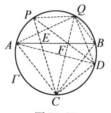

图 31.27

证明 如图 31.27, 过点 P 作 $PQ\parallel AB$ 与圆 Γ 交于点 Q, 联结 AQ,BQ,CQ,DQ,AD,BC.

注意到直线 PQ 和 AB 交于无穷远点(记为 ∞), 由题意得, ∞,E,A,F 以及 ∞,F,E,B 为两组调和点列.

因此, 直线束 PQ,PE,PA,PF 和直线束 PQ,PF,PE,PB 均为调和线束.

因为 P,Q,A,C,D,B 六点共圆, 所以知四边形 $QACD$ 和四边形 $QCDB$ 均为调和四边形, 由调和四边形的性质和托勒密定理知
$$AQ\cdot CD=AC\cdot DQ=\frac{1}{2}CQ\cdot AD \qquad ①$$

$$CD \cdot BQ = DB \cdot CQ = \frac{1}{2}DQ \cdot BC \qquad ②$$

由①×②,得
$$AC \cdot BD = \frac{1}{4}AD \cdot BC$$

由托勒密定理得 $AB \cdot CD + AC \cdot BD = BC \cdot AD$,注意 $AB = 3EF$. 故
$$EF \cdot CD = AC \cdot BD$$

例6 设 $\triangle ABC$ 的内切圆圆 I 分别与边 BC, CA, AB 切于点 D, E, F, AD 与圆 I 交于点 M, N 为 $\triangle CDM$ 的外接圆与 DF 的交点, CN 与 AB 交于点 G,则 $CD = 3FG$.

证明 如图 31.28,设直线 EF 与直线 CG 交于点 X,与直线 BC 交于点 T.

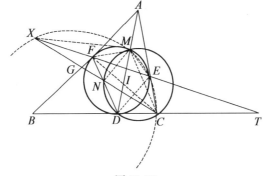

图 31.28

对 $\triangle BCG$ 及截线 DNF 应用梅涅劳斯定理,有
$$\frac{BF}{FG} \cdot \frac{GN}{NC} \cdot \frac{CD}{DB} = 1$$

于是
$$CD = 3FG \Leftrightarrow CN = 3NG \qquad ①$$

注意到 T, D 与 C, B 为调和点列,知 FT, FD 与 FC, FB 为调和线束,由调和线束的性质知 X, N 与 G, C 为调和点列,即 $\frac{NC}{NG} = \frac{XC}{XG}$.

再结合式①,可得原问题等价于点 N 为 XC 的中点. (此时,$XC = 3XG, GC = 2XG, XG = 2NG, XN = 3NG = NC$)

由 $\angle MEX = \angle MDF = \angle MCX$,知 M, E, C, X 四点共圆. 从而
$$\angle MXC = \angle MEA = \angle ADE, \angle MCX = \angle MEX = \angle ADF$$

又 $\angle CMN = \angle BDF$,所以

$$\angle XMN = \angle CDE$$

对 $\triangle MXN, \triangle CMN$ 应用正弦定理,有

$$\frac{XN}{NC} = \frac{\sin \angle XMN}{\sin \angle CMN} \cdot \frac{\sin \angle MCX}{\sin \angle MXC} \quad ②$$

再注意到四边形 $DEMF$ 为调和四边形,则

$$\frac{\sin \angle ADF}{\sin \angle ADE} = \frac{MF}{ME} = \frac{DF}{DE} = \frac{\sin \angle DEF}{\sin \angle DFE} = \frac{\sin \angle BDF}{\sin \angle CDE}$$

即

$$\frac{\sin \angle MCX}{\sin \angle MXC} = \frac{\sin \angle CMN}{\sin \angle XMN}$$

将其代入式②知 $\frac{XN}{NC}=1$,即点 N 为 XC 的中点.

故原问题获证.

例 7 (第 30 届伊朗国家队选拔考试题)已知四边形 $ABCD$ 内接于圆 Γ, $\triangle ACD, \triangle ABC$ 的内心分别为点 I_1, I_2, $\triangle ACD, \triangle ABC$ 的内切圆半径分别为 r_1, r_2 ($r_1 = r_2$),圆 Γ' 与边 AB, AD 相切,且与圆 Γ 内切于点 T,过点 T, A 分别与圆 Γ 相切的直线交于点 K. 证明: I_1, I_2, K 三点共线.

证明 先看一条引理:

已知 $\triangle ABD$ 的外接圆为圆 Γ,圆 Γ' 与边 AB, AD 分别切于点 E, F,与圆 Γ 内切于点 T, M, N 分别是劣弧 $\overset{\frown}{AB}, \overset{\frown}{AD}$ 的中点,则过点 T, A 分别与圆 Γ 相切的直线和直线 MN 共点,如图 31.29 所示.

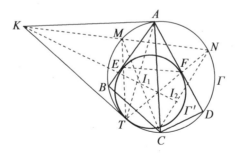

图 31.29

事实上,由

$$\angle NAF \xlongequal{m} \frac{1}{2}\overset{\frown}{AD} = \overset{\frown}{NA} \xlongequal{m} \angle ATN$$

得 $\triangle TAN \sim \triangle AFN$,有

即
$$\frac{NF}{NA} = \frac{NA}{NT}$$
$$NA^2 = NF \cdot NT$$

类似地,有
$$MA^2 = ME \cdot MT$$

故
$$\left(\frac{MA}{NA}\right)^2 = \frac{ME \cdot MT}{NF \cdot NT} \qquad ①$$

因为点 T 是圆 Γ 和圆 Γ' 的外位似中心,点 E,F 的对应点分别为点 M,N,所以 $EF // MN$. 于是
$$\frac{ME}{NF} = \frac{MT}{NT}$$

代入式①得
$$\left(\frac{MA}{NA}\right)^2 = \frac{ME \cdot MT}{NF \cdot NT} = \left(\frac{MT}{NT}\right)^2$$

即
$$\frac{MA}{NA} = \frac{MT}{NT}$$

因此,M 是 N 关于点 A,T 的调和共轭点,即四边形 $AMTN$ 是调和四边形,从而,过 T,A 分别与圆 Γ 相切的直线和直线 MN 共点.

现回到原题. 由引理知,点 K 在直线 MN 上. 则只需证明:点 K 在直线 I_1I_2 上即可.

因为
$$\frac{KM}{KN} = \frac{AM \cdot \sin\angle MAK}{AN \cdot \sin\angle NAK} = \frac{AM \cdot \sin\angle MCA}{AN \cdot \sin\angle NCA}$$
$$= \frac{MI_2}{NI_1} \cdot \frac{\sin\angle MCA}{r_2} \cdot \frac{r_1}{\sin\angle NCA}$$
$$= \frac{MI_2}{NI_1} \cdot \frac{CI_1}{CI_2}$$

所以 $\frac{MK}{KN} \cdot \frac{NI_1}{I_1C} \cdot \frac{CI_2}{I_2M} = 1$. 由梅涅劳斯定理的逆定理,知 I_1, I_2, K 三点共线.

思 考 题

1. 设四边形 $ABCD$ 内接于圆 O,点 M 为 BD 的中点,则四边形 $ABCD$ 为调和四边形的充要条件是下述三条件之一:

(1) BD 平分 $\angle AMC$；

(2) $\triangle BCM$，$\triangle MCD$ 的外接圆分别与 AB，AD 相切；

(3) O，M，C，A 四点共圆.

2. (2003 年全国高中联赛题) $\angle APB$ 内有一内切圆与 AP，PB 切于点 A，B，PCD 是任意割线，与圆交于点 C，D，点 Q 在边 CD 上，且 $\angle QAD = \angle PBC$. 证明：$\angle PAC = \angle QBD$.

3. (2011 年全国高中联赛题) 四边形 $ABCD$ 内接于圆 O，点 M，N 分别为 AC，BD 的中点. 若 $\angle BMC = \angle DMC$，证明：$\angle AND = \angle CND$.

4. 在 Rt$\triangle ACB$ 中，已知点 D 为斜边 AB 的中点，$MB \perp AB$，联结 MD 与 CA 交于点 N，联结 MC 并延长，与 AB 交于点 E. 证明：$\angle ABN = \angle ECB$.

5. 设点 A 为圆 O_1 与圆 O_2 的一个交点，直线 l 与圆 O_1，圆 O_2 分别切于点 B，C，O_3 为 $\triangle ABC$ 的外心，O_3 关于点 A 的对称点为 D，点 M 为 O_1O_2 的中点. 证明：$\angle O_1DM = \angle O_2DA$.

6. 点 O 为锐角 $\triangle ABC$ 的外心，$AB < AC$，点 Q 为 $\angle BAC$ 的外角平分线与 BC 的交点，点 P 在 $\triangle ABC$ 的内部，且 $\triangle BPA \backsim \triangle APC$. 证明：$\angle QPA + \angle OQB = 90°$.

7. 在 $\triangle ABC$ 中，点 M 为 BC 的中点，以 AM 为直径的圆分别与 AC，AB 交于点 E，F，过点 E，F 作以 AM 为直径的圆的切线，交点为点 P. 证明：$PM \perp BC$.

8. 在 $\triangle ABC$ 中，$AB < AC$，A 关于 B 的对称点为点 D，CD 的中垂线与 $\triangle ABC$ 的外接圆圆 O 交于点 E，F，AE，AF 分别与 BC 交于点 U，V. 证明：点 B 为 UV 的中点.

思考题 参考解答

1.(1) 在图 31.30 中，联结 AM 并延长交圆 O 于点 E，联结 BE，DE.

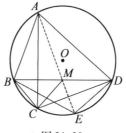

图 31.30

易知，点 B，D 关于 OM 对称. 故

$$BD \text{ 平分 } \angle AMC \Leftrightarrow \angle AMB = \angle BMC$$

$\Leftrightarrow \angle BMC = \angle DME$

$\Leftrightarrow$ 点 C 与 E 关于 OM 对称

$\Leftrightarrow BC = DE$

$\Leftrightarrow \angle BAC = \angle EAD$

$\Leftrightarrow AC$ 为 $\triangle ABD$ 的共轭(陪位)中线

$\Leftrightarrow$ 四边形 $ABCD$ 是调和四边形

(2)如图 31.31,注意到

$$\angle ABD + \angle ADB + \angle BAD = 180° = \angle BAD + \angle BCM + \angle MCD$$

则

$\angle ABD = \angle BCM \Leftrightarrow \angle ADB = \angle MCD$

$\Leftrightarrow \triangle BCM$ 的外接圆与 AB 相切

$\Leftrightarrow \angle BCM = \angle ABD$

$\Leftrightarrow \angle BCM = \angle ACD$

$\Leftrightarrow CA$ 是 $\triangle BCD$ 的共轭(陪位)中线

$\Leftrightarrow$ 四边形 $ABCD$ 为调和四边形

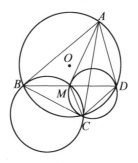

图 31.31

(3)如图 31.32,联结 OM, OC, OD,则

$$\angle COD = 2\angle CAD, \angle MOD = \angle BAD$$

故

O, M, C, A 四点共圆 $\Leftrightarrow \angle MOC = \angle MAC$

$\Leftrightarrow \angle MOD - \angle MOC = \angle BAD - \angle MAC$

$\Leftrightarrow \angle COD = \angle CAD + \angle BAM$

$\Leftrightarrow \angle CAD = \angle BAM$

$\Leftrightarrow AC$ 为 $\triangle ABD$ 的共轭(陪位)中线

⇔四边形 ABCD 是调和四边形

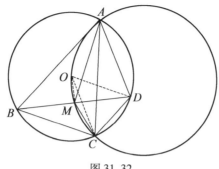

图 31.32

2. 如图 31.33,联结 AB.

由性质 1,知四边形 ADBC 为调和四边形,且 $\angle BAC = \angle PBC = \angle QAD$.

由性质 3,知 AB 为 △ACD 的 A-陪位中线.

因此,AQ 是 △ACD 的中线.

于是,BQ 是 △BCD 的中线.

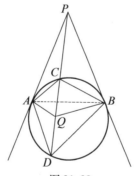

图 31.33

由性质 11,知 BA 是 △BCD 的共轭(陪位)中线.故

$$\angle QBD = \angle CBA = \angle PAC$$

3. 如图 31.34,过点 B 作 AC 的平行线,与圆 O 交于点 B',则四边形 AB'BC 为等腰梯形.

由于点 M 为 AC 的中点,于是,$OM \perp AC$.

进而,直线 OM 为等腰梯形 AB'BC 的对称轴.

由 $\angle DMC = \angle BMC = \angle B'MA$,知 D, M, B' 三点共线. 故

$$\frac{DA \cdot BC}{AB \cdot CD} = \frac{DA \cdot B'A}{B'C \cdot CD} = \frac{S_{\triangle DAB'}}{S_{\triangle DCB'}} = \frac{AM}{MC} = 1 \Rightarrow DA \cdot BC = AB \cdot CD$$

第 31 章 调和四边形

因为四边形 $ABCD$ 内接于圆 O,所以,此四边形为调和四边形.

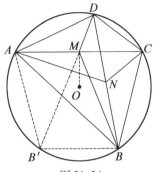

图 31.34

又点 N 为 BD 的中点,所以由调和四边形的性质知
$$\angle NAB = \angle CAD = \angle CBD, \angle NCB = \angle ACD = \angle ABD$$
故
$$\angle AND = \angle NBA + \angle NAB = \angle NBA + \angle CBD = \angle ABC$$
$$\angle CND = \angle NBC + \angle NCB = \angle NBC + \angle ABD$$
$$= \angle ABC = \angle AND$$

4. 如图 31.35,过点 M 作圆的另一条切线,切点为 G,延长 ME,与圆交于点 F,联结 GB,与 MD 交于点 K.

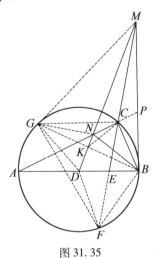

图 31.35

由对称性易知 $GN = NB, GD = DF$.

注意到,$GB \perp MD$. 所以,K, N, C, B 四点共圆.

从而,$\angle KNB = \angle KCB$.

再由调和四边形的性质知 $\triangle CKB \backsim \triangle CGF$.

所以,$\angle KNB = \angle KCB = \angle GCF$.

故 $\angle GND = \angle GBF$,即 $\angle GNB = \angle GDF$.

所以,$\triangle GDF \backsim \triangle GNB$,即 $\triangle GDN \backsim \triangle GFB$. 故
$$\angle FCB = \angle FGB = \angle DGN = \angle DBN$$

5. 如图 31.36,易得 O_3O_1 是 AB 的中垂线,O_3O_2 是 AC 的中垂线. 联结 AO_1,AO_2,则
$$\angle O_3O_1A = \frac{1}{2}\angle BO_1A = \angle CBA, \angle O_1O_3A = \frac{1}{2}\angle BO_3A = \angle BCA$$

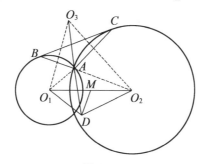

图 31.36

故 $\triangle O_3O_1A \backsim \triangle CBA$. 同理 $\triangle O_3O_2A \backsim \triangle BCA \backsim \triangle O_1O_3A$.

作 $\triangle O_3O_1O_2$ 的外接圆圆 Γ.

设 O_3A 与圆 Γ 交于另一点 E,则
$$\angle EO_1O_2 = \angle AO_3O_2 = \angle AO_1O_3, \angle EO_2O_1 = \angle AO_3O_1 = \angle AO_2O_3$$

故 $\triangle O_1EO_2 \backsim \triangle O_1AO_3 \backsim \triangle O_3AO_2$,从而
$$\frac{O_1O_3}{O_1O_2} = \frac{O_3A}{EO_2}, \frac{O_3O_2}{O_1O_2} = \frac{O_3A}{EO_1}$$

因此
$$O_3A \cdot O_1O_2 = O_1O_3 \cdot EO_2 = O_3O_2 \cdot EO_1$$

于是,四边形 $O_1O_3O_2E$ 为调和四边形.

由托勒密定理得
$$O_3A \cdot O_1O_2 = \frac{1}{2}(O_1O_3 \cdot EO_2 + O_3O_2 \cdot EO_1)$$

所以
$$O_3A = \frac{1}{2}O_3E$$

从而,点 E 与 D 重合.

由
$$MO_2 \cdot O_3D = \frac{1}{2}(O_1O_3 \cdot EO_2 + O_3O_2 \cdot O_1E) = O_1O_3 \cdot O_2D$$

知 $\triangle O_3O_1D \backsim \triangle O_2MD$,所以,$\angle O_2DM = \angle O_1DO_3$. 故 $\angle O_1DM = \angle O_2DA$.

6. 设 AP 与圆 O 交于点 S. 由
$$\triangle BPA \backsim \triangle APC \Rightarrow \angle BCS = \angle BAS = \angle BAP = \angle ACP$$
$$\angle CBS = \angle CAS = \angle CAP = \angle ABP \Rightarrow \triangle BPA \backsim \triangle APC \backsim \triangle BSC$$
$$\Rightarrow \frac{SB}{SC} = \frac{PA}{PC} = \frac{AB}{AC}$$
$$\Rightarrow 四边形 ABSC 为调和四边形$$

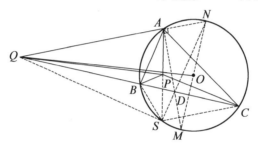

图 31.37

由性质 11,知 CB 为 $\triangle ACS$ 的共轭中线.

又 $\angle SCB = \angle PCA$,所以点 P 为 AS 的中点.

设 $\angle BAC$ 的内角平分线与 BC 交于点 D,与圆 O 交于点 M,则点 M 为 $\overset{\frown}{BSC}$ 的中点. 由于 $\frac{SB}{SC} = \frac{AB}{AC} = \frac{BD}{CD}$,故 SD 平分 $\angle BSC$.

设 SD 与圆 O 交于点 N,则点 N 为 $\overset{\frown}{BAC}$ 的中点.

于是,M,O,N 三点共线,且 $MN \perp BC$,$\angle NAM = 90°$.

由于 AD,AQ 分别为 $\angle BAC$ 的内、外角平分线,故 $\angle QAD = 90°$.

进而,N,A,Q 三点共线. 注意到,点 D 为 $\triangle MNQ$ 的垂心,所以 $ND \perp MQ$.

而 $ND \perp MS$,故 Q,S,M 三点共线. 注意到,$\triangle QAS \backsim \triangle QMN$,且 P,O 分别为 AS,MN 的中点. 于是
$$\angle QPA = \angle QOM$$

又 $QD \perp MN$,所以
$$\angle QPA + \angle OQB = \angle QOM + \angle OQD = 90°$$

7. 如图 31.38,过点 A 作 BC 的平行线,与以 AM 为直径的圆交于点 Q.

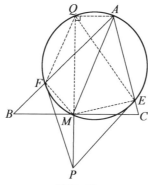

图 31.38

由点 M 为 BC 的中点,知 $AQ, AM; AB, AC$ 为调和线束,$AQ, AM; AF, AE$ 为调和线束 $\Rightarrow$ 四边形 $QFME$ 为调和四边形.

又 PE, PF 是以 AM 为直径的圆的切线,所以由性质 2 知 P, M, Q 三点共线.

注意到,$\angle AQM = 90°$,且 $AQ /\!/ BC$. 故 $PM \perp BC$.

8. 如图 31.39,过点 A 作 BC 的平行线,与圆 O 交于点 K.

故 $BU = BV \Leftrightarrow AU, AV; AB, AK$ 为调和线束 $\Leftrightarrow AE, AF; AB, AK$ 为调和线束 $\Leftrightarrow$ 四边形 $EBFK$ 为调和四边形.

分别过点 K, B 作圆 O 的切线,交于点 P. 于是,只要证 P, E, F 三点共线即可.

由 EF 为 CD 的中垂线,故只要证 $PC = PD$.

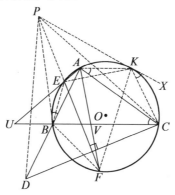

图 31.39

易知,四边形 $ABCK$ 为等腰梯形.

设点 X 在 PK 的延长线上,则

$$\angle PBD = 180° - \angle ABP = 180° - \angle ACB$$
$$= 180° - \angle KAC$$
$$= 180° - \angle CKX = \angle PKC$$

又 $PB = PK, BD = AB = KC$

所以 $\triangle PBD \cong \triangle PKC \Rightarrow PC = PD$

第32章 三角形内切圆中的调和四边形和调和点列

在三角形内切圆这个图形中,我们已发现有 15 个特殊的调和四边形,有 15 组特殊的调和点列. 下面,以定理的形式加以介绍.

定理 1 三角形内切圆切三边的三个切点,一切点和所对顶点的连线与内切圆的交点,这四个点为顶点的四边形是调和四边形. 这样的四边形有 3 个.

证明 如图 32.1,设 $\triangle ABC$ 的内切圆分别切边 BC, CA, AB 于点 D, E, F;AD, BE, CF 分别交内切圆于点 P, Q, R.

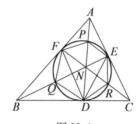

图 32.1

由 $\triangle AFP \backsim \triangle ADF$,有 $\dfrac{FP}{DF} = \dfrac{AF}{AD}$.

由 $\triangle AEP \backsim \triangle ADE$,有 $\dfrac{EP}{DE} = \dfrac{AE}{AD}$.

注意到 $AF = AE$,即知 $\dfrac{FP}{DF} = \dfrac{EP}{DE}$,亦即

$$FP \cdot DE = EP \cdot DF$$

由此,即得四边形 $DEPF$ 为调和四边形.

同理,可证得四边形 $DREF, DEFQ$ 也均为调和四边形.

为方便叙述,我们设三个切点为内切圆上的第 I 类特殊点,此即为图中的点 D, E, F;切点和所对顶点的连线与内切圆的交点设为内切圆上的第 II 类特殊点,如图 32.1 中的点 P, Q, R;第 II 类特殊点和相应顶点的连线与内切圆的交点(异于切点)设为内切圆上的第 III 类特殊点,如图 32.2 中的点 G, H, M, N, S, T. 这样,定理 1 表明 3 个第 I 类特殊点和 1 个第 II 类特殊点为顶点的四边形是调和四边形.

定理 2 三角形内切圆上 3 个第 II 类特殊点和 1 个第 I 类特殊点为顶点的四边形是调和四边形. 这样的四边形有 3 个.

证明 如图 32.1, 由切线长定理并应用塞瓦定理, 知 AD, BE, CF 三线共点, 不妨设这个交点为 N. 由 $\triangle PNR \backsim \triangle FND$, $\triangle FNP \backsim \triangle DNR$, 有

$$\frac{PN}{FN}=\frac{PR}{FD}, \frac{FN}{DN}=\frac{PF}{DR}$$

此两式相乘有

$$\frac{PN}{DN}=\frac{PF}{FD} \cdot \frac{PR}{RD}$$

同理

$$\frac{PN}{DN}=\frac{PQ}{QD} \cdot \frac{PE}{ED}$$

由定理 1 知,四边形 $DEPF$ 为调和四边形,即

$$\frac{PF}{FD}=\frac{PE}{ED}$$

于是

$$\frac{PR}{RD}=\frac{PQ}{QD}$$

由上即知,四边形 $DRPQ$ 为调和四边形.

同理,可证得四边形 $EPQR, FQRP$ 也均为调和四边形.

定理 3 三角形内切圆上 2 个第 I 类特殊点, 1 个与前述第 I 类特殊点有关联的第 II 类特殊点, 1 个与前述第 II 类特殊点有关联的第 III 类特殊点, 这 4 个点为顶点的四边形是调和四边形. 这样的四边形有 6 个.

证明 如图 32.2, 设 $\triangle ABC$ 的内切圆分别切边 BC, CA, AB 于点 D, E, F; AD, BE, CF 分别交内切圆于点 P, Q, R; AQ, AR, BP, BR, CP, CQ 分别交内切圆于点 M, S, G, T, H, N.

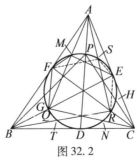

图 32.2

类似于定理 1 的证法,考虑过点 A 的割线段 AQ, AR.

由 $\triangle AFM \backsim \triangle AQF, \triangle AEM \backsim \triangle AQE$,并注意 $AF = AE$,有
$$\frac{FM}{QF} = \frac{AF}{AQ} = \frac{AE}{AQ} = \frac{EM}{QE}$$
即知四边形 $FQEM$ 是调和四边形.

同理,四边形 $FRES, DPFG, DRFT, EPDH, EQDN$ 也均是调和四边形.

定理 4 三角形内切圆上 1 个第 I 类特殊点,1 个与这个第 I 类特殊点关联的第 II 类特殊点,2 个与这个第 II 类特殊点关联的第 III 类特殊点,这 4 个点为顶点的四边形是调和四边形. 这样的四边形有 3 个.

证明 如图 32.3,设 $\triangle ABC$ 的内切圆分别切边 BC, CA, AB 于点 D, E, F;AD, BE, CF 分别交内切圆于点 P, Q, R;PB, PC 分别交内切圆于点 G, H.

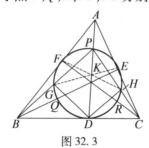

图 32.3

由定理 3,知圆内接四边形 $DPFG, EPDH$ 均为调和四边形,有
$$\frac{GF}{FP} = \frac{GD}{DP}, \frac{PE}{EH} = \frac{PD}{DH}$$
上述两式相乘,得
$$\frac{PE}{EH} \cdot \frac{HD}{DG} \cdot \frac{GF}{FP} = 1$$

于是,由塞瓦定理角元形式的推论,知 EG, FH, PD 三线共点,不妨设该点为 K. 由 $\triangle PKH \backsim \triangle FKD$,有 $\dfrac{PK}{FK} = \dfrac{PH}{FD}$.

同理 $\dfrac{FK}{KD} = \dfrac{PF}{DH}$. 从而 $\dfrac{PK}{KD} = \dfrac{PH}{DH} \cdot \dfrac{PF}{DF}$.

同理,$\dfrac{PK}{KD} = \dfrac{GP}{DG} \cdot \dfrac{PE}{ED}$.

由定理 1,知四边形 $DEPF$ 是调和四边形,即 $\dfrac{PF}{FD} = \dfrac{PE}{ED}$.

于是由上述两式,有 $\dfrac{PH}{DH} = \dfrac{GP}{GD}$.

由此,即知四边形 $DHPG$ 是调和四边形.

设 QA,QC,RA,RB 分别交内切圆于点 M,N,S,T,参见图 32.2.

同理,四边形 $EMQN,FTRS$ 均是调和四边形.

在此,也顺便说明一下:按照上述定理中涉及点的思路,若考虑三角形内切圆上 2 个第 I 类特殊点,2 个与第 I 类特殊点关联的第 II 类特殊点,则这 4 个点为顶点的四边形也是一类特殊的四边形(非调和四边形).如图 32.1,在四边形 $DRPF,DEPQ,EFQR$ 中,有

$$DF \cdot RP = 3DR \cdot FP, DE \cdot PQ = 3DQ \cdot EP, EF \cdot QR = 3ER \cdot FQ$$

这实际上就是如下问题(参见第 31 章中的例 1):

问题 (2010 年第 7 届东南数学奥林匹克竞赛题)如图 32.4,已知 $\triangle ABC$ 内切圆圆 I 分别与边 AB,BC 切于点 F,D,直线 AD,CF 分别与圆 I 交于另一点 H,K.求证:$\dfrac{FD \cdot HK}{FH \cdot DK} = 3$.

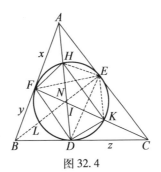

图 32.4

证法 1 设 $AF = x, BF = y, CD = z$. 对 $\triangle ABC$ 及边 BC 上的点 D 应用斯特瓦尔特定理,得

$$AD^2 = AB^2 \cdot \frac{DC}{BC} + AC^2 \cdot \frac{BD}{BC} - BD \cdot DC$$

$$= \frac{z(x+y)^2 + y(x+z)^2}{y+z} - yz$$

$$= x^2 + \frac{4xyz}{y+z}$$

由切割线定理,得

$$AH = \frac{AF^2}{AD} = \frac{x^2}{AD}$$

从而

$$HD = AD - AH = \frac{AD^2 - x^2}{AD} = \frac{4xyz}{AD(y+z)}$$

同理

$$KF = \frac{4xyz}{CF(x+y)}$$

由 $\triangle CDK \backsim \triangle CFD$，有 $DK = \frac{DF \cdot CD}{CF} = \frac{DF}{CF} \cdot z$.

又由 $\triangle AFH \backsim \triangle ADF$，有 $FH = \frac{DF \cdot AF}{AD} = \frac{DF}{AD} \cdot x$.

对 $\triangle BDF$ 应用余弦定理，得

$$\begin{aligned}DF^2 &= BD^2 + BF^2 - 2BD \cdot BF \cdot \cos B \\ &= 2y^2 \left[1 - \frac{(y+z)^2 + (x+y)^2 - (x+z)^2}{2(x+y)(y+z)}\right] \\ &= \frac{4xy^2z}{(x+y)(y+z)}\end{aligned}$$

于是

$$\frac{KF \cdot HD}{FH \cdot DK} = \frac{\frac{4xyz}{CF(x+y)} \cdot \frac{4xyz}{AD(y+z)}}{\frac{DF}{AD} \cdot x \cdot \frac{DF}{CF} \cdot z} = \frac{16xy^2z}{DF^2(x+y)(y+z)} = 4 \qquad ①$$

对圆内接四边形 $DKHF$ 应用托勒密定理，得

$$KF \cdot HD = DF \cdot HK + FH \cdot DK$$

再结合式①，得

$$\frac{FD \cdot HK}{FH \cdot DK} = 3$$

证法 2 见第 31 章中的例 1.

为了讨论问题的方便，我们给出如下约定：

在三角形中，一条边所在的直线与另两个内切圆切点连线所在直线的交点（或无穷远点）称为第 Ⅳ 类特殊点；一顶点和所对边内切圆切点的连线与另一内切圆切点连线所在直线的交点称为第 Ⅴ 类特殊点；第 Ⅰ 类特殊点与靠近的第 Ⅲ 特殊的连线，这样的两直线的交点称为第 Ⅵ 类特殊点；三顶点与所对边上内切圆切点连线的交点称为热尔岗点.

定理 5 三角形的两个顶点，被这两顶点所在边上的内切圆的切点、内切

圆切另两边的切点所在直线和这边的交点(可为无穷远点)调和分割,共3组.

或者说在三角形一条边所在的直线上,两个顶点,一个第 I 类特殊点,一个第 IV 类特殊点组成调和点列,这样的点列有 3 组.

证明 设 $\triangle ABC$ 的内切圆分别切边 BC,CA,AB 于点 D,E,F;直线 FE 与直线 BC 交于点 W(可为无穷远点),直线 DE 与直线 BA 交于点 V(可为无穷远点),直线 DF 与直线 CA 交于点 U(可为无穷远点),如图 32.5 所示.

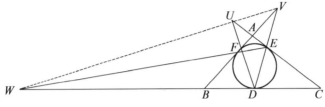

图 32.5

当 $FE \parallel BC$ 时,则 $\triangle ABC$ 为等腰三角形($AB = AC$),此时,点 D 为 BC 的中点,W 为无穷远点,此说明 $W,D;B,C$ 为调和点列.

当 $FE \not\parallel BC$ 时,则对 $\triangle ABC$ 及截线 WFE 应用梅涅劳斯定理,并注意 $AF = AE, BF = BD, DC = CE$,有

$$1 = \frac{AF}{FB} \cdot \frac{BW}{WC} \cdot \frac{CE}{EA} = \frac{DC}{BD} \cdot \frac{BW}{WC}$$

即

$$\frac{BW}{WC} = \frac{BD}{DC}$$

这说明 $W,D;B,C$ 为调和点列.

同理,$U,E;A,C$ 及 $V,F;A,B$ 均为调和点列.

注:将内切圆换为旁切圆也有类似的结论. 图 32.5 中点 W,U,V 三点共线,此线称为勒莫恩线.

定理6 设 $\triangle ABC$ 的内切圆分别切边 BC,CA,AB 于点 D,E,F;AD 与 FE 交于点 L,BE 与 DF 交于点 I,CF 与 DE 交于点 J;AD,BE,CF 分别交内切圆于点 P,Q,R,则点列 $A,L;P,D$,点列 $B,I;Q,E$,点列 $C,J;R,F$ 均为调和点列.

或者说一个顶点,与此顶点有关的第 V 类特殊点,与此顶点相关的两个第 II 类点组成调和点列,这样的点列有 3 组.

证明 如图 32.6,联结 PE,PF. 由 $\triangle PFL \backsim \triangle EDL$,$\triangle PEL \backsim \triangle FDL$,有

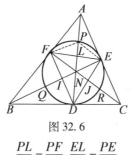

图 32.6

$$\frac{PL}{EL} = \frac{PF}{ED}, \frac{EL}{DL} = \frac{PE}{FD}$$

于是

$$\frac{PL}{DL} = \frac{PL}{EL} \cdot \frac{EL}{DL} = \frac{PF}{ED} \cdot \frac{PE}{FD} = \frac{PF}{FD} \cdot \frac{PE}{ED} \qquad ②$$

由 $\triangle AEP \backsim \triangle ADE$,有

$$\frac{AP}{AE} = \frac{AE}{AD} = \frac{PE}{ED}$$

于是

$$\frac{AP}{AD} = \frac{AP}{AE} \cdot \frac{AE}{AD} = \frac{PE}{ED} \cdot \frac{PE}{ED} \qquad ③$$

由定理 1,知四边形 $DEPF$ 为调和四边形,有 $\frac{PF}{FD} = \frac{PE}{ED}$.

于是,由式②③有 $\frac{AP}{AD} = \frac{PL}{DL}$,即

$$\frac{AP}{PL} = \frac{AD}{DL} \qquad ④$$

式④表明 $A, L; P, D$ 为调和点列.

同理,$B, I; Q, E$ 及 $C, J; R, F$ 均为调和点列.

在定理 2 的证明中,我们已证明图 32.6 中的 AD, BE, CF 三直线共点于 N. 于是有如下结论:

定理 7 设 $\triangle ABC$ 的内切圆分别切边 BC, CA, AB 于点 D, E, F;AD 与 FE 交于 L,BE 与 DF 交于点 I,CF 与 DE 交于点 J;AD, BE, CF 三线交于点 N,则点列 $A, N; L, D$,点列 $B, N; I, E$,点列 $C, N; J, F$ 均为调和点列.

或者说三角形的一个顶点,热尔岗点,该顶点所对的第Ⅰ类点,相应的第Ⅴ类点组成调和点列,这样的点列有 3 组.

证明 如图 32.7. 若 $FE \parallel BC$ 时,可视直线 FE 与直线 BC 交于无穷远点 W.

由 $\dfrac{AL}{AD} = \dfrac{FE}{BC} = \dfrac{LN}{DN}$,有 $\dfrac{AL}{LN} = \dfrac{AD}{DN}$. 此式表明 $A, N; L, D$ 为调和点列.

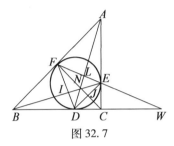

图 32.7

若 $FE \not\parallel BC$ 时,设直线 FE 与直线 BC 交于点 W, 对 $\triangle AFN$ 及截线 BDC 和点 E 分别应用梅涅劳斯定理和塞瓦定理,有

$$\dfrac{AB}{BF} \cdot \dfrac{FC}{CN} \cdot \dfrac{ND}{DA} = 1, \dfrac{AB}{BF} \cdot \dfrac{FC}{CN} \cdot \dfrac{NL}{LA} = 1$$

上述两式相除,得 $\dfrac{ND}{DA} = \dfrac{NL}{LA}$. 此式亦表明 $A, N; L, D$ 为调和点列.

同理, $B, N; I, E$ 及 $C, N; J, F$ 均为调和点列.

推论 在图 32.7 中,对 $\triangle AFE$ 及截线 BCW 及点 N 分别应用梅涅劳斯定理和塞瓦定理,有 $\dfrac{AB}{BF} \cdot \dfrac{FW}{WE} \cdot \dfrac{EC}{CA} = 1, \dfrac{AB}{BF} \cdot \dfrac{FL}{LE} \cdot \dfrac{EC}{CA} = 1$. 此两式相除即知 $F, E; L, W$ 为调和点列. 这样的点列共有 3 组,另两组为 $D, E; J, V$ 及 $D, F; I, U$(参见图 32.5).

定理 8 设 $\triangle ABC$ 的内切圆分别切边 BC, CA, AB 于点 $D, E, F; AD, BE, CF$ 分别交内切圆于点 $P, Q, R; AQ, AR, BP, BR, CP, CQ$ 分别交内切圆于点 M, S, G, T, H, N;直线 FG 与直线 EH 交于点 X(可为无穷远点),直线 FM 与直线 DN 交于点 Y(可为无穷远点),直线 SE 与直线 TD 交于点 Z(可为无穷远点),则点列 $A, D; X, P$,点列 $B, E; Y, Q$,点列 $C, F; Z, R$ 均为调和点列.

或者说三角形的一个顶点,该顶点所对的第 I 类点,该顶点相应的第 II 类点,相关联的第 VI 类特殊点组成调和点列,这样的点列有 3 个(图 32.8).

证明 如图 32.8(a),设内切圆直径为 d, $\angle FAP = \angle 1$, $\angle PAE = \angle 2$, $\angle ECG = \angle 3$, $\angle BCG = \angle 4$, $\angle CBH = \angle 5$, $\angle FBH = \angle 6$.

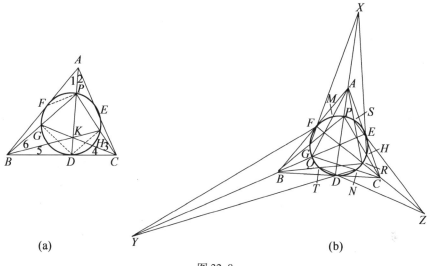

(a)   (b)

图 32.8

联结 DG, DH, 由 $\triangle CDH \backsim \triangle CPD$, 有

$$\frac{DH}{HC} = \frac{PD}{CD}$$

同理

$$\frac{PD}{DB} = \frac{DG}{BG}$$

由定理 4, 知四边形 $DHPG$ 为调和四边形, 即有

$$\frac{PH}{DH} = \frac{GP}{DP}$$

上述三式相乘得

$$\frac{PH}{HC} \cdot \frac{CD}{DB} \cdot \frac{BG}{GP} = 1$$

由塞瓦定理的逆定理知 BH, CG, PD 三线共点. 不妨设该点为 K.

在 $\triangle AFP$ 与 $\triangle FDP$ 中应用正弦定理, 有

$$\frac{FP}{\sin \angle 1} = \frac{AP}{\sin \angle AFP} = \frac{AP}{\sin \angle FDP} = AP \cdot \frac{d}{FP}$$

即

$$FP^2 = d \cdot AP \cdot \sin \angle 1$$

同理

$$EP^2 = d \cdot AP \cdot \sin \angle 2, \, EG^2 = d \cdot CG \cdot \sin \angle 3, \, GD^2 = d \cdot CG \cdot \sin \angle 4$$

$$DH = d \cdot BH \cdot \sin\angle 5, FH^2 = d \cdot BH \cdot \sin\angle 6$$

由于 BH, CG, PD 三线共点于 K,由角元形的塞瓦定理,知

$$\frac{\sin\angle 1}{\sin\angle 2} \cdot \frac{\sin\angle 3}{\sin\angle 4} \cdot \frac{\sin\angle 5}{\sin\angle 6} = 1$$

于是

$$\frac{FP}{PE} \cdot \frac{EG}{GD} \cdot \frac{DH}{HF} = 1$$

对圆内接六边形 $FPEHDG$ 应用角元形式的塞瓦定理的推论,知直线 FG, EH, PD 共点或平行,即知直线 FG, EH, AD 共点于 X 或平行.

当 $AP = PD$ 时,FG, EH, AD 相互平行,此时 X 为无穷远点,显然 $A, D; X, P$ 为调和点列.

当 $AP < PD$ 时,则交点 X 在 DA 的延长线上(图 32.8(b)).由 $\triangle XPF \backsim \triangle XGD$,有

$$\frac{XP}{XG} = \frac{PF}{GD}$$

同理

$$\frac{XG}{XD} = \frac{PG}{FD}, \frac{PF}{FD} = \frac{AF}{AD}, \frac{PD}{GD} = \frac{PB}{BD}$$

又对 $\triangle ABP$ 及截线 GFX 应用梅涅劳斯定理,有

$$\frac{AX}{XP} \cdot \frac{PG}{GB} \cdot \frac{BF}{FA} = 1$$

上述五式相乘,并注意到 $BF = BD, BD^2 = PB \cdot GB, AF^2 = AP \cdot AD$,得

$$\frac{AX}{XD} = \frac{AP}{PD}$$

此式表明 $A, D; X, P$ 为调和点列.

当 $AP > PD$ 时,则交点 X 在 AD 的延长线上,类似地,证得 $A, D; X, P$ 为调和点列.

同理,$B, E; Y, Q$ 及 $C, F; Z, R$ 均为调和点列.

没有人能像欧几里得那样给出如此容易而又自然的几何结果之链,而且每个结果都是永真的.

——德·摩根(A. De Morgan)

刘培杰数学工作室
已出版(即将出版)图书目录——初等数学

书　名	出版时间	定　价	编号
新编中学数学解题方法全书(高中版)上卷(第2版)	2018—08	58.00	951
新编中学数学解题方法全书(高中版)中卷(第2版)	2018—08	68.00	952
新编中学数学解题方法全书(高中版)下卷(一)(第2版)	2018—08	58.00	953
新编中学数学解题方法全书(高中版)下卷(二)(第2版)	2018—08	58.00	954
新编中学数学解题方法全书(高中版)下卷(三)(第2版)	2018—08	68.00	955
新编中学数学解题方法全书(初中版)上卷	2008—01	28.00	29
新编中学数学解题方法全书(初中版)中卷	2010—07	38.00	75
新编中学数学解题方法全书(高考复习卷)	2010—01	48.00	67
新编中学数学解题方法全书(高考真题卷)	2010—01	38.00	62
新编中学数学解题方法全书(高考精华卷)	2011—03	68.00	118
新编平面解析几何解题方法全书(专题讲座卷)	2010—01	18.00	61
新编中学数学解题方法全书(自主招生卷)	2013—08	88.00	261
数学奥林匹克与数学文化(第一辑)	2006—05	48.00	4
数学奥林匹克与数学文化(第二辑)(竞赛卷)	2008—01	48.00	19
数学奥林匹克与数学文化(第二辑)(文化卷)	2008—07	58.00	36′
数学奥林匹克与数学文化(第三辑)(竞赛卷)	2010—01	48.00	59
数学奥林匹克与数学文化(第四辑)(竞赛卷)	2011—08	58.00	87
数学奥林匹克与数学文化(第五辑)	2015—06	98.00	370
世界著名平面几何经典著作钩沉——几何作图专题卷(共3卷)	2022—01	198.00	1460
世界著名平面几何经典著作钩沉(民国平面几何老课本)	2011—03	38.00	113
世界著名平面几何经典著作钩沉(建国初期平面三角老课本)	2015—08	38.00	507
世界著名解析几何经典著作钩沉——平面解析几何卷	2014—01	38.00	264
世界著名数论经典著作钩沉(算术卷)	2012—01	28.00	125
世界著名数学经典著作钩沉——立体几何卷	2011—02	28.00	88
世界著名三角学经典著作钩沉(平面三角卷Ⅰ)	2010—06	28.00	69
世界著名三角学经典著作钩沉(平面三角卷Ⅱ)	2011—01	38.00	78
世界著名初等数论经典著作钩沉(理论和实用算术卷)	2011—07	38.00	126
世界著名几何经典著作钩沉(解析几何卷)	2022—10	68.00	1564
发展你的空间想象力(第3版)	2021—01	98.00	1464
空间想象力进阶	2019—05	68.00	1062
走向国际数学奥林匹克的平面几何试题诠释.第1卷	2019—07	88.00	1043
走向国际数学奥林匹克的平面几何试题诠释.第2卷	2019—09	78.00	1044
走向国际数学奥林匹克的平面几何试题诠释.第3卷	2019—03	78.00	1045
走向国际数学奥林匹克的平面几何试题诠释.第4卷	2019—09	98.00	1046
平面几何证明方法全书	2007—08	35.00	1
平面几何证明方法全书习题解答(第2版)	2006—12	18.00	10
平面几何天天练上卷·基础篇(直线型)	2013—01	58.00	208
平面几何天天练中卷·基础篇(涉及圆)	2013—01	28.00	234
平面几何天天练下卷·提高篇	2013—01	58.00	237
平面几何专题研究	2013—07	98.00	258
平面几何解题之道.第1卷	2022—05	38.00	1494
几何学习题集	2020—10	48.00	1217
通过解题学习代数几何	2021—04	88.00	1301
圆锥曲线的奥秘	2022—06	88.00	1541

— 1 —

刘培杰数学工作室
已出版(即将出版)图书目录——初等数学

书　名	出版时间	定　价	编号
最新世界各国数学奥林匹克中的平面几何试题	2007—09	38.00	14
数学竞赛平面几何典型题及新颖解	2010—07	48.00	74
初等数学复习及研究(平面几何)	2008—09	68.00	38
初等数学复习及研究(立体几何)	2010—06	38.00	71
初等数学复习及研究(平面几何)习题解答	2009—01	58.00	42
几何学教程(平面几何卷)	2011—03	68.00	90
几何学教程(立体几何卷)	2011—07	68.00	130
几何变换与几何证题	2010—06	88.00	70
计算方法与几何证题	2011—06	28.00	129
立体几何技巧与方法(第2版)	2022—10	168.00	1572
几何瑰宝——平面几何500名题暨1500条定理(上、下)	2021—07	168.00	1358
三角形的解法与应用	2012—07	18.00	183
近代的三角形几何学	2012—07	48.00	184
一般折线几何学	2015—08	48.00	503
三角形的五心	2009—06	28.00	51
三角形的六心及其应用	2015—10	68.00	542
三角形趣谈	2012—08	28.00	212
解三角形	2014—01	28.00	265
探秘三角形:一次数学旅行	2021—10	68.00	1387
三角学专门教程	2014—09	28.00	387
图天下几何新题试卷.初中(第2版)	2017—11	58.00	855
圆锥曲线习题集(上册)	2013—06	68.00	255
圆锥曲线习题集(中册)	2015—01	78.00	434
圆锥曲线习题集(下册·第1卷)	2016—10	78.00	683
圆锥曲线习题集(下册·第2卷)	2018—01	98.00	853
圆锥曲线习题集(下册·第3卷)	2019—10	128.00	1113
圆锥曲线的思想方法	2021—08	48.00	1379
圆锥曲线的八个主要问题	2021—10	48.00	1415
论九点圆	2015—05	88.00	645
近代欧氏几何学	2012—03	48.00	162
罗巴切夫斯基几何学及几何基础概要	2012—07	28.00	188
罗巴切夫斯基几何学初步	2015—06	28.00	474
用三角、解析几何、复数、向量计算解数学竞赛几何题	2015—03	48.00	455
用解析法研究圆锥曲线的几何理论	2022—05	48.00	1495
美国中学几何教程	2015—04	88.00	458
三线坐标与三角形特征点	2015—04	98.00	460
坐标几何学基础.第1卷,笛卡儿坐标	2021—08	48.00	1398
坐标几何学基础.第2卷,三线坐标	2021—09	28.00	1399
平面解析几何方法与研究(第1卷)	2015—05	18.00	471
平面解析几何方法与研究(第2卷)	2015—06	18.00	472
平面解析几何方法与研究(第3卷)	2015—07	18.00	473
解析几何研究	2015—08	38.00	425
解析几何学教程.上	2016—01	38.00	574
解析几何学教程.下	2016—01	38.00	575
几何学基础	2016—01	58.00	581
初等几何研究	2015—02	58.00	444
十九和二十世纪欧氏几何学中的片段	2017—01	58.00	696
平面几何中考.高考.奥数一本通	2017—07	28.00	820
几何学简史	2017—08	28.00	833
四面体	2018—01	48.00	880
平面几何证明方法思路	2018—12	68.00	913
折纸中的几何练习	2022—09	48.00	1559
中学新几何学(英文)	2022—10	98.00	1562
线性代数与几何	2023—04	68.00	1633

刘培杰数学工作室
已出版(即将出版)图书目录——初等数学

书　名	出版时间	定　价	编号
平面几何图形特性新析.上篇	2019—01	68.00	911
平面几何图形特性新析.下篇	2018—06	88.00	912
平面几何范例多解探究.上篇	2018—04	48.00	910
平面几何范例多解探究.下篇	2018—12	68.00	914
从分析解题过程学解题:竞赛中的几何问题研究	2018—07	68.00	946
从分析解题过程学解题:竞赛中的向量几何与不等式研究(全2册)	2019—06	138.00	1090
从分析解题过程学解题:竞赛中的不等式问题	2021—01	48.00	1249
二维、三维欧氏几何的对偶原理	2018—12	38.00	990
星形大观及闭折线论	2019—03	68.00	1020
立体几何的问题和方法	2019—11	58.00	1127
三角代换论	2021—05	58.00	1313
俄罗斯平面几何问题集	2009—08	88.00	55
俄罗斯立体几何问题集	2014—03	58.00	283
俄罗斯几何大师——沙雷金论数学及其他	2014—01	48.00	271
来自俄罗斯的5000道几何习题及解答	2011—03	58.00	89
俄罗斯初等数学问题集	2012—05	38.00	177
俄罗斯函数问题集	2011—03	38.00	103
俄罗斯组合分析问题集	2011—01	48.00	79
俄罗斯初等数学万题选——三角卷	2012—11	38.00	222
俄罗斯初等数学万题选——代数卷	2013—08	68.00	225
俄罗斯初等数学万题选——几何卷	2014—01	68.00	226
俄罗斯《量子》杂志数学征解问题100题选	2018—08	48.00	969
俄罗斯《量子》杂志数学征解问题又100题选	2018—08	48.00	970
俄罗斯《量子》杂志数学征解问题	2020—05	48.00	1138
463个俄罗斯几何老问题	2012—01	28.00	152
《量子》数学短文精粹	2018—09	38.00	972
用三角、解析几何等计算解来自俄罗斯的几何题	2019—11	88.00	1119
基谢廖夫平面几何	2022—01	48.00	1461
基谢廖夫立体几何	2023—04	48.00	1599
数学:代数、数学分析和几何(10—11年级)	2021—01	48.00	1250
立体几何.10—11年级	2022—01	58.00	1472
直观几何学:5—6年级	2022—04	58.00	1508
平面几何:9—11年级	2022—10	48.00	1571

谈谈素数	2011—03	18.00	91
平方和	2011—03	18.00	92
整数论	2011—05	38.00	120
从整数谈起	2015—10	28.00	538
数与多项式	2016—01	38.00	558
谈谈不定方程	2011—05	28.00	119
质数漫谈	2022—07	68.00	1529

解析不等式新论	2009—06	68.00	48
建立不等式的方法	2011—03	98.00	104
数学奥林匹克不等式研究(第2版)	2020—07	68.00	1181
不等式研究(第二辑)	2012—02	68.00	153
不等式的秘密(第一卷)(第2版)	2014—02	38.00	286
不等式的秘密(第二卷)	2014—01	38.00	268
初等不等式的证明方法	2010—06	38.00	123
初等不等式的证明方法(第二版)	2014—11	38.00	407
不等式·理论·方法(基础卷)	2015—07	38.00	496
不等式·理论·方法(经典不等式卷)	2015—07	38.00	497
不等式·理论·方法(特殊类型不等式卷)	2015—07	48.00	498
不等式探究	2016—03	38.00	582
不等式探秘	2017—01	88.00	689
四面体不等式	2017—01	68.00	715
数学奥林匹克中常见重要不等式	2017—09	38.00	845

刘培杰数学工作室
已出版(即将出版)图书目录——初等数学

书　名	出版时间	定　价	编号
三正弦不等式	2018—09	98.00	974
函数方程与不等式:解法与稳定性结果	2019—04	68.00	1058
数学不等式.第1卷,对称多项式不等式	2022—05	78.00	1455
数学不等式.第2卷,对称有理不等式与对称无理不等式	2022—05	88.00	1456
数学不等式.第3卷,循环不等式与非循环不等式	2022—05	88.00	1457
数学不等式.第4卷,Jensen不等式的扩展与加细	2022—05	88.00	1458
数学不等式.第5卷,创建不等式与解不等式的其他方法	2022—05	88.00	1459
同余理论	2012—05	38.00	163
[x]与{x}	2015—04	48.00	476
极值与最值.上卷	2015—06	28.00	486
极值与最值.中卷	2015—06	38.00	487
极值与最值.下卷	2015—06	28.00	488
整数的性质	2012—11	38.00	192
完全平方数及其应用	2015—08	78.00	506
多项式理论	2015—10	88.00	541
奇数、偶数、奇偶分析法	2018—01	98.00	876
不定方程及其应用.上	2018—12	58.00	992
不定方程及其应用.中	2019—01	78.00	993
不定方程及其应用.下	2019—02	98.00	994
Nesbitt不等式加强式的研究	2022—06	128.00	1527
最值定理与分析不等式	2023—02	78.00	1567
一类积分不等式	2023—02	88.00	1579
邦费罗尼不等式及概率应用	2023—05	58.00	1637
历届美国中学生数学竞赛试题及解答(第一卷)1950—1954	2014—07	18.00	277
历届美国中学生数学竞赛试题及解答(第二卷)1955—1959	2014—04	18.00	278
历届美国中学生数学竞赛试题及解答(第三卷)1960—1964	2014—06	18.00	279
历届美国中学生数学竞赛试题及解答(第四卷)1965—1969	2014—04	28.00	280
历届美国中学生数学竞赛试题及解答(第五卷)1970—1972	2014—06	18.00	281
历届美国中学生数学竞赛试题及解答(第六卷)1973—1980	2017—07	18.00	768
历届美国中学生数学竞赛试题及解答(第七卷)1981—1986	2015—01	18.00	424
历届美国中学生数学竞赛试题及解答(第八卷)1987—1990	2017—05	18.00	769
历届中国数学奥林匹克试题集(第3版)	2021—10	58.00	1440
历届加拿大数学奥林匹克试题集	2012—08	38.00	215
历届美国数学奥林匹克试题集:1972～2019	2020—04	88.00	1135
历届波兰数学竞赛试题集.第1卷,1949～1963	2015—03	18.00	453
历届波兰数学竞赛试题集.第2卷,1964～1976	2015—03	18.00	454
历届巴尔干数学奥林匹克试题集	2015—05	38.00	466
保加利亚数学奥林匹克	2014—10	38.00	393
圣彼得堡数学奥林匹克试题集	2015—01	38.00	429
匈牙利奥林匹克数学竞赛题解.第1卷	2016—05	28.00	593
匈牙利奥林匹克数学竞赛题解.第2卷	2016—05	28.00	594
历届美国数学邀请赛试题集(第2版)	2017—10	78.00	851
普林斯顿大学数学竞赛	2016—06	38.00	669
亚太地区数学奥林匹克竞赛题	2015—07	18.00	492
日本历届(初级)广中杯数学竞赛试题及解答.第1卷(2000～2007)	2016—05	28.00	641
日本历届(初级)广中杯数学竞赛试题及解答.第2卷(2008～2015)	2016—05	38.00	642
越南数学奥林匹克题选:1962—2009	2021—07	48.00	1370
360个数学竞赛问题	2016—08	58.00	677
奥数最佳实战题.上卷	2017—06	38.00	760
奥数最佳实战题.下卷	2017—05	58.00	761
哈尔滨市早期中学数学竞赛试题汇编	2016—07	28.00	672
全国高中数学联赛试题及解答:1981—2019(第4版)	2020—07	138.00	1176
2022年全国高中数学联合竞赛模拟题集	2022—06	30.00	1521

— 4 —

刘培杰数学工作室
已出版(即将出版)图书目录——初等数学

书　名	出版时间	定　价	编号
20世纪50年代全国部分城市数学竞赛试题汇编	2017—07	28.00	797
国内外数学竞赛题及精解:2018～2019	2020—08	45.00	1192
国内外数学竞赛题及精解:2019～2020	2021—11	58.00	1439
许康华竞赛优学精选集.第一辑	2018—08	68.00	949
天问叶班数学问题征解100题.Ⅰ,2016—2018	2019—05	88.00	1075
天问叶班数学问题征解100题.Ⅱ,2017—2019	2020—07	98.00	1177
美国初中数学竞赛:AMC8准备(共6卷)	2019—07	138.00	1089
美国高中数学竞赛:AMC10准备(共6卷)	2019—08	158.00	1105
王连笑教你怎样学数学:高考选择题解题策略与客观题实用训练	2014—01	48.00	262
王连笑教你怎样学数学:高考数学高层次讲座	2015—02	48.00	432
高考数学的理论与实践	2009—08	38.00	53
高考数学核心题型解题方法与技巧	2010—01	28.00	86
高考思维新平台	2014—03	38.00	259
高考数学压轴题解题诀窍(上)(第2版)	2018—01	58.00	874
高考数学压轴题解题诀窍(下)(第2版)	2018—01	48.00	875
北京市五区文科数学三年高考模拟题详解:2013～2015	2015—08	48.00	500
北京市五区理科数学三年高考模拟题详解:2013～2015	2015—09	68.00	505
向量法巧解数学高考题	2009—08	28.00	54
高中数学课堂教学的实践与反思	2021—11	48.00	791
数学高考参考	2016—01	78.00	589
新课程标准高考数学解答题各种题型解法指导	2020—08	78.00	1196
全国及各省市高考数学试题审题要津与解法研究	2015—02	48.00	450
高中数学章节起始课的教学研究与案例设计	2019—05	28.00	1064
新课标高考数学——五年试题分章详解(2007～2011)(上、下)	2011—10	78.00	140,141
全国中考数学压轴题审题要津与解法研究	2013—04	78.00	248
新编全国及各省市中考数学压轴题审题要津与解法研究	2014—05	58.00	342
全国及各省市5年中考数学压轴题审题要津与解法研究(2015版)	2015—04	58.00	462
中考数学专题总复习	2007—04	28.00	6
中考数学较难常考题型解题方法与技巧	2016—09	48.00	681
中考数学难题常考题型解题方法与技巧	2016—09	48.00	682
中考数学中档题常考题型解题方法与技巧	2017—08	68.00	835
中考数学选择填空压轴好题妙解365	2017—05	38.00	759
中考数学:三类重点考题的解法例析与习题	2020—04	48.00	1140
中小学数学的历史文化	2019—11	48.00	1124
初中平面几何百题多思创新解	2020—01	58.00	1125
初中数学中考备考	2020—01	58.00	1126
高考数学之九章演义	2019—08	68.00	1044
高考数学之难题谈笑间	2022—06	68.00	1519
化学可以这样学:高中化学知识方法智慧感悟疑难辨析	2019—07	58.00	1103
如何成为学习高手	2019—09	58.00	1107
高考数学:经典真题分类解析	2020—04	78.00	1134
高考数学解答题破解策略	2020—11	58.00	1221
从分析解题过程学解题:高考压轴题与竞赛题之关系探究	2020—08	88.00	1179
教学新思考:单元整体视角下的初中数学教学设计	2021—03	58.00	1278
思维再拓展:2020年经典几何题的多解探究与思考	即将出版		1279
中考数学小压轴汇编初讲	2017—07	48.00	788
中考数学大压轴专题微言	2017—09	48.00	846
怎么解中考平面几何探索题	2019—06	48.00	1093
北京中考数学压轴题解题方法突破(第8版)	2022—11	78.00	1577
助你高考成功的数学解题智慧:知识是智慧的基础	2016—01	58.00	596
助你高考成功的数学解题智慧:错误是智慧的试金石	2016—04	58.00	643
助你高考成功的数学解题智慧:方法是智慧的推手	2016—04	68.00	657
高考数学奇思妙解	2016—04	38.00	610
高考数学解题策略	2016—05	48.00	670
数学解题泄天机(第2版)	2017—10	48.00	850

刘培杰数学工作室
已出版(即将出版)图书目录——初等数学

书　　名	出版时间	定　价	编号
高考物理压轴题全解	2017—04	58.00	746
高中物理经典问题25讲	2017—05	28.00	764
高中物理教学讲义	2018—01	48.00	871
高中物理教学讲义:全模块	2022—03	98.00	1492
高中物理答疑解惑65篇	2021—11	48.00	1462
中学物理基础问题解析	2020—08	48.00	1183
初中数学、高中数学脱节知识补缺教材	2017—06	48.00	766
高考数学小题抢分必练	2017—10	48.00	834
高考数学核心素养解读	2017—09	38.00	839
高考数学客观题解题方法和技巧	2017—10	38.00	847
十年高考数学精品试题审题要津与解法研究	2021—10	98.00	1427
中国历届高考数学试题及解答.1949—1979	2018—01	38.00	877
历届中国高考数学试题及解答.第二卷,1980—1989	2018—10	28.00	975
历届中国高考数学试题及解答.第三卷,1990—1999	2018—10	48.00	976
数学文化与高考研究	2018—03	48.00	882
跟我学解高中数学题	2018—07	58.00	926
中学数学研究的方法及案例	2018—05	58.00	869
高考数学抢分技能	2018—07	68.00	934
高一新生常用数学方法和重要数学思想提升教材	2018—06	38.00	921
2018年高考数学真题研究	2019—01	68.00	1000
2019年高考数学真题研究	2020—05	88.00	1137
高考数学全国卷六道解答题常考题型解题诀窍:理科(全2册)	2019—07	78.00	1101
高考数学全国卷16道选择、填空题常考题型解题诀窍.理科	2018—09	88.00	971
高考数学全国卷16道选择、填空题常考题型解题诀窍.文科	2020—01	88.00	1123
高中数学一题多解	2019—06	58.00	1087
历届中国高考数学试题及解答:1917—1999	2021—08	98.00	1371
2000～2003年全国及各省市高考数学试题及解答	2022—05	88.00	1499
2004年全国及各省市高考数学试题及解答	2022—07	78.00	1500
突破高原:高中数学解题思维探究	2021—08	48.00	1375
高考数学中的"取值范围"	2021—10	48.00	1429
新课程标准高中数学各种题型解法大全.必修一分册	2021—06	58.00	1315
新课程标准高中数学各种题型解法大全.必修二分册	2022—01	68.00	1471
高中数学各种题型解法大全.选择性必修一分册	2022—06	68.00	1525
高中数学各种题型解法大全.选择性必修二分册	2023—01	58.00	1600
高中数学各种题型解法大全.选择性必修三分册	2023—04	48.00	1643
历届全国初中数学竞赛经典试题详解	2023—04	88.00	1624
新编640个世界著名数学智力趣题	2014—01	88.00	242
500个最新世界著名数学智力趣题	2008—06	48.00	3
400个最新世界著名数学最值问题	2008—09	48.00	36
500个世界著名数学征解问题	2009—06	48.00	52
400个中国最佳初等数学征解老问题	2010—01	48.00	60
500个俄罗斯数学经典老题	2011—01	28.00	81
1000个国外中学物理好题	2012—04	48.00	174
300个日本高考数学题	2012—05	38.00	142
700个早期日本高考数学试题	2017—02	88.00	752
500个前苏联早期高考数学试题及解答	2012—05	28.00	185
546个早期俄罗斯大学生数学竞赛题	2014—03	38.00	285
548个来自美苏的数学好问题	2014—11	28.00	396
20所苏联著名大学早期入学试题	2015—02	18.00	452
161道德国工科大学生必做的微分方程习题	2015—05	28.00	469
500个德国工科大学生必做的高数习题	2015—06	28.00	478
360个数学竞赛问题	2016—08	58.00	677
200个趣味数学故事	2018—02	48.00	857
470个数学奥林匹克中的最值问题	2018—10	88.00	985
德国讲义日本考题.微积分卷	2015—04	48.00	456
德国讲义日本考题.微分方程卷	2015—04	38.00	457
二十世纪中叶中、英、美、日、法、俄高考数学试题精选	2017—06	38.00	783

— 6 —

刘培杰数学工作室
已出版(即将出版)图书目录——初等数学

书　名	出版时间	定　价	编号
中国初等数学研究　2009卷(第1辑)	2009—05	20.00	45
中国初等数学研究　2010卷(第2辑)	2010—05	30.00	68
中国初等数学研究　2011卷(第3辑)	2011—07	60.00	127
中国初等数学研究　2012卷(第4辑)	2012—07	48.00	190
中国初等数学研究　2014卷(第5辑)	2014—02	48.00	288
中国初等数学研究　2015卷(第6辑)	2015—06	68.00	493
中国初等数学研究　2016卷(第7辑)	2016—04	68.00	609
中国初等数学研究　2017卷(第8辑)	2017—01	98.00	712
初等数学研究在中国.第1辑	2019—03	158.00	1024
初等数学研究在中国.第2辑	2019—10	158.00	1116
初等数学研究在中国.第3辑	2021—05	158.00	1306
初等数学研究在中国.第4辑	2022—06	158.00	1520
几何变换(Ⅰ)	2014—07	28.00	353
几何变换(Ⅱ)	2015—06	28.00	354
几何变换(Ⅲ)	2015—01	38.00	355
几何变换(Ⅳ)	2015—12	38.00	356
初等数论难题集(第一卷)	2009—05	68.00	44
初等数论难题集(第二卷)(上、下)	2011—02	128.00	82,83
数论概貌	2011—03	18.00	93
代数数论(第二版)	2013—08	58.00	94
代数多项式	2014—06	38.00	289
初等数论的知识与问题	2011—02	28.00	95
超越数论基础	2011—03	28.00	96
数论初等教程	2011—03	28.00	97
数论基础	2011—03	18.00	98
数论基础与维诺格拉多夫	2014—03	18.00	292
解析数论基础	2012—08	28.00	216
解析数论基础(第二版)	2014—01	48.00	287
解析数论问题集(第二版)(原版引进)	2014—05	88.00	343
解析数论问题集(第二版)(中译本)	2016—04	88.00	607
解析数论基础(潘承洞,潘承彪著)	2016—07	98.00	673
解析数论导引	2016—07	58.00	674
数论入门	2011—03	38.00	99
代数数论入门	2015—03	38.00	448
数论开篇	2012—07	28.00	194
解析数论引论	2011—03	48.00	100
Barban Davenport Halberstam 均值和	2009—01	40.00	33
基础数论	2011—03	28.00	101
初等数论100例	2011—05	18.00	122
初等数论经典例题	2012—07	18.00	204
最新世界各国数学奥林匹克中的初等数论试题(上、下)	2012—01	138.00	144,145
初等数论(Ⅰ)	2012—01	18.00	156
初等数论(Ⅱ)	2012—01	18.00	157
初等数论(Ⅲ)	2012—01	28.00	158

刘培杰数学工作室
已出版(即将出版)图书目录——初等数学

书　　名	出版时间	定　价	编号
平面几何与数论中未解决的新老问题	2013—01	68.00	229
代数数论简史	2014—11	28.00	408
代数数论	2015—09	88.00	532
代数、数论及分析习题集	2016—11	98.00	695
数论导引提要及习题解答	2016—01	48.00	559
素数定理的初等证明.第2版	2016—09	48.00	686
数论中的模函数与狄利克雷级数(第二版)	2017—11	78.00	837
数论:数学导引	2018—01	68.00	849
范氏大代数	2019—02	98.00	1016
解析数学讲义.第一卷,导来式及微分·积分·级数	2019—04	88.00	1021
解析数学讲义.第二卷,关于几何的应用	2019—04	68.00	1022
解析数学讲义.第三卷,解析函数论	2019—04	78.00	1023
分析·组合·数论纵横谈	2019—04	58.00	1039
Hall代数:民国时期的中学数学课本:英文	2019—08	88.00	1106
基谢廖夫初等代数	2022—07	38.00	1531
数学精神巡礼	2019—01	58.00	731
数学眼光透视(第2版)	2017—06	78.00	732
数学思想领悟(第2版)	2018—01	68.00	733
数学方法溯源(第2版)	2018—08	68.00	734
数学解题引论	2017—05	58.00	735
数学史话览胜(第2版)	2017—01	48.00	736
数学应用展观(第2版)	2017—08	68.00	737
数学建模尝试	2018—04	48.00	738
数学竞赛采风	2018—01	68.00	739
数学测评探营	2019—05	58.00	740
数学技能操握	2018—03	48.00	741
数学欣赏拾趣	2018—02	48.00	742
从毕达哥拉斯到怀尔斯	2007—10	48.00	9
从迪利克雷到维斯卡尔迪	2008—01	48.00	21
从哥德巴赫到陈景润	2008—05	98.00	35
从庞加莱到佩雷尔曼	2011—08	138.00	136
博弈论精粹	2008—03	58.00	30
博弈论精粹.第二版(精装)	2015—01	88.00	461
数学　我爱你	2008—01	28.00	20
精神的圣徒　别样的人生——60位中国数学家成长的历程	2008—09	48.00	39
数学史概论	2009—06	78.00	50
数学史概论(精装)	2013—03	158.00	272
数学史选讲	2016—01	48.00	544
斐波那契数列	2010—02	28.00	65
数学拼盘和斐波那契魔方	2010—07	38.00	72
斐波那契数列欣赏(第2版)	2018—08	58.00	948
Fibonacci数列中的明珠	2018—06	58.00	928
数学的创造	2011—02	48.00	85
数学美与创造力	2016—01	48.00	595
数海拾贝	2016—01	48.00	590
数学中的美(第2版)	2019—04	68.00	1057
数论中的美学	2014—12	38.00	351

刘培杰数学工作室
已出版(即将出版)图书目录——初等数学

书　名	出版时间	定　价	编号
数学王者　科学巨人——高斯	2015—01	28.00	428
振兴祖国数学的圆梦之旅:中国初等数学研究史话	2015—06	98.00	490
二十世纪中国数学史料研究	2015—10	48.00	536
数字谜、数阵图与棋盘覆盖	2016—01	58.00	298
时间的形状	2016—01	38.00	556
数学发现的艺术:数学探索中的合情推理	2016—07	58.00	671
活跃在数学中的参数	2016—07	48.00	675
数海趣史	2021—05	98.00	1314
数学解题——靠数学思想给力(上)	2011—07	38.00	131
数学解题——靠数学思想给力(中)	2011—07	48.00	132
数学解题——靠数学思想给力(下)	2011—07	38.00	133
我怎样解题	2013—01	48.00	227
数学解题中的物理方法	2011—06	28.00	114
数学解题的特殊方法	2011—06	48.00	115
中学数学计算技巧(第2版)	2020—10	48.00	1220
中学数学证明方法	2012—01	58.00	117
数学趣题巧解	2012—03	28.00	128
高中数学教学通鉴	2015—05	58.00	479
和高中生漫谈:数学与哲学的故事	2014—08	28.00	369
算术问题集	2017—03	38.00	789
张教授讲数学	2018—07	38.00	933
陈永明实话实说数学教学	2020—04	68.00	1132
中学数学学科知识与教学能力	2020—06	58.00	1155
怎样把课讲好:大罕数学教学随笔	2022—03	58.00	1484
中国高考评价体系下高考数学探秘	2022—03	48.00	1487
自主招生考试中的参数方程问题	2015—01	28.00	435
自主招生考试中的极坐标问题	2015—04	28.00	463
近年全国重点大学自主招生数学试题全解及研究.华约卷	2015—02	38.00	441
近年全国重点大学自主招生数学试题全解及研究.北约卷	2016—05	38.00	619
自主招生数学解证宝典	2015—09	48.00	535
中国科学技术大学创新班数学真题解析	2022—03	48.00	1488
中国科学技术大学创新班物理真题解析	2022—03	58.00	1489
格点和面积	2012—07	18.00	191
射影几何趣谈	2012—04	28.00	175
斯潘纳尔引理——从一道加拿大数学奥林匹克试题谈起	2014—01	28.00	228
李普希兹条件——从几道近年高考数学试题谈起	2012—10	18.00	221
拉格朗日中值定理——从一道北京高考试题的解法谈起	2015—10	18.00	197
闵科夫斯基定理——从一道清华大学自主招生试题谈起	2014—01	28.00	198
哈尔测度——从一道冬令营试题的背景谈起	2012—08	28.00	202
切比雪夫逼近问题——从一道中国台北数学奥林匹克试题谈起	2013—04	38.00	238
伯恩斯坦多项式与贝齐尔曲面——从一道全国高中数学联赛试题谈起	2013—03	38.00	236
卡塔兰猜想——从一道普特南竞赛试题谈起	2013—06	18.00	256
麦卡锡函数和阿克曼函数——从一道前南斯拉夫数学奥林匹克试题谈起	2012—08	18.00	201
贝蒂定理与拉姆齐克莫斯尔定理——从一个拣石子游戏谈起	2012—08	18.00	217
皮亚诺曲线和豪斯道夫分球定理——从无限集谈起	2012—08	18.00	211
平面凸图形与凸多面体	2012—10	28.00	218
斯坦因豪斯问题——从一道二十五省市自治区中学数学竞赛试题谈起	2012—07	18.00	196

刘培杰数学工作室
已出版(即将出版)图书目录——初等数学

书 名	出版时间	定 价	编号
纽结理论中的亚历山大多项式与琼斯多项式——从一道北京市高一数学竞赛试题谈起	2012—07	28.00	195
原则与策略——从波利亚"解题表"谈起	2013—04	38.00	244
转化与化归——从三大尺规作图不能问题谈起	2012—08	28.00	214
代数几何中的贝祖定理(第一版)——从一道IMO试题的解法谈起	2013—08	18.00	193
成功连贯理论与约当块理论——从一道比利时数学竞赛试题谈起	2012—04	18.00	180
素数判定与大数分解	2014—08	18.00	199
置换多项式及其应用	2012—10	18.00	220
椭圆函数与模函数——从一道美国加州大学洛杉矶分校(UCLA)博士资格考题谈起	2012—10	28.00	219
差分方程的拉格朗日方法——从一道2011年全国高考理科试题的解法谈起	2012—08	28.00	200
力学在几何中的一些应用	2013—01	38.00	240
从根式解到伽罗华理论	2020—01	48.00	1121
康托洛维奇不等式——从一道全国高中联赛试题谈起	2013—03	28.00	337
西格尔引理——从一道第18届IMO试题的解法谈起	即将出版		
罗斯定理——从一道前苏联数学竞赛试题谈起	即将出版		
拉克斯定理和阿廷定理——从一道IMO试题的解法谈起	2014—01	58.00	246
毕卡大定理——从一道美国大学数学竞赛试题谈起	2014—07	18.00	350
贝齐尔曲线——从一道全国高中联赛试题谈起	即将出版		
拉格朗日乘子定理——从一道2005年全国高中联赛试题的高等数学解法谈起	2015—05	28.00	480
雅可比定理——从一道日本数学奥林匹克试题谈起	2013—04	48.00	249
李天岩—约克定理——从一道波兰数学竞赛试题谈起	2014—06	28.00	349
受控理论与初等不等式:从一道IMO试题的解法谈起	2023—03	48.00	1601
布劳维不动点定理——从一道前苏联数学奥林匹克试题谈起	2014—01	38.00	273
伯恩赛德定理——从一道英国数学奥林匹克试题谈起	即将出版		
布查特—莫斯特定理——从一道上海市初中竞赛试题谈起	即将出版		
数论中的同余数问题——从一道普特南竞赛试题谈起	即将出版		
范·德蒙行列式——从一道美国数学奥林匹克试题谈起	即将出版		
中国剩余定理:总数法构建中国历史年表	2015—01	28.00	430
牛顿程序与方程求根——从一道全国高考试题解法谈起	即将出版		
库默尔定理——从一道IMO预选试题谈起	即将出版		
卢丁定理——从一道冬令营试题的解法谈起	即将出版		
沃斯滕霍姆定理——从一道IMO预选试题谈起	即将出版		
卡尔松不等式——从一道莫斯科数学奥林匹克试题谈起	即将出版		
信息论中的香农熵——从一道近年高考压轴题谈起	即将出版		
约当不等式——从一道希望杯竞赛试题谈起	即将出版		
拉比诺维奇定理	即将出版		
刘维尔定理——从一道《美国数学月刊》征解问题的解法谈起	即将出版		
卡塔兰恒等式与级数求和——从一道IMO试题的解法谈起	即将出版		
勒让德猜想与素数分布——从一道爱尔兰竞赛试题谈起	即将出版		
天平称重与信息论——从一道基辅市数学奥林匹克试题谈起	即将出版		
哈密尔顿—凯莱定理:从一道高中数学联赛试题的解法谈起	2014—09	18.00	376
艾思特曼定理——从一道CMO试题的解法谈起	即将出版		

刘培杰数学工作室
已出版(即将出版)图书目录——初等数学

书　名	出版时间	定　价	编号
阿贝尔恒等式与经典不等式及应用	2018—06	98.00	923
迪利克雷除数问题	2018—07	48.00	930
幻方、幻立方与拉丁方	2019—08	48.00	1092
帕斯卡三角形	2014—03	18.00	294
蒲丰投针问题——从2009年清华大学的一道自主招生试题谈起	2014—01	38.00	295
斯图姆定理——从一道"华约"自主招生试题的解法谈起	2014—01	18.00	296
许瓦兹引理——从一道加利福尼亚大学伯克利分校数学系博士生试题谈起	2014—08	18.00	297
拉姆塞定理——从王诗宬院士的一个问题谈起	2016—04	48.00	299
坐标法	2013—12	28.00	332
数论三角形	2014—04	38.00	341
毕克定理	2014—07	18.00	352
数林掠影	2014—09	48.00	389
我们周围的概率	2014—10	38.00	390
凸函数最值定理:从一道华约自主招生题的解法谈起	2014—10	28.00	391
易学与数学奥林匹克	2014—10	38.00	392
生物数学趣谈	2015—01	18.00	409
反演	2015—01	28.00	420
因式分解与圆锥曲线	2015—01	18.00	426
轨迹	2015—01	28.00	427
面积原理:从常庚哲命的一道CMO试题的积分解法谈起	2015—01	48.00	431
形形色色的不动点定理:从一道28届IMO试题谈起	2015—01	38.00	439
柯西函数方程:从一道上海交大自主招生的试题谈起	2015—02	28.00	440
三角恒等式	2015—02	28.00	442
无理性判定:从一道2014年"北约"自主招生试题谈起	2015—01	38.00	443
数学归纳法	2015—03	18.00	451
极端原理与解题	2015—04	28.00	464
法雷级数	2014—08	18.00	367
摆线族	2015—01	38.00	438
函数方程及其解法	2015—05	38.00	470
含参数的方程和不等式	2012—09	28.00	213
希尔伯特第十问题	2016—01	38.00	543
无穷小量的求和	2016—01	28.00	545
切比雪夫多项式:从一道清华大学金秋营试题谈起	2016—01	38.00	583
泽肯多夫定理	2016—03	38.00	599
代数等式证题法	2016—01	28.00	600
三角等式证题法	2016—01	28.00	601
吴大任教授藏书中的一个因式分解公式:从一道美国数学邀请赛试题的解法谈起	2016—06	28.00	656
易卦——类万物的数学模型	2017—08	68.00	838
"不可思议"的数与数系可持续发展	2018—01	38.00	878
最短线	2018—01	38.00	879
数学在天文、地理、光学、机械力学中的一些应用	2023—03	88.00	1576
从阿基米德三角形谈起	2023—01	28.00	1578
幻方和魔方(第一卷)	2012—05	68.00	173
尘封的经典——初等数学经典文献选读(第一卷)	2012—07	48.00	205
尘封的经典——初等数学经典文献选读(第二卷)	2012—07	38.00	206
初级方程式论	2011—03	28.00	106
初等数学研究(Ⅰ)	2008—09	68.00	37
初等数学研究(Ⅱ)(上、下)	2009—05	118.00	46,47
初等数学专题研究	2022—10	68.00	1568

刘培杰数学工作室
已出版(即将出版)图书目录——初等数学

书　名	出版时间	定　价	编号
趣味初等方程妙题集锦	2014—09	48.00	388
趣味初等数论选美与欣赏	2015—02	48.00	445
耕读笔记(上卷):一位农民数学爱好者的初数探索	2015—04	28.00	459
耕读笔记(中卷):一位农民数学爱好者的初数探索	2015—05	28.00	483
耕读笔记(下卷):一位农民数学爱好者的初数探索	2015—05	28.00	484
几何不等式研究与欣赏.上卷	2016—01	88.00	547
几何不等式研究与欣赏.下卷	2016—01	48.00	552
初等数列研究与欣赏·上	2016—01	48.00	570
初等数列研究与欣赏·下	2016—01	48.00	571
趣味初等函数研究与欣赏.上	2016—09	48.00	684
趣味初等函数研究与欣赏.下	2018—09	48.00	685
三角不等式研究与欣赏	2020—10	68.00	1197
新编平面解析几何解题方法研究与欣赏	2021—10	78.00	1426
火柴游戏(第2版)	2022—05	38.00	1493
智力解谜.第1卷	2017—07	38.00	613
智力解谜.第2卷	2017—07	38.00	614
故事智力	2016—07	48.00	615
名人们喜欢的智力问题	2020—01	48.00	616
数学大师的发现、创造与失误	2018—01	48.00	617
异曲同工	2018—09	48.00	618
数学的味道	2018—01	58.00	798
数学千字文	2018—10	68.00	977
数贝偶拾——高考数学题研究	2014—04	28.00	274
数贝偶拾——初等数学研究	2014—04	38.00	275
数贝偶拾——奥数题研究	2014—04	48.00	276
钱昌本教你快乐学数学(上)	2011—12	48.00	155
钱昌本教你快乐学数学(下)	2012—03	58.00	171
集合、函数与方程	2014—01	28.00	300
数列与不等式	2014—01	38.00	301
三角与平面向量	2014—01	28.00	302
平面解析几何	2014—01	38.00	303
立体几何与组合	2014—01	28.00	304
极限与导数、数学归纳法	2014—01	38.00	305
趣味数学	2014—03	28.00	306
教材教法	2014—04	68.00	307
自主招生	2014—05	58.00	308
高考压轴题(上)	2015—01	48.00	309
高考压轴题(下)	2014—10	68.00	310
从费马到怀尔斯——费马大定理的历史	2013—10	198.00	I
从庞加莱到佩雷尔曼——庞加莱猜想的历史	2013—10	298.00	II
从切比雪夫到爱尔特希(上)——素数定理的初等证明	2013—07	48.00	III
从切比雪夫到爱尔特希(下)——素数定理100年	2012—12	98.00	III
从高斯到盖尔方特——二次域的高斯猜想	2013—10	198.00	IV
从库默尔到朗兰兹——朗兰兹猜想的历史	2014—01	98.00	V
从比勃巴赫到德布朗斯——比勃巴赫猜想的历史	2014—02	298.00	VI
从麦比乌斯到陈省身——麦比乌斯变换与麦比乌斯带	2014—02	298.00	VII
从布尔到豪斯道夫——布尔方程与格论漫谈	2013—10	198.00	VIII
从开普勒到阿诺德——三体问题的历史	2014—05	298.00	IX
从华林到华罗庚——华林问题的历史	2013—10	298.00	X

刘培杰数学工作室
已出版(即将出版)图书目录——初等数学

书　名	出版时间	定　价	编号
美国高中数学竞赛五十讲.第1卷(英文)	2014—08	28.00	357
美国高中数学竞赛五十讲.第2卷(英文)	2014—08	28.00	358
美国高中数学竞赛五十讲.第3卷(英文)	2014—09	28.00	359
美国高中数学竞赛五十讲.第4卷(英文)	2014—09	28.00	360
美国高中数学竞赛五十讲.第5卷(英文)	2014—10	28.00	361
美国高中数学竞赛五十讲.第6卷(英文)	2014—11	28.00	362
美国高中数学竞赛五十讲.第7卷(英文)	2014—12	28.00	363
美国高中数学竞赛五十讲.第8卷(英文)	2015—01	28.00	364
美国高中数学竞赛五十讲.第9卷(英文)	2015—01	28.00	365
美国高中数学竞赛五十讲.第10卷(英文)	2015—02	38.00	366
三角函数(第2版)	2017—04	38.00	626
不等式	2014—01	38.00	312
数列	2014—01	38.00	313
方程(第2版)	2017—04	38.00	624
排列和组合	2014—01	28.00	315
极限与导数(第2版)	2016—04	38.00	635
向量(第2版)	2018—08	58.00	627
复数及其应用	2014—08	28.00	318
函数	2014—01	38.00	319
集合	2020—01	48.00	320
直线与平面	2014—01	28.00	321
立体几何(第2版)	2016—04	38.00	629
解三角形	即将出版		323
直线与圆(第2版)	2016—11	38.00	631
圆锥曲线(第2版)	2016—09	48.00	632
解题通法(一)	2014—07	38.00	326
解题通法(二)	2014—07	38.00	327
解题通法(三)	2014—05	38.00	328
概率与统计	2014—01	28.00	329
信息迁移与算法	即将出版		330
IMO 50年.第1卷(1959—1963)	2014—11	28.00	377
IMO 50年.第2卷(1964—1968)	2014—11	28.00	378
IMO 50年.第3卷(1969—1973)	2014—09	28.00	379
IMO 50年.第4卷(1974—1978)	2016—04	38.00	380
IMO 50年.第5卷(1979—1984)	2015—04	38.00	381
IMO 50年.第6卷(1985—1989)	2015—04	58.00	382
IMO 50年.第7卷(1990—1994)	2016—01	48.00	383
IMO 50年.第8卷(1995—1999)	2016—06	38.00	384
IMO 50年.第9卷(2000—2004)	2015—04	58.00	385
IMO 50年.第10卷(2005—2009)	2016—01	48.00	386
IMO 50年.第11卷(2010—2015)	2017—03	48.00	646

刘培杰数学工作室
已出版(即将出版)图书目录——初等数学

书　　名	出版时间	定价	编号
数学反思(2006—2007)	2020—09	88.00	915
数学反思(2008—2009)	2019—01	68.00	917
数学反思(2010—2011)	2018—05	58.00	916
数学反思(2012—2013)	2019—01	58.00	918
数学反思(2014—2015)	2019—03	78.00	919
数学反思(2016—2017)	2021—03	58.00	1286
数学反思(2018—2019)	2023—01	88.00	1593
历届美国大学生数学竞赛试题集.第一卷(1938—1949)	2015—01	28.00	397
历届美国大学生数学竞赛试题集.第二卷(1950—1959)	2015—01	28.00	398
历届美国大学生数学竞赛试题集.第三卷(1960—1969)	2015—01	28.00	399
历届美国大学生数学竞赛试题集.第四卷(1970—1979)	2015—01	18.00	400
历届美国大学生数学竞赛试题集.第五卷(1980—1989)	2015—01	28.00	401
历届美国大学生数学竞赛试题集.第六卷(1990—1999)	2015—01	28.00	402
历届美国大学生数学竞赛试题集.第七卷(2000—2009)	2015—08	18.00	403
历届美国大学生数学竞赛试题集.第八卷(2010—2012)	2015—01	18.00	404
新课标高考数学创新题解题诀窍:总论	2014—09	28.00	372
新课标高考数学创新题解题诀窍:必修1~5分册	2014—08	38.00	373
新课标高考数学创新题解题诀窍:选修2—1,2—2,1—1,1—2分册	2014—09	38.00	374
新课标高考数学创新题解题诀窍:选修2—3,4—4,4—5分册	2014—09	18.00	375
全国重点大学自主招生英文数学试题全攻略:词汇卷	2015—07	48.00	410
全国重点大学自主招生英文数学试题全攻略:概念卷	2015—01	28.00	411
全国重点大学自主招生英文数学试题全攻略:文章选读卷(上)	2016—09	38.00	412
全国重点大学自主招生英文数学试题全攻略:文章选读卷(下)	2017—01	58.00	413
全国重点大学自主招生英文数学试题全攻略:试题卷	2015—07	38.00	414
全国重点大学自主招生英文数学试题全攻略:名著欣赏卷	2017—03	48.00	415
劳埃德数学趣题大全.题目卷.1:英文	2016—01	18.00	516
劳埃德数学趣题大全.题目卷.2:英文	2016—01	18.00	517
劳埃德数学趣题大全.题目卷.3:英文	2016—01	18.00	518
劳埃德数学趣题大全.题目卷.4:英文	2016—01	18.00	519
劳埃德数学趣题大全.题目卷.5:英文	2016—01	18.00	520
劳埃德数学趣题大全.答案卷:英文	2016—01	18.00	521
李成章教练奥数笔记.第1卷	2016—01	48.00	522
李成章教练奥数笔记.第2卷	2016—01	48.00	523
李成章教练奥数笔记.第3卷	2016—01	38.00	524
李成章教练奥数笔记.第4卷	2016—01	38.00	525
李成章教练奥数笔记.第5卷	2016—01	38.00	526
李成章教练奥数笔记.第6卷	2016—01	38.00	527
李成章教练奥数笔记.第7卷	2016—01	38.00	528
李成章教练奥数笔记.第8卷	2016—01	48.00	529
李成章教练奥数笔记.第9卷	2016—01	28.00	530

刘培杰数学工作室
已出版(即将出版)图书目录——初等数学

书　　名	出版时间	定　价	编号
第19~23届"希望杯"全国数学邀请赛试题审题要津详细评注(初一版)	2014—03	28.00	333
第19~23届"希望杯"全国数学邀请赛试题审题要津详细评注(初二、初三版)	2014—03	38.00	334
第19~23届"希望杯"全国数学邀请赛试题审题要津详细评注(高一版)	2014—03	28.00	335
第19~23届"希望杯"全国数学邀请赛试题审题要津详细评注(高二版)	2014—03	38.00	336
第19~25届"希望杯"全国数学邀请赛试题审题要津详细评注(初一版)	2015—01	38.00	416
第19~25届"希望杯"全国数学邀请赛试题审题要津详细评注(初二、初三版)	2015—01	58.00	417
第19~25届"希望杯"全国数学邀请赛试题审题要津详细评注(高一版)	2015—01	48.00	418
第19~25届"希望杯"全国数学邀请赛试题审题要津详细评注(高二版)	2015—01	48.00	419
物理奥林匹克竞赛大题典——力学卷	2014—11	48.00	405
物理奥林匹克竞赛大题典——热学卷	2014—04	28.00	339
物理奥林匹克竞赛大题典——电磁学卷	2015—07	48.00	406
物理奥林匹克竞赛大题典——光学与近代物理卷	2014—06	28.00	345
历届中国东南地区数学奥林匹克试题集(2004~2012)	2014—06	18.00	346
历届中国西部地区数学奥林匹克试题集(2001~2012)	2014—07	18.00	347
历届中国女子数学奥林匹克试题集(2002~2012)	2014—08	18.00	348
数学奥林匹克在中国	2014—06	98.00	344
数学奥林匹克问题集	2014—01	38.00	267
数学奥林匹克不等式散论	2010—06	38.00	124
数学奥林匹克不等式欣赏	2011—09	38.00	138
数学奥林匹克超级题库(初中卷上)	2010—01	58.00	66
数学奥林匹克不等式证明方法和技巧(上、下)	2011—08	158.00	134,135
他们学什么:原民主德国中学数学课本	2016—09	38.00	658
他们学什么:英国中学数学课本	2016—09	38.00	659
他们学什么:法国中学数学课本.1	2016—09	38.00	660
他们学什么:法国中学数学课本.2	2016—09	28.00	661
他们学什么:法国中学数学课本.3	2016—09	38.00	662
他们学什么:苏联中学数学课本	2016—09	28.00	679
高中数学题典——集合与简易逻辑·函数	2016—07	48.00	647
高中数学题典——导数	2016—07	48.00	648
高中数学题典——三角函数·平面向量	2016—07	48.00	649
高中数学题典——数列	2016—07	58.00	650
高中数学题典——不等式·推理与证明	2016—07	38.00	651
高中数学题典——立体几何	2016—07	48.00	652
高中数学题典——平面解析几何	2016—07	78.00	653
高中数学题典——计数原理·统计·概率·复数	2016—07	48.00	654
高中数学题典——算法·平面几何·初等数论·组合数学·其他	2016—07	68.00	655

刘培杰数学工作室
已出版（即将出版）图书目录——初等数学

书　　名	出版时间	定　价	编号
台湾地区奥林匹克数学竞赛试题.小学一年级	2017—03	38.00	722
台湾地区奥林匹克数学竞赛试题.小学二年级	2017—03	38.00	723
台湾地区奥林匹克数学竞赛试题.小学三年级	2017—03	38.00	724
台湾地区奥林匹克数学竞赛试题.小学四年级	2017—03	38.00	725
台湾地区奥林匹克数学竞赛试题.小学五年级	2017—03	38.00	726
台湾地区奥林匹克数学竞赛试题.小学六年级	2017—03	38.00	727
台湾地区奥林匹克数学竞赛试题.初中一年级	2017—03	38.00	728
台湾地区奥林匹克数学竞赛试题.初中二年级	2017—03	38.00	729
台湾地区奥林匹克数学竞赛试题.初中三年级	2017—03	28.00	730
不等式证题法	2017—04	28.00	747
平面几何培优教程	2019—08	88.00	748
奥数鼎级培优教程.高一分册	2018—09	88.00	749
奥数鼎级培优教程.高二分册.上	2018—04	68.00	750
奥数鼎级培优教程.高二分册.下	2018—04	68.00	751
高中数学竞赛冲刺宝典	2019—04	68.00	883
初中尖子生数学超级题典.实数	2017—07	58.00	792
初中尖子生数学超级题典.式、方程与不等式	2017—08	58.00	793
初中尖子生数学超级题典.圆、面积	2017—08	38.00	794
初中尖子生数学超级题典.函数、逻辑推理	2017—08	48.00	795
初中尖子生数学超级题典.角、线段、三角形与多边形	2017—07	58.00	796
数学王子——高斯	2018—01	48.00	858
坎坷奇星——阿贝尔	2018—01	48.00	859
闪烁奇星——伽罗瓦	2018—01	58.00	860
无穷统帅——康托尔	2018—01	48.00	861
科学公主——柯瓦列夫斯卡娅	2018—01	48.00	862
抽象代数之母——埃米·诺特	2018—01	48.00	863
电脑先驱——图灵	2018—01	58.00	864
昔日神童——维纳	2018—01	48.00	865
数坛怪侠——爱尔特希	2018—01	68.00	866
传奇数学家徐利治	2019—09	88.00	1110
当代世界中的数学.数学思想与数学基础	2019—01	38.00	892
当代世界中的数学.数学问题	2019—01	38.00	893
当代世界中的数学.应用数学与数学应用	2019—01	38.00	894
当代世界中的数学.数学王国的新疆域（一）	2019—01	38.00	895
当代世界中的数学.数学王国的新疆域（二）	2019—01	38.00	896
当代世界中的数学.数林撷英（一）	2019—01	38.00	897
当代世界中的数学.数林撷英（二）	2019—01	48.00	898
当代世界中的数学.数学之路	2019—01	38.00	899